Nicolai

juris konkret
Leitfaden zum Betriebsübergang

D1664927

juris konkret

Leitfaden zum Betriebsübergang

herausgegeben und
bearbeitet von

Dr. Andrea Nicolai
Rechtsanwältin in Köln

juris GmbH Saarbrücken 2007

Zitiervorschlag:
Nicolai, Leitfaden zum Betriebsübergang, 2007, Kapitel 1 Rn. 10

Bibliografische Information der Deutschen Nationalbibliothek:
Die Deutsche Nationalbibliothek verzeichnet diese Publikation in der
Deutschen Nationalbibliografie; detaillierte bibliografische Daten
sind im Internet über http://dnb.ddb.de abrufbar.

ISBN 978-3-938756-08-9

© 2007 juris GmbH, Gutenbergstraße 23, 66117 Saarbrücken, www.juris.de

Umschlaggestaltung: HDW Werbeagentur GmbH Saarbrücken
Druckvorstufe: Satzweiss.com GmbH Saarbrücken
Druck: betz-druck GmbH Darmstadt

Inhaltsverzeichnis

Inhaltsverzeichnis

Abkürzungsverzeichnis

Abkürzungsverzeichnis

bspw.	beispielsweise
BT-Drs.	Bundestagsdrucksache
Buchst.	Buchstabe
BUrlG	Mindesturlaubsgesetz für Arbeitnehmer
bzw.	beziehungsweise
c.i.c.	culpa in contrahendo
ca.	circa
CISG	Convention on Contracts for the International Sale of Goods
d.h.	das heißt
DB	Der Betrieb, Wochenschrift für Betriebswirtschaft, Steuerrecht, Wirtschaftsrecht, Arbeitsrecht
ders.	derselbe
dgl.	dergleichen, desgleichen
dies.	dieselbe
Diss.	Dissertation
e.V.	eingetragener Verein
ebd.	ebenda
EG	Europäische Gemeinschaft
EGV	Vertrag zur Gründung der Europäischen Gemeinschaft
Einf.	Einführung
Einl.	Einleitung
einschl.	einschließlich
EntgFG	Gesetz über die Zahlung des Arbeitsentgelts an Feiertagen und im Krankheitsfall
Entsch.	Entscheidung
entspr.	entsprechend
etc.	et cetera
EU	Europäische Union
evtl.	eventuell
f.	folgende
FA	Fachanwalt Arbeitsrecht
ff.	fortfolgend
Fn.	Fußnote
FS	Festschrift
gem.	gemäß
GewO	Gewerbeordnung
GG	Grundgesetz für die Bundesrepublik Deutschland
ggf.	gegebenenfalls
GKG	Gerichtskostengesetz
GmbHG	Gesetz betreffend die Gesellschaften mit beschränkter Haftung
GmbHR	GmbH-Rundschau (mit GmbH-Report)
grds.	grundsätzlich
h.L.	herrschende Lehre
h.M.	herrschende Meinung
HGB	Handelsgesetzbuch
Hrsg.	Herausgeber
hrsg.	herausgegeben
HS.	Halbsatz

Abkürzungsverzeichnis

i.A.	im Allgemeinen
i.d.F.	in der Fassung
i.d.R.	in der Regel
i.E.	im Einzelnen
i.e.S.	im engeren Sinn
i.S.d.	im Sinne des
i.S.v.	im Sinne von
i.V.m.	in Verbindung mit
InsO	Insolvenzordnung
Jh.	Jahrhundert
jurisPR	juris PraxisReport
Kap.	Kapitel
KapErhG	Gesetz über die Kapitalerhöhung aus Gesellschaftsmitteln und über die Verschmelzung von Gesellschaften mit beschränkter Haftung
krit.	kritisch
KSchG	Kündigungsschutzgesetz
Lit.	Literatur
lit.	litera (Buchstabe)
m.N.	mit Nachweisen
m.w.N.	mit weiteren Nachweisen
n.F.	neue Fassung
nachf.	nachfolgend
Nachw.	Nachweis
NachwG	Gesetz über den Nachweis der für ein Arbeitsverhältnis geltenden wesentlichen Bedingungen
Neubearb.	Neubearbeitung
NJW	Neue Juristische Wochenschrift
Nr.	Nummer
NZA	Neue Zeitschrift für Arbeitsrecht
NZI	Neue Zeitschrift für das Recht der Insolvenz und Sanierung
pfl.	pflichtig
RdA	Recht der Arbeit, Zeitschrift für die Wissenschaft und Praxis des gesamten Arbeitsrechts mit Sonderbeilage
RL	Richtlinie
Rn.	Randnummer
Rs.	Rechtssache
Rspr.	Rechtsprechung
S.	Satz, Seite
s.	siehe
SAE	Sammlung arbeitsrechtlicher Entscheidungen
SGB II	Sozialgesetzbuch (SGB) Zweites Buch (II) - Grundsicherung für Arbeitsuchende
SGB III	Sozialgesetzbuch (SGB) Drittes Buch (III) - Arbeitsförderung
SGB IV	Sozialgesetzbuch (SGB) Viertes Buch (IV) - Gemeinsame Vorschriften für die Sozialversicherung
sog.	so genannt
st. Rspr.	ständige Rechtsprechung

Abkürzungsverzeichnis

Literaturverzeichnis

Annuß/Lembke, Arbeitsrechtliche Umstrukturierung in der Insolvenz, 2005

Bauer/Diller, Wettbewerbsverbote, 4. Aufl. 2006

Baumbach/Hueck, GmbH-Gesetz, 18. Aufl. 2006

BeckOK - Rolfs/Giesen/Kreikebohm/Udsching, Arbeitsrecht,
Beck'scher Online-Kommentar, Stand: 01.09.2007, Edition: 5 (zit.: Bearbeiter in: BeckOK)

Däubler, Tarifvertragsgesetz, 2. Aufl. 2006

Dörner, Der befristete Arbeitsvertrag, 2004

ErfK - Dieterich/Müller-Glöge/Preis/Schaub, Erfurter Kommentar zum Arbeitsrecht,
7. Aufl. 2007 (zit.: Bearbeiter in: ErfK)

Erman, Handkommentar zum Bürgerlichen Gesetzbuch, 11. Aufl. 2004
(zit.: Bearbeiter in: Erman)

Fitting/Engels/Schmidt/Trebinger/Linsenmaier, Betriebsverfassungsgesetz: BetrVG,
23. Aufl. 2006

Gaul, Das Arbeitsrecht der Betriebs- und Unternehmensspaltung, 2. Aufl. 2007

GK-BetrVG - Kraft/Wiese/Kreutz/Oetker/Raab/Weber/Franzen,
Gemeinschaftskommentar zum Betriebsverfassungsgesetz, Band 2: §§ 74-132, 8. Aufl.
2005
(zit.: Bearbeiter in: GK-BetrVG)

Hess/Schlochauer/Worzalla/Glock/Nicolai, Kommentar zum BetrVG, 7. Aufl. 2007
(zit.: Bearbeiter in: H/S/W/G/N)

Lieb/Jacobs, Arbeitsrecht, 9. Aufl. 2006

Münchner Kommentar zum Bürgerlichen Gesetzbuch, Band 4: Schuldrecht Besonderer
Teil II §§ 611-704, EFZG, TzBfG, KSchG, 4. Aufl. 2005
(zit.: Bearbeiter in: MünchKomm-BGB)

Nicolai, Das Allgemeine Gleichbehandlungsgesetz in der anwaltlichen Praxis, 2006

Nicolai, Das neue Kündigungsrecht, 2004

Palandt, Bürgerliches Gesetzbuch: BGB, 66. Aufl. 2007 (zit.: Bearbeiter in: Palandt)

Picot/Schnitker, Arbeitsrecht bei Unternehmenskauf und Restrukturierung, 2001

Richardi, Betriebsverfassungsgesetz: BetrVG, 10. Aufl. 2006

Schiefer, Outsourcing, Betriebsübergang, Auftragsvergabe, Umstrukturierung, 3. Aufl. 2006

Semler/Stengel, Umwandlungsgesetz: UmwG, 2003

Sieg/Maschmann, Unternehmensstrukturierung aus arbeitsrechtlicher Sicht, 2005

Soergel, Bürgerliches Gesetzbuch mit Einführungsgesetz und Nebengesetzen,
13. Aufl. 2000 ff.

Willemsen/Hohenstatt/Schweibert/Seibt, Umstrukturierung und Übertragung von
Unternehmen, 2. Aufl. 2003

Einleitung

Das Recht des Betriebsübergangs ist sicherlich eines der komplexesten und schwierigsten Ge- **1**
biete des Arbeitsrechts. Die zentrale Norm, § 613a BGB, scheint zwar auf den ersten Blick
durchaus verständlich, jedoch hat die Erfahrung der vergangenen Jahre gezeigt, dass die Regelung praktisch nur schwer umsetzbar ist und viele Probleme aufwirft. Allein die Zahl der
einschlägigen höchstrichterlichen Entscheidungen zu dieser erst seit 1972 bestehenden (und
mehrfach geänderten) Vorschrift ist immens, und es kommen jährlich zahlreiche neue Entscheidungen dazu.

Das Recht des Betriebsübergangs ist zudem – das macht die Rechtslage häufig nicht einfacher **2**
– keine rein nationale Angelegenheit. Maßgebend und grundlegend für die Auslegung unseres
nationalen Rechts sind die Betriebsübergangsrichtlinien, derzeit wohl nur noch allein relevant
die Richtlinie 2001/23/EG des Rates zur Angleichung der Rechtsvorschriften der Mitglied-
staaten über die Wahrung von Ansprüchen der Arbeitnehmer beim Übergang von Unternehmen, Betrieben oder Unternehmens- oder Betriebsteilen vom 12.03.2001, die die frühere
Betriebsübergangsrichtlinie 77/187/EWG abgelöst hat. Und dass der Europäische Gerichtshof
hinsichtlich der Auslegung dieser Richtlinien teilweise ganz andere Vorstellungen als unsere
nationalen Arbeitsgerichte hat, dürfte spätestens seit der berühmt-berüchtigten Christel-
Schmidt-Entscheidung juristisches oder zumindest arbeitsrechtliches Gemeingut sein.

Licht in dieses Dunkel vor allem für den Rechtsanwalt zu bringen, der in seiner alltäglichen **3**
Praxis mit Betriebsübergangsfragen konfrontiert wird, ist das Hauptanliegen des vorliegenden
Leitfadens. Den Bedürfnissen der Praxis entsprechend wird die Rechtsprechung des Europä-
ischen Gerichtshofs und des Bundesarbeitsgerichts sowie unserer anderen nationalen Arbeits-
gerichte mitsamt ihren praktischen Auswirkungen auf die anwaltliche (Beratungs-)Praxis im
Vordergrund stehen; auf wissenschaftliche Auseinandersetzungen wurde bewusst verzichtet.

Kapitel 1: Tatbestandsmerkmale des Betriebsübergangs

Gliederung

A. Übersicht und praktische Mandatsrelevanz

1 Der Tatbestand des § 613a BGB enthält drei Voraussetzungen, die sämtlich für einen Betriebsübergang erfüllt sein müssen: Erstens muss ein Betrieb oder Betriebsteil übertragen werden
und zwar zweitens auf einen neuen Inhaber durch – drittens – Rechtsgeschäft oder Gesamtrechtsnachfolge.

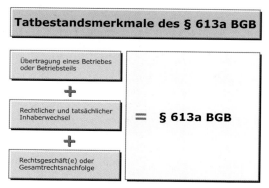

2 Sind diese drei Voraussetzungen erfüllt, genießen die Arbeitsverhältnisse der übergehenden
Arbeitnehmer einen weitgehenden Bestands- und Inhaltsschutz. Die Stellung der übergehenden Beschäftigten soll durch den Betriebsübergang selbst nicht verschlechtert werden. Zulässig sind allenfalls Verschlechterungen, die auf anderen Gründen beruhen, wie z.B. § 613a
Abs. 4 Satz 2 BGB (vgl. dazu Kapitel 7 Rn. 46 ff.) zeigt.

3 Ein Betriebs(teil)übergang kann außerdem auf kollektiver Ebene Folgen haben, und zwar sowohl vor als auch nach dem Übergang. Vor einem Betriebsübergang kommen Beteiligungs-

rechte des Betriebsrats in Betracht (vgl. Kapitel 6 Rn. 113 ff.). Nach dem Übergang steht in Rede, ob der beim ursprünglichen Arbeitgeber vorhandene Betriebsrat durch den Betriebsübergang sein Amt verliert oder behält und/oder ob ihm ein Übergangsmandat zusteht (vgl. Kapitel 6 Rn. 8 ff.); damit zwangsläufig verbunden ist die Frage, ob die Betriebsratsmitglieder ihr Mandat behalten (vgl. Kapitel 6 Rn. 100 ff.).

Im **Arbeitnehmer-Mandat** kann das (Nicht-)Vorliegen eines Betriebsübergangs zunächst für   **4**
Bestandsschutzstreitigkeiten entscheidend sein, da ein Betriebsübergang betriebsbedingte Kündigungen wegen einer Betriebs(teil)stilllegung ausschließt (§ 613a Abs. 4 Satz 1 BGB); die sich dadurch ergebende Abgrenzungsfrage zwischen Betriebsübergang und Betriebsstilllegung wird nach wie vor vor allem bei sog. Auftrags- bzw. Funktionsnachfolgen relevant. Daneben kann es in Zusammenhang vor allem mit Betriebsteilübergängen zu Kündigungen in anderen Betriebsteilen oder Betrieben gegenüber den dort Beschäftigten kommen, denen gegenüber ebenfalls das Kündigungsverbot des § 613a Abs. 4 Satz 1 eingreifen kann (zu den entsprechenden Zuordnungsfragen vgl. Kapitel 2 Rn. 25 ff.). In formeller Hinsicht kann in diesem Zusammenhang bedeutsam sein, ob und welcher Betriebsrat bei einer Kündigung oder personellen Maßnahmen nach einem Betriebs(teil)übergang zu beteiligen ist. Möglich ist es des Weiteren, eine selbstständige Feststellungsklage auf Bestehen eines Arbeitsverhältnisses auf den Übernehmer eines Betriebes zu erheben, falls dies für den Mandanten günstiger ist als ein weiter bestehendes Arbeitsverhältnis zum bisherigen Arbeitgeber. Schließlich kann sich die Frage nach einem Betriebsübergang inzident bei einer Leistungsklage stellen, wenn Beschäftigte „freiwillig" vom neuen Arbeitgeber übernommen werden, dies allerdings nur zu geänderten (i.d.R. schlechteren) Arbeitsbedingungen als vorher.

Beim **Arbeitgeber-Mandat** ist die Kenntnis, unter welchen Voraussetzungen ein Betriebs-   **5**
übergang vorliegt, selbstverständlich unabdingbar, wenn man bereits im Vorfeld der entsprechenden unternehmerischen Planungen eingeschaltet wird und der Mandant einen Betriebsübergang nach Möglichkeit vermeiden oder – umgekehrt – bewusst herbeiführen will; bei beiden Alternativen müssen mögliche Beteiligungsrechte des Betriebsrats sowie ggf. dessen Einbindung (meist im Rahmen sog. Überleitungsvereinbarungen) mit bedacht werden. Außerdem besteht bei Betriebsübergängen eine Informationspflicht des bisherigen Arbeitgebers und/oder des neuen Inhabers, deren Nichtbeachtung erhebliche negative Folgen haben kann (vgl. Kapitel 10 Rn. 113 ff.). Schließlich kann es im Rahmen von Kündigungsschutzklagen, die sich gegen betriebsbedingte Kündigungen wegen Betriebs(teil)schließungen richten, bedeutsam sein, ob ein Betriebsübergang (oder doch nur eine sog. Funktionsnachfolge) vorliegt (vgl. Rn. 115 ff.), da im erstgenannten Fall die Kündigung i.d.R. gemäß § 613a Abs. 4 BGB unwirksam ist (vgl. Kapitel 7 Rn. 51 ff.). Gleiches gilt, falls im Falle von Einstellungen und der Verschlechterung von Arbeitsbedingungen unter Berufung auf § 613a Abs. 1 BGB auf die Leistungen geklagt wird, die der bisherige Arbeitgeber gewährt hat.

Beim **Betriebsrats-Mandat** kann im Vorfeld der entsprechenden unternehmerischen Planun-   **6**
gen das eventuelle Vorliegen eines Betriebs(teil)übergangs für die Wahrnehmung von Beteiligungsrechten, insbesondere solchen in wirtschaftlichen Angelegenheiten gemäß §§ 111 ff. BetrVG erheblich sein. Für den Betriebsrat selbst ist des Weiteren naturgemäß die Frage nach seinem Bestand erheblich; dies kann ggf. im Wege eines (Zwischen-)Feststellungsantrags geklärt werden.

B. Betrieb und Betriebsteil als Übertragungsobjekt

I. Betriebsbegriff des § 613a BGB

1. Allgemeine Kriterien und Voraussetzungen

7 Was ein Betrieb oder Betriebsteil i.S.d. § 613a BGB ist und wodurch er sich kennzeichnet, ist trotz zahlreicher höchstrichterlicher Entscheidungen und Beiträge in der Literatur nach wie vor nicht so geklärt, dass eine weitgehend rechtssichere Subsumtion aller denkbaren Fallgestaltungen möglich ist. Ein Grund dafür dürfte die gemeinschaftsrechtliche Prägung des Betriebsbegriffs sein, der seit Ende der 90er Jahre des vergangenen Jahrhunderts zunächst durch die Rechtsprechung des Europäischen Gerichtshofs und dann durch die Kodifikation in der Betriebsübergangsrichtlinie 2001/23/EG vom 12.03.2001 festgelegt wurde und zu einem Paradigmenwechsel in der nationalen Rechtsprechung des Bundesarbeitsgerichts ab 1997 geführt hat.

8 **Hinweis:**

> Daher kann bei der Tatbestandsbeurteilung die einschlägige Rechtsprechung des Bundesarbeitsgerichts vor 1997, die auf dem traditionellen deutschen Betriebsbegriff beruhte, nicht ohne weiteres herangezogen werden. Sie ist zwar nicht vollständig obsolet geworden, bedarf aber ggf. einer ergänzenden Überprüfung nach gemeinschaftsrechtlichen Gesichtspunkten.

9 Der Betriebsbegriff bzw. der Anwendungsbereich der Betriebsübergangsrichtlinie und damit auch des § 613a BGB bestimmt sich zunächst nach der Definition in Art. 1 Abs. 1 lit. b der Richtlinie 2001/32/EG. Als Betriebsübergang gilt danach „der Übergang einer ihre Identität bewahrenden wirtschaftlichen Einheit im Sinne einer organisierten Zusammenfassung von Ressourcen zur Verfolgung einer wirtschaftlichen Haupt- oder Nebentätigkeit". Ähnlich definiert der Europäische Gerichtshof den Betriebsübergang als „die Übertragung einer auf Dauer angelegten Einheit, deren Tätigkeit nicht auf die Ausführung eines bestimmten Vorhabens beschränkt wird. Eine Einheit ist die organisierte Gesamtheit von Personen und Sachen zur Ausübung einer wirtschaftlichen Tätigkeit mit eigener Zielsetzung."[1]

10 Die Definition bewegt sich auf einem sehr hohen Abstraktionsniveau, so dass eine weitere Konkretisierung unabdingbar ist. Nach der Rechtsprechung des Europäischen Gerichtshofs sollen verschiedene Kriterien von besonderer Bedeutung sein, jedoch werden die nationalen Gerichte ausdrücklich aufgefordert, alle Umstände des Einzelfalls zu ermitteln und in die Beurteilung mit einzubeziehen. Der Gerichtshof nennt insoweit verschiedene Kriterien, ohne indes – und dies dürfte die größte Schwäche dieser Konzeption darstellen – Hinweise zur Abwägung dieser Kriterien zu geben. Insbesondere folgende Umstände sollen wichtig sein, wobei die Aufzählung keinen abschließenden Charakter hat:[2]

- Art des betreffenden Unternehmen oder Betriebes,
- etwaiger Übergang materieller Betriebsmittel, z.B. Gebäude oder Maschinen,
- Wert der immateriellen Aktiva (Patente, Lizenzen, Know-how etc.) im Zeitpunkt des Betriebsübergangs,
- Übergang der Liefer- und/oder Kundenbeziehungen,
- Grad der Ähnlichkeit zwischen vor und nach dem Übergang verrichteten Tätigkeiten,

---

[1] So EuGH v. 11.03.1997 - C-13/95 - NZA 1997, 433, 434 - Süzen; entsprechend BAG v. 13.11.1997 - 8 AZR 375/96 - NZA 1998, 249, 250.

[2] Grundlegend EuGH v. 11.03.1997 - C-13/95 - NZA 1997, 433, 434 - Süzen; zuletzt BAG v. 22.07.2004 - 8 AZR 350/03 - NZA 2004, 1383.

- ggf. Dauer der Unterbrechung,
- Übernahme oder Nichtübernahme der Hauptbelegschaft unter Berücksichtigung der (notwendigen) Qualifizierung der Arbeitnehmer und deren Bedeutung für den Fortbestand des Betriebes (Know-how-Träger?).

Die Identität einer wirtschaftlichen Einheit soll sich aber auch aus anderen Merkmalen, wie ih- **11** rem Personal, ihren Führungskräften, ihrer Arbeitsorganisation, ihren Betriebsmethoden und ggf. den ihr zur Verfügung stehenden Betriebsmitteln, ergeben. Den für das Vorliegen eines Betriebsübergangs maßgeblichen Kriterien soll je nach der ausgeübten Tätigkeit und je nach den Produktions- und Betriebsmethoden unterschiedliches Gewicht zukommen.[3]

Die Gewichtung dieser und ggf. weiterer Umstände ist dann jeweils Frage des Einzelfalls, so **12** dass sich folgendes Bild ergibt:

**Kriterien eines Betriebs-/
Betriebsteilübergangs**
(nicht abschließend)

Art des Unternehmens/Betriebs	Wert der immateriellen Aktiva	Übergang Liefer-/Kundenbeziehungen
Übergang materieller Betriebsmittel	Dauer einer Unterbrechung	
Ähnlichkeitsgrad der Tätigkeiten vorher/nachher	(Nicht-)Übernahme der Hauptbelegschaft	Übernahme der Arbeitsorganisation
Übernahme von Know-how-Trägern	Räumliche Lage	

Hinweis: **13**

> Die gerade dargestellten Kriterien müssen nicht in jedem Einzelfall erfüllt sein, sondern es können je nach Art des Betriebes einige von ihnen nicht erfüllt sein bzw. sogar ganz fehlen.

Keine Bedeutung hat es hingegen mehr für das Vorliegen eines Betriebsübergangs, ob der **14** Übernehmer den Betrieb fortführen kann. Während die bloße Fortführungsmöglichkeit nach der früheren Rechtsprechung des Bundesarbeitsgerichts durchaus einen Betriebsübergang begründen konnte[4], ist dies nach dem vom Europäischen Gerichtshof veranlassten Paradigmenwechsel nicht mehr zu berücksichtigen[5]. Dies ist vom Bundesarbeitsgericht nicht nur durch die ausdrückliche Aufgabe seiner früheren Rechtsprechung anerkannt worden, sondern ergänzend dadurch, dass eine (erhebliche) Änderung des Betriebszwecks durch den Übernehmer einen Betriebsübergang i.d.R. ausschließt.[6] Ebenso reicht die Übertragung einzelner Betriebsmittel (auf mehrere Unternehmen) für sich genommen nicht aus.[7]

Ebenso ist ein Betriebsübergang ausgeschlossen, wenn der Übernehmer eines Betriebes oder **15** Betriebsteils diesen in der Weise wesentlich umgestaltet, dass er ihn sofort und vollständig in seine eigene Organisation eingliedert. Da der Erwerber in diesem Fall nicht die vorhandene

---

3 BAG v. 22.07.2004 - 8 AZR 350/03 - NZA 2004, 1383, 1385 f.
4 So noch explizit BAG v. 19.11.1996 - 3 AZR 394/95 - NZA 1997, 722, 724.
5 So ganz deutlich BAG v. 18.03.1999 - 8 AZR 196/98 - NZA 1999, 869, 870.
6 Vgl. deutlich BAG v. 13.05.2004 - 8 AZR 331/03 - NZA 2004, 1295.
7 BAG v. 26.07.2007 - 8 AZR 769/06 (derzeit nur als Pressemitteilung verfügbar).

Arbeitsorganisation übernimmt, sondern eine neue Arbeitsorganisation gründet bzw. sie in eine andere Arbeitsorganisation eingliedert, bleibt die Identität der wirtschaftlichen Einheit in diesen Fällen nicht erhalten.[8] Praktische Bedeutung hat diese Rechtsprechung auch in den Fällen, in denen – nach Veräußerung oder im Zuge unternehmens-/konzerninterner Restrukturierungen – eine Unternehmensgruppe bzw. mehrere Betriebe zerschlagen und veräußert/eingegliedert/stillgelegt werden. Das Bundesarbeitsgericht lehnt in solchen Fällen einen Betriebsübergang ab, weil die ursprüngliche(n) Einheit(en) zerschlagen werden und folglich nicht in ihrer Identität erhalten bleiben.[9] Unerheblich ist, ob die Zerschlagung geplant war oder nicht, da nach den Worten des Bundesarbeitsgerichts auch die geplante Zerschlagung einer Einheit zur Auflösung einer Einheit führt.[10]

16   **Beispiel:**

> Ein Versicherungsunternehmen wird von einem Konkurrenten übernommen und in der Folge – nachdem die übernommene Versicherung die Einstellung ihrer betrieblichen Aktivitäten und die Schließung ihrer Schadensservicebüros beschlossen hatte – auf ihn verschmolzen. Die Aufgaben der Schadensservicebüros werden von schon vorhandenen verschiedenen Betriebsorganisationen des übernehmenden Rechtsträgers übernommen. Ein Betriebs(teil)übergang scheitert jedenfalls daran, dass die ursprünglich beim übertragenden Rechtsträger bestehende Einheit nicht erhalten, sondern aufgelöst worden ist.

17   Die weite Auslegung des Europäischen Gerichtshofs führt unabhängig von den angesprochenen Einzelfallfragen dazu, dass jede Einheit, die im Sinne der gemeinschaftsrechtlichen Definition übertragen wird oder werden kann, unter den Geltungsbereich der Betriebsübergangsrichtlinie und damit des § 613a BGB fallen kann. Auf Größe, Arbeitnehmerzahl, Umsatz kommt es folglich nicht an; ebenso ist weder die Kaufmannseigenschaft noch eine Gewinnerzielungsabsicht oder eine materielle Wertschöpfung[11] erforderlich.[12] Damit fallen Einheiten, die im Sozialbereich tätig sind, ebenfalls unter den Betriebsbegriff.[13] Entscheidend wird damit letztlich nur sein, ob mindestens ein (sozusagen übergangsfähiger – vgl. Kapitel 2 Rn. 13 ff.) Arbeitnehmer beschäftigt wird.

18   Ausgeschlossen vom Geltungsbereich jedenfalls der Betriebsübergangsrichtlinie ist gemäß deren Art. 1 Abs. 1 c) die Übertragung von Aufgaben im Zuge der Umstrukturierung von Verwaltungsbehörden oder bei der Übertragung von Verwaltungsaufgaben von einer Behörde auf die andere (vgl. Rn. 68). Ob dies gleichzeitig eine Anwendung des § 613a BGB auf diese Fälle sperrt, ist noch nicht geklärt.[14] Unabhängig davon greift diese denkbare Ausnahme nicht ein,

---

[8] BAG v. 06.04.2006 - 8 AZR 249/04 - NZA 2006, 1039, 1042; ähnlich schon BAG v. 25.09.2003 - 8 AZR 421/02 - NZA 2004, 316, 318 f. und BAG v. 25.05.2000 - 8 AZR 335/99, n.v.; zuletzt BAG v. 14.08.2007 - 8 AZR 1043/06 (derzeit nur als Pressemitteilung verfügbar).

[9] BAG v. 17.04.2003 - 8 AZR 253/02 - AP § 613a BGB Nr. 260; BAG v. 06.10.2005 - 2 AZR 316/04 - NZA 2006, 990, 993.

[10] BAG v. 06.10.2005 - 2 AZR 316/04 - NZA 2006, 990, 993.

[11] So BAG v. 27.04.2000 - 8 AZR 260/99, n.v.

[12] Instruktiv dazu *Sieg/Maschmann*, Unternehmensumstrukturierung, Rn. 17.

[13] EuGH v. 19.05.1992 - C-29/91 - NZA 1994, 207 ff. - Redmond Stichting; EuGH v. 10.12.1998 - C-173/96 - NZA 1999, 189 ff. - Hidalgo u.a. und EuGH v. 10.12.1998 - C-247/96 - NZA 1999, 189 ff. - Ziemann.

[14] Offen gelassen von BAG v. 26.06.1997 - 8 AZR 426/95 - NZA 1997, 1228, 1229.

wenn eine wirtschaftliche Tätigkeit von einer juristischen Person des Privatrechts auf eine juristische Person des öffentlichen Rechts oder umgekehrt übertragen wird.[15]

§ 613a BGB gilt ohne jede Einschränkung für Presse- oder Medienunternehmen. Art. 5 GG **19** steht dem nicht entgegen.[16]

Das Vorliegen eines Betriebsübergangs nach den o.g. Kriterien muss in jedem Fall, in dem **20** diese Frage entscheidungserheblich ist, geprüft werden. Das gilt nicht nur für einen Betriebsübergang kraft Einzelrechtsnachfolge, sondern auch für einen Betriebsübergang kraft Gesamtrechtsnachfolge; die für Umwandlungsfälle nach dem UmwG geltende Regelung des § 324 UmwG stellt eine sog. Rechtsgrundverweisung dar, so dass die Voraussetzungen eines Betriebsübergangs auch im Zusammenhang mit einer Umwandlung selbstständig zu prüfen sind.[17]

Maßgebender Zeitpunkt für die Frage, ob ein Betrieb oder Betriebsteil übergegangen ist, ist **21** der Zeitpunkt der Vollendung des Betriebsübergangs[18]; das dürfte der Zeitpunkt des Wechsels der Leitungsmacht sein. Die Umstände, die zu diesem Zeitpunkt vorliegen, sind also der Beurteilung zugrunde zu legen. Daraus wird man allerdings nicht im Umkehrschluss folgern dürfen, dass Umstände und Tatsachen, die vor diesem Zeitpunkt liegen, nicht relevant sein können; vielmehr wird man gerade dann, wenn sich eine Betriebsübernahme über längere Zeit hinzieht (z.B. durch sukzessive Übertragung der sächlichen und immateriellen Betriebsmittel sowie einer erst danach erfolgenden „Einstellung" von Personal) auch in zeitlicher Hinsicht eine Gesamtwürdigung vornehmen müssen. Ist das Vorliegen eines Betriebsübergangs streitig und wird ein solcher im Rahmen eines Kündigungsschutzverfahrens vom Arbeitnehmer vorgetragen, sind jedoch (nur) die Umstände mit einzubeziehen, die im Zeitpunkt des Zugangs der Kündigung vorhanden waren (vgl. Kapitel 7 Rn. 56, 59). Bei isolierter Erhebung einer Feststellungsklage auf (Weiter-)Bestehen eines Arbeitsverhältnisses zum Übernehmer eines Betriebes (vgl. dazu Kapitel 7 Rn. 132 ff.) wird es wohl auf den Zeitpunkt der mündlichen Verhandlung ankommen.

2. Differenzierung nach Betriebszweck

Die gerade aufgezeigte Problematik einer auf den Einzelfall ausgerichteten Beurteilung über **22** das Vorliegen eines Betriebs(teil)übergangs und die Unmöglichkeit einer rechtssicheren abstrakten Begriffsbestimmung hat dazu geführt, dass Rechtsprechung und Schrifttum in den vergangenen Jahren im Wesentlichen typologisch vorgehen. Angeknüpft wird an die betriebswirtschaftlich geprägte Unterscheidung zwischen Produktions-, Dienstleistungs- und Handelsbetrieben. Damit können trotz der geforderten Gesamtwürdigung aller Umstände des Einzelfalls[19] die meisten Fallgestaltungen inzwischen relativ gut beurteilt werden. Zwar lassen sich nicht alle Betriebe gut in diese Typologie einfügen (z.B. Mischbetriebe oder die unter Rn. 68 ff. dargestellten Sonderfälle), jedoch kann man über Vergleiche mit anderen Fallgestaltungen durchaus zu handhabbaren Ergebnissen gelangen.

---

[15] EuGH v. 26.09.2000 - C-175/99 - NZA 2000, 1327, 1328 f. - Mayeur für den erstgenannten Fall.

[16] BAG v. 20.03.1997 - 8 AZR 856/95 - NZA 1997, 1225, 1227.

[17] BAG v. 25.05.2000 - 8 AZR 416/99 - NZA 2000, 1115, 1117; BAG v. 06.10.2005 - 2 AZR 316/04 - NZA 2006, 990, 993 f.

[18] BAG v. 24.02.2000 - 8 AZR 162/99, n.v.

[19] Zuletzt BAG v. 06.04.2006 - 8 AZR 222/04 - NZA 2006, 723 ff.: „nur erste Grobeinteilung…".

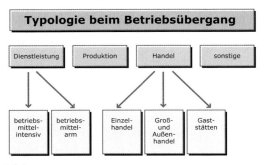

a. Produktionsbetriebe

23 Bei Produktionsbetrieben kann der Betriebszweck i.d.R. ohne sächliche Betriebsmittel nicht erreicht werden, da die Arbeitsplätze regelmäßig an Maschinen und Einrichtungsgegenstände gebunden sind[20] und das Substrat eines Produktionsbetriebes durch die Räume, Maschinen und sonstigen Einrichtungsgegenstände geprägt ist.[21]

24 **Beispiele:**

Herstellung von Maschinen oder Automaten bzw. von Anlage- und Gebrauchs-/Verbrauchsgütern.

25 Daher soll es bei Produktionsbetrieben vor allem auf die Übertragung der für die Produktion wesentlichen/kennzeichnenden[22] Betriebsmittel (einschließlich des einschlägigen Know-how, also Produktionswerkzeuge und sonstige Einrichtungsgegenstände sowie Schutzrechte, Konstruktionszeichnungen etc., nicht aber das Materiallager[23]) ankommen. Ob die in dem Betrieb beschäftigten Arbeitnehmer übernommen werden (sollen), kann zwar als Kriterium herangezogen werden[24], dies spielt aber i.d.R. keine oder eine allenfalls untergeordnete Rolle; bei der Prüfung, ob ein Produktionsbetrieb übergegangen ist, dürfen sächliche Betriebsmittel und Räumlichkeiten jedenfalls nicht außer Acht gelassen werden.[25] Die Nichtübernahme von Personal soll grundsätzlich nur bei sog. betriebsmittelarmen (Dienstleistungs-)Betrieben einen Betriebsübergang ausschließen.[26] Unerheblich ist ebenfalls, ob diese Betriebsmittel im Eigentum des bisherigen und/oder des neuen Arbeitgebers stehen, ob die Eigentumsverschaffung unter einer aufschiebenden Bedingung steht oder ob dem Betriebsübernehmer ein Rücktrittsrecht eingeräumt wird; entscheidend ist die tatsächliche Nutzung.[27] Daher führt eine Sicherungsübereignung von Betriebsmitteln für sich genommen nicht zu einem Betriebsübergang.[28]

---

[20] Dazu BAG v. 22.09.1994 - 2 AZR 54/94 - NZA 1995, 165, 166 f.

[21] BAG v. 10.12.1998 - 8 AZR 763/97, n.v.

[22] Zum (irrelevanten) Übergang nur für die Produktion unwesentlicher Betriebsmittel vgl. BAG v. 22.05.1985 - 5 AZR 30/84 - NZA 1985, 775, 776.

[23] BAG v. 22.09.1994 - 2 AZR 54/94 - NZA 1995, 165, 166 f.

[24] BAG v. 10.12.1998 - 8 AZR 763/97, n.v.

[25] BAG v. 10.12.1998 - 8 AZR 763/97, n.v.; BAG v. 15.12.2005 - 8 AZR 202/05 - NZA 2006, 597, 601.

[26] BAG v. 22.07.2004 - 8 AZR 350/03 - NZA 2004, 1383, 1384, 1386; EuGH v. 20.11.2003 - C-340/01 - NZA 2003, 1385, 1386.

[27] St. Rspr., vgl. zuletzt eingehend BAG v. 15.12.2005 - 8 AZR 202/05 - NZA 2006, 597, 601 f.; BAG v. 06.04.2006 - 8 AZR 222/04 - NZA 2006, 723, 726 f.

[28] BAG v. 20.03.2003 - 8 AZR 312/02 - NZA 2003, 1338, 1340.

Ebenso schließt eine Betriebs- bzw. Ortsverlegung einen Betriebsübergang nicht grundsätzlich aus; eine wirtschaftliche Einheit kann trotz Ortsverlegung gewahrt bleiben, wenn der Erwerber eines Produktionsbetriebs Betriebsmittel verlagert und an einem anderen Ort mit gleicher Arbeitsorganisation und gleichen Betriebsmethoden die Produktion weiterführt.[29] Was bleiben muss, ist der sog. Betriebszweck; wenn dieser sich (wesentlich) ändert, was i.d.R. zu einer geänderten organisatorischen Struktur führt, kann ein Betriebsübergang trotz Übernahme der sächlichen Betriebsmittel ausscheiden.[30]

Beispiel: 26

Der Übernehmer einer Schuhfabrik wechselt von Massenproduktion zu handwerklicher Musterfertigung von Schuhen.

Die genannten Kriterien führen dazu, dass das Vorliegen eines Betriebsübergangs bei Produk-   27 tionsbetrieben einigermaßen sicher beurteilt werden kann. Schwierigkeiten treten eher auf, wenn zweifelhaft ist, ob ein Betrieb noch dem Produktions- oder schon dem Dienstleistungssektor zuzuordnen ist.

Hinweis: 28

Als Faustformel kann man in Bezug auf Produktionsbetriebe festhalten, dass ein Betriebsübergang i.d.R. dann vorliegt, wenn mit den gleichen Betriebsmitteln und gleichen oder vergleichbaren Produktionsmethoden die gleichen oder vergleichbare Produkte hergestellt werden.

Der Übergang von Produktionsbetrieben hat das Bundesarbeitsgericht bislang nicht oft be-   29 schäftigt, wie im Folgenden zu sehen sein wird. Anders als bei Dienstleistungsunternehmen hat sich der anfangs geschilderte Paradigmenwechsel bei der Definition des Betriebsbegriffs bei Produktionsunternehmen nicht wesentlich ausgewirkt, so dass auch die vor 1997 insoweit ergangenen Entscheidungen des Bundesarbeitsgerichts nach wie vor für die Beurteilung, ob ein Betriebsübergang vorliegt, herangezogen werden können.

Entscheidungen des Bundesarbeitsgerichts zum Übergang bei Produktionsbetrieben: 30
- BAG v. 15.12.2005 - 8 AZR 202/05 (**Übergang einer Druckerei**): Laut Kaufvertrag sollte der Erwerber die wesentlichen Maschinen, die Betriebs- und Geschäftsausstattung und alle vorhandenen Roh-, Hilfs- und Betriebsstoffe, die Kundenkartei und alle zur Geschäftsfortführung erforderlichen Unterlagen erhalten, rechtlich in die Kundenbeziehungen eintreten und halbfertige Aufträge übernehmen und fertig stellen. Das BAG nahm an, dass in Bezug auf den Betriebsbegriff alle Voraussetzungen für einen Betriebsübergang vorlagen, musste aber zurückverweisen, weil unklar blieb, ob der Betriebsübergang (durch Übergang der Leitungsmacht) vollzogen worden war.
- BAG v. 16.05.2002 - 8 AZR 319/01 und 320/01 und BAG v. 13.05.2004 - 8 AZR 331/03 (**Übergang einer Schuhfabrik**): In Streit stand die Übertragung einer Schuhfabrik. Der deutsche Standort sollte zunächst vollständig geschlossen, die Produktion bzw. die Produktionsmittel in ausländische Betriebe des Erwerbers verlagert werden. Nach Erwerb änderte dieser seiner Pläne; die Produktion am deutschen Standort wurde umgestellt von Massenfertigung auf eine handwerklich ausgerichtete Einzelfertigung. Das BAG lehnte einen Betriebsübergang wegen Änderung des Betriebszwecks ab.
- BAG v. 25.05.2000 - 8 AZR 335/99 (**Industriearmaturen**): Von einem insolvent gewordenen Unternehmen, das Industriearmaturen herstellte und vertrieb, übernahm eine Erwerberin deren immaterielle Vermögensgegenstände. In ihrem Auftrag stellte nunmehr das

---

[29] BAG v. 16.05.2002 - 8 AZR 319/01 und 320/01 - NZA 2003, 93, 98.
[30] BAG v. 13.05.2004 - 8 AZR 331/03 - NZA 2004, 1295.

beklagte Unternehmen, das das Umlaufvermögen der Gemeinschuldnerin erworben hatte, an einem anderen, weit entfernten Ort die Armaturen her. Das BAG lehnte einen Betriebsübergang ab, weil die Beklagte nur einzelne Betriebsmittel und keinen organisierten Betriebsteil übernommen habe; insbesondere seien die materiellen Betriebsmittel zur Armaturenproduktion nur in geringem Umfang von ihr in Besitz genommen und zu diesem Betriebszweck eingesetzt worden. Darüber hinaus sprachen noch weitere Umstände, wie z.b. die erhebliche räumliche Entfernung, gegen einen Betriebsübergang.

- BAG v. 18.03.1999 - 8 AZR 306/98 (**Übergang einer Druckerei**): Es ging wohl um die Übernahme einer Druckerei, bei der nach der Feststellung des LArbG übertragen worden waren: die Maschinen, das Farbenlager, die Schmier- und Reinigungsstoffe und das Papierlager, 10 Facharbeiter und die Führungskräfte des bisherigen Arbeitgebers sowie die Geschäftsbeziehungen zu den ca. 10 Großkunden. Das BAG nahm – wenig erstaunlich – einen Betriebsübergang an.

- BAG v. 10.12.1998 - 8 AZR 763/97 (**Übergang einer Druckerei**): Ein Zeitungsverlag gab seine Druckerei auf und übertrug die Druckarbeiten einer Schwestergesellschaft, die an einem ca. 10 km entfernten Ort einen Neubau errichtet und dort eine Druckerei mit neuen Druckmaschinen und anderer Technik eingerichtet hatte. Es wurden knapp 62% der beim Verlag angestellten Arbeitnehmer bei der neuen Druckerei eingestellt, allerdings nicht als „eingespieltes Team"; alle Arbeitnehmer mussten umgeschult und in eine neue Arbeitsorganisation eingebunden werden. Übernommen wurden jedoch Druckaufträge. Letzteres reichte dem BAG für die Annahme eines Betriebsübergangs nicht aus. Es ließ den Betriebsübergang daran scheitern, dass das „Substrat" des Produktionsbetriebes in Form der sächlichen Betriebsmittel und Räume nicht überging und zudem keine Gesamtheit von Arbeitnehmern übernommen worden war.

- BAG v. 22.09.1994 - 2 AZR 54/94 (**Spielautomatenherstellung und -vertrieb**): Ein Wettbewerber übernahm aus dem Betrieb des insolvent gewordenen Inhabers einige für die Herstellung der Spielautomaten notwendigen Maschinen und Geräte und Ersatzteilvorräte, sowie Versicherungs-, Energieversorgungs- und Bewachungsverhältnisse und Wartungs- und Leasingverträge und verpflichtete sich außerdem zur Fertigstellung halbfertiger Spielgeräte. Der Übernehmer hielt jedoch einen Betriebsübergang deshalb für ausgeschlossen, weil das Waren-/Materiallager so weit „heruntergefahren" war, dass die Produktion nicht ohne weiteres hätte aufgenommen werden können; anscheinend hatte er die Produktion mit Rohstoffen seines eigenen Materiallagers fortgesetzt. Das BAG hielt das für unerheblich; ein Betriebsübergang scheitere nicht daran, dass die jederzeit ersetzbaren Bestände des Materiallagers ergänzt werden müssten, auch wenn dies erhebliche Investitionen erfordlich mache. Die Sache wurde zwecks weiterer Aufklärung zurückverwiesen.

- BAG v. 22.05.1985 - 5 AZR 30/84 (**Produktion von Tongeräten/Wechsel zu Videogeräten**): Im Betrieb wurden ursprünglich Tongeräte (Radios, Kassettenrekorder, Verstärker) hergestellt; nach dem aus wirtschaftlichen Gründen erfolgenden Übergang war Unternehmensgegenstand Herstellung, Import/Export usw. von Videogeräten (Videocassettenrecorder, Videoplattenspieler, Videocameras), wobei sich die Produktion nach detaillierten Vorgaben des japanischen Investors richtete. Das BAG hat einen Betriebs(teil)übergang abgelehnt, weil die bisherige Produktion vollständig aufgegeben worden und eine gänzlich neue Fertigung eingeführt worden sei.

b. Dienstleistungsbetriebe

Bei Dienstleistungsbetrieben sieht die rechtliche Situation deutlich anders aus als bei Produk- **31** tionsbetrieben. Sie waren und sind immer wieder Gegenstand von Entscheidungen, und die Beurteilung, wann ein Betriebsübergang vorliegt oder nicht, kann bei ihnen sehr schwierig sein. Dies liegt zum einen daran, dass der Dienstleistungssektor durch ganz unterschiedliche Unternehmen geprägt ist, die sich in Ausstattung und Gepräge deutlich unterscheiden und zum anderen ein gemeinsamer Nenner wie bei Produktionsbetrieben fehlt. Sächliche Betriebsmittel spielen zwar in einigen, aber eben nicht in allen Dienstleistungsbetrieben eine erhebliche Rolle; häufig kann die menschliche Arbeitskraft und damit die Belegschaft den Betrieb prägen. Hinzu kommt, dass gerade Dienstleistungen in vielen Unternehmen Gegenstand von Auslagerungen (sog. Outsourcing) oder von Auftragsvergaben sind und regelmäßig nur eine sog. Funktionsnachfolge, die § 613a BGB nicht unterfällt, beabsichtigt ist (vgl. Rn. 115 ff.).

Das Bundesarbeitsgericht arbeitet daher seit einiger Zeit mit einer weiteren Differenzierung. **32** Bezogen auf die sächlichen Betriebsmittel wird unterschieden zwischen betriebsmittelarmen und betriebsmittelintensiven Betrieben. Während bei ersteren die Übernahme von Arbeitnehmern im Vordergrund steht, orientiert sich die Beurteilung eines Betriebsübergangs bei den zweitgenannten eher an den von Produktionsbetrieben bekannten Kriterien.

aa. Betriebsmittelarme Dienstleistungsbetriebe

Bei den sog. betriebsmittelarmen Dienstleistungsbetrieben kommt es im Wesentlichen auf die **33** menschliche Arbeitskraft an; materielle und immaterielle Betriebsmittel spielen eine lediglich untergeordnete Rolle und/oder können leicht ausgetauscht werden.

Beispiele: **34**

Reinigungsarbeiten, Überwachungen, Kundendienst, EDV-Dienstleistungen, Buchhaltung.

Gerade diese Betriebe fielen bei der früheren streng betriebsmittelbezogenen Betrachtung des **35** Bundesarbeitsgerichts aus dem Prüfungsraster für einen Betriebsübergang heraus und waren Anlass für die deutschen Vorlagen an den Europäischen Gerichtshof, der in den Entscheidungen Schmidt[31] und Süzen[32] den bereits einleitend angesprochenen Begriff der „wirtschaftlichen Einheit" in den Vordergrund stellte. Damit wurde – und hierin liegt der gravierende Unterschied zur früheren Betrachtungsweise – grundsätzlich anerkannt, dass nicht nur die Übertragung materieller und/oder immaterieller Betriebsmittel zu einem Betriebsübergang führen kann, sondern u.U. schon allein die Übernahme von Personal, wenn sozusagen einer oder mehrere Beschäftigte „den Wert des Betriebes" ausmachen. Die darauf folgende Frage, wie viele Beschäftigte übernommen werden müssen, damit ein Betriebs(teil)übergang vorliegt, wird vom Bundesarbeitsgericht nach einer weiteren Differenzierung vorgenommen, nämlich nach der Fachkunde des vom neuen Inhaber übernommenen Personals. Die Formel des Bundesarbeitsgerichts lautet, es müsse ein nach Zahl und Sachkunde wesentlicher Teil des Personals (die Hauptbelegschaft) übernommen werden.[33] Ob dies der Fall ist, hängt von der Struktur des Betriebes oder Betriebsteils ab: Haben die Arbeitnehmer einen geringen Qualifikationsgrad, muss eine hohe Anzahl von ihnen übernommen werden, um auf einen Fortbestand der vom Konkurrenten geschaffenen Arbeitsorganisation schließen zu können. Ist ein Betrieb stärker

---

[31] EuGH v. 14.04.1994 - C-392/92 - NZA 1994, 545 ff.

[32] EuGH v. 11.03.1997 - C-13/95 - NZA 1997, 433 ff. - Süzen.

[33] St. Rspr., vgl. zuletzt BAG v. 24.05.2005 - 8 AZR 333/04 - NZA 2006, 31, 33.

durch das Spezialwissen und/oder die Qualifikation der Arbeitnehmer geprägt, kann es neben anderen Kriterien ausreichen, dass nur wenige, u.U. sogar nur ein Arbeitnehmer[34], übernommen werden, wenn deren Sachkunde für den Betrieb wesentlich ist.[35]

36 Das bedeutet nicht, dass es ausschließlich um Betriebe geht, in denen außer Arbeitnehmern wenige oder gar keine sächlichen Betriebsmittel vorhanden sind (was im Übrigen kaum möglich ist); sächliche Betriebsmittel können in solchen Betrieben durchaus vorhanden und sogar unabdingbar sein. Wenn sie allerdings für die Wertschöpfung keine wesentliche Rolle spielen, sondern diese primär durch die Arbeitstätigkeit als solche erfolgt, können sie bei der Prüfung, ob ein Betriebsübergang vorliegt, außer Betracht bleiben.[36]

37 **Beispiele:**

> Die bei Kommissionsarbeiten langfristig eingesetzten Gitterwaren und Paletten; die bei Reinigungsarbeiten notwendigen Reinigungsutensilien und -mittel.

38 **Hinweis:**

> Das Bundesarbeitsgericht scheint insbesondere die in Betrieben anfallenden Verwaltungstätigkeiten überwiegend als betriebsmittelarme Dienstleistung einzustufen[37]; werden diese ausgelagert, liegt mithin i.d.R. ohne Übernahme der Hauptbelegschaft kein Betriebs(teil)übergang vor (vgl. Rn. 94).

39 Hinsichtlich der Übernahme der Hauptbelegschaft muss differenziert werden nach der Art der am Markt angebotenen Leistungen:

40 So soll bei einfachen Dienstleistungen, die von Beschäftigten mit geringer oder keiner besonderen Ausbildung bzw. Sachkunde verrichtet werden können (dies sind in der Praxis durchweg Reinigungs- und Bewachungsarbeiten), ein absolut und prozentual hoher Belegschaftsanteil übernommen werden müssen, um einen Betriebsübergang annehmen zu können. Bei Reinigungstätigkeiten hat das Bundesarbeitsgericht die Übernahme von 60% und sogar 75% der Reinigungskräfte nicht ausreichen lassen.[38] Überschritten sah es die Grenze bei der Übernahme von ca. 85% der Belegschaft.[39]

41 **Hinweis:**

> Damit hat es ein Betriebsinhaber – meist bei sog. Auftragsnachfolgen – in solchen Fällen selbst in der Hand, ob er einen Betriebsübergang herbeiführen will oder nicht. Sollte – was allerdings nicht häufig vorkommt – im Vorfeld solcher Personalübernahmen ein Anwalt hinzugezogen werden, sollte im Arbeitgeber-Mandat auf diese Rechtsprechung und die aus ihr folgenden Gestaltungsmöglichkeiten hingewiesen werden. Das Haftungsrisiko ist ansonsten wegen der für den Übernehmer meist unerfreulichen Rechtsfolgen des § 613a BGB hoch. Ähnliches gilt, wenn Auftragsnachfolgen aus dem weiteren Bereich des öffentlichen Dienstes in Rede stehen, bei denen die Belegschaftsübernahme häufig zur Bedingung für die Auftragserteilung gemacht wird; falls möglich, sollte zumindest über die Prozentzahl der zu übernehmenden Mitarbeiter verhandelt werden.

---

[34] Vgl. BAG v. 11.09.1997 - 8 AZR 555/95 - NZA 1998, 31, 33: Koch als Know-how-Träger einer Gaststätte, vgl. dazu noch Rn. 67.

[35] Zusammenfassend vgl. nur BAG v. 18.03.1999 - 8 AZR 196/98 - NZA 1999, 869, 870.

[36] Vgl. BAG v. 29.06.2000 - 8 AZR 520/99, n.v.

[37] Vgl. z.B. BAG v. 27.10.2005 - 8 AZR 45/05 - NZA 2006, 263, 264.

[38] BAG v. 10.12.1998 - 8 AZR 676/97 - NZA 1999, 420 (75%), bestätigt von BAG v. 24.05.2005 - 8 AZR 333/04 - NZA 2006, 31, 33.

[39] BAG v. 11.12.1997 - 8 AZR 729/96 - NZA 1998, 534, 535.

Anders sieht die Rechtslage bei qualifizierten Dienstleistungen aus, die (nur) von Beschäftig- **42** ten mit einer bestimmten Ausbildung und/oder Sachkunde ausgeführt werden können. Bei diesen Betrieben kann bereits die Übernahme eines geringen Prozentsatzes der Belegschaft, ja u.U. sogar die Übernahme eines einzelnen Beschäftigten (wenn dieser der wesentliche Know-how-Träger des Betriebes ist) für die Annahme eines Betriebsübergangs ausreichen.

Entscheidungen des BAG zu betriebsmittelarmen Dienstleistungsbetrieben: **43**

- BAG v. 26.07.2006 - 8 AZR 769/06 (**Dachdeckereibetrieb**): Nach der Insolvenz eines Dachdeckereibetriebes wurden dessen sächliche Betriebsmittel auf eine Gesellschaft übertragen, die diese ihrerseits an zwei neu gegründete Gesellschaften übertrug, die jeweils voneinander getrennt noch andere Betriebsmittel der Gemeinschuldnerin (Räume, Telefon etc.) nutzten und einige Mitarbeiter übernahmen. Das BAG lehnte einen Betriebsübergang ab, weil nur einige Betriebsmittel von mehreren Unternehmen übernommen worden seien und kein identitätswahrender Übergang stattgefunden habe.
- BAG v. 27.10.2005 - 8 AZR 45/05 (**Auslagerung kaufmännischer Bereich**): Ausgelagert wurden sämtliche relevanten kaufmännischen Verwaltungsarbeiten, wie z.B. Buchhaltung, Personalentwicklung und -verwaltung, Kostenrechnung, Werkzeug- und Inventarverwaltung, Mahnwesen, Posteingang, Telefonzentrale, Empfang, Besucherbewirtung. Sie wurden nach Kündigung des entsprechenden Dienstleistungsvertrages von der Inhaberin des Geschäftsbetriebs, zum Teil wohl mit übernommenen Kräften, selbst wahrgenommen. Das BAG hat einen Betriebsteilübergang abgelehnt; dies zwar maßgebend deshalb, weil kein Betriebsteil übertragen worden sei (vgl. Rn. 94); in diesem Zusammenhang findet sich aber die Aussage, die bloße Fortführung einer Verwaltungsaufgabe mit eigenem Personal „**ohne Übernahme des nach Zahl und Sachkunde wesentlichen Teils des Personals**" (Hervorhebung v. Verf.) reiche für einen Betriebsübergang nicht aus; daraus kann man schließen, dass das BAG solche Verwaltungsaufgaben als betriebsmittelarme Dienstleistung einordnet.
- BAG v. 27.10.2005 - 8 AZR 568/04 (**wirtschaftliche Immobilienbetreuung**): Im Rahmen der Frage, wann genau ein Betriebsübergang stattgefunden hatte, ordnete das BAG eine wirtschaftliche Immobilienbetreuung als Dienstleistungsbetrieb ein, für den es zur Weiterführung des Geschäftszwecks nicht einer bestimmten Büroausstattung, sondern vor allem des Einstiegs in die Betreuungsverträge und des Zugriffs auf die Daten bedürfe. Letztlich konnte das BAG das Vorliegen eines Betriebsübergangs jedoch offen lassen.
- BAG v. 24.05.2005 - 8 AZR 333/04 (**Reinigungsarbeiten**): Über das Vorliegen eines Betriebsübergangs war inzident im Rahmen einer Kündigungsschutzklage wegen einer von einer Kommune ausgesprochenen betriebsbedingten Kündigung zu entscheiden. Diese hatte die Reinigungsarbeiten in städtischen Einrichtungen zum Teil privatisiert, und sie ging auf Grund einer internen Schätzung davon aus, dass 60% der betroffenen Arbeitnehmer nicht zu dem privaten Dienstleister überwechseln würden. Die Zahl lag tatsächlich bei 40%, d.h. 60% der betroffenen Arbeitnehmer arbeiteten für den privaten Anbieter. Das BAG wies die Kündigungsschutzklage einer Arbeitnehmerin, die eine solche Übernahme abgelehnt hatte, ab, da die Kündigung nicht wegen des Betriebsübergangs ausgesprochen worden sei; bei Reinigungstätigkeiten sei die Übernahme von 75% der Belegschaft nicht als Übernahme der Hauptbelegschaft gewertet worden.
- BAG v. 18.12.2003 - 8 AZR 621/02 (**Auslieferungslager für orthopädische Hilfsmittel**): Es ging um die Weiterführung einer Betriebsstätte, die als Auslieferungslager für einen Hersteller orthopädischer Hilfsmittel fungierte; diese Hilfsmittel wurden in diesem Lager gelagert, gewartet und ausgeliefert. Das Lager wurde von einem Unternehmen übernommen, das die dort gelagerten und auszuliefernden Hilfsmittel nicht selbst produzierte.

Es betrieb jedoch das Auslieferungslager (für dann fremdproduzierte Hilfsmittel) in denselben Räumlichkeiten unverändert weiter; übernommen wurden mindestens zehn (von früher fünfzehn) Mitarbeiter(n), wobei die vier nicht Übernommenen für den Betrieb keine besondere Bedeutung hatten. Das BAG nahm einen Betriebsteilübergang an, weil das Auslieferungslager in den gleichen Räumlichkeiten unverändert weitergeführt wurde und die neue Inhaberin die (gleich gebliebene) betriebliche Tätigkeit mit wesentlichen Teilen der Belegschaft fortgesetzt hat. Offen ließ es, ob es die im Auslieferungslager verrichteten Tätigkeiten als betriebsmittelarme Dienstleistung angesehen hat; m.E. spricht mehr für einen Grenzfall.

- BAG v. 29.06.2000 - 8 AZR 520/99 (**Kommissionierarbeiten für Fruchtgroßhandel**): Ein Fruchtgroßhandel hatte die für zwei Großkunden zu leistenden sog. Kommissionierarbeiten (Zusammenstellung des bestellten Obst und Gemüses mittels Gitterwagen und Paletten) zunächst an eine neu gegründete 100%ige Tochter vergeben, die alle damit befassten 16 Arbeitnehmer übernahm. Als die Tochter insolvent wurde, übernahm die frühere Arbeitgeberin die Kommissionierarbeiten wieder selbst, übernahm aber nur drei Kommissionierer und einen Schichtleiter. Das reichte dem BAG für einen Betriebsübergang nicht aus, da es sich um einen betriebsmittelarmen Betrieb handelte, bei dem die immateriellen Betriebsmittel praktisch nur aus dem in der Belegschaft verkörperten Wissen bestanden. Und daher sei die Übernahme eines Viertels der Belegschaft nicht die Übernahme einer wirtschaftlichen Einheit.

- BAG v. 18.03.1999 - 8 AZR 196/98 (**Grundstücksverwaltung**): Im Rahmen einer Grundstücksübertragung ging es darum, ob die von der früheren Grundstückseigentümerin betriebene Grundstücksverwaltung, die sich mit fünf Arbeitnehmern vor allem um die Mietverhältnisse kümmerte, als Betrieb auf die neue Grundstückseigentümerin mit übergegangen war. Der entsprechend klagende Hausmeister verlor sein Kündigungsschutzverfahren, weil das BAG einen Betriebsübergang ablehnte; bei der hier zu beurteilenden Verwaltungstätigkeit stehe die menschliche Arbeitskraft mit einer planmäßig organisierten Aufgabenzuweisung und -erfüllung im Vordergrund. Die neue Eigentümerin habe jedoch keine Arbeitnehmer übernommen. Das Grundstück sei nicht Betriebsmittel, sondern Objekt der Verwaltung, so dass auch keine anderen Betriebsmittel übertragen worden seien. Die bloße Möglichkeit der Betriebsfortführung reiche nicht aus.

- BAG v. 18.02.1999 - 8 AZR 485/97 (**Privatschule**): Der Betrieb, um den es ging, war eine Privatschule, die Maßnahmen der beruflichen Fortbildung und Umschulung anbot und die nach erfolglosen Verhandlungen mit der späteren Beklagten insolvent wurde. Die Beklagte bot in unmittelbarem zeitlichem Anschluss Fortbildungs- und Umschulungsmaßnahmen (für Arbeitslose) auf dem gleichen Gebiet an, schloss aber wohl mit den meisten Kunden neue Verträge. Außerdem stellte sie einige der bei der insolvent gewordenen Schule tätig gewesenen Dozenten ein, wobei die genauen Zahlen unklar blieben. Das BAG hielt einen Betriebsübergang für möglich und verwies zurück. Die Übernahme der Dozenten könne angesichts deren herausgehobenen Qualifikationsgrades die Übernahme einer organisierten Hauptbelegschaft darstellen; maßgebend müsse ferner sein, ob die Kurse mit den bisherigen Kunden fortgesetzt worden seien.

- BAG v. 10.12.1998 - 8 AZR 676/97 (**Hol- und Bringdienst im Krankenhaus**): Der Kläger war bei einem Unternehmen beschäftigt, dass für ein Krankenhaus den Hol- und Bringdienst verrichtete, die Spülküche und den Reinigungsdienst betrieb. Nach einer Auftragsneuvergabe übernahm der neue Auftraggeber einen Teil der Belegschaft; von den acht im Hol- und Bringdienst beschäftigten Arbeitnehmern übernahm er sechs. Ansonsten wurde nichts übertragen, insbesondere war die Arbeitsorganisation eine ganz andere. Das

BAG lehnte einen Betriebsübergang ab, weil allein die Übernahme von 75% der Belegschaft des Hol- und Bringdienstes (sofern dieser überhaupt als Betriebsteil gesehen werden konnte) hierfür nicht ausreiche.

- BAG v. 22.01.1998 - 8 AZR 243/95 (**Technischer Kundendienst**): Ein Kaufhausinhaber schloss die Abteilung „Technischer Kundendienst", in der bislang die in diesem Kaufhaus erworbene „braune Ware" (TV, Video, Telekommunikation u.a.). repariert werden konnte, und ließ die Reparaturaufträge künftig von einer anderen (Fremd-)Firma erledigen, die weder Betriebsmittel noch Beschäftigte übernahm. Das BAG lehnte einen Betriebsübergang ab, da die Fremdfirma weder die Arbeitsorganisation noch Beschäftigte noch irgendwelche Betriebsmittel übernommen habe. Die einvernehmliche Überleitung der Kundenbeziehungen und die Tatsache, dass die Fremdfirma die Kundenbeziehungen des Kaufhauses nutzt, reichten dem BAG nicht für einen Betriebsteilübergang aus.

- BAG v. 11.12.1997 - 8 AZR 729/96 (**Reinigungsauftrag**): Nach der Neuvergabe eines Reinigungsauftrags stellte die neue Auftragnehmerin 60 von 70 Arbeitnehmern ihrer Vorgängerin, darunter auch die Vorarbeiterin ein. Das BAG nahm einen Betriebsübergang an, da nahezu 85% der Beschäftigten übernommen worden waren; dazu kam, dass die neue Auftragnehmerin zumindest zunächst die objektbezogene Arbeitsorganisation ihrer Vorgängerin übernahm.

bb. Betriebsmittelintensive Dienstleistungsbetriebe

Deutlich anders muss die Abwägung aller Gesamtumstände ausfallen, wenn die vom jeweiligen Betrieb angebotene Dienstleistung nicht allein oder ganz überwiegend von der menschlichen Arbeitskraft geprägt ist, sondern daneben materiellen und immateriellen Betriebsmitteln für die Identität der wirtschaftlichen Einheit eine entscheidende Bedeutung zukommt. Falls materielle Betriebsmittel für die Verrichtung der Dienstleistung wesentlich sind, richtet sich – wie bereits angesprochen – die notwendige Gesamtabwägung eher nach den für Produktionsbetriebe entwickelten Grundsätzen. Das bedeutet – im Unterschied zu betriebsmittelarmen Dienstleistungsbetrieben – vor allem, dass die Nichtübernahme eines wesentlichen Teils der Belegschaft einen Betriebsübergang nicht ausschließt.[40] Die o.g. Prozentzahlen kommen bei diesen Fallkonstellationen also nicht zur Anwendung. **44**

Die Kernfrage, insbesondere die Abgrenzung zu den betriebsmittelarmen Dienstleistungsbetrieben, lautet demnach, wann sächliche Betriebsmittel so wesentlich für den Betriebszweck sind, dass ihre Übertragung bzw. ihre Nutzung durch den Nachfolger des bisherigen Arbeitgebers in die Abwägung miteinbezogen werden muss. Nicht entscheidend ist, ob diese Betriebsmittel unverzichtbar für die Erbringung der jeweiligen Dienstleistung sind; dass z.B. ohne Reinigungsutensilien nicht geputzt werden kann, ist zwar selbstverständlich, führt aber nicht dazu, dass Putzeimer und Putzmittel als wesentliche Betriebsmittel angesehen werden können (vgl. Rn. 52). **45**

Nach der früheren Rechtsprechung lag ein zentrales Abgrenzungskriterium darin, ob die jeweiligen Betriebsmittel, mit oder an denen die Dienstleistung erbracht wurde, vom Auftragnehmer „eigenwirtschaftlich genutzt" wurden. Nur wenn der Auftragnehmer über die Art und Weise der Nutzung dieser Betriebsmittel eigenwirtschaftlich entscheiden durfte und konnte, wurden ihm die im Eigentum des Auftraggebers stehenden Betriebsmittel als eigene zugerechnet und in die Gesamtabwägung bei der Prüfung eines Betriebsübergangs mit einbezogen.[41] Daher nahm das Bundesarbeitsgericht z.B. in Fällen einer Auftragsnachfolge beim Catering **46**

---

[40] Vgl. zunächst nur BAG v. 22.07.2004 - 8 AZR 350/03 - NZA 2004, 1383, 1386 f.
[41] So explizit BAG v. 11.12.1997 - 8 AZR 426/94 - NZA 1998, 532.

oder bei der Bewachung bestimmter Objekte keinen Betriebsübergang an, da es sie als betriebsmittelarme Dienstleistungsbetriebe einordnete und es folglich zentral auf die Übernahme der Hauptbelegschaft im o.g. Sinne (vgl. Rn. 35 ff.) ankam.

47 Diese Rechtsprechung des Bundesarbeitsgerichts wurde durch zwei Entscheidungen des Europäischen Gerichtshofs[42] hinfällig. Nach dessen Rechtsprechung darf der Umstand, ob die zur Verfügung gestellten Betriebsmittel eigenwirtschaftlich genutzt werden oder nicht, bei der Beurteilung, ob eine wirtschaftliche Einheit übergeht oder nicht, keine notwendige Voraussetzung sein.[43]

48 Das Bundesarbeitsgericht hat daraufhin seine frühere Rechtsprechung ausdrücklich aufgegeben und ausdrücklich entschieden, dass das Kriterium der eigenwirtschaftlichen Nutzung der Betriebsmittel nicht mehr in die Gesamtabwägung mit einbezogen werden kann. Stattdessen stellt es nunmehr darauf ab, ob die (übergehenden) sächlichen Betriebsmittel „wesentlich" sind. Dies soll dann der Fall sein, wenn der Einsatz dieser sächlichen Betriebsmittel bei wertender Betrachtungsweise den eigentlichen Kern des zur Wertschöpfung erforderlichen Funktionszusammenhangs ausmacht und sie unverzichtbar zur auftragsgemäßen Verrichtung der Tätigkeit sind bzw. – umgekehrt ausgedrückt – der Kern der Wertschöpfung nicht im Know-how des Personals und der Nutzung sonstiger immaterieller Betriebsmittel besteht.[44] Wenn dies bejaht wird, ist der fragliche Betrieb oder Betriebsteil kein „betriebsmittelarmer" mehr, sondern ein „betriebsmittelintensiver", so dass es für das Vorliegen eines Betriebsübergangs nicht (mehr) darauf ankommt, ob ein nach Zahl und Sachkunde wesentlicher Teil der Belegschaft (also die Hauptbelegschaft) übernommen wurde; entscheidend ist dann im Wesentlichen die Übertragung der Betriebsmittel.[45]

49 Die Kernfrage für die anwaltliche Praxis lautet daher nunmehr, wann Betriebsmittel in diesem Sinne wesentlich sind. Dafür muss vorab gefragt werden, ob die Betriebsmittel überhaupt der „Betriebssphäre" des (übernehmenden) Dienstleisters zuzuordnen sind; dies wird i.d.R. nur dann der Fall sein, wenn der Dienstleister die vom Auftraggeber zur Verfügung gestellten Betriebsmittel in seine eigene Arbeitsorganisation eingliedert bzw. eingliedern muss, bzw. wenn sächliche Betriebsmittel Gegenstand der erbrachten Dienstleistung sind.[46] Umgekehrt ausgedrückt, dürfen sie also nicht Objekt der Dienstleistung sein; so hat das Bundesarbeitsgericht bei einer Grundstücksverwaltung darauf abgestellt, dass das übertragene Grundstück nicht Betriebsmittel, sondern Objekt der Verwaltung ist.[47]

50 **Beispiel:**

> Ein Institut entscheidet sich, den Auftrag für die Wartung und Reparatur der in seinem Eigentum und Besitz stehenden Kopiergeräte an ein anderes Serviceunternehmen zu vergeben.

---

[42] EuGH v. 20.11.2003 - C-340/01 - NZA 2003, 1385 ff. - Abler; entscheidend dann EuGH v. 15.12.2005 - C-232, 233/04 - NZA 2006, 29 ff. - Güney-Görres, Demir.

[43] EuGH v. 15.12.2005 - C-232, 233/04 - NZA 2006, 29, 30 f. - Güney-Görres, Demir.

[44] BAG v. 02.03.2006 - 8 AZR 147/05 - NZA 2006, 1105, 1108; BAG v. 06.04.2006 - 8 AZR 222/04 - NZA 2006, 723, 726; BAG v. 13.06.2006 - 8 AZR 271/05 - NZA 2006, 1101, 1104; BAG v. 15.02.2007 - 8 AZR 431/06 - NZA 2007, 793.

[45] Signifikant insoweit BAG v. 13.06.2006 - 8 AZR 271/05 - NZA 2006, 1101, 1104 f., wo die Übernahme von Personal als Element des Betriebsübergangs noch nicht einmal mehr angesprochen wird.

[46] *Willemsen/Müntefering*, NZA 2006, 1185, 1187.

[47] BAG v. 18.03.1999 - 8 AZR 196/98 - NZA 1999, 869, 870.

Nicht entscheidend für die Wesentlichkeitsbeurteilung ist, ob Betriebsmittel notwendig oder **51** unverzichtbar für die jeweilige Tätigkeit bzw. Dienstleistung sind; dies kann nach der Rechtsprechung des Bundesarbeitsgerichts auch in betriebsmittelarmen Dienstleistungsbetrieben der Fall sein.[48]

Daraus ergibt sich insgesamt das – für die anwaltliche Praxis problematische – Fazit, dass der- **52** zeit nicht gesagt werden kann, wann und unter welchen Voraussetzungen sächliche Betriebsmittel den „Kern der Wertschöpfung" bilden. Die neueren Entscheidungen des Bundesarbeitsgerichts sind weitgehend auf den Einzelfall ausgerichtet und enthalten kaum einzelfallübergreifende Überlegungen oder subsumierfähige Rechtssätze. Als ein Aspekt genannt wird vom Bundesarbeitsgericht, dass sächlichen Betriebsmitteln eine untergeordnete Rolle zugemessen werden kann (nicht: muss!), wenn sie leicht austauschbar und auf dem Markt unschwer zu erwerben sind.[49] Gedacht wurde hier anscheinend an die schon genannten Putzutensilien oder die Schere des Friseurs[50], denen man schon nach einer ganz unbefangenen und nicht hinterfragten Betrachtungsweise kaum die Qualität eines „wesentlichen" Betriebsmittels zumessen wird. Freilich schließt auch das die grundsätzliche Berücksichtigungsfähigkeit solcher Betriebsmittel nicht aus.[51] Allerdings war es in dem vom Bundesarbeitsgericht entschiedenen Fällen so, dass die vom Auftraggeber zur Verfügung gestellten Betriebsmittel standortgebunden sowie hochwertige und teure Gebrauchsgüter/Maschinen waren, die (haupt-)bestimmend für den Ablauf und die Arbeitsorganisation waren (vgl. Rn. 57).[52]

Weitere Ansatzpunkte sind den Entscheidungen des Bundesarbeitsgerichts derzeit nicht zu **53** entnehmen. Daher muss die weitere Entwicklung abgewartet werden, insbesondere ob sich im Laufe der Zeit verallgemeinerungsfähige Kriterien für die Frage der zentralen Bedeutung sächlicher Betriebsmittel für den Kern der Wertschöpfung herausbilden werden. Im Schrifttum wird jedoch darüber hinaus zu Recht darauf verwiesen, dass es nicht nur „Alles-oder-nichts-Fälle" (d.h. Betriebsmittel oder menschliche Arbeitskraft), sondern auch Fallkonstellationen gibt, in denen sächliche Betriebsmittel und menschliche Arbeitskraft gleichermaßen für die Identität der wirtschaftlichen Einheit prägend sind.[53]

Hinweis: **54**

Dennoch kann jedenfalls nach der derzeitigen Rechtsprechung des Bundesarbeitsgerichts davon ausgegangen werden, dass im Falle einer Auftragsnachfolge, bei der die fraglichen Dienstleistungen an solchen wesentlichen Betriebsmitteln verrichtet werden müssen, kaum ein Weg an einem Betriebsübergang vorbeiführt. Dieser kann nicht dadurch verhindert werden, dass der Übernehmer kein oder nur wenig Personal seines Vorgängers übernimmt!

Damit hat man im **Arbeitnehmer-Mandat** in diesen Fällen „gute Karten", wenn man gegen eine (betriebsbedingte) Kündigung des vorherigen Auftragnehmers klagt.

Im **Arbeitgeber-Mandat** sollte man ggf. in der Beratung nicht nur auf den Bestands-, sondern auch auf den Inhaltsschutz hinweisen, da viele neue Auftragnehmer nichts gegen die Übernahme der Arbeitsverhältnisse als solche, sondern vor allem etwas gegen die als (zu hoch empfundenen) Arbeitsbedingungen haben und versuchen, diese zu ändern.

---

[48] BAG v. 29.06.2000 - 8 AZR 520/99, n.v.
[49] So BAG v. 06.04.2006 - 8 AZR 222/04 - NZA 2006, 723, 726.
[50] So plastisch *Bauer*, NZA 2004, 14, 16.
[51] Deutlicher dagegen *Willemsen/Müntefering*, NZA 2006, 1185, 1188 f.
[52] Ähnlich *Willemsen/Müntefering*, NZA 2006, 1185, 1189 ff.
[53] Eingehend und weiterführend *Willemsen/Müntefering*, NZA 2006, 1185, 1189 ff.

55   Bedenken gegen diese Rechtsprechung, insbesondere die des Europäischen Gerichtshofs, ergeben sich im Übrigen nicht allein aus arbeitsrechtlichen Gesichtspunkten, sondern auch aus anderen Überlegungen. Wenn es tatsächlich Konsequenz der neueren Rechtsprechung sein sollte, dass in einigen Branchen eine Auftragsnachfolge letztlich immer ein Betriebsübergang ist und nie eine bloße Funktionsnachfolge sein kann, zeigt dies m.E. eine aus gemeinschaftsrechtlicher und nationaler Sicht bedenkliche Ausdehnung des Anwendungsbereichs der Betriebsübergangsregelungen. Dazu kommt, dass der weitgehende Inhaltsschutz des Betriebsübergangsrechts letztlich zu einer Perpetuierung einmal vereinbarter Arbeitsbedingungen auch und gerade für den/die Auftragsnachfolger führt, die erhebliche wettbewerbsrechtliche Auswirkungen haben können. Auf entsprechenden Vortrag ist das Bundesarbeitsgericht bislang nicht eingegangen, was an mangelnder Substantiierung liegen mag.[54]

56   Ganz anders gelagerte Fragen stellen sich, wenn die für die Dienstleistung essenziellen Betriebsmittel immaterieller Art sind. Sie sind bislang relevant geworden bei Betrieben, die im Vertriebsbereich tätig waren; damit besteht eine deutliche Nähe und partielle Überschneidung mit Handelsbetrieben; wegen des Sachzusammenhangs werden diese Betriebe daher an dortiger Stelle behandelt (vgl. Rn. 62 ff.).

57   Entscheidungen des BAG zu betriebsmittelintensiven Betrieben (ohne überholte Entscheidungen[55]):

- BAG v. 14.08.2007 - 8 AZR 803/06 (**Frischelager**): Eine Gesellschaft, die ein Frischelager betrieb, wurde sukzessive von einem Konzern übernommen und in diesen eingegliedert; zunächst wurden Buchhaltung und Personalverwaltung vom Konzern übernommen, später die Kundenbeziehungen, wobei die Konzernmutter nunmehr ihrerseits die Gesellschaft mit den gleichen Aufgaben wie vorher beauftragt. Betriebsmittel und Personal blieben bei der Gesellschaft; daran ließ das BAG einen Betriebsübergang scheitern.

- BAG v. 15.02.2007 - 8 AZR 431/06 (**Schlachtarbeiten in Schlachthof**): Übernimmt ein Auftragnehmer die Durchführung der Ausbein-, Zerlege- und Schlachtarbeiten und nutzt er dabei die ihm vom Inhaber des Schlachthofs zur Verfügung gestellten technischen Einrichtungen, macht deren Einsatz nach Auffassung des BAG den eigentlichen Kern des zur Wertschöpfung erforderlichen Funktionszusammenhangs aus. Werden die Schlachtarbeiten ohne zeitliche Unterbrechung unverändert so wie vom vorherigen Auftragnehmer ausgeführt, soll von einem Betriebsübergang auszugehen sein, ohne dass es auf die eigenwirtschaftliche Nutzung der sächlichen Betriebsmittel und auf die Übernahme von Personal ankomme.

- BAG v. 13.06.2006 - 8 AZR 271/05 (**Personenkontrolle am Flughafen**)[56]: Der Übergang der Personenkontrolle am Flughafen, die im Übrigen auch Gegenstand der zweiten Entscheidung des Europäischen Gerichtshofs zur Frage der eigenwirtschaftlichen Nutzung von Betriebsmitteln war[57], im Rahmen einer Auftragsnachfolge wurde vom BAG ebenfalls als Betriebsübergang beurteilt, da die für die Personenkontrolle eingesetzten Ge-

---

[54] Vgl. BAG v. 02.03.2006 - 8 AZR 147/05 - AP Nr. 302 zu § 613a BGB, wo dieser Einwand zwar im Tatbestand auftaucht, in den Entscheidungsgründen jedoch nicht explizit behandelt wird.

[55] Nicht dargestellt werden die Entscheidungen des BAG, die noch auf der Grundlage ergangen sind, dass die eigenwirtschaftliche Nutzung von Betriebsmitteln ein zu berücksichtigender Umstand ist. Diese Entscheidungen dürften inzwischen sowohl im Ergebnis als auch in der Begründung hinfällig geworden sein.

[56] Am gleichen Tag ergingen drei Entscheidungen zu gleichen Frage, die sämtlich nicht veröffentlicht, aber auf der Webseite des BAG abrufbar sind.

[57] EuGH v. 15.12.2005 - C-232, 233/04 - NZA 2006, 29 ff. - Güney-Görres, Demir.

räte und Anlagen identitätsprägend seien und ihr Einsatz den eigentlichen Kern des zur Wertschöpfung erforderlichen Funktionszusammenhangs ausmache. Außerdem seien der Auftraggeber und die „Kundschaft" die gleiche geblieben. Andere Arbeitszeitmodelle seien hingegen für den Betrieb nicht prägend.

- BAG v. 06.04.2006 - 8 AZR 222/04 (**Druckservice**): Im Streit stand die Qualifizierung einer Auftragsnachfolge im sog. Druckservice; als Aufgaben übertragen wurden auf einen neuen Auftraggeber u.a. das Bereitstellen und Zuführen von Beilagen zu den wohl bereits fertig gestellten Tageszeitungen, das Betreiben und Instandhalten von Maschinen sowie die Fertigstellung von Zeitungen zum Versand. All das war an eine bestimmte standortgebundene und umfangreiche maschinelle Ausstattung gebunden. Das BAG nahm einen Betriebsübergang an, da die neue Auftragnehmerin keinen anderen Betriebszweck verfolgte, den gleichen (und einzigen) Auftraggeber hatte, die Arbeitsorganisation im Wesentlichen beibehielt und die eingesetzten Betriebsmittel als wesentlich im Sinne der neueren Rechtsprechung angesehen wurden, weil sie den eigentlichen Kern der Wertschöpfung bildeten; in Bezug auf Letzteres war für das BAG wohl maßgebend, dass es sich um standortgebundene umfangreiche (Spezial-)Anlagen und Maschinen handelte.

- BAG v. 02.03.2006 - 8 AZR 147/05 (**Bereederung eines Forschungsschiffes**): Im Streit stand die im Rahmen einer Auftragsnachfolge vergebene Bereederung eines Forschungsschiffes, das der neue Auftragnehmer als solches weiterführte. Die Besatzung wurde wohl nicht übernommen. Das BAG nahm den Übergang eines Teilbetriebes an, da die hierfür erforderliche Identität der wirtschaftlichen Einheit mit der Bereederung des Forschungsschiffes als prägendes Betriebsmittel und der Weiterführung als Forschungsschiff auch ohne Übernahme der ursprünglichen Schiffsbesatzung gewahrt sei.

- BAG v. 22.07.2004 - 8 AZR 350/03 (**Gefahrstofflager**): Ein Unternehmen lagerte sein Gefahrstofflager komplett aus und übertrug die Lagerung, Vereinnahmung, Kommissionierung sowie den Transport von Gefahrgütern auf ein Dienstleistungsunternehmen, das auf einem in seinem Eigentum stehenden Grundstück dafür eine Lagerhalle nebst Büro- und Sozialräumen errichtete. Als es drei Jahre später zu Unstimmigkeiten kam, wurde der Auftrag gekündigt, und das Unternehmen führte das Gefahrstofflager unter Einsatz eigener Mitarbeiter und Anmietung der eingerichteten Lagerhalle weiter. Das BAG nahm einen Betriebsübergang an, weil das Unternehmen die für die Fortführung des Betriebs wesentlichen bzw. essenziellen sächlichen Betriebsmittel übernommen habe sowie – vor allem – die Arbeitsorganisation und Betriebsmethoden der Vorgängerin beibehalten habe. Da es sich nicht um einen betriebsmittelarmen Betrieb handelte, war die fehlende Übernahme von Mitarbeitern der früheren Auftragnehmerin unerheblich.

c. Handelsbetriebe und Gaststätten

Dritte Gruppe in der Betriebsübergangstypologie sind Handelsbetriebe und Gaststätten, die sich vor allem dadurch kennzeichnen (und von anderen Betrieben unterscheiden), dass häufig die Kundenbeziehungen und die Geschäftslage bei ihnen eine wichtige, wenn nicht sogar die wichtigste Rolle spielen.   **58**

Bei Handelsbetrieben ist dabei wiederum zu differenzieren zwischen Einzelhandelsbetrieben, Groß- und Außenhandelsbetrieben und anderen Vertriebsformen.   **59**

aa. Einzelhandelsbetriebe

Die Kriterien für die Beurteilung, wann ein Einzelhandelsbetrieb auf einen neuen Inhaber übergeht bzw. wann die wirtschaftliche Identität gewahrt bleibt, sind zuletzt nochmals in der   **60**

Entscheidung des Bundesarbeitsgerichts vom 02.12.1999[58], die von den Turbulenzen der jüngeren Zeit um die „Wesentlichkeit sächlicher Betriebsmittel" (vgl. Rn. 46 ff.) unberührt geblieben ist, zusammengefasst: Als Substrat und spezifischen Charakter eines Einzelhandelsbetriebes sieht das Bundesarbeitsgericht Lieferanten- und Kundenbeziehungen an, weil der Zweck dieser Betriebe in dem Verkauf bestimmter Waren an einen mehr oder weniger bestimmten Kundenkreis liegt. In neuerer Zeit definiert das Bundesarbeitsgericht den Betriebszweck enger und bezieht ihn auf das Einkaufs- und Verkaufskonzept des bisherigen und des neuen Inhabers; bei einer wesentlichen Änderung dieses enger definierten Betriebszwecks lehnt es schon im Ansatz einen Betriebsübergang ab, ohne weitere Kriterien zu prüfen[59] (vgl. Rn. 61). Unter dem Aspekt der Aufrechterhaltung der Kundenbeziehungen bzw. der Überlegung, dass der Übernehmer für eine im Wesentlichen unveränderte Fortführung die Voraussetzungen erwerben muss, um die täglichen, auf den Absatz seiner Waren gerichteten Rechtsgeschäfte zukünftig in derselben oder ähnlichen Art und Weise abzuschließen, sind für das Bundesarbeitsgericht die folgenden Kriterien maßgebend[60]:

- Warensortiment (nach Art und Umfang gleich bzw. gleichartig) und Betriebsform (Warenhaus, Fachgeschäft, Spezialgeschäft, Supermarkt, Selbstbedienungsladen): Ihre im Wesentlichen unveränderte Beibehaltung ist regelmäßig Voraussetzung für einen Betriebsübergang, da sich der Inhaber durch diese Bestandteile seinen Kundenkreis schafft.
- Übernahme der Räumlichkeiten bzw. Geschäftsfortführung in unmittelbarer Nähe: kann je nach Betriebsform und Art der verkauften Ware erheblich sein. Handelt es sich um ein Spezialgeschäft oder ein am Ort konkurrenzloses Geschäft, wird ein Ortswechsel weniger Auswirkungen auf die Kundenbeziehungen haben (so dass die Übernahme keine große Rolle spielt) als bei einem Geschäft, das gängige Waren anbietet und bei dem Angebotsvielfalt besteht. In diesem Fall ist die Geschäftslage, also die Übernahme der Räumlichkeiten von großer Bedeutung.
- Erwerb von Warenbeständen: ist von geringerer Bedeutung, weil davon i.d.R. die Betriebsfortführung nicht abhängt und nicht ermöglicht wird.[61] Allerdings kann die Übernahme des Warenbestands ein gewichtiges Indiz für die Fortführung bzw. Beibehaltung des Warensortiments sein.[62]
- Eintritt in Lieferbeziehungen: ist ebenfalls von geringerer Bedeutung, wenn diese allgemein offen stehen bzw. verschiedene Lieferanten das gleiche Warensortiment haben und nicht ganz spezielle Markenware verkauft wird.
- Übernahme der Ladeneinrichtung: ist kaum wesentlich.
- Übernahme des Personals und dessen im Wesentlichen unveränderte Weiterbeschäftigung: ist ein wichtiger Gesichtspunkt jedenfalls dann, wenn Fachkräfte beschäftigt werden (müssen). Die Berücksichtigung ist folglich mit abhängig von der Betriebsform.
- Dauer der Unterbrechung der Verkaufstätigkeit: ist jedenfalls bei relativ langer Dauer als Indiz gegen einen Betriebsübergang zu werten, wobei dies wiederum von der Art des Geschäfts abhängig ist.[63]

---

[58] BAG v. 02.12.1999 - 8 AZR 796/98 - NZA 2000, 369, 370 f.; grundlegend BAG v. 30.10.1986 - 2 AZR 696/85 - AP § 613a BGB Nr. 58.

[59] BAG v. 13.07.2006 - 8 AZR 331/05 - NZA 2006, 1357, 1359.

[60] Umfassend BAG v. 02.12.1999 - 8 AZR 796/98 - NZA 2000, 369, 370; vgl. auch schon BAG v. 30.10.1986 - 2 AZR 696/85 - NZA 1987, 382 ff. (Entscheidungsgründe insoweit dort nicht abgedruckt) = AP § 613a BGB Nr. 58.

[61] So BAG v. 02.12.1999 - 8 AZR 796/98 - NZA 2000, 369, 371.

[62] BAG v. 30.10.1986 - 2 AZR 696/85 - AP § 613a BGB Nr. 58.

[63] BAG v. 22.05.1997 - 8 AZR 101/96 - NZA 1997, 1050, 1053.

- BAG v. 13.07.2006 - 8 AZR 331/05 (**Möbeleinzelhandel**): Ein Möbeleinzelhandelsgeschäft bot ein Vollsortiment an Markenmöbeln an, die es seinen Kunden – ggf. nach Beratung bei der Möbelbestellung und Einrichtungsplanung – verkaufte, ggf. bestellte und lieferte. Die Möbel bezog es über einen Möbeleinzelhandelsverband. Nach (insolvenzbedingter) Schließung zog in die Geschäftsräume ein anderes Möbeleinzelhandelsgeschäft ein, das Möbel aus Insolvenzen, Fehlbeständen etc. erwarb und zu Discountpreisen an Selbstabholer verkaufte. Beratung fand kaum noch statt. Das BAG lehnte einen Betriebsübergang ab, weil die neue Inhaberin durch das vollständig andere Verkaufs- und Einkaufskonzept den Betriebszweck geändert habe und daher die wirtschaftliche Einheit nicht identisch gewesen sei.

- BAG v. 02.12.1999 - 8 AZR 796/98 (**Elektroartikel**): Zwei Unternehmen eines Konzerns beschäftigten sich im Wesentlichen mit dem Handel von Elektroartikeln aller Art. Eines der Unternehmen schloss eine Filiale in einem Ort, in dem das andere Unternehmen kurz vor dieser Schließung eine neue Filiale eröffnete, in der es mehrere Mitarbeiter aus der nunmehr geschlossenen Filiale des Schwesternunternehmens beschäftigte. Nach bestrittenem Vortrag des Unternehmens hatte es das Sortiment geändert; zudem wurde eine andere Unternehmenskonzeption und Warenpräsentation behauptet. Das BAG konnte keine Sachentscheidung zur Frage des Betriebsübergangs treffen, verwies aber darauf, es komme vor allem darauf an, ob die gleiche Ware wie vorher verkauft werde und ob der Kundenkreis aufgrund Art und Lage beider Geschäfte gleich geblieben sei. Falls nein, komme der Übernahme des Personals keine entscheidende Bedeutung zu.

- BAG v. 22.05.1997 - 8 AZR 101/96 (**Modefachgeschäft**): Nach Schließung eines großen Modefachgeschäfts übernahm der neue Inhaber das Geschäftshaus, baute es nach seinen eigenen firmentypischen Merkmalen um und eröffnete nach 9 Monaten mit neuem Personal ebenfalls ein Modefachgeschäft. Das BAG lehnte einen Betriebsübergang ab, weil allein die Übernahme der Geschäftsräume in günstiger Geschäftslage nicht ausreichend für einen Betriebsübergang sei und zudem die lange Ruhensdauer von 9 Monaten im Bekleidungseinzelhandel eine wirtschaftlich erhebliche Dauer sei.

- BAG v. 30.10.1986 - 2 AZR 696/85 (**Textil- und Haushaltswarengeschäft**): Der beklagte Arbeitgeber betrieb ein Einzelhandelsgeschäft in Form eines Kaufhauses mit zwei Abteilungen für Haushaltswaren und Textilien. Als er das Geschäft aus Altersgründen schloss, zog in die Räume ein Textilfachgeschäft ein, dass ausschließlich Bekleidung verkaufte und zudem überwiegend ein anderes Sortiment anbot. Daher lehnte das BAG einen Betriebsübergang ab: Dies scheitere daran, dass die angebotenen Warensortimente in erheblichen Teilen nicht übereinstimmten und zudem unterschiedliche Betriebsformen vorlägen.

- BAG v. 20.07.1982 - 3 AZR 261/80 (**Möbeleinzelhandelsgeschäft**): Hintergrund waren gesellschaftsrechtlich komplizierte Transaktionen über und mit mehreren Gesellschaften, die die Beurteilung, ob ein bestehendes Möbeleinzelhandelsgeschäft übergegangen war, erschwerten. Das BAG nahm nach einer Gesamtwürdigung an, dass die Übernahme der Betriebsräume und der dazugehörigen Teile des Zentrallagers, der Mietvertrag, das Wettbewerbsverbot, der Eintritt in die laufenden Geschäftsbeziehungen und die firmenrechtliche Regelung insgesamt dahin zielten, den Möbelhandel als Einheit zu erhalten und auf die beklagte Arbeitgeberin zu übertragen.

21

bb. Groß- und Außenhandelsbetriebe

62 Deutlich weniger Entscheidungsmaterial gibt es im Bereich des Groß- und Außenhandels. Das Bundesarbeitsgericht musste sich bisher nur einmal mit dieser Fallgestaltung befassen.[64] Ausgehend vom Betriebszweck eines Großhandelsbetriebes, der darin besteht, mit Hilfe von Arbeitnehmern Waren vom Hersteller anzukaufen und an Wiederverkäufer zu verkaufen, sieht das Bundesarbeitsgericht als entscheidend für einen solchen Betrieb die Lieferverträge und die Rechtsbeziehungen zu Einzelhändlern an; vor allem die Aushändigung von Lieferanten- und (m.E. noch wichtiger) Kundenlisten sowie der Eintritt in Lieferantenverträge wird damit einen Betriebsübergang bei einem Großhandelsbetrieb ausmachen. Die Betriebsräume sind hingegen von untergeordneter Bedeutung, da ein Großhandelsgeschäft an anderen Orten weitergeführt werden kann, ohne seinen Kundenkreis zu verändern. Wird mit Markenware gehandelt, die unter einem Warenzeichen vertrieben wird, sollen dieses Warenzeichen und damit zusammenhängende Gebrauchsmuster einen wesentlichen Bestandteil des Betriebes darstellen.[65]

63 Entscheidung des BAG zu Großhandelsbetrieb:

- BAG v. 28.04.1988 - 2 AZR 623/87 (**Großhandel für Haushaltswaren und Geschenkartikel**): Die Beklagte vertrieb Porzellan-, Steingut- und Glaswaren, Bestecke und Geschenkartikel unter einem Warenzeichen. Sie übertrug an eine GmbH Druckunterlagen und Klischees für Werbeprospekte, Preislisten sowie bewegliche Gegenstände ihres Messestandes und ihres Ausstellungszimmers; streitig blieb, ob sie der GmbH Kunden- und Lieferantenlisten übergeben hatte und ob diese in Lieferanten- und Abnehmerverträge eingetreten war bzw. ob die Beklagte ihr diese vermittelt hatte. Genau dies musste nach Auffassung des BAG noch aufgeklärt werden, da die Übernahme der Listen und der Eintritt in die Verträge zusammen mit der Veräußerung des Warenzeichens entscheidend für die Annahme eines Betriebsübergangs seien.

cc. Handelsvertreter/andere Vertriebsformen

64 Auf der Grenze zwischen Dienstleistungs- und Handelsbetrieb liegen Betriebe bzw. Unternehmen, die im Vertrieb für andere Unternehmen tätig sind. Unabhängig von der jeweils im Einzelfall zutreffenden Zu- bzw. Einordnung wird man Einigkeit darüber erzielen können, dass die Vertriebsberechtigung für bestimmte Produkte i.d.R. das entscheidende immaterielle Betriebsmittel ist. Daher hat der Europäische Gerichtshof es für möglich gehalten, in der Übertragung einer Kfz-Vertriebsberechtigung von einem Vertragshändler auf einen anderen in Verbindung mit einem Großteil der Belegschaft einen Betriebsübergang zu sehen.[66] Das Bundesarbeitsgericht hat die aus einem Handelsvertretervertrag folgende Berechtigung, die Produkte eines Unternehmens in einem bestimmten Geschäftsbezirk zu vertreten, sowie den von dem bisherigen Handelsvertreter geworbenen Kundenkreis, bei dem ausschließlich er weitere Akquisitionen vornehmen durfte, als wesentliche immaterielle Betriebsmittel angesehen.[67] Die Übernahme von Kundenlisten oder anderen Geschäftsunterlagen soll hingegen nicht wesentlich sein.[68]

---

[64] Hierzu und zum Folgenden BAG v. 28.04.1988 - 2 AZR 623/87 - NZA 1989, 265, 266.

[65] BAG v. 28.04.1988 - 2 AZR 623/87 - NZA 1989, 265, 266.

[66] EuGH v. 07.03.1996 - C-171, 172/99 - NZA 1996, 413, 414 - Merckx u. Neuhuys.

[67] BAG v. 21.01.1988 - 2 AZR 480/87 - AP § 613a BGB Nr. 72 (nur dort im Volltext).

[68] BAG v. 21.01.1988 - 2 AZR 480/87 - AP § 613a BGB Nr. 72.

Entscheidung des BAG zum Betrieb eines Handelsvertreters: **65**
- BAG v. 21.01.1988 - 2 AZR 480/87 (**Handelsvertreter**): In Streit stand, ob eine Liefer-firma für IBM-Produkte, die nach der Kündigung eines Handelsvertretervertrages die Ser-vice-Aufgaben und die werbende Tätigkeit weitergeführt und die bisherigen Betriebs-räume einschließlich des Betriebsinventars weiter genutzt hatte, in ein Arbeitsverhältnis eingetreten ist, das vorher mit dem Handelsvertreter bestand. Das BAG hat dies wegen Vorliegens eines Betriebsübergangs bejaht, da die wesentlichen immateriellen Betriebs-mittel übergegangen seien; mit der Berechtigung, für die Produkte der Firma IBM im Be-zirk des Handelsvertreters zu werben und auch bei den von ihm geworbenen Kunden zu akquirieren, habe die Firma eine Rechtsposition erlangt, die ihr vorher nicht oder nur unter besonderen Voraussetzungen zugestanden hätte.

dd. Gaststätten

Ist Übertragungsobjekt eine Gaststätte i.w.S., sind nach der Rechtsprechung des Bundesar- **66** beitsgerichts die für Einzelhandelsbetriebe geltenden Grundsätze sinngemäß anzuwenden, da bei beiden Betriebsarten die Rechtsbeziehungen zu den Kunden i.d.R. keine Dauerbeziehun-gen sind; es kommt somit entscheidend darauf an, ob der Übernehmer die Voraussetzungen erworben hat, um die täglichen, auf den Absatz seiner Waren gerichteten Rechtsgeschäfte künftig in derselben Art und Weise abschließen zu können. Daher ist auch bei einer Gaststätte für einen Betriebsübergang die Erhaltung des Kundenkreises wesentlich; dieser wird neben der Geschäftslage durch das Warensortiment und die Betriebsform bestimmt.[69] Bei einem Restau-rant soll des Weiteren der Übernahme von Personal, und dabei in erster Linie des Kochs, er-hebliche Bedeutung zukommen.[70] Schließlich wird man eine eventuelle Unterbrechung der Tätigkeit mit einbeziehen müssen; jedenfalls dann, wenn ein reichliches Gaststättenangebot vorhanden ist, wird eine Unterbrechung von einem halben Jahr und mehr eher gegen einen Be-triebsübergang sprechen.[71]

Entscheidungen des BAG zu Gaststätten: **67**
- BAG v. 20.03.2003 - 8 AZR 312/02 (**Sicherungsübereignung eines Gastronomiebe-triebs**): Der Inhaber zweier Gaststätten hatte einen der beiden Gastronomiebetriebe an ei-nen Rechtsanwalt, der ihm Kredit gewährt hatte, „sicherungsübereignet". In der Folge er-teilte der Anwalt den Angestellten Weisungen. Das BAG lehnte indes klar das Vorliegen eines Betriebsübergangs ab, da eine Sicherungsübereignung für sich genommen noch kei-nen Betriebsübergang bewirke. Dass der Sicherungsnehmer im konkreten Fall aktiv im Gastronomiebetrieb tätig war, reichte für einen Inhaberwechsel nicht aus.
- BAG v. 11.09.1997 - 8 AZR 555/95 (**Speiserestaurant**): Ein gutbürgerliches deutsches Speiserestaurant mit Kegelbahn wurde geschlossen. Der neue Inhaber übernahm die Räumlichkeiten, baute sie erheblich um und eröffnete nach sechs Monaten ein neues Res-taurant, in dem arabische Spezialitäten angeboten wurden. Personal wurde keines über-nommen. Das BAG lehnte einen Betriebsübergang ab, da schon die Unterbrechungsdauer erheblich sei, die Gaststätte von ihrem Charakter her einen gewichtigen Wandel erfahren habe und Personal, insbesondere der Koch (als Know-how-Träger, vgl. Rn. 42), nicht übernommen worden sei.

---

[69] BAG v. 26.02.1987 - 2 AZR 321/86 - NZA 1987, 589, 591.
[70] BAG v. 11.09.1997 - 8 AZR 555/95 - NZA 1998, 31, 33.
[71] BAG v. 11.09.1997 - 8 AZR 555/95 - NZA 1998, 31, 32.

- BAG v. 19.11.1996 - 3 AZR 394/95 (**Übernahme einer gesamten Gaststätte**): Veräußert wurde ein Gaststättenkomplex einschließlich Warenbeständen, Einrichtungen, Einbauten und sonstigen Betriebsmitteln; außerdem verpflichtete sich der Erwerber zur Personalübernahme. Allerdings wollte er die Gaststätte nicht als solche weiterführen, sondern eine Weiterbildungseinrichtung für den gastronomischen Bereich betreiben. Das BAG ging wegen der Übernahme aller Betriebsmittel und des Personals von einem Betriebsübergang aus und hielt die beabsichtigte Änderung des Betriebszwecks für unerheblich, da es auf die unveränderte Fortführungsmöglichkeit ankomme. Die Entscheidung würde heutzutage mit hoher Wahrscheinlichkeit anders ausfallen, wenn es zur sofortigen Umsetzung der o.g. Pläne gekommen wäre, da dies eine betriebsübergangsschädliche Änderung des Betriebszwecks darstellen würde.

- BAG v. 26.02.1987 - 2 AZR 321/86 (**Konditorei-Café**): Eine Kaffee-Kette, die neben Kaffeeverkauf Steh-Cafés betreibt, mietete an der Hamburger Mönckebergstraße Räumlichkeiten an, die vorher von einem Konditorei-Café belegt waren. Die Räume wurden zunächst an ein Modegeschäft untervermietet, bevor das Steh-Café eröffnet wurde. Das BAG hat die Sache zurückverwiesen. Zwar spräche gegen einen Betriebsübergang, dass Warensortiment und Betriebsform geändert worden seien, aber es müsse noch geprüft werden, ob sich der Kundenkreis wesentlich geändert habe. Auch diese Entscheidung würde wahrscheinlich heute anders ausfallen, da schon allein die genannten Änderungen in Sortiment und Betriebsform gegen einen Erhalt der wirtschaftlichen Einheit sprechen.

d. Sonstige „Betriebe", insbesondere öffentlicher Dienst

68   Da § 613a BGB einen sehr umfassenden Anwendungsbereich hat (vgl. Rn. 17), erfasst er auch den Übergang von „Betrieben" bzw. wirtschaftlichen Einheiten, die sich nicht oder nur schlecht in die oben dargestellte Typologie einpassen lassen, wie z.B. der Bereich der öffentlichen Verwaltung oder Einrichtungen der Daseinsvorsorge. Prinzipiell gelten für solche Einrichtungen die gleichen Grundsätze wie für privatwirtschaftliche Unternehmen und Betriebe. So hat das Bundesarbeitsgericht in einer neueren Entscheidung die Übertragung von Verwaltungsaufgaben von einer Behörde auf eine andere in die Kategorie der betriebsmittelarmen Dienstleistungsbetriebe eingeordnet und folglich der Übernahme von Personal eine zentrale Bedeutung zugemessen, während die Übernahme der Akten und von Software nicht als entscheidend angesehen wurde.[72] Früher wurde die Übernahme der Arbeitsorganisation als wesentliches Element betont, so dass die Übernahme von Verwaltungsaufgaben durch eine neue Behörde nach Auflösung der vorher zuständigen Behörde nicht als Betriebsübergang gewertet wurde. Die Übertragung untergeordneter Arbeitsmittel wurde nicht als ausreichend angesehen.[73]

69   Hinweis:

> Der in § 128 BRRG enthaltene besondere Schutz für Beamte bei Verwaltungsumstrukturierungen gilt für Arbeitnehmer im öffentlichen Dienst nicht. Funktionsnachfolgen im Verwaltungsbereich führen nicht zu einem automatischen Übergang der betroffenen Arbeitsverhältnisse. Werden Verwaltungsaufgaben einer Behörde oder Dienststelle wegen Auflösung derselben auf eine andere Behörde oder Dienststelle übertragen, führt dies nur bei einer besonderen normativen Regelung zum Übergang von Arbeitsverhältnissen von einem Träger öffentlicher Verwaltung auf einen anderen.[74]

---

[72] BAG v. 24.08.2006 - 8 AZR 317/05 - NZA AP KSchG 1969 § 1 Betriebsbedingte Kündigung Nr. 152.

[73] BAG v. 26.06.1997 - 8 AZR 426/95 - NZA 1997, 1228, 1229 f.

[74] BAG v. 20.03.1997 - 8 AZR 856/95 - NZA 1997, 1225, 1228.

Entscheidungen aus dem Bereich des öffentlichen Dienstes im weitesten Sinne: 70

- BAG v. 24.08.2006 - 8 AZR 317/05 (**Übertragung von Aufgaben der Treuhandanstalt**): Es ging um die Auflösung der (zentralen) Treuhandanstalt, deren Aufgaben nach dem VermögenszuordnungsG (VZOG) nunmehr vom Bundesamt zur Regelung offener Vermögensfragen (BARoV) dezentralisiert wahrgenommen werden. Das BAG lehnte einen Betriebsübergang ab, weil es die Wahrnehmung der Aufgaben nach dem VZOG als betriebsmittelarme Dienstleistung einstufte und es daher an der für einen Betriebsübergang notwendigen Übernahme der Hauptbelegschaft fehlte; außerdem sei die Organisation erheblich geändert worden.
- BAG v. 04.05.2006 - 8 AZR 299/05 (**Frauenhaus**): Im Streit stand der Trägerwechsel bei einem Frauenhaus. Der ursprüngliche Träger hatte sich auf unmittelbare Hilfe und Beratung betroffener Frauen beschränkt. Der nachfolgende Träger brachte die Frauen nur im Notfall unter und stellte eine präventiv beratende Tätigkeit in den Vordergrund. Das BAG lehnte einen Betriebsübergang ab, da das geänderte Konzept und die geänderte Struktur zur wesentlichen Änderung der Tätigkeit und damit des Betriebszwecks geführt hätten und daher die Identität der Einheit nicht erhalten worden sei.
- BAG v. 25.09.2003 - 8 AZR 421/02 (**militärisch genutzter Schießplatz**): Die Bundeswehr übernahm von der Royal Air Force ein als Schießplatz militärisch genutztes Grundstück ohne Übernahme von Gebäuden, Übungsmitteln oder Personal und mit einer vollständig anderen Organisation der auf einem Schießplatz anfallenden Aufgaben. Letzteres war für das BAG der tragende Grund, einen Betriebs(teil)übergang abzulehnen.
- BAG v. 27.04.2000 - 8 AZR 260/99 (**Truppenübungsplatz**): Der Übergang eines Truppenübungsplatzes von der US-Army auf die Bundeswehr kann nach Auffassung des BAG grundsätzlich einen Betriebsübergang darstellen, jedoch nur dann, wenn die Arbeitsabläufe und die Organisation nicht wesentlich geändert worden sind. Das musste noch aufgeklärt werden.
- BAG v. 23.09.1999 - 8 AZR 750/98 (**Jugendwohnheim**): Ein als Jugendwohnheim genutztes Gebäude wurde nach Kündigung des Pachtvertrages geräumt an den Verpächter, der das Grundstück verwerten wollte, zurückgegeben. Das BAG hielt das Jugendwohnheim zwar für einen Betrieb bzw. Betriebsteil, sah jedoch allein in der Entgegennahme des materiellen Betriebsmittels Gebäude noch keinen Betriebsübergang.
- BAG v. 26.06.1997 - 8 AZR 426/95 (**Verwaltungszentralisierung mehrerer Gemeinden**): Mehrere Gemeinden, die ihre Verwaltungstätigkeit bisher nur zum Teil durch eigene Behörden erledigt hatten, schlossen sich zusammen und übertrugen ihre Verwaltungsaufgaben auf eine zentrale Stelle. Die bisherigen Organisationsstrukturen wurden vollständig aufgelöst. Aus diesem Grund lehnte das BAG das Vorliegen eines Betriebsübergangs ab. Der vorhandenen (Arbeits-)Organisation soll bei der Übertragung von Verwaltungsaufgaben große Bedeutung zukommen. Im Ergebnis dürfte die Entscheidung heute wohl genauso fallen, in der Begründung würde das BAG wohl andere Akzente setzen.
- BAG v. 20.03.1997 - 8 AZR 856/95 (**öffentlich-rechtlicher Rundfunk**): Die Überführung des Landessenders Thüringen in den Mitteldeutschen Rundfunk stand im Vordergrund der Klage einer dort beschäftigten Regisseurin/Redakteurin; das BAG hielt einen Betriebs(teil)übergang des Landessenders bzw. des Studios für möglich, musste aber zur Feststellung der dafür notwendigen Tatsachen zurückverweisen.
- BAG v. 07.09.1995 - 8 AZR 928/93 (**öffentliche Schule**): Eine Fachschule wurde unter Wechsel der Trägerschaft in ein Oberstufenzentrum überführt und dabei der Schultypus geändert. Das BAG nahm damals dennoch einen Betriebsübergang an, weil der neue Träger die für die Fortführung der Schule wesentlichen Betriebsmittel übernommen habe und

die Änderung des Betriebszwecks durch Wechsel des Schultypus unerheblich sei. Heute würde das BAG wahrscheinlich aus gerade diesem Grund zu einem anderen Ergebnis gelangen.

- BAG v. 04.03.1993 - 2 AZR 507/92 (**ziviler Flughafenbetrieb**): Die von den französischen Streitkräften seinerzeit teilweise wahrgenommenen Aufgaben des zivilen Flughafenbetriebs wurden vollständig auf den Flughafenträger übertragen; ob ein Betriebs- oder nur Betriebsteilübergang vorlag, konnte vom BAG nicht geklärt werden, weil weder das Vorliegen einer abgrenzbaren Organisationseinheit noch die Übertragung von Betriebsmitteln geklärt worden war.

II. Besondere Fragen beim Betriebsteilübergang

1. Problemstellung(en)

71 Der Übergang von Betriebsteilen ist dem Übergang von Betrieben nach dem Wortlaut des § 613a BGB ausdrücklich gleichgestellt, und ob ein (übergangsfähiger) Betriebsteil vorliegt und übergegangen ist, richtet sich prinzipiell nach den gleichen Maßstäben wie beim Übergang eines ganzen Betriebes. Maßgebend ist ebenfalls die Übertragung einer wirtschaftlichen Einheit, die sich nach den vom Europäischen Gerichtshof und vom Bundesarbeitsgericht aufgestellten Kriterien definiert. Ein gravierender Unterschied liegt indes darin, dass es bei der Übertragung eines Betriebsteils oder einer Betriebsabteilung nicht auf den Zweck des gesamten Betriebes ankommt, dem der Betriebsteil bisher angehörte. Entscheidend ist vielmehr, welcher Teilzweck bisher mit dem Betriebsteil bzw. der Betriebsabteilung verfolgt wurde.

72 **Hinweis:**

Praktisch relevant wird die Frage der Betriebsteilübertragung häufig in Outsourcing-Fällen, in denen ein Unternehmensträger beschließt, bisher mit eigenen Kräften verrichtete Tätigkeiten nunmehr auf ein Fremdunternehmen zu übertragen.

73 Trotz der Vergleichbarkeit in der rechtlichen Würdigung treten beim Betriebsteilübergang einige spezifische Besonderheiten auf. Wichtig ist zunächst, wie ein Betriebteil zu definieren bzw. wann er übertragungsfähig ist. Dies wirkt sich u.a. auf die Frage aus, ob (schon) ein Betriebsteilübergang oder (nur) eine Funktionsnachfolge bzw. eine schlichte Betriebsmittelübertragung vorliegt, die beide den Tatbestand des § 613a BGB nicht erfüllen.

74 **Beispiel:**

Ein Unternehmen beschließt, die bisher von eigenen Arbeitskräften verrichteten Reinigungsarbeiten auszulagern und an ein Fremdunternehmen zu vergeben. Ob die Arbeitskräfte des auslagernden Unternehmens auf das Fremdunternehmen übergehen, hängt davon ab, ob nach allgemeinen Regeln ein Betriebsübergang oder eine Funktionsnachfolge vorliegt (vgl. Rn. 115 ff.).

75 Damit vergleichbar ist die Frage, ob ein Betriebsteilübergang i.S.d. § 613a BGB vorliegt oder eine schlichte Betriebsmittelübertragung, die nicht unter § 613a BGB fällt.[75]

76 **Beispiel:**

Eine Spedition erwirbt von einer anderen zwei LKWs, mit denen sie für den gleichen Auftraggeber die gleichen Aufträge in der gleichen Art und Weise ausführt. Das BAG lehnte einen Betriebsübergang ab (vgl. Rn. 94), ging also von einer schlichten Betriebsmittelübertragung aus.[76]

---

[75] Vgl. dazu auch *Sieg/Maschmann*, Unternehmensumstrukturierung, Rn. 67 f.
[76] BAG v. 26.08.1999 - 8 AZR 718/98 - NZA 2000, 144 ff.

Die Betriebsteilfrage stellt sich des Weiteren noch in sozusagen umgekehrtem Zusammen- **77**
hang, nämlich bei der Abgrenzung zwischen einer Betriebs- und einer Betriebsteilübertragung;
Letzteres ist wegen der Zahl der übergehenden Arbeitnehmer von erheblicher Bedeutung, da
beim Betriebsteilübergang grundsätzlich nur die Arbeitsverhältnisse der Arbeitnehmer auf den
Übernehmer übergehen, die diesem Betriebsteil zugeordnet werden können (vgl. Kapitel 2
Rn. 25 ff.).

Beispiel: **78**

Ein produzierendes Unternehmen veräußert die zum Produktionsbereich gehörenden
Maschinen und Anlagen einschließlich des dazu gehörenden Know-hows; der vom Produktionsbereich organisatorisch abgetrennte Verwaltungsbereich soll stillgelegt werden.
Je nach Fallgestaltung kommt nur eine Betriebsteilübertragung des Produktionsbereichs
in Betracht, so dass die im Verwaltungsbereich beschäftigten Arbeitnehmer nicht auf
den Übernehmer übergehen.[77]

Eine ähnliche Frage stellt sich, wenn zwar der Übergang eines gesamten Betriebes ausscheidet, **79**
aber wenigstens ein Betriebsteil übergegangen sein kann.

Beispiel: **80**

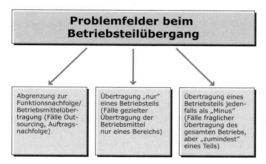

Ein Möbeleinzelhandelsgeschäft, das bisher im Vollsortiment Markenmöbel verkaufte
und in einer Küchenabteilung die Kunden neben dem Verkauf hinsichtlich der Küchen-
einrichtung und -ausstattung speziell beraten hat, geht auf einen anderen Inhaber über,
der das Einkaufs- und Verkaufskonzept hin zu einem Discountverkauf günstig einge-
kaufter Möbel(-posten) ändert, jedoch die Kunden weiterhin bei der Einrichtung und
Ausstattung von Küchen berät. Ein Betriebsübergang im Ganzen scheidet wegen der Änderung des Betriebszwecks aus, denkbar ist aber, dass die Küchenabteilung als Betriebsteil übergegangen ist und mit ihr die Arbeitsverhältnisse der dieser Abteilung zuzuordnenden Arbeitnehmer; das ist von der organisatorischen Ausgestaltung im Einzelfall abhängig.[78]

Keine Besonderheit i.e.S., aber faktisch vor allem bei Betriebsteilübergängen relevant ist des **81**
Weiteren die vom Bundesarbeitsgericht inzwischen in ständiger Rechtsprechung vorgenommene Trennung zwischen zwei Ebenen, die beide erfüllt sein müssen, damit ein Betriebsteilü-

---

[77] So z.B. in BAG v. 24.08.2006 - 8 AZR 556/05 - AP BGB § 613a Nr. 315.

[78] Vgl. BAG v. 13.07.2006 - 8 AZR 331/05 - NZA 2006, 1357, 1359, in der sowohl ein Betriebs- als auch
ein Betriebsteilübergang beim Übergang eines Möbeleinzelhandelsgeschäfts abgelehnt wurde (vgl.
Rn. 61).

bergang vorliegt. Erstens muss ein sog. übergangsfähiger Betriebsteil vorhanden sein, der zweitens nach der Übertragung vom Übernehmer als Betrieb oder organisatorisch selbstständiger Betriebsteil weitergeführt werden muss.[79]

2. Definition des Betriebsteils als übergangsfähige Einheit

82 Zwingende Voraussetzung für einen Betriebsteilübergang ist, dass die übernommenen Betriebsmittel bereits beim früheren Betriebsinhaber die Qualität eines Betriebsteils hatten.[80]

83 Ein Betriebsteil wird in ständiger Rechtsprechung definiert als eine Teileinheit des Betriebes. Es muss sich um eine selbstständige, abtrennbare (nicht: abgegrenzte!) organisatorische Einheit handeln, mit der innerhalb des betriebstechnischen Gesamtzwecks ein Teilzweck erfüllt wird. Dieser Teilzweck muss nicht anders als der im gesamten Betrieb verfolgte Zweck sein; es kann sich aber auch um eine untergeordnete Hilfsfunktion handeln.[81] Unerheblich sind die Größe, die Funktion und die Tätigkeit am Markt.[82]

84 Wann im Einzelnen ein Betriebsteil in diesem Sinne bereits beim bisherigen Arbeitgeber vorliegt, kann derzeit nicht mit absoluter Sicherheit gesagt werden, da die einschlägigen Entscheidungen des Bundesarbeitsgerichts stark auf den Einzelfall ausgerichtet sind und die entsprechenden Aussagen zur Betriebsteileigenschaft nur mit der gebotenen Vorsicht verallgemeinert werden können. Dennoch wird man zumindest in einer Fallkonstellation einigermaßen sicher vom Vorliegen eines Betriebsteils ausgehen können: Dies dann, wenn es um die Übertragung einer Betriebsstätte geht, die räumlich klar von anderen Betriebsstätten des bisherigen Arbeitgebers getrennt ist. Hier kann man oft schon fragen, ob solche getrennten Betriebsstätten nicht schon Betriebe i.S.d. § 613a BGB sind; dies lässt das Bundesarbeitsgericht indes i.d.R. dahinstehen, da es in solchen Betriebsstätten zumindest Teilbetriebe oder Betriebsteile sieht.[83] Sind dann die weiteren allgemeinen Voraussetzungen für einen Betriebsübergang erfüllt, greift § 613a BGB mit all seinen Folgen ein.

85 Liegt eine solche räumliche Trennung verschiedener Betriebsstätten nicht vor, kann man m.E. erkennen, dass das Bundesarbeitsgericht einen deutlichen Schwerpunkt auf die organisatorische Eigen- oder Selbstständigkeit legt; es soll nicht ausreichen, wenn eine Abteilung lediglich einen abgrenzbaren Teilzweck verfolgt.[84] Eine schlichte Aufgaben- bzw. Funktionsteilung zwischen zwei oder mehr Betriebsabteilungen reicht nicht aus, um aus jeder Abteilung einen Betriebsteil i.S.d. § 613a BGB zu machen. Ebenfalls nicht ausreichend ist es, wenn ein oder mehrere sächliche Betriebsmittel, an oder mit denen bisher nur ein bestimmter oder bestimmte Arbeitnehmer gearbeitet haben, auf einen Dritten übertragen werden.[85] Es handelt sich dann um eine schlichte Betriebsmittelübertragung, die nicht unter § 613a BGB fällt.

---

[79] BAG v. 13.07.2006 - 8 AZR 331/05 - NZA 2006, 1357, 1359; zur erforderlichen Trennung vgl. auch *Preis* in: ErfK, § 613a Rn. 7 ff.

[80] St. Rspr., vgl. zuletzt BAG v. 16.02.2006 - 8 AZR 204/05 - NZA 2006, 794, 796; C-173/96 - NZA 1999, 189, 190 - Hidalgo u. EuGH v. 10.12.1998 - C-247/96 - NZA 1999, 189, 190 - Ziemann.

[81] St. Rspr., vgl. nur BAG v. 24.04.1997 - 8 AZR 848/94 - NZA 1998, 253, 254; zuletzt ausführlich BAG v. 24.08.2006 - 8 AZR 556/05 - AP BGB § 613a Nr. 315.

[82] Vgl. dazu die instruktive Zusammenstellung bei *Sieg/Maschmann*, Unternehmensumstrukturierung, Rn. 65.

[83] Vgl. BAG v. 18.12.2003 - 8 AZR 621/02 - NZA 2004, 791, 749 (Auslieferungslager eines Produzenten medizinischer Hilfsmittel) und BAG v. 22.07.2004 - 8 AZR 350/03 - NZA 2004, 1383, 1386 (Gefahrstofflager mit nur einem oder mehreren Betriebsstätten).

[84] BAG v. 17.04.2003 - 8 AZR 253/02 - AP § 613a BGB Nr. 253.

[85] BAG v. 26.08.1999 - 8 AZR 718/98 - NZA 2000, 144, 145.

Beispiel: 86

Ein metallverarbeitendes Unternehmen veräußert eine CNC-Maschine, an der bisher ausschließlich zwei bestimmte Arbeitnehmer tätig waren, an ein anderes Unternehmen. Da die Arbeitsplätze nicht an der Maschine „kleben", gehen die Arbeitsverhältnisse nicht auf den Käufer der Maschine über.

Eine organisatorische Selbstständigkeit dürfte mindestens eine eigene Leitung benötigen; dies   87
wird vor allem daraus deutlich, dass das Bundesarbeitsgericht das Fehlen entsprechenden Vortrags mehrfach gerügt[86] und in Fällen, in denen es das Vorliegen eines Betriebsteils angenommen hat, diesen Aspekt betont hat.[87] Insoweit zeigt sich eine Parallele zum Betriebsteilbegriff in § 4 BetrVG, für den das Bundesarbeitsgericht ebenfalls fordert, dass dort mindestens eine Person mit Leitungsbefugnissen vorhanden sein muss.[88] Eine räumliche Trennung zu anderen Betriebsteilen/-abteilungen ist auf jeden Fall hilfreich, wenn auch m.E. nicht zwingend erforderlich. Für einen Betriebsteil spricht ferner die (ausschließliche) Nutzung eigener Betriebsmittel sowie – dies dürfte notwendige Voraussetzung sein – die feste Zuordnung von Arbeitnehmern zum in Rede stehenden Betriebsteil.[89] Ständiger Personalaustausch zwischen zwei Abteilungen dürfte jedenfalls gegen die Annahme von Betriebsteilen sprechen.[90]

Mehrfach beschäftigt hat das Bundesarbeitsgericht die Fallkonstellation, dass ein Unterneh-   88
mern lediglich den produzierenden bzw. operativen Teil des Geschäfts auf einen Erwerber überträgt und den Verwaltungs- bzw. kaufmännischen Teil stilllegt. Damit stellte sich die Frage, ob in solchen Fällen ein Übergang des gesamten Betriebes oder doch nur eines Betriebsteils vorliegt (vgl. Rn. 77); falls ersteres zu bejahen ist, wäre eine mit der Teilstilllegung begründete betriebsbedingte Kündigung der in der Verwaltung beschäftigten Arbeitnehmer kaum möglich. Anders bei einem Betriebsteilübergang, da in diesem Fall nur die Arbeitnehmer übergehen, die diesem Betriebsteil zugeordnet werden können (vgl. dazu eingehend Kapitel 2 Rn. 25 ff.); dann ist eine betriebsbedingte Kündigung der in der Verwaltung beschäftigten Arbeitnehmer möglich. Entgegen der Auffassung einiger Instanzgerichte, die einen solchen isolierten Übergang jedenfalls dann nicht für möglich halten, wenn der Restbetrieb dann nicht mehr existenzfähig ist, hat das Bundesarbeitsgericht inzwischen mehrfach bestätigt, dass ein solches Vorgehen durchaus legitim, es also möglich ist, nur einen Teilbetrieb zu übernehmen und dabei andere Betriebsteile auszunehmen.[91] Mit der Übertragung des operativen Geschäfts soll jedenfalls nicht feststehen, dass hiervon auch die Verwaltung erfasst wird.[92] Mithin kommt es in diesen Fällen zentral darauf an, ob der Verwaltungsbereich eines Betriebes im o.g. Sinne organisatorisch verselbstständigt ist. Dies ist nicht in jedem Falle ohne weiteres anzunehmen, sondern muss zumindest im Bestreitensfall (durch den betroffenen Arbeitnehmer) positiv festgestellt werden.[93] Schon wegen der unterschiedlichen Aufgabenbereiche werden indes häufig einige Betriebsteilmerkmale (unstreitig) erfüllt sein, insbesondere die Verfolgung eines eigenen Teilzwecks sowie die Nutzung eigener Betriebsmittel und die feste Zuordnung von Arbeitnehmern; ebenso wird oft eine räumliche Trennung vorliegen. Daher wird es i.d.R.

---

[86] So z.B. BAG v. 13.07.2006 - 8 AZR 331/05 - NZA 2006, 1357, 1359.

[87] Deutlich insbesondere BAG v. 24.08.2006 - 8 AZR 556/05 - AP BGB § 613a Nr. 315.

[88] Vgl. nur BAG v. 19.02.2002 - 1 ABR 26/01 - NZA 2002, 1300, 1301.

[89] Vgl. auch insoweit BAG v. 24.08.2006 - 8 AZR 556/05 - AP BGB § 613a Nr. 315.

[90] So – umgekehrt – BAG v. 24.08.2006 - 8 AZR 556/05 - AP BGB § 613a Nr. 315.

[91] Vgl. nur BAG v. 18.04.2002 - 8 AZR 346/01 - NZA 2002, 1207, 1208; BAG v. 08.08.2002 - 8 AZR 583/01 - NZA 2003, 315, 317; BAG v. 24.08.2006 - 8 AZR 556/05 - AP BGB § 613a Nr. 315.

[92] So ausdrücklich BAG v. 08.08.2002 - 8 AZR 583/01 - NZA 2003, 315, 318.

[93] BAG v. 23.09.1999 - 8 AZR 650/98, n.v.; BAG v. 08.08.2002 - 8 AZR 583/01 - NZA 2003, 315, 317.

zentral auf die Leitungsfrage ankommen; gelingt es dem Arbeitgeber, darzulegen, dass die Verwaltungsabteilung in den personellen Angelegenheiten selbstständig geleitet wurde, spricht einiges dafür, dass sie als selbstständiger Betriebsteil im Verhältnis zum operativen Teil zu qualifizieren ist und mithin nicht automatisch erfasst wird, wenn der operative Teil auf einen Erwerber übertragen wird.

89 Beispiel:

Ein in der Baubranche tätiges Unternehmen wurde insolvent, und eine Erwerberin übernahm die Bereiche Hoch- und Ingenieurbau, Tiefbau und den Bereich Renovierung. Die kaufmännische Verwaltung übernahm sie nicht. Die Klage des kaufmännischen Leiters gegen die vom Insolvenzverwalter ausgesprochene betriebsbedingte Kündigung wurde abgewiesen, weil das Bundesarbeitsgericht die kaufmännische Verwaltung als eigenständigen (nicht übergegangenen) Betriebsteil ansah. Sie habe in eigenen abgetrennten Räumlichkeiten einen eigenen Teilzweck im Rahmen einer selbstständigen Teilorganisation erfüllt, der 16 Arbeitnehmer fest zugeordnet gewesen seien und die vom Kläger einheitlich geleitet worden sei.[94]

90 Hinweis:

Damit wird vor allem in etwas größeren Unternehmen mit strikter Aufgabenteilung und hierarchisch gegliederten Strukturen eine Betriebsteilübertragung nur der operativen Teile deutlich erleichtert.

91 Besteht ein Betrieb nach Maßgabe dieser Voraussetzungen aus zwei oder mehreren Betriebsteilen, ist der Übergang des gesamten Betriebes dennoch nicht ausgeschlossen. Er ergibt sich dann jedoch sozusagen nur aus einer „Summe" der Übernahmen der jeweiligen Betriebsteile. Dabei ist für jeden Betriebsteil einzeln zu prüfen, ob seine Identität erhalten bleibt; dies ist jeweils an dem mit ihm verfolgten Teilzweck zu überprüfen und nicht am Zweck des gesamten Betriebes (vgl. Rn. 83). Im gerade gesondert behandelten Fall der (isolierten) Übertragung der operativen Teile kommt es für die Übertragung des Betriebsteils „kaufmännische Verwaltung", der i.d.R. dem Typus des betriebsmittelarmen Dienstleistungsbetriebes zuzurechnen ist (vgl. Rn. 43), darauf an, ob der nach Zahl und Sachkunde wesentliche Teil des Personals dieser Abteilung(!) übernommen wurde.[95] Das Bundesarbeitsgericht hat in einem solchen Fall die Übernahme eines von vorher zwei in der Verwaltung tätigen Arbeitnehmern nicht als ausreichend angesehen.[96] Genauere Angaben sind derzeit jedoch nicht möglich.

92 Beispiel:

Im o.g. Beispiel (vgl. Rn. 89) hätte der Kläger also allenfalls dann eine Chance, sich mit Hinweis auf § 613a Abs. 4 Satz 1 BGB (vgl. Kapitel 7 Rn. 51 ff.) gegen die Kündigung zu wehren, wenn der Erwerber einen wesentlichen Teil der in der kaufmännischen Verwaltung beschäftigten Arbeitnehmer übernommen hätte; wie viele Beschäftigte dies absolut gewesen wären, lässt sich nicht sagen.

93 Wird aus einem Gemeinschaftsbetrieb der „Anteil" eines am Gemeinschaftsbetrieb beteiligten Arbeitgebers herausgelöst und übertragen, ist die erste Voraussetzung für einen Betriebsteilübergang i.d.R. erfüllt. Liegt ein Gemeinschaftsbetrieb vor, soll jeder Unternehmer einen übergangsfähigen Betriebsteil haben, weil er gegenüber den anderen (beteiligten) Unternehmern

---

[94] BAG v. 24.08.2006 - 8 AZR 556/05 - AP BGB § 613a Nr. 315.

[95] BAG v. 18.04.2002 - 8 AZR 346/01 - NZA 2002, 1207, 1208 f.; BAG v. 08.08.2002 - 8 AZR 583/01 - NZA 2003, 315, 318; BAG v. 24.08.2006 - 8 AZR 556/05 - AP BGB § 613a Nr. 315.

[96] BAG v. 24.02.2000 - 8 AZR 162/99, n.v.

aus Rechtsgründen eine abgrenzbare Einheit bildet.[97] Das ist mit der Definition des Gemeinschaftsbetriebs indes nur schwer vereinbar, da es ja gerade auf eine einheitliche Leitung ankommen soll, wie z.B. § 1 Abs. 2 Nr. 1 BetrVG zeigt.

Entscheidungen des BAG zur Qualifizierung als Betriebsteil: **94**

- BAG v. 24.08.2006 - 8 AZR 556/05 (**kaufmännische Verwaltung eines Bauunternehmens**): Der Insolvenzverwalter eines Bauunternehmens veräußerte das gesamte Anlagevermögen der gewerblichen Abteilung; den Arbeitnehmern der kaufmännischen Abteilung wurde wegen Teilstilllegung betriebsbedingt gekündigt. Das BAG hat die Kündigungen bestätigt, da nur ein Betriebsteil, das operative Geschäft, auf den Erwerber übergegangen sei und nicht der Betriebsteil kaufmännische Verwaltung, da diese organisatorisch eigenständig war.

- BAG v. 16.02.2006 - 8 AZR 204/05 (**Aufteilung eines Handwerksbetriebs im Heizungs- und Lüftungsbau**[98]): Offensichtlich im Zuge einer Sanierung wurde ein im Heizungs- und Lüftungsbau tätiger Handwerksbetrieb verkleinert und – einer vorherigen Aufgabenteilung weitgehend entsprechend – auf zwei neue Betriebe aufgeteilt. Das BAG sah hierin weder eine Übergang des gesamten Betriebes noch eines Betriebsteils. Hinsichtlich des Betriebsteils sah es nicht als ausreichend an, dass diesem eigene Werk- und Fahrzeuge zugeordnet waren und zwei Mitarbeiter ausschließlich für einen Aufgabenbereich tätig gewesen sein sollten. Es fehle an einer eigenständigen Arbeitsorganisation, insbesondere sei eine leitende Tätigkeit der beiden genannten Mitarbeiter für diesen Aufgaben-/Arbeitsbereich nicht dargelegt worden.

- BAG v. 27.10.2005 - 8 AZR 45/05 (**Insourcing kaufmännischer Tätigkeiten**): Ein Unternehmen holte nach einer Fremdvergabe die kaufmännischen Tätigkeiten zurück und verrichtete sie mit eigenen Arbeitskräften; der Restbetrieb der früheren Auftragnehmerin wurde an einen anderen Ort verlagert. Das BAG lehnte einen Betriebsteilübergang ab, weil der Verwaltungsbereich, der sich bisher mit dem Dienstleistungsauftrag befasst hatte, nicht die Qualität eines selbstständigen Betriebsteils gehabt habe. Außerdem sei die Einheit beim Übernehmer nicht erhalten worden.

- BAG v. 06.10.2005 - 2 AZR 316/04 (**Schließung eines Schadensservicebüros**): Im Zuge der Verschmelzung eines Versicherungsunternehmens auf ein anderes wurden die Schadensservicebüros des übertragenden Rechtsträgers geschlossen; das BAG lehnte einen Betriebsübergang ab, weil die frühere organisatorische Einheit zerschlagen worden sei.

- BAG v. 17.04.2003 - 8 AZR 253/02 (**Insourcing von Lager- und Versandarbeiten**): Nach mehrfachen Umstrukturierungen und Betriebs(teil)übergängen werden die Lager- und Versandarbeiten in das ursprüngliche Unternehmen zurückgeholt. Die bei einem früheren Betriebsübergang übergegangene Klägerin machte geltend, sie sei die gesamte Zeit auf dem gleichen Arbeitsplatz im Wareneingang tätig gewesen. Der Vortrag reichte für einen Betriebsübergang nicht aus; ein Betriebsteil lag nach Auffassung des BAG nicht vor, da es nicht ausreiche, wenn die in Rede stehende Abteilung einen abgrenzbaren Teilzweck des Arbeitsbereichs (hier: Wareneingang) verfolge; sie müsse organisatorisch selbstständig sein.

- BAG v. 08.08.2002 - 8 AZR 583/01 (**Übertragung des operativen Teils einer Bohrgesellschaft**): Eine Bohrgesellschaft übertrug nur die sächlichen und immateriellen Betriebsmittel ihres operativen Teils auf einen Erwerber. Die kaufmännische Abteilung wurde

---

[97] BAG v. 26.08.1999 - 8 AZR 588/98, n.v.

[98] Ähnliche Fallkonstellation in BAG v. 26.07.2007 - 8 AZR 769/06 (derzeit nur als Pressemitteilung verfügbar), vgl. schon Rn. 43.

stillgelegt und den dort beschäftigten Arbeitnehmern gekündigt. Zu Recht, entschied das BAG, da es sich beim operativen und beim kaufmännischen Teil jeweils um einen Betriebsteil gehandelt habe; beide Teile seien organisatorisch schon durch die Leitung getrennt, hätten zudem in getrennten Räumlichkeiten mit jeweils eigenen Betriebsmitteln gearbeitet.

- BAG v. 18.04.2002 - 8 AZR 346/01 (**Übernahme nur eines gewerblichen/produzierenden Betriebsteils**): Von einem insolvent gewordenen Unternehmen erwirbt Käufer das gesamte Anlagevermögen, Material und Vorräte, und er tritt in das Mietverhältnis über die Betriebsstätte ein. Die gewerblichen Arbeitnehmer werden übernommen, von den kaufmännischen Angestellten nur wenige. Ein nicht übernommener kaufmännischer Angestellter klagte gegen seine betriebsbedingte Kündigung. Das BAG verwies zurück, weil geklärt werden musste, ob die kaufmännische Verwaltung – wofür ein vorgelegtes Organigramm sprach – ein abgrenzbarer Betriebsteil gewesen sei und ob der Käufer auch diesen Bereich übernommen habe.

- BAG v. 26.08.1999 - 8 AZR 718/98 (**Übernahme einzelner LKWs**): Ein Transportunternehmen übernahm von einem anderen mehrere LKWs, die bei beiden Firmen ausschließlich für einen bestimmten Auftraggeber eingesetzt wurden und denen jeweils Fahrer fest zugeordnet waren. Nach Vortrag eines dieser Fahrer änderte sich durch die Übertragung der LKWs nichts. Das BAG lehnte dennoch einen Betriebsteilübergang ab. Zwar müssten im Teilbetrieb keine andersartigen Zwecke als im übrigen Betrieb verfolgt werden, jedoch führe die dauerhafte Wahrnehmung nur dann zu einer selbstständig übergangsfähigen Einheit, wenn eine organisierte Gesamtheit von Personen und Sachen vorliege. Dafür reiche es nicht aus, wenn ein oder mehrere Betriebsmittel ständig dem betreffenden Teilzweck zugeordnet seien oder dass ein oder mehrere Arbeitnehmer ständig bestimmte Aufgaben mit bestimmten Betriebsmitteln erfüllten.

- BAG v. 24.04.1997 - 8 AZR 848/94 (**Systemprogrammierung**): Der klagende Arbeitnehmer war als Systemprogrammierer in einer Art „Querschnittsfunktion" in einem EDV-Dienstleistungsunternehmen tätig, das seine Kunden umfassend in EDV-Fragen betreute. Nach Stilllegung des Unternehmens übernahmen die Kunden Software und Dateien. Das BAG lehnte das Vorliegen eines Betriebsteilübergangs ab, weil die Systemprogrammierung nicht als Teilbetrieb organisiert gewesen sei, dem der Kläger hätte zugeordnet werden können.

3. Erhalt der Identität des Betriebsteils

95 Ebenso wie bei der Übertragung eines gesamten Betriebes ist es beim Übergang eines Betriebsteils für die Anwendung des § 613a BGB notwendig, dass dieser Betriebsteil seine Identität behält. Er muss also vom Übernehmer als eigener Betrieb oder als Betriebsteil im Wesentlichen in seiner bisherigen Form weitergeführt werden. Gliedert der Übernehmer den Betriebsteil zeitlich unmittelbar nach dem Übergang in eine bei ihm bereits vorhandene Organisation ein, bleibt die Identität des Betriebsteils nicht gewahrt, so dass kein Betriebsteilübergang i.S.d. § 613a BGB vorliegt (vgl. Rn. 14 f.).[99]

---

[99] BAG v. 06.04.2006 - 8 AZR 249/04 - NZA 2006, 1039, 1042; vgl. auch schon BAG v. 06.10.2005 - 2 AZR 316/04 - NZA 2006, 990, 993 und BAG v. 27.10.2005 - 8 AZR 45/05 - NZA 2006, 263, 264.

4. Darlegungs- und Beweislastfragen

a. Ausgangspunkt

Zur Darlegungs- und Beweislast in Bezug auf die Frage, ob ein Arbeitsverhältnis aufgrund ei- **96**
nes Betriebsteilübergangs auf einen neuen Arbeitgeber übergegangen ist oder nicht, finden
sich in den einschlägigen Entscheidungen des Bundesarbeitsgerichts kaum ausdrückliche Aussagen. Grundsätzlich gelten allerdings ebenso wie beim Betriebsübergang die allgemeinen Regeln zur Verteilung der Darlegungs- und Beweislast, d.h. wenn sich jemand auf eine ihm günstige Regelung beruft, muss er darlegen und beweisen, dass die Voraussetzungen hierfür vorliegen. Danach müsste der Arbeitnehmer – will er den Übergang seines Arbeitsverhältnisses
geltend machen – sowohl die Umstände darlegen und beweisen, die für den Übergang eines
Betriebsteils sprechen, als auch die Umstände, die eine Zuordnung zu diesem Betriebsteil begründen.

Das gilt jedoch so nicht für den praktisch häufigsten Fall, dass im Rahmen einer Kündigungs- **97**
schutzklage gegen eine betriebsbedingte Kündigung des bisherigen Arbeitgebers geklagt und
ein Verstoß gegen das Kündigungsverbot des § 613a Abs. 4 Satz 1 BGB geltend gemacht wird
(vgl. dazu eingehend Kapitel 7 Rn. 51 ff.). Dann greift § 1 Abs. 2 Satz 4 KSchG ein, nach dem
der kündigende Arbeitgeber das Vorliegen eines Kündigungsgrundes (hier: Betriebs(teil)still-
legung) darlegen und beweisen muss. Der Arbeitgeber ist mithin gehalten, alle Umstände auf-
zuführen, die gegen einen Betriebs(teil)übergang sprechen. Dem Arbeitnehmer wird damit die
ihm eigentlich obliegende Darlegungs- und Beweislast jedenfalls dann deutlich erleichtert,
wenn auf sein Arbeitsverhältnis das KSchG anwendbar ist (vgl. Kapitel 7 Rn. 42 ff.).

Diese Erwägungen stellen indes nicht mehr als einen Ausgangspunkt dar; wie sich im Einzel- **98**
nen die Darlegungs- und Beweislast bei (behaupteten) Betriebsteilübergängen verteilt, ist dann
von der jeweiligen Fallkonstellation abhängig.

Hinweis: **99**

Dass dem Arbeitgeber die Darlegungs- und Beweislast für den betriebsbedingten Kündigungsgrund obliegt, hat also nicht zur Folge, dass sich der Arbeitnehmer durchweg auf
ein einfaches Bestreiten beschränken kann; zum Teil wird qualifiziertes Bestreiten oder
sogar eigener Sachvortrag notwendig sein. Steht also ein Betriebsteilübergang in Rede,
wird man im **Arbeitnehmer-Mandat** Tatsachen, die für einen Betriebsteilübergang
sprechen, selbst ermitteln müssen. Unabhängig davon sollte man sich in der Klageschrift
auf das Kündigungsverbot des § 613a Abs. 4 BGB bzw. das Vorliegen eines Betriebsteilübergangs berufen, auch wenn dies zunächst nicht näher substantiiert werden kann;
insofern reichen Anhaltspunkte aus. Ausforschungsbeweise sind allerdings unzulässig!

b. Abgrenzung Betriebsteilübergang und Funktionsnachfolge/Betriebsmittelüber-
tragung

Steht ein Fall einer Betriebsteilstilllegung/Funktionsnachfolge einerseits und Betriebs- **100**
(teil)übergang andererseits in Rede, kann der kündigende Arbeitgeber – nachdem er den Wegfall des Arbeitsplatzes in seinem Betrieb sowie ggf. fehlende Weiterbeschäftigungsmöglichkeiten und/oder eine ordnungsgemäße Sozialauswahl dargelegt und unter Beweis gestellt hat
– das Vorliegen eines Betriebsteilübergangs auf mehreren Ebenen bestreiten bzw. entsprechend vortragen: Zum einen kann er bereits vortragen, dass in seinem Betrieb die in Rede stehenden Funktionen und Aufgaben nicht in einem Betriebsteil i.S. einer organisatorisch selbstständigen Einheit verrichtet wurden, sondern allenfalls verschiedene Arbeitsbereiche vorgele-
gen haben.

101 Hinweis:

In diesem Fall (zur genau umgekehrten Konstellation vgl. Rn. 107) ist es für den Arbeitgeber günstig, wenn der Betrieb nicht straff und hierarchisch durchorganisiert ist, also alle Abteilungen unter einer einheitlichen Leitung stehen.

102 Auf einer weiteren Stufe kann, ggf. hilfsweise, vorgetragen werden, dass keine wesentlichen Betriebsmittel übertragen wurden; was insoweit im Einzelfall darzulegen ist, hängt davon ab, welcher (Teil-)Zweck im fraglichen Betriebsteil bzw. in der fraglichen Abteilung bisher verfolgt wurde (vgl. Rn. 83). Schließlich kann, ggf. wiederum hilfsweise, auf eine etwaige Zerstörung der bisherigen Identität durch eine Eingliederung beim Übernehmer hingewiesen werden.

103 Im Arbeitnehmer-Mandat sollte genau geprüft werden, welche Angaben des Arbeitgebers unstreitig gestellt und welche Tatsachen bestritten werden müssen, um eine Betriebsteilstilllegung entfallen zu lassen. Diesbezüglich wird einfaches Bestreiten oft nicht ausreichen bzw. das Risiko in sich bergen, dass es als unbeachtlich abgewiesen wird. Daher sollte auf dieser Ebene nach Möglichkeit qualifiziert bestritten, d.h. mit entsprechendem eigenen Sachvortrag entgegengehalten werden. Dies betrifft sowohl das Vorliegen eines Betriebsteils als auch die Frage der Übernahme der wesentlichen Betriebsmittel und den Erhalt der Identität der Einheit.

104 Beispiel:

Trägt der Arbeitgeber nach Auslagerung von Reinigungstätigkeiten vor, der Auftragnehmer habe keine oder nur wenige Arbeitnehmer übernommen, sollte substantiiert und unter Beweisantritt vorgetragen werden, wie viele und welche Arbeitnehmer beim bisherigen Arbeitgeber in diesem Betriebsteil beschäftigt wurden und wie viele und welche Arbeitnehmer vom Auftragnehmer übernommen wurden und mit den gleichen Tätigkeiten wie vorher betraut sind.

105 Hinweis:

Den Ermittlungsaufwand sollte man beim **Arbeitnehmer-Mandat** nicht unterschätzen. Vor allem ist zu empfehlen, nicht zu spät damit zu beginnen. Am besten sollte bereits im ersten Mandantengespräch die Möglichkeit eines Betriebsteilübergangs erwogen und angesprochen werden, damit der Mandant die Möglichkeit hat, die notwendigen Informationen (am besten über Arbeitskollegen) zu besorgen.

106 Falls Zweifel bestehen, sollte der Arbeitnehmer schließlich noch etwas zur Zuordnungsfrage vortragen, also Tatsachen, die ergeben, dass er dem übertragenen Betriebsteil zuzuordnen ist (allgemein dazu vgl. Kapitel 2 Rn. 25 ff.).

c. Gezielte Übertragung nur eines Betriebsteils/Abgrenzung zum Betriebsübergang

107 Anders gelagert ist der Fall einer gezielten Übertragung nur eines Betriebsteils, wie z.B. die vom Bundesarbeitsgericht bereits mehrfach entschiedenen Fallkonstellationen der isolierten Übertragung des gewerblichen Betriebsteils und der Stilllegung des Verwaltungsteils (vgl. Rn. 94).

108 In diesem Fall kann i.d.R. das Vorliegen eines Betriebsteilübergangs nicht ernsthaft bestritten werden, zumal neben dem Anlagevermögen durchweg auch die im übertragenen Betriebsteil beschäftigten Arbeitnehmer übernommen werden bzw. auf den Erwerber übergehen. Der Sachvortrag des Arbeitgebers muss sich daher in solchen Fällen im Wesentlichen darauf richten, die Existenz schon vorher bestehender Betriebsteile, insbesondere deren organisatorische Eigenständigkeit im Einzelnen und jeweils unter Beweisantritt darzulegen.

Hinweis: 109

Im **Arbeitgeber-Mandat** hilfreich sind sicherlich Organigramme; neben deren Existenz sollte jedoch – spätestens nach einem entsprechenden Bestreiten des Arbeitnehmers – zusätzlich belegt werden können, dass sie auch „gelebt" wurden.

Jeweils Einzelfallfrage ist es dann, ob und wann zur Zuordnungsfrage vorgetragen werden 110 muss bzw. sollte. Ist es einigermaßen offensichtlich, dass der gekündigte Arbeitnehmer seinem Aufgaben- und Tätigkeitsbereich nach nicht zum übertragenen Betriebsteil gehört, wird zumindest im ersten Schriftsatz ein einfacher Hinweis genügen.

Korrelierend zum Arbeitgebervortrag wird sich der Arbeitnehmer bei seiner Erwiderung eben- 111 falls auf die Frage konzentrieren müssen, ob im Betrieb des bisherigen Arbeitgebers sein Arbeitsplatz zu einem organisatorisch selbstständigen Betriebsteil oder doch zu einer organisatorisch unselbstständigen Betriebsabteilung gehörte; nur in letzterem Falle bilden die Abteilungen eine Einheit, folgt die Abteilung dem übertragenen Teil sozusagen nach. Es wird daher in diesem Fall darauf ankommen, die Merkmale zu bestreiten, die einen organisatorisch eigenständigen Betriebsteil ausmachen; zu empfehlen ist qualifiziertes Bestreiten, soweit vom Vortrag des Arbeitgebers abweichende Tatsachen ermittelt werden konnten. Ergänzend kann ggf. auf die Zuordnung eingegangen werden: Ist der Arbeitnehmer seiner Auffassung nach dem übertragenen Betriebsteil zuzuordnen, kann man sich den entsprechenden Arbeitgebervortrag hilfsweise zu Eigen machen und dann zur Zuordnung vortragen.

d. Betriebsteilübergang als „Minus"

In der dritten Variante, dass in erster Linie der Übergang eines gesamten Betriebes in Rede 112 steht, der Arbeitnehmer aber hilfsweise geltend macht, es sei zumindest der Betriebsteil übergegangen, dem er zuzuordnen sei, richtet sich die Darlegungs- und Beweislast des kündigenden Arbeitgebers zunächst darauf, die Tatsachen vorzutragen, die gegen einen Übergang des gesamten Betriebes sprechen. Wenn nicht bereits in der Klageschrift (hilfsweise) der Übergang nur eines Betriebsteils vorgetragen wurde, wird sich entsprechender Arbeitgebervortrag zunächst erübrigen. Falls Vortrag erforderlich ist, kann der Arbeitgeber – wie in der ersten Fallkonstellation – das Vorliegen eines organisatorisch eigenständigen Betriebsteils und/oder (ggf. hilfsweise) Tatsachen vortragen, die gegen die Übertragung der wesentlichen Betriebsmittel (auch) dieses Betriebsteils sprechen. Schließlich kann ggf. die Zuordnung des gekündigten Arbeitnehmers zu diesem Betriebsteil (substantiiert) bestritten werden.

Hinweis: 113

Im **Arbeitgeber-Mandat** sollte allerdings von vornherein die Möglichkeit, dass sich ein gekündigter Arbeitnehmer darauf beruft, es sei mindestens ein Betriebsteil übergegangen, bedacht und entsprechend beraten werden.

Der Arbeitnehmer kann ebenfalls auf verschiedenen Ebenen agieren. Da im Regelfall bei Er- 114 hebung der Kündigungsschutzklage noch keine ausreichenden Informationen über einen Betriebs(teil)übergang vorliegen, wird es ausreichen, wenn in der Klageschrift Anhaltspunkte für das Vorliegen eines Betriebsübergangs genannt werden und sich der Arbeitnehmer auf das Kündigungsverbot des § 613a Abs. 4 BGB beruft. Je nach Erwiderung des beklagten Arbeitgebers kann der Arbeitnehmer dann zunächst die gegen einen Betriebsübergang sprechenden vorgetragenen Tatsachen bestreiten, wobei aus den bereits genannten Gründen (vgl. Rn. 103) nach Möglichkeit qualifiziert bestritten werden sollte. Ergänzend sollte spätestens in diesem Zeitpunkt (hilfsweise) zu einer Betriebsteilübertragung als „Minus" vorgetragen werden. Auch wenn letztlich den kündigenden Arbeitgeber die Beweislast gegen das Vorliegen eines

Betriebsteilübergangs trifft, sollten dafür Tatsachen vorgetragen werden, die erstens für eine organisatorische Selbstständigkeit der fraglichen Abteilung und zweitens für eine Übertragung der für diesen Betriebsteil wesentlichen Betriebsmittel sprechen (z.b. die Übernahme der Hauptbelegschaft dieses Betriebsteils). Drittens sollte zur Zuordnung des Arbeitnehmers zu diesem Betriebsteil vorgetragen werden.

III. Spezielle Problemfelder

1. Abgrenzung Funktionsnachfolge/Betriebs(teil)übergang

115   Nicht nur, aber überwiegend bei Auslagerungen von Tätigkeiten, die ein Unternehmen bisher von eigenen Arbeitskräften verrichten ließ (sog. Outsourcing), und beim Wechsel der Auftragnehmer bei der Fremdvergabe von Aufträgen stellt sich die Frage, wann noch eine bloße Funktionsnachfolge und wann schon ein Betriebs(teil)übergang vorliegt. Da nur Letzterer § 613a BGB mit der Folge unterfällt, dass der neue Auftragnehmer alle bei seinem Vorgänger beschäftigten Arbeitnehmer übernehmen und ihnen grundsätzlich die bisherigen Arbeitsbedingungen weiter gewähren muss, ist die praktische Bedeutung der Problematik sehr hoch.

116   Klarstellend sei angemerkt, dass die Fälle, bei denen die Abgrenzung zwischen Funktionsnachfolge und Betriebs(teil)übergang streitig wird, keineswegs eine eigene Kategorie darstellen, die neben den oben eingehend behandelten typischen Fallkonstellationen (vgl. Rn. 22 ff.) steht. Die Abgrenzungsfrage kann sich vielmehr in allen diesen Fallkonstellationen stellen; im Vordergrund steht zwar – wie die zahlreichen Entscheidungen des Bundesarbeitsgerichts (vgl. Rn. 43, Rn. 57) zeigen – in der Praxis die Übertragung von Dienstleistungen, jedoch sind Funktionsnachfolgen auch im Produktionsbereich denkbar.[100]

117   Geht es daher im konkreten Fall um eine Funktions- bzw. Auftragsnachfolge, ist zunächst zu ermitteln, zu welchem Typus die in Rede stehenden Tätigkeiten bzw. Dienstleistungen gehören, insbesondere, ob es sich um betriebsmittelarme oder betriebsmittelintensive Tätigkeiten handelt. Die Beurteilung, ob ausreichende Umstände für einen Betriebsübergang vorliegen, folgt dann den allgemeinen Regeln.

118   Praktisch erheblich ist vor allem, ob bei der Auslagerung und/oder Auftragsnachfolge der Übergang eines gesamten Betriebes oder lediglich eines Betriebsteils in Betracht kommt. Bei Letzterem bestehen deutlich höhere Anforderungen an einen Betriebsübergang, da neben den Kriterien für einen Betriebsübergang weiterhin erforderlich ist, dass erstens beim bisherigen Arbeitgeber schon ein Betriebsteil bestand und dieser zweitens im Wesentlichen unverändert vom Auftragsnachfolger weitergeführt wird (vgl. dazu vor allem Rn. 82 ff., Rn. 95).

119   **Hinweis:**

   Dies hat für das **Arbeitnehmer-Mandat** zur Folge, dass zuerst danach gefragt werden muss, ob der gesamte Betrieb oder zumindest ein räumlich abgegrenzter Betriebsteil betroffen ist. Wird dies verneint, kommt es zentral darauf an, ob der Mandant in einem organisatorisch selbstständigen Betriebsteil tätig war; dabei ist vor allem danach zu fragen, wer ihm gegenüber die Vorgesetztenfunktion wahrgenommen hat und ob diese gegenüber den anderen Betriebsabteilungen getrennt war oder nicht. Nach Möglichkeit sollte ein Organigramm erstellt oder besorgt werden.

---

[100] So z.B. BAG v. 25.05.2000 - 8 AZR 335/99, n.v. (Produktion von Industriearmaturen).

2. Abgrenzung Betriebsstilllegung/Betriebsunterbrechung

Ein anderes Abgrenzungsproblem stellt sich, wenn zwischen der Einstellung des bisherigen   **120**
Betriebs oder Betriebsteils und der (Neu-)Eröffnung eine gewisse Zeitspanne liegt. In diesem
Fall stellt sich die Frage, ob eine sog. Betriebsstilllegung vorliegt, die den früheren Arbeitgeber
zu betriebsbedingten Kündigungen berechtigt, oder ob lediglich eine sog. Betriebsunterbrechung oder Betriebspause vorliegt, die einen Betriebsübergang nicht hindert.

Beispiel: **121**

Auf einer Geschäftsstraße wird eine Bäckerei mit Stehcafé geschlossen. Fünf Monate
später eröffnet in dem gleichen Ladenlokal ein anderer Inhaber eine neue Bäckerei mit
Stehcafé.

Allgemeingültige Aussagen für jeden denkbaren Fall können nicht getroffen werden. Viel-   **122**
mehr kommt es auch hier auf den jeweils einzelnen Fall und vor allem die Art des Betriebes
an. Das Bundesarbeitsgericht orientiert sich zum Teil an den gesetzlichen (§ 622 Abs. 2 BGB)
Kündigungsfristen, zieht dabei aber auch noch andere Umstände heran.[101]

Hinweis: **123**

Für die Dauer der Unterbrechung ist nicht der Zeitpunkt des Ausspruchs der Kündigungen maßgebend, sondern der der tatsächlichen Beendigung der Arbeitsverhältnisse mit
Ablauf der Kündigungsfrist.

3. Leiharbeit statt Betriebsübergang?

Eine neue Problemstellung im Bereich des § 613a BGB, die Gegenstand einer bis jetzt weithin   **124**
unbekannten Entscheidung des Arbeitsgerichts Passau[102] ist, hat sich durch die vollständige
Neuorientierung im Recht der Arbeitnehmerüberlassung ergeben. Statt einer Auslagerung
hatte sich ein Arbeitgeber dafür entschieden, eine Service-GmbH zu gründen, deren Zweck
u.a. darin bestand, nach einer Übernahme die vormals beim Arbeitgeber beschäftigten Mitarbeiter an diesen auszuleihen. Wegen unterschiedlicher Geschäfts- bzw. Betriebszwecke ist ein
Betriebs(teil)übergang in solchen Fällen jedenfalls nach der Definition des Bundesarbeitsgerichts, das eine Beibehaltung des Betriebs- bzw. Geschäftszwecks durch den Übernehmer fordert, ausgeschlossen und zwar selbst dann, wenn die Service-GmbH das gesamte Personal des
vorherigen Arbeitgebers übernimmt.

Derzeit ist unklar, ob ein solches Vorgehen als unzulässige Umgehung des § 613a BGB zu   **125**
werten ist oder nicht. Das Arbeitsgericht Passau hat Ersteres angenommen und die mit der bisherigen Arbeitgeberin abgeschlossenen Aufhebungsverträge in Anlehnung an die Entscheidungen des Bundesarbeitsgerichts zum sog. Lemgoer Modell[103] (vgl. Kapitel 7 Rn. 24 ff.) wegen Umgehung des in § 613a Abs. 4 BGB enthaltenen Kündigungsverbots gemäß § 134 BGB
für unwirksam gehalten.[104] Ob man allerdings generell von einer unzulässigen Umgehung des
§ 613a BGB ausgehen kann oder ob nicht doch eine (zulässige) Vermeidung vorliegt, muss in
den nächsten Jahren noch geklärt werden.[105]

---

[101] BAG v. 22.05.1997 - 8 AZR 101/96 - NZA 1997, 1050; BAG v. 03.07.1986 - 2 AZR 68/85 -
NZA 1987, 123.

[102] ArbG Passau v. 30.06.2005 - 2 Ca 790/04 - EzAÜG § 613a BGB Nr. 2.

[103] BAG v. 28.04.1987 - 3 AZR 75/86 - NZA 1988, 198 ff.

[104] ArbG Passau v. 30.06.2005 - 2 Ca 790/04 - EzAÜG § 613a BGB Nr. 2.

[105] Gegen die Entscheidung des ArbG Passau wurde Berufung eingelegt. Deren Schicksal ist z. Zt. unbe-
kannt.

C. Inhaberwechsel

I. Wechsel des Unternehmensträgers

126 Die Übertragung eines Betriebes oder Betriebsteils hat nicht in jedem Fall zur Folge, dass ein Betriebsübergang i.S.d. § 613a BGB vorliegt. Hinzu kommen muss ein Wechsel des Unternehmensträgers, und zwar in rechtlicher und tatsächlicher Hinsicht.

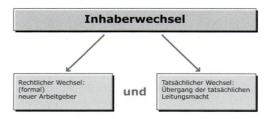

1. Wechsel in rechtlicher Hinsicht

127 Ein Betriebs(teil)übergang i.S.d. § 613a BGB setzt voraus, dass der Unternehmensträger bzw. die Person des Arbeitgebers wechselt. Entscheidend ist eine formale, „juristische" Sicht, d.h. es kommt allein auf einen Wechsel in der Rechtspersönlichkeit des Betriebsinhabers an.[106] Unerheblich ist, ob der alte und/oder neue Rechtsträger eine (juristische) Person des öffentlichen Rechts ist[107] (vgl. Rn. 17 f.). Des Weiteren liegt ein rechtlicher Inhaberwechsel vor, wenn ein Betrieb von einem konzernangehörigen Unternehmen auf ein anderes konzernangehöriges Unternehmen übertragen wird; unerheblich ist, ob beide Unternehmen unter einer einheitlichen Leitung stehen.[108]

128 **Hinweis:**

Umgekehrt kann man also sagen: Es fehlt an einem Betriebsübergang, wenn der Rechtsträger identisch bleibt.[109]

129 An dieser Stelle kommt es (noch) nicht darauf an, auf welchem Rechtsgrund (vor allem Einzel- oder Gesamtrechtsnachfolge) der Wechsel der Arbeitgeberstellung beruht; dies ist erst im Rahmen des Tatbestandsmerkmals „Rechtsgeschäft" bzw. der einem Betriebsübergang zugrunde liegenden Rechtsakte von Bedeutung (vgl. daher Rn. 152 ff.).

130 Kein formaler Wechsel der Arbeitgeberstellung liegt vor, wenn die Gesellschafter einer unternehmenstragenden Gesellschaft wechseln.[110] Bei juristischen Personen, insbesondere GmbH und AG, ergibt sich dies bereits aus ihrer Eigenschaft als juristische Person; ein Wechsel der Gesellschafter ändert nichts daran, dass die Kapitalgesellschaft Unternehmensträger bleibt.

131 **Hinweis:**

Dagegen ist ein rechtlicher Inhaberwechsel selbstverständlich zu bejahen, wenn ein Betrieb oder Betriebsteil von einer Kapitalgesellschaft auf eine andere Kapitalgesellschaft übertragen wird.

---

[106] BAG v. 03.05.1983 - 3 AZR 1263/79 - AP § 128 HGB Nr. 4.

[107] BAG v. 25.05.2000 - 8 AZR 416/99 - NZA 2000, 1115, 1117.

[108] EuGH v. 02.12.1999 - C-234/98 - NZA 2000, 587 - Allen.

[109] So BAG v. 20.03.2003 - 8 AZR 312/02 - NZA 2003, 1338, 1339.

[110] Ausdrücklich nochmals BAG v. 14.07.2007 - 8 AZR 803/06 (derzeit nur als Pressemitteilung verfügbar).

Das Gleiche gilt für Personenhandelsgesellschaften (OHG und KG), die nach den §§ 124, 161 **132** HGB rechtsfähig sind und daher Unternehmensträger sein können.[111] Ein Wechsel des Gesellschafters einer Personenhandelsgesellschaft stellt selbst dann keinen Betriebsübergang dar, wenn der „Ruf der Firma" mit der Person des ausscheidenden Gesellschafters verbunden ist und die Arbeitsverhältnisse auf ihn zugeschnitten sind.[112]

Hinweis: **133**

Ein ausscheidender Gesellschafter haftet daher nach Maßgabe des § 160 HGB und nicht nur nach der – für ihn günstigeren – Regelung des § 613a Abs. 2 BGB.

Diese Grundsätze gelten des Weiteren nach der Anerkennung der sog. Teilrechtsfähigkeit ei- **134** ner (unternehmenstragenden) Gesellschaft bürgerlichen Rechts (GbR)[113] für den Fall, dass die Gesellschafter einer unternehmenstragenden GbR wechseln.[114]

Hinweis: **135**

Eine Kündigung, die mit einem Gesellschafterwechsel begründet wird, verstößt daher mangels Betriebsübergang nicht gegen das Kündigungsverbot des § 613a Abs. 4 Satz 1 BGB.

Für Personen(handels)gesellschaften gilt indes eine wichtige Ausnahme, nämlich bei sog. **136** zweigliedrigen Gesellschaften, bei denen zwei Gesellschafter vorhanden sind; scheidet einer der beiden Gesellschafter aus der Personengesellschaft aus, führt dies gemäß § 738 BGB zur Anwachsung der Gesellschaftsanteile; die Gesellschaft als solche bleibt nicht bestehen; vielmehr wird der verbleibende Gesellschafter als Einzelkaufmann im Wege der Gesamtrechtsnachfolge zum neuen(!) Unternehmensträger.[115] Daher tritt in diesem Fall in rechtlicher Sicht ein Arbeitgeberwechsel ein.

Der Arbeitgeber wechselt weiterhin, wenn eine Gesellschaft aufgelöst und der Betrieb bzw. ein **137** Betriebsteil auf einen anderen Unternehmensträger übertragen wird oder wenn ein Betrieb als Sacheinlage in eine Gesellschaft eingebracht wird.[116]

Kein Arbeitgeberwechsel und damit kein Betriebsübergang liegt vor, wenn ein Insolvenzver- **138** walter auf Grund seiner aus der InsO folgenden Verwaltungsverpflichtung einen Betrieb fortführt.[117]

Liegt dem Betriebs(teil)übergang eine Umwandlung nach dem UmwG zugrunde, wechselt die **139** Arbeitgeberstellung nur beim sog. Formwechsel gemäß §§ 190 ff. UmwG nicht; in allen anderen Fällen, also Spaltung, Verschmelzung, Vermögensübertragung, tritt entsprechend ein rechtlicher Arbeitgeberwechsel ein.

---

[111] Allg.M., vgl. nur BAG v. 03.05.1983 - 3 AZR 1263/79 - AP § 128 HGB Nr. 4; BAG v. 12.07.1990 - 2 AZR 39/90 - NZA 1991, 63, 64.

[112] BAG v. 12.07.1990 - 2 AZR 39/90 - NZA 1991, 63, 64 f.

[113] Grundlegend BGH v. 29.01.2001 - II ZR 331/00 - NJW 2001, 1056 ff.; das BAG hat sich dem angeschlossen, BAG v. 01.12.2004 - 5 AZR 597/03 - NZA 2005, 318, 319.

[114] M.E. zutreffend *Gussen* in: BeckOK, § 613a Rn. 46 (Stand: 01.03.2007).

[115] Ganz h.M., vgl. nur BGH v. 06.05.1993 - IX ZR 73/92 - NJW 1993, 1917, 1918 sowie für den allein verbleibenden Kommanditisten einer zweigliedrigen KG BGH v. 16.12.1999 - VII ZR 53/97 - NZG 2000, 474 ff.

[116] *Preis* in: ErfK, § 613a Rn. 43.

[117] So ausdrücklich LArbG Hamm v. 15.09.2004 - 18 Sa 389/04 - NZA-RR 2006, 65; zu den Pflichten des Insolvenzverwalters als Arbeitgebers vgl. BAG v. 30.01.1991 - 5 AZR 32/90 - NZA 1991, 599.

140 Betriebsaufspaltungen führen generell – unabhängig, ob sie auf einer Spaltung gemäß §§ 123 ff. UmwG oder auf rechtsgeschäftlichen Vereinbarungen beruhen – zu einem rechtlichen Wechsel der Arbeitgeberstellung gegenüber den Beschäftigten, die dem übergehenden Betriebsteil zuzuordnen sind (vgl. Kapitel 2 Rn. 25 ff.). Unerheblich ist es für den rechtlichen Arbeitgeberwechsel, ob nach der Spaltung ein Gemeinschaftsbetrieb ent- bzw. besteht.

141 Ein rechtlicher Arbeitgeberwechsel scheidet i.d.r. ebenfalls aus, wenn sich zwei oder mehrere Unternehmen zur Führung eines Gemeinschaftsbetriebes – i.d.R. in Form einer GbR – verbinden. Dies ändert für sich genommen an der jeweiligen Arbeitgebereigenschaft der beteiligten Unternehmen nichts[118]; es ist ja im Gegenteil sogar kennzeichnend für einen Gemeinschaftsbetrieb, dass verschiedene Arbeitgeber bestehen. Daher bleibt das Arbeitsverhältnis zum bisherigen Arbeitgeber bestehen; es geht weder auf die GbR (als Betriebsführungsgesellschaft) über noch entsteht ein einheitliches Arbeitsverhältnis mit allen am Gemeinschaftsbetrieb beteiligten Unternehmen/Arbeitgebern.[119]

2. Wechsel in tatsächlicher Hinsicht/Übergang der Leitungsmacht

142 Der rechtliche Wechsel der Arbeitgeberposition reicht für einen Inhaberwechsel nicht aus. Der neue Arbeitgeber muss zusätzlich (also nicht: anstatt!) zum rechtlichen Wechsel der Arbeitgeberposition die tatsächliche Leitung des Betriebes übernehmen. Nach ständiger Rechtsprechung muss der bisherige Inhaber seine wirtschaftliche Betätigung im Betrieb bzw. Betriebsteil einstellen; jedoch bedarf es keiner besonderen Übertragung einer irgendwie gearteten Leitungsmacht.[120] Wann dieser tatsächliche Wechsel in der Inhaberschaft stattfindet, ist nicht immer leicht zu bestimmen.

143 Entscheidend ist, dass der neue Inhaber den Betrieb im eigenen Namen führt und für den Betrieb „verantwortlich" ist. Dafür kommt es auf die umfassende Nutzung nach außen hin bzw. darauf an, wer gegenüber außenstehenden Dritten und den Beschäftigten als Betriebsinhaber auftritt.[121] Unschädlich ist es, wenn der Gewinn an einen anderen abgeführt wird.[122] Das Bundesarbeitsgericht hat ausdrücklich die Annahme eines Rechtssatzes abgelehnt, nach dem ein Betriebsinhaberwechsel nicht eintreten soll, wenn der neue Inhaber ohne eigene Gewinnerzielungsabsicht fremdnützig tätig werde; die Inhaberschaft eines Betriebes i.S.v. § 613a BGB sei nicht von einer Gewinnerzielungsabsicht abhängig. Selbst eine wirtschaftlich unsinnige oder zumindest unverständliche Vorgehensweise soll demnach die Betriebsinhaberschaft nicht ausschließen, sondern sogar im Gegenteil die Leitungsmacht des Handelnden geradezu erfordern.[123]

144 Ein Inhaberwechsel scheidet demnach aus, wenn der neue „Inhaber" den Betrieb gar nicht führt; das Bundesarbeitsgericht fordert, der bisherige Inhaber müsse seine wirtschaftliche Betätigung im Betrieb einstellen.[124] Das kann bei unternehmens- bzw. konzerninternen Umstrukturierungen oder bei Betriebsaufspaltungen zweifelhaft sein, wenn der bisherige Unternehmensträger nach wie vor auf die Führung des übertragenen Betriebes oder Betriebsteils Einfluss nimmt oder – wie es bei Betriebsaufspaltungen häufig vorkommt – Personenidentität bei

---

[118] So auch BAG v. 16.02.2006 - 8 AZR 211/05 - NZA 2006, 592, 594.

[119] BAG v. 26.08.1999 - 8 AZR 588/98, n.v.; BAG v. 16.02.2006 - 8 AZR 211/05 - NZA 2006, 592, 594.

[120] St. Rspr., vgl. zuletzt BAG v. 15.12.2005 - 8 AZR 202/05 - NZA 2006, 597, 600.

[121] BAG v. 20.03.2003 - 8 AZR 312/02 - NZA 2003, 1338, 1340.

[122] BAG v. 20.03.2003 - 8 AZR 312/02 - NZA 2003, 1338, 1340.

[123] BAG v. 12.11.1998 - 8 AZR 282/97 - NZA 1999, 310, 311.

[124] St. Rspr., vgl. vor allem BAG v. 12.11.1998 - 8 AZR 282/97 - NZA 1999, 310, 311; zuletzt BAG v. 15.12.2005 - 8 AZR 202/05 - NZA 2006, 597, 600.

bisherigem und neuem Unternehmensträger besteht und sich faktisch bei der Leitung nichts ändert. Das Bundesarbeitsgericht lehnt denn auch einen Inhaberwechsel ab, wenn nach einer „Betriebsaufspaltung" nur durch die Buchhaltung ein „virtuelles Unternehmen" neben dem bisherigen geführt wird und die Arbeitnehmer zwar davon in Kenntnis gesetzt werden, sich aber faktisch durch die Aufspaltung gar nichts ändert.[125] Daher soll bei Identität oder Teilidentität der die Leitungsmacht ausübenden Personen nachzuweisen sein, für wen diese Personen jeweils tätig geworden sind. Möglich soll dies nur durch eine klare Abgrenzung der Aufgabengebiete einerseits und ein deutliches Auftreten für das eine oder andere Unternehmen andererseits sein. Berufe sich der bisherige Arbeitgeber darauf, dass eigene Geschäftsführer oder leitende Angestellte nicht für das eigene Unternehmen, sondern ab einem bestimmten Zeitpunkt auch ein anderes Unternehmen geführt haben, könne das durch Darstellung der geänderten Organisationsstruktur und des Auftretens der Arbeitnehmer bzw. Organe nach außen geschehen. Wenn keine räumliche Trennung durchgeführt worden ist, sollen die Anforderungen an den diesbezüglichen Vortrag erhöht sein.[126] Damit kann es Schwierigkeiten vor allem dann geben, wenn nach einer Betriebsaufspaltung ein gemeinsamer Betrieb beider Unternehmensträger entsteht, der in der Organisationsstruktur und der (Personal-)Leitung unverändert bleibt, und einer der beiden Unternehmensträger (häufig die sog. Betriebsgesellschaft) insolvent wird oder in wirtschaftliche Schwierigkeiten gerät.[127]

Hinweise: 145

Im **Arbeitgeber-Mandat** sollte daher wegen des Risikos, dass ein Inhaberwechsel verneint wird, davon abgeraten werden, eine Betriebsaufspaltung ohne jegliche Änderungen in der Organisation des Betriebes durchzuführen. Mindestens sollte der bzw. sollten die neuen Unternehmensträger nach außen hin als Arbeitgeber auftreten und die Arbeitnehmer über die Änderungen informieren werden. Dafür bietet sich das nach § 613a Abs. 5 BGB zu erstellende Informationsschreiben an.

Im **Arbeitnehmer-Mandat** sollte in solchen Fällen ein Inhaberwechsel i.S.d. Rechtsprechung des Bundesarbeitsgerichts ausdrücklich bestritten werden. Hilfsweise kann zudem, falls die Information nach § 613a Abs. 5 BGB fehlerhaft war, der Widerspruch gegen den Übergang des Arbeitsverhältnisses auch noch über einen Monat nach Betriebsübergang erklärt werden (vgl. Kapitel 2 Rn. 108).

II. Zeitpunkt des Übergangs der Leitungsmacht/des Betriebsübergangs

Maßgebender Zeitpunkt des Betriebsübergangs ist der Zeitpunkt des tatsächlichen Betriebsin- 146
haberwechsels[128] bzw. der Zeitpunkt, zum dem die Inhaberschaft, mit der die Verantwortung für den Betrieb der übertragenen Einheit verbunden ist, vom Veräußerer auf den Erwerber übergeht und letzterer die wirtschaftliche Einheit nutzt und fortführt.[129] Dieser Zeitpunkt kann, muss aber nicht mit dem Arbeitgeberwechsel in rechtlicher Hinsicht identisch sein.

---

[125] BAG v. 12.11.1998 - 8 AZR 301/97 - NZA 1999, 715, 716.

[126] BAG v. 12.11.1998 - 8 AZR 301/97 - NZA 1999, 715, 716.

[127] Gesellschaftsrechtlich ist dies übrigens oft mit einer sog. kapitalersetzenden Nutzungsüberlassung gekoppelt, die im Hinblick auf die §§ 32a, b GmbHG ebenfalls auf erhebliche Bedenken stoßen kann, vgl. dazu nur *Baumbach/Hueck*, GmbHG, § 32a Rn. 32 ff.

[128] EuGH v. 26.05.2005 - C-478/03 - NZA 2005, 681 - Celtec.

[129] Sich dem EuGH ausdrücklich anschließend BAG v. 27.10.2005 - 8 AZR 568/04 - NZA 2006, 668, 671.

147 Hinweis:

Daher kommt es z.B. nicht darauf an, wann ein Eigentumserwerb, eine (notwendige) Eintragung im Handelsregister oder eine formelle Übernahmevereinbarung vereinbart wurde bzw. stattgefunden hat. Die Einräumung eines Rücktrittsrechts (vom Unternehmenskaufvertrag) ist ebenfalls unerheblich.[130] Entscheidend sind allein die tatsächlichen Umstände. Darauf sollte beim **Arbeitgeber-Mandat** ausdrücklich hingewiesen werden, weil dies häufig falsch gesehen wird.

148 Die vom Bundesarbeitsgericht früher verwendete Formel, es komme für den Zeitpunkt des Betriebsübergangs darauf an, wann der Betriebserwerber rechtlich nicht mehr gehindert sei, die betriebliche Leitungs- und Organisationsgewalt an Stelle des Betriebsveräußerers auszuüben[131], ist hingegen, was die bloße Möglichkeit der Ausübung der Leitungsmacht angeht, durch den vom Europäischen Gerichtshof initiierten Wechsel der Definition des Betriebsübergangs (vgl. Rn. 7 ff.) obsolet geworden.[132] Es kommt nunmehr mithin für den Übergang der Leitungsmacht und damit für den Zeitpunkt des Betriebsübergangs darauf an, wann der Übernehmer tatsächlich den Betrieb leitet. Dieser Zeitpunkt ist zwingend, d.h. er kann von bisherigem und neuem Arbeitgeber nicht geändert werden.[133] Was jedoch möglich und zulässig ist, ist eine Vereinbarung über den Zeitpunkt, in dem die Leitungsmacht auf den Übernehmer übergehen soll; dies ist für Insolvenzfälle vom Bundesarbeitsgericht nicht beanstandet worden.[134] Maßgebend sind indes m.E. die tatsächlichen Umstände; sofern diese von vertraglichen Vereinbarungen abweichen, sind sie und nicht die Vereinbarungen für die Beurteilung des Zeitpunkts des Betriebsübergangs maßgebend (vgl. Kapitel 8 Rn. 20 ff.).[135]

149 Wenn der Übernehmer den übernommenen Betrieb oder Betriebsteil nicht aktiv führen will, sondern dies einer schon beim bisherigen Arbeitgeber beschäftigten Person überlässt, kommt es darauf an, wann dem Übernehmer die entsprechende Weisungsmacht gegenüber dem Leiter des Betriebes/Betriebsteils zusteht; dabei soll es nach der Rechtsprechung des Bundesarbeitsgerichts nicht darauf ankommen, ob diese Anweisungen tatsächlich erteilt worden sind, sondern ob sie der Übernehmer hätte erteilen können und ob der Betriebsleiter ihnen gefolgt wäre.[136]

150 Werden – wie es häufig bei Übernahmen aus der Insolvenz geschieht – Betriebsmittel sukzessive übertragen, soll der Betriebsübergang zu dem Zeitpunkt erfolgt sein, in dem die wesentlichen/prägenden, zur Fortführung des Betriebes erforderlichen Betriebsmittel übergegangen sind und die Entscheidung über den Betriebsübergang nicht mehr rückgängig gemacht werden kann.[137] Da dies – wie das Vorliegen eines Betriebsübergangs selbst – von der Eigenart des Betriebes abhängt, ist mithin zunächst zu fragen, welche Betriebsmittel für den Betrieb prägend sind; dem schließt sich die Prüfung an, wann diese jeweils so auf den Übernehmer übertragen wurden, dass dieser den Betrieb „führen" konnte.

---

[130] BAG v. 15.12.2005 - 8 AZR 202/05 - NZA 2006, 597, 601.

[131] So z.B. BAG v. 16.02.1993 - 3 AZR 347/92 - NZA 1993, 643 und noch BAG v. 26.03.1996 - 3 AZR 965/94 - NZA 1997, 94.

[132] So auch *Müller-Glöge*, NZA 1999, 449, 453.

[133] EuGH v. 26.05.2005 - C-478/03 - NZA 2005, 681 - Celtec; BAG v. 27.10.2005 - 8 AZR 568/04 - NZA 2006, 668, 671.

[134] BAG v. 26.03.1996 - 3 AZR 965/94 - NZA 1997, 94, 96.

[135] So wohl auch BAG v. 27.10.2005 - 8 AZR 568/04 - NZA 2006, 668, 671.

[136] BAG v. 27.10.2005 - 8 AZR 568/04 - NZA 2006, 668. 671.

[137] St. Rspr. vgl. nur BAG v. 16.02.1993 - 3 AZR 347/92 - NZA 1993, 643, 644; BAG v. 27.10.2005 - 8 AZR 568/04 - NZA 2006, 668, 671.

Hinweis: 151

In der Praxis spielt dieser Punkt jedenfalls bei Übernahmen außerhalb der Insolvenz i.d.R. keine Rolle, da in den entsprechenden Vereinbarungen häufig ein Übernahmestichtag enthalten ist, der regelmäßig eingehalten wird. Außerdem stellen sich hier selten Probleme, deren Lösung vom genauen Zeitpunkt des Betriebsübergangs abhängig ist und die nicht einvernehmlich gelöst werden können. Beim Erwerb aus der Insolvenz sieht dies – das zeigen schon die höchstrichterlich entschiedenen Fallgestaltungen – wegen der vom Bundesarbeitsgericht gewährten Haftungsbeschränkung anders aus, da diese nur eingreift, wenn ein Betrieb oder Betriebsteil nach Eröffnung des Insolvenzverfahrens übertragen wird (vgl. eingehend Kapitel 8 Rn. 10 ff.).

D. Zugrunde liegende Rechtsakte

Die Anwendbarkeit des § 613a BGB hängt schließlich noch davon ab, aufgrund welchen   152
Rechtsaktes ein Betrieb oder Betriebsteil auf einen Übernehmer übergeht. Nach Art. 1 der Betriebsübergangsrichtlinie 2001/23/EG sollen die Betriebsübergangsvorschriften auf die Übertragung auf einen anderen Inhaber durch vertragliche Übertragung oder durch Verschmelzung anwendbar sein. Da dies im Rahmen der Richtlinienumsetzung an nationale Verhältnisse angepasst werden muss, ist vor allem zu unterscheiden zwischen einer Übernahme kraft eines oder mehrerer Rechtsgeschäfte im Wege der Einzelrechtsnachfolge, einer Übernahme kraft Gesamtrechtsnachfolge und schließlich einer Übernahme kraft Gesetzes bzw. Hoheitsakts.

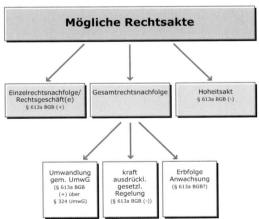

I. Einzelrechtsnachfolge/Rechtsgeschäft

Der in § 613a BGB verwendete Begriff des Rechtsgeschäfts ist nach inzwischen gefestigter   153
und wohl allgemeiner Ansicht nicht (nur) so zu verstehen, dass zwischen bisherigem und neuem Inhaber unmittelbare vertragliche Beziehungen bestehen müssen, die den Übergang eines Betriebes oder Betriebsteils zum Gegenstand haben müssen; eine weitere Auslegung ist vielmehr angesichts der Zielrichtung sowohl der Betriebsübergangsrichtlinie als auch des § 613a BGB, nach der generell bei privatrechtlich einzuordnenden Übertragungen wirtschaftlicher Einheiten Bestands- und Inhaltsschutz für die Arbeitnehmer beabsichtigt ist, geboten.

Daher wird von § 613a BGB jeder Wechsel des Arbeitgebers/Unternehmensträgers im Rahmen vertraglicher Beziehungen erfasst.[138] Unmittelbare Anwendung findet § 613a BGB daher nach deutschem Recht in jedem Fall einer auf Rechtsgeschäft beruhenden Einzelrechtsnachfolge (zur Gesamtrechtsnachfolge vgl. Rn. 158).

154 Aus der (gemeinschaftsrechtlich) gebotenen weiten Auslegung des Begriffs „Rechtsgeschäft" folgt, dass die Art des Rechtsgeschäfts und die Rechtsnatur des Vertragsverhältnisses unerheblich sind. Selbstverständlich fallen hierunter zunächst alle gegenseitigen Verträge, die auf eine Übertragung des in Rede stehenden Betriebes oder Betriebsteils gerichtet sind, also z.b. Kauf- oder Pachtverträge, Schenkungen. Darüber hinaus wird des Weiteren der praktisch wichtige Fall erfasst, dass ein Unternehmen(steil) im Wege der Sachgründung bzw. als Sacheinlage auf eine Gesellschaft als neuen Unternehmensträger übertragen wird.[139] Ob die Übertragung durch ein Rechtsgeschäft bzw. einen Vertrag oder mehrere (hintereinander geschaltete) Rechtsgeschäfte bzw. Verträge erfolgt, ist unerheblich; entscheidend ist, ob diese Rechtsgeschäfte insgesamt auf den Erwerb einer funktionsfähigen Wirtschaftseinheit angelegt sind.[140]

155 Es ist weiterhin nicht erforderlich, dass die auf die Übertragung gerichteten Verträge oder Rechtsgeschäfte zwischen bisherigem und neuem Arbeitgeber abgeschlossen werden; ausreichend ist es, wenn einem Betriebsübergang ein auf die Übertragung einer wirtschaftlichen Einheit gerichtetes „Bündel von Rechtsgeschäften"[141] zugrunde liegt. Das zielt in erster Linie auf die Fälle der Auftragsnachfolgen, da für diese das Fehlen unmittelbarer vertraglicher Beziehungen zwischen den beiden Auftragnehmern typisch ist.

156 Unerheblich ist, ob das bzw. die dem Betriebsübergang zugrunde liegenden Rechtsgeschäft/ Rechtsgeschäfte nach zivilrechtlichen Kriterien wirksam ist/sind oder nicht. Das Bundesarbeitsgericht hat in einem Fall, in dem ein unerkannt Geisteskranker einen Betrieb erworben hatte und der Vertrag folglich gemäß § 104 BGB wegen dessen absoluter (!) Geschäftsunfähigkeit unwirksam war, dennoch einen Betriebsübergang aufgrund eines Rechtsgeschäfts angenommen, da es allein auf die tatsächlichen Umstände ankommen soll.[142]

157 § 613a BGB erfasst in erster Linie privatrechtliche Verträge. Diese können nicht nur zwischen Privaten abgeschlossen werden, sondern auch von der öffentlichen Verwaltung, wenn es nicht um hoheitliche Tätigkeiten geht[143] (vgl. Rn. 17 f.). Daran ändert sich nichts, wenn der öffentliche Arbeitgeber Alleingesellschafter des übernehmenden Unternehmensträgers ist.[144] Unklar ist hingegen, ob ein als Grundlage eines Betriebsübergangs dienender öffentlich-rechtlicher Vertrag i.S.d. §§ 54 ff. VwVfG unter § 613a BGB fällt.[145]

---

[138] Umfassend dazu EuGH v. 19.05.1992 - C-29/91 - NZA 1994, 207 - Redmond Stichting.

[139] BAG v. 20.06.2002 - 8 AZR 459/01 - NZA 2003, 318, 321.

[140] St. Rspr., vgl. nur BAG v. 22.05.1985 - 5 AZR 173/84 - NZA 1985, 773.

[141] So im Anschluss an die Rechtsprechung des EuGH BAG v. 11.12.1997 - 8 AZR 729/96 - NZA 1998, 534, 535 f.

[142] BAG v. 06.02.1985 - 5 AZR 411/83 - NZA 1985, 735, 736; obiter bestätigt in BAG v. 15.12.2005 - 8 AZR 202/05 - NZA 2006, 597, 603.

[143] BAG v. 25.05.2000 - 8 AZR 416/99 - NZA 2000, 1115, 1117; vgl. auch BAG v. 25.01.2001 - 8 AZR 336/00 - NZA 2001, 840 ff. und EuGH v. 14.09.2000 - C-343/98 - NZA 2000, 1278, 1280 f. - Collino u.a.: Übergang durch entgeltliche Verwaltungskonzession (Italien).

[144] BAG v. 25.05.2000 - 8 AZR 416/99 - NZA 2000, 1115, 1117.

[145] Dazu *Gussen* in: BeckOK, § 613a Rn. 68 (Stand: 02.03.2007).

II. Gesamtrechtsnachfolge

Von § 613a Abs. 1 Satz 1 BGB nicht unmittelbar erfasst werden Betriebsübergänge, die sich **158** im Wege der Gesamtrechtsnachfolge vollziehen. Dies führt allerdings in Bezug auf den Bestand und den Inhalt der beim ursprünglichen Unternehmensträger beschäftigten Arbeitnehmer nicht zu einer Schutzlücke, da es dem Wesen der Gesamtrechtsnachfolge entspricht, dass der übernehmende Rechtsträger ohne jede weitere Rechtshandlung in die Rechtspositionen seines Rechtsvorgängers „einrückt". Dies gilt selbstverständlich auch für Beschäftigungsverhältnisse; die Übernahme durch den neuen Unternehmensträger kann bei einer Gesamtrechtsnachfolge sogar weiter gehen als bei einer Einzelrechtsnachfolge. Dies wird z.b. im Rahmen der übergehenden Rechts- bzw. Beschäftigungsverhältnisse (vgl. Kapitel 2 Rn. 25 ff.) und bei den Rechtsfolgen, insbesondere der Bindung an einen vom früheren Unternehmensträger abgeschlossenen Firmentarifvertrag (vgl. Kapitel 3 Rn. 130), deutlich.

Was sich indes bei einer Gesamtrechtsnachfolge nicht ohne weiteres von selbst ergibt, sind alle **159** sich aus § 613a Abs. 1 Sätze 2-4 BGB ergebenden Rechtsfolgen, wie z.b. das in § 613a Abs. 1 Satz 2 BGB enthaltene einjährige Verschlechterungsverbot (vgl. Kapitel 3 Rn. 199 ff.) oder – für den Bestand der Arbeitsverhältnisse vor allem dann wichtig, wenn das KSchG nicht eingreift – das Kündigungsverbot des § 613a Abs. 4 Satz 1 BGB. Des Weiteren besteht weder eine Informationspflicht noch ein Widerspruchsrecht der Arbeitnehmer.

Um diese Rechte und Rechtsfolgen bei Betriebsübergängen, die auf einer Gesamtrechtsnach- **160** folge beruhen, zur Anwendung bringen zu können, bedarf es vielmehr einer ausdrücklichen Entscheidung des Gesetzgebers. Diese hat er für Umwandlungen nach dem UmwG ausdrücklich in § 324 UmwG getroffen; die Geltung des § 613a Abs. 1 und 4 bis 6 BGB wird dort angeordnet, so dass sich die Arbeitnehmer insbesondere auf das Kündigungsverbot berufen und dem Übergang ihres Arbeitsverhältnisses widersprechen können.

Hinweis: **161**

Die Funktion des § 324 UmwG besteht nicht noch weitergehend darin, für jeden Umwandlungsfall die Geltung des § 613a BGB anzuordnen; vielmehr ist jeweils eigenständig zu prüfen, ob ein Betrieb oder Betriebsteil nach allgemeinen Grundsätzen übertragen wurde[146] (vgl. Rn. 22 ff., Rn. 82 ff.).

Hat der Gesetzgeber bei der Regelung von Übergangsfällen hingegen bewusst auf eine – par- **162** tielle – Anwendbarkeit des § 613a BGB verzichtet, kann dies jedenfalls dann nicht beanstandet werden, wenn sich der Betriebsübergang im Wege der Gesamtrechtsnachfolge kraft Gesetzes vollzieht.[147] Dann kann der Gesetzgeber auch (bewusst) darauf verzichten, den Arbeitnehmern ein Widerspruchsrecht einzuräumen.[148]

Etwas anders ist die Rechtslage m.E. in den Fällen zu werten, in denen eine solche bewusste **163** gesetzgeberische Entscheidung fehlt. Dies sind vor allem die Fälle der Erbfolge oder der Anwachsung des Gesellschaftsanteils bei zweigliedrigen Gesellschaften, wenn ein Gesellschafter ausscheidet (vgl. Rn. 136); hier wird man zwecks Vermeidung von Schutzlücken jedenfalls das Kündigungsverbot des § 613a Abs. 4 BGB analog anwenden können, wenn nicht sogar müssen.[149] Wenig Sinn macht eine analoge Anwendung des § 613a Abs. 6 BGB, da das Widerspruchsrecht wegen Entfallens des bisherigen Unternehmensträgers leerläuft (vgl. Kapitel 2 Rn. 131).

---

[146] BAG v. 25.05.2000 - 8 AZR 416/99 - NZA 2000, 1115, 1117.

[147] St. Rspr., zuletzt BAG v. 02.03.2006 - 8 AZR 124/05 - NZA 2006, 848, 850 f.

[148] BAG v. 02.03.2006 - 8 AZR 124/05 - NZA 2006, 848, 850 f.

[149] Zu § 613a Abs. 1 Satz 2 BGB BAG v. 05.10.1993 - 3 AZR 586/92 - NZA 1994, 848, 849.

III. Übertragung kraft Hoheitsakt

164   Nicht von § 613a BGB erfasst werden Betriebs(teil)übergänge, die auf einem Hoheitsakt beruhen. Daher hat das Bundesarbeitsgericht die Anwendbarkeit der Betriebsübergangsvorschriften auf den Übergang eines (Nur-)Notariats verneint.[150]

165   Gleiches gilt grundsätzlich auch für Zwangsversteigerungen; da sich der entsprechende Zu-
schlag allerdings lediglich auf das Grundstück und Zubehör bezieht, der Übernehmer jedoch
i.d.R. noch weitere Betriebsmittel erwerben muss, ergibt sich bereits hieraus, dass § 613a BGB
in diesen Fällen anwendbar ist.[151]

166   Führt ein Zwangsverwalter einen Betrieb fort, liegt die Sach- und Rechtslage ähnlich wie bei
der Zwangsversteigerung, so dass wegen der für die Betriebsfortführung durchweg notwendigen schuldrechtlichen Absprachen und Vereinbarungen ebenfalls regelmäßig die Voraussetzungen des § 613a BGB erfüllt sind.[152]

---

[150] BAG v. 26.08.1999 - 8 AZR 827/98 - NZA 2000, 371 ff.
[151] BAG v. 14.10.1982 - 2 AZR 811/79 - AP § 613a BGB Nr. 36.
[152] BAG v. 09.01.1980 - 5 AZR 21/78 - AP § 613a BGB Nr. 19; BAG v. 14.10.1982 - 2 AZR 811/79 - AP
§ 613a BGB Nr. 36.

Kapitel 2: Übergehende Beschäftigungsverhältnisse

Gliederung

A. Übersicht und praktische Mandatsrelevanz

Liegt ein Betriebsübergang i.S.d. § 613a BGB vor, wird als Rechtsfolge der Übergang der Ar-   **1**
beitsverhältnisse gesetzlich angeordnet; die Vorschrift weist insoweit die gleiche Struktur wie
§ 566 BGB für Mietverhältnisse auf. Das ist indes nur eine scheinbar klare Ausgangslage. In
der Praxis ist häufig bereits unklar, welche Arbeits- bzw. Rechtsverhältnisse auf den Übernehmer eines Betriebes übergehen. Probleme treten des Weiteren bei der Übertragung von Betriebsteilen auf; vor allem bei Arbeitnehmern in sog. zentralisierten Funktionen stellt sich die
Frage, ob sie dem übergehenden Betriebsteil oder dem verbleibenden Betrieb zuzuordnen sind
und ob folglich ihr Arbeitsverhältnis auf den Übernehmer übergeht oder nicht.

Hinweis: **2**

> Dies korrespondiert häufig (aber nicht immer!) mit der Frage, ob ein Betriebsteil oder
> ein gesamter Betrieb auf einen neuen Inhaber übertragen wurde (vgl. Kapitel 1 Rn. 80,
> 112 ff.).

Im **Arbeitnehmer-Mandat** kann die Frage, ob ein Arbeitsverhältnis auf einen neuen Inhaber   **3**
übergeht, zunächst bei Betriebsteilübertragungen dann relevant werden, wenn der Mandant
sich gegen den Übergang seines Arbeitsverhältnisses wehrt oder – das ist vor allem bei (betriebsbedingten) Kündigungen des bisherigen Arbeitgebers der Fall – der Auffassung ist, sein
Arbeitsverhältnis sei auf den neuen Inhaber übergegangen. Daher kann diese Frage Bestandteil
eines Kündigungsschutzverfahrens gegen den bisherigen Arbeitgeber und/oder einer Feststellungsklage gegen den Übernehmer sein. Vorab kann sich die Zuordnungsfrage in der Beratung
über ein Informationsschreiben nach § 613a Abs. 5 BGB stellen; hier wäre ggf. ergänzend –
wenn der Mandant mit einem Übergang seines Arbeitsverhältnisses nicht einverstanden ist –
an eine Feststellungsklage gegen den bisherigen Arbeitgeber zu denken.

Im **Arbeitgeber-Mandat** des bisherigen und des neuen Arbeitgebers ist die Zuordnung der   **4**
Arbeitnehmer zum übergehenden Betriebsteil im Vorfeld eines geplanten Betriebsübergangs
deshalb von erheblicher Bedeutung, weil sich die Zahl der übergehenden Arbeitnehmer i.d.R.
unmittelbar auf den Kaufpreis oder die Kosten eines Betriebsteilübergangs auswirkt. Außer-

dem muss ermittelt werden, welche Arbeitnehmer gemäß § 613a Abs. 5 BGB informiert werden müssen. Im **Arbeitgeber-Mandat** des bisherigen Arbeitgebers kann die Zuordnungsfrage eine wichtige Rolle für die eigene künftige Personalplanung bzw. den künftigen Personalbedarf spielen, da ein Betriebsteilübergang vor allem bei zentralisierten und übergreifenden Funktionen zum (partiellen) Wegfall des Beschäftigungsbedarfs führen kann; u.U. kann die Betriebsteilübertragung auf einen anderen Inhaber sogar zu einer interessenausgleichs- und sozialplanpflichtigen Betriebsänderung i.S.d. §§ 111 ff. BetrVG führen. Ähnlich kann sich das Problem eines Arbeitskräfteüberhangs im Arbeitgeber-Mandat des Übernehmers beim Hinzukommen von Arbeitnehmern in dessen Betrieb stellen, so z.B. bei den berühmten „Synergieeffekten". Bisheriger und neuer Arbeitgeber können sich zudem mit Kündigungsschutz- und/oder Feststellungsklagen konfrontiert sehen, wenn ein Arbeitnehmer meint, er hätte dem übergehenden Betriebsteil (nicht) zugeordnet werden dürfen.

5   Im **Betriebsrats-Mandat** kann die Zuordnungsfrage im Vorfeld eines geplanten Betriebsteilübergangs häufig deshalb relevant werden, weil dies Bestandteil von Überleitungsvereinbarungen ist. Außerdem kann der Betriebsrat ggf. einer Kündigung des bisherigen Arbeitgebers im Rahmen der Anhörung nach § 102 BetrVG mit dem Hinweis auf ein seiner Ansicht nach weiter bestehendes Arbeitsverhältnis widersprechen. Und schließlich ist es für den Betriebsrat relevant, ob auf der Betriebsteilübertragung beruhende Folgen im verbleibenden Betrieb des bisherigen Arbeitgebers oder im personell aufgestockten Betrieb/Unternehmen des Übernehmers Mitwirkungsrechte, vor allem gemäß §§ 111 ff. BetrVG auslösen.

6   Eine unmittelbare Folgefrage des Übergangs der Arbeitsverhältnisse ist außerdem, ob bzw. wie sich ein Betriebsübergang auf die Berechnung der Betriebszugehörigkeitsdauer auswirkt. Dies wird selbstständig kaum einmal relevant, ist aber häufig inzident bedeutsam für die Geltendmachung anderer Rechte, die ganz oder zum Teil von der Betriebszugehörigkeitsdauer abhängen; das können sowohl gesetzliche Regelungen (z.B. § 1 Abs. 3 KSchG) als auch kollektiv- oder individualvertraglich geregelte Arbeitsbedingungen sein (z.B. Unkündbarkeitsregelungen, betriebliche Altersversorgung). In der Praxis geht es häufig um Fallkonstellationen, in denen der Arbeitnehmer mit dem neuen Arbeitgeber einen neuen Arbeitsvertrag (mit anderen, meist schlechteren Arbeitsbedingungen) abgeschlossen hat und später das Vorliegen eines Betriebsübergangs vorgetragen wird.

7   **Hinweis:**

Ist das Vorliegen eines Betriebsübergangs und damit der Übergang eines Arbeitsverhältnisses streitig, kann die Frage der Betriebszugehörigkeitsdauer m.E. auch Gegenstand eines selbstständigen Feststellungsantrags sein; im **Arbeitnehmer-Mandat** wird man dann jedoch zum Rechtsschutzbedürfnis bzw. Feststellungsinteresse vortragen müssen.

8   Ebenfalls eng verbunden mit dem Übergang der Arbeitsverhältnisse ist das vom Bundesarbeitsgericht seinerzeit rechtsfortbildend entwickelte[1] und seit 2002 in § 613a Abs. 6 BGB kodifizierte Widerspruchsrecht der Arbeitnehmer, mit dem diese den Übergang ihrer Arbeitsverhältnisse auf den Übernehmer eines Betriebes verhindern können.

9   Im **Arbeitnehmer-Mandat** wird das Widerspruchsrecht häufig Gegenstand einer Beratung sein, wenn der Mandant ein Informationsschreiben gemäß § 613a Abs. 5 BGB erhalten oder in anderer Weise vom Betriebsübergang und damit dem Übergang seines Arbeitsverhältnisses Kenntnis erlangt hat. Dann geht es i.d.R. darum, ob der Mandant dem Übergang seines Arbeitsverhältnisses widersprechen soll oder nicht. Hierfür sind neben der inhaltlichen Beurtei-

---

[1]   Grundlegend BAG v. 02.10.1974 - 5 AZR 504/73 - AP § 613a BGB Nr. 1; gemeinschaftsrechtlich gebilligt von EuGH V. 16.12.1992 - 1 Rs C-132/91 - AP § 613a BGB Nr. 97.

lung der (möglichen) Auswirkungen eines Betriebsübergangs auf das Arbeitsverhältnis des Mandanten Kenntnisse über die (formellen) Voraussetzungen des Widerspruchsrechts ebenso unabdingbar wie über die möglichen Folgen der Ausübung desselben. Vergleichbare Fragen können sich stellen, wenn ein Mandant dem Übergang seines Arbeitsverhältnisses auf einen neuen Arbeitgeber zunächst nicht widersprochen hat, jedoch nach Betriebsübergang Störfälle auftreten, insbesondere als worst case eine Kündigung durch den neuen Arbeitgeber, oder wenn – wie in jüngerer Zeit mehrfach aktuell – der Übernehmer relativ kurz nach dem Betriebsübergang insolvent wurde; dann muss geprüft werden, ob der Mandant ggf. noch dem Übergang seines Arbeitsverhältnisses widersprechen kann. Dies hängt in erster Linie von der Richtigkeit und Vollständigkeit der den Arbeitnehmern erteilten Information und damit von den Anforderungen des § 613a Abs. 5 BGB (vgl. Kapitel 10) ab, da die einmonatige Widerspruchsfrist des § 613a Abs. 6 BGB nicht zu laufen beginnt, wenn die Information nicht oder fehlerhaft erteilt wurde[2] (vgl. Rn. 108). Besteht das Widerspruchsrecht noch, kann weiter in Rede stehen, ob der Mandant ggf. noch Ansprüche gegen den bisherigen (und dann wieder neuen) Arbeitgeber hat oder ob er u.U. mit Ansprüchen des Übernehmers rechnen muss.

Im **Arbeitgeber-Mandat** des bisherigen und des neuen Arbeitgebers ist es unabdingbar, die **10** Mandanten über das Bestehen des Widerspruchsrechts und die zentrale Rolle der Information nach § 613a Abs. 5 BGB zu informieren. Hingegen sind die Modalitäten des Widerspruchsrechts von nicht ganz so hoher Bedeutung. Eigenständige praktische Relevanz gewinnt das Widerspruchsrecht zunächst dann, wenn es ausgeübt wurde; dann stellt sich neben dem Umstand, ob die Ausübung des Widerspruchsrechts wirksam ist bzw. den gesetzlichen Anforderungen genügt, die Frage, ob und wie der bisherige Arbeitgeber darauf reagieren kann, insbesondere ob (betriebsbedingte) Kündigungen möglich sind. Wird das Widerspruchsrecht erst nach Betriebsübergang ausgeübt, können sich Rückabwicklungsprobleme stellen, die sich evtl. auf ein zwischen bisherigem Arbeitgeber und Übernehmer bestehendes Schuldverhältnis auswirken können (z.B. Kaufpreisminderung, Bereicherungsansprüche).

Im **Betriebsrats-Mandat** spielen die rechtlichen Aspekte des Widerspruchsrechts keine un- **11** mittelbare Rolle; wurde es ausgeübt und reagiert der Arbeitgeber hierauf mit personellen Einzelmaßnahmen (insbesondere Versetzungen, Kündigungen), kann dies u.U. für die Wahrnehmung der entsprechenden Beteiligungsrechte maßgebend sein. Denkbar ist des Weiteren, dass allein die Möglichkeit der Arbeitnehmer, dem Übergang ihres Arbeitsverhältnisses zu widersprechen, für die Wahrnehmung eines Beteiligungsrechts relevant ist; so kann bei personellen Einzelmaßnahmen der Zustimmungsverweigerungsgrund des § 99 Abs. 2 Nr. 3 BetrVG eingreifen (vgl. Kapitel 7 Rn. 85 f.).

---

[2] BAG v. 24.05.2005 - 8 AZR 398/04 - NZA 2005, 1302, 1304; BAG v. 13.07.2006 - 8 AZR 305/05 - NZA 2006, 1268, 1270.

B. Übergehende Rechts-/Arbeitsverhältnisse

I. Erfasste Beschäftigungsverhältnisse

12

13 Bei einem auf einer Einzelrechtsnachfolge beruhendem Betriebsübergang gehen gemäß § 613a Abs. 1 Satz 1 BGB alle im Zeitpunkt des Betriebsübergangs rechtlich bestehenden Arbeitsverhältnisse auf den Übernehmer des Betriebes über. Dies gilt für alle Arbeitsverhältnisse, d.h. es ist unerheblich, ob es sich um unbefristete oder befristete, Vollzeit- oder Teilzeitarbeitsverhältnisse handelt.

14 Hinweis:

Damit gehen auch die Arbeitsverhältnisse sog. geringfügig Beschäftigter i.S.d. § 8 SGB IV (sog. 400-Euro-Jobber) über, da es sich arbeitsrechtlich um Teilzeitarbeitsverhältnisse i.S.d. § 2 TzBfG handelt. Die sog. Ein-Euro-Jobber befinden sich hingegen gemäß § 16 Abs. 3 Satz 2 SGB II nicht in einem Arbeitsverhältnis.

15 Über den Verweis des § 10 Abs. 2 BBiG gilt § 613a BGB auch für Ausbildungsverhältnisse.[3]
16 Da der Begriff des Arbeitsverhältnisses umfassend zu verstehen ist und allein an den rechtlichen Bestand angeknüpft wird, werden – dies wird häufig in der betrieblichen Praxis übersehen oder sogar vergessen! – folgende Gruppen von Beschäftigten erfasst:
  • Leitende Angestellte.[4]
  • Ruhende Arbeitsverhältnisse.[5]
  Beispiele: Diese Arbeitsverhältnisse können entweder kraft Gesetzes ruhen, wie z.B. bei der Inanspruchnahme von Elternzeit oder der Ableistung von Wehrdienst, oder kraft ver-

---

[3] BAG v. 13.07.2006 - 8 AZR 382/05 - NZA 2006, 1406, 1407; zu den insoweit auftretenden praktischen Problemen instruktiv *Mehlich*, NZA 2002, 823 ff.

[4] BAG v. 22.02.1978 - 5 AZR 800/76 - AP § 613a BGB Nr. 11; BAG v. 13.02.2003 - 8 AZR 59/02 - NZA 2002, 854, 856.

[5] BAG v. 14.07.2005 - 8 AZR 392/04 - NZA 2005, 1411-1415; für arbeitsunfähig erkrankte und erwerbsunfähige Arbeitnehmer vgl. BAG v. 21.02.2006 - 3 AZR 216/05 - NZA 2007, 931, 933.

traglicher Vereinbarung, wie z.B. bei einer befristeten Auslandsentsendung für einen anderen Arbeitgeber.[6]

• Gekündigte Arbeitsverhältnisse bis zum Ablauf der Kündigungsfrist.[7]
Hinweis: Ein gekündigtes Arbeitsverhältnis geht auch dann auf den neuen Inhaber über, wenn der gekündigte Arbeitnehmer nie bei ihm gearbeitet hat, z.b. weil er vom bisherigen Arbeitgeber freigestellt wurde; der Übernehmer haftet daher auch für etwaige Annahmeverzugslohnansprüche.

• Altersteilzeitarbeitsverhältnisse[8] (auch in der Freistellungsphase![9] – vgl. dazu Kapitel 5 Rn. 6 f.).

• Weiterbeschäftigungsverhältnisse.

Am Übergang dieser Beschäftigungsverhältnisse können beide Arbeitgeber nichts ändern.   **17**
§ 613a BGB hat insoweit zwingenden Charakter, so dass einseitige Änderungen durch eine Seite nicht möglich sind, sieht man einmal vom Widerspruchsrecht der Arbeitnehmer ab. Möglich und zulässig sind allenfalls dreiseitige Vereinbarungen zwischen Arbeitnehmer und bisherigen und neuem Arbeitgeber über den Nichtübergang eines Arbeitsverhältnisses. Nicht zulässig sind m.E. Betriebsvereinbarungen, die Zuordnungen abweichend von § 613a BGB regeln. Dies gilt auch für Spaltungsfälle nach dem UmwG, da die Sonderregelung des § 323 Abs. 2 UmwG den Betriebsparteien nicht das Recht zu klaren Abweichungen gibt[10]; die Zuordnung wäre in diesem Fall „grob fehlerhaft" (zu zweifelhaften Zuordnungen vgl. Rn. 25 ff.).

Folgende Gruppen von Beschäftigten gehen bei einer Einzelrechtsnachfolge nicht automatisch   **18**
auf den Erwerber über[11]:

• Gekündigte Arbeitsverhältnisse, deren Kündigungsfrist vor dem Zeitpunkt des Betriebsübergangs abgelaufen ist (mit Ausnahme der Weiterbeschäftigung, vgl. Rn. 16).

• Organmitglieder (GmbH-Geschäftsführer!).[12]
Hinweis: Sollte mit einem GmbH-Geschäftsführer noch ein ruhendes Arbeitsverhältnis bestehen, wie es nach der Rechtsprechung des Bundesarbeitsgerichts in Ausnahmefällen möglich ist[13], geht dieses auf den Übernehmer über! Im **Arbeitgeber-Mandat** sollte darauf hingewirkt werden, dies im Vorfeld des Betriebsübergangs mit dem jeweiligen Organmitglied zu klären.

• Heimarbeiter.[14]

• Freie Mitarbeiter, Subunternehmer etc.[15]

---

6 BAG v. 14.07.2005 - 8 AZR 392/04 - NZA 2005, 1411 ff.
7 BAG v. 22.02.1978 - 5 AZR 800/76 - AP § 613a BGB Nr. 11.
8 BAG v. 19.10.2004 - 9 AZR 647/03 - NZA 2005, 408.
9 Offen gelassen von BAG v. 19.10.2004 - 9 AZR 645/03 - NZA 2005, 527.
10 Vgl. dazu nur *Willemsen*, NZA 1996, 791, 799.
11 Eine Haftung des Erwerbers für Ansprüche aus solchen Rechtsverhältnissen kommt jedoch nach anderen Vorschriften, insbesondere den §§ 25, 28 HGB in Betracht.
12 BAG v. 13.02.2003 - 8 AZR 654/01 - NZA 2003, 552. Wenn allerdings noch ein ruhendes Arbeitsverhältnis mit einem GmbH-Geschäftsführer besteht, geht dieses auf den Übernehmer über; dessen Schicksal sollte daher im Vorfeld geklärt werden.
13 Siehe nur BAG v. 08.06.2000 - 2 AZR 207/99 - NZA 2000, 1013, 1014 ff.; BAG v. 25.04.2002 - 2 AZR 352/01 - NZA 2003, 272, 273. Regelmäßig soll danach eine Vermutung dafür sprechen, dass das Arbeitsverhältnis mit der Bestellung zum GmbH-Geschäftsführer aufgehoben wurde!
14 BAG 24.03.1998 - 9 AZR 218/97 - NZA 1998, 1001.
15 BAG v. 13.02.2003 - 8 AZR 59/02 - NZA 2003, 854, 855.

- (Echte und unechte) Leiharbeitnehmer (bei Übergang des Entleiherbetriebes).

  Hinweis: Leiharbeitnehmer bleiben trotz des Betriebsübergangs Arbeitnehmer des Verleihers, so dass zum Entleiher kein nach § 613a BGB übergangsfähiges Arbeitsverhältnis besteht[16]; das zwischen Verleiher und Entleiher bestehende (zivilrechtliche) Vertragsverhältnis wird seinerseits nicht automatisch, sondern nur kraft Vereinbarung auf den neuen Betriebsinhaber übergeleitet.

- Betriebsrentner bzw. ausgeschiedene Beschäftigte, die eine unverfallbare Versorgungsanwartschaft erworben haben (vgl. dazu Kapitel 4 Rn. 23 ff.).[17]

  Die Überleitung dieser Vertragsverhältnisse kann (muss aber nicht!) mit den jeweiligen Personen gesondert vereinbart werden.

  Hinweis: Nicht ausgeschlossen ist, dass der Übernehmer nach anderen Regeln, vor allem den §§ 25, 28 HGB für Ansprüche dieser Vertragspartner haftet.

19 Maßgebend für die Frage, ob ein nach § 613a BGB übergangsfähiges Arbeitsverhältnis vorliegt, sind die Kriterien, die das Bundesarbeitsgericht in zahlreichen Entscheidungen vor allem zur Abgrenzung zwischen Arbeitnehmern und freien Dienstnehmern entwickelt hat.[18] Wird ein Arbeitsvertrag vorgelegt und behauptet der beklagte Arbeitgeber, es handele sich nicht um ein Arbeitsverhältnis oder um ein Scheingeschäft, ist er für die diese Wertung begründenden Tatsachen darlegungs- und beweisbelastet.[19]

20 **Beispiel:**

> Ein insolvenzbedrohter Krankenhausträger schließt kurz vor der Insolvenz mit einem bisherigen freien Mitarbeiter einen Arbeitsvertrag ab. Obwohl der Verdacht nahe lag, dass auf diese Weise Insolvenzgeld und Ansprüche aus dem Betriebsübergang gesichert werden sollten, lehnte das Bundesarbeitsgericht die Annahme eines Scheingeschäfts (§ 117 BGB) allein aus diesen Gründen ab.[20]

21 Nicht nur Arbeits- und Ausbildungsverhältnisse, sondern auch die von § 613a BGB nicht erfassten Vertragsverhältnisse können auf einen neuen Unternehmensträger übergehen, wenn der Betriebsübergang auf einer Gesamtrechtsnachfolge beruht, da in diesen Fällen in größerem Umfang Verträge übergeleitet werden (können).

22 So können in einem Spaltungsplan bestehende Versorgungsverbindlichkeiten dem übernehmenden Rechtsträger zugeordnet werden[21], so dass die mit den bereits ausgeschiedenen Beschäftigten bestehenden (künftigen) Ruhestandsverhältnisse auf den übernehmenden Rechtsträger übergehen (vgl. dazu Kapitel 4 Rn. 36).

23 Bei einer Verschmelzung können die unter Rn. 18 genannten Vertragsverhältnisse gemäß § 20 UmwG auf den übernehmenden Rechtsträger übergehen. Insbesondere geht das mit einem Organ des übertragenden Rechtsträgers (GmbH-Geschäftsführer!) bestehende Dienstverhältnis auf den übernehmenden Rechtsträger über; allerdings erlischt die Organstellung mit der Verschmelzung, was indes nicht dazu führt, dass sich das Anstellungsverhältnis infolge der Fusion

---

[16] Unberührt bleibt die Fiktion des § 10 AÜG, die ggf. auch gegenüber dem Übernehmer wirkt.
[17] BAG v. 11.11.1986 - 3 AZR 194/85 - NZA 1987, 559.
[18] Vgl. dazu nur *Preis* in: ErfK, § 611 Rn. 44 f.
[19] BAG v. 13.02.2003 - 8 AZR 59/02 - NZA 2003, 854, 856 in Bezug auf ein behauptetes Scheingeschäft.
[20] BAG v. 13.02.2003 - 8 AZR 59/02 - NZA 2003, 854 ff.
[21] BAG v. 22.02.2005 - 3 AZR 499/03 - NZA 2005, 639, 640.

in ein Arbeitsverhältnis umwandelt.[22] Das Anstellungsverhältnis geht vielmehr als freies Dienstverhältnis auf den übernehmenden Rechtsträger über.[23]

Hinweis:

> Wird dieses Dienstverhältnis gekündigt, unterfällt es weder den Schutzvorschriften des KSchG noch greift das Kündigungsverbot des § 613a Abs. 4 BGB ein; in Betracht kommt allenfalls in Ausnahmefällen ein Schutz über die Generalklauseln der §§ 134, 138, 242 BGB.[24]

24

II. Zuordnung von Arbeitnehmern

Nicht immer ist es ohne Schwierigkeiten ersichtlich, welche Arbeitsverhältnisse im Einzelnen auf den Übernehmer eines Betriebes oder Betriebsteiles übergehen. Vielmehr ist es in ganz unterschiedlichen Konstellationen denkbar, dass Arbeitnehmer sowohl dem zu übertragenden Betrieb oder Betriebsteil als auch dem verbleibenden Betrieb/Unternehmen angehören können. So können Arbeitnehmer für verschiedene Betriebsabteilungen oder verschiedene Betriebe unmittelbar oder in einer Art „Springerfunktion" tätig sein. Probleme können des Weiteren auftreten, wenn Arbeitnehmer in zentralisierten Betrieben oder Betriebsabteilungen tätig sind.

25

Beispiele:

> Einkaufs- und Vertriebsabteilung eines Betriebes teilen sich ein gemeinsames Sekretariat, in dem alle Beschäftigten für beide Abteilungen gleichermaßen zuständig sind. Die Vertriebsabteilung soll ausgelagert werden. Damit muss entschieden werden, ob und wenn ja, welche Mitarbeiter im Sekretariat ggf. „zusammen mit der Vertriebsabteilung" auf den neuen Inhaber übergehen. Und was ist mit der Personalreferentin, die in der der Personalabteilung bisher schwerpunktmäßig für diese beiden Abteilungen zuständig war?
>
> Verkäufer A ist bei einem Einzelhandelsunternehmen mit mehreren Verkaufsfilialen als „Springer" tätig, d.h. er wird abwechselnd dort eingesetzt, wo Bedarf besteht. Wird eine dieser Filialen an ein anderes Einzelhandelsunternehmen veräußert, stellt sich die Frage, ob das Arbeitsverhältnis des A auf letzteres übergeht. Und wenn der bisherige Inhaber die gesamte Verwaltungstätigkeit in einem eigenständigen Betrieb zentralisiert hatte, stellt sich für die dort beschäftigten Mitarbeiter die Frage, ob ihre Arbeitsverhältnisse auf den Erwerber der Filiale übergehen.

26

In all diesen Fällen müssen die Arbeitnehmer einem der beiden Arbeitgeber zugeordnet werden. Nicht möglich ist eine Aufteilung derart, dass Arbeitsverhältnisse nur zum Teil auf den neuen Inhaber übergehen.

27

Beispiel:

> Hat ein vollzeitbeschäftigter Mitarbeiter im Sekretariat bisher für zwei Abteilungen je zur Hälfte gearbeitet und wird eine der beiden Abteilungen ausgelagert, geht sein Arbeitsverhältnis nicht zur Hälfte auf den neuen Inhaber über und verbleibt mit der restlichen Hälfte beim neuen Arbeitgeber; entweder geht das Arbeitsverhältnis ganz über oder gar nicht.

28

---

[22] BAG v. 21.02.1994 - 2 AZB 28/93 - NZA 1994, 905 ff. zu § 25 KapErhG; bestätigt für § 20 UmwG von BAG v. 13.02.2003 - 8 AZR 654/01 - NZA 2003, 552, 553 f.

[23] BGH v. 10.01.2000 - II ZR 251/98 - NZA 2000, 376, 377.

[24] BGH v. 10.01.2000 - II ZR 251/98 - NZA 2000, 376; BAG v. 13.02.2003 - 8 AZR 654/01 - NZA 2003, 552, 554 f.

29 Nach ständiger Rechtsprechung des Bundesarbeitsgerichts muss sich die Zuordnung bei Tätigkeit eines Arbeitnehmers für mehrere Betriebe oder Betriebsteile oder in einer zentralen Unternehmensorganisation nach objektiven Kriterien richten. Diese Zuordnung ist zwingendes Recht, d.h. es kann jedenfalls nicht durch eine einseitige Entscheidung des bzw. der beiden Arbeitgeber hiervon abgewichen werden, sondern allenfalls durch eine dreiseitige vertragliche Vereinbarung zwischen dem jeweiligen Arbeitnehmer und beiden Arbeitgebern.

30 **Hinweis:**

> Das Gleiche gilt für Zuordnung in Betriebs- bzw. Überleitungsvereinbarungen; die Betriebsparteien haben m.E. nicht das Recht, gegen den Willen des einzelnen Arbeitnehmers eine von den allgemeinen Rechtsgrundsätzen abweichende Zuordnung festzulegen.

31 Strittig ist indes, ob die Sonderregelung des § 323 Abs. 2 UmwG in Spaltungsfällen (nur nach dem UmwG!) dazu führt, dass von § 613a BGB abweichende Zuordnungen in einem Interessenausgleich zulässig sind (vgl. schon Rn. 17). Die schlüssigste Lösung liegt m.E. darin, bei zweifelhaften Zuordnungsfällen zwar am zwingenden Charakter des § 613a BGB festzuhalten, jedoch der Zuordnung im Interessenausgleich sozusagen eine Art „Richtigkeitsvermutung" zuzubilligen.[25]

32 Zu den objektiven Kriterien zählen die Funktion des Arbeitsplatzes, der Schwerpunkt der Tätigkeit des Arbeitnehmers und eine tatsächliche Eingliederung in den Betrieb oder Betriebsteil.[26] Grundsätzlich reicht es für den Übergang eines Arbeitsverhältnisses nicht aus, wenn ein Mitarbeiter in einem nicht übertragenen Betrieb oder Betriebsteil Arbeiten für den übertragenen Betrieb oder Betriebsteil verrichtet[27], so dass in erster Linie die Eingliederung in den übertragenen Betrieb oder Betriebsteil maßgebende Voraussetzung sein dürfte. Die in den o.g. Beispielen (vgl. Rn. 26) genannten Mitarbeiter, die in der Personalabteilung oder der Zentrale für den übertragenen Betrieb bzw. Betriebsteil waren, gehen folglich nicht auf den Erwerber über. Unerheblich für die Zuordnung ist es, ob der Restbetrieb nach Ausgliederung eines Betriebsteils nicht mehr lebensfähig ist oder stillgelegt wird[28] (vgl. dazu schon Kapitel 1 Rn. 88).

33 Waren Beschäftigte unmittelbar in dem übertragenen Betrieb (vor allem als Springer) oder auch in dem übertragenen Betriebsteil tätig (z.B. eine abteilungsübergreifend eingesetzte EDV-Fachkraft), kommt es wohl des Weiteren auf den Schwerpunkt der Tätigkeit an; wird mehr als die Hälfte der Arbeitszeit in einer Betriebsabteilung verbracht, dürfte dies für eine Zuordnung ausreichen, wenn der Arbeitsplatzwechsel nicht schon generell ein wesentliches Element des Arbeitsverhältnisses darstellt, wie es z.B. bei Springern der Fall ist. Dann wird man für die Zuordnung wohl mehr fordern müssen.

34 Unklar ist, auf welchen Zeitraum man bei der Zuordnung abstellen bzw. wie lange ein Arbeitnehmer in einem Betrieb oder Betriebsteil tätig sein muss, um ihn diesem zuordnen zu können und/oder diese Zuordnung auf Dauer angelegt sein muss. Eine kurzzeitige und auf einen vorübergehenden Einsatz angelegte Tätigkeit in einem anderen Betrieb oder Betriebsteil wird nicht ausreichen; man wird vielmehr wohl eher darauf abstellen müssen, ob der Arbeitnehmer auf Dauer dort eingesetzt werden soll.

---

[25] So wohl *Willemsen*, NZA 1996, 791, 799.

[26] Siehe zuletzt BAG v. 22.07.2004 - 8 AZR 350/03 - NZA 2004, 1383, 1389.

[27] BAG v. 13.11.1997 - 8 AZR 375/96 - NZA 1998, 249, 251; BAG v. 08.08.2002 - 8 AZR 583/01 - NZA 2003, 315, 318; auf tatsächliche Eingliederung wohl auch abstellend EuGH v. 12.11.1992 - C-209/91 - AP EWG-Richtlinie 77/187 Nr. 5 - Rs. Rask.

[28] BAG v. 25.09.2003 - 8 AZR 446/02 - NZA 2004, 1406.

Beispiel: 35

Verkäufer A, der üblicherweise im Kaufhaus eines Einzelhandelsunternehmens in Köln arbeitet, erklärt sich wegen (krankheitsbedingter) personeller Unterbesetzung in der Bonner Filiale bereit, dort für drei Monate „einzuspringen". Würde die Bonner Filiale in dieser Zeit auf einen neuen Inhaber übertragen, wäre A m.E. dieser nicht zuzuordnen, sondern nach wie vor dem Standort in Köln, weil dies sein „Stammeinsatzort" ist.

Diese maßgebend auf die tatsächlichen Verhältnisse abstellende Betrachtungsweise kann ihre 36 Grenze in arbeitsvertraglichen Vereinbarungen finden: Ist dort ein bestimmter Arbeitsort vereinbart, wurde der Arbeitnehmer aber in einem anderen – dem übergehenden - Betrieb oder Betriebsteil (vorübergehend) eingesetzt, soll eine Zuordnung zum übergehenden Betrieb oder Betriebsteil an der vertraglichen Vereinbarung über den Arbeitsort scheitern können.[29] Das ist jedenfalls dann nicht unbedenklich, wenn die Zuordnung zum neuen Arbeitsplatz auf Dauer erfolgen soll oder bereits vor langer Zeit erfolgt ist; dann müsste ggf. über eine konkludente Änderung des Arbeitsvertrages nachgedacht werden.

Beispiel: 37

Der Kfz-Elektriker A, mit dem vertraglich als Arbeitsort der Betrieb in I. vereinbart wurde, wird seit Anfang 2001 von der Arbeitgeberin in deren Lkw-Werkstatt in E. eingesetzt, die im September 2002 auf einen neuen Inhaber übertragen wird. Das Arbeitsverhältnis des A soll nicht gemäß § 613a BGB auf den neuen Inhaber übergegangen sein, da die Zuordnungsentscheidung der Arbeitgeberin nicht vom Arbeitsvertrag gedeckt gewesen sei.[30]

Hinweis: 38

Diese Überlegungen sind nicht für Beschäftigte relevant, die – häufig im Rahmen konzerninterner Überlassungen – von einem anderen Unternehmen an das Unternehmen „ausgeliehen" wurden, das einen Betrieb oder Betriebsteil an einen neuen Inhaber überträgt; die Arbeitsverhältnisse dieser „echten" Leiharbeitnehmer gehen schon deshalb nicht auf letzteren über, weil zum bisherigen (dem „übertragenden") Arbeitgeber kein Arbeitsverhältnis bestand (vgl. Rn. 18)!

Besondere Zuordnungsprobleme können bei Arbeitsverhältnissen auftreten, bei denen die Ar- 39 beitnehmer (zeitweise) nicht zur Arbeitsleistung verpflichtet sind. Dies sind vor allem ruhende Arbeitsverhältnisse, sowie – in der betrieblichen Praxis bei größeren Unternehmen nicht unwichtig – gemäß § 38 BetrVG vollständig freigestellte Betriebsratsmitglieder; bei diesen Beschäftigten ist häufig unklar, welchen Arbeitsplatz sie bei Wiederaufleben der Arbeitspflicht einnehmen werden, da sie keinen Anspruch auf Zurverfügungstellung des gleichen, sondern eines gleichwertigen Arbeitsplatzes haben. Befinden sich diese gleichwertigen Arbeitsplätze im übertragenen Betriebsteil, werden diese Mitarbeiter diesem zugeordnet.[31]

---

[29] So LAG Düsseldorf v. 14.05.2004 - 9 (14) Sa 1691/03 - LAGE § 613a BGB 2002 Nr. 4, n. rkr.

[30] LAG Düsseldorf v. 14.05.2004 - 9 (14) Sa 1691/03 - LAGE § 613a BGB 2002 Nr. 4, n. rkr.

[31] Vgl. den Sachverhalt von BAG v. 18.09.1997 - 2 ABR 15/97 - NZA 1998, 189 ff., in dem das BAG offensichtlich ohne weiteres davon ausgeht, dass das Arbeitsverhältnis des (widersprechenden) freigestellten Betriebsratsmitglieds übergegangen ist, da dieses anscheinend nur in der übergehenden Abteilung arbeiten konnte.

40 Beispiel:

Die in Elternzeit befindliche Mitarbeiterin A war vor der Elternzeit als Buchhalterin in der Buchhaltungsabteilung eines Unternehmens tätig, das diese Tätigkeiten nunmehr vollständig auf einen anderen Unternehmensträger auslagert. A wäre in diesem Fall dem übergehenden Betriebsteil zuzuordnen, mit der Folge, dass ihr (ruhendes) Arbeitsverhältnis auf den neuen Inhaber übergehen würde.

41 Zweifelhaft ist die Zuordnung, wenn gleichwertige Arbeitsplätze sowohl im übertragenen Betriebsteil als auch im verbleibenden Betrieb vorhanden sind. Möglich wäre, insoweit darauf abzustellen, in welchem Betriebsteil der betreffende Mitarbeiter vor dem Betriebsteilübergang tätig war. Allerdings ist es nicht nur möglich, sondern wahrscheinlich, dass dieser Arbeitsplatz anderweitig besetzt ist oder sogar – durch vorherige interne Umstrukturierungen – entfallen ist. Vorzugswürdig dürfte daher eher eine zum Teil hypothetische Betrachtung sein, auf welchem Arbeitsplatz der Mitarbeiter bei Wiederaufleben seiner Arbeitspflicht eingesetzt würde. Wurde z.B. für die Dauer der Arbeitsfreistellung eine Vertretungskraft befristet im Rahmen einer sog. unmittelbaren Vertretung[32], ist damit zu rechnen, dass der freigestellte Mitarbeiter auf diesen Arbeitsplatz zurückkehrt. Befindet sich dieser im übertragenen Betriebsteil, wird das Arbeitsverhältnis des freigestellten Mitarbeiters mitübergehen. Liegen solche Anhaltspunkte nicht vor, wird eine Zuordnung kaum möglich sein.

42 Beispiel:

Wäre die im o.g. Beispiel (vgl. Rn. 40) in Elternzeit befindliche Mitarbeiterin A in der ausgelagerten Abteilung vor ihrer Elternzeit als Sekretärin tätig gewesen und wurde für sie keine unmittelbare Vertretung eingestellt bzw. eingesetzt und könnte sie nach der Auslagerung in anderen Betriebsabteilungen (gleichwertig) beschäftigt werden, ist ihre Zuordnung zur übertragenen Betriebsabteilung fraglich. Eine rechtssichere Lösung kann derzeit nicht vorgeschlagen werden.

43 Hinweis:

In diesen Fällen empfiehlt sich wegen der unklaren Rechtslage eine dreiseitige Vereinbarung zwischen beiden Arbeitgebern und dem betroffenen Arbeitnehmer über die Zuordnungsfrage.

44 Höchstrichterlich noch nicht entschieden ist, was geschieht, wenn eine Zuordnung nach objektiven Kriterien nicht möglich ist und die Arbeitsvertragsparteien nicht zu einer verbindlichen, einvernehmlichen Regelung gelangen. Es ist umstritten, ob dem Arbeitnehmer in diesem Fall ein Wahlrecht zuzubilligen ist[33], ob der Arbeitgeber bestimmen soll oder ob das Arbeitsverhältnis dann nicht übergeht[34].

45 Hinweis:

(Nur) in diesem Fall wäre m.E. eine Betriebsvereinbarung, die die Zuordnung regelt, zulässig, da diese bei Fehlen einschlägiger Regelungen sozusagen als „Auffangregelung" fungieren könnte. Zumindest könnte man einer solchen Betriebsvereinbarung eine Art „Richtigkeitsvermutung" zubilligen, da man davon ausgehen kann, dass die Interessen der betroffenen Arbeitnehmer hinreichend berücksichtigt worden sind. Empfiehlt man dies im **Arbeitgeber-Mandat** des Übernehmers, sollte man jedoch auf das verbleibende

---

[32] Auf der Grundlage des § 14 Abs. 1 Nr. 3 TzBfG oder des § 21 BErzGG, vgl. dazu nur *Dörner*, Der befristete Arbeitsvertrag, Rn. 297 ff.

[33] Für ein solches Wahlrecht u.a. *Gentges*, RdA 1996, 266, 274.

[34] So – nach überzeugender Darstellung des Streitstandes – *Kreitner*, NZA 1990, 429, 431 f.

(Rest-)Risiko von Klagen der in der Betriebsvereinbarung zugeordneten Arbeitnehmer hinweisen.

Schwierige Sonderfragen im Bereich der Zuordnung können sich stellen, wenn die Auszubil- **46** denden des bisherigen Betriebsinhabers in einer sog. Ausbildungswerkstatt zentral ausgebildet werden, jedoch durch die Veräußerung eines Betriebes oder Betriebsteils die Ausbildungsmöglichkeiten entfallen.[35]

III. (Gerichtliche) Geltendmachung des (Nicht-)Übergangs

Will sich ein Arbeitnehmer gegen die von dem bzw. den Arbeitgebern getroffene Zuordnungs- **47** entscheidung wehren, kann dies im Rahmen einer Kündigungsschutzklage relevant werden; kündigt der bisherige Arbeitgeber einem Arbeitnehmer, der dem übertragenen Betrieb oder Betriebsteil nicht zugeordnet war, nach Betriebsübergang, kann sich der Arbeitnehmer gegen die Kündigungsbefugnis des bisherigen Arbeitgebers wehren. Ist nämlich sein Arbeitsverhältnis (kraft Gesetzes) auf den neuen Inhaber übergegangen, verliert der bisherige Arbeitgeber zugleich seine Kündigungsbefugnis. Wird die Kündigung bereits vor Betriebsübergang ausgesprochen, ist der bisherige Arbeitgeber hingegen passiv legitimiert (vgl. Kapitel 7 Rn. 130), jedoch wird diese i.d.R. sozialwidrig sein, da sich der Arbeitgeber mangels Arbeitsverhältnis nicht darauf berufen kann, er habe keine (Weiter-)Beschäftigungsmöglichkeit mehr; vielmehr kann die Kündigung dann wohl als Verstoß gegen das Kündigungsverbot des § 613a Abs. 4 Satz 1 BGB (vgl. Kapitel 7 Rn. 51 ff.) gewertet werden.

Hinweis: **48**

> Im **Arbeitnehmer-Mandat** empfiehlt es sich, in diesen Fällen neben der Kündigungsschutzklage gegen den bisherigen Arbeitgeber Feststellungsklage gegen den Übernehmer zu erheben, da eine stattgebende Entscheidung im Kündigungsschutzverfahren ihm gegenüber nicht immer Rechtskraft entfaltet (vgl. Kapitel 7 Rn. 171 ff.). Sicherheitshalber kann zudem eine Kündigung des bisherigen Arbeitgebers nach § 174 BGB zurückgewiesen werden.

Denkbar ist auch die umgekehrte Fallkonstellation einer Kündigung des Übernehmers gegen- **49** über einem Arbeitnehmer, dessen Arbeitsverhältnis wegen (behaupteter) falscher Zuordnung zum übertragenen Betrieb oder Betriebsteil nicht übergegangen sein soll. In diesem Fall fehlt es ebenfalls mangels Arbeitgeberstellung an der Kündigungsbefugnis des Übernehmers.

Hinweis: **50**

> Ergänzend sollte entsprechend im **Arbeitnehmer-Mandat** Feststellungsklage gegen den bisherigen Arbeitgeber auf (Weiter-)Bestehen des bisherigen Arbeitsverhältnisses erhoben werden. Ist die Zuordnung streitig, sollte außerdem hilfsweise der Widerspruch des Mandanten erklärt werden (vgl. Rn. 90 f.). Schwierig wird die Situation dann, wenn zwischen Betriebsübergang bzw. Übergang des Arbeitsverhältnisses und Kündigung des Übernehmers ein nicht unerheblicher Zeitraum liegt; in diesem Fall kann die Geltendmachung des Nichtübergangs ggf. unter dem Aspekt der Verwirkung angegriffen werden. Daher kann u.U. die Ausübung des Widerspruchsrechts unter Anerkennung der Prämisse, dass die Zuordnung korrekt war, sinnvoller sein.

Sprechen weder der bisherige Arbeitgeber noch der neue Arbeitgeber dem seiner Ansicht nach **51** falsch zugeordneten Arbeitnehmer gegenüber eine Kündigung aus, kann die Zuordnungsfrage ohne weiteres zum Gegenstand einer selbstständigen Feststellungsklage gemacht werden. Ist

---

[35] Umfassend dazu *Mehlich*, NZA 2002, 823 ff.

der Arbeitnehmer also der Ansicht, er sei dem übertragenen Betrieb/Betriebsteil nicht zuzuordnen, sollte er gegen seinen bisherigen Arbeitgeber auf Feststellung klagen, dass das Arbeitsverhältnis zu ihm weiterbesteht; eine (negative) Feststellungsklage gegenüber dem sich als Arbeitgeber berühmenden Übernehmer dürfte hingegen im Regelfall nicht erforderlich sein, da eine Rechtskrafterstreckung für den Arbeitnehmer kaum Nutzen hat.

52   Will der Arbeitnehmer erreichen, dass nach dem Betriebsübergang ein Arbeitsverhältnis zum Übernehmer und nicht mehr zum bisherigen Arbeitgeber besteht, wäre analog eine Feststellungsklage gegen den Übernehmer zu erheben. Eine negative Feststellungsklage gegen den bisherigen Arbeitgeber wäre hingegen i.d.R. wohl nicht nutzbringend.

53   Es dürfte des Weiteren möglich sein, eine nach Ansicht des Arbeitnehmers fehlerhafte Zuordnung inzident im Rahmen einer Leistungsklage (z.B. auf Weiterbeschäftigung oder auf Annahmeverzugslohn – beachte aber die Anrechnung gemäß § 615 Satz 2 BGB!) geltend zu machen und dies u.U. mit einem Zwischenfeststellungsantrag gemäß § 256 Abs. 2 ZPO über das (Weiter-)Bestehen eines Arbeitsverhältnisses mit dem jeweils beklagten Arbeitgeber zu verbinden.

54   In den letztgenannten Fallkonstellationen stellt sich, wenn der Arbeitnehmer nur einen der beiden Arbeitgeber verklagt, die Frage, ob er den anderen Arbeitgeber über die Klageerhebung informieren muss bzw. ob er bei diesem quasi „schweigend" weiterarbeiten kann. Ob eine Rechtsgrundlage für eine entsprechende Offenbarungspflicht besteht, ist zweifelhaft; in Betracht käme allenfalls eine arbeitsvertragliche Verpflichtung aus dem Rechtsgedanken des § 241 Abs. 2 BGB. Faktisch könnte ein schweigendes Weiterarbeiten des Arbeitnehmers allerdings dazu führen, dass sein Vortrag, er sei dem übertragenen Betrieb oder Betriebsteil nicht zuzuordnen, als widersprüchlich zu seinem eigenen Verhalten gewertet wird. Es wird daher im Regelfall im eigenen wohlverstandenen Interesse des Arbeitnehmers liegen, den anderen Arbeitgeber über seine Klage zu informieren, zumal sich gerade in diesen zweifelhaften Zuordnungsfällen die beiden Arbeitgeber gegenseitig über solche Klagen informieren werden; einen echten Vorteil dürfte ein Verschweigen daher nicht bringen.

55   Eine Frist, innerhalb derer der Arbeitnehmer den (Nicht-)Übergang seines Arbeitsverhältnisses geltend machen muss, gibt es nicht. Allerdings kann das Recht, den Übergang des Arbeitsverhältnisses aufgrund eines Betriebsübergangs geltend zu machen, verwirken; das ist jeweils Sache des Einzelfalls und muss nach einem sog. Zeit- und einem sog. Umstandsmoment beurteilt werden. Es kommt danach nicht nur darauf an, ob seit dem Betriebsübergang eine geraume Zeit verstrichen ist (die Grenze dürfte i.d.R. bei mindestens einem Jahr liegen), sondern auch darauf, ob der Arbeitgeber schutzwürdig darauf vertrauen durfte, nicht mehr in Anspruch genommen zu werden.[36] Dies wird auf die hier relevante Fallgestaltung im Ansatz übertragbar sein, wenngleich eine Verwirkung nach Zeit- und Umstandsmoment wohl schneller angenommen werden kann, wenn der Arbeitnehmer nach dem Betriebsübergang und erfolgter Zuordnung für den bisherigen oder den neuen Arbeitgeber widerspruchslos tätig ist.

56   **Hinweis:**

Es empfiehlt sich daher im **Arbeitnehmer-Mandat**, bei einer zweifelhaften Zuordnung nicht allzu lange mit der Geltendmachung des (Nicht-)Übergangs des Arbeitsverhältnisses zu warten. Da sich m.E. die Einhaltung der Monatsfrist analog § 613a Abs. 6 BGB oder gar der Dreiwochenfrist analog § 4 KSchG anbietet, sollte ein Monat nicht überschritten werden.

---

[36] BAG v. 20.05.1988 - 2 AZR 711/87 - NZA 1989, 16 ff.; BAG v. 27.01.2000 - 8 AZR 106/99, n.v.

IV. Folgen für die Berechnung der Betriebszugehörigkeitsdauer

Der durch § 613a Abs. 1 Satz 1 BGB angeordnete Übergang bzw. Fortbestand der Arbeitsver- **57**
hältnisse hat zur Folge, dass der Betriebsübergang an der Dauer der Betriebszugehörigkeit des
Arbeitnehmers nichts ändert, diese also nicht unterbricht. Dies ist vor allem für die folgenden
Bereiche relevant.

1. Kündigungsschutzrecht

a. Wartezeit des § 1 Abs. 1 KSchG

Die Wartezeit des § 1 Abs. 1 KSchG von sechs Monaten wird durch den Betriebsübergang **58**
nicht neu in Gang gesetzt. Die beim früheren Arbeitgeber erbrachten Beschäftigungszeiten
sind also bei der Berechnung der Wartezeit nach § 1 Abs. 1 KSchG für eine vom neuen Arbeitgeber ausgesprochene Kündigung zu berücksichtigen.[37]

Endet ein Arbeitsverhältnis mit dem bisherigen Arbeitgeber vor dem Zeitpunkt des Betriebs- **59**
übergangs und schließt der Übernehmer nach einer zeitlichen Unterbrechung mit dem Arbeitnehmer einen neuen Arbeitsvertrag, ist die ständige Rechtsprechung des Bundesarbeitsgerichts zur Zusammenrechnung mehrerer Arbeitsverhältnisse mit demselben Arbeitgeber[38] wegen des Schutzzwecks des § 613a BGB und der Betriebsübergangsrichtlinie auf die Fälle des
Betriebsübergangs zu übertragen[39]. Ob eine frühere Beschäftigung beim bisherigen Arbeitgeber auf die Wartezeit des § 1 Abs. 1 KSchG anzurechnen ist, hängt damit davon ab, ob zwischen den beiden Arbeitsverhältnissen ein enger sachlicher Zusammenhang besteht. Dies
hängt wiederum von der Dauer und dem Anlass der Unterbrechung und von der Art der Weiterbeschäftigung ab.[40]

Beispiel: **60**

Arbeitnehmer A war seit 1993 bei dem bisherigen Arbeitgeber V als Brenner beschäftigt. V wurde 1998 insolvent. Der Insolvenzverwalter kündigte das Arbeitsverhältnis des
A zum 12.03.1999. Am 15.03.1999 ging der Betrieb auf den Erwerber E über, der
am 25.03.1999 den A zum 15.03.1999 als Brenner einstellte. Am 23.07.1999 kündigte E
das Arbeitsverhältnis ohne Begründung zum 06.08.1999. Hiergegen erhob A Kündigungsschutzklage, die er gewann, weil nach Auffassung des Bundesarbeitsgerichts ein
enger sachlicher Zusammenhang zwischen den Arbeitsverhältnissen bestand und die Beschäftigungszeiten daher zusammenzurechnen waren, so dass A sich auf das Eingreifen
des KSchG berufen konnte.

Für die Beratungspraxis stellt sich daher die Frage, ab welchem Zeitraum von einer erhebli- **61**
chen Unterbrechung auszugehen ist bzw. ab welchem Unterbrechungszeitraum die sechsmo-
natige Wartezeit des § 1 Abs. 1 KSchG neu zu laufen beginnt. Das Bundesarbeitsgericht lehnt
es ausdrücklich ab, starre zeitliche Grenzen aufzustellen. Es hat allerdings einmal angesprochen, dass i.d.R. bei einem Zeitraum von über drei Wochen von einer erheblichen Unterbrechung auszugehen ist.[41] Unter Berücksichtigung eines „Sicherheitszuschlags" wird man daher

---

[37] BAG v. 27.06.2002 - 2 AZR 270/01 - NZA 2003, 145, 146.

[38] Dazu grundlegend BAG v. 23.09.1976 - 2 AZR 309/75 - AP § 1 KSchG 1969 Wartezeit Nr. 1; zuletzt
BAG v. 20.08.1998 - 2 AZR 76/98 - NZA 1999, 481 ff.

[39] BAG v. 27.06.2002 - 2 AZR 270/01 - NZA 2003, 145, 146.

[40] St. Rspr., zuletzt BAG v. 20.08.1998 - 2 AZR 76/98 - NZA 1999, 481 ff.

[41] BAG v. 18.01.1979 - 2 AZR 254/77 - AP § 1 KSchG 1969 Wartezeit Nr. 3; weiter BAG v. 20.08.1998
- 2 AZR 76/98 - NZA 1999, 481, das aber in dieser Entscheidung den Ausnahmecharakter des Falles
(Unterbrechung bei Lehrern für den Zeitraum der Sommerferien) betont.

wohl dann, wenn zwischen den Arbeitsverhältnissen beim bisherigen und beim neuen Arbeitgeber ein Unterbrechungszeitraum von mehr als einem Monat liegt, davon ausgehen können, dass die beiden Arbeitsverhältnisse nicht zusammengerechnet werden.

62 Hinweis:

Für die Berechnung der zeitlichen Unterbrechung kommt es nicht auf den Zugang der Kündigung des bisherigen Arbeitgebers, sondern auf das Ende des Arbeitsverhältnisses, also den Ablauf der Kündigungsfrist an.

63 Es macht im Übrigen in der rechtlichen Bewertung keinen Unterschied, wenn der Arbeitnehmer gegen die vom bisherigen Arbeitgeber ausgesprochene (betriebsbedingte) Kündigung Kündigungsschutzklage erhoben hat. Wird er vom Übernehmer wieder eingestellt, kommt es bezüglich des § 1 Abs. 1 KSchG für eine von diesem ausgesprochene Kündigung allein darauf an, ob zwischen den beiden Arbeitsverhältnissen ein erheblicher Unterbrechungszeitraum lag. Allerdings wird in der Praxis bei solchen Fallgestaltungen schon die gegen die erste Kündigung erhobene Kündigungsschutzklage (wegen § 613a Abs. 4 BGB – vgl. Kapitel 7 Rn. 51 ff.) meist Erfolg haben, so dass dann das zum bisherigen Arbeitgeber bestehende Arbeitsverhältnis nach § 613a Abs. 1 Satz 1 BGB auf den Übernehmer übergeht und damit die beim bisherigen Arbeitgeber zurückgelegten Beschäftigungszeiten ohne weiteres anzurechnen sind.

b. Kündigungsfristen

64 Bei den Kündigungsfristen zählen die beim früheren Arbeitgeber erbrachten Beschäftigungsjahre mit, unabhängig davon, ob die Kündigungsfristen gesetzlich oder tarifvertraglich geregelt sind.

c. Unkündbarkeitsregelungen

65 Bei sog. Unkündbarkeitsklauseln, die i.d.R. für ältere Arbeitnehmer die ordentliche Kündigung ausschließen und die ebenfalls durchweg eine bestimmte Dauer der Betriebszugehörigkeit voraussetzen, muss man ebenfalls die Dauer der Betriebszugehörigkeit beim früheren Arbeitgeber miteinrechnen. Sind diese Unkündbarkeitsklauseln – wie üblich – tarifvertraglich geregelt, kommt es jedoch vorher darauf an, ob sie auch nach dem Betriebsübergang auf das Arbeitsverhältnis noch weiter anzuwenden sind. Dies richtet sich nach den allgemeinen Grundsätzen (vgl. vor allem Kapitel 3 Rn. 103 ff.).

66 Arbeitsvertragliche Unkündbarkeitsvereinbarungen gehen nach § 613a Abs. 1 Satz 1 BGB auf den neuen Betriebsinhaber über.

67 Ungeklärt ist die Rechtslage, wenn eine (tarifliche) Unkündbarkeitsregelung beim bisherigen Arbeitgeber nicht galt, wohl aber beim neuen Arbeitgeber.

68 Beispiel:

Das tarifgebundene Unternehmen U erwirbt zum 01.01.2007 einen Betrieb, dessen Inhaber bislang nicht tarifgebunden war und der auf seine Arbeitsverhältnisse auch keine Tarifverträge angewandt hat. Kann sich ein seit 1990 im übertragenen Betrieb angestellter 58-jähriger Arbeitnehmer, dessen Arbeitsverhältnis übergegangen ist, auf die tarifliche Unkündbarkeitsklausel des einschlägigen Manteltarifvertrages, nach dem Arbeitnehmer ab dem 55. Lebensjahr und bei mehr als zehnjähriger Betriebszugehörigkeit ordentlich unkündbar sind, berufen?

69 Bei einer strikt am Schutzzweck des § 613a BGB orientierten Auslegung wären die beim früheren Arbeitgeber zurückgelegten Beschäftigungszeiten nicht miteinzurechnen, da der Arbeitnehmer ansonsten durch den Betriebsübergang besser stünde als bei seinem früheren Arbeitgeber, da für diesen die Unkündbarkeitsregel nicht galt. Demgegenüber soll jedoch der Arbeitnehmer, dessen Arbeitsverhältnis übergeht, hinsichtlich der Dauer der Betriebszugehörigkeit genauso gestellt werden, als ob er beim früheren Arbeitgeber geblieben wäre. Wäre dieser Mitglied des Arbeitgeberverbandes geworden, dem der Übernehmer angehört, könnten sich die Arbeitnehmer ihm gegenüber auf die tarifliche Unkündbarkeitsklausel berufen. Daher dürfte mehr dafür sprechen, die Dauer der Betriebszugehörigkeit beim früheren Arbeitgeber bei (tariflichen) Unkündbarkeitsklauseln miteinzurechnen.

d. Sozialauswahl – § 1 Abs. 3 KSchG

Bei der nach § 1 Abs. 3 Satz 1 KSchG zu berücksichtigenden Dauer der Betriebszugehörigkeit **70** im Rahmen der Sozialauswahl sind die Beschäftigungszeiten des Arbeitnehmers beim bisherigen Arbeitgeber miteinzurechnen.

e. Berechnung des Abfindungsanspruchs gemäß § 1a KSchG

Die Dauer der beim bisherigen Arbeitgeber zurückgelegten Beschäftigungszeit ist bei der Be- **71** rechnung des Abfindungsanspruchs nach § 1a KSchG zu beachten, da es gemäß § 1a Abs. 2 Satz 1 KSchG auf das Bestehen des Arbeitsverhältnisses ankommt. Ein anderes Ergebnis würde dem Schutzzweck des § 613a BGB, der dem Arbeitnehmer den erworbenen Besitzstand erhalten soll, widersprechen.

f. Exkurs: Vorbeschäftigungsverbot des § 14 Abs. 2 TzBfG

In Zusammenhang mit der Dauer der Betriebszugehörigkeit stellt sich häufig die Frage, ob das **72** sog. Vorbeschäftigungsverbot des § 14 Abs. 2 TzBfG auch dann eingreift, wenn der betreffende Arbeitnehmer beim Rechtsvorgänger des einstellenden Arbeitgebers beschäftigt war.[42] Das Problem wird immer dann relevant, wenn der Übernehmer einen Arbeitnehmer ohne Sachgrund auf der Grundlage des § 14 Abs. 2 TzBfG befristet einstellen will. Wenn der Arbeitnehmer bereits einmal beim bisherigen Arbeitgeber oder sogar bei einem von dessen Rechtsvorgängern gearbeitet hat, stellt sich die Frage, ob die sachgrundlose Befristung wegen des in § 14 Abs. 2 Satz 2 TzBfG geregelten Vorbeschäftigungsverbots rechtsunwirksam wäre. Diese Frage dürfte seit der Entscheidung des Bundesarbeitsgerichts vom 10.11.2004[43] geklärt sein. Das Bundesarbeitsgericht hat dort für den Fall einer Gesamtrechtsnachfolge durch eine Verschmelzung entschieden, dass der übernehmende Rechtsträger nicht als „derselbe Arbeitgeber" i.S.d. § 14 Abs. 2 Satz 2 TzBfG anzusehen ist. Arbeitgeber i.S.d. Vorschrift sei nur der Vertragsarbeitgeber, also die natürliche oder juristische Person, die mit dem Arbeitnehmer den Arbeitsvertrag geschlossen habe. Daher könne sich der übernehmende Rechtsträger auf § 14 Abs. 2 TzBfG berufen, wenn das Arbeitsverhältnis bereits vor einem im Zuge der vollzogenen Verschmelzung vollzogenen Betriebsübergang beendet worden und daher nicht kraft Gesetzes vom übertragenden auf den übernehmenden Rechtsträger übergegangen sei. Dies muss m.E. erst recht für eine Einzelrechtsnachfolge gelten; zumindest ist kein Grund ersichtlich, warum man die Einzelrechtsnachfolge anders als die Gesamtrechtsnachfolge behandeln sollte.[44] Daher kann man davon ausgehen, dass auch der Übernehmer eines Betriebes mit einem Arbeitnehmer, der bei seinem Rechtsvorgänger schon einmal tätig war, einen sachgrundlos befristeten Arbeitsvertrag auf der Grundlage des § 14 Abs. 2 TzBfG schließen kann. Für Existenz-

---

[42] Dazu nur *Müller-Glöge* in: ErfK, § 14 TzBfG Rn. 120; zur vergleichbaren Rechtslage nach § 1 Abs. 3 BeschFG BAG v. 25.04.2001 - 7 AZR 376/00 - NZA 2001, 1384 ff., wo allein auf die rechtliche Arbeitgeberstellung abgestellt wurde.

[43] BAG v. 10.11.2004 - 7 AZR 101/04 - NZA 2005, 514, 515.

[44] Bestätigung m.E. jetzt in diesem Sinne in BAG v. 18.10.2006 - 7 AZR 749/05, 750/05 und 751/05 und wohl auch schon in BAG v. 10.11.2004 - 7 AZR 101/04 - NZA 2005, 514, 516 a.E.

gründer gilt dabei sogar die erweiterte Möglichkeit des § 14 Abs. 2a TzBfG, wobei ergänzend darauf hinzuweisen ist, dass Existenzgründer auch sein kann, wer einen bestehenden Betrieb oder Betriebsteil übernimmt.[45]

73 Hinweis:

> Die erleichterte Befristungsmöglichkeit des § 14 Abs. 2 TzBfG gilt nur dann, wenn das Arbeitsverhältnis mit dem Rechtsvorgänger des Übernehmers vor dem Betriebsübergang beendet war. Geht ein auf der Grundlage des § 14 TzBfG sachgrundlos befristetes Arbeitsverhältnis auf ihn über, besteht – außer der Verlängerungsmöglichkeit des § 14 Abs. 2 Satz 1 TzBfG – keine Möglichkeit mehr, mit dem übergegangenen Arbeitnehmer einen sachgrundlos befristeten Arbeitsvertrag abzuschließen.

2. Urlaub und Entgeltfortzahlung

74 Auf die Wartezeit des § 4 BUrlG wird die beim bisherigen Arbeitgeber erbrachte Beschäftigungszeit angerechnet.

75 Gleiches gilt für die Wartezeit des § 3 Abs. 3 EFZG. Des Weiteren gilt die in § 3 Abs. 1 Satz 2 EFZG geregelte Begrenzung der Entgeltfortzahlungsdauer bei derselben Krankheit des Arbeitnehmers[46] auch für den Übernehmer, da der Schutzzweck des § 613a Abs. 1 Satz 1 BGB nur eine Schlechterstellung des Arbeitnehmers aufgrund des Betriebsübergangs verbietet. Der Arbeitnehmer muss sich daher in Bezug auf § 3 Abs. 1 Satz 2 EFZG so behandeln lassen, als ob es keinen Betriebsübergang gegeben hätte.

76 Beispiel:

> Arbeitnehmer A ist von Januar bis Februar 2004 für sechs Wochen wegen Rückenbeschwerden krankgeschrieben. Im März 2004 geht der Betrieb, in dem A arbeitet, und damit auch sein Arbeitsverhältnis auf den Erwerber E über. Im April 2004 wird A erneut wegen seiner Rückenbeschwerden krankgeschrieben. Er hat gegen E keinen Anspruch auf Entgeltfortzahlung, da er innerhalb von sechs Monaten infolge derselben Krankheit wieder arbeitsunfähig wurde und § 3 Abs. 1 Satz 2 Nr. 1 EFZG zu seinen Lasten eingreift.

3. Arbeitgeberleistungen, die an Betriebszugehörigkeitsdauer anknüpfen

a. Regelungen beim bisherigen Arbeitgeber

77 Bei Arbeitgeberleistungen, die entweder im Grund oder der Höhe nach an die Dauer der Betriebszugehörigkeit anknüpfen, ist die beim bisherigen Arbeitgeber zurückgelegte Beschäftigungszeit jedenfalls dann miteinzurechnen, wenn eine beim bisherigen Arbeitgeber geltende Regelung gemäß § 613a Abs. 1 Satz 1 oder 2 BGB für den Übernehmer gilt.[47]

78 Beispiel:

> Der frühere Arbeitgeber gewährte seinen Arbeitnehmern nach 10-jähriger Betriebszugehörigkeit eine sog. Treueprämie. Arbeitnehmer A war seit 1992 im Betrieb beschäftigt. Der Betrieb geht zum 01.01.2001 auf einen neuen Inhaber über, von dem A im Jahre 2002 (zu Recht) die Treueprämie verlangt.

---

[45] BAG v. 13.06.1989 - 1 ABR 14/88 - NZA 1989, 974 zum insoweit parallelen § 112a BetrVG.

[46] Vgl. dazu jetzt nochmals allgemein und eingehend BAG v. 14.03.2007 - 5 AZR 514/06 - DB 2007, 1360-1361.

[47] EuGH v. 14.09.2000 - C-343/98 - NZA 2000, 1279; für den besonders wichtigen Bereich der betrieblichen Altersversorgung siehe BAG v. 19.12.2000 - 3 AZR 451/99 - NZA 2002, 615, 616/617, vgl. dazu noch Kapitel 4 Rn. 41 ff.

b. Regelungen beim neuen Arbeitgeber

Fraglich ist, ob die Dauer der Betriebszugehörigkeit beim bisherigen Arbeitgeber auch dann   **79**
zu berücksichtigen ist, wenn der Übernehmer den bei ihm beschäftigten Mitarbeitern eine
Leistung gewährt, die an die Dauer der Betriebszugehörigkeit anknüpft. Das wäre z.b. der Fall,
wenn im o.g. Beispiel (vgl. Rn. 78) die Treueprämie nicht vom bisherigen Arbeitgeber, sondern vom Übernehmer gewährt würde und die übergehenden Arbeitnehmer nach dem Betriebsübergang in den Geltungsbereich der Regelung fallen würden.

Ob der Übernehmer eines Betriebes in solchen Fällen dazu verpflichtet ist, die bei seinem   **80**
Rechtsvorgänger erbrachten Dienstzeiten zu berücksichtigen, ist derzeit ungeklärt. Der Europäische Gerichtshof hat in seiner Entscheidung vom 14.09.2000[48] festgestellt, dass der Erwerber bei der Berechnung von finanziellen Ansprüchen, die bei ihm an das Dienstalter der Arbeitnehmer geknüpft sind, alle von dem übergegangenen Personal sowohl in seinem Dienst als
auch im Dienst des bisherigen Arbeitgebers geleisteten Jahre insoweit zu berücksichtigen hat,
als diese Verpflichtung sich aus dem Arbeitsverhältnis zwischen dem Personal und dem bisherigen Arbeitgeber ergab. Damit hat sich der Europäische Gerichtshof nicht zu der hier in
Rede stehenden Fallgestaltung geäußert, dass beim bisherigen Arbeitgeber eine entsprechende
Regelung nicht existierte, sondern nur beim neuen Arbeitgeber. Das Bundesarbeitsgericht hat
im Bereich der betrieblichen Altersversorgung entschieden, dass die übernommenen Mitarbeiter nicht automatisch von entsprechenden Regelungen im Betrieb des Übernehmers profitie-
ren; vielmehr dürfe dieser entscheiden, ob der betreffende Mitarbeiter seine Betriebstreue bei
ihm oder einem früheren Arbeitgeber erbracht habe.[49]

Die Rechtslage ist derzeit ungeklärt. Richtigerweise wird man bei der Lösung wohl differen-   **81**
zieren müssen:

Beruht die Verpflichtung des Übernehmers auf einer tarifvertraglichen Bestimmung, die auf   **82**
die Arbeitsverhältnisse der übernommenen Arbeitnehmer kraft Tarifbindung oder Bezugnahmeklausel anwendbar ist, werden sich die übernommenen Arbeitnehmer auf die beim Rechtsvorgänger erbrachten Beschäftigungsjahre berufen dürfen. Die Rechtslage ist insoweit vergleichbar mit der, in der ein Arbeitgeber (z.B. durch Eintritt in den tarifschließenden Arbeitgeberverband) erstmals einen Tarifvertrag anwenden muss. In diesem Fall wird die beim Arbeitgeber erbrachte Beschäftigungsdauer eingerechnet. Die Situation der übernommenen Arbeitnehmer beim Betriebsübergang ist hiermit vergleichbar.

Werden die in Rede stehenden Entgeltzusatzleistungen in einer (freiwilligen) Betriebsverein-   **83**
barung geregelt, könnte man jedenfalls dann, wenn der persönliche Geltungsbereich dieser
Betriebsvereinbarung alle Arbeitnehmer des Betriebes einschränkungslos erfasst, annehmen,
dass sie auch für die übergehenden Arbeitsverhältnisse gilt. Allerdings würden die übergehenden Arbeitnehmer dann besser gestellt als sie ohne den Betriebsübergang gestanden hätten,
was den Schutzzweck des § 613a BGB übersteigen würde. Ausreichend wäre es, wenn sie wie
neu eingestellte Arbeitnehmer behandelt würden, so dass ihre Beschäftigungszeiten beim
Rechtsvorgänger des Übernehmers nicht miteinzurechnen wären. Solange diese Rechtsfrage
höchstrichterlich noch nicht geklärt ist, muss der Übernehmer jedoch damit rechnen, dass auch
die übergehenden Arbeitnehmer unter Anrechnung der Beschäftigungszeiten beim bisherigen
Arbeitgeber Ansprüche aus entsprechenden Betriebsvereinbarungen erwerben. Er kann allerdings insbesondere bei freiwilligen Lohnzusatz- oder Sozialleistungen festlegen, dass Vorbe-

---

[48] EuGH v. 14.09.2000 - C-343/98 - NZA 2000, 1279 f.

[49] BAG v. 30.08.1979 - 3 AZR 58/78 - AP Nr. 16 zu § 613a BGB; BAG v. 24.07.2001 - 3 AZR 660/00 -
NZA 2002, 520, 522 m.w.N.

schäftigungszeiten bei einem anderen Arbeitgeber nicht angerechnet werden; das Bundesarbeitsgericht hat dem Übernehmer eines Betriebes ein solches Recht im Bereich der betrieblichen Altersversorgung ausdrücklich zugestanden.[50]

84 Hinweis:

Es kann sich wegen dieses Risikos im **Arbeitgeber-Mandat** des Übernehmers der Hinweis empfehlen, vor dem Übergang der Leitungsmacht eine freiwillige Betriebsvereinbarung ersatzlos[51] zu kündigen, damit die übergehenden Arbeitnehmer nicht von ihr erfasst werden. Möglich, aber risikobehaftet wäre eine Kündigung der Betriebsvereinbarung mit dem Ziel, das dieser Betriebsvereinbarung zugrunde liegende Dotationsvolumen, ggf. unter Änderung der Verteilungsgrundsätze, auf mehr Arbeitnehmer zu verteilen oder die Verteilungsgrundsätze dahingehend zu ändern oder zu präzisieren, dass Vorbeschäftigungszeiten bei einem anderen Arbeitgeber nicht angerechnet werden. Eine solche Kündigung würde jedoch nach der Rechtsprechung des Bundesarbeitsgerichts zur Nachwirkung der Betriebsvereinbarung führen. Diesbezüglich ist wiederum ungeklärt, ob neu hinzukommende Arbeitnehmer im Nachwirkungszeitraum keine Ansprüche mehr erwerben, so dass eine entsprechende Kündigung dem Übernehmer eventuell nicht hilft.

85 Beruht die Leistungszusage des Übernehmers auf einer individualvertraglichen Grundlage (also Gesamtzusage oder betriebliche Übung) und knüpft sie an die erbrachte Betriebstreue an, wird man es ihm ebenfalls überlassen dürfen, ob er bei Anwendung dieser Regelung auf die übergehenden Arbeitnehmer die bei seinem Rechtsvorgänger erbrachte Beschäftigungszeit anrechnet oder nicht. Die übergehenden Arbeitnehmer würden dann wie neu eingestellte Arbeitnehmer behandelt. Dies würde dem Schutzzweck des § 613a BGB nicht widersprechen, da die Arbeitnehmer bei einem anderen Ergebnis nach dem Betriebsübergang besser stünden als vor dem Betriebsübergang. Der Übernehmer sollte eine solche Einschränkung den Arbeitnehmern gegenüber aber deutlich erklären.

86 Hinweis:

Ebenso wie bei Betriebsvereinbarungen empfiehlt sich bis zur höchstrichterlichen Klärung dieser Rechtsfrage im Arbeitgeber-Mandat des Übernehmers der Ratschlag, die Gesamtzusage oder die betriebliche Übung durch eine ausdrückliche Erklärung des Übernehmers gegenüber den neu hinzukommenden Arbeitnehmern zu beseitigen bzw. klarzustellen, dass die bei seinem Rechtsvorgänger erbrachten Beschäftigungszeiten nicht angerechnet werden. Dass der Arbeitgeber das Recht hat, neu eingestellte Arbeitnehmer von einer betrieblichen Übung durch eine ausdrückliche Erklärung auszunehmen, hat das BAG anerkannt.[52] Gleiches müsste konsequenterweise für die Gesamtzusage gelten. Da ein sachlicher Grund für eine etwaige Ungleichbehandlung besteht, wird der arbeitsrechtliche Gleichbehandlungsgrundsatz in solchen Fällen nicht eingreifen (vgl. dazu noch eingehend Kapitel 3 Rn. 78 ff.).

---

[50] BAG v. 19.12.2000 - 3 AZR 451/99 - NZA 2000, 615, 617 f.

[51] Wird die Betriebsvereinbarung mit dem Ziel gekündigt, das Dotationsvolumen zu kürzen oder anders zu verteilen, tritt nach der Rechtsprechung des BAG Nachwirkung ein, vgl. nur BAG v. 26.10.1993 - 1 AZR 46/93 - NZA 1994, 572 ff. Ob in diesem Fall neu eintretende oder übergehende Arbeitnehmer noch von der Betriebsvereinbarung erfasst werden, ist fraglich. Auf dieses Risiko sollte das Mitgliedsunternehmen hingewiesen werden.

[52] BAG v. 10.08.1988 - 5 AZR 571/87 - NZA 1989, 57/58.

4. Sozialpläne

Umstritten ist, ob in Sozialplänen, die aufgrund einer Betriebsänderung beim Übernehmer **87** nach dem Betriebsübergang abgeschlossen werden, nur die Dauer der diesem erbrachten Betriebszugehörigkeit berücksichtigt werden darf bzw. umgekehrt Beschäftigungszeiten beim früheren Arbeitgeber ausgeschlossen werden dürfen. Dies wird in der Literatur bejaht, da es Grundlage für die Auszahlung der Abfindung sei, dass der Arbeitnehmer an der Schöpfung der wirtschaftlichen Leistungsfähigkeit beteiligt gewesen sei. Darin soll auch kein Widerspruch zu § 613a BGB liegen, da diese Vorschrift den Übernehmer nicht dazu verpflichte, Betriebszugehörigkeitszeiten beim Rechtsvorgänger bei der Berechnung von Abfindungen uneingeschränkt anzurechnen.[53] Das Bundesarbeitsgericht hat eine solche Fallkonstellation bisher nicht ausdrücklich entschieden, allerdings in etwas anderem Zusammenhang ausgeführt, dass in einem Sozialplan Beschäftigungszeiten bei einem anderen Arbeitgeber nicht mit in die Berechnung der Abfindung einfließen durften, obwohl diese Zeiten in einem Überleitungsvertrag als Betriebszugehörigkeitszeiten anerkannt worden waren.[54] Ob man dies allerdings dahingehend verallgemeinern kann, dass Beschäftigungszeiten beim Rechtsvorgänger des Arbeitgebers generell nicht bei der Berechnung von Sozialplanabfindungen einbezogen werden müssen, erscheint sehr zweifelhaft. Dies könnte zum einen dem Schutzgedanken des § 613a BGB widersprechen, nach dem der Arbeitnehmer durch den Betriebsübergang nicht schlechter gestellt werden dürfen als wenn ihr Arbeitsverhältnis weiterhin zum bisherigen Arbeitgeber bestanden hätte. Zum anderen ist es auch nicht einsichtig, warum die Beschäftigungszeiten beim Rechtsvorgänger in anderem Zusammenhang, z.B. bei der Sozialauswahl berücksichtigt werden müssen, bei Sozialplänen aber nicht. Und schließlich darf m.E. nicht unberücksichtigt bleiben, dass zumindest dann, wenn ein Betrieb käuflich erworben wurde, die dort beschäftigten Arbeitnehmer zur Wertschöpfung mit beigetragen haben, so dass das o.g. Ausschlussargument nicht vollständig überzeugen kann.

Hinweis: **88**

Es erscheint daher – da rechtlich weniger angreifbar – als sicherere Lösung, in Abfindungssozialplänen, die bei dem/den Rechtsvorgängern des derzeitigen Arbeitgebers zurückgelegten Beschäftigungsjahre in die Berechnungskriterien miteinzubeziehen.

C. Das Widerspruchsrecht der übergehenden Arbeitnehmer

I. Rechtsnatur

Das in § 613a Abs. 6 BGB auf der Grundlage der Rechtsprechung des Bundesarbeitsgerichts[55] **89** kodifizierte Widerspruchsrecht gibt dem Arbeitnehmer, dessen Arbeitsverhältnis kraft Gesetzes auf den Übernehmer des Betriebes übergeht bzw. übergehen soll, das Recht, diesen Übergang zu verhindern. Da er die Gestaltung der Rechtslage durch ein einseitiges Handeln bzw. eine einseitige Willenserklärung erreichen kann, ist das Widerspruchsrecht – ebenso wie z.B. das Recht zur Anfechtung oder zur Aufrechnung – als sog. Gestaltungsrecht[56] einzuordnen,

---

[53] So insgesamt *Gaul*, Das Arbeitsrecht der Betriebs- und Unternehmensspaltung, S. 1221 f.

[54] BAG v. 16.03.1994 - 10 AZR 606/93 - NZA 1994, 1147, 1148 f.

[55] Grundlegend BAG v. 02.10.1974 - 5 AZR 504/73 - AP § 613a BGB Nr. 1; gemeinschaftsrechtlich gebilligt von EuGH v. 16.12.1992 - 1 Rs C-132/91 - AP § 613a BGB Nr. 97.

[56] Das BAG spricht insoweit von einem sog. Rechtsfolgenverweigerungsrecht, vgl. nur zuletzt BAG v. 13.07.2006 - 8 AZR 382/05 - NZA 2006, 1406, 1407; Unterschiede zu anderen Gestaltungsrechten bestehen indes nicht.

das den hierfür entwickelten allgemeinen Regeln sowie denen für einseitige empfangsbedürftige Willenserklärungen folgt; dies hat insbesondere Auswirkungen auf Form und Inhalt der Widerspruchserklärung (vgl. Rn. 97 ff.).

90 Als Gestaltungsrecht ist das Widerspruchsrecht grundsätzlich bedingungsfeindlich.[57] Damit kann seine Ausübung bzw. Wirkung nicht davon abhängig gemacht werden, dass der bisherige Arbeitgeber dem Arbeitnehmer nicht betriebsbedingt kündigt.[58] Zulässig ist jedoch die hilfsweise Erklärung des Widerspruchs, wenn der Arbeitnehmer im Hauptvortrag das Vorliegen eines Betriebsübergangs bestreitet[59] oder wenn er der Ansicht ist, er habe dem übertragenen Betrieb oder Betriebsteil nicht zugeordnet werden dürfen; in beiden Fällen handelt es sich um eine zulässige Rechtsbedingung.

91 **Hinweis:**

Steht keine Kündigung im Raum, die mit einer Kündigungsschutzklage angegriffen werden muss, muss der Weiterbestand des Arbeitsverhältnisses mit dem bisherigen Arbeitgeber im Arbeitnehmer-Mandat im Rahmen einer Feststellungsklage geltend gemacht werden. Wird das Vorliegen eines Betriebsübergangs oder die richtige Zuordnung bestritten, sollte dies als Hauptvortrag gekennzeichnet werden; der Widerspruch sollte dann ausdrücklich hilfsweise erklärt werden. Haupt- und Hilfsantrag sind nicht erforderlich, da der Feststellungsantrag sowohl von der Haupt- als auch der Hilfsbegründung getragen wird.

92 Das Widerspruchsrecht des § 613a Abs. 6 BGB besteht grundsätzlich bei allen Betriebsübergängen, unabhängig davon, ob sie auf einer Einzel- oder einer Gesamtrechtsnachfolge beruhen. Für Umwandlungsfälle nach dem UmwG ordnet § 324 UmwG die Geltung des § 613a Abs. 6 BGB sogar ausdrücklich an. Werden im Rahmen eines gesetzlich angeordneten Betriebsübergangs die Arbeitsverhältnisse ebenfalls qua Gesetz übergeleitet, kann das Widerspruchsrecht jedoch jedenfalls dann ausgeschlossen werden, wenn sich die Arbeitsbedingungen nicht wesentlich ändern und dem Arbeitnehmer mit dem neuen Arbeitgeber ein vergleichbar potenter Schuldner gegenübersteht.[60]

93 Das Widerspruchsrecht hat zwar keinen zwingenden Charakter, jedoch sind (vertragliche) Beschränkungen des Widerspruchsrechts oder gar dessen Ausschluss nicht uneingeschränkt zulässig. Die bisherige Rechtsprechung des Bundesarbeitsgerichts dürfte so zu verstehen sein, dass eine derartige Vereinbarung oder Klausel (AGB!) jedenfalls dann unwirksam ist, wenn sie ohne einen konkreten Anlass in den Arbeitsvertrag mit aufgenommen wurde. Ein Verzicht des Arbeitnehmers auf sein Widerspruchsrecht soll erst dann möglich sein, wenn ein Betriebsübergang stattgefunden hat oder unmittelbar bevorsteht.[61]

94 Ungeklärt ist derzeit, ob der (einseitige) Verzicht auf das Widerspruchsrecht bzw. eine entsprechende vertragliche Verzichtsvereinbarung formbedürftig ist. Dies wird zum Teil unter Hinweis auf das Schriftformerfordernis des § 613a Abs. 6 BGB angenommen[62]; dem steht jedoch

---

[57] BAG v. 30.10.2003 - 8 AZR 491/02 - NZA 2004, 481, 483.

[58] *Hanau* in: Erman, § 613a Rn. 50.

[59] BAG v. 13.07.2006 - 8 AZR 382/05 - NZA 2006, 1406, 1408.

[60] BAG v. 02.03.2006 - 8 AZR 124/05 - NZA 2006, 848 ff.

[61] Umkehrschluss aus der bisherigen Rechtsprechung des BAG, vgl. vor allem (allerdings in der Formulierung weiter) BAG v. 19.03.1998 - 8 AZR 139/97 - NZA 1998, 750, 751, hingegen einschränkend BAG v. 30.10.2003 - 8 AZR 491/02 - NZA 2004, 481, 483.

[62] *Gaul/Otto*, DB 2002, 634, 638.

entgegen, dass erstens eine entsprechende gesetzliche Anordnung fehlt und zweitens nach allgemeinen bürgerlich-rechtlichen Vorschriften eine (negative) Verpflichtung, etwas nicht zu tun, was im Falle der Vornahme formbedürftig wäre, nicht als formbedürftig angesehen wird[63].

Hinweis: 95

Um das Risiko eines unwirksamen Verzichts auf das Widerspruchsrecht zu vermeiden, sollte im **Arbeitgeber-Mandat** auf schriftliche Verzichtserklärungen gedrungen werden; dies ist im Übrigen schon aus Beweisgründen angeraten. Im **Arbeitnehmer-Mandat** sollte umgekehrt dem Mandanten angeraten werden, sich möglichst weder gegenüber dem bisherigen noch gegenüber dem neuen Arbeitgeber so zu verhalten, dass seine Äußerungen oder sein Verhalten als Verzichtserklärung verstanden werden könnten.

Zulässig ist die Verlängerung der Widerspruchsfrist des § 613a Abs. 6 BGB, da dies für den 96 Arbeitnehmer günstiger ist. Zweifelhaft ist, ob der bisherige Arbeitgeber (den die Folgen des Widerspruchs treffen) eine solche Verlängerung einseitig gewähren kann oder ob er die Zustimmung des neuen Inhabers benötigt.

II. Voraussetzungen eines wirksamen Widerspruchs

1. Inhalt und Form des Widerspruchs

§ 613a Abs. 6 BGB schreibt vor, dass der Arbeitnehmer dem Übergang seines Arbeitsverhält- 97 nisses schriftlich widersprechen kann bzw. muss. Nicht gefordert ist vom Gesetz eine Begründung für den Widerspruch; der Arbeitnehmer benötigt auch keinen sachlichen Grund für die Ausübung des Widerspruchs.[64] Die Erklärung des Arbeitnehmers kann sich also schlicht auf den Widerspruch an sich beschränken.

Der Arbeitnehmer muss nicht explizit den Begriff des Widerspruchs in seiner Erklärung ver- 98 wenden; da es sich beim Widerspruch um eine auslegungsfähige Willenserklärung handelt, reicht es vielmehr aus, wenn aus der Erklärung des Arbeitnehmers sein Wille erkennbar wird, den Übergang des Arbeitsverhältnisses auf den Betriebserwerber zu verhindern. Allerdings können wegen des Umstands, dass der Widerspruch schriftlich erklärt werden muss, nicht alle Umstände zur Auslegung, ob eine Widerspruchserklärung vorliegt, herangezogen werden; der Wille des Arbeitnehmers muss vielmehr in der Urkunde selbst einen, wenn auch nur unvollkommenen oder andeutungsweisen Ausdruck gefunden haben.[65]

Es reicht nicht allein für die Annahme einer Widerspruchserklärung aus, wenn ein Arbeitneh- 99 mer gegen seinen bisherigen Arbeitgeber Klage erhebt, sei es in Form einer Kündigungsschutzklage oder in Form einer Leistungsklage, z.B. auf Vergütung. Im Schriftsatz muss vielmehr deutlich zum Ausdruck kommen, dass der Arbeitnehmer den Übergang des Arbeitsverhältnisses verhindern will.[66] Dies kann ggf. hilfsweise geltend gemacht werden (vgl. Rn. 90 f.).

Liegt nach diesen Maßstäben eine Widerspruchserklärung vor, muss diese der von § 613a 100 Abs. 6 BGB angeordneten gesetzlichen Schriftform genügen. Gemäß § 126 BGB muss der Arbeitnehmer seine Erklärung also grundsätzlich eigenhändig unterschreiben.[67] Zulässig, wenn wohl auch überwiegend theoretisch möglich, ist die elektronische Form gemäß § 126a BGB.

---

[63] Vgl. *Heinrichs* in: Palandt, BGB, § 311b Rn. 10.

[64] BAG v. 30.09.2004 - 8 AZR 462/03 - NZA 2005, 43, 44, 46.

[65] So BAG v. 13.07.2006 - 8 AZR 382/05 - NZA 2006, 1406, 1408 unter Bezugnahme auf die sog. Andeutungsformel oder -theorie.

[66] BAG v. 13.07.2006 - 8 AZR 382/05 - NZA 2006, 1406, 1408 (ausreichende Widerspruchserklärung angenommen); vgl. aber den Sachverhalt BAG v. 15.02.2007 - 8 AZR 431/06 - NZA 2007, 793.

[67] Umfassend zu den – allgemeinen – Anforderungen des § 126 BGB vgl. nur *Preis* in: ErfK, §§ 125-127 Rn. 18 ff.

101 **Hinweis:**

Eine E-Mail erfüllt weder die Anforderungen des § 126 BGB noch die des § 126a BGB!

102 Schriftform ist nicht deckungsgleich mit höchstpersönlich; damit ist eine Stellvertretung grundsätzlich zulässig.[68]

103 **Hinweis:**

Damit steht dem Adressaten der Erklärung (bisheriger und/oder neuer Arbeitgeber) auch das Zurückweisungsrecht des § 174 BGB zu!

104 Unterzeichnet der Vertreter die Erklärung mit eigenem Namen, muss die Stellvertretung in der Urkunde zum Ausdruck kommen.[69] Erklärt der Anwalt des Arbeitnehmers in dessen Namen schriftsätzlich den Widerspruch, reicht ein Beglaubigungsvermerk auf der Abschrift des Schriftsatzes aus.[70]

105 Der Widerspruch muss – wiederum allgemeinen zivilrechtlichen Grundsätzen folgend – dem Adressaten in der gesetzlich vorgesehenen Form nach Maßgabe des § 130 Abs. 1 BGB zugehen.[71] Übermittlungen per Fax reichen daher nicht aus.

106 **Hinweis:**

Im **Arbeitnehmer-Mandat** ist zu beachten, dass der Arbeitnehmer im Streitfall den Zugang der Widerspruchserklärung beweisen muss. Es sollte daher angeraten werden, sich den Zugang mit dem genauen Datum von einem Empfangsbevollmächtigten des Arbeitgebers schriftlich bestätigen zu lassen.

2. Widerspruchsfrist

107 Die Widerspruchsfrist beträgt gemäß § 613a Abs. 6 BGB einen Monat; dies ist nach den §§ 187 Abs. 1, 188 Abs. 2 BGB zu berechnen.[72]

108 Besonderheiten ergeben sich in Bezug auf den Beginn dieses Fristlaufs. Die Einmonatsfrist für den Widerspruch läuft nur und erst ab dem Zugang der nach § 613a Abs. 5 BGB geschuldeten Unterrichtung des Arbeitnehmers. Die Frist läuft schon nicht an, wenn der Arbeitnehmer nicht oder – dies ist wesentlich wichtiger – unvollständig/unzutreffend informiert wurde[73] (vgl. Kapitel 10 Rn. 113). Ob die Unterrichtung erfolgt und vollständig und zutreffend war, muss im Streitfall der Arbeitgeber ebenso darlegen und beweisen wie den Zeitpunkt des Zugangs der Unterrichtung (vgl. Kapitel 10 Rn. 105 f.).

109 **Hinweis:**

Die Widerspruchsfrist ist damit unabhängig vom Zeitpunkt des Betriebsübergangs, unerheblich, ob die Unterrichtung davor oder danach erfolgte. Die Monatsfrist ist also immer nach dem Zeitpunkt des Zugangs der (korrekten) Unterrichtung zu berechnen.

110 Genügt die Unterrichtung durch den/die Arbeitgeber den Anforderungen des § 613a Abs. 5 BGB, muss der Widerspruch binnen eines Monats nach Zugang derselben erklärt werden, d.h. die Widerspruchserklärung muss dem alten oder dem neuen Arbeitgeber (vgl. Rn. 115) gemäß

---

[68] St. Rspr. und wohl allg. M., vgl. zuletzt BAG v. 21.09.1999 - 9 AZR 893/98 - NZA 2000, 257, 258: „Eigenhändig bedeutet handschriftlich…".

[69] BAG v. 13.07.2006 - 8 AZR 382/05 - NZA 2006, 1406, 1409.

[70] BAG v. 13.07.2006 - 8 AZR 382/05 - NZA 2006, 1406, 1409.

[71] *Worzalla*, NZA 2002, 353, 357.

[72] *Preis* in: ErfK, § 613a Rn. 96.

[73] BAG v. 24.05.2005 - 8 AZR 398/04 - NZA 2005, 1302, 1304; BAG v. 13.07.2006 - 8 AZR 305/05 - NZA 2006, 1268, 1270.

§ 130 Abs. 1 BGB vor Fristablauf zugehen. Für den rechtzeitigen Zugang der Widerspruchserklärung in der gesetzlich vorgeschriebenen Form (! – vgl. Rn. 100 ff.) ist der Arbeitnehmer darlegungs- und beweisbelastet.

Hinweis: 111

Es empfiehlt sich daher beim **Arbeitnehmer-Mandat**, dem Mandanten anzuraten, sich den Zugang der Widerspruchserklärung schriftlich bestätigen zu lassen.

Wird die einmonatige Widerspruchsfrist versäumt, besteht für den Arbeitnehmer keine Mög   112
lichkeit, dieses Versäumnis zu heilen. Er kann dann zwar immer noch das zum neuen Arbeitgeber dann bestehende Arbeitsverhältnis kündigen, jedoch besteht in diesem Fall das Arbeitsverhältnis zum früheren Arbeitgeber nicht weiter.

Eine weitere (Höchst-)Frist als die in § 613a Abs. 6 BGB genannte Einmonatsfrist existiert   113
nicht. Der Widerspruch kann also insbesondere dann, wenn die den Arbeitnehmern zugegangene Unterrichtung nach § 613a Abs. 5 BGB nicht erteilt wurde oder unzutreffend/unvollständig ist, mangels Fristlaufbeginn theoretisch unbegrenzt geltend gemacht werden. Das Fehlen einer absoluten Höchstfrist für die Erklärung des Widerspruchs wurde im Gesetzgebungsverfahren mehrfach kritisiert; dass der Gesetzgeber dennoch nichts getan hat, ist als seine Entscheidung zu akzeptieren (auch wenn man sie für falsch hält), woraus zugleich folgt, dass gesetzesübersteigende Vorschläge für die Einführung einer solchen Höchstfrist[74] die Grenzen zulässiger Rechtsfortbildung überschreiten würden. Damit bleibt als (zeitliche) Grenze für die Geltendmachung des Widerspruchsrechts nur das Institut der Verwirkung (vgl. Rn. 118).

Hinweis: 114

Auf die Gefahr der zeitlich unbegrenzten Geltendmachung des Widerspruchsrechts wegen einer fehlerhaften Information sollte im **Arbeitgeber-Mandat** sowohl des bisherigen als auch des neuen Arbeitgebers mit aller Deutlichkeit hingewiesen werden, da ansonsten für den Anwalt ein nicht unbeträchtliches Haftungsrisiko entstehen kann.

3. Adressaten des Widerspruchs

Gemäß § 613a Abs. 6 BGB kann der Widerspruch sowohl gegenüber dem bisherigen Arbeit   115
geber als auch gegenüber dem neuen Inhaber erklärt werden. Es reicht also für die Rechtzeitigkeit des Widerspruchs (vgl. Rn. 107 f.) aus, wenn die Widerspruchserklärung binnen Monatsfrist einem der beiden Arbeitgeber nach Maßgabe des § 130 BGB zugeht.

Erfolgt der Zugang der Widerspruchserklärung nicht gegenüber dem bzw. den Arbeitgebern   116
oder seinen/ihren gesetzlichen Vertretern persönlich, sondern händigt der Arbeitnehmer seine Erklärung anderen im Unternehmen tätigen Personen aus, ist die Erklärung nur dann wirksam zugegangen, wenn diese Person Empfangsvertreter i.S.d. § 164 Abs. 3 BGB oder Empfangsbote ist. Letzteres ist sicher dann gegeben, wenn – wie in der Praxis inzwischen üblich – im Informationsschreiben eine Stelle angegeben wird, der gegenüber der Widerspruch zu erklären bzw. das entsprechende Schreiben abzugeben ist. In allen anderen Fällen können Schwierigkeiten auftreten; ob insbesondere die Abgabe des Widerspruchsschreibens gegenüber dem Vorgesetzten oder der Personalabteilung für den (rechtzeitigen) Zugang ausreicht, ist nicht immer sicher.

---

[74] Siehe nur *Worzalla*, NZA 2002, 353, 357.

117 **Hinweis:**

> Daher sollte im **Arbeitnehmer-Mandat** neben der Gefahr des Fristablaufs auch auf die Wichtigkeit der „richtigen Abgabestelle" hingewiesen werden. Im Zweifel sollte die sicherste Zugangsart, d.h. die Abgabe des Schreibens beim Arbeitgeber selbst oder seinem gesetzlichen Vertreter gewählt werden.

4. Rechtliche Schranken des Widerspruchsrechts

a. Verwirkung

118 Das Bundesarbeitsgericht erkennt in ständiger Rechtsprechung – auch nach der Kodifikation des Widerspruchsrechts in § 613a Abs. 6 BGB – an, dass dieses nach allgemeinen Grundsätzen verwirken kann.[75]

119 **Hinweis:**

> Die Verwirkungsfrage kann sich nur stellen, wenn die Widerspruchsfrist – wegen fehlender oder unzutreffender Information – nicht läuft. War die Information korrekt, muss der Widerspruch binnen Monatsfrist erfolgen!

120 Allgemein gültige Richtlinien für die Verwirkung oder gar die Einführung einer Höchstfrist hat das Bundesarbeitsgericht bislang nicht aufgestellt; vielmehr soll es jeweils vom Einzelfall abhängen, ob das Widerspruchsrecht verwirkt ist oder nicht. Der Widerspruchsberechtigte muss vielmehr unter Umständen untätig geblieben sein, die den Eindruck erwecken, er wolle sein Recht nicht mehr geltend machen, so dass der Verpflichtete sich darauf einstellen durfte, nicht mehr in Anspruch genommen zu werden. Im konkreten Einzelfall soll u.a. maßgebend sein, dass die Rechte des Arbeitnehmers bei schwierigen Sachverhalten erst nach längerer Untätigkeit verwirken können. Die Länge des Zeitmoments soll in Wechselwirkung zu dem ebenfalls geforderten Umstandsmoment gesetzt werden; je stärker das gesetzte Vertrauen oder die Umstände, die eine Geltendmachung für den Anspruchsgegner unzumutbar machten, desto schneller könne ein Anspruch verwirken.[76] Insgesamt setzt das Bundesarbeitsgericht jedoch deutlich hohe Anforderungen an, wie daraus ersichtlich wird, dass es die Ausübung des Widerspruchsrechts nach einem Jahr und trotz der zunächst unbeanstandeten Weiterarbeit beim Übernehmer nicht als verwirkt angesehen hat, wobei indes hinzukam, dass die klagende Auszubildende bereits relativ früh das Vorliegen eines Betriebsübergangs bestritten hatte.[77]

121 **Hinweis:**

> Es dürfte im **Arbeitnehmer-Mandat** dennoch nicht ratsam sein, die Geltendmachung des Widerspruchsrechts allzu lange hinauszuzögern. Da die Frage erfahrungsgemäß oft relevant wird, wenn nach einer zunächst problemlosen Weiterarbeit beim Übernehmer Probleme auftreten, z.B. in Bezug auf die Arbeitsbedingungen, sollte möglichst rechtzeitig nach Auftreten dieser Schwierigkeiten der Widerspruch erklärt werden.

---

[75] Siehe nur – für die Rechtslage nach Schaffung des § 613a Abs. 6 BGB – BAG v. 13.07.2006 - 8 AZR 382/05 - NZA 2006, 1406, 1409; seinerzeit schon BAG v. 19.03.1998 - 8 AZR 139/97 - NZA 1998, 750-752.

[76] Vgl. insgesamt BAG v. 13.07.2006 - 8 AZR 382/05 - NZA 2006, 1406, 1409; BAG v. 14.12.2006 - 8 AZR 763/05 - NZA 2007, 682, 686.

[77] BAG v. 13.07.2006 - 8 AZR 382/05 - NZA 2006, 1406, 1409 f.

b. Rechtsmissbrauch/kollektive Geltendmachung

Eine weitere aus dem Grundsatz von Treu und Glauben folgende Grenze für die Geltendma-   **122** chung des Widerspruchsrechts kann aus dem Institut des Rechtsmissbrauchs folgen. Dies kommt vor allem dann in Betracht, wenn das Widerspruchsrecht instrumentalisiert wird, um andere Ziele zu erreichen. Faktisch bedeutsam ist dies für die nicht seltene Erscheinung einer kollektiven Ausübung des Widerspruchsrechts, mit der Betriebs(teil)übergänge oder Auslagerungen verhindert werden können. Das Bundesarbeitsgericht sieht jedoch allein in der kollektiven Ausübung des Widerspruchsrechts noch kein rechtmissbräuchliches Verhalten; ein kollektiver Widerspruch soll (nur) dann unwirksam sein können, wenn er dazu eingesetzt wird, andere Zwecke als die Sicherung der vertraglichen Rechte und die Beibehaltung des bisherigen Arbeitgebers herbeizuführen.[78] Zielt die Erklärung des Widerspruchs, umgekehrt ausgedrückt, darauf, den Betriebs(teil)übergang als solchen zu verhindern oder Vergünstigungen zu erzielen, auf die die Arbeitnehmer keinen Anspruch haben, stellt dies einen Rechtsmissbrauch dar. Allerdings muss der Arbeitgeber das Vorliegen dieser Absicht im Einzelnen substantiiert darlegen und beweisen; das Bundesarbeitsgericht hat insoweit die Aufzählung einer Reihe von Indizien, die für die Absicht sprachen, mit dem kollektiven Widerspruch den geplanten Betriebsübergang zu verhindern, nicht ausreichen lassen.[79]

Hinweis: **123**

Mit diesen hohen Anforderungen an die Darlegungs- und Beweislast für eine (subjektive!) unzulässige Absicht der widersprechenden Arbeitnehmer wird man im **Arbeitgeber-Mandat** des bisherigen und des neuen Arbeitgebers darauf hinweisen müssen, dass „Gegenwehr" in Form von Schadensersatzansprüchen o.a.[80] faktisch nur in seltenen Ausnahmefällen möglich ist. Entsprechende Chancen bestehen allenfalls, wenn Äußerungen der Arbeitnehmer selbst bzw. Betriebsrat oder Gewerkschaft unmittelbar die vom Bundesarbeitsgericht genannten unzulässigen Absichten belegen; das aber wird ja i.d.R. gerade bewusst vermieden.

III. (Rechts-)Folgen des erklärten Widerspruchs

1. Bindung an erklärten Widerspruch

Da die Widerspruchserklärung eine einseitige, empfangsbedürftige Willenserklärung des Ar-   **124** beitnehmers darstellt, kann der Widerspruch nicht ohne weiteres wieder beseitigt werden, wenn es sich der Arbeitnehmer nach seiner Erklärung anders überlegt. Ein Widerruf ist weder frei widerruflich[81] noch hat der Arbeitnehmer eine Rücktrittsmöglichkeit. Nur wenn der Widerruf des Widerspruchs dem Adressaten (vgl. Rn. 115) vor dem Widerspruch oder gleichzeitig mit ihm zugeht, ist er gemäß § 130 Abs. 1 Satz 2 BGB unbeachtlich. Ansonsten gelten für die Beseitigung einer bereits zugegangenen Widerspruchserklärung die allgemeinen zivilrechtlichen Regeln über (einseitige) Willenserklärungen. Damit kann ein Widerspruch nur auf folgenden Wegen rückgängig gemacht werden:

---

[78] BAG v. 30.09.2004 - 8 AZR 462/03 - NZA 2005, 43, 46 ff.; siehe dazu *Rieble*, NZA 2005, 1 ff. der das Problem über eine arbeitskampfrechtliche Beurteilung lösen will.

[79] BAG v. 30.09.2004 - 8 AZR 462/03 - NZA 2005, 43, 48.

[80] Dazu *Rieble*, NZA 2005, 1, 7 f.

[81] So klar BAG v. 30.10.2003 - 8 AZR 491/02 - NZA 2004, 481-483.

125   Ohne weiteres möglich und zulässig ist die Rückgängigmachung des Widerspruchs bzw. seiner Folgen durch eine dreiseitige vertragliche Vereinbarung zwischen dem Arbeitnehmer und
dem bisherigen und dem neuen Arbeitgeber. Nicht zulässig bzw. keine Wirkung entfalten
i.d.R. zweiseitige vertragliche Vereinbarungen, da sie die an der Vereinbarung nicht beteiligte
Partei unzulässig belasten würden.[82]

126   Will der Arbeitnehmer seinen Widerspruch durch eine einseitige Handlung beseitigen, kann er
u.U. seine Widerspruchserklärung nach Maßgabe der allgemeinen BGB-Vorschriften anfech-
ten.[83] Er benötigt also insbesondere einen Anfechtungsgrund. Ein nach § 119 Abs. 1 BGB be-
achtlicher Irrtum wird indes i.d.R. nicht vorliegen; trägt der Arbeitnehmer vor, er sei sich über
die Folgen seiner Erklärung nicht im Klaren gewesen, stellt dies einen unbeachtlichen Rechts-
folgen- bzw. Motivirrtum dar.

127   Möglich ist eine Anfechtung auf der Grundlage des § 123 BGB; dies setzt jedoch entweder
eine widerrechtliche Drohung oder eine arglistige Täuschung durch den bisherigen und/oder
den neuen Arbeitgeber voraus. Von den beiden Alternativen kommt vor allem eine Anfechtung wegen arglistiger Täuschung in Betracht, wenn die Arbeitnehmer über die Verhältnisse
oder Folgen des Betriebsübergangs bewusst falsch informiert wurden und deshalb dem Übergang ihrer Arbeitsverhältnisse widersprochen haben.

128   Nicht nur eine unzutreffende, sondern auch eine unvollständige Information kann ein Anfech-
tungsrecht nach § 123 Abs. 1 BGB begründen, da § 613a Abs. 5 BGB die beiden Arbeitgeber
zur Information über die dort genannten Umstände verpflichtet und eine vorsätzliche (!) Verletzung dieser Aufklärungspflicht durch ein vollständiges oder teilweises Verschweigen wesentlicher Tatsachen nach allgemeinen zivilrechtlichen Grundsätzen als arglistige Täuschung
einzuordnen ist.[84]

129   **Hinweis:**

> Im **Arbeitnehmer-Mandat** ist zu beachten, dass der Arbeitnehmer für das Vorliegen
> des Anfechtungsgrundes, also die vorsätzliche Täuschung (ggf. durch Verschweigen)
> über relevante Tatsachen und die Kausalität zwischen der arglistigen Täuschung und der
> Abgabe der Widerspruchserklärung darlegungs- und beweisbelastet ist. Er muss also im
> Zweifelsfall nicht nur beweisen, dass er vorsätzlich getäuscht wurde, sondern auch, dass
> er ohne die Täuschung die Widerspruchserklärung nicht abgegeben hätte; bei Fehlinfor-
> mationen über zentrale Arbeitsbedingungen kann dafür allerdings eine gewisse Wahr-
> scheinlichkeit, also ein Anscheinsbeweis sprechen.

130   Eine bis jetzt ungeklärte Frage ist, ob auch eine nicht vorsätzliche Fehlinformation bzw. ein
fahrlässiges Unterlassen relevanter Information zur Unbeachtlichkeit eines erklärten Widerspruchs führen kann. Dies ist indes nicht über eine Anfechtung möglich, wohl aber u.U. über
eine Haftung des bisherigen und ggf. des neuen Arbeitgebers nach § 311 BGB wegen Verletzung einer Aufklärungspflicht. Im allgemeinen Zivilrecht ist seit langem anerkannt, dass eine
solche Haftung über die c.i.c. und den in § 249 Satz 1 BGB enthaltenen Grundsatz der Natu-
ralrestitution zu einem Anspruch auf Vertragsaufhebung führen kann, dies jedoch nur, wenn
ein Vermögensschaden entstanden ist.[85] Dieser kann in einem für den Getäuschten ungünsti-
gen Vertrag liegen. Zweifelhaft ist schon, ob man diese Grundsätze zur Vertragsaufhebung auf
die Geltendmachung des Widerspruchsrechts übertragen kann. Wenn man dies bejaht, muss

---

[82] BAG v. 30.10.2003 - 8 AZR 491/02 - NZA 2004, 481-483.
[83] BAG v. 15.02.2007 - 8 AZR 310/06 - DB 2007, 1759 ff.
[84] Siehe dazu nur *Heinrichs* in: Palandt, § 123 Rn. 5 ff.
[85] *Heinrichs* in: Palandt, § 311 Rn. 24 m.w.N.

jedoch weitergefragt werden, ob das Bestehenbleiben des Arbeitsverhältnisses zum bisherigen Arbeitgeber für den Arbeitnehmer deutlich nachteiliger ist als ein zum Übernehmer begründetes Arbeitsverhältnis. Dies wird i.d.R. nicht der Fall sein, zumal ein Widerspruch ja gerade häufig wegen der Verschlechterung der Arbeitsbedingungen durch einen Betriebsübergang erklärt wird. Daher wird ein solcher Schadensersatzanspruch vielleicht theoretisch, kaum aber einmal praktisch relevant sein.

2. Kein Übergang des Arbeitsverhältnisses

Der Widerspruch des Arbeitnehmers hat zur Folge, dass sein Arbeitsverhältnis nicht auf den   **131** Übernehmer des Betriebes übergeht, sondern – sofern dieser noch vorhanden ist – beim früheren Inhaber des Betriebs/Betriebsteils verbleibt bzw. zu diesem „zurückkehrt". Umstritten ist, welche Folgen es hat, wenn der bisherige Arbeitgeber in Folge einer Unternehmensumwandlung erlischt, wie z.B. bei der Verschmelzung; der Widerspruch geht dann ins Leere. Teilweise wird er als Kündigungserklärung des Arbeitnehmers gewertet.[86]

Der Widerspruch wirkt nach der Rechtsprechung des Bundesarbeitsgerichts auf den Zeitpunkt   **132** des Betriebsübergangs zurück[87], d.h. es wird fingiert, dass das Arbeitsverhältnis zum bisherigen Arbeitgeber nie beendet wurde. Das soll auch dann gelten, wenn der Arbeitnehmer bereits beim Übernehmer gearbeitet hat.

Derzeit ungeklärt ist, ob sich diese (fingierte) Rückwirkung auf das Arbeitsrecht beschränkt   **133** oder ob es zugleich zur Folge hat, dass der bisherige Arbeitgeber auch sozialversicherungs- und steuerrechtlich für den Zeitraum zwischen Betriebsübergang und Zugang des Widerspruchs als Arbeitgeber gilt. M.E. wird dies wohl nicht der Fall sein; vielmehr wird man für diesen Interimszeitraum wohl nach wie vor davon ausgehen können, dass ein Beschäftigungsverhältnis i.S.d. § 7 SGB IV (ggf. in Form eines sog. faktischen Arbeitsverhältnisses) zum Übernehmer des Betriebes vorliegt.

Hinweis: **134**

Im Arbeitgeber-Mandat sollte angeraten werden, dies im Problemfall mit den zuständigen Sozialversicherungsträgern und dem Finanzamt zu klären.

Arbeitsrechtlich können sich „Rückabwicklungsprobleme" ergeben, wenn der widerspre-   **135** chende Arbeitnehmer für den Rückwirkungszeitraum gegen den bisherigen Arbeitgeber Entgeltansprüche geltend macht. Das kann z.B. dann der Fall sein, wenn der Arbeitnehmer vom Übernehmer in dieser Zeit kein Arbeitsentgelt erhalten hat oder wenn das Arbeitsentgelt beim Übernehmer geringer war als es beim bisherigen Arbeitgeber gewesen wäre; in diesem Fall wäre der Entgeltanspruch durch etwaige Zahlungen des Übernehmers, die sich der Arbeitnehmer m.E. auf jeden Fall anrechnen lassen muss, nur teilweise erfüllt. Das Bundesarbeitsgericht gesteht dem Arbeitnehmer jedoch keine Ansprüche unmittelbar aus dem Arbeitsvertrag zu, sondern nur dann, wenn die Voraussetzungen für einen Annahmeverzugslohnanspruch gemäß § 615 BGB oder für einen Schadensersatzanspruch gemäß § 280 Abs. 1 BGB erfüllt sind.[88] Ein Anspruch aus § 615 BGB soll dabei zumindest ein wörtliches Angebot gemäß § 295 BGB voraussetzen; das Bundesarbeitsgericht lehnt eine Anwendung seiner Rechtsprechung zur Entbehrlichkeit des Arbeitsangebots nach einer unwirksamen Kündigung ausdrücklich ab. Allerdings soll ein Angebot gemäß § 162 BGB entbehrlich sein, wenn die unterbliebene oder fehlerhafte Unterrichtung zur verspäteten Ausübung des Widerspruchsrechts und zum Unterlas-

---

[86] *Sieg/Maschmann*, Unternehmensumstrukturierungen aus arbeitsrechtlicher Sicht, 2005, Rn. 145.

[87] BAG v. 13.07.2006 - 8 AZR 305/05 - NZA 2006, 1268, 1272 f.; BAG v. 13.07.2006 - 8 AZR 382/05 - NZA 2006, 1406, 1410 f.

[88] Hierzu und zum Folgenden BAG v. 13.07.2006 - 8 AZR 382/05 - NZA 2006, 1406, 1410 f.

sen eines Angebots führte, da die nicht ordnungsgemäße Unterrichtung ein treuwidriges Verhalten des bisherigen Arbeitgebers beinhalten könne. Ähnlich soll ein Schadensersatzanspruch aus § 280 Abs. 1 BGB, der auf einer Verletzung der aus § 613a Abs. 5 BGB folgenden Unterrichtungspflicht basiert, ebenfalls nur in Betracht kommen, wenn der Arbeitnehmer dem Übergang seines Arbeitsverhältnisses bei rechtzeitiger und ordnungsgemäßer Unterrichtung widersprochen hätte. Beide Ansprüche setzen also voraus, dass der Arbeitnehmer darlegen und beweisen kann, dass er dem Übergang seines Arbeitsverhältnisses bei vollständiger und rechtzeitiger Information früher widersprochen hätte; ob der Arbeitnehmer sich ggf. auf eine Beweiserleichterung in Form einer Vermutung berufen kann, hat das Bundesarbeitsgericht offen gelassen.

136 Beispiel:

Der bisherige tarifgebundene Arbeitgeber V veräußert einen Betriebsteil zum 01.01.2007 an den nicht tarifgebundenen Erwerber E. Arbeitnehmer A wird am 01.12.2006 über die Folgen des Betriebsübergangs informiert, dabei wird aus Versehen vergessen, die Arbeitnehmer über die Mithaftung des V aus § 613a Abs. 2 BGB zu informieren. Zutreffend erwähnt wird jedoch, dass die bei V geltenden Tarifverträge nur noch statisch weitergelten. Als sich im März 2007 herausstellt, dass die wirtschaftliche Lage des E prekär ist, widerspricht A am 02.04.2007 dem Übergang seines Arbeitsverhältnisses. Da zwischenzeitlich zum 01.02.2007 für den Betrieb des V eine Tariflohnerhöhung in Kraft getreten ist (an die E nicht gebunden ist), verlangt A diese nun von V für die Monate Februar und März 2007. Der Anspruch würde nach der Rechtsprechung des Bundesarbeitsgerichts wohl nicht bestehen, da zwar die Information fehlerhaft ist, aber A kaum der Nachweis gelingen dürfte, dass er bei korrekter Information dem Übergang seines Arbeitsverhältnisses bereits im Dezember 2006 widersprochen hätte.

137 Hinweis:

Im **Arbeitnehmer-Mandat** empfiehlt es sich daher in Fällen eines späten Widerspruchs, der wegen einer fehlerhaften Information nicht verfristet ist, zugleich gegenüber dem bisherigen Arbeitgeber ein Arbeitsangebot abzugeben, um sich eventuelle Annahmeverzugslohnansprüche zu erhalten.

138 Widerspricht der Arbeitnehmer nicht nur, sondern bietet er dem bisherigen Arbeitgeber seine Arbeitskraft an, sind zwar die Voraussetzungen für den Annahmeverzug erfüllt, dies bedeutet indes noch nicht, dass der widersprechende Arbeitnehmer einen (vollen) Entgeltzahlungsanspruch gegen seinen bisherigen Arbeitgeber geltend machen kann. Vielmehr muss er sich gemäß § 615 Satz 2 BGB das anrechnen lassen, was er durch anderweitige Verwendung seiner Dienste – vor allem durch die Tätigkeit beim Erwerber – erwirbt. Das Bundesarbeitsgericht sieht sogar eine Obliegenheit des Arbeitnehmers, ein Arbeitsangebot des Übernehmers anzunehmen, wenn sein bisheriger Arbeitgeber ihn nicht weiterbeschäftigen kann; unterlässt es der Arbeitnehmer, ein zumutbares Arbeitsangebot des Übernehmers anzunehmen, wird ihm dies als „böswilliges Unterlassen anderweitigen Erwerbs" i.S.d. § 615 Satz 2 BGB angelastet[89], so dass der Entgeltanspruch gekürzt oder sogar ganz entfallen kann. Das gilt allerdings nicht, wenn der Arbeitnehmer arbeitsunfähig erkrankt; dann hat er einen (ungekürzten) Anspruch auf Entgeltfortzahlung gegen den bisherigen Arbeitgeber.[90]

---

[89] BAG v. 19.03.1998 - 8 AZR 139/97 - NZA 1998, 750, 752.
[90] BAG v. 04.12.2002 - 5 AZR 494/01 - NZA 2003, 632 (Ls.) = AP EFZG § 3 Nr. 17.

3. Kündigungsrechtliche Folgen

Keine unmittelbare Rechtsfolge des Widerspruchs ist die Beendigung des Arbeitsverhältnisses **139** zum bisherigen Arbeitgeber. Dieser ist bei Entfallen der Beschäftigungsmöglichkeit zwar u.U. berechtigt, das Arbeitsverhältnis betriebsbedingt zu kündigen, dies jedoch nur nach Maßgabe allgemeiner kündigungsschutzrechtlicher Grundsätze[91] (vgl. dazu eingehend Kapitel 7 Rn. 46 ff.).

---

[91] Dazu allgemein *Nicolai*, BB 2005, 1162 ff.

Kapitel 3: Auswirkungen des Betriebsübergangs auf den Inhalt der übergehenden Beschäftigungsverhältnisse

Gliederung

A. Übersicht und praktische Mandatsrelevanz

1 Welche Auswirkungen ein Betriebs(teil)übergang auf den Inhalt der übergehenden Arbeitsverhältnisse hat, ist im Wesentlichen in § 613a Abs. 1 BGB geregelt. Die Vorschrift trennt deutlich zwischen individualrechtlich und kollektivrechtlich geregelten Arbeitsbedingungen.

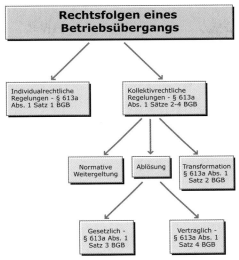

Dies bedeutet im Einzelnen: 2

- Einzelvertragliche bzw. individualvertragliche Regelungen des Arbeitsverhältnisses gehen gemäß § 613a Abs. 1 Satz 1 BGB unverändert auf den neuen Inhaber über. Sie bleiben also Inhalt der Arbeitsverhältnisse. Sie können grundsätzlich nicht durch einseitige (Willens-)Erklärungen des neuen Arbeitgebers, wohl aber jederzeit durch eine Änderungsvereinbarung zwischen den Arbeitsvertragsparteien oder – bei Vorliegen eines Kündigungsgrundes – durch Änderungskündigung abgeändert werden.

- Für kollektivrechtliche Regelungen, also Arbeitsbedingungen, die (normativ) durch Tarifvertrag oder Betriebsvereinbarung geregelt werden, gelten die § 613a Abs. 1 Sätze 2-4 BGB, d.h. es können je nach den tatsächlichen Umständen unterschiedliche Rechtsfolgen eintreten. Dabei ist in Bezug auf Tarifverträge zu beachten, dass die Sätze 2-4 nur bei einer normativen Geltung der Tarifverträge, also bei beiderseitiger Tarifgebundenheit des früheren Arbeitgebers und des übergehenden Arbeitnehmers eingreifen. Gelten Tarifverträge nur kraft einer Bezugnahmeklausel, greift allein § 613a Abs. 1 Satz 1 BGB ein, da es sich dann um arbeitsvertragliche Vereinbarungen handelt. Für normativ geltende Tarifverträge und Betriebsvereinbarungen bestehen verschiedene Möglichkeiten:

  - Die erste Möglichkeit besteht darin, dass Tarifverträge oder Betriebsvereinbarungen kollektivrechtlich, normativ weitergelten. Diese Möglichkeit ist gesetzlich nicht geregelt, aber inzwischen allgemein anerkannt.

  - Als zweite Möglichkeit können die durch Tarifvertrag oder Betriebsvereinbarung geregelten Arbeitsbedingungen gemäß § 613a Abs. 1 Satz 2 BGB in das Arbeitsverhältnis transformiert werden, d.h. sie verlieren ihren normativen Charakter und werden Inhalt des Arbeitsverhältnisses. Für sie gilt eine einjährige Verschlechterungssperre, d.h. sie dürfen außer in den Fällen des § 613a Abs. 1 Sätze 3 oder 4 BGB nicht vor Ablauf eines Jahres zum Nachteil der Arbeitnehmer geändert werden (sog. Verschlechterungssperre).

- Schließlich können Arbeitsbedingungen, die (normativ) durch Tarifvertrag oder Betriebsvereinbarung geregelt wurden, nach dem Betriebsübergang durch Regelungen beim Übernehmer des Betriebes abgelöst werden. Dabei gibt es wiederum zwei Möglichkeiten, die gesetzliche Ablösung nach § 613a Abs. 1 Satz 3 BGB oder die vertragliche Ablösung nach § 613a Abs. 1 Satz 4 BGB. Hinter beiden Regelungen steht der zentrale Gedanke, dass der von § 613a Abs. 1 Satz 2 BGB bezweckte Schutz der Arbeitnehmer vor einem sofortigen Verlust ihrer kollektivrechtlich vereinbarten Arbeitsbedingungen dann entbehrlich ist, wenn ihre Arbeitsbedingungen durch eine andere kollektivrechtliche Norm geregelt werden. Dabei gilt Folgendes:

♦ Kollektivrechtlich geregelte Arbeitsbedingungen können gesetzlich nach § 613a Abs. 1 Satz 3 BGB abgelöst werden. Satz 3 greift ein, wenn die Rechte und Pflichten bei dem neuen Inhaber durch Rechtsnormen eines anderen Tarifvertrages oder einer anderen Betriebsvereinbarung geregelt werden; in diesem Fall ist schon eine Transformation nach § 613a Abs. 1 Satz 2 BGB ausgeschlossen, die beim Erwerber geltenden Regelungen lösen die beim Veräußerer geltenden Regelungen ab.

♦ Kollektivrechtlich geregelte Arbeitsbedingungen, die gemäß § 613a Abs. 1 Satz 2 BGB transformiert werden, können schon vor Ablauf der einjährigen Verschlechterungssperre des § 613a Abs. 1 Satz 2 BGB durch eine vertragliche Vereinbarung abgelöst werden, wenn der transformierte Tarifvertrag bzw. die transformierte Betriebsvereinbarung, z.b. wegen einer Kündigung, nicht mehr gilt oder wenn bei fehlender beiderseitiger Tarifgebundenheit von Erwerber und übergehendem Arbeitnehmer im Geltungsbereich eines anderen Tarifvertrages dessen Anwendung vereinbart wird.

3   Im **Arbeitnehmer-Mandat** wird die Frage, welche Folgen der Betriebsübergang für den Inhalt des Arbeitsverhältnisses hat, dann relevant, wenn sich die Arbeitsbedingungen nach dem Betriebsübergang zu Lasten des Mandanten ändern (sollen); oft werden die Beschäftigten um den Abschluss eines neuen bzw. geänderten Arbeitsvertrages gebeten. Häufig werden des Weiteren nach Betriebsübergang Arbeitsbedingungen einseitig verschlechtert, so dass ggf. Leistungs- bzw. Zahlungsklage erhoben werden muss, wenn dies in Widerspruch zu § 613a BGB steht. Unabdingbar sind entsprechende Kenntnisse des Anwalts außerdem oft bereits im Vorfeld eines Betriebsübergangs, wenn ein Mandant mit oder ohne Informationsschreiben des (gegenwärtigen oder künftigen) Arbeitgebers wissen will, wie er mit dem Betriebsübergang bzw. dem Übergang seines Arbeitsverhältnisses umgehen, insbesondere, ob er sein Widerspruchsrecht ausüben soll; das ist häufig ganz zentral davon abhängig, welche Arbeitsbedingungen nach Betriebsübergang bestehen, vor allem, ob sich das Arbeitsentgelt i.w.S. bzw. die beiderseitigen Hauptleistungen ändern.

4   Im **Betriebsrats-Mandat** ist die Kenntnis der Rechtsfolgen unerlässlich, wenn der Betriebsrat im Vorfeld von – praktisch immer häufiger vorkommenden – Überleitungsvereinbarungen beraten wird. Außerdem kann die Frage, welche Arbeitsbedingungen künftig gelten, bei der Ausübung von Beteiligungsrechten relevant werden. So kann sich z.B. eine Änderung tariflicher Arbeitsbedingungen im Rahmen sozialer Angelegenheiten, z.B. beim (Entfallen des) Tarifvorrang(s) des § 87 Abs. 1 Eingangssatz BetrVG oder bei personellen Angelegenheiten in Form anderer tariflicher Eingruppierungsregelungen auswirken. Daneben kann für den Betriebsrat von Interesse sein, ob und wenn ja, wie bzw. in welchem Umfang bisherige betriebliche Regelungen/Betriebsvereinbarungen auch noch nach dem Betriebsübergang weiterhin Geltung beanspruchen; ggf. muss das Bestehen oder Wiederaufleben von Beteiligungsrechten geprüft werden.

Beim **Arbeitgeber-Mandat** spielt die Frage nach den Rechtsfolgen im Vorfeld geplanter bzw.   **5**
bewusster Betriebsübergänge die zentrale Rolle. Von ihr hängt nicht selten die Entscheidung
über einen Erwerb ab; ferner bestimmt sie i.d.r. maßgebend den Kaufpreis für einen Betrieb
mit. Daher bestehen gerade insoweit kostenträchtige Fehlerpotentiale. Im Nachgang zu einem
Betriebsübergang werden schließlich Änderungen von Arbeitsbedingungen, insbesondere
Umstrukturierungen im Entgeltbereich oder Leistungskürzungen bei den Arbeitsverhältnissen
übergegangener Arbeitnehmer der Haupttätigkeitsbereich sein.

B. Auswirkungen des Arbeitgeberwechsels auf individualrechtlicher Ebene

I. Übersicht

Gemäß § 613a Abs. 1 Satz 1 BGB rückt der Erwerber bzw. Übernehmer eines Betriebes kraft   **6**
Gesetzes als Arbeitgeber in die auf ihn übergehenden Arbeitsverhältnisse ein. Er wird damit
Vertragspartner der Beschäftigten mit allen daraus folgenden Rechten und Pflichten. Dies
wirkt sich in arbeitsrechtlicher Hinsicht auf die folgenden Gebiete aus:

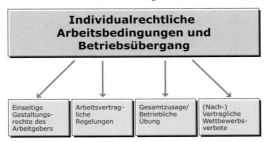

Dem Arbeitsrecht folgen das Steuer- und das Sozialversicherungsrecht nach: Ab dem Zeit-   **7**
punkt des Betriebsübergangs (bzw. dem Übergang der sog. Leitungsmacht) ist der Übernehmer auch in steuer- und sozialversicherungsrechtlicher Hinsicht Arbeitgeber. Im Unterschied
zum Arbeitsrecht ist jedoch eine Einstandspflicht für rückständige Steuern und Sozialversiche-
rungsbeträge, die vor dem Zeitpunkt des Betriebsübergangs entstanden sind, i.d.R. ausgeschlossen.[1]

II. Übergang arbeitsvertraglicher Rechte und Pflichten

1. Übergang einseitiger (Gestaltungs-)Rechte

a. (Vertraglich erweitertes) Direktionsrecht

Mit dem Zeitpunkt des Betriebsübergangs bzw. dem Übergang der sog. Leitungsmacht geht   **8**
das arbeitgeberseitige Direktionsrecht auf den Erwerber über. Er ist damit ab diesem Zeitpunkt
allein gegenüber den Arbeitnehmern gemäß § 106 GewO weisungsbefugt.

Ist arbeitsvertraglich eine Erweiterung des Direktionsrechts vereinbart, z.B. in Form einer Ver-   **9**
setzungsbefugnis, kann sich der Erwerber bei der Ausübung des Direktionsrechts auf diese
vertraglichen Erweiterungen berufen. Er kann dem Arbeitnehmer also im Rahmen der vertraglichen Vereinbarungen andere Tätigkeiten zuweisen oder Versetzungen vornehmen.

---

[1] *Preis* in: ErfK, § 613a Rn. 81.

10 Hinweis:

> Praktisch relevant wird dies vor allem dann, wenn der Erwerber den Betrieb oder Betriebsteil nach dem Erwerb umstrukturieren oder in seinen Betrieb eingliedern will. Dabei ist ggf. – auch im Rahmen eines Übergangsmandats (vgl. Kapitel 6 Rn. 10, 15 ff.) – das Beteiligungsrecht des Betriebsrats gemäß § 99 BetrVG zu beachten. Beim **Arbeitnehmer-Mandat** kann die Unwirksamkeit einer Versetzung schon mangels ordnungsgemäßer Beteiligung des Betriebsrats geltend gemacht werden.

b. Kündigungs- und Anfechtungsrecht

11 Ausschließlich dem Erwerber steht nach dem Zeitpunkt des Betriebsübergangs das Recht zur Kündigung der Arbeitsverhältnisse zu.

12 Hinweis:

> Vor allem bei Unklarheiten über den genauen Zeitpunkt des Betriebsübergangs (vgl. Kapitel 1 Rn. 146 ff.) sollte beim **Arbeitnehmer-Mandat** genau darauf geachtet werden, ob eine Kündigung vom „richtigen" Arbeitgeber ausgesprochen wurde. U.U. sollte die Kündigung unter Hinweis auf § 174 BGB (vorsorglich) zurückgewiesen werden.

13 Etwaige Anfechtungsrechte gehen ab dem Zeitpunkt des Betriebsübergangs ebenfalls auf den Erwerber über; wegen der Jahresfrist des § 124 BGB betrifft dies überwiegend Anfechtungen, die auf § 123 BGB gestützt werden können, also insbesondere bei wahrheitswidriger Beantwortung zulässiger Fragen, die der bisherige Arbeitgeber gestellt hatte.

c. Vertragliche Gestaltungsrechte (Widerruf, Anrechnung)

14 Da das Arbeitsverhältnis inhaltlich unverändert auf den Erwerber übergeht, stehen ihm nach dem Betriebsübergang etwaige vertraglich eingeräumte Gestaltungsrechte zu. Dies sind vor allem Widerrufs- und Anrechnungsvorbehalte im Entgeltbereich. Relevant wird dies, wenn der Erwerber die Arbeitsbedingungen der übergehenden Beschäftigten anpassen bzw. verändern will.

15 Hinweis:

> Selbstverständlich können diese vertraglich vereinbarten (Widerrufs-)Rechte nur dann rechtmäßig ausgeübt werden, wenn sie wirksam vertraglich vereinbart wurden; vor allem für sog. Neuverträge ab dem 01.01.2002 ist die recht strenge Rechtsprechung des Bundesarbeitsgerichts zur Wirksamkeit entsprechender Vertragsklauseln zu beachten.[2]

2. Übergang arbeitsvertraglicher Regelungen

16 Der vertraglich geregelte Inhalt des Arbeitsverhältnisses bleibt durch den Betriebsübergang unverändert. Dies bedeutet für die Kernbereiche des Arbeitsverhältnisses:

a. Arbeitszeit

17 Die Dauer der (einzel-)vertraglich geregelten Arbeitszeit bleibt unverändert.

18 Dies wird häufig dann in Frage gestellt, wenn beim Übernehmer des Betriebes andere Tarifverträge mit einer anderen Wochenarbeitszeit (für Vollzeitbeschäftigte) geltend. Ob solche tariflichen Regelungen arbeitsvertragliche Vereinbarungen über die Dauer der Arbeitszeit ablösen können, ist fraglich (vgl. dazu Rn. 65 ff.).

---

[2] BAG v. 12.01.2005 - 5 AZR 364/04 - NZA 2005, 465 ff.

Ebenfalls unverändert bleiben vertragliche Vereinbarungen über Lage und Verteilung der Ar-   **19**
beitszeit. Diese Festlegung unterfällt jedoch i.d.R. dem Direktionsrecht des Arbeitgebers, so
dass (einseitige) Änderungen leichter möglich sind. Bestehen beim Erwerber Betriebsvereinbarungen über Lage und Verteilung der Arbeitszeit (§ 87 Abs. 1 Nr. 2 BetrVG), können diese
ablösende Wirkung gegenüber einzelvertraglichen Vereinbarungen haben (vgl. hierzu
Rn. 72 ff.).

b. Arbeitsentgelt (einschließlich Dienstwagen und Sachleistungen)

Arbeitsvertragliche Entgeltregelungen bleiben bestehen. Dies bedeutet nicht nur, dass der Er-   **20**
werber (vorbehaltlich einer Ablösung durch Tarifverträge und/oder Betriebsvereinbarungen,
vgl. hierzu Rn. 65 ff., 72 (Rn. 72) ff.) das Arbeitsentgelt i.e.S. in gleicher Höhe an die übergegangenen Arbeitnehmer zahlen muss, sondern auch, dass alle Leistungen des Arbeitgebers, die
als Arbeitsentgelt (i.w.S.) zu definieren sind, weiter gewährt werden müssen. Dies bedeutet im
Einzelnen:

Der Erwerber schuldet den übergehenden Arbeitnehmern alle in Geld zu zahlenden Entgeltbe-   **21**
standteile. Dies sind insbesondere das arbeitsvertraglich vereinbarte feste Arbeitsentgelt einschließlich etwaiger Zulagen oder Zuschläge, variable Vergütungsbestandteile wie Prämien,
Provisionen (§ 65 HGB), Tantiemen u.a. In Bezug auf unternehmensspezifische Vergütungen
– so z.B. dann, wenn eine Tantieme in Höhe eines bestimmten Prozentsatzes vom Unterneh-
mensgewinn vertraglich zugesagt wurde – soll ggf. ein Anpassungsanspruch des Erwerbers
(wohl über § 313 BGB) in Betracht kommen.[3] Wurde für eine Entgeltzusatzleistung, z.B. beim
Weihnachtsgeld, eine wirksame Rückzahlungsverpflichtung für den Fall des Ausscheidens bis
zu einem bestimmten Termin vereinbart[4], geht diese Verpflichtung und damit das Rückforde-
rungsrecht auf den Erwerber über.[5]

Hat der Veräußerer dem Arbeitnehmer einen Dienstwagen mit dem Recht zur privaten Nut-   **22**
zung zur Verfügung gestellt, bleibt diese Vereinbarung unverändert[6], da die Zur-Verfü-
gung-Stellung eines Dienstwagens mit dem Recht zur privaten Nutzung ein Bestandteil des
dem Arbeitnehmer geschuldeten Arbeitsentgelts ist.[7]

Ungeklärt ist das Schicksal von Aktienoptionen bzw. von Ansprüchen der Arbeitnehmer aus   **23**
Aktienoptionsplänen (sog. stock-options). Das Bundesarbeitsgericht hat dies bisher einmal angesprochen[8], aber offen gelassen, ob Ansprüche der Arbeitnehmer aus sog. Aktienoptionsplänen (stock-options) auf den Erwerber eines Betriebes übergehen, da im konkreten Fall nicht
die Arbeitgeberin, sondern die Konzernmutter eine entsprechende Zusage erteilt hatte.

Der Erwerber muss den übergehenden Arbeitnehmern Sachleistungen weitergewähren, also   **24**
z.B. Deputate, Job-Tickets, Nutzung von Sozialeinrichtungen, Personalrabatte etc. Dies wirft
vor allem dann Probleme auf, wenn diese Sachleistungen aus Gütern oder Dienstleistungen bestehen, die nur der Veräußerer, nicht aber der Erwerber am Markt anbietet bzw. produziert.

---

[3]   *Willemsen/Hohenstatt/Schweibert/Seibt*, Umstrukturierung und Übertragung von Unternehmen, Teil G
      Rn. 195.
[4]   Siehe dazu nur die umfassende Übersicht bei *Schmidt*, NZA 2004, 1002 ff.; zuletzt BAG v. 11.04.2006
      - 9 AZR 610/05 - NZA 2006, 1042 ff., in der das BAG seine ständige Rechtsprechung zur geltungser-
      haltenden Reduktion zu weit gefasster Rückzahlungsklauseln aufgibt!
[5]   *Gaul*, Das Arbeitsrecht der Betriebs- und Unternehmensspaltung, Spaltung, S. 434.
[6]   *Gaul*, Das Arbeitsrecht der Betriebs- und Unternehmensspaltung, Spaltung, S. 434.
[7]   Vgl. nur BAG v. 23.06.1994 - 8 AZR 537/92 - NZA 1994, 1128 ff.; zuletzt BAG v. 23.06.2004
      - 7 AZR 514/03 - NZA 2004, 1287 ff.
[8]   BAG v. 12.02.2003 - 10 AZR 299/02 - NZA 2003, 487 ff.; zum Stand *Sieg/Maschmann*, Unternehmen-
      sumstrukturierung, Rn. 161.

25   **Beispiele:**

Eine Brauerei gewährt ihren Arbeitnehmern monatlich ein Bierdeputat. Sie gliedert den Betriebsteil Logistik und Transport auf ein Speditionsunternehmen aus. Eine Bank gewährt ihren Mitarbeitern Sonderkonditionen für Girokonten. Sie überträgt die bisher von eigenen Mitarbeitern ausgeführten Reinigungsarbeiten einem Fremdunternehmen, das alle Mitarbeiter dieser Betriebsabteilung übernimmt. Ein Automobilunternehmen gewährt seinen Arbeitnehmern Vorzugskonditionen beim Kauf firmeneigener Kraftfahrzeuge (sog. Jahreswagen). Es gliedert die EDV-Abteilung aus, die nach einigen Wechseln von einem Telekommunikationskonzern übernommen wird.[9]

26   In allen diesen Fällen stellt sich die Frage, ob die Arbeitnehmer weiterhin gegen den Erwerber einen Anspruch auf Gewährung dieser Sachleistungen haben oder ob sich der Erwerber ggf. auf Unmöglichkeit der Leistung berufen kann. Das Bundesarbeitsgericht[10] vertritt den Standpunkt, dass der Anspruch der Arbeitnehmer auf Einräumung eines Personalrabatts regelmäßig unter dem Vorbehalt stehe, dass der Arbeitgeber die Waren selbst herstelle. Daher soll der Anspruch auf die Gewährung von Vorzugskonditionen für die vom Arbeitgeber hergestellten Produkte erlöschen, wenn der Arbeitgeber die Produktion einstellt oder einen Betriebsteil veräußert, ohne dass der Betriebserwerber die Produktion übernimmt; zuletzt wurde eine entsprechende Leistungszusage so ausgelegt, dass die jeweilige Sachleistung (dort: Freiflüge) so lange weiterzugewähren ist, wie sich der übergegangene Betrieb oder Betriebsteil noch im Konzernverbund befindet.[11] Offen gelassen hat das Bundesarbeitsgericht, ob und unter welchen Voraussetzungen der Übernehmer den übergehenden Arbeitnehmer einen finanziellen Ausgleich für die entgangenen (geldwerten) Vorteile schuldet. Im zuerst entschiedenen Fall (Vorzugskonditionen für Jahreswagen) sah er als Gesamtzusage, auf die der Anspruch der übergehenden Arbeitnehmer beruhte, ersichtlich als „betriebsvereinbarungsoffen" an, so dass dieser Anspruch durch den Sozialplan, der anlässlich der Ausgliederung des fraglichen Betriebsteils abgeschlossen worden sei, und das Ausscheiden des Übernehmers aus dem Konzern ersatzlos abgelöst worden sei.

27   Die Entscheidungen sind inhaltlich nur teilweise überzeugend. Richtig ist m.E., dass der Anspruch der übergehenden Arbeitnehmer auf die Gewährung von Vorzugskonditionen für die vom Arbeitgeber hergestellten bzw. angebotenen Produkte und Dienstleistungen untergeht, wenn der Übernehmer eines Betriebs(teils) nicht in der Lage ist, diese Vorteile zu gewähren; das aber ergibt sich m.E. nicht aus der Zusage, sondern unmittelbar aus § 275 BGB (Unmöglichkeit). Dann ist aber zu prüfen, ob den Übernehmer gemäß § 281 BGB (Schadensersatz statt der Leistung) eine Schadensersatzpflicht trifft. Dies dürfte davon abhängen, was er gemäß § 276 Abs. 1 BGB zu vertreten hat. Insoweit wird m.E. regelmäßig § 276 Abs. 1 Satz 1 BGB mit dem strengeren Haftungsmaßstab bei der Übernahme eines Beschaffungsrisikos eingreifen, so dass dies letztlich im Ergebnis auf eine Art Wertersatz für die ursprünglich geschuldete Sachleistung hinauslaufen wird. Allerdings kommt es insoweit auf die Auslegung der vom Arbeitgeber erteilten Zusage an.

28   Die weiteren Ausführungen zur Ablösbarkeit solcher Sachleistungsvereinbarungen stimmen des Weiteren nicht ganz mit der sonstigen Rechtsprechung des Bundesarbeitsgerichts überein. Dies gilt vor allem für die Auffassung, die Gesamtzusage sei im zuerst entschiedenen Jahres-

---

[9]   Sachverhalt nach BAG v. 07.09.2004 - 9 AZR 631/03 - NZA 2005, 941.

[10]   BAG v. 07.09.2004 - 9 AZR 631/03 - NZA 2005, 941 ff.

[11]   BAG v. 13.12.2006 - 10 AZR 792/05 - NZA 2007, 325, 326 f.

wagenfall „betriebsvereinbarungsoffen" gewesen; normalerweise geht das Bundesarbeitsgericht davon aus, dass allein das Vorliegen einer kollektivbezogenen individualrechtlichen Regelung (Gesamtzusage, betriebliche Übung) noch nicht ausreicht, um eine „Betriebsvereinbarungsoffenheit" anzunehmen.[12] Ob man daher in der Tat in einem Sozialplan (bzw. einer Überleitungsvereinbarung) sowohl den (auf einer individualrechtlichen Grundlage beruhenden) Verschaffungs- als auch den Wertersatzanspruch der Arbeitnehmer ersatzlos entfallen lassen kann, ist m.E. fraglich.

Hinweis: 29

Im **Arbeitgeber-Mandat** sollte man daher bei geplanten Betriebsübergängen anraten, die Frage der Sachleistungen im Rahmen der Vertragsverhandlungen zu klären. Zu empfehlen ist ferner eine entsprechende Regelung mit dem Betriebsrat in einer Überleitungsvereinbarung oder – falls die Voraussetzungen für eine Betriebsänderung i.S.d. § 111 BetrVG erfüllt sind – in einem Soziaplan. Im **Arbeitnehmer-Mandat** sollte stufenförmig als Hauptantrag ein Antrag auf (Weiter-)Gewährung der jeweiligen Sachleistung gestellt werden, hilfsweise ein Zahlungsantrag, der auf Wertersatz gerichtet sein sollte; dafür ist der wirtschaftliche Wert der dem Mandanten gewährten Sachleistung zu ermitteln.

c. Entgeltfortzahlung (Arbeitsunfähigkeit)

Der Erwerber ist ab dem Zeitpunkt des Betriebsübergangs zur Entgeltfortzahlung bei Arbeits-   30
unfähigkeit verpflichtet. Die Dauer des Entgeltfortzahlungszeitraums sowie die Berechnung des fortzuzahlenden Arbeitsentgelts richtet sich entweder nach dem EFZG oder nach tariflichen Vorschriften, falls diese – nach allgemeinen Grundsätzen (vgl. hierzu Rn. 103 ff.) – auf das übergegangene Arbeitsverhältnis kraft Tarifbindung, arbeitsvertraglicher Bezugnahme oder Transformation (§ 613a Abs. 1 Satz 2 BGB) Anwendung finden.

Da das Arbeitsverhältnis nicht neu begründet wird (vgl. dazu schon Kapitel 2 Rn. 13 ff, 57),   31
ist § 3 Abs. 3 EFZG bei Arbeitsunfähigkeit innerhalb von vier Wochen nach dem Betriebsübergang nicht anzuwenden; der Übernehmer muss also Entgeltfortzahlung leisten, wenn Beschäftigte nach dem Betriebsübergang arbeitsunfähig werden.

Beispiel: 32

Findet der Betriebsübergang am 01.09.2006 statt und erkrankt ein Arbeitnehmer, dessen Arbeitsverhältnis übergeht, am 05.09.2006 arbeitsunfähig, ist vom Erwerber Entgeltfortzahlung zu leisten.

Umgekehrt sind die vor dem Betriebsübergang liegenden Zeiten der Arbeitsunfähigkeit bei der   33
Berechnung der Sechswochenfrist des § 3 EFZG mit einzurechnen.

Beispiel: 34

Arbeitnehmer A war vom 02.05.-30.05.2006 arbeitsunfähig erkrankt. Am 01.07.2006 geht der Betrieb und damit auch sein Arbeitsverhältnis auf den Erwerber über. Am 03.08.2006 wird A erneut wegen derselben Krankheit bis zum 01.09.2006 arbeitsunfähig. Sein neuer Arbeitgeber muss das Entgelt wegen § 3 Abs. 1 Satz 1 EFZG nur bis zum 17.08.2006 fortzahlen.

---

[12] BAG v. 20.11.1990 - 3 AZR 573/89 - NZA 1991, 477 ff. (betriebliche Altersversorgung); ähnlich m.E. auch BAG v. 16.09.1986 - GS 1/82 - NZA 1987, 168, 171/172.

d. Urlaub

35 Die Urlaubsansprüche der übergegangenen Arbeitnehmer werden durch den Betriebsübergang nicht berührt. Da das Arbeitsverhältnis nicht beendet wird (vgl. dazu schon Kapitel 2 Rn. 57 ff., 74), können Arbeitnehmer wegen des Betriebsübergangs weder gegen ihren früheren noch gegen ihren neuen Arbeitgeber wegen nicht genommenen Urlaubs vor dem Betriebsübergang einen Anspruch auf Urlaubsabgeltung gemäß § 7 Abs. 4 BUrlG geltend machen.[13] Das gilt auch dann, wenn der frühere Arbeitgeber das Arbeitsverhältnis durch eine (betriebsbedingte) Kündigung wirksam (§ 7 KSchG) beendet hatte und der Arbeitnehmer unmittelbar anschließend vom Übernehmer des Betriebes zu unveränderten Arbeitsbedingungen weiterbeschäftigt wird.[14]

36 **Beispiel:**

Arbeitnehmer A war bei einem Reinigungsunternehmen als Reinigungskraft beschäftigt, das ihm wegen Auftragsverlustes zum 31.08.1996 betriebsbedingt kündigte. Ab dem 01.09.1996 wird A von einem anderen Reinigungsunternehmen, das den Auftrag nunmehr erhalten hat, zu unveränderten Arbeitsbedingungen eingestellt und weiterbeschäftigt. Der von A gegen seinen früheren Arbeitgeber geltend gemachte Urlaubsabgeltungsanspruch wurde vom Bundesarbeitsgericht abgewiesen, da das Arbeitsverhältnis nicht beendet worden sei, obwohl A gegen seine Kündigung nicht geklagt hatte (§ 7 KSchG).

37 Am Umfang des jeweiligen Urlaubsanspruchs ändert sich durch den Betriebsübergang grundsätzlich ebenfalls nichts; ggf. sind weitergehende tarifliche Urlaubsansprüche zu beachten. Denkbar ist allenfalls, dass tarifliche Urlaubsregelungen über § 613a Abs. 1 Satz 3 abgelöst werden (vgl. allgemein dazu Rn. 206 ff.); gesteht der nach Betriebsübergang geltende Tarifvertrag dem Arbeitnehmern mehr oder weniger Urlaubstage als der beim bisherigen Arbeitgeber geltende Tarifvertrag zu, wird man den Urlaubsumfang wohl getrennt berechnen müssen: Bis zum Zeitpunkt des Betriebsübergangs bestimmt sich die Dauer des Urlaubsanspruchs anteilig nach dem bisher geltenden Tarifvertrag und danach nach dem beim Übernehmer geltenden Tarifvertrag. Von diesem Ausnahmefall abgesehen wird der Arbeitnehmer ansonsten genauso gestellt, als ob kein Betriebsübergang stattgefunden hätte. Der Übernehmer muss also eventuell noch ausstehende Urlaubsansprüche erfüllen.[15] Hatte der frühere Arbeitgeber noch Urlaub gewährt, der in die Zeit des Betriebsübergangs oder in die Zeit danach fällt, ist der Übernehmer hieran gebunden; ein Widerruf eines bereits bewilligten Urlaubs dürfte – entsprechend den allgemeinen Grundsätzen[16] – allenfalls in Ausnahmefällen möglich sein.

38 Die Berechnung des Urlaubsentgeltanspruchs richtet sich nach den gesetzlichen, ggf. tariflichen Bestimmungen, sofern solche auf das Arbeitsverhältnis Anwendung finden (vgl. hierzu Rn. 186); Schwierigkeiten mit der Berechnung kann es geben, wenn beim Übernehmer eine andere Berechnungsmethode gilt; diese kann er nicht ohne weiteres auf die übergegangenen Arbeitsverhältnisse anwenden. Wenn die entsprechenden Berechnungsregeln, die meist tarifvertraglich geregelt sind, nicht nach allgemeinen Grundsätzen Bestandteil des übergehenden Arbeitsverhältnisses werden, muss der Übernehmer ggf. eine Änderungskündigung aussprechen, wenn er den Berechnungsmodus für das Urlaubsentgelt ändern will.

---

[13] BAG v. 18.11.2003 - 9 AZR 95/03 - NZA 2004, 651, 653.
[14] BAG v. 02.12.1999 - 8 AZR 774/98 - NZA 2000, 480, 481.
[15] Zu Regressansprüchen gegen den Veräußerer auf der Grundlage des § 613a Abs. 2 BGB vgl. Kapitel 9 Rn. 27 ff.
[16] Vgl. dazu nur BAG v. 20.06.2000 - 9 AZR 405/99 - NZA 2001, 100, 101.

Vertragliche Abreden mit dem früheren Arbeitnehmer, die günstiger i.S.v. § 13 Abs. 1 Satz 3 **39**
BUrlG sind, gelten dem Übernehmer gegenüber weiter. Entsprechende Regelungen können
sich dabei auch aus einer betrieblichen Übung ergeben. Dies ist z.b. dann der Fall, wenn die
Vertragsparteien vereinbaren (oder der frühere Arbeitgeber es längere Zeit geduldet hat), dass
eine Übertragung des Urlaubs auch über den Zeitraum des § 7 Abs. 3 BUrlG hinaus möglich
sein soll.[17] Derzeit noch nicht (höchstrichterlich) entschieden ist, ob eine vertraglich vereinbarte oder kraft Betriebsübung gewährte Urlaubsabgeltung für den Fall, dass der Urlaub (aus
betrieblichen Gründen) nicht genommen werden konnte, günstiger ist. Das Bundesarbeitsgericht hat bislang in Bezug auf tarifliche Regelungen, die eine Abgeltung des Urlaubs vorsehen,
wenn der Arbeitnehmer bei Beendigung des Arbeitsverhältnisses den Urlaub wegen Arbeitsunfähigkeit nicht nehmen konnte, als günstiger und damit wirksam angesehen.[18] In Bezug auf
diese Rechtsprechung wird jedoch vertreten, dass die Möglichkeit einer grundlosen Umwandlung des Urlaubsanspruchs in einen Abgeltungsanspruch wegen eines mittelbaren Verstoßes
gegen § 1 BUrlG nichtig sein soll.[19] Dabei ist allerdings fraglich, ob sich der Arbeitgeber auf
die Nichtigkeit einer solchen Regelung berufen kann.

Hinweis: **40**

Tarifliche oder vertragliche Ausschlussklauseln sind nicht auf Urlaubsansprüche anzuwenden[20], so dass der Übernehmer u.U. noch geraume Zeit nach dem Betriebsübergang
mit der Geltendmachung entsprechender Ansprüche rechnen muss.

e. Arbeitszeitkonten

Bestehen im übergehenden Betrieb/Betriebsteil Regelungen zu Arbeitszeitkonten, müssen die **41**
Auswirkungen des Betriebsübergangs auf diese Regelungen auf zwei verschiedenen Ebenen
überprüft werden.

Auf der ersten Ebene geht es um die Frage, ob die übergehenden Beschäftigten nach dem Be- **42**
triebsübergang weiterhin das Recht zur Bildung von Arbeitszeitkonten nach Maßgabe der
beim bisherigen Arbeitgeber geltenden Regelungen haben.

Dies hängt zunächst davon ab, auf welcher Rechtsgrundlage Arbeitszeitkonten beruhen. Ar- **43**
beitsvertragliche bzw. individualrechtlich einzuordnende Grundlagen (z.B. Arbeitsordnung)
gehen gemäß § 613a Abs. 1 Satz 1 BGB auf den Übernehmer über; sie können regelmäßig nur
durch Änderungsvereinbarung oder Änderungskündigung, ggf. aber auch durch Betriebsvereinbarung (vgl. hierzu Rn. 72 ff.) abgelöst werden. Kollektivrechtliche Regelungen, also Betriebsvereinbarungen oder Tarifverträge, gelten nach Maßgabe der § 613a Abs. 1 Sätze 2-4
BGB bzw. der hierzu entwickelten Rechtsgrundsätze weiter und können ebenfalls nach allgemeinen Rechtsgrundsätzen durch andere kollektivrechtliche Regelungen abgelöst werden (vgl.
hierzu Rn. 206 ff., 290 (Rn. 290) ff.).

Fehlt im Betrieb des Übernehmers eine Regelung zu Arbeitszeitkonten, wird man i.d.R. davon **44**
ausgehen können, dass die Beschäftigten ihr Recht zur Bildung von Arbeitszeitkonten im bisherigen Umfang behalten.

Ablösende Regelungen kommen vor allem dann in Betracht, wenn im Betrieb des Überneh- **45**
mers eine inhaltlich andere Arbeitszeitkontenregelung mit dem Betriebsrat vereinbart wurde
oder wird, da diesem insoweit ein zwingendes Mitbestimmungsrecht nach § 87 Abs. 1 Nr. 2
BetrVG zusteht.[21]

---

[17] BAG v. 18.11.2003 - 9 AZR 95/03 - NZA 2004, 651, 652.
[18] BAG v. 18.07.1989 - 8 AZR 44/88 - NZA 1990, 238.
[19] *Dörner* in: ErfK, § 13 BUrlG Rn. 38.
[20] BAG v. 18.11.2003 - 9 AZR 95/03 - NZA 2004, 651, 653.
[21] Vgl. BAG v. 18.04.1989 - 1 ABR 3/88 - AP § 87 BetrVG 1972 Nr. 33 zu Gleitzeitregelungen.

46   Hinweis:

Ablösende (Neu-)Regelungen dürfen m.e. jedoch keinesfalls im Plus befindliche Arbeitszeitkonten zu Lasten der Beschäftigten kürzen bzw. vermindern, da die Arbeitsleistung schon erbracht wurde; ein Eingriff in diese bereits erdienten (Freistellungs- bzw. Leistungs-)Ansprüche der Beschäftigten ist m.E. ohne Kompensation nicht möglich.

47   Auf der zweiten Ebene geht es um den Bestand der beim Betriebsübergang bestehenden Zeitguthaben bzw. -salden. Sie werden vom Betriebsübergang nicht berührt, d.h. die Beschäftigten haben – je nach Kontostand – entweder einen Anspruch gegen den Übernehmer (und ggf. gegen den bisherigen Arbeitgeber – vgl. hierzu Kapitel 9 Rn. 33 ff.) auf Freistellung von der Arbeitsverpflichtung bzw. sie müssen eine ggf. rückständige Arbeitsleistung nunmehr beim Übernehmer erbringen, ohne dass dieser zusätzliches Entgelt dafür zahlen muss.

48   Hinweis:

In der Praxis wird das Problem im **Arbeitgeber-Mandat** bei geplanten Betriebsübergängen überwiegend so gelöst, dass die Arbeitszeitkonten in dem Zustand, in dem sie zum Zeitpunkt des Betriebsübergangs bestehen, auf den Erwerber übergehen, sich also für die Beschäftigten nichts ändert. Diese Lösung bietet sich vor allem bei unternehmens- bzw. konzerninternen Umstrukturierungen und/oder dann an, wenn der Umfang von Arbeitszeitkonten deutlich beschränkt ist. In allen anderen Fällen sollte zumindest überprüft werden, ob dies nicht zu erheblichen Belastungen einer Seite (Veräußerer oder Erwerber) führt und daher ggf. ein Ausgleich erforderlich ist. Im **Arbeitgeber-Mandat** des **Erwerbers** ist ferner zu beachten, dass Arbeitgeber ab einem bestimmten Umfang von Arbeitszeitkonten gemäß § 7d SGB IV zur Insolvenzsicherung verpflichtet sind.

49   Aus dem o.g. Grund kann wegen eines Betriebsübergangs nicht der Ausgleich von Arbeitszeitkonten verlangt werden. Es kann also weder der (bisherige) Arbeitgeber den Ausgleich negativer Salden verlangen oder bei einem Soll Entgelt im Umfang der rückständigen Arbeitsleistung abziehen noch können die Beschäftigten die Ausbezahlung der angesammelten Arbeitsstunden bei einem Haben verlangen. Dem steht auf individualrechtlicher Ebene entgegen, dass es sich bei der Vereinbarung von Arbeitszeitkonten um eine vertragliche Abrede handelt, die nicht ohne weiteres einseitig aufgekündigt werden kann; in der Sache dürfte es sich um eine Stundungsabrede, verbunden mit einer Abrede über eine sog. Leistung erfüllungshalber i.S.d. § 364 Abs. 2 BGB handeln. Bei Weitergeltung einer kollektivrechtlichen Regelung besteht ebenfalls kein einseitiges Aufkündigungsrecht, sofern diese ein solches nicht ausdrücklich vorsieht.

50   Schwierigkeiten kann es in Bezug auf den Ausgleich von Arbeitszeitkonten dann geben, wenn sich das Arbeitsentgelt des Arbeitnehmers nach dem Betriebsübergang vermindert. Wird er in diesem Fall gegen Weiterzahlung der Vergütung von der Arbeit freigestellt, erhält er dafür weniger als er erhalten hätte, wenn die schon erbrachte Arbeitsleistung vom Veräußerer hätte vergütet werden müssen. Dies läuft also letztlich darauf hinaus, dass sein bereits erdienter Entgeltanspruch gekürzt wird. Dies ist jedoch wegen der Struktur des Arbeitszeitkontos hinzunehmen. Es liegt in deren Natur, dass der Arbeitnehmer in dem Zeitraum, in dem er von der Arbeit freigestellt wird, u.U. ein anderes Entgelt beanspruchen kann als in dem Zeitraum, in dem er das Arbeitszeitkonto (durch Mehrarbeit) aufgefüllt hat. Im Regelfall wird es sich dabei allerdings wegen der zwischenzeitlichen Entgelterhöhungen um ein höheres Entgelt handeln. Es kann jedoch auch ohne einen Betriebsübergang dazu kommen, dass der Arbeitnehmer im Freistellungszeitraum Anspruch auf ein geringeres Entgelt als im Aufbauzeitraum hat. Dies kann z.B. dann der Fall sein, wenn Zulagen wirksam widerrufen wurden oder der Arbeitnehmer in eine niedrigere Vergütungsgruppe eingruppiert wurde. Damit dürfte im Grundsatz davon auszugehen sein, dass der Arbeitnehmer auch nach einem Betriebsübergang nur das Recht hat, für die im Arbeitszeitkonto „angesparte" Zeit gegen Weiterzahlung des im Freistellungszeitraum zu zahlenden Arbeitsentgelts freigestellt zu werden. Kommt es zu gravierenden Äquivalenzstörungen, kann der Arbeitnehmer unter Berufung auf die Störung der Geschäftsgrundlage gemäß § 313 BGB ggf. einen Anpassungsanspruch geltend machen.

f. Gesamtzusage und betriebliche Übung

aa. Bestehen einer Gesamtzusage/betrieblichen Übung beim bisherigen Arbeitgeber

Sowohl die Gesamtzusage als auch die betriebliche Übung stellen nach der Rechtsprechung **51** des Bundesarbeitsgerichts individualvertragliche Regelungsinstrumente dar, so dass auf diesen Grundlagen erbrachte Leistungen des Arbeitgebers Vertragsbestandteil werden. Wenn im Betrieb des früheren Arbeitgebers solche Regelungen bestanden, gehen sie nach § 613a Abs. 1 Satz 1 BGB auf den Erwerber über; sie bleiben Bestandteil der Arbeitsverhältnisse.[22]

Beispiele: **52**

Zusage eines jährlich zu zahlenden Weihnachtsgeldes per Aushang; dreimalige vorbehaltlose Gewährung eines Urlaubszuschusses; nicht als betriebliche Übung anerkannt werden i.d.R. regelmäßige Entgelterhöhungen![23]

Hinweis: **53**

Der Betriebsübergang als solcher ändert nichts an der rechtlichen Bewertung, ob ein bestimmtes Verhalten des (bisherigen) Arbeitgebers überhaupt als rechtlich verbindlich gewertet werden kann; dies richtet sich nach den allgemeinen, vom Bundesarbeitsgericht entwickelten Grundsätzen.[24]

Verspricht der frühere Arbeitgeber nach Betriebsübergang Leistungen im Wege einer Gesamt- **54** zusage und werden von dieser Zusage auch die übergegangenen Arbeitnehmer erfasst,[25] muss der Erwerber hierfür m.E. nicht einstehen, da die entsprechende Verpflichtung nicht im Zeitpunkt des Betriebsübergangs bestand. Insoweit besteht eine Parallele zu tariflichen Regelungen, die (rückwirkend) erst nach dem Betriebsübergang abgeschlossen werden und für die der Erwerber ebenfalls nicht haftet (vgl. hierzu Rn. 141 ff.).

Ansprüche der übergehenden Arbeitnehmer aus einer Gesamtzusage oder einer betrieblichen **55** Übung können grundsätzlich nicht durch ein einseitiges Handeln des Arbeitgebers beseitigt oder gemindert werden; es bedarf vielmehr i.d.R. einer Änderungsvereinbarung oder einer Änderungskündigung.[26]

Hinweis: **56**

Eine Gesamtzusage kann allerdings einen Änderungs- oder Widerrufsvorbehalt enthalten[27], der als einseitiges Gestaltungsrecht vom Übernehmer ausgeübt werden kann; dies muss billigem Ermessen entsprechen.

---

[22] BAG v. 03.11.2004 - 5 AZR 73/04 zur betrieblichen Übung.

[23] St. Rspr., zuletzt BAG v. 16.01.2002 - 5 AZR 715/00 - NZA 2002, 632, 633.

[24] Dazu nochmals eingehend BAG v. 28.07.2004 - 10 AZR 19/04 - NZA 2004, 1152, 1153 f.; zu den Besonderheiten des öffentlichen Dienstes zuletzt BAG v. 29.09.2004 - 5 AZR 528/03 - NZA-RR 2005, 501 ff.; umfassend zur betrieblichen Übung *Bepler*, RdA 2004, 226 ff.

[25] So der Sachverhalt von BAG v. 22.01.2003 - 10 AZR 395/02 - NZA 2003, 576.

[26] BAG v. 14.08.1996 - 10 AZR 69/96 - NZA 1996, 1323 ff.

[27] BAG v. 14.06.1995 - 5 AZR 126/94 - NZA 1995, 1194 f.

57 Außerdem ist ggf. eine ablösende Betriebsvereinbarung möglich, die individuelle Ansprüche der Arbeitnehmer aber nur beseitigen kann, wenn sie gemäß der Rechtsprechung des Bundesarbeitsgerichts entweder „betriebsvereinbarungsoffen" oder nicht kollektiv ungünstiger ist.[28]

58 Muss der Erwerber eines Betriebs oder Betriebsteils nach § 613a Abs. 1 Satz 1 BGB Verpflichtungen aus einer Gesamtzusage oder einer betrieblichen Übung übernehmen, hat dies regelmäßig nicht zur Folge, dass die ursprünglich bei ihm beschäftigten Arbeitnehmer den gleichen Anspruch wie die übernommenen Arbeitnehmer erwerben. So wird eine betriebliche Übung zwar nach der Rechtsprechung des Bundesarbeitsgerichts regelmäßig auch auf neu eintretende Arbeitnehmer angewendet, dies soll jedoch nicht auf den Fall der Neugründung eines Betriebes zu übertragen sein, die mit einer Betriebs(teil)übernahme einhergeht.[29] In diesem Fall bedarf es einer ausdrücklichen Erklärung, wenn die Arbeitsbedingungen eines Teils der übernommenen Arbeitnehmerschaft sofort auf den anderen Teil der Arbeitnehmer erstreckt werden soll. Daraus ergibt sich m.E., dass eine betriebliche Übung, auf die sich die im Zuge eines Betriebs(teil)übergangs übergegangenen Arbeitnehmer berufen können, auch nur für diese Arbeitnehmer gilt. Die ursprünglich beim Übernehmer beschäftigten Arbeitnehmer können daher keinen Anspruch geltend machen; sie können sich auch nicht auf den arbeitsrechtlichen Gleichbehandlungsgrundsatz berufen.[30]

59 **Beispiel:**

Der Erwerber, der bereits ein Reinigungsunternehmen führt, übernimmt von einem Betrieb die Reinigungsabteilung samt den diesen zuzuordnenden Arbeitnehmern. Die Arbeitnehmer haben auf Grund einer dreimaligen vorbehaltlosen Gewährung einen Anspruch auf die Zahlung von Urlaubsgeld erworben (betriebliche Übung). Die schon bisher beim Erwerber angestellten, also nicht übergegangenen Arbeitnehmer können die Zahlung dieses Urlaubsgeldes nicht verlangen.

60 **Hinweis:**

Beim **Arbeitgeber-Mandat** dürfte sich dennoch der Rat empfehlen, der ursprünglichen Belegschaft mitzuteilen, dass sie an eventuellen Ansprüchen der übergehenden (und eingegliederten) Arbeitnehmer nicht teilhaben werden. Damit wird das Risiko, dass dem Arbeitgeber eine Willenserklärung unterstellt wird oder sich ein schutzwürdiges Vertrauen bilden könnte, vermieden.

bb. Bestehen einer Gesamtzusage/betrieblichen Übung beim Übernehmer

61 Vor allem bei der Eingliederung eines übernommenen Betriebes oder Betriebsteils in den Betrieb des Erwerbers stellt sich die Frage, ob die übergehenden Arbeitnehmer Ansprüche aus den im Erwerberbetrieb bereits geltenden Gesamtzusagen oder betrieblichen Übungen erwerben. Wenn der Erwerber gegenüber den übergehenden Arbeitnehmern keine ausdrückliche Erklärung des Inhalts abgibt, dass die insoweit bei ihm geltenden Regelungen nicht auf ihre Arbeitsverhältnisse angewendet werden, nehmen die übergehenden Arbeitnehmer auch an diesen Regelungen teil. Der Erwerber hat jedoch ebenso wie bei neu eintretenden Arbeitnehmern die Möglichkeit, gegenüber den übergehenden Arbeitnehmern durch ausdrückliche Erklärung die Geltung einer Gesamtzusage oder einer betrieblichen Übung auszuschließen.[31] Diese sollte er auf alle neu, d.h. nach Betriebsübergang eingestellten Arbeitnehmer erstrecken; es dürfte we-

---

[28] Grundlegend BAG v. 16.09.1986 - GS 1/82 - NZA 1987, 168 ff.

[29] BAG v. 14.11.2001 - 10 AZR 152/01 - NZA 2002, 527 ff.

[30] Dazu BAG v. 31.08.2005 - 5 AZR 517/04 - NZA 2006, 265 ff.

[31] BAG v. 10.08.1988 - 5 AZR 571/87 - NZA 1989, 57/58; *Bepler*, RdA 2004, 226, 238.

gen des arbeitsrechtlichen Gleichbehandlungsgrundsatzes nur bei Vorliegen eines sachlichen Grundes (z.b. unterschiedliche Vergütungsstrukturen) möglich sein, die übergehenden Arbeitnehmer von den aufgrund einer Gesamtzusage oder betrieblichen Übung zugesagten Leistungen auszunehmen.

Beispiel: 62

> Die beim Erwerber beschäftigten Arbeitnehmer haben kraft betrieblicher Übung einen Weihnachtsgeldanspruch erworben. Der Erwerber übernimmt einen Betrieb und gliedert ihn in seinen eigenen ein. Die Arbeitnehmer, deren Arbeitsverhältnisse auf ihn übergehen, haben dann keinen Anspruch auf das bisher gewährte Weihnachtsgeld, wenn er dies ihnen (und allen anderen neu eintretenden Beschäftigten) gegenüber ausschließt.

Hinweis: 63

> Beim **Arbeitgeber-Mandat** des Erwerbers kann man anraten, den Ausschluss in die den übergehenden Arbeitnehmern zu erteilende Information (§ 613a Abs. 5 BGB) aufzunehmen.

g. Bezugnahmeklauseln

Wird arbeitsvertraglich auf Tarifverträge Bezug genommen und sind die Arbeitsvertragsparteien nicht tarifgebunden, gelten diese Tarifverträge allein kraft vertraglicher Vereinbarung und werden dementsprechend Bestandteil der Arbeitsverhältnisse. Sowohl dieser Arbeitsvertragsinhalt als auch die Bezugnahmeklausel selbst gehen nach § 613a Abs. 1 Satz 1 BGB auf den Übernehmer eines Betriebes über; die Sonderregelungen des § 613a Abs. 1 Sätze 2-4 BGB gelten in diesem Fall nicht. Wegen der Sachzusammengehörigkeit wird die Problematik insgesamt unter Rn. 246 ff. behandelt. 64

h. Ablösung individualrechtlicher Ansprüche durch kollektivrechtliche Regelung

aa. Ablösung durch Tarifvertrag

Vor allem bei Übernahme eines Betriebs durch einen tarifgebundenen Erwerber stellt sich die Frage, ob einzelvertragliche Rechte und Pflichten der Arbeitnehmer, die nach § 613a Abs. 1 Satz 1 BGB auf den Übernehmer des Betriebes oder Betriebsteils übergehen, durch tarifvertragliche Regelungen abgelöst werden können. Praktisch relevant wird dies insbesondere, wenn ein tarifgebundenes Unternehmen einen bisher nicht tarifgebundenen Betrieb oder Betriebsteil übernimmt und die tariflich geregelten Arbeitsbedingungen für die übergehenden Arbeitnehmer ungünstiger als die bzw. einige einzelvertraglich vereinbarten Regelungen sind. 65

Beispiel: 66

> Im Betrieb des tarifgebundenen Erwerbers gilt ein Manteltarifvertrag, der den Beschäftigten einen Urlaubsanspruch von 28 Werktagen gibt. Er erwirbt einen tariflosen Betrieb, dessen Beschäftigte einen arbeitsvertraglichen Urlaubsanspruch von 30 Werktagen haben.

§ 613a Abs. 1 Satz 3 BGB greift in solchen Fällen nicht ein, weil er nur die Ablösung tariflicher oder betrieblicher Normen regelt, also keine individualrechtlich geregelten Arbeitsbedingungen erfasst. 67

Daher muss auf allgemeine Regeln zurückgegriffen werden; nach diesen kann der beim Übernehmer geltende Tarifvertrag die bisherigen einzelvertraglichen Arbeitsbedingungen nur ablösen, wenn der Tarifvertrag zwingend – also kraft beiderseitiger Tarifgebundenheit oder Allgemeinverbindlicherklärung – auf die übergehenden Arbeitsverhältnisse anzuwenden ist. Selbst wenn dies der Fall sein sollte, die übergehenden Arbeitnehmer also Mitglied der für den 68

Erwerber tarifzuständigen Gewerkschaft sind, werden jedoch Einzelabreden, die für die Beschäftigten günstiger als der Tarifvertrag sind, nicht verdrängt, sondern sie gelten wegen des in § 4 Abs. 3 TVG geregelten Günstigkeitsprinzips weiterhin.

69 Damit kann eine Ablösung einzelvertraglicher Regelungen durch Tarifvertrag letztlich nur durch eine entsprechende Vertragsänderung herbeigeführt werden, auf die der Übernehmer indes keinen Anspruch hat. Die übergehenden Arbeitnehmer hingegen können die Geltung des Tarifvertrages und der für sie günstigeren einzelvertraglichen Regelungen einfach durch den Beitritt zur tarifzuständigen Gewerkschaft erreichen.

70 **Hinweis:**

Wegen dieser starken Verhandlungsposition sollte beim **Arbeitnehmer-Mandat** von der Unterzeichnung einer abändernden Vereinbarung, mit der günstigere einzelvertragliche Positionen durch die beim Erwerber geltenden Tarifverträge abgelöst werden sollen, eher abgeraten werden.

71 Im o.g. Beispielsfall würden die Beschäftigen also ihren Urlaubsanspruch von 30 Tagen selbst dann behalten, wenn der beim Erwerber geltende Tarifvertrag mit 28 Urlaubstagen auf sie angewendet wird.

bb. Ablösung durch Betriebsvereinbarung

72 Anders sieht die Rechtslage aus, wenn es um die Ablösung arbeitsvertraglicher Regelungen durch Betriebsvereinbarungen geht. Da Betriebsvereinbarungen gemäß § 77 Abs. 4 BetrVG normativ auf alle Arbeitsverhältnisse einwirken, muss ihre Geltung nicht vertraglich vereinbart werden. Die durch vertragliche Abreden geregelten Arbeitsbedingungen können also durch Betriebsvereinbarungen abgelöst werden, jedoch gilt dies wiederum für günstigere Arbeitsbedingungen nicht. Für „echte" individuelle Vertragsvereinbarungen greift auch im Verhältnis zu Betriebsvereinbarungen das Günstigkeitsprinzip ein.[32] Unerheblich ist, ob die vertragliche Abrede vor oder nach dem Abschluss der Betriebsvereinbarung getroffen wurde.[33] Durch eine Betriebsvereinbarung würde daher nur erreicht, dass der Anspruch des Arbeitnehmers auf eine andere Rechtsgrundlage gestellt wird. Allerdings dürfte die vertragliche Vereinbarung wieder vollständig aufleben, wenn die Betriebsvereinbarung (durch Kündigung) endet.[34]

73 Sind Arbeitsbedingungen durch Gesamtzusage oder betriebliche Übung geregelt, können sie etwas weitergehend als „echte" Individualansprüche durch eine Betriebsvereinbarung abgelöst werden. Dabei ist jedoch das vom Bundesarbeitsgericht entwickelte sog. kollektive Günstigkeitsprinzip zu beachten, nach dem die Regelung insgesamt für die Belegschaft nicht ungünstiger als die bisherige Regelung sein darf.[35] Damit sind insbesondere umstrukturierende Betriebsvereinbarungen zulässig. Steht dies in Zusammenhang mit einem Betriebs(teil)übergang, ist für den kollektiven Günstigkeitsvergleich erheblich, ob die neue Betriebsvereinbarung nur die übergegangenen Arbeitnehmer oder alle, d.h. auch die schon beim Erwerber angestellten Arbeitnehmer erfassen soll. Sollen nur die Arbeitsbedingungen der übergegangenen Arbeitnehmer gemäß § 87 Abs. 1 Nr. 10 BetrVG auf eine neue Grundlage gestellt werden, wird es beim kollektiven Günstigkeitsvergleich nur auf diese Arbeitnehmergruppe ankommen. Soll die Betriebsvereinbarung hingegen – dies kann bei der Eingliederung des erworbenen Betriebes oder Betriebsteils in den vorhandenen Betrieb des Erwerbers der Fall sein – die gesamte

---

[32] BAG v. 07.11.1989 - GS 3/85 - NZA 1990, 816, 819.

[33] Vgl. nur *Fitting/Engels/Schmidt/Trebinger/Linsenmaier*, BetrVG, § 77 Rn. 197.

[34] Dazu BAG v. 28.03.2000 - 1 AZR 366/99 - NZA 2001, 49, 51.

[35] BAG v. 16.09.1986 - GS 1/82 - NZA 1987, 168 ff.

Belegschaft, also die bereits beim Erwerber angestellten und die übergegangenen Arbeitnehmer erfassen, wird man beim Günstigkeitsvergleich auf die gesamte Belegschaft abstellen müssen.

Die vorstehend dargestellten Grundsätze gelten jedenfalls dann, wenn es sich um Ansprüche **74** der Arbeitnehmer auf Entgelt bzw. Entgeltzusatzleistungen handelt.

Noch nicht geklärt ist die Rechtslage, wenn es um Betriebsvereinbarungen geht, die andere Ar- **75** beitsbedingungen als Entgeltzusatzleistungen regeln, also z.b. Lage und Verteilung der Arbeitszeit gemäß § 87 Abs. 1 Nr. 2 BetrVG oder Fragen der Ordnung des Betriebes gemäß § 87 Abs. 1 Nr. 1 BetrVG. Hier spricht m.E. mehr für die Annahme, dass Betriebsvereinbarungen generell ablösenden Charakter haben.

Beispiel: **76**

> In den Arbeitsverträgen der übergehenden Arbeitnehmer ist der Beginn der täglichen Arbeitszeit mit 8:00 Uhr und ihr Ende mit 16:30 Uhr geregelt. Der Erwerber will den bisher betriebsratslosen Betrieb/Betriebsteil in seinen Betrieb eingliedern. Dort gilt jedoch eine Betriebsvereinbarung, die den täglichen Arbeitsbeginn auf 7.30 Uhr und ihr Ende auf 16:00 Uhr festlegt. Was gilt für die Arbeitnehmer, deren Arbeitsverhältnisse übergegangen sind?

Die Annahme, auch hier würde das Günstigkeitsprinzip eingreifen, passt in solchen Fällen **77** nicht recht, weil es nicht um Entgeltansprüche der Arbeitnehmer i.w.S. geht, sondern um Regelungen, die die Organisation des Betriebes betreffen. Sie sind damit eigentlich „günstigkeitsneutral". Unabhängig davon werden entsprechende Betriebsvereinbarungen vertragliche Regelungen jedenfalls dann ablösen, wenn der Arbeitgeber die fragliche Arbeitsbedingung auch im Wege seines Direktionsrechts hätte ändern können, wie es z.B. bei der Lage der Arbeitszeit häufig der Fall ist (§ 106 GewO). Es kommt daher in erster Linie darauf an, ob die vertragliche Regelung tatsächlich die Lage und Verteilung abschließend vertraglich regelt oder ob sie so auszulegen ist, dass dem Arbeitgeber das Weisungsrecht hinsichtlich der Lage der Arbeitszeit verbleiben soll. Legt die vertragliche Vereinbarung die Lage der Arbeitszeit verbindlich festlegt, dürfte eine Änderung über eine Betriebsvereinbarung nicht möglich sein; es muss dann eine Änderungsvereinbarung angestrebt oder eine Änderungskündigung ausgesprochen werden, die allerdings bei solchen organisatorischen Fragen von den Arbeitsgerichten eher akzeptiert wird als bei Änderungen im Entgeltbereich.[36] Geht man davon aus, dass die vertragliche Vereinbarung im Beispielsfall keine verbindliche Festlegung der Arbeitszeitlage beinhaltet, würde dementsprechend ab dem Zeitpunkt des Betriebsübergangs die Betriebsvereinbarung mit der anderen Arbeitszeitlage auch für die übergehenden Beschäftigten gelten.

i. Anhang: Geltung des arbeitsrechtlichen Gleichbehandlungsgrundsatzes nach Betriebsübergang

Keine unmittelbare Rechtsfolge des Betriebsübergangs steht in Rede, wenn es darum geht, ob **78** der Übernehmer nach Betriebsübergang zur Einhaltung des allgemeinen arbeitsrechtlichen Gleichbehandlungsgrundsatzes verpflichtet ist bzw. ob er zwischen den im Wege des Betriebsübergangs übergegangenen Arbeitnehmern und anderen (Stamm-)Arbeitnehmern differenzieren darf.

Das Bundesarbeitsgericht gesteht Arbeitnehmern, unabhängig davon, ob die Stammbeleg- **79** schaft oder die übernommenen Beschäftigten günstigere Arbeitsbedingungen haben, grundsätzlich keine anspruchsbegründende Berufung auf den arbeitsrechtlichen Gleichbehand-

---

[36] Vgl. z.B. BAG v. 23.06.2005 - 2 AZR 642/04 - NZA 2006, 92 ff.

lungsgrundsatz zu, wenn der Arbeitgeber lediglich die unterschiedlichen Vergütungsgrundsätze vollzieht, also keine eigenen Entgeltentscheidungen trifft.[37] Ebenso ist der Arbeitgeber nicht verpflichtet, auf die Arbeitsverhältnisse neu eintretender Arbeitnehmer die für die anderen Beschäftigten nach § 613a Abs. 1 Satz 2 BGB nachwirkenden Tarifverträge anzuwenden.[38] Betont wird vom Bundesarbeitsgericht, dass § 613a BGB nur den Besitzstand wahre und die Arbeitnehmer in bestimmtem Umfang vor der Verschlechterung ihrer Arbeitsbedingungen schütze, jedoch keinen Anspruch auf Teilhabe an künftigen Verbesserungen der Arbeitsbedingungen beim Erwerber gewähre.[39]

80 Beispiel:

> Nach der Fusion mehrerer Gewerkschaften stellt ein Rechtsschutzsekretär, dessen Arbeitsverhältnis auf die neu gegründete Gewerkschaft übergegangen ist, fest, dass seine Kollegen, die früher bei einer anderen Gewerkschaft tätig waren, dort schon deutlich mehr verdienten als er selbst. Als er von seiner Arbeitgeberin unter Berufung auf den arbeitsrechtlichen Gleichbehandlungsgrundsatz das gleiche Arbeitsentgelt wie die von einer anderen Gewerkschaft stammenden Kollegen verlangt, wehrt diese sich mit Erfolg damit, dass sie nur die bei ihren Rechtsvorgängerinnen geltenden Vergütungsordnungen weiter vollziehe; das BAG wies den Anspruch daher zurück.[40]

81 Das Bundesarbeitsgericht hat des Weiteren ausdrücklich eine Verpflichtung des Erwerbers abgelehnt, nach längerer Zeit eine Angleichung der unterschiedlichen Arbeitsbedingungen herzustellen; mangels verteilender Arbeitgeberentscheidung bestehe für eine solche Anpassungspflicht keine Rechtsgrundlage.[41]

82 Anwendbar ist der arbeitsrechtliche Gleichbehandlungsgrundsatz hingegen, wenn der Arbeitgeber in Zusammenhang mit oder nach einem Betriebsübergang eine „verteilende" Entscheidung trifft, in der er zwischen Stammbelegschaft und übergehenden bzw. übergegangenen Arbeitnehmern differenziert und eine Gruppe schlechter gestellt wird als die andere.

83 Hinweis:

> Die Schlechterstellung selbst muss vom Arbeitnehmer dargelegt werden, so dass beim **Arbeitnehmer-Mandat** die entsprechenden Daten erfragt werden müssen; dabei ist darauf zu achten, dass eine Vergütungserhöhung bei anderen Mitarbeitern, die nur die für diese vereinbarte Arbeitszeiterhöhung ausgleicht, keine Schlechterstellung für den Mitarbeiter darstellt, der wegen eines Betriebsübergangs eine kürzere Wochenarbeitszeit hat.[42]

84 Falls der Übernehmer nach einem Betriebsübergang zwischen Stammbelegschaft und übernommenen Arbeitnehmern bzw. danach differenziert, für wen noch die nach § 613a Abs. 1 BGB übernommenen Arbeitsbedingungen gelten, kann dies gegen den arbeitsrechtlichen Gleichbehandlungsgrundsatz verstoßen, wenn es für die Differenzierung keinen sachlichen Grund gibt. Das Bundesarbeitsgericht hat klargestellt, dass allein die Anknüpfung an die Gruppe der Stammbelegschaft einerseits und die der übernommenen Arbeitnehmer andererseits keinen sachlichen Grund für eine Differenzierung darstellt.

---

[37] BAG v. 31.08.2005 - 5 AZR 517/04 - NZA 2006, 265, 266; BAG v. 25.08.1976 - 5 AZR 788/75 - AP BGB § 242 Gleichbehandlung Nr. 41 m. Anm. *Hueck*.

[38] BAG v. 23.09.2003 - 1 ABR 35/02 - NZA 2004, 800, 804.

[39] BAG v. 14.03.2007 - 5 AZR 420/06 - NZA 2007, 862, 865.

[40] BAG v. 31.08.2005 - 5 AZR 517/04 - NZA 2006, 265.

[41] BAG v. 31.08.2005 - 5 AZR 517/04 - NZA 2006, 265, 266.

[42] Deutlich zuletzt BAG v. 14.03.2007 - 5 AZR 791/05 - AP BGB § 611 Lohnerhöhung Nr. 1.

Hinweis: 85

Das gilt jedenfalls dann, wenn der übernommene Betrieb oder Betriebsteil in einen Betrieb des Erwerbers eingegliedert oder zusammengeführt wurde, also nach dem Betriebsübergang ein Betrieb be- bzw. entsteht. Wird der übernommene Betrieb oder Betriebsteil als eigener Betrieb des Erwerbers weitergeführt, ist derzeit nicht ganz klar, ob der Gleichbehandlungsgrundsatz überhaupt Anwendung findet; nach traditioneller Auffassung ist dessen Reichweite betriebsbezogen.[43] Dies ist jedoch vom Bundesarbeitsgericht selbst zugunsten einer unternehmensbezogenen Betrachtung in Frage gestellt worden.[44]

Möglich bleiben jedoch Differenzierungen aus anderen Gründen. Neben den anerkannten all-   86
gemeinen Sachgründen für eine unterschiedliche Behandlung der Beschäftigten (z.b. schlechtere wirtschaftliche Situation eines Betriebes oder Betriebsteils[45]) kann ein sachlicher Grund speziell in Betriebsübergangsfällen in der Anpassung unterschiedlicher Arbeitsbedingungen der Stammbelegschaft und der durch § 613a Abs. 1 Satz 2 BGB begünstigten Arbeitnehmer liegen.[46] Dafür sind nicht die einzelnen Arbeitsbedingungen isoliert miteinander zu vergleichen; erforderlich ist nach der Rechtsprechung des Bundesarbeitsgerichts ein Gesamtvergleich der Vergütungssysteme, wobei bei der notwendigen Würdigung ein Beurteilungsspielraum des Arbeitgebers bestehen soll.[47]

Abschließend und abrundend sei noch erwähnt, dass es das Bundesarbeitsgericht unter Gleich-   87
behandlungsgesichtspunkten nicht beanstandet hat, dass ein Arbeitgeber nur den verbleibenden Mitarbeitern, also nicht den Mitarbeitern, deren Arbeitsverhältnisse im Wege eines Betriebsübergangs auf einen neuen Arbeitgeber übergingen, eine Sonderzahlung gewährt hat; die mit dieser Sonderzahlung bezweckte Motivation für eine bessere Arbeitsleistung in der Zukunft erkannte das Bundesarbeitsgericht als sachlichen Grund für die Ungleichbehandlung an.[48]

3. Wettbewerbsverbote

a. Gesetzliches Wettbewerbsverbot

Das im bestehenden Arbeitsverhältnis für jeden Arbeitnehmer geltende Wettbewerbsverbot   88
(§ 60 HGB) wird durch den Betriebsübergang inhaltlich nicht berührt, es kommt nur zu einem Wechsel des Berechtigten. Die Arbeitnehmer haben sich nach dem Betriebsübergang ausschließlich ihrem neuen Arbeitgeber gegenüber jedes Wettbewerbs zu enthalten.

Die Reichweite des Wettbewerbsverbots kann sich ändern, so z.b. dann, wenn das Unterneh-   89
men des Erwerbers einen anderen (Geschäfts-)Zweck als das Unternehmen des Veräußerers verfolgt oder wenn der Erwerber in anderen Gebieten als der bisherige Arbeitgeber tätig ist. Die Folge einer dementsprechend anderen Reichweite des vertraglichen Wettbewerbsverbots kann sein, dass dem Arbeitnehmer nach Betriebsübergang andere Nebentätigkeiten verboten

---

[43] So auch BAG v. 14.02.2007 - 10 AZR 181/06 - NZA 2007, 558, 559.

[44] BAG v. 17.11.1998 - 1 AZR 147/98 - NZA 1999, 606, 608 f.; unklar BAG v. 14.03.2007 - 5 AZR 420/06 - NZA 2007, 862, 863, 864, das wohl auf den Betrieb abstellt, aber über den mitbestimmungsfreien Teil einer Gesamtbetriebsvereinbarung entscheiden musste.

[45] Dazu BAG v. 17.11.1998 - 1 AZR 147/98 - NZA 1999, 606, 608.

[46] So ausdrücklich BAG v. 14.03.2007 - 5 AZR 420/06 - NZA 2007, 862, 864.

[47] BAG v. 14.03.2007 - 5 AZR 420/06 - NZA 2007, 862, 865.

[48] BAG v. 14.02.2007 - 10 AZR 181/06 - NZA 2007, 558, 560.

sind als vor dem Betriebsübergang. Hinsichtlich der Einzelheiten muss auf die einschlägige Spezialliteratur verwiesen werden.[49]

b. (Nach-)Vertragliche Wettbewerbsverbote

aa. Bei übergehenden Arbeitsverhältnissen

90   Ein bereits im Arbeitsvertrag bzw. während des laufenden Arbeitsverhältnisses vereinbartes nachvertragliches Wettbewerbsverbots geht ebenso wie alle anderen arbeitsvertraglichen Vereinbarungen nach § 613a Abs. 1 Satz 1 BGB auf den Erwerber über.[50]

91   Wie bei vertraglichen Wettbewerbsverboten kann das ursprünglich vereinbarte nachvertragliche Wettbewerbsverbot ganz oder teilweise gegenstandslos werden, so z.B. wenn das Unternehmen des Erwerbers einen anderen Geschäftszweck als das Unternehmen des Veräußerers verfolgt. Im Schrifttum wird vorgeschlagen, das nachvertragliche Wettbewerbsverbot in diesem Fall im Wege der ergänzenden Vertragsauslegung anzupassen.[51]

bb. Bei beendeten/nicht übergehenden Arbeitsverhältnissen

92   Anders sieht die Rechtslage bei nachvertraglichen Wettbewerbsverboten (§§ 74 ff. HGB) aus, die der frühere Arbeitgeber mit bereits ausgeschiedenen Arbeitnehmern vereinbart hat. Sie gehen – anders als vertragliche Wettbewerbsverbote – jedenfalls nach dem Wortlaut des § 613a Abs. 1 Satz 1 BGB nicht auf den Erwerber über, da es sich bei einem nachvertraglichen Wettbewerbsverbot erstens nicht um eine arbeitsvertragliche Verpflichtung handelt und zweitens das Arbeitsverhältnis im Zeitpunkt des Betriebsübergangs nicht mehr besteht. Ob § 613a BGB analog angewendet werden kann, ist streitig und vom LAG Frankfurt abgelehnt worden.[52]

93   Geht man davon aus, dass ein nachvertragliches Wettbewerbsverbot für Arbeitnehmer, die vor dem Betriebsübergang aus dem Betrieb ausgeschieden sind, nicht auf den Erwerber übergeht, stellt sich die Rechtslage komplizierter dar.

94   Relativ einfach ist die Beurteilung, wenn der Arbeitnehmer bereits einige Zeit vor dem Betriebsübergang ausgeschieden ist und der Veräußerer aufgrund des nachvertraglichen Wettbewerbsverbots die Karenzentschädigung zahlt und der ausgeschiedene Arbeitnehmer sich dafür des Wettbewerbs enthält. Daran ändert sich durch den Betriebsübergang nichts, auch wenn das Interesse des Veräußerers an der Einhaltung des Wettbewerbsverbots entfällt. Er bleibt jedoch (alleiniger) Schuldner der Karenzentschädigung; er kann allenfalls in Verhandlungen mit dem Übernehmer (dem ja das nachvertragliche Wettbewerbsverbot nach Betriebsübergang wirtschaftlich zu Gute kommt) versuchen, zu erreichen, dass dieser intern oder extern (im Wege der Erfüllungsübernahme) seine Verpflichtungen übernimmt oder den Kaufpreis entsprechend erhöht.

95   Schwieriger ist die Rechtslage, wenn der Arbeitnehmer sein Widerspruchsrecht ausübt und ihm daraufhin vom Veräußerer betriebsbedingt gekündigt wird. Dann geht das nachvertragliche Wettbewerbsverbot ebenfalls mangels eines vorher bestehenden Arbeitsverhältnisses nicht auf den Erwerber über, sondern es gilt weiterhin ausschließlich im Verhältnis Veräußerer und Arbeitnehmer. Der Erwerber kann also vom Arbeitnehmer keine Wettbewerbsunterlassung fordern. Entfällt nun durch den Betriebsübergang das berechtigte geschäftliche Interesse

---

[49] Vor allem *Bauer/Diller*, Wettbewerbsverbote; im Betriebsübergangsrecht *Willemsen/Hohenstatt/ Schweibert/Seibt*, Umstrukturierung und Übertragung von Unternehmen, Teil G Rn. 199 ff.

[50] BAG v. 27.11.1991 - 4 AZR 211/91 - NZA 1992, 800, 803.

[51] *Willemsen/Hohenstatt/Schweibert/Seibt*, Umstrukturierung und Übertragung von Unternehmen, Teil G Rn. 202.

[52] LAG Frankfurt v. 03.05.1993 - 10 SaGa 345/93 - NZA 1993, 1033, 1034; a.A. *Picot/Schnitker*, S. 66.

des Veräußerers an dem vertraglich vereinbarten Wettbewerbsverbot, wird es gemäß § 74a Abs. 1 HGB[53] unverbindlich mit der Folge, dass der Arbeitnehmer zu Beginn der Karenzzeit[54] ein Wahlrecht hat, ob er die Rechte aus dem Wettbewerbsverbot geltend machen will oder nicht.[55] Dies eröffnet dem Arbeitnehmer die Möglichkeit des Wechsels zu Konkurrenzunternehmen, ohne dass der Veräußerer oder der Erwerber ihn daran hindern können.

Hinweis: 96

Im **Arbeitnehmer-Mandat** hat man daher eine starke Verhandlungsposition, da eine Überleitung des Arbeitsverhältnisses und/oder des Wettbewerbsverbots auf den Übernehmer nur mit Zustimmung des Arbeitnehmers möglich ist.

4. „Nichtarbeitsrechtliche" Beziehungen zwischen Arbeitgeber und Arbeitnehmer

Als sog. „nichtarbeitsrechtliche" Beziehungen zwischen den Arbeitsvertragsparteien werden 97 solche Verträge bezeichnet, die zwar in Zusammenhang mit dem Arbeitsverhältnis stehen, rechtlich aber dennoch unabhängig von ihm sind. Es handelt sich insbesondere um Kaufverträge (mit Personalrabatten), Darlehensverträge sowie Mietverträge über Werk- und Werkdienstwohnungen.

Den Arbeitnehmern werden bei solchen Verträgen häufig Sonderkonditionen gewährt, auf die 98 – oft kraft betrieblicher Übung – ein Anspruch entstehen kann, der nach den o.g. Grundsätzen auf den Erwerber übergeht (vgl. hierzu Rn. 24 ff.). Eine davon zu trennende Frage ist, ob die Verträge selbst mit unverändertem Inhalt auf den Erwerber übergehen.

a. Kaufverträge

Kaufverträge, die der Arbeitnehmer mit seinem Arbeitgeber abgeschlossen hat (z.B. Jahreswa- 99 gen), gehen m.E. nicht auf den Erwerber über, da § 613a Abs. 1 Satz 1 BGB nur anordnet, dass der Erwerber in die Rechte und Pflichten aus den im Zeitpunkt des Betriebsübergangs bestehenden Arbeitsverhältnissen eintritt. Bei rechtlich selbstständigen Kaufverträgen handelt es sich aber nicht um Bestandteile des Arbeitsverhältnisses, so dass ein Übergang nach § 613a Abs. 1 Satz 1 BGB ausscheidet. Der bloße Zusammenhang mit dem Arbeitsverhältnis reicht nicht aus, um von einem Wechsel des Vertragspartners ausgehen zu können. Damit können insbesondere Gewährleistungsansprüche nach wie vor nur gegen den früheren Arbeitgeber geltend gemacht werden. Allerdings kann der Erwerber aus einem anderen Rechtsgrund, z.B. §§ 25, 28 HGB haften.

b. Arbeitgeberdarlehen

Arbeitgeberdarlehen gehen nach der Rechtsprechung des Bundesarbeitsgerichts nicht auf den 100 Erwerber über, wenn ein vom Arbeitsverhältnis unabhängiger, eigenständiger Darlehensvertrag abgeschlossen wurde.[56] Wird ein Darlehen durch eine Grundschuld abgesichert, geht diese auf keinen Fall nach § 613a Abs. 1 Satz 1 BGB auf den Erwerber über, da zu den übergehenden Rechten nur schuldrechtliche, nicht aber dingliche Ansprüche gehören.[57] Anders bei einer

---

[53] Entscheidend für § 74a HGB ist der Zeitpunkt, in dem die Rechte aus dem Wettbewerbsverbot geltend gemacht werden, siehe BAG v. 28.01.1966 - 3 AZR 374/65 - AP § 74 HGB Nr. 18; *Schaub* in: ErfK, § 74a HGB Rn. 3.

[54] BAG v. 22.05.1990 - 3 AZR 647/88 - NZA 1991, 263, 264.

[55] Allgemein dazu BAG v. 22.05.1990 - 3 AZR 647/88 - NZA 1991, 263, 264.

[56] BAG v. 21.01.1999 - 8 AZR 373/97.

[57] BAG v. 21.01.1999 - 8 AZR 373/97.

Absicherung durch eine Hypothek: Geht das Darlehen bzw. der Rückforderungsanspruch auf den Übernehmer über, geht die (akzessorische) Hypothek gemäß § 401 BGB mit.

101 Wurde dem Arbeitnehmer jedoch ein Gehaltsvorschuss gewährt. der – unzutreffend – als Darlehen bezeichnet wurde, geht der entsprechende Rückforderungsanspruch (einschließlich einer Auf- oder Verrechnungsbefugnis) auf den Erwerber über.

c. Werk- und Werkdienstwohnungen

102 Bei der Überlassung von Werkswohnungen ist auch nach der Mietrechtsreform von 2001 nach wie vor zwischen Werkmiet- (§§ 576, 576a BGB) und Werkdienstwohnungen (§ 576b BGB) zu unterscheiden. Bei der Werkdienstwohnung gehört das Wohnrecht zum Inhalt des Arbeitsverhältnisses und geht daher mit dem Arbeitsverhältnis über. Anders sieht dies bei Werkmietwohnungen aus, da über diese ein rechtlich selbstständiger Mietvertrag besteht, der von § 613a Abs. 1 Satz 1 BGB nicht erfasst wird.[58]

C. Auswirkungen des Arbeitgeberwechsels auf tariflicher Ebene

I. Übersicht

103 Eine der wichtigsten Fragen im Rahmen von Betriebsübergängen ist, ob und wenn ja, in welchem Umfang Tarifverträge, die der bisherige Arbeitgeber auf die übergehenden Arbeitsverhältnisse angewendet hat, nach dem Betriebsübergang weiterhin Anwendung auf diese Arbeitsverhältnisse finden. Da Tarifverträge zum einen i.d.R. die essentialia des Arbeitsverhältnisses, insbesondere die Dauer der wöchentlichen Regelarbeitszeit und das Arbeitsentgelt regeln und zum anderen – z.B. im Bereich der Altersteilzeit – häufig sehr weit reichende Inhalte haben, muss dieser Punkt sowohl beim **Arbeitgeber-** als auch beim **Arbeitnehmer-Mandat** mit größter Sorgfalt geprüft werden. Dies ist angesichts der Vielzahl der denkbaren Sachverhalte und der damit verbundenen Rechtsfragen eine sehr komplexe und – u.a. wegen zahlreicher Unklarheiten – risikobehaftete Aufgabe.

104 Die erste Weichenstellung bei der einschlägigen Überprüfung muss sein, wie bzw. auf welcher Rechtsgrundlage die fraglichen Tarifverträge beim bisherigen Arbeitgeber galten, da hiervon abhängt, ob § 613a Abs. 1 Satz 1 BGB oder die Spezialregelungen des § 613a Abs. 1 Sätze 2-4 BGB sedes materie sind.

105 Denkbar sind – und zwar sowohl alternativ als auch kumulativ (!) – eine normative und eine vertragliche Geltung von Tarifverträgen. Als (weitere) Ergebnisse kommen eine sog. dynamische oder eine sog. statische Weitergeltung der Tarifverträge oder vielleicht sogar eine Ablösung (durch andere tarifliche Regelungen) in Betracht.

---

[58] Dazu *Preis* in: ErfK, § 613a Rn. 77.

II. Auswirkungen des Betriebsübergangs auf bisher normativ geltende Tarifverträge

1. Übersicht und Gegenstand der Prüfung

Die Sonderregelungen des § 613a Abs. 1 Sätze 2-4 BGB greifen nach der Rechtsprechung des **106** Bundesarbeitsgerichts nur dann ein, wenn beide Arbeitsvertragsparteien normativ tarifgebunden waren. Beim bisherigen Arbeitgeber soll es bei einer Tarifbindung kraft Verbandsmitgliedschaft sogar erforderlich sein, dass er nicht nur zum Zeitpunkt des Betriebsübergangs, sondern sogar schon zum Zeitpunkt des Arbeitsvertragsschlusses tarifgebunden war.[59] Bei den Beschäftigten dürfte es hingegen für die Anwendung des § 613a Abs. 1 Sätze 2-4 BGB ausreichen, wenn die normative Tarifbindung zum Zeitpunkt des Betriebsübergangs vorliegt.

Ist diese Grundbedingung erfüllt, sind folgende Alternativen denkbar: **107**

```
        Normative Tarifbindung
        und Betriebsübergang

  ┌──────────┬──────────────┬──────────┐
 Normative   Transformation  Ablösung
Weitergeltung § 613a Abs. 1
              Satz 2 BGB

              ┌───────────┬───────────┐
            gesetzlich    vertraglich
          § 613a Abs. 1  § 613a Abs. 1
           Satz 3 BGB     Satz 4 BGB
```

Dies bedeutet im Einzelnen: **108**

- Erstens können Tarifverträge unverändert kollektivrechtlich weiter gelten, wenn es bei der normativen Bindung beider Arbeitsvertragsparteien bleibt. Die Arbeitnehmer nehmen

---

[59] BAG v. 01.12.2004 - 4 AZR 50/04 - NZA 2005, 478, 479; vgl. dazu noch Rn. 261.

weiterhin an tariflichen Änderungen, insbesondere Entgelterhöhungen teil. Salopp gesagt bleibt dann „alles beim Alten".

- Zweitens können Tarifverträge gemäß § 613a Abs. 1 Satz 2 BGB in das Arbeitsverhältnis „transformiert" werden, d.h. sie werden so, wie sie im Zeitpunkt des Betriebsübergangs bestehen, zum Inhalt des Arbeitsverhältnisses (sog. statische Wirkung). Spätere Änderungen des Tarifvertrages berühren das Arbeitsverhältnis dann nicht, insbesondere kommen spätere Entgelterhöhungen den Arbeitnehmern nicht zu Gute. Schwierigkeiten kann es geben, wenn arbeitsvertraglich zusätzlich eine Bezugnahmeklausel vereinbart wurde (vgl. hierzu Rn. 246 ff.).

- Drittens können die vor dem Betriebsübergang für das übergehende Arbeitsverhältnis geltenden Tarifverträge ganz oder zum Teil durch andere Tarifverträge bzw. Tarifwerke abgelöst werden, d.h. auf das Arbeitsverhältnis finden nach dem Betriebsübergang andere Tarifverträge bzw. Tarifwerke Anwendung. Dies kann auf zwei Wegen geschehen: Entweder werden die vor dem Betriebsübergang auf das Arbeitsverhältnis anwendbaren tariflichen Regelungen über die gesetzliche Anordnung des § 613a Abs. 1 Satz 3 BGB abgelöst. Oder es kommt zu einem (Änderungs-)Vertrag zwischen den Arbeitsvertragsparteien, nach dem gemäß § 613a Abs. 1 Satz 4 BGB die einzelvertragliche Anwendbarkeit anderer Tarifverträge bzw. Tarifwerke vereinbart wird.

109 Hinweis:

Im **Arbeitnehmer-Mandat** kann demzufolge nur dann richtig beraten werden, wenn der Rechtsanwalt weiß, ob der bisherige und ggf. auch der neue Arbeitgeber tarifgebunden sind. Dies wird sich nicht zwingend aus dem nach § 2 NachwG zu erteilenden Hinweis auf die geltenden Tarifverträge ergeben, so dass ggf. ein Auskunftsanspruch vorab geltend gemacht werden muss. Ferner muss die im Arbeitsvertrag enthaltene Bezugnahmeklausel bzw. die bisherige Anwendung von Tarifverträgen im Betrieb erfragt werden. Welche weiteren Informationen benötigt werden, hängt dann von der jeweiligen Fallkonstellation ab.

2. Unveränderte kollektivrechtliche Weitergeltung

110 § 613a Abs. 1 Sätze 2-4 BGB haben nach allgemeiner Meinung eine sog. Auffangfunktion, d.h. sie greifen von vorneherein nicht ein, wenn die im Betrieb des Veräußerers normativ geltenden Tarifverträge auch für den Erwerber normative Wirkung entfalten. Für die Arbeitnehmer ändert sich in diesem Fall nichts.

111 Hinweis:

Es ist nicht möglich, mit dem Übernehmer eines Betriebes zu vereinbaren, dass dieser Mitglied des gleichen Arbeitgeberverbandes wie der bisherige Arbeitgeber wird; solche Vereinbarungen verstoßen gegen Art. 9 Abs. 3 Satz 2 GG.[60]

112 Zwischen folgenden Fallgestaltungen ist zu differenzieren:

a. Verbandstarifverträge

aa. Kraft Verbandsmitgliedschaft

113 Verbandstarifverträge gelten kraft Verbandsmitgliedschaft unverändert normativ weiter (d.h. es ändert sich letztlich nichts), wenn

---

[60] BAG v. 19.09.2006 - 1 ABR 2/06 - NZA 2007, 277-278; zur Unzulässigkeit eines darum geführten Streiks siehe BAG v. 10.12.2002 - 1 AZR 96/02 - NZA 2003, 734 ff.

- der Betrieb weiterhin in den fachlichen und räumlichen Geltungsbereich der einschlägigen Tarifverträge fällt und
- Veräußerer und Erwerber im gleichen tarifschließenden Arbeitgeberverband organisiert sind und
- die übergehenden Arbeitnehmer Mitglieder der tarifschließenden Gewerkschaft sind.

Beispiel: **114**

Ein Betrieb wird von seinem bisherigen tarifgebundenen Inhaber an seinen Konkurrenten veräußert, der Mitglied im gleichen Arbeitgeberverband und für den die gleiche Gewerkschaft tarifzuständig ist. Für die gewerkschaftsangehörigen Arbeitnehmer gelten die schon bisher normativ geltenden Tarifverträge unverändert normativ weiter.

In solchen Fallkonstellationen wirft auch die Rechtsstellung der nichtorganisierten Arbeitnehmer, **115** für die die einschlägigen Tarifverträge i.d.R. kraft einer arbeitsvertraglichen Bezugnahmeklausel gelten, keine Probleme auf, da ihre Arbeitsbedingungen denen ihrer organisierten Kollegen folgen.

Sonderfall: Umwandlungen nach dem UmwG: Häufig wird angenommen, dass Tarifver- **116** träge auch bei Umwandlungen von Unternehmen nach den Vorgaben des Umwandlungsgesetzes normativ weitergelten. Dies ist jedoch i.d.R. nicht der Fall.

Werden zwei Unternehmen verschmolzen und war der übertragende Rechtsträger Mitglied in **117** einem tarifschließenden Arbeitgeberverband, geht die Verbandsmitgliedschaft wegen § 38 BGB nicht auf den übernehmenden Rechtsträger über.[61] Damit ist der übernehmende Rechtsträger nicht an die für den übertragenden Rechtsträger normativ geltenden Tarifverträge gebunden, so dass bei Betriebsübergängen eine normative Weitergeltung dieser Tarifverträge nicht automatisch, sondern nur dann eintritt, wenn der übernehmende Rechtsträger Mitglied im gleichen Arbeitgeberverband wie der übertragende Rechtsträger wird.

Das Gleiche gilt für Spaltungen in jeder Form, d.h. der übernehmende Rechtsträger wird nicht **118** automatisch Mitglied des gleichen Arbeitgeberverbandes wie der übertragende Rechtsträger, so dass eine automatische normative Weitergeltung der Tarifverträge ausscheidet.[62]

Dagegen gelten Tarifverträge normativ weiter bei einem sog. Formwechsel, da die Verbands- **119** zugehörigkeit und damit die normative Bindung an die vom Verband abgeschlossenen Tarifverträge erhalten bleibt.[63]

bb. Kraft Allgemeinverbindlicherklärung

Tarifverträge, die für allgemeinverbindlich erklärt wurden, gelten nach einem Betriebsüber- **120** gang normativ weiter, wenn der Betrieb bzw. der Betriebsteil weiterhin in den fachlichen und räumlichen Geltungsbereich dieser Tarifverträge fällt. Umgekehrt ist also eine normative Weitergeltung eines für allgemeinverbindlich erklärten Tarifvertrages abzulehnen, wenn der Betrieb nach dem Betriebsübergang nicht mehr in den Geltungsbereich dieses Tarifvertrages fällt.[64]

---

[61] BAG v. 05.10.1993 - 3 AZR 586/92 - NZA 1994, 848, 849.

[62] *Willemsen/Hohenstatt/Schweibert/Seibt*, Umstrukturierung und Übertragung von Unternehmen, Teil E Rn. 98.

[63] *Willemsen/Hohenstatt/Schweibert/Seibt*, Umstrukturierung und Übertragung von Unternehmen, Teil E Rn. 103.

[64] BAG v. 05.10.1993 - 3 AZR 586/92 - AP Nr. 42 zu § 1 BetrAVG Zusatzversorgungskassen.

121 Dies bedeutet im Einzelnen:

- Ein für allgemeinverbindlich erklärter Tarifvertrag gilt insbesondere dann normativ weiter, wenn ein ganzer Betrieb auf einen neuen Inhaber übergeht und dieser den Betrieb im Wesentlichen unverändert fortführt, da sich dann i.d.R. der Betriebszweck nicht ändert.

- Wird hingegen der übernommene Betrieb in den Betrieb des Erwerbers eingegliedert, gilt der für allgemeinverbindlich erklärte Tarifvertrag nur dann normativ weiter, wenn auch der Betrieb des Erwerbers in den räumlichen und fachlichen Geltungsbereich des für allgemein verbindlich erklärten Tarifvertrages fällt.

122 Wird ein Betriebsteil übertragen, gelten für allgemeinverbindlich erklärte Tarifverträge nur in folgenden Fällen normativ weiter:

- Der übergegangene Betriebsteil wird in einen Betrieb eingegliedert, der ebenfalls unter den fachlichen und räumlichen Geltungsbereich der für allgemeinverbindlich erklärten Tarifverträge fällt.

- Der übertragene Betriebsteil wird verselbstständigt, also als eigenständiger Betrieb weitergeführt, und er fällt nach seinem (neuen) Betriebszweck immer noch unter die fachlichen und räumlichen Geltungsbereich der für allgemeinverbindlich erklärten Tarifverträge.

123 **Beispiel:**

> Ein Bauunternehmen überträgt sein Kerngeschäft an einen Erwerber und behält noch einige Betriebsteile, z.B. die Logistik. Der Erwerber ist ebenso an die für allgemeinverbindlich erklärten Bautarifverträge gebunden wie der Veräußerer.

124 Umgekehrt scheidet eine normative Weitergeltung des für allgemeinverbindlich erklärten Tarifvertrages aus, wenn der übergehende Betrieb oder Betriebsteil nach dem Betriebsübergang dem fachlichen Geltungsbereich eines anderen Tarifvertrages unterfällt.[65] In diesem Fall werden die Regelungen des für allgemeinverbindlich erklärten Tarifvertrages entweder gemäß § 613a Abs. 1 Satz 2 BGB in das Arbeitsverhältnis transformiert oder bei sog. kongruenter Tarifgebundenheit (vgl. Rn. 208 ff.) von einem beim Erwerber geltenden Tarifvertrag gemäß § 613a Abs. 1 Satz 3 BGB abgelöst.

125 **Beispiel:**

> Das o.g. Bauunternehmen behält sein Kerngeschäft und überträgt an einen Erwerber, der ein Transportunternehmen betreibt, den Betriebsteil Logistik. Der Erwerber gliedert den übernommenen Betriebsteil in seinen Betrieb ein.

b. Firmen- oder Haustarifverträge

126 Firmentarifverträge gehen bei einer Einzelrechtsnachfolge nicht automatisch auf den Erwerber bzw. den neuen Inhaber des Betriebes über, da der Eintritt in die Arbeitgeberstellung nicht zugleich die Tarifgebundenheit an einen vom Veräußerer geschlossenen Firmentarifvertrag begründen kann. Die Tarifgebundenheit des Arbeitgebers beruht nur auf seiner Stellung als Tarifvertragspartei, nicht auf der als Partei des Arbeitsvertrages.[66]

127 Eine normative Fortgeltung des Firmentarifvertrages kann daher nur auf zwei Wegen erreicht werden: Entweder vereinbart der Erwerber mit der tarifschließenden Gewerkschaft (ggf. unter Beteiligung des Veräußerers) den Eintritt bzw. die Übernahme des Firmentarifvertrages oder

---

[65] BAG v. 01.04.1987 - 4 AZR 77/86 - NZA 1987, 593 ff. zur Ausgliederung eines Restaurationsbetriebes aus einem Einzelhandelsunternehmen.

[66] BAG v. 20.06.2001 - 4 AZR 295/00 - NZA 2002, 517, 518 f.; BAG v. 29.08.2001 - 4 AZR 332/00 - NZA 2002, 513, 514 f.

er schließt mit der tarifzuständigen Gewerkschaft einen gleichlautenden Firmentarifvertrag. Im letzteren Fall wird – rein rechtlich gesehen – der frühere Firmentarifvertrag durch den neu abgeschlossenen gemäß § 613a Abs. 1 Satz 3 BGB abgelöst. Im Ergebnis besteht zwischen beiden Alternativen kein Unterschied.

Hinweis: 128

Es besteht keine gesetzliche Verpflichtung des Erwerbers, die normative Fortgeltung des mit dem Veräußerer abgeschlossenen Firmentarifvertrags herbeizuführen.

Besonderheiten gelten für die Fälle der Umwandlungen nach dem Umwandlungsgesetz, bei 129 denen Gesamtrechtsnachfolge eintritt:

Wird ein Betrieb im Wege der Gesamtrechtsnachfolge auf einen neuen Unternehmensträger 130 verschmolzen, tritt der Rechtsnachfolger des früheren Unternehmensträgers in dessen sämtliche Verbindlichkeiten ein, so dass auch ein Firmentarifvertrag übergeht. Nach der Rechtsprechung des Bundesarbeitsgerichts stellt bei einer Verschmelzung ein Firmentarifvertrag eine Verbindlichkeit i.S.v. § 20 Abs. 1 Nr. 1 UmwG dar.[67]

Beispiel: 131

Im Februar 1995 schloss die IG Metall mit der B-KG einen Firmentarifvertrag ab. Im April 1995 wurde die B-KG mit der B-Verwaltungs-GmbH auf die B-GmbH verschmolzen. Verschmelzungsstichtag war der 01.01.1995. Der mit der B-KG abgeschlossene Firmentarifvertrag ging gemäß § 20 Abs. 1 Nr. 1 UmwG im Wege der Gesamtrechtsnachfolge auf die B-GmbH über und hatte damit weiterhin normative Wirkung für die Arbeitsverhältnisse der übergegangenen Arbeitnehmer. § 613a Abs. 1 Sätze 2-4 BGB waren nicht anzuwenden.

Die normative Weitergeltung des vom übertragenden Rechtsträgers abgeschlossenen Firmen- 132 tarifvertrages dürfte dann keine Schwierigkeiten bereiten, wenn der Betrieb auf einen neu gegründeten Rechtsträger oder auf einen Rechtsträger übergeht, der bisher keine Arbeitnehmer beschäftigt hat. In der Literatur wird aber zu Recht darauf verwiesen, dass es erhebliche Probleme mit der normativen Weitergeltung von Firmentarifverträgen geben kann, wenn der übertragende Rechtsträger mit einem bereits bestehenden übernehmenden Rechtsträger verschmolzen wird, der seinerseits bereits Arbeitnehmer beschäftigt und vielleicht auch noch normativ an einen anderen (Firmen-)Tarifvertrag gebunden ist. Wenn dann auch noch zwei oder mehrere Betriebe zusammengeführt werden, kann kaum beurteilt werden, welche Tarifverträge auf die Arbeitnehmer des übernehmenden Rechtsträgers anzuwenden sind. Die Rechtslage ist derzeit unklar, da eine Entscheidung des Bundesarbeitsgerichts noch aussteht und im Schrifttum unterschiedliche Lösungen angeboten werden. Da eine Darstellung der verschiedenen Lösungsmöglichkeiten auch wegen der Unterschiedlichkeit der Sachverhalte den Rahmen der vorliegenden Ausarbeitung weit übersteigen würde, muss auf die einschlägige Spezialliteratur verwiesen werden.[68]

Ähnliche Probleme treten auf, wenn ein Unternehmen nach den Vorschriften des Umwand- 133 lungsgesetzes gespalten wird. Hier stellt sich ebenfalls die Frage, ob der übernehmende Rechtsträger an den vom übertragenden Rechtsträger abgeschlossenen Firmentarifvertrag gebunden ist. Die Rechtslage ist auch hier streitig. Richtigerweise wird man für den Fall, dass der übertragende Rechtsträger erhalten bleibt, also insbesondere bei einer Abspaltung oder Ausgliederung, davon ausgehen müssen, dass dessen Tarifbindung erhalten bleibt, während es hin-

---

[67] BAG v. 24.06.1998 - 4 AZR 208/97 - NZA 1998, 1346, 1347 f.

[68] Dazu nur *Willemsen/Hohenstatt/Schweibert/Seibt*, Umstrukturierung und Übertragung von Unternehmen, Teil E Rn. 76ff. m.w.N.

sichtlich der übernehmenden Rechtsträger darauf ankommt, ob ihnen diese Rechtsstellung im Spaltungs- und Übernahmevertrag bzw. im Spaltungsplan zugewiesen wird. Erlischt der übertragende Rechtsträger, insbesondere bei einer Aufspaltung, wird es ebenfalls auf die Regelung im Spaltungsplan ankommen.[69]

134 Die normative Weitergeltung eines Firmentarifvertrages, unerheblich, ob dies auf vertraglichem oder gesetzlichem Weg erreicht werden soll, soll dann nicht möglich sein, wenn der übertragene Betrieb bzw. Betriebsteil durch eine Änderung des Betriebszwecks aus dem Zuständigkeitsbereich der tarifschließenden Gewerkschaft hinausfällt.[70]

3. Transformation (§ 613a Abs. 1 Satz 2 BGB)

135 Scheidet eine normative Weitergeltung der bisherigen Tarifverträge aus, werden sie transformiert, d.h. sie verlieren ihre normative Wirkung (§ 4 Abs. 1 TVG) und werden zum Inhalt des Arbeitsverhältnisses, also zum Bestandteil der schuldrechtlichen Vereinbarung. Transformiert werden sämtliche Tarifbestimmungen, also nicht nur für den Arbeitnehmer günstige, sondern auch ungünstige Regelungen, wie z.B. tarifliche Ausschlussfristen.

136 Voraussetzungen und Umfang der Transformation richten sich nach folgenden Grundsätzen:

a. Tarifgebundenheit der Arbeitsvertragsparteien

137 Die Transformation nach § 613a Abs. 1 Satz 2 BGB setzt die beiderseitige Tarifgebundenheit der Arbeitsvertragsparteien vor dem bzw. zum Zeitpunkt des Betriebsübergang voraus.[71]

138 Es muss also zunächst der frühere Arbeitgeber tarifgebunden gewesen sein. Dies ist der Fall, wenn
- der frühere Arbeitgeber Mitglied eines tarifschließenden Arbeitgeberverbandes, also kraft Verbandszugehörigkeit tarifgebunden war oder
- der frühere Arbeitgeber zwar aus dem tarifschließenden Arbeitgeberverband ausgetreten, aber noch gemäß § 3 Abs. 3 TVG tarifgebunden ist[72] oder
- der frühere Arbeitgeber einen vom Erwerber nicht übernommenen Firmentarifvertrag abgeschlossen hat oder
- der Betrieb (bzw. Betriebsteil) in den räumlichen und fachlichen Geltungsbereich eines für allgemeinverbindlich erklärten Tarifvertrages fiel.

139 Auf Seiten der Arbeitnehmer, deren Arbeitsverhältnisse auf den Erwerber übergehen, ist (frühere) Tarifgebundenheit gegeben, wenn
- der Arbeitnehmer Mitglied der (früher) tarifzuständigen Gewerkschaft ist oder
- der Betrieb (bzw. Betriebsteil) in den räumlichen und fachlichen Geltungsbereich eines für allgemeinverbindlich erklärten Tarifvertrages fiel.

140 Eine Transformation scheidet für solche Arbeitnehmer aus, die erst nach dem Betriebsübergang vom Übernehmer neu eingestellt werden. Dies gilt auch dann, wenn sie Mitglied der (früher) tarifzuständigen Gewerkschaft sind. Sie können sich ferner nicht auf den arbeitsrechtlichen Gleichbehandlungsgrundsatz berufen, um die Geltung der (für die anderen Arbeitnehmer transformierten) Tarifverträge herbeizuführen.[73]

---

[69] So insgesamt *Willemsen/Hohenstatt/Schweibert/Seibt*, Umstrukturierung und Übertragung von Unternehmen, Teil E Rn. 91 ff.

[70] *Preis* in: ErfK, § 613a Rn. 109.

[71] BAG v. 04.03.1993 - 2 AZR 507/92 - NZA 1994, 260, 262.

[72] BAG v. 01.08.2001 - 4 AZR 82/00 - NZA 2002, 41, 42 (obiter).

[73] BAG v. 23.09.2003 - 1 ABR 35/02 - NZA 2004, 800, 804.

b. Geltung der Tarifnormen im Zeitpunkt des Betriebsübergangs

Transformiert werden nur Tarifnormen, die im Zeitpunkt des Betriebsübergangs „gelten", d.h.   141
nur Tarifverträge, die zu diesem Zeitpunkt in Kraft sind und normative Wirkung entfalten,
werden nach § 613a Abs. 1 Satz 2 BGB zum Inhalt der Arbeitsverhältnisse. Dies soll auch für
solche Tarifverträge bzw. Tarifnormen gelten, die erst nach dem Zeitpunkt des Betriebsübergangs wirksam werden.[74]

Beispiel: 142

1995 wird ein sog. Stufentarifvertrag vereinbart, nach dem die Entgelte zum 01.05.1995
und zum 01.05.1996 jeweils um einen bestimmten Prozentsatz steigen sollen. Der Betrieb eines tarifgebundenen Arbeitgebers geht am 01.08.1995 auf einen nicht tarifgebundenen Erwerber über. Die Arbeitnehmer haben nach § 613a Abs. 1 Satz 2 BGB ab dem
01.05.1996 einen Anspruch auf das höhere Entgelt.

Demgegenüber werden Tarifverträge, die erst nach dem Zeitpunkt des Betriebsübergangs ab-   143
geschlossen werden, grundsätzlich nicht transformiert. Dies gilt auch für Tarifverträge, die
rückwirkend wirksam werden, da die Rückwirkung nichts an der fehlenden Tarifbindung (des
Erwerbers) im Zeitpunkt des Tarifabschlusses ändert. Die Tarifvertragsparteien können ihre
Regelungsbefugnis nicht dadurch, dass sie die von ihnen geschaffenen Normen rückwirkend
in Kraft setzen, auf einen nicht tarifgebundenen Erwerber ausdehnen.[75] Dies soll auch dann
gelten, wenn der Veräußerer nach dem Zeitpunkt des Betriebsübergangs einen (Firmen-)Tarif-
vertrag abgeschlossen hat.[76]

Beispiel: 144

Arbeitnehmer A ist in einem Betrieb beschäftigt, der einem tarifgebundenen Arbeitgeber
gehört. Der einschlägige Entgelttarifvertrag wurde zum 30.04.2006 gekündigt. Am
15.05.2006 wird der Betrieb an einen nicht tarifgebundenen Erwerber veräußert. Am
20.05.2006 einigen sich die Tarifparteien auf einen neuen Entgelttarifvertrag, der rückwirkend zum 01.05.2006 gelten soll. A hat keinen Anspruch auf die tariflich vereinbarten Entgelterhöhungen.

c. Nachwirkende Tarifverträge

Tarifverträge, die nach ihrem Ablauf gemäß § 4 Abs. 5 TVG nachwirken, werden nach der   145
Rechtsprechung des Bundesarbeitsgerichts ebenfalls gemäß § 613a Abs. 1 Satz 2 BGB in das
Arbeitsverhältnis transformiert. Allerdings gilt die einjährige Verschlechterungssperre des
Satz 2 nicht, da § 4 Abs. 5 TVG, der eine jederzeitige Änderung auch zu Lasten der Arbeitneh-
mer gestattet, Vorrang hat.[77]

Hinweis: 146

In diesem Zusammenhang ist ergänzend zu beachten, dass nach der Rechtsprechung des
Bundesarbeitsgerichts Nachwirkung gemäß § 4 Abs. 5 TVG auch dann eintritt, wenn der
Arbeitgeber vorher nur noch gemäß § 3 Abs. 3 TVG[78] oder über eine Allgemeinverbind-
licherklärung gemäß § 5 TVG[79] tarifgebunden war.

---

[74] *Preis* in: ErfK, § 613a Rn. 113.
[75] BAG v. 13.09.1994 - 3 AZR 148/94 - NZA 1994, 740 f.
[76] LAG Brandenburg v. 10.03.1992 - 3 Sa 272/91 - DB 1992, 1145.
[77] BAG v. 01.08.2001 - 4 AZR 82/00 - NZA 2002, 41, 42 f.
[78] St. Rspr. seit BAG v. 18.03.1992 - 4 AZR 339/91 - NZA 1992, 700 ff.; zuletzt BAG v. 17.05.2000
      - 4 AZR 363/99 - NZA 2001, 453.
[79] BAG v. 25.10.2000 - 4 AZR 212/00 - NZA 2001, 1146 ff.

d. Umfang der Transformation

aa. Statische Verweisung

147 Bei der Transformation nach § 613a Abs. 1 Satz 2 BGB handelt es sich nach allgemeiner Auffassung um eine sog. statische Weitergeltung, d.h. die Tarifverträge werden ausschließlich mit dem Inhalt in das Arbeitsverhältnis transformiert, den sie zum Zeitpunkt des Betriebsübergangs hatten.[80] Spätere Änderungen dieser Tarifverträge ändern also an den Rechten und Pflichten der Arbeitsvertragsparteien nichts mehr. Insbesondere nehmen die Arbeitnehmer an tariflichen Entgelterhöhungen, die nach dem Zeitpunkt des Betriebsübergangs vereinbart werden, nicht mehr teil. Dies gilt auch bei rückwirkenden Entgelterhöhungen.[81]

148 **Beispiel:**

> Am 01.05.1998 veräußert ein tarifgebundener Arbeitgeber seinen Betrieb an einen nicht tarifgebundenen Erwerber. Die maßgebenden Entgelttarifverträge waren bereits zum 31.03.1998 gekündigt worden. Am 03.05.1998 vereinbaren die Tarifvertragsparteien eine zum 01.04.1998 rückwirkende Entgelterhöhung um 2,5%. Die Arbeitnehmer, deren Arbeitsverhältnisse zum 01.05.1998 auf den Erwerber übergegangen sind, können diese tarifliche Entgelterhöhung nicht verlangen, da zum Zeitpunkt des Betriebsübergangs keine Tarifbindung an den neuen Entgelttarifvertrag bestand.

149 Aber: Transformiert werden tarifliche Regelungen, die erst nach dem Betriebsübergang wirksam werden, aber zum Zeitpunkt des Betriebsübergangs bereits tariflich bindend vereinbart waren (vgl. Rn. 141).

150 **Beispiel:**

> Wird eine tarifvertraglich geregelte Jahressonderzahlung jeweils im Dezember eines Jahres fällig und geht ein Betrieb vor diesem Fälligkeitstermin auf einen nicht tarifgebundenen Erwerber über, haben die übergehenden Arbeitnehmer dennoch im Dezember Anspruch auf die Jahressonderzahlung.

151 Schwierig geworden ist die Beurteilung, ob die statische Fortwirkung von Tarifverträgen (bei Tarifgebundenheit des bisherigen Arbeitgebers) auch für nichtorganisierte Arbeitnehmer gilt, für die die in Rede stehenden Tarifverträge nur kraft einer Bezugnahmeklausel gelten. Nach der früheren Rechtsprechung des Bundesarbeitsgerichts waren Bezugnahmeklauseln in diesem Fall als sog. Gleichstellungsabreden auszulegen, die lediglich den Zweck verfolgen, nichtorganisierte und organisierten Arbeitnehmer gleich zu behandeln. Mit diesem Gleichstellungszweck wäre es nicht vereinbar, wenn die nichtorganisierten Arbeitnehmer besser gestellt würden als ihre organisierten Kollegen. Daher galt auch für sie, dass die einzelvertraglich geltenden tariflichen Bestimmungen nur in dem Zustand fortwirken, in dem sie zum Zeitpunkt des Betriebsübergangs bestanden haben.[82]

152 Dies hat sich zumindest zum Teil durch eine Kehrtwende in der Rechtsprechung des Bundesarbeitsgericht mit dem Urteil des 4. Senats vom 14.12.2005[83] geändert, da das Bundesarbeitsgericht die automatische Auslegung von Bezugnahmeklauseln als Gleichstellungsabreden nunmehr nur noch bei Arbeitsverträgen vornehmen will, die vor dem 31.12.2001 abgeschlossen wurden. Bei Arbeitsverträgen, die nach diesem Zeitpunkt, also ab dem 01.01.2002 abge-

---

[80] St. Rspr. seit BAG v. 13.11.1985 - 4 AZR 309/84 - NZA 1986, 422 ff.

[81] BAG v. 13.09.1994 - 3 AZR 148/94 - NZA 1995, 740, 741.

[82] BAG v. 21.08.2002 - 4 AZR 263/01 - NZA 2003, 442 ff.; BAG v. 24.11.1999 - 4 AZR 666/98 - NZA 2000, 435, 436.

[83] BAG v. 14.12.2005 - 4 AZR 536/04 - NZA 2006, 607 ff.

schlossen wurden, soll hingegen die Auslegung als Gleichstellungsabrede wohl nur noch dann möglich sein, wenn sich dies aus der Bezugnahmeklausel selbst mit hinreichender Deutlichkeit ergibt. Ist dies nicht der Fall, soll die Unklarheitenregel des § 305c Abs. 2 BGB mit der Folge eingreifen, dass sich jedenfalls nichtorganisierte Arbeitnehmer auf eine dynamische Weitergeltung der in Bezug genommenen Tarifverträge berufen können (dazu noch Rn. 246 ff.). Ungeklärt ist, ob dies nun auch auf organisierte Arbeitnehmer „durchschlägt", für die die Bezugnahmeklausel wegen der ohnehin gegebenen Tarifgebundenheit gemäß § 3 Abs. 1 TVG keinen selbstständigen Sinn hatte.

Hinweis: 153

Solange diese Frage nicht geklärt ist, sollte man beim **Arbeitnehmer-Mandat** jedenfalls bei unklaren Bezugnahmeklauseln in Arbeitsverträgen, die ab dem 01.01.2002 abgeschlossen wurden, sowohl für nichtorganisierte als auch für organisierte Arbeitnehmer von einer dynamischen Weitergeltung der in Bezug genommenen Tarifverträge ausgehen, jedoch mit einem organisierten Mandanten das entsprechende Klagerisiko erörtern. Es ist keine Lösung, dem Mandanten zum Gewerkschaftsaustritt vor dem Betriebsübergang zu raten, da dessen normative Tarifbindung gemäß § 3 Abs. 3 TVG weiter besteht!

Wie bereits angesprochen greift § 613a Abs. 1 Satz 2 BGB bzw. die statische Fortwirkung ta- 154
riflicher Regelungen nicht ein, wenn der bisherige Arbeitgeber nicht tarifgebunden war, die Geltung bestimmter Tarifverträge oder Tarifwerke mit den Arbeitnehmern also nur vertraglich vereinbart hatte, ohne normativ an diese Tarifverträge gebunden zu sein. Nach der Rechtsprechung des Bundesarbeitsgerichts gelten diese Tarifverträge nach dem Betriebsübergang dynamisch weiter.[84] Die übergegangenen Arbeitnehmer können sich also dem Erwerber gegenüber auf tarifliche Änderungen (insbesondere Entgelterhöhungen) nach dem Betriebsübergang berufen.

bb. Art der transformierten Tarifnormen

Nicht alle im Zeitpunkt des Betriebsübergangs geltenden Tarifnormen werden gemäß § 613a 155
Abs. 1 Satz 2 BGB in das Arbeitsverhältnis transformiert. Es besteht Einigkeit darüber, dass vor allem sog. Inhalts- und Beendigungsnormen Inhalt des Arbeitsverhältnisses werden. Streitig ist die Behandlung von Abschlussnormen (z.b. Einstellungsanspruch von Auszubildenden).
Betriebsverfassungsrechtliche Normen, also z.b. tarifliche Erweiterungen der betriebsverfas- 156
sungsrechtlichen Beteiligungsrechte, sollen nicht transformiert werden (zu den Problemen bei Betriebsvereinbarungen, die auf tariflichen Öffnungsklauseln beruhen, vgl. Rn. 394 ff.). Unklar ist die Rechtslage bei den sog. Betriebsnormen, die nach einer in der Literatur vertretenen Auffassung dann nach § 613a Abs. 1 Satz 2 BGB transformiert werden sollen, wenn sie zugleich den Inhalt der Arbeitsverhältnisse regeln und ihnen damit die Wirkung von Inhaltsnormen zukommt.[85]

Beispiel: 157

In einem Banken-Tarifvertrag ist geregelt, dass der 31.12. generell dienstfrei ist. Dies soll zwar eine Betriebsnorm sein[86], aber da die Regelung zugleich ein individuelles Recht der Beschäftigten enthält, werden sie ihren arbeitsfreien Tag wohl auch dann behalten, wenn ihre Arbeitsverhältnisse auf einen anderen, nicht an diesen Tarifvertrag gebundenen Arbeitgeber übergehen.

---

[84] BAG v. 25.09.2002 - 4 AZR 294/01 - NZA 2003, 807, 809.
[85] *Preis* in: ErfK, § 613a Rn. 114.
[86] BAG v. 07.11.1995 - 3 AZR 676/94 - NZA 1996, 1214 ff.

158 Regelungen über sog. gemeinsame Einrichtungen sollen nicht Inhalt der übergehenden Arbeitsverhältnisse werden, jedoch soll eine Haftung des Erwerbers nicht ausgeschlossen sein.[87] Letzteres ist wegen der Sozialkassen des Baugewerbes vor allem dann von praktischer Bedeutung, wenn ein Betrieb oder Betriebsteil des Baugewerbes übernommen wird; allerdings ist insoweit ungeklärt, ob der Erwerber selbst dann zur Abführung von Beiträgen an diese Sozialkassen verpflichtet ist, wenn er nicht unter den Geltungsbereich der einschlägigen und für allgemeinverbindlich erklärten Tarifverträge fällt. Dies ist m.E. abzulehnen, da eine entsprechende Beitragspflicht an die Zugehörigkeit zur Baubranche anknüpft.

159 Insgesamt wird man eine Transformation danach wohl immer dann annehmen müssen, wenn ein Tarifvertrag den Arbeitnehmern unmittelbar Rechte einräumt oder Pflichten auferlegt, wenn also m.a.W. eine individuelle tarifliche Rechtsposition einer der beiden Arbeitsvertragsparteien besteht.

160 Was diese Grundsätze im Einzelfall bedeuten, soll im folgenden für die wichtigsten Materien, die üblicherweise in Tarifverträgen geregelt werden, kurz dargestellt werden:
Transformierte Tarifnormen (Übersicht):
- Dauer der Arbeitszeit – ja
- Entgeltregelungen (Monatsentgelt, Zulagen, Sonderzahlungen etc.) – ja
- Mehr-, Spät-, Nacht-, Sonn-, Feiertagsarbeit, evtl. mit Zuschlägen – ja
- Kurzarbeit – ja, wenn individuelle Rechte
- Freistellung – ja
- Arbeitsverhinderung/Arbeitsunfähigkeit – ja
- Urlaub – ja
- Kündigungsregelungen – ja
- Ausschlussfristen – ja
- Übernahmeanspruch von Auszubildenden – ja
- Erweiterte Beteiligungsrechte des Betriebsrats – nein

161 **Arbeitszeitregelungen**: Arbeitszeitregelungen, die i.d.R. in Manteltarifverträgen enthalten sind, stellen sowohl was die Dauer als auch die Verteilung der (wöchentlichen) Arbeitszeit betrifft, Inhaltsnormen dar. Sie werden gemäß § 613a Abs. 1 Satz 2 BGB transformiert und bleiben damit unverändert. Werden die Arbeitnehmer in einen Betrieb des Übernehmers eingegliedert, in dem eine längere (tarifliche) Wochenarbeitszeit gilt, sind sie dort keine Teilzeitbeschäftigten i.S.d. § 2 TzBfG.[88]

162 **Arbeitsentgelt (einschließlich Entgeltrahmentarifverträgen)**: Tarifliche Entgeltregelungen werden vollständig transformiert, d.h. der Entgeltanspruch der übergehenden Arbeitnehmer bleibt in Höhe und Zusammensetzung unverändert. Ist tarifvertraglich neben der Zahlung des (monatlichen) Tarifentgelts die Zahlung tariflicher Zulagen oder Sonderleistungen des Arbeitgebers vorgesehen, sind diese nach dem Betriebsübergang weiter zu gewähren. Der Berechnungsmodus solcher Zulagen bleibt gleich.

163 **Beispiele:**

Ein tarifliches „Sterbegeld" für die Hinterbliebenen eines Beschäftigten in Höhe eines Monatsentgelts; eine Pauschale für Kontoführungsgebühren bei bargeldloser Entgeltzahlung; eine Schmutzzulage in Höhe von 2% des (tariflichen) Monatsentgelts.

---

[87] *Hanau/Vossen*, Festschrift für Hilger/Stumpf 1993, 291; *Raab* in: Soergel, § 613a Rn. 114; enger wohl *Müller-Glöge* in: MünchKomm-BGB, § 613a Rn. 135.

[88] BAG v. 14.03.2007 - 5 AZR 420/06 - NZA 2007, 862, 865.

Tarifliche Leistungsbestimmungsrechte des Arbeitgebers gehen ebenfalls auf den Übernehmer   164
über.

Beispiel: 165

Eine tarifliche Leistungszulage muss jährlich vom Arbeitgeber unter Beachtung bestimmter Beurteilungskriterien neu festgesetzt werden. Der Erwerber kann und muss
diese Verpflichtung wahrnehmen.

Haben die auf den Erwerber übergehenden Arbeitnehmer vor dem Betriebsübergang im Leis-   166
tungslohn gearbeitet, wird dies ebenfalls transformiert. Wurde für den übergehenden Betrieb
oder Betriebsteil Akkord- oder Prämienentlohnung vereinbart oder gelten Zielvereinbarungen
oder Provisionsregelungen, ändert sich hieran durch den Betriebsübergang nichts.

Transformierte tarifliche Entgeltstrukturen dürften trotz statischer Weitergeltung nach dem   167
Betriebsübergang weiterhin für die übergehenden Arbeitsverhältnisse maßgebend sein. Dies
wird vor allem dann relevant, wenn ein Arbeitnehmer nach dem Betriebsübergang die Tätigkeit wechselt. Derzeit ist noch ungeklärt, ob der Erwerber in diesem Fall verpflichtet bzw. berechtigt ist, den Arbeitnehmer in eine andere Tarifgruppe einzugruppieren also entweder das
entsprechend höhere Tarifentgelt zu zahlen oder – im umgekehrten Fall – bei einem Wechsel
in einen niedriger entlohnten Tätigkeitsbereich in die entsprechend niedrigere Tarifgruppe einzugruppieren, wobei im letzten Fall noch die Frage dazu kommt, ob der Erwerber die in den
meisten Tarifverträgen enthaltenen Verdienstsicherungsklauseln beachten muss.

Beispiele: 168

Arbeitnehmer A, dessen Arbeitsverhältnis am 01.01.2006 auf den Erwerber E übergegangen ist, soll zum 01.04.2006 auf einen Arbeitsplatz versetzt werden, der den Tätigkeitsmerkmalen einer niedrigeren Tarifgruppe entspricht. Kann oder muss E den A um-
gruppieren und dabei die tariflichen Verdienstsicherungsklauseln beachten? Muss der
Betriebsrat nach § 99 BetrVG beteiligt werden und hat dieser ggf. ein Zustimmungsverweigerungsrecht nach § 99 Abs. 2 Nr. 1 BetrVG?
Oder: Arbeitnehmer A, dessen Arbeitsverhältnis am 01.01.2006 auf den Erwerber E
übergegangen ist, soll zum 01.04.2006 auf einen Arbeitsplatz versetzt werden, der den
Tätigkeitsmerkmalen einer höheren Tarifgruppe entspricht. Hat A gegen E einen Anspruch auf Höhergruppierung und das entsprechend höhere Tarifentgelt? Wie sieht es
mit dem Beteiligungsrecht des Betriebsrats nach § 99 BetrVG aus?

Hinweis: 169

Im **Arbeitnehmer-Mandat** ist die (fehlende und ggf. mit Nichtwissen zu bestreitende)
Beteiligung des Betriebsrats vor allem bei Umgruppierungen in eine niedrigere Tarifgruppe wichtig, weil sie ohne Zustimmung des Betriebsrats nicht wirksam wird, dem
Mandanten folglich der Entgeltanspruch in der bisherigen Höhe zumindest bis zur Zustimmung durch den Betriebsrat erhalten bleibt.

Geht man davon aus, dass die tarifliche Entgeltstruktur insgesamt transformiert wird, dann ge-   170
hen die tariflichen Regelungen zur Eingruppierung der Arbeitnehmer auf den Erwerber über.
Dafür spricht, dass tarifliche Eingruppierungsregeln ganz überwiegend als Inhaltsnormen verstanden werden[89], die nach den oben dargestellten allgemeinen Regeln (vgl. Rn. 155) generell
gemäß § 613a Abs. 1 Satz 2 BGB transformiert werden sollen. Nimmt man den Gedanken
dazu, dass der Erwerber mit dem Einrücken in die Position des bisherigen Arbeitgebers durchweg die gleichen Rechte und Pflichten wie dieser hat, folgt daraus, dass tariflich relevante Än-

---

[89] *Schaub* in: ErfK, § 1 Rn. 93; *Wiedemann*, TVG, § 1 Rn. 367.

derungen des Tätigkeitsbereichs übergegangener Arbeitnehmer zu einer anderen Eingruppierung führen müssen, so dass in den oben genannten Beispielsfällen eine Umgruppierung erfolgen muss; beim Wechsel in eine niedrigere Tarifgruppe greifen ggf. – transformierte – Verdienstsicherungsklauseln ein.

171   Zwischenzeitlich, d.h. nach dem Betriebsübergang eingetretene Änderungen durch neu abgeschlossene Entgelt- bzw. Entgeltrahmentarifverträge[90] bleiben bei Umgruppierungen außer Betracht. Der Arbeitnehmer hat somit bei einer Höhergruppierung nur Anspruch auf das Tarifentgelt, das für diese Tarifgruppe im Zeitpunkt des Betriebsübergangs galt.

172   Vor diesem Hintergrund wird man des Weiteren davon ausgehen müssen, dass dem Betriebsrat bei entsprechenden Umgruppierungen bzw. Versetzungen das Beteiligungsrecht des § 99 BetrVG zusteht und er nach § 99 Abs. 2 Nr. 1 BetrVG der personellen Maßnahme widersprechen kann, wenn diese einen Verstoß gegen den transformierten (!) Tarifvertrag darstellen würde.

173   **Hinweise:**

> Dem Betriebsrat kann dieses Recht auch im Rahmen des ihm nach § 21a BetrVG zustehenden Übergangsmandats (dazu Kapitel 6 Rn. 8 ff.) zustehen. Dies kann vor allem bei der Ausgliederung und Übertragung von Betriebsteilen dazu führen, dass der Betriebsrat eines für den Erwerber fremden, nämlich des Veräußererbetriebes bei solchen personellen Maßnahmen zu beteiligen ist.

174   Da transformierte Tarifnormen ausschließlich für die Arbeitnehmer gelten, deren Arbeitsverhältnisse auf den Erwerber gemäß § 613a BGB übergegangen sind, fallen neu, d.h. nach dem Betriebsübergang eingestellte Arbeitnehmer nicht unter die transformierten tariflichen (Entgelt-)Regelungen. Der Unternehmer kann also mit neu eingestellten Arbeitnehmern andere Arbeitsbedingungen vereinbaren als mit den übergegangenen Arbeitnehmern; insbesondere ist die Vereinbarung eines niedrigeren Arbeitsentgelts möglich und zulässig. Auf den arbeitsrechtlichen Gleichbehandlungsgrundsatz können sich die neu eingestellten Arbeitnehmer nicht berufen, da die Entscheidung des Erwerbers, neu eingestellte Arbeitnehmer anders als übergegangene Arbeitnehmer zu entlohnen, eine unternehmerische Entscheidung ist, die den Sachgrund für die Ungleichbehandlung darstellt.[91] Fraglich ist allerdings, ob der Erwerber bei einer entsprechenden Neugestaltung der Entgeltstrukturen den Betriebsrat – eventuell sogar im Rahmen des Übergangsmandats! – nach § 87 Abs. 1 Nr. 10 BetrVG beteiligen muss. Dies scheidet allerdings von vornherein dann aus, wenn der Erwerber seinerseits tarifgebunden ist und andere tarifliche Regelungen als die transformierten auf die neu eingestellten Arbeitnehmer anwendet. Dann greift die Sperre des § 87 Abs. 1 Eingangssatz BetrVG ein. Ist der Erwerber jedoch nicht tarifgebunden, könnte man in Anlehnung an die Entscheidung des Bundesarbeitsgerichts vom 02.03.2004[92] daran denken, in den neuen Arbeitsbedingungen für neu eingestellte Arbeitnehmer eine mitbestimmungspflichtige Änderung der betrieblichen Vergütungsordnung zu sehen, also eine niedrigere Entlohnung als unwirksam an der Theorie der Wirksamkeitsvoraussetzung scheitern zu lassen und den Arbeitnehmern damit ein höheres Entgelt zuzusprechen. Ob diese Entscheidung, die die Nachwirkung bzw. den Nachwirkungszeitraum von Tarifverträgen betrifft, auf die Fälle des § 613a BGB übertragbar ist, ist zweifel-

---

[90]   Zu Tarifnormen, die vor dem Betriebsübergang abgeschlossen wurden, ihre Wirksamkeit aber erst danach entfalten, insbesondere zu sog. Stufentarifverträgen vgl. bereits Rn. 141 f.

[91]   So, wenn auch in anderem Zusammenhang, BAG v. 02.03.2004 - 1 AZR 271/03 - NZA 2004, 852, 854 sowie BAG v. 25.09.2002 - 4 AZR 294/01 - NZA 2003, 807, 809.

[92]   BAG v. 02.03.2004 - 1 AZR 271/03 - NZA 2004, 852 ff.; dazu jetzt auch BAG v. 22.03.2005 - 1 ABR 64/03 - NZA 2006, 383, 388.

haft, da die Transformation von Tarifverträgen von deren Nachwirkung deutlich zu trennen ist. § 613a BGB will nur die Arbeitsverhältnisse der übergehenden Arbeitnehmer schützen und den Übernehmer nicht hinsichtlich der nach dem Betriebsübergang eingestellten Arbeitnehmer an Tarifverträge binden, die ursprünglich nur für den bisherigen Arbeitgeber galten. Ebenso fraglich ist, ob eine eventuelle Verletzung der Beteiligungsrechte des Betriebsrats tatsächlich zu höheren Entgeltansprüchen neu eingestellter Arbeitnehmer führen kann. Klarheit für die Praxis wird indes in beiden Punkten erst eine höchstrichterliche Entscheidung bringen.

Hinweis: 175

Will ein nicht tarifgebundener Übernehmer diese Risiken vermeiden, sollte beim **Arbeitgeber-Mandat** empfohlen werden, mit dem Betriebsrat eine neue Vergütungsordnung im Rahmen des Mitbestimmungsrechts nach § 87 Abs. 1 Nr. 10 BetrVG zumindest für die neu eingestellten Arbeitnehmer zu vereinbaren. Da für die aus § 87 Abs. 1 BetrVG folgenden Mitbestimmungsrechte nur die Regelungssperre des § 87 Abs. 1 Eingangssatz BetrVG eingreift[93], kann eine solche Betriebsvereinbarung nicht an § 77 Abs. 3 BetrVG scheitern.

Für den Übernehmer eines Betriebes oder Betriebsteils stellt sich ferner oft die Frage, ob und 176 wenn ja, wie er für die übergegangenen Arbeitsverhältnisse die transformierten tariflichen Entgeltstrukturen ändern kann. Im Bereich der Leistungsentlohnung wird dies häufig über eine Betriebsvereinbarung im Rahmen des § 87 Abs. 1 Nr. 10 oder 11 BetrVG möglich sein. Wird ein übernommener Betrieb oder Betriebsteil in den Betrieb des Erwerbers eingegliedert, gilt diese Betriebsvereinbarung gemäß § 77 Abs. 4 BetrVG auch für die übergehenden Arbeitnehmer. Sie löst dann die transformierten tariflichen Regelungen ab (vgl. allgemein hierzu Rn. 232 ff.). Beruht jedoch das Leistungslohnsystem beim Übernehmer auf einer tariflichen Rechtsgrundlage, kommt dieser nur im Falle des § 613a Abs. 1 Satz 3 BGB ablösende Wirkung für die Arbeitsverhältnisse der übergehenden Arbeitnehmer zu; das setzt jedoch das Vorliegen sog. kongruenter Tarifgebundenheit voraus (vgl. Rn. 208 ff.). Fehlt es daran, hat der Übernehmer nur die Möglichkeit, mit den Arbeitnehmern gem. § 613a Abs. 1 Satz 4 BGB die Geltung des anderen Tarifwerks einzelvertraglich zu vereinbaren oder eine entsprechende Änderungskündigung (§ 2 KSchG) auszusprechen, für die jedoch ein Kündigungsgrund vorliegen muss und die mit erheblichen Risiken verbunden ist.

Mehrarbeit, Spät-, Sonntags- und Feiertagsarbeit, Nachtarbeit (einschließlich Vergü- 177 **tungszuschläge):** Transformiert werden sämtliche tariflichen Regelungen zu Mehrarbeit, Spät-, Sonntags- und Feiertagsarbeit sowie Nachtarbeit. Dies hat für den Erwerber zunächst zur Folge, dass er tariflich geregelte Beschränkungen des arbeitgeberseitigen Direktionsrechts in Bezug auf die Anordnung von Mehrarbeit sowie der anderen Arbeitszeiten gegen sich gelten lassen muss.

Hinweis: 178

Wegen des zwingenden Mitbestimmungsrechts des Betriebsrats bei der Anordnung von Mehrarbeit (§ 87 Abs. 1 Nr. 3 BetrVG) wird in diesen Fällen häufig die Frage relevant, ob Betriebsvereinbarungen die transformierten tariflichen Bestimmungen verdrängen (vgl. hierzu Rn. 232 ff.).

In das Arbeitsverhältnis transformiert werden des Weiteren die tariflichen Entgeltregelungen, 179 die sich auf Mehrarbeit und die anderen genannten Arbeitszeiten beziehen. Insbesondere sind die i.d.R. tariflich geregelten Zuschläge für diese Tätigkeiten weiter zu zahlen und nach den

---

[93] Vorrangtheorie, vom BAG vertreten seit BAG v. 18.04.1989 - 1 ABR 100/87 - NZA 1989, 887 ff. im Gegensatz zur sog. Zweischrankentheorie, vgl. dazu nur *Lieb/Jacobs*, Arbeitsrecht, Rn. 781 ff.

einschlägigen tariflichen Regelungen zu berechnen; dies allerdings wegen der nur statisch wirkenden Transformation auf der Grundlage der zum Zeitpunkt des Betriebsübergangs geltenden Tarifentgelte.

180 Beispiel:

Regelt der Tarifvertrag einen Mehrarbeitszuschlag von 10% pro Arbeitsstunde, ändert der Betriebsübergang hieran nichts. Wenn der einschlägige Entgelttarifvertrag nach Betriebsübergang geändert, also z.b. die Tarifentgelte von 10 € auf 10,50 € pro Stunde erhöht werden, ändert sich ebenfalls nichts. Der Mehrarbeitszuschlag von 10% beträgt weiterhin 1 €, da nur ein Anspruch auf ein Stundenentgelt von 10 € besteht.

181 Kurzarbeitsklauseln: Unklarer ist die Rechtslage bei tariflichen Kurzarbeitsklauseln. Soweit sie Voraussetzungen und Umfang der Kurzarbeit selbst regeln, wird man sie als Inhaltsnorm qualifizieren müssen, so dass die entsprechenden tariflichen Regelungen (z.b. Voraussetzungen für Anordnung von Kurzarbeit, Ankündigungsfrist) transformiert werden. Schwieriger sind tarifliche Regelungen zu beurteilen, die (auch) Vorgaben an die gem. § 87 Abs. 1 Nr. 3 BetrVG abzuschließenden Betriebsvereinbarungen über Kurzarbeit enthalten. Sie dürften eher als betriebsverfassungsrechtliche Normen i.S.v. § 1 Abs. 1 TVG einzuordnen sein, die nicht transformiert werden (vgl. Rn. 156). Soweit allerdings die einschlägige tarifliche Regelung den einzelnen Arbeitnehmern Rechtspositionen einräumt, dürften diese transformiert werden.

182 Beispiel:

Werden die Betriebsparteien durch eine tarifliche Regelung ermächtigt, in bestimmtem Rahmen Betriebsvereinbarungen über Kurzarbeit abzuschließen, und enthält der Tarifvertrag die Vorgabe, dass ein Mindestzuschuss in einer bestimmten Höhe zu zahlen ist, wird die Ermächtigung wohl nicht transformiert, wohl aber die Regelung zur Höhe des Zuschusses.

183 Bezahlte Freistellung (Konkretisierungen des § 616 BGB): Die meisten Tarifverträge enthalten Regelungen zur bezahlten Arbeitsfreistellung, die die Vorschrift des § 616 BGB abschließend konkretisieren. Da den Arbeitnehmern mit diesen Regelungen ein Anspruch auf bezahlte Arbeitsfreistellung eingeräumt wird, zählen diese Tarifnormen zu den nach § 613a Abs. 1 Satz 2 BGB transformierten Rechten und Pflichten.

184 Arbeitsverhinderung, insbesondere Arbeitsunfähigkeit: Tarifliche Regelungen zur Arbeitsverhinderung und vor allem zur Entgeltfortzahlung im Krankheitsfall werden durchweg transformiert. Ist also eine längere Entgeltfortzahlungsdauer als im EFZG vorgesehen tariflich vereinbart, gilt dies nach Betriebsübergang weiter.

185 Transformiert werden tarifliche Regelungen, die auf der Grundlage des § 4 Abs. 4 EFZG eine vom Gesetz abweichende Bemessungsgrundlage für die Berechnung des fortzuzahlenden Arbeitsentgelts vorsehen, da diese Regelungen Inhaltsnormen sind.

186 Urlaubsregelungen: Tarifliche Urlaubsregelungen werden vollumfänglich transformiert. Der Übernehmer muss die tariflich geregelten Urlaubstage gewähren, Urlaubsentgelt auf der tariflichen Bemessungsgrundlage berechnen und ein etwaiges tarifliches Urlaubsgeld zahlen. Sollte eine tarifliche Urlaubsregelung zu Ungunsten der Arbeitnehmer vom BUrlG abweichen, wird auch dies Inhalt der übergehenden Arbeitsverhältnisse. Transformiert wird nicht nur das, was für die Arbeitnehmer günstiger ist.

Hinweis: 187

Ergänzend ist beim **Arbeitnehmer-** und beim **Arbeitgeber-Mandat** gerade beim Urlaub darauf zu achten, dass sich hier häufig betriebliche Übungen entwickeln, wie z.b. die Übertragbarkeit des Urlaubs über den 31.3. des Folgejahres hinaus (vgl. allgemein hierzu Rn. 35 ff.). Diese bleiben neben den transformierten tariflichen Regelungen bestehen.

Verdienstsicherung: Sog. Verdienstsicherungsklauseln, die vor allem älteren Beschäftigten 188 bei Um- bzw. Versetzungen auf geringer entlohnte Arbeitsplätze zumindest für einen gewissen Zeitraum die Höhe des bisherigen Verdienstes sichern,[94] werden als Inhaltsnormen ebenfalls transformiert. Dies betrifft nicht nur die Arbeitnehmer, die im Zeitpunkt des Betriebsübergangs bereits auf dieser Grundlage ein höheres (Tarif-)Entgelt beziehen als ihrer Eingruppierung entspricht, sondern auch künftige Fälle. d.h. ein Arbeitnehmer, der nach Betriebsübergang von einer Umgruppierung in eine niedrigere Tarifgruppe betroffen ist und bei dem die Voraussetzungen für das Eingreifen der Verdienstsicherungsklausel erfüllt sind, kann sich auf diese Klausel berufen.

Kündigungs-/Beendigungsregelungen: Kündigungsregelungen, sog. Beendigungsnormen, 189 die die individuelle Rechtsstellung der Beschäftigten bei Beendigung des Arbeitsverhältnisses regeln, werden transformiert. Ob sie für den Arbeitnehmer günstiger sind als die gesetzliche Regelung, ist unerheblich.

Beispiel: 190

Der einschlägige Manteltarifvertrag enthält für gewerbliche Beschäftigte eine Kündigungsfrist von zwei Wochen. Dies gilt nach Betriebsübergang weiter, obwohl die Regelung des § 622 BGB für den Arbeitnehmer günstiger ist.

Erfasst werden des Weiteren andere kündigungsrechtliche Tarifnormen, wie z.b. Unkündbar- 191 keitsklauseln[95] oder Abfindungsansprüche.

Ausschlussfristen: Tarifliche Ausschlussfristen werden ebenfalls ohne Rücksicht darauf 192 transformiert, ob sie für den Arbeitnehmer ungünstiger sind oder nicht.

Hinweis: 193

Der bisherige und der neue Arbeitgeber können sich allerdings nur dann auf tarifliche Ausschlussfristen berufen, wenn der Arbeitsvertrag – entsprechend den Vorgaben des § 2 NachwG – zumindest einen Hinweis auf den Tarifvertrag enthält, in dem die Ausschlussfrist geregelt ist.[96]

Übernahme von Auszubildenden: Einige Tarifverträge enthalten die arbeitgeberseitige Ver- 194 pflichtung, Auszubildende nach Abschluss ihrer Ausbildung zumindest für einige Zeit (sechs bis zwölf Monate) in ein befristetes Arbeitsverhältnis zu übernehmen.[97] Zum Teil steht dies unter dem Vorbehalt, dass betriebliche Gründe dem nicht entgegenstehen (sog. Überforderungsklauseln).

---

[94] Ihre Vereinbarkeit mit dem im AGG enthalten Verbot der Benachteiligung wegen des Alters steht derzeit in der Diskussion, vgl. nur *Nicolai*, Das Allgemeine Gleichbehandlungsgesetz, Rn. 319.

[95] Auch deren Vereinbarkeit mit dem Verbot der Benachteiligung wegen des Lebensalters steht zurzeit in der Diskussion, dazu nur *Nicolai*, Das Allgemeine Gleichbehandlungsgesetz, Rn. 336 f.

[96] Zu den entsprechenden Anforderungen des § 2 NachwG vgl. BAG v. 17.04.2002 - 5 AZR 89/01 - NZA 2002, 1096, 1098.

[97] Zur dann zulässigen Sachgrundbefristung nach § 14 Abs. 1 Nr. 2 TzBfG vgl. BAG v. 14.10.1997 - 7 AZR 298/96 - NZA 1998, 775, 776.

195　Ob solche Übernahmeregelungen transformiert werden, ist unklar. Sie zählen zu den sog. Abschlussnormen, die nach einer zum Teil vertretenen Auffassung nicht transformiert werden (vgl. hierzu Rn. 155). Für eine Transformation spricht demgegenüber, dass individuelle Rechtspositionen der Auszubildenden begründet werden; falls man daher von einem Übernahmerecht nach Betriebsübergang ausgeht, darf sich der Übernehmer jedoch auch auf tarifliche Beschränkungen dieses Anspruchs, z.B. auf Überforderungsklauseln berufen.

196　**Altersteilzeit**: Altersteilzeitregelungen werden transformiert, d.h. die Beschäftigten behalten zum einen einen tarifvertraglich geregelten Anspruch auf Altersteilzeit, wobei sich der Übernehmer m.E. auch auf eine Überforderungsklausel berufen kann. Zum andern werden die tarifvertraglichen Bestimmungen, die den Inhalt des Altersteilzeitarbeitsverhältnisses regeln, ebenfalls transformiert (vgl. eingehend hierzu Kapitel 5 Rn. 51 ff.).

197　**Betriebsverfassungsrechtliche Regelungen**: Betriebsverfassungsrechtliche Normen, zu denen auch tarifliche Vereinbarungen gemäß § 3 TVG zählen, werden nicht nach § 613a Abs. 1 Satz 2 BGB transformiert, weil sie keinen Bezug zum individuellen Arbeitsverhältnis haben. Zu der Frage, ob sie weiter gelten, wenn ein Unternehmen mit mehreren Betrieben übertragen wird, vgl. Kapitel 6 Rn. 61 ff.

198　Nicht transformiert werden tarifliche Regelungen, mit denen die Beteiligungsrechte des Betriebsrats erweitert werden. Nach dem Betriebsübergang stehen dem Betriebsrat (ggf. im Rahmen seines Übergangsmandats) daher nur noch die gesetzlich geregelten Beteiligungsrechte zu. Zur Frage der Weitergeltung von Betriebsvereinbarungen auf der Grundlage tariflicher Öffnungsklauseln vgl. Rn. 394 ff.

e. Die Verschlechterungssperre des § 613a Abs. 1 Satz 2 BGB

199　Nur für transformierte Tarifnormen gilt die in § 613a Abs. 1 Satz 2 BGB enthaltene sog. Verschlechterungssperre, die Änderungen dieser transformierten Tarifnormen zu Ungunsten der Arbeitnehmer für die Dauer eines Jahres verbietet.

200　**Hinweise:**

　　Die Verschlechterungssperre gilt nicht für Tarifverträge oder Tarifnormen, die allein kraft vertraglicher Bezugnahme gelten und somit nach § 613a Abs. 1 Satz 1 BGB weiterhin Inhalt des Arbeitsverhältnisses bleiben (vgl. hierzu Rn. 248). Es scheint des Weiteren ein unausrottbarer Irrtum zu sein, die einjährige Verschlechterungssperre verbiete die Änderung aller Arbeitsbedingungen und schließe sogar Kündigungen innerhalb der Jahresfrist aus. Beides ist schlicht falsch. Insbesondere beim **Arbeitnehmer-Mandat** sollte frühzeitig auf dieses Missverständnis hingewiesen werden.

201　Die einjährige Verschlechterungssperre stellt nach wohl allg. M. ein gesetzliches Verbot i.S.d. § 134 BGB dar.[98] Dies hat zur Folge, dass arbeitsvertragliche Vereinbarungen, die die transformierten tariflichen Rechtspositionen der übergehenden Arbeitnehmer verschlechtern, nichtig sind, auch wenn die Beschäftigten freiwillig eine solche Vereinbarung abgeschlossen haben.

202　**Hinweis:**

　　Ist eine entsprechende Verschlechterung Teil eines „Gesamtpakets", das auch für die Beschäftigten günstigere Regelungen enthält, stellt sich die Frage, ob die Vereinbarung ganz oder nur teilweise (in Bezug auf die verschlechternden Vereinbarungen) nichtig ist. Im Regelfall wird man gemäß § 139 BGB wohl von der Unwirksamkeit der gesamten Vereinbarung ausgehen müssen.

---

[98]　Vgl. nur *Preis* in: ErfK, § 613a Rn. 115.

§ 613a Abs. 1 Satz 2 BGB gilt des Weiteren für Änderungskündigungen, selbst wenn ein Kün- **203**
digungsgrund i.S.d. §§ 1, 2 KSchG vorliegen sollte. Falls ein Grund für eine Änderungskündigung vorliegt, ist derzeit noch ungeklärt, ob der Übernehmer eine solche erst nach Ablauf
der Jahresfrist oder bereits vor Ablauf der Jahresfrist mit einer Kündigungsfrist zum Ablauf
des Einjahreszeitraumes aussprechen darf. M.E. gilt letzteres, da es Ziel der gesetzlichen Regelung ist, den Beschäftigten für die Dauer eines Jahres die bislang kollektiv bzw. tariflich geregelten Arbeitsbedingungen zu erhalten und dieses Ziel wird erreicht, wenn eine Änderungskündigung erst nach Ablauf der Jahresfrist wirksam werden soll. Im Übrigen wäre auch eine
abändernde/verschlechternde arbeitsvertragliche Vereinbarung am Tag nach Ablauf der Jahresfrist möglich und zulässig; dann muss eine Änderungskündigung ebenfalls auf diesen Tag
gerichtet sein können.

Beispiel: **204**

> Ein Betrieb wird zum 01.01.2006 von einem Erwerber übernommen. Er will die trans-
> formierten tariflichen Arbeitsbedingungen so schnell wie möglich qua Änderungskündi-
> gung ändern. Nach der hier vertretenen Auffassung kann er bereits vor dem 01.01.2007
> eine Änderungskündigung mit einer Kündigungsfrist zum 31.12.2006 aussprechen. Er-
> folgsaussichten werden diese Änderungskündigungen jedoch nur haben, wenn der Über-
> nehmer einen Kündigungsgrund nachweisen kann.

Die einzige Möglichkeit, vor Ablauf der einjährigen Verschlechterungssperre die tariflich **205**
transformierten Arbeitsbedingungen zu ändern, besteht damit gem. § 613a Abs. 1 Satz 4 BGB
darin, die Geltung eines anderen Tarifvertrages bzw. Tarifwerkes zu vereinbaren. Allerdings
muss der Betrieb des Übernehmers dann in den fachlichen Geltungsbereich dieses Tarifvertrages fallen (vgl. hierzu Rn. 238).

4. Ablösung gemäß § 613a Abs. 1 Satz 3 BGB

Viele (vergebliche) Hoffnungen von Erwerbern werden erfahrungsgemäß auf § 613a Abs. 1 **206**
Satz 3 BGB gesetzt, nach dem eine Transformation der beim früheren Arbeitgeber geltenden
Tarifverträge ausscheidet, wenn beim Übernehmer des Betriebes bzw. Betriebsteiles ein anderer Tarifvertrag „gilt". In diesem Fall sind nur noch die beim Übernehmer geltenden tariflichen
Regelungen für die übergehenden Arbeitsverhältnisse maßgebend und zwar unabhängig davon, ob sie für den Arbeitnehmer günstiger sind oder nicht.[99] Unerheblich ist es, ob der ablösende Tarifvertrag bereits zum Zeitpunkt des Betriebsübergangs wirksam war. Er kann auch
nach dem Betriebsübergang abgeschlossen werden.[100] Im letzteren Fall wird der – bisher transformierte – Tarifvertrag in dem Zeitpunkt abgelöst, in dem der neue Tarifvertrag in Kraft tritt.

---

[99] BAG v. 16.05.1995 - 3 AZR 535/94 - NZA 1995, 1166 ff.
[100] BAG v. 20.04.1994 - 4 AZR 342/93 - NZA 1994, 1140, 1142.

207   Entgegen dem ersten Anschein tritt eine solche Ablösung nach Satz 3 jedoch nur unter den folgend dargestellten engen Voraussetzungen ein:

a. Kongruente Tarifgebundenheit

208   Die Ablösung eines beim Veräußerer geltenden Tarifvertrages durch einen beim Erwerber geltenden Tarifvertrag setzt nach der inzwischen gefestigten Rechtsprechung des Bundesarbeitsgerichts die sog. kongruente Tarifgebundenheit der beiden Arbeitsvertragsparteien voraus.[101] Es reicht somit für eine Ablösung nach Satz 3 nicht aus, wenn der Erwerber tarifgebunden ist, sondern es muss vor allem der übergehende Arbeitnehmer Mitglied der Gewerkschaft sein, die den für den Betrieb des Erwerbers geltenden Tarifvertrag abgeschlossen hat. Eine Ablösung kommt also immer dann in Betracht, wenn sowohl dem früheren als auch dem neuen Arbeitgeber die gleiche Gewerkschaft „gegenübersteht".

209   Umgekehrt wird eine Ablösung i.d.R. ausscheiden, wenn für den Betrieb des Erwerbers eine andere Gewerkschaft tarifzuständig ist, da in diesem Fall eine kongruente Tarifgebundenheit regelmäßig nicht vorliegen wird. Es reicht nicht für die kongruente Tarifgebundenheit aus, wenn beide Gewerkschaften dem DGB angehören.

210   **Beispiel:**

Ist der bisherige Arbeitgeber an die Metalltarifverträge gebunden und überträgt er einen Betriebsteil auf einen Erwerber, für den die Chemie-Tarifverträge gelten, liegt keine kongruente Tarifgebundenheit vor.

211   Ausreichend ist jedoch die Zugehörigkeit zu einer branchenübergreifenden Gewerkschaft, wie z.B. Ver.di.[102]

212   **Beispiel:**

Wird ein Betriebsteil, für den bisher die mit der früheren IG Medien geschlossenen (Druck-)Tarifverträge galten, in einen Betrieb eingegliedert, in dem die mit der früheren ÖTV abgeschlossenen Speditionstarifverträge gelten, liegt kongruente Tarifgebundenheit vor.[103]

213   Von der Arbeitgeberseite aus gesehen setzt die Ablösung nach § 613a Abs. 1 Satz 3 BGB zunächst voraus, dass der frühere Arbeitgeber tarifgebunden war. Wenn also in einem Betrieb die fachlich und räumlich einschlägigen Tarifverträge ausschließlich qua Bezugnahmeklausel galten, der frühere Arbeitgeber also nicht tarifgebunden war, greift § 613a Abs. 1 Satz 3 BGB

---

[101] BAG v. 30.08.2000 - 4 AZR 581/99 - NZA 2001, 510, 512; BAG v. 21.02.2001 - 4 AZR 18/00 - NZA 2001, 1318, 1319 ff.
[102] BAG v. 11.05.2005 - 4 AZR 315/04 - DB 2005, 2141 = BB 2005, 2467.
[103] BAG v. 11.05.2005 - 4 AZR 315/04 - DB 2005, 2141.

selbst dann nicht ein, wenn der Übernehmer tarifgebunden ist oder gar kongruente Tarifgebundenheit vorliegt.[104] Sind die einzelvertraglich vereinbarten Tarifverträge für den Arbeitnehmer günstiger, soll das Günstigkeitsprinzip sogar dann gelten, wenn beim Erwerber ein für allgemeinverbindlich erklärter Tarifvertrag angewendet werden muss, das in Bezug genommene Tarifwerk aber in der Gesamtschau für den Arbeitnehmer günstiger ist.[105]

Ebenso scheidet eine Anwendung des § 613a Abs. 1 Satz 3 BGB dann aus, wenn der Erwerber **214** nicht tarifgebunden ist. Wendet er die für seinen Betrieb einschlägigen Tarifverträge also ausschließlich kraft arbeitsvertraglicher Bezugnahmeklauseln an, kann er sich nicht auf die ablösende Wirkung dieser Tarifverträge berufen. Dies soll wohl nach der Rechtsprechung des Bundesarbeitsgerichts auch dann gelten, wenn die Arbeitsverträge der übergehenden Arbeitnehmer eine große Bezugnahme- bzw. Tarifwechselklausel enthalten, da diese Klausel regelmäßig die Tarifgebundenheit des Arbeitgebers voraussetzt.[106]

Hinweis: **215**

Eine (große) Bezugnahmeklausel bleibt daher letztlich ohne jede Wirkung, wenn der Erwerber nicht (normativ) tarifgebunden ist.

Schwierig ist die Situation wiederum für die nichtorganisierten Arbeitnehmer zu beurteilen. **216** Für sie greift § 613a Abs. 1 Satz 3 BGB nicht ein. Allerdings sollen die (Verbands-)Tarifverträge, an die der Erwerber normativ (!) gebunden ist, auch dann für die übergehenden Arbeitnehmer gelten, wenn ihr Arbeitsvertrag eine sog. große Bezugnahme- oder Tarifwechselklausel enthält.[107] Offen ist derzeit noch, ob dies auch dann gilt, wenn die Arbeitsverträge der übergehenden Arbeitnehmer lediglich eine „kleine" Bezugnahmeklausel (auf bestimmte, namentlich benannte Tarifverträge oder Tarifwerke) enthalten. Im Schrifttum wird insoweit – m.E. zu Recht – für eine analoge Anwendung des § 613a Abs. 1 Satz 3 BGB plädiert, da ansonsten die nichtorganisierten Arbeitnehmer anders als die organisierten Arbeitnehmer behandelt werden. Das Bundesarbeitsgericht scheint allerdings eher der Ansicht zuzuneigen, eine Anwendung der beim Erwerber normativ geltenden Tarifverträge auf nichtorganisierte Arbeitnehmer nur bei Vorliegen einer Tarifwechselklausel für zulässig zu halten.[108] Wenn man allerdings bei Vorliegen einer kleinen Bezugnahmeklausel eine Anwendung der beim Erwerber normativ geltenden Tarifverträge auf die Arbeitsverhältnisse nichtorganisierter Arbeitnehmer für unzulässig hält, ist wegen des Charakters dieser Bezugnahmeklausel als sog. Gleichstellungsabrede zu beachten, dass die in Bezug genommen Tarifverträge für die nichtorganisierten Arbeitnehmer nur in dem Zustand gelten, in dem sie sich zum Zeitpunkt des Betriebsübergangs befunden haben, insbesondere nehmen die nichtorganisierten Arbeitnehmer nicht an späteren Änderungen der in Bezug genommenen Tarifverträge teil. Sie können sich auch nicht auf sie vorteilhafte Änderungen des beim Erwerber geltenden Tarifvertrages berufen, da dieser Tarifvertrag ja auch schuldrechtlich nicht für sie gilt. Daher liegt es letztlich für die übergehenden Arbeitnehmer jedenfalls langfristig in ihrem eigenen Interesse, durch einen Gewerkschaftsbeitritt oder eine entsprechende Vertragsänderung die Geltung der für den Erwerber maßgebenden Tarifverträge herbeizuführen.

---

[104] BAG v. 25.09.2002 - 4 AZR 294/01 - NZA 2003, 807, 808, 809.

[105] BAG v. 25.09.2002 - 4 AZR 294/01 - NZA 2003, 807, 808, 809.

[106] So wohl BAG v. 04.08.1999 - 5 AZR 642/98 - NZA 2000, 154 f.; BAG v. 16.10.2002 - 4 AZR 467/01 - NZA 2003, 390 (Leitsatz 4), 392.

[107] BAG v. 16.10.2002 - 4 AZR 467/01 - NZA 2003, 390, 392.

[108] So der Rückschluss aus Orientierungssatz Ziff. 5 der Entscheidung des BAG vom 16.10.2002 - 4 AZR 467/01 - NZA 2003, 390.

217 Hinweis:

Diese Ausführungen gelten uneingeschränkt nur für Arbeitsverträge, die vor dem 01.01.2002 abgeschlossen wurden. Bei Bezugnahmeklauseln in Arbeitsverträgen, die erst nach diesem Datum geschlossen wurden, soll nach einer Änderungsankündigung des Bundesarbeitsgerichts die sog. Unklarheitenregel eingreifen.[109] Vor allem bei weit gefassten Bezugnahmeklauseln kann dies zu einer „dynamischen Ewigkeitsbindung" des bisherigen und neuen Arbeitgebers an die einmal in Bezug genommenen Tarifverträge führen.[110] Wie sich die Rechtsprechung insoweit weiter entwickelt, ist derzeit nicht zu prognostizieren. Im **Arbeitnehmer-Mandat** sollte jedenfalls die verwendete Bezugnahmeklausel genau auf die Anwendbarkeit der Unklarheitenregel hin untersucht werden.

218 Die kongruente Tarifgebundenheit muss nicht im Zeitpunkt des Betriebsübergangs vorliegen, sie kann auch nach dem Betriebsübergang eintreten. In diesem Fall tritt die ablösende Wirkung nach § 613a Abs. 1 Satz 3 BGB in dem Zeitpunkt ein, in dem die kongruente Tarifgebundenheit vorliegt.[111]

219 Hinweis:

Dies kann damit dann der Fall sein, wenn die übergehenden Arbeitnehmer später in die für den Erwerber tarifzuständige Gewerkschaft wechseln, also z.b. im o.g. Beispiel (vgl. Rn. 210) von der IG Metall in die IGBCE.

220 Möglich ist es, dass ein Firmentarifvertrag durch einen Verbandstarifvertrag abgelöst wird[112] und umgekehrt.

221 Beispiel:

Für ein Hotel galt ein mit der NGG abgeschlossener Firmentarifvertrag, nach dem den Arbeitnehmern Weihnachtsgeld zu zahlen war. Das Hotel ging auf einen Inhaber über, der kraft Verbandsmitgliedschaft an einem ebenfalls mit der NGG abgeschlossenen Tarifvertrag gebunden war. Nach diesem war den Arbeitnehmern ein geringeres Weihnachtsgeld zu zahlen. Der schon beim früheren Hotelinhaber beschäftigte und auf den neuen Inhaber übergegangene Arbeitnehmer A verlangte das höhere Weihnachtsgeld, scheiterte aber mit diesem Verlangen, da der beim neuen Inhaber geltende Verbandstarifvertrag nach § 613a Abs. 1 Satz 3 BGB den beim bisherigen Arbeitgeber geltenden Firmentarifvertrag ablöste. [113]

222 Schließlich kommt eine Ablösung nach § 613a Abs. 1 Satz 3 BGB in Betracht, wenn für den Betrieb des Erwerbers ein für allgemeinverbindlich erklärter Tarifvertrag gilt und der neu erworbene Betrieb bzw. Betriebsteil nach dem Betriebsübergang auch in den Geltungsbereich dieses Tarifvertrages fällt.

223 Beispiel:

Das tarifgebundene Einzelhandelsunternehmen U gliedert den Reinigungsbereich aus seinem Betrieb aus und überträgt ihn auf eine Reinigungsfirma. Die übergehenden Arbeitnehmer unterfallen nun dem für allgemeinverbindlich erklärten Gebäudereiniger-Tarifvertrag.

---

[109] BAG v. 14.12.2005 - 4 AZR 536/04 - NZA 2006, 607 ff. = SAE 2007 162 m. Anm. *Nicolai/Krois*.
[110] Zur Auslegung von Bezugnahmeklauseln vgl. *Nicolai*, DB 2006, 670 ff.; *Nicolai/Krois*, SAE 2007, 158 ff.; *Thüsing*, NZA 2006, 473 ff.
[111] BAG v. 11.05.2005 - 4 AZR 315/04 - DB 2005, 2141.
[112] BAG v. 16.10.2002 - 4 AZR 467/01 - NZA 2003, 390, 392.
[113] BAG v. 16.10.2002 - 4 AZR 467/01 - NZA 2003, 390, 392.

Ungeklärt ist allerdings, ob in einem solchen Fall die beim bisherigen Arbeitgeber (normativ) **224** geltenden Tarifverträge über das Günstigkeitsprinzip weiterhin auf die Arbeitsverhältnisse der übergehenden Arbeitnehmer anzuwenden sind.[114] Dies scheint nunmehr vom Bundesarbeitsgericht wegen des konstitutiven Charakters der Bezugnahmeklausel angenommen zu werden[115]; ob das allgemein haltbar ist, ist indes zweifelhaft.

b. Regelungsidentität

Zusätzlich zum Erfordernis der kongruenten Tarifgebundenheit müssen für eine Ablösung **225** nach § 613a Abs. 1 Satz 3 BGB die tariflichen Regelungsgegenstände identisch sein. Tarifliche Ansprüche werden nach dieser Rechtsprechung durch einen (neu abgeschlossenen) Tarifvertrag, an den der Betriebserwerber und die Arbeitnehmer gebunden sind, nur dann abgelöst, wenn dieser Tarifvertrag denselben Regelungsgegenstand betrifft oder dahin auszulegen ist, dass er die arbeitsvertraglich fortgeltenden Tarifregelungen auch ohne eigenständige Regelung dieses Gegenstandes ablösen soll.[116] Dabei lässt es das Bundesarbeitsgericht nicht ausreichen, wenn über den in Rede stehenden Gegenstand Verhandlungen zwischen den Tarifvertragsparteien aufgenommen werden sollen, so dass es in einem Fall, in dem kongruente Tarifgebundenheit der Arbeitsvertragsparteien vorlag, einem Arbeitnehmer einen Anspruch auf Weihnachtsgeld zugestanden hat, obwohl in dem beim Erwerber geltenden Tarifvertrag ein Weihnachtsgeld nicht vorgesehen war, aber darüber noch zwischen den Tarifvertragsparteien verhandelt werden sollte.[117]

Beispiel: **226**

Beim bisherigen Arbeitgeber galt kraft Verbandsmitgliedschaft ein Tarifvertrag, der bei betriebsbedingten Kündigungen einen Abfindungsanspruch vorsah. Der Erwerber war an einen anderen Tarifvertrag gebunden, der zwar mit der gleichen Gewerkschaft abgeschlossen wurde, aber keine solche Abfindungsregelung enthielt. Der schon beim früheren Arbeitgeber beschäftigte Arbeitnehmer wurde vom Erwerber betriebsbedingt gekündigt und verlangte die Abfindung. Das Bundesarbeitsgericht gab ihm Recht, da es mangels Regelungsidentität nicht von einer Ablösung nach § 613a Abs. 1 Satz 3 BGB ausging.[118]

Wann Regelungsidentität im Sinne des § 613a Abs. 1 Satz 3 BGB vorliegt, ist eine sehr um- **227** strittene Frage. Das Meinungsspektrum reicht von der Annahme einer vollständigen Ablösung der früher geltenden Tarifverträge durch die beim Erwerber geltenden Tarifverträge (unabhängig davon, ob diese den gleichen Regelungsgegenstand betreffen) bis zu der Forderung, es würden letztlich nur deckungsgleiche Regelungen abgelöst. Die schlüssigste Lösung liegt m.E. darin, nicht von Regelungsgegenständen, sondern von Regelungsbereichen auszugehen. So würde eine tarifliche Regelung zur Entgeltfortzahlung oder zum Urlaub insgesamt die vorher geltende tarifliche Regelung zu diesen Bereichen ablösen.

---

[114] So wohl LArbG Düsseldorf v. 01.04.2005 - 18 Sa 1950/04 unter – unzutreffender – Bezugnahme auf zwei Entscheidungen des BAG, allerdings lag in zu entscheidendem Sachverhalt neben der normativen Tarifbindung der Parteien auch noch eine – nach Auffassung des LAG Düsseldorf konstitutiv wirkende – kleine Bezugnahmeklausel vor.

[115] BAG v. 29.08.2007 - 7 AZR 765/06, 767/06 (derzeit nur als Pressemitteilung verfügbar).

[116] BAG v. 20.04.1994 - 4 AZR 342/93 - NZA 1994, 1140, 1142 f.; BAG v. 22.01.2003 - 10 AZR 227/02 - NZA 2003, 879 = AP Nr. 242 zu § 613a BGB.

[117] BAG v. 22.01.2003 - 10 AZR 227/02 - NZA 2003, 879.

[118] BAG v. 20.04.1994 - 4 AZR 342/93 - NZA 1994, 1140.

228 **Beispiel:**

Enthält der beim bisherigen Arbeitgeber normativ geltende Tarifvertrag die Regelung, dass den Beschäftigten jährlich 30 Urlaubstage und ein Urlaubsgeld in Höhe eines halben Monatsentgelt zustehen und regelt der beim Übernehmer normativ anwendbare Tarifvertrag, dass die Beschäftigten jährlich 28 Urlaubstage haben, aber keinen Anspruch auf Urlaubsgeld, löst – kongruente Tarifgebundenheit vorausgesetzt – m.E. die gesamte Urlaubsregelung beim Übernehmer die beim bisherigen Arbeitgeber geltende ab, so dass den übergehenden Arbeitnehmern nach Betriebsübergang nur noch 28 Urlaubstage zustehen und ihr Anspruch auf Urlaubsgeld entfällt.

229 Wenn hingegen im Betrieb des Erwerbers der fragliche Bereich nicht geregelt ist, würde es bei der vorherigen nach § 613a Abs. 1 Satz 2 BGB transformierten tariflichen Regelung bleiben.[119]

230 **Beispiel:**

Beim bisherigen Arbeitgeber galten kraft Verbandszugehörigkeit Altersteilzeittarifverträge, die es in der Branche des ebenfalls normativ tarifgebundenen Übernehmers nicht gibt. Damit werden die Altersteilzeittarifverträge in die Arbeitsverhältnisse der übergehenden Arbeitnehmer transformiert, so dass sich Abschluss und Inhalt der Altersteilzeitverträge weiterhin nach diesem Altersteilzeittarifvertrag richten (vgl. näher hierzu Kapitel 5 Rn. 31, 51 ff.).

231 Eine klare Äußerung des Bundesarbeitsgerichts zu dieser Frage gibt es noch nicht; es ist jedoch in einer jüngeren Entscheidung ohne nähere Begründung dem hier und vom vorinstanzlichen Gerichts, des Landesarbeitsgerichts Köln vertretenen Ausgangspunkt gefolgt, so dass man davon ausgehen kann, dass die Ablösung von Regelungsbereichen wohl der höchstrichterlichen Auffassung entspricht.

c. Ablösung von Tarifverträgen durch Betriebsvereinbarungen (sog. Über-Kreuz-Ablösung)

232 Ob Betriebsvereinbarungen transformierte tarifvertragliche Regelungen nach § 613a Abs. 1 Satz 3 BGB ablösen können, ist umstritten. Das Bundesarbeitsgericht hat die Frage bisher ausdrücklich offen gelassen,[120] dabei allerdings in jüngerer Zeit erhebliche Bedenken gegen die Zulässigkeit der sog. Über-Kreuz-Ablösung geäußert.[121]

233 Unabhängig von der Frage der Zulässigkeit wird der Anwendungsbereich für ablösende Betriebsvereinbarungen ohnehin nicht groß sein, da auch im Bereich des Betriebsübergangs die Regelungssperre des § 77 Abs. 3 BetrVG zu beachten ist. Ausgehend von der allgemein anerkannten Definition der Tarifüblichkeit, nach der es darauf ankommt, ob für den räumlichen, fachlichen und betrieblichen Tätigkeitsbereich des Betriebes Tarifverträge über die betreffenden Angelegenheiten abgeschlossen zu werden pflegen[122], kommt es daher darauf an, welche Tarifverträge bzw. Tarifwerke für den Betrieb nach dem Betriebsübergang einschlägig sind. Damit wird es i.d.R. ausgeschlossen sein, (ablösende) Betriebsvereinbarungen über das Arbeitsentgelt i.e.S. bzw. dessen Höhe abzuschließen, da nahezu alle Branchen von (üblichen)

---

[119] So wohl auch LArbG Köln v. 01.04.2004 - 10 Sa 1019/03.

[120] BAG v. 01.08.2001 - 4 AZR 82/00 - NZA 2002, 41, 43.

[121] BAG v. 22.03.2005 - 1 ABR 64/03 - NZA 2006, 383, 388 mit ausdrücklichem Hinweis auf die gegenteilige Auffassung des derzeitigen Vorsitzenden des 4. Senats *Bepler* in: Däubler, TVG, § 4 Rn. 902.

[122] *Fitting/Engels/Schmidt/Trebinger/Linsenmaier*, BetrVG, § 77 Rn. 90 ff.; ausführlich zu den Voraussetzungen des § 77 Abs. 3 BetrVG jetzt auch BAG v. 22.03.2005- 1 ABR 64/03 - NZA 2006, 383, 386 f.

Entgelttarifverträgen erfasst werden; denkbar ist allerdings, dass Betriebsvereinbarungen, die abstrakte Entlohnungsgrundsätze enthalten, tarifliche Entgeltgrundsätze ablösen, da in diesem Fall nicht § 77 Abs. 3 BetrVG, sondern – gemäß der sog. Vorrangtheorie – nur der Tarifvorrang des § 87 Abs. 1 Eingangssatz BetrVG eingreift, der indes eine Tarifbindung des Arbeitgebers voraussetzt.[123] Was außerdem möglich sein wird, sind ablösende Betriebsvereinbarungen über Entgeltzusatzleistungen, insbesondere im Bereich der Einmalzahlungen. So sind z.b. nicht in allen Branchen Weihnachts- und Urlaubsgeld tariflich geregelt.

Würde jedoch eine beim Übernehmer abgeschlossene Betriebsvereinbarung nicht gegen § 77 **234**
Abs. 3 BetrVG verstoßen, ist m.E. eine Ablösung tariflicher Regelungen möglich, da das Gesetz nichts davon sagt, dass nur jeweils gleichrangige Kollektivnormen ablösende Wirkung haben können sollen. Dafür spricht auch der Grundgedanke der § 613a Abs. 1 Sätze 2-4 BGB, nach dem der Schutz der Arbeitnehmer durch eine Transformation bei einer anderweitigen kollektivrechtlichen Norm in Bezug auf die fraglichen Arbeitsbedingungen nicht mehr erforderlich ist. Es kann nicht nur bei Tarifverträgen, sondern auch bei Betriebsvereinbarungen i.d.R. davon ausgegangen werden, dass sie den Interessen der Beschäftigten gerecht werden. Ein weiteres für die Ablösungsmöglichkeit sprechendes Argument ist die Gleichstellung von Tarifverträgen und Betriebsvereinbarungen im Bereich der vertraglichen Inhaltskontrolle gemäß § 307 Abs. 1 Satz 1 i.V.m. § 310 Abs. 4 Satz 3 BGB. Der Gesetzgeber geht in diesem Bereich ebenfalls davon aus, dass sowohl Tarifverträge als auch Betriebsvereinbarungen die Interessen der Arbeitnehmer hinreichend wahren, so dass die darin enthaltenen Regelungen nicht auf ihre Angemessenheit hin kontrolliert werden können. Schließlich ist die ablösende Wirkung von Betriebsvereinbarungen im Bereich der gemäß § 4 Abs. 5 TVG nachwirkenden Tarifverträge anerkannt; es ist nicht ersichtlich, warum dies im Bereich des § 613a BGB anders zu bewerten sein sollte.

Hinweis: **235**

> Nichtsdestotrotz besteht in Bezug auf Betriebsvereinbarungen, mit denen die beim bisherigen Arbeitgeber geltenden tariflichen Regelungen abgelöst werden sollen, für den Übernehmer ein Risiko, da über die Frage der Ablösung transformierter tariflicher Regelungen durch Betriebsvereinbarung noch nicht höchstrichterlich entschieden wurde. Es besteht daher die Gefahr, dass tarifliche Ansprüche trotz einer ablösenden (verschlechternden) Betriebsvereinbarung weiterhin bestehen. Darauf sollte in der Beratung beim **Arbeitgeber-Mandat** des Übernehmers hingewiesen werden. Im **Arbeitnehmer-Mandat** sollte jedenfalls bei gravierenden Verschlechterungen über eine Zahlungsklage nachgedacht werden.

5. Ablösende Vereinbarungen gemäß § 613a Abs. 1 Satz 4 BGB

§ 613a Abs. 1 Satz 4 BGB setzt die einjährige Verschlechterungssperre des § 613a Abs. 1 **236**
Satz 2 BGB bei transformierten tarifvertraglichen Regelungen außer Kraft, d.h. es sind auch vor Ablauf dieses Zeitraums Vereinbarungen möglich, die die transformierten tariflichen Regelungen zum Nachteil der übergehenden Arbeitnehmer ändern. Solche (einzelvertraglichen) Vereinbarungen sind jedoch an bestimmte Wirksamkeitsvoraussetzungen geknüpft, so dass sie nur in zwei Fallgestaltungen vor Ablauf der Jahresfrist des § 613a Abs. 1 Satz 2 BGB möglich sind: Entweder gilt der Tarifvertrag nicht mehr oder es wird die Anwendung eines anderen Tarifvertrages bzw. Tarifwerks vereinbart.

---

[123] So BAG v. 22.03.2005 - 1 ABR 64/03 - NZA 2006, 383, 388.

237 Ein Tarifvertrag soll nach überwiegender Auffassung nicht mehr „gelten", wenn er innerhalb der Jahresfrist seine normative Wirkung verloren hat, also gekündigt wurde oder durch Fristablauf geendet hat.[124] Nach einer anderen Auffassung soll es darauf ankommen, ob der Tarifvertrag hätte gekündigt werden können[125]; dies ist jedoch mit dem Wortlaut des § 613a Abs. 1 Satz 4 BGB schwer vereinbar. Die praktische Relevanz des Streits ist gering, da sich der Arbeitnehmer immer noch zu einer Änderung seines Arbeitsvertrages bzw. der transformierten tariflichen Regelungen zu seinen Lasten bereit finden muss; das wird nicht oft der Fall sein.

238 Die Vereinbarung eines anderen Tarifvertrages oder Tarifwerkes ist möglich, wenn der Betrieb in den Geltungsbereich eines anderen Tarifvertrages fällt und dessen (vollständige[126]) Anwendung bei fehlender beiderseitiger Tarifgebundenheit zwischen dem neuen Inhaber und dem Arbeitnehmer vereinbart wird. Möglich soll eine solche Vereinbarung nach allg. Meinung auch bei sog. inkongruenter Tarifgebundenheit sein, wenn also der Arbeitnehmer in einer Gewerkschaft ist, die nicht der Tarifpartner des neuen Inhabers bzw. seines Arbeitgeberverbandes war. Diese Alternative kommt auch dann in Betracht, wenn arbeitsvertraglich eine sog. weite Bezugnahmeklausel vereinbart wurde (vgl. hierzu Rn. 246 ff.).

239 **Hinweis:**

Eine Ablösung nach § 613a Abs. 1 Satz 4 BGB ist grundsätzlich nur mittels einer Änderung des Arbeitsvertrages möglich. Der Arbeitnehmer muss also einer solchen Vereinbarung zustimmen. Einen Anspruch auf die Vereinbarung einer Vertragsänderung hat der Arbeitgeber nicht.

240 Ungeklärt ist derzeit, ob eine Änderungskündigung mit dem Ziel der Vereinheitlichung der Arbeitsbedingungen (jedenfalls nach Ablauf der Jahresfrist) möglich ist bzw. ob dieses Ziel einen Kündigungsgrund für eine Änderungskündigung darstellen kann.[127]

241 **Beispiel:**

Der Inhaber eines einen unter den Geltungsbereich der Metalltarifverträge fallenden Betriebes einen Betriebsteil an einen Erwerber, dessen Betrieb unter den Geltungsbereich der Tarifverträge des Groß- und Außenhandels fällt. Der Erwerber gliedert den Betriebsteil in seinen eigenen Betrieb ein und möchte die Arbeitsbedingungen der übernommenen Arbeitnehmer denen der bisher schon bei ihm tätigen Arbeitnehmer anpassen. Kann er gegenüber den übergegangenen Arbeitnehmern nach oder vielleicht sogar schon vor Ablauf der Jahresfrist des § 613a Abs. 1 Satz 2 BGB mit Aussicht auf Erfolg eine betriebsbedingte Änderungskündigung aussprechen?

---

[124] *Schiefer*, Betriebsübergang, S. 73.

[125] *Preis* in: ErfK, § 613a Rn. 117.

[126] Die Vereinbarung lediglich einzelner tariflicher Regelungsbereiche dürfte vor Ablauf der Jahresfrist selbst dann nicht möglich sein, wenn dies gesetzlich erlaubt ist, wie z.B. in § 13 BUrlG.

[127] So z.B. *Preis* in: ErfK, § 613a Rn. 118, der jedoch zusätzlich fordert, dass die Unterwerfung unter den anderen Tarifvertrag angemessen ist.

Die Frage ist höchstrichterlich noch nicht entschieden. Das Bundesarbeitsgericht hat jedoch in 242 anderem Zusammenhang eine Änderungskündigung abgelehnt, mittels derer unter Berufung auf den arbeitsrechtlichen Gleichbehandlungsgrundsatz eine Besserstellung einzelner Arbeitnehmer beim Entgelt beseitigt werden sollte. Der Gleichbehandlungsgrundsatz diene nur zur Begründung, nicht aber zur Beseitigung von Rechten.[128] Immerhin wird jedoch selbst von Richtern des Bundesarbeitsgerichts die Auffassung vertreten, dies könne im Fall des § 613a BGB nicht gelten, zumal der Arbeitgeber in diesem Falle die Ungleichheit beim Entgelt nicht selbst herbeigeführt habe.[129] Für die Zulässigkeit einer betriebsbedingten Änderungskündigung spricht auch die Regelung des § 613a Abs. 1 Satz 3 BGB, der das Interesse des Erwerbers an einheitlichen Arbeitsbedingungen in seinem Betrieb ausdrücklich anerkennt. Ob dies allerdings ausreicht, um einen (betriebsbedingten) Grund für die Änderungskündigung annehmen zu können, ist sehr zweifelhaft.

Hinweis: 243

> Beim **Arbeitgeber-Mandat** des Erwerbers ist anzuraten, die Änderungskündigung auf die Ablösung der transformierten durch die beim Erwerber geltenden Tarifverträge zu richten. Allerdings sollte deutlich auf das erhebliche Verlustrisiko hingewiesen werden, wenn die Beschäftigten Änderungskündigungsschutzklage erheben.

Die Ablösungsmöglichkeit nach § 613a Abs. 1 Satz 4 BGB spielt ferner in den Fällen eine 244 Rolle, in denen schon vom Veräußerer arbeitsvertraglich eine große Bezugnahme- bzw. Tarifwechselklausel vereinbart wurde. In diesem Fall stellt sich für einen anderweitig tarifgebundenen Erwerber die Frage, ob er die bei ihm normativ geltenden Tarifverträge auf Grund der Tarifwechselklausel auf die Arbeitsverhältnisse der übergehenden Arbeitnehmer anwenden kann. Damit könnten nicht nur die nichtorganisierten, sondern sogar – bei sog. inkongruenter Tarifgebundenheit – die organisierten Arbeitnehmer von den beim Erwerber geltenden Tarifverträgen erfasst werden. Dies hätte zur Folge, dass sich die Arbeitsbedingungen der übergehenden Arbeitnehmer nach dem Betriebsübergang ganz oder zumindest teilweise nach den beim Erwerber geltenden Tarifverträgen richten würden.

Die Rechtslage ist derzeit noch ungeklärt. Ob das Bundesarbeitsgericht einen entsprechenden 245 Tarifwechsel für alle übergehenden Arbeitnehmer auf der Grundlage arbeitsvertraglicher Tarifwechselklauseln akzeptieren würde, kann nicht prognostiziert werden. Derzeit liegt nur eine Entscheidung des Bundesarbeitsgerichts vor, in der es die Ablösung eines Firmentarifvertrages durch einen mit der gleichen Gewerkschaft geschlossenen Verbandstarifvertrag bejaht hat.[130] Voraussetzung für einen entsprechenden Tarifwechsel auf Grund einer arbeitsvertraglich vereinbarten großen Bezugnahmeklausel ist aber auf jeden Fall die Tarifgebundenheit des Erwerbers.[131] Wenn diese Grundvoraussetzung erfüllt ist, dürfte ein auf der Grundlage des Arbeitsvertrages und § 613a Abs. 1 Satz 4 BGB erfolgender Tarifwechsel möglich und zulässig sein. Dieser würde dann auch die organisierten Arbeitnehmer erfassen, bei denen eine Ablösung nach § 613a Abs. 1 Satz 3 BGB wegen inkongruenter Tarifgebundenheit nicht in Betracht kommt.

---

[128] BAG v. 16.05.2002 - 2 AZR 292/01 - NZA 2003, 147, 149.
[129] *Ascheid* in: ErfK, § 2 KSchG Rn. 67.
[130] BAG v. 16.10.2002 - 4 AZR 467/01 - NZA 2003, 390 (Orientierungssatz 6), 391.
[131] So wohl BAG v. 16.10.2002 - 4 AZR 467/01 - NZA 2003, 390 (Orientierungssatz 7), 391 f.

III. Auswirkungen des Betriebsübergangs auf die Geltung (auch) in Bezug genommener Tarifverträge

1. Übersicht

246 Ganz andere rechtliche Probleme stellen sich, wenn die auf das Arbeitsverhältnis anwendbaren Tarifverträge beim bisherigen Arbeitgeber nicht (ausschließlich) kraft beiderseitiger normativer Tarifbindung galten, sondern kraft einzelvertraglicher Bezugnahme.[132]

247 **Hinweis:**

Diese Bezugnahme muss nicht schriftlich (im Arbeitsvertrag) fixiert sein. Eine mündliche, ggf. sogar konkludente Vereinbarung der Vertragsparteien reicht aus.[133]

248 Einschlägige Rechtsgrundlage für die Weitergeltungsfragen ist in diesem Fall ausschließlich § 613a Abs. 1 Satz 1 BGB. § 613a Abs. 1 Sätze 2-4 BGB finden keine Anwendung, so dass es einerseits weder automatisch bzw. qua Gesetz zu einer statischen Weitergeltung noch zu einer Ablösung durch die beim Übernehmer geltenden Tarifverträge kommt. Es bestehen andererseits keine Abänderungssperren; vor allem die einjährige Verschlechterungssperre des § 613a Abs. 1 Satz 2 BGB greift bei nur in Bezug genommenen Tarifverträgen nicht ein.

249 Dass nur eine Rechtsnorm, § 613a Abs. 1 Satz 1 BGB, bei einzelvertraglicher Inbezugnahme von Tarifverträgen eingreift, sollte nicht zu dem Missverständnis verleiten, damit sei das Ergebnis auf die Frage, ob und wie die in Bezug genommenen Tarifverträge nach Betriebsübergang weiter gelten oder abgelöst werden, in allen denkbaren Fallgestaltungen gleich. Dies ist keineswegs der Fall. Vielmehr muss bei der rechtlichen Beurteilung im Ansatz nach der Stellung des bisherigen Arbeitgebers differenziert werden, vor allem danach, ob er bei Betriebsübergang an die angewendeten Tarifverträge normativ tarifgebunden war oder nicht. Liegt (normative) Tarifgebundenheit vor, stellt sich die weitere Frage nach der Rechtsstellung vor allem der nichtorganisierten Arbeitnehmer; aufgrund der neuesten Entwicklungen in der Rechtsprechung des Bundesarbeitsgerichts können Bezugnahmeklauseln allerdings auch Schwierigkeiten in Bezug auf die Rechtsstellung der organisierten Beschäftigten nach sich ziehen.

250 In der Sache stellen sich bei schuldrechtlich geltenden Tarifverträgen die gleichen Fragen wie bei normativ geltenden: Es geht zum einen um die Frage, ob die in Bezug genommenen Tarifverträge statisch oder dynamisch weiter gelten, insbesondere ob die übergehenden Arbeitnehmer an künftigen Tarifänderungen (Entgelterhöhungen!) partizipieren oder nicht. Die möglichen Konstellationen stellen sich wie folgt dar:

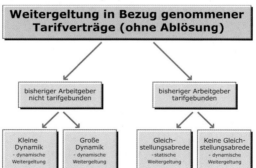

---

[132] Umfassend zur neueren Rechtsprechung des BAG *Hanau*, NZA 2005, 489 ff.

[133] Deutlich BAG v. 19.01.1999 - 1 AZR 606/98 - NZA 1999, 879, 881.

Zum anderen steht in Rede, ob die beim Übernehmer geltenden Tarifverträge oder Betriebs- **251**
vereinbarungen auch bei vertraglich kraft Bezugnahmeklausel geltenden Tarifwerken ablösende Wirkung entfalten.

Beim **Arbeitnehmer-Mandat** können diese Punkte nicht nur bei Leistungsklagen nach Be- **252**
triebsübergang relevant werden, sondern auch dann, wenn der Mandant (mit oder ohne Informationsschreiben nach § 613a Abs. 5 BGB) darüber beraten werden will, welche Rechte ihm
nach einem eventuellen Betriebsübergang gegen den neuen Arbeitgeber zustehen und/oder ob
er dem Übergang seines Arbeitsverhältnisses widersprechen soll; für die von einem Betriebsübergang betroffenen Arbeitnehmer sind die tarifvertraglichen Regelungen, die die für das Arbeitsverhältnis essentiellen Punkte der Arbeitszeitdauer und vor allem des Arbeitsentgelts regeln, meist von zentraler Bedeutung.

Hinweis: **253**

> Das Haftungsrisiko sollte daher gerade im letztgenannten Beratungsfall nicht unter-
> schätzt werden. Falls Informationen, die für eine zutreffende rechtliche Bewertung not-
> wendig sind, fehlen, sollten daher im Rahmen der beide Arbeitgeber treffenden Informa-
> tionspflicht nach § 613a Abs. 5 BGB konkrete weitere Angaben angefordert werden
> (vgl. Kapitel 10 Rn. 114 f.). Da damit die Unvollständigkeit der Information verdeutlicht
> wird, hat dies den weiteren Effekt, dass die Widerspruchsfrist des § 613a Abs. 6 BGB
> bis zur vollständigen Auskunftserteilung nicht zu laufen beginnt (vgl. hierzu schon Ka-
> pitel 10 Rn. 113).

2. Bisheriger Arbeitgeber nicht tarifgebunden

War der bisherige Arbeitgeber nicht tarifgebunden, hat er aber dennoch kraft einer vertragli- **254**
chen Vereinbarung oder betrieblichen Übung Tarifverträge auf die Arbeitsverhältnisse der bei
ihm beschäftigten Arbeitnehmer angewendet, geht diese Verpflichtung nach § 613a Abs. 1
Satz 1 BGB auf den Erwerber über. Ergänzend ist zu beachten, dass das Bundesarbeitsgericht
Bezugnahmeklauseln im Zweifel als dynamische Bezugnahmen auslegt, nach denen sich Änderungen der in Bezug genommenen Tarifverträge unmittelbar auf das Arbeitsverhältnis auswirken sollen.[134]

Hinweis: **255**

> Hat der Arbeitgeber ohne Tarifbindung allerdings regelmäßig lediglich die Arbeitsent-
> gelte an die einschlägige tarifliche Entwicklung angepasste, soll hieraus keine den Ar-
> beitgeber verpflichtende betriebliche Übung für die Zukunft entstehen;[135] daran ändert
> ein Betriebsübergang nichts, so dass der Übernehmer nicht zu mehr verpflichtet ist als
> der bisherige Arbeitgeber. Dies hat für das **Arbeitnehmer-Mandat** zur Folge, dass er-
> mittelt werden muss, ob tatsächlich eine (konkludente) Bezugnahme oder lediglich eine
> jährliche Anpassung der Entgelte im Betrieb an die Tarifentwicklung erfolgte.

Liegt eine Bezugnahme vor, ist der Übernehmer verpflichtet, auf die Arbeitsverhältnisse der **256**
übergehenden Arbeitnehmer die in Bezug genommenen Tarifverträge ebenso anzuwenden,
wie es der bisherige Arbeitgeber getan hat. Wenn letzterer bisher die in Bezug genommenen
Tarifverträge dynamisch angewendet hat, d.h. den Arbeitnehmern tarifliche Änderungen hat
zu Gute kommen lassen, gilt dies auch für den Erwerber. Anders als bei der Transformation

---

[134] Zuletzt BAG v. 26.09.2001 - 4 AZR 544/00 - NZA 2002, 634, 635 m.w.N. und BAG v. 01.08.2001
- 4 AZR 129/00 - NZA 2003, 924, 926 (Auslegungsregel).

[135] St. Rspr., zuletzt klar BAG v. 03.11.2004 - 5 AZR 622/03 - NZA 2005, 1208.

nach § 613a Abs. 1 Satz 2 BGB nehmen die Arbeitnehmer bei einer solchen Fallkonstellation auch an tariflichen Änderungen, insbesondere Entgelterhöhungen, nach dem Zeitpunkt des Betriebsübergangs teil.

257 Diese Rechtsfolge tritt allerdings nicht ein, wenn der bisherige Arbeitgeber früher tarifgebunden war und nach Beendigung seiner Tarifgebundenheit die nachwirkenden Tarifverträge gemäß § 4 Abs. 5 TVG statisch auf die Arbeitsverhältnisse der bei ihm beschäftigten Arbeitnehmer angewendet hat. Die nachwirkenden Tarifnormen werden in diesem Fall nach § 613a Abs. 1 Satz 2 BGB zum Inhalt des Arbeitsverhältnisses[136] und sie müssen vom Übernehmer nur so angewendet werden, wie sie der bisherige Arbeitgeber angewendet hat.

258 Muss der Erwerber nach § 613a Abs. 1 Satz 1 BGB die bisher nur kraft vertraglicher Vereinbarung angewendeten Tarifverträge auf die Arbeitsverhältnisse der übergehenden Arbeitnehmer (dynamisch) anwenden, kann er dies sofort nach Betriebsübergang ändern, da die einjährige Verschlechterungssperre des § 613a Abs. 1 Satz 2 BGB in diesem Fall nicht gilt. Änderungen sind jedoch – wie bei allen anderen übergegangenen arbeitsvertraglichen Regelungen – nur mittels einer einverständlichen Vertragsänderung (zu der die Arbeitnehmer nicht verpflichtet sind!) oder mittels einer Änderungskündigung (für die ein Kündigungsgrund benötigt wird!) möglich. Beides wird faktisch bei ungünstigeren Tarifverträgen bzw. Tarifwerken kaum durchsetzbar sein.

3. Bisheriger Arbeitgeber tarifgebunden

259 Bis zum Dezember 2005 war die Rechtslage beim Übergang von Betrieben oder Betriebsteilen, deren Inhaber zum Zeitpunkt des Betriebsübergangs tarifgebunden war, weitgehend durchjudiziert und daher einigermaßen sicher zu beurteilen. Das lag vor allem daran, dass das Bundesarbeitsgericht Bezugnahmeklauseln tarifgebundener Arbeitgeber durchweg als sog. Gleichstellungsabreden auslegte[137], so dass sich das Schicksal der in Bezug genommenen Tarifverträge nach § 613a Abs. 1 Sätze 2-4 BGB richtete; organisierte und nichtorganisierte Arbeitnehmer wurden durchweg gleich behandelt. Dies hat sich durch die Entscheidung des Bundesarbeitsgerichts vom 14.12.2005[138] geändert: Dort hat das Bundesarbeitsgericht angekündigt, dass es künftig auf Bezugnahmeklauseln auch in den von tarifgebundenen Arbeitgebern abgeschlossenen Tarifverträgen die sog. Unklarheitenregel des § 305c Abs. 2 BGB anwenden will, dies jedoch aus Gründen des Vertrauensschutzes nur auf Arbeitsverträge, die ab dem 01.01.2002[139] abgeschlossen wurden.[140] Dies führt für Betriebsübergangsfälle für längere Zeit zu einer „zweispurigen Rechtslage". Während für Arbeitsverträge, die bis zum 31.12.2001 abgeschlossen wurden, die früheren vom Bundesarbeitsgericht geltenden Regelungen weiterhin anzuwenden sind, kommt es bei Arbeitsverträgen, die nach diesem Datum, also ab dem 01.01.2002 geschlossen wurden, zunächst auf die Formulierung im Arbeitsvertrag selbst an. Kann danach nicht von einer Gleichstellungsabrede ausgegangen werden, hat dies unmittelbare Auswirkungen auf die Beurteilung der Rechtsfolgen eines Betriebsübergangs, und zwar wohl nicht nur für nichtorganisierte, sondern auch für organisierte Arbeitnehmer.

---

[136] So BAG v. 01.08.2001 - 4 AZR 82/00 - NZA 2002, 41, 42 f., vgl. hierzu noch Rn. 259 ff.

[137] Vgl. zuletzt nochmals BAG v. 01.12.2004 - 4 AZR 50/04 - NZA 2005, 478 ff.

[138] BAG v. 14.12.2005 - 4 AZR 536/04 - NZA 2006, 607 ff.

[139] Tag des In-Kraft-Tretens der sog. Schuldrechtsreform.

[140] Die beschränkte Rückwirkung wird nochmals ausdrücklich bestätigt von BAG v. 15.03.2006 - 4 AZR 132/05.

a. Rechtslage für Arbeitsverträge, die bis zum 31.12.2001 abgeschlossen wurden

Ist der bisherige Arbeitgeber tarifgebunden und wendet er auf die Arbeitsverhältnisse aller bei **260** ihm beschäftigten Arbeitnehmer die für ihn fachlich und räumlich einschlägigen Tarifverträge an, geht das Bundesarbeitsgericht davon aus, dass es sich bei der Bezugnahmeklausel um eine sog. Gleichstellungsklausel handelt, die nur den Zweck hat, organisierte und nichtorganisierte Arbeitnehmer gleich zu behandeln. Daher hat ein Betriebsübergang bei Gleichstellungsabreden für nichtorganisierte Arbeitnehmer die gleichen Rechtsfolgen wie für organisierte Arbeitnehmer: Bei letzteren werden die tariflich geregelten Arbeitsbedingungen gemäß § 613a Abs. 1 Satz 2 BGB nur in dem Zustand transformiert, in dem sie sich zum Zeitpunkt des Betriebsübergangs befanden (statisch), so dass sie an tariflichen Änderungen nach Betriebsübergang nicht teilhaben. Dies gilt auch für nichtorganisierte Arbeitnehmer. An tariflichen Änderungen nach Betriebsübergang nehmen sie nicht teil.[141]

Das Bundesarbeitsgericht lehnt allerdings eine Auslegung als Gleichstellungsabrede ab, wenn **261** der bisherige Arbeitgeber die Bezugnahmeklausel zu einem Zeitpunkt vereinbart hat, zu dem er noch nicht Mitglied des Arbeitgeberverbandes war, auf dessen Tarifverträge er Bezug genommen hat.[142]

Beispiel: **262**

Ein einem Metallarbeitgeberverband angehörendes Unternehmen gründet eine Tochtergesellschaft, die mit ihren Mitarbeitern einzelvertraglich die Anwendbarkeit der Metalltarifverträge vereinbart. Später tritt die Tochter in den gleichen Arbeitgeberverband wie die Mutter ein. Das Bundesarbeitsgericht hat die Bezugnahmeklausel wegen der fehlenden Tarifbindung zum Zeitpunkt des Vertragsschlusses nicht als Gleichstellungsabrede gelten lassen und den Arbeitnehmern nach Verbandsaustritt der Tochter einen Anspruch auf danach abgeschlossene Tariferhöhungen zugebilligt.[143]

Unklar ist jedoch nach dieser Entscheidung, ob für die Arbeitnehmer, die nach Verbandseintritt und vor Verbandsaustritt eingestellt wurden, die Bezugnahmeklausel als Gleichstellungsabrede verstanden werden kann. **263**

Die Auslegung einer Bezugnahmeklausel als Gleichstellungsabrede setzt des Weiteren voraus, **264** dass der bisherige Arbeitgeber die für ihn räumlich und fachlich einschlägigen Tarifverträge angewendet hat. Daher scheidet eine entsprechende Auslegung jedenfalls dann aus, wenn er auf einen fachfremden Tarifvertrag Bezug genommen hat.[144] Dies hat zur Folge, dass die in Bezug genommenen Tarifverträge ebenso wie bei einem nicht tarifgebundenen Arbeitgeber auch nach Betriebsübergang dynamisch anzuwenden sind.

Dagegen ist eine Auslegung als Gleichstellungsklausel möglich und im Regelfall geboten, **265** wenn ein tarifgebundenes Unternehmen die fachlich und räumlich einschlägigen Tarifverträge über deren räumlichen Geltungsbereich hinaus in allen Betrieben des Unternehmens anwendet.[145] Die nichtorganisierten Arbeitnehmer bzw. die Arbeitnehmer in den Betrieben außerhalb des räumlichen Geltungsbereichs des in Bezug genommenen Tarifvertrages können sich in diesem Fall auf tarifliche Änderungen nach dem Zeitpunkt des Betriebsübergangs nicht berufen; die Tarifverträge gelten also nur statisch weiter.

---

[141] BAG v. 21.08.2002 - 4 AZR 263/01 - NZA 2003, 442, 443 f.; BAG v. 24.11.1999 - 4 AZR 666/98 - NZA 2000, 435, 437; BAG v. 04.08.1999 - 5 AZR 642/98 - NZA 2000, 154 f.

[142] BAG v. 01.12.2004 - 4 AZR 50/04 - NZA 2005, 478, 479.

[143] BAG v. 01.12.2004 - 4 AZR 50/04 - NZA 2005, 478 ff.

[144] BAG v. 25.10.2000 - 4 AZR 506/99 - NZA 2002, 100, 103 f.

[145] BAG v. 21.08.2002 - 4 AZR 263/01 - NZA 2003, 442, 444 f.

266 Beispiel:

Ein Unternehmen hat seinen Stammsitz in einem südlichen Bundesland, produziert aber in mehreren Betrieben in ganz Deutschland. Es wendet die für es kraft Mitgliedschaft im örtlich zuständigen Arbeitgeberverband geltenden Tarifverträge auf alle Betriebe des Unternehmens, auch die in anderen Bundesländern an, obwohl die räumliche Zuständigkeit des Arbeitgeberverbandes auf ein Bundesland beschränkt ist. In diesem Fall wird eine Bezugnahmeklausel als Gleichstellungsabrede ausgelegt.

267 Ob eine Gleichstellungsabrede auch dann angenommen werden kann, wenn es nicht um mehrere Betriebe eines Unternehmens, sondern mehrere Unternehmen eines Konzerns geht, welche die nur für die Muttergesellschaft normativ geltenden Tarifverträge auf alle Töchter anwenden, ist höchstrichterlich hingegen noch nicht entschieden.

268 Hinweis:

Diese Fallkonstellationen können vor allem bei räumlich getrennten Tarifgebieten einer Branche innerhalb Deutschlands auftreten (z.B. Metall- und Elektroindustrie). Dort wird häufig auf alle Betriebe das Tarifwerk angewandt, das für den Stammsitz des Unternehmens bzw. den Sitz der Muttergesellschaft maßgebend ist.

269 Gelten die in Bezug genommenen Tarifverträge gemäß § 613a Abs. 1 Satz 1 BGB statisch weiter, kann dies sofort nach Betriebsübergang geändert werden, da die einjährige Verschlechterungssperre des § 613a Abs. 1 Satz 2 BGB nicht eingreift. Allerdings ist eine Änderung nur durch eine einvernehmliche Vertragsänderung oder durch eine (betriebsbedingte) Änderungskündigung möglich; dies ist häufig faktisch nicht durchsetzbar.

270 Unabhängig von der Problematik der Gleichstellungsabrede zu lösen ist die Frage, ob bei in Bezug genommenen Tarifverträgen die beim Übernehmer geltenden anderen Tarifverträge auch bei nichtorganisierten Arbeitnehmern ablösende Wirkung haben, wenn für die organisierten Arbeitnehmer Ablösung nach § 613a Abs. 1 Satz 3 BGB (vgl. dazu Rn. 206 ff., Rn. 216) eintritt. Dies soll nach der Rechtsprechung des Bundesarbeitsgerichts nur dann der Fall sein, wenn im Arbeitsvertrag eine sog. Tarifwechselklausel vereinbart wurde.[146] Ist nur eine sog. kleine Bezugnahmeklausel auf Tarifverträge einer bestimmten Branche vereinbart, soll eine Ablösung nicht möglich sein, selbst wenn im Betrieb des Übernehmers ein für allgemeinverbindlich erklärter Tarifvertrag mit ungünstigeren Arbeitsbedingungen gilt; die Bezugnahmeklausel soll in diesem Fall eine günstigere vertragliche Abmachung i.S.d. § 4 Abs. 3 TVG darstellen.[147]

271 Beispiel:

Nach einem Betriebsübergang wendet der Übernehmer, für den die gleiche Gewerkschaft wie für den bisherigen Arbeitgeber tarifzuständig ist, nicht mehr den für letzteren geltenden Verbandstarifvertrag, sondern den speziell mit der Gewerkschaft abgeschlossenen Firmentarifvertrag an, nach dem den Beschäftigten ein deutlich geringeres Weihnachtsgeld zusteht. Den nichtorganisierten Beschäftigten kann die Zahlung des im Verbandstarifvertrag geregelten höheren Weihnachtsgeldes nur dann verweigert werden, wenn in ihrem Arbeitsvertrag geregelt ist, dass „die jeweils für den Betrieb fachlich und räumlich einschlägigen Tarifverträge auf das Arbeitsverhältnis Anwendung finden".

---

[146] BAG v. 16.10.2002 - 4 AZR 467/01 - NZA 2003, 390 (Orientierungssätze 4 und 5), 391 f.
[147] BAG v. 29.09.2007 - 7 AZR 765/06, 767/06 (derzeit nur als Pressemitteilung verfügbar).

b. Rechtslage für Arbeitsverträge, die ab dem 01.01.2002 abgeschlossen wurden

Bei Arbeitsverträgen, die nach dem 31.12.2001 abgeschlossen wurden, kommt es für die Be-   272
urteilung der tarifrechtlichen Lage nach Betriebsübergang zentral auf die Formulierung der
Bezugnahmeklausel an, da auf letztere nach der neueren Rechtsprechung des Bundesarbeitsgerichts die sog. Unklarheitenregel des § 305c Abs. 2 BGB anzuwenden ist.[148] Bezugnahmeklauseln tarifgebundener Arbeitgeber sind danach nicht mehr automatisch als Gleichstellungsabrede auszulegen. Offen ist derzeit, wann eine Bezugnahmeklausel im bisherigen Sinne als
Gleichstellungsabrede ausgelegt werden kann oder ggf. sogar muss, da neben vertragsrechtlichen Erwägungen auch noch verfassungsrechtliche Aspekte (negative Koalitionsfreiheit,
Art. 9 Abs. 3 GG) zu beachten sind.[149]

Kann eine Bezugnahmeklausel noch als Gleichstellungsabrede ausgelegt werden, so gelten so-   273
wohl für nichtorganisierte als auch für organisierte Arbeitnehmer die Ausführungen unter
Rn. 260 ff., d.h. es ergeben sich keine Unterschiede zur bisherigen Rechtslage.

Wird jedoch eine Bezugnahmeklausel – ggf. unter Heranziehung der Unklarheitenregel des   274
§ 305c Abs. 2 BGB – nicht als Gleichstellungsabrede ausgelegt werden können, folgt daraus
für das Recht des Betriebsübergangs, dass zumindest für die nichtorganisierten übergehenden
Arbeitnehmer die Grundsätze gelten, die unter Rn. 254 ff. für die Weitergeltung von Tarifverträgen bei nicht tarifgebundenen Arbeitgebern dargestellt wurden.

Schwierig ist in diesem Fall die Beurteilung der Rechtsstellung der organisierten Arbeitneh-   275
mer. Für sie greifen wegen der Tarifgebundenheit beider Arbeitsvertragsparteien vor Betriebsübergang eigentlich § 613a Abs. 1 Sätze 2-4 BGB ein, d.h. die maßgebenden Tarifverträge
werden entweder gemäß § 613a Abs. 1 Satz 2 BGB transformiert oder nach § 613a Abs. 1
Sätze 3 und 4 BGB abgelöst. Wenn jedoch in ihrem Arbeitsvertrag eine Bezugnahmeklausel
vorhanden ist, die nicht als Gleichstellungsabrede ausgelegt werden kann, kann dies zu einer
anderen Bewertung führen, wenn der beim Übernehmer geltende Tarifvertrag oder das bei ihm
geltende Tarifwerk ungünstiger ist als die beim bisherigen Arbeitgeber geltenden. Dann nämlich könnte die einzelvertragliche Bezugnahmeklausel als „günstigere" Abmachung i.S.d. § 4
Abs. 3 TVG entweder der Transformation oder der Ablösung durch einen beim Übernehmer
geltenden Tarifvertrag entgegen stehen. Dies wäre indes nur unter zwei Voraussetzungen
möglich: erstens müsste die Bezugnahmeklausel als eine sog. „konstitutive" Abmachung in
dem Sinne ausgelegt werden können, dass die in Bezug genommenen Tarifverträge oder Tarifwerke vollständig unabhängig von der Tarifgebundenheit beider Arbeitsvertragsparteien auf
das Arbeitsverhältnis Anwendung finden sollen. Und zweitens wäre für eine Anwendung des
Günstigkeitsprinzips gemäß § 4 Abs. 3 TVG wohl ebenfalls zu fordern, dass sich die Vertragsparteien bei Vertragsschluss darüber bewusst und einig sind, etwas Günstigeres als eventuell
andere später anwendbare Tarifverträge oder Tarifwerke vereinbaren zu wollen.

Sind die in Bezug genommenen Tarifverträge oder Tarifwerke hingegen für den übergehenden   276
organisierten Arbeitnehmer ungünstiger als die beim Übernehmer geltenden, werden erstere
jedenfalls bei Vorliegen kongruenter Tarifgebundenheit obsolet, da sie ungünstiger als die ak-
tuelle tarifliche Regelung und folglich schon nach dem TVG nicht mehr anzuwenden sind.
Liegt hingegen inkongruente Tarifgebundenheit vor, können die bisherigen Tarifverträge weiter auf die Arbeitsverhältnisse der organisierten übergehenden Beschäftigten angewendet wer-

---

[148] BAG v. 14.12.2005 - 4 AZR 536/04 - NZA 2006, 607 ff.

[149] Dazu *Nicolai/Krois*, SAE 2007, 158 ff.; zu gemeinschaftsrechtlichen Aspekten nach der Entscheidung
Werhof des EuGH v. 09.03.2006 - C-499/04 - NZA 2006, 376 mit Beitrag von *Nicolai*, DB 2006, 670 ff.
und Erwiderung u.a. von *Thüsing*, NZA 2006, 473 ff.

den, da dies nicht gegen das TVG verstößt. Allerdings haben es die Beschäftigten in der Hand, die Geltung der für sie günstigeren Tarifverträge beim Übernehmer durch einen Wechsel in die tarifzuständige Gewerkschaft herbeizuführen.

277 **Hinweis:**

Beim **Arbeitnehmer-Mandat** sollte daher bei Vorliegen inkongruenter Tarifgebundenheit – auf der Grundlage des Informationsschreibens nach § 613a Abs. 5 BGB – ermittelt werden, welcher Tarifvertrag bzw. welches Tarifwerk für den Mandanten insgesamt günstiger ist. Dann erst kann der Rat zum Verbleib in der bisherigen oder zum Wechsel in die neue Gewerkschaft ohne großes Haftungsrisiko erteilt werden.

278 Noch schwieriger wird die Rechtslage, wenn – und dies ist eigentlich die Regel – die beim bisherigen Arbeitgeber geltenden Tarifverträgen nicht in allen, sondern nur jeweils in einzelnen Punkten für die Beschäftigten ungünstiger oder günstiger als die beim Übernehmer geltenden Tarifverträge sind. Dann stellt sich die Frage, ob sich – falls tatsächlich beide Tarifverträge bzw. Tarifwerke nebeneinander anwendbar sein sollten – die übergehenden Beschäftigten tatsächlich in allen Einzelpunkten immer auf die für sie günstigere Regelung berufen können. Das würde nicht nur zu erheblichen organisatorischen Problemen führen, sondern – im Widerspruch zur Zielrichtung des § 613a BGB – zu einer deutlichen und m.E. nicht gerechtfertigten Besserstellung der übergehenden Arbeitnehmer führen. Es wäre daher gesetzeskonformer und gerechter, ebenso wie bei § 613a Abs. 1 Satz 3 BGB von einer vollständigen Ablösung jeweils einzelner Regelungsbereiche auszugehen.

279 **Beispiel:**

Ist in dem beim bisherigen Arbeitgeber geltenden Manteltarifvertrag ein Urlaubsanspruch der Beschäftigten in Höhe von 32 Urlaubstagen und ein Urlaubsgeld in Höhe eines halben Monatsentgelts geregelt, während der beim Übernehmer geltende Manteltarifvertrag den Beschäftigten einen Anspruch auf 30 Urlaubstage und auf ein Urlaubsgeld in Höhe eines Monatsentgelts gibt, würde die „Rosinentheorie" dazu führen, dass die übergehenden Arbeitnehmer einen Urlaubsanspruch von 32 Tagen und einen Anspruch auf Urlaubsgeld in Höhe eines Monatsentgelts hätten. Eine Ablösung von Regelungsbereichen hätte hingegen die Anwendung des beim Übernehmer geltenden Tarifvertrages zumindest für die gesamten Urlaubsregelungen zur Folge.

280 **Hinweis:**

Solange die Rechtslage nicht geklärt ist, besteht sowohl beim **Arbeitnehmer-** als auch beim **Arbeitgeber-Mandat** ein erhebliches Risiko, da derzeit nicht prognostiziert werden kann, ob und wenn ja, in welchem Umfang bisherige tarifliche Rechte erhalten bleiben. Wichtig dürfte in diesem Zusammenhang die saubere Trennung zwischen der Auslegung der Bezugnahmeklausel selbst (als Gleichstellungsabrede oder nicht) und den daraus resultierenden unterschiedlichen Ansatzpunkten bei der rechtlichen Bewertung sein.

4. Sonderfragen bei sog. Tarifwechselklauseln

281 Noch komplizierter wird die Rechtslage, wenn der Arbeitgeber – unabhängig von seiner Tarifgebundenheit – eine sog. Tarifwechselklausel verwendet hat, nach der die für den Betrieb fachlich und ggf. räumlich einschlägigen Tarifverträge und Tarifwerke auf das Arbeitsverhältnis Anwendung finden sollen. Eine solche „große Bezugnahmeklausel" oder – in der Diktion

des Bundesarbeitsgerichts – „Tarifwechselklausel" ist grundsätzlich zulässig, auch wenn zum Teil hiergegen auf das Transparenzgebot des § 307 Abs. 1 Satz 2 BGB gestützte Einwände erhoben werden.

Hinweis: 282

Hält man allerdings unter diesem Aspekt Tarifwechselklauseln für unwirksam, so wird davon i.d.R. die gesamte Bezugnahmeklausel mit der Folge erfasst, dass gar kein Tarifvertrag, sondern gemäß §§ 306 Abs. 2, 612 Abs. 2 BGB die „üblichen Arbeitsbedingungen" Anwendung finden. Man sollte daher beim **Arbeitnehmer-Mandat** gut überlegen, ob man sich auf die eventuelle Unwirksamkeit einer Bezugnahmeklausel berufen will.

Eine Tarifwechselklausel ist des Weiteren nach der Rechtsprechung des Bundesarbeitsgerichts 283 (nur) wirksam, wenn der neue Arbeitgeber seinerseits tarifgebunden ist und den für den Betrieb fachlich und räumlich einschlägigen Tarifvertrag auf die Arbeitsverhältnisse anwendet.[150] Falls diese Bedingungen erfüllt sind, lösen die beim Übernehmer geltenden Tarifverträge die beim bisherigen Arbeitgeber geltenden Tarifverträge ab, und zwar bei nichtorganisierten Arbeitnehmern über § 613a Abs. 1 Satz 1 BGB und bei organisierten Arbeitnehmern gemäß § 613a Abs. 1 Satz 4 BGB.

Umgekehrt scheidet demnach eine Ablösung von Tarifverträgen dann aus, wenn der Übernehmer 284 mer nicht (mehr) normativ tarifgebunden ist.

Unsicher ist des Weiteren, welche Anforderungen an die Stellung des bisherigen Arbeitgebers 285 gestellt werden, wenn eine Tarifwechselklausel zur Ablösung von Tarifverträgen führen soll. Es stellt sich eine Vielzahl ungeklärter Fragen: Können sich nur normativ tarifgebundene Arbeitgeber auf eine solche Tarifwechselklausel berufen oder auch nicht tarifgebundene Arbeitgeber? Wenn sich nur normativ tarifgebundene Arbeitgeber auf Tarifwechselklauseln berufen dürfen, muss ihre normative Tarifgebundenheit dann sowohl zum Zeitpunkt des Vertragsschlusses als auch des Betriebsübergangs vorliegen? Und was geschieht mit den Arbeitgebern, die zwar zum Zeitpunkt des Vertragsschlusses, nicht mehr aber zum Zeitpunkt des Betriebsübergangs normativ tarifgebunden waren oder umgekehrt?

Zusammengefasst ergibt sich m.E. aus den gesamten Überlegungen zur Bewertung von Be- 286 zugnahmeklauseln in Betriebsübergangsfällen, dass über eine Tarifwechselklausel eine Ablösung von Tarifverträgen nur dann sicher herbeigeführt wird, wenn der bisherige Arbeitgeber sowohl bei Abschluss des Arbeitsvertrages als auch im Zeitpunkt des Betriebsübergangs normativ tarifgebunden war und der Übernehmer im Zeitpunkt des Betriebsübergangs normativ tarifgebunden ist und in seinem Betrieb die fachlich und räumlich einschlägigen Tarifverträge auf die (übergehenden) Arbeitsverhältnisse anwendet. Die Tarifwechselklausel kann dann über die Fälle des § 613a Abs. 1 Satz 3 BGB gemäß § 613a Abs. 1 Satz 4 BGB vor allem bei sog. inkongruenter Tarifgebundenheit der Arbeitsvertragsparteien (vgl. hierzu Rn. 208 ff.) dazu führen, dass auf die übergehenden Arbeitsverhältnisse sowohl der organisierten als auch der nichtorganisierten Arbeitnehmer die beim Übernehmer geltenden Tarifverträge angewendet werden.

---

[150] So klar Orientierungssatz 5 von BAG v. 16.10.2002 - 4 AZR 467/01 - NZA 2003, 390, 391/392.

287 Beispiel:

Der bisherige Arbeitgeber ist über eine Verbandsmitgliedschaft an die Tarifverträge der chemischen Industrie gebunden, der Übernehmer seinerseits an die Tarifverträge des Groß- und Außenhandels. Enthalten die Arbeitsverträge der übergehenden Arbeitnehmer die Bestimmung, auf das Arbeitsverhältnis seien die jeweils die kraft Tarifbindung fachlich und räumlich einschlägigen Tarifverträge anwendbar, werden nach dem Betriebsübergang auf die übergehenden Arbeitsverhältnisse die beim Übernehmer geltenden Tarifverträge des Groß- und Außenhandels angewendet.

288 In allen anderen Fällen ist derzeit unklar, ob eine Tarifwechselklausel zur (vertraglichen) Ablösung von Tarifverträgen bei Betriebsübergängen führt oder nicht.

289 Beispiel:

Wäre im o.g. Beispiel (vgl. Rn. 287) der bisherige Arbeitgeber nie normativ an die Tarifverträge der chemischen Industrie gebunden, hätte er diese also nur kraft einer einzelvertraglichen Bezugnahmeklausel angewendet, ist fraglich, ob die Tarifwechselklausel dazu führt, dass nach dem Betriebsübergang die Tarifverträge des Groß- und Außenhandels angewendet werden können.

D. Auswirkungen des Arbeitgeberwechsels auf betriebsvereinbarungsrechtlicher Ebene

I. Übersicht

290 Gemäß § 613a Abs. 1 Sätze 2-4 BGB sind Betriebsvereinbarungen rechtlich genauso zu behandeln wie Tarifverträge. Es bestehen also die gleichen Möglichkeiten wie bei Tarifverträgen:

291 Die Rechtslage stellt sich indes bei Betriebsvereinbarungen aus mehreren Gründen anders als bei Tarifverträgen dar:

292 Erstens erstreckt sich die normative Wirkung von Betriebsvereinbarungen gem. § 77 Abs. 4 BetrVG auf alle Beschäftigten, die Arbeitnehmer i.S.v. § 5 BetrVG sind. Damit entfällt bei Betriebsvereinbarungen die schwierige Bezugnahmeproblematik.

293 Zweitens können Betriebsvereinbarungen nach der Rechtsprechung des Bundesarbeitsgerichts in weitaus größerem Umfang normativ weiter gelten als dies bei Tarifverträgen der Fall ist. Für den Übernehmer eines Betriebes hat dies vor allem zur Folge, dass er wegen der Kündigungsmöglichkeit des § 77 Abs. 5 BetrVG Ansprüche aus Betriebsvereinbarungen leichter entfallen lassen oder mindern kann als Ansprüche aus Tarifverträgen.

Drittens können Betriebsvereinbarungen in der Praxis meist deshalb leichter als (Ver- **294** bands-)Tarifverträge durch eine andere Betriebsvereinbarung abgelöst werden, weil der Übernehmer mit dem Betriebsrat über eine Neuregelung verhandeln oder eine solche ggf. über eine Einigungsstelle herbeiführen kann.

Viertens – dies macht die Lage sowohl rechtlich als auch tatsächlich etwas komplizierter – **295** müssen bei Betriebsvereinbarungen die möglichen unterschiedlichen Regelungsebenen beachtet werden: Für (Einzel-)Betriebsvereinbarungen, die mit dem für einen Betrieb zuständigen Betriebsrat abgeschlossen werden, gelten andere Regeln als für Gesamt- oder gar Konzernbetriebsvereinbarungen.

II. Betriebsvereinbarungen und Betriebsübergang

Die Frage, ob Betriebsvereinbarungen nach einem Betriebsübergang normativ weitergelten **296** oder transformiert werden, ist für die übergehenden Arbeitnehmer zumindest zunächst ohne größere Bedeutung, da ihnen in beiden Fällen die in diesen Betriebsvereinbarungen geregelten Rechte und Pflichten erhalten bleiben. Bei ihnen spielt die Problematik mittelbar vor allem dann eine Rolle, wenn der neue Arbeitgeber an diesen Positionen etwas ändern will; welche Änderungsmöglichkeiten ihm wie zur Verfügung stehen, ist zum Teil davon abhängig, wie Betriebsvereinbarungen weiter gelten.

Von größerem Interesse ist die Art der Weitergeltung von Betriebsvereinbarungen für den **297** Übernehmer des Betriebes. Nur bei einer normativen Weitergeltung von Betriebsvereinbarungen rückt er in die betriebsverfassungsrechtliche Stellung des bisherigen Arbeitgebers ein, d.h. er hat alle Befugnisse, die auch der frühere Betriebsinhaber hatte. Insbesondere steht ihm das Recht zur Kündigung von Betriebsvereinbarungen gemäß § 77 Abs. 5 BetrVG zu. Damit wird es dem Erwerber ermöglicht, Ansprüche von Arbeitnehmern, die auf Betriebsvereinbarungen beruhen, vollständig zu beseitigen.

Hinweis: **298**

Die Kündigung muss dem richtigen Adressaten gegenüber ausgesprochen werden, so dass ergänzend zu prüfen ist, welcher Betriebsrat nach dem Betriebsübergang (empfangs-)zuständig ist (vgl. hierzu Kapitel 6 Rn. 8 ff.).

Auf der anderen Seite muss der Übernehmer beachten, dass bei einer normativen Weitergel- **299** tung von Betriebsvereinbarungen auch die Arbeitnehmer erfasst werden, die er nach dem Betriebsübergang neu einstellt.

Die genau gegenteiligen Rechtsfolgen treten bei einer lediglich schuldrechtlichen Weitergel- **300** tung von Betriebsvereinbarungen in Form einer Transformation nach § 613a Abs. 1 Satz 2 BGB ein: ihr Geltungsbereich ist nach Betriebsübergang auf die übergehenden Arbeitnehmer beschränkt, dafür ist eine Kündigung transformierter Betriebsvereinbarungen jedenfalls nach den derzeitigen gesetzlichen Regelungen nicht möglich, sondern allenfalls eine Ablösung nach § 613a Abs. 1 Satz 3 BGB.

301   **Hinweis:**

Anders als im tariflichen Bereich kann die Frage, ob und wie Betriebsvereinbarungen weitergelten oder abgelöst werden (sollen), zumindest in gewissem Rahmen durch die organisatorische Ausgestaltung des Betriebs(teil)übergangs beeinflusst werden. Daher gehört zum entsprechenden **Arbeitgeber-Mandat** vor allem des Erwerbers die vorherige Prüfung aller drei Alternativen, bei der ergänzend die organisationsrechtlichen Auswirkungen auf Stellung und Amt des Betriebsrats mit bedacht werden sollten.

1. Kollektivrechtliche/normative Weitergeltung

a. Ob der normativen Weitergeltung

302   Betriebsvereinbarungen sollen nach der Rechtsprechung des Bundesarbeitsgerichts unverändert normativ weitergelten, wenn die Identität des Betriebes im Wesentlichen gewahrt bleibt.[151] Dies hat das Bundesarbeitsgericht später dahingehend erweitert, dass dies auch dann gilt, wenn lediglich Betriebsteile veräußert werden, die vom Übernehmer als eigenständiger Betrieb weitergeführt werden.[152]

303   Anders als bei Firmentarifverträgen bedarf es für die normative Weitergeltung von Betriebsvereinbarungen keiner weiteren, rechtsgeschäftlichen Handlung des Erwerbers, um diese Rechtsfolge herbeizuführen. Sie tritt vielmehr automatisch ein, wenn die vom Bundesarbeitsgericht aufgestellten Voraussetzungen erfüllt sind. Damit kommt es in **drei Fällen** zu einer normativen Weitergeltung von Betriebsvereinbarungen:

304   Es geht ein **gesamter Betrieb** über, der vom Erwerber im Wesentlichen unverändert fortgeführt wird.

305   **Beispiel:**

Ein Unternehmer kauft eine Möbelfabrik und führt die Fabrikation weiter.

---

[151] St. Rspr. seit BAG v. 27.07.1994 - 7 ABR 37/93 - NZA 1995, 222, 224 f.; zuletzt BAG v. 15.01.2002 - 1 AZR 58/01 - NZA 2002, 1034, 1035; Grundlage auch für BAG v. 18.09.2002 - 1 ABR 54/01 - NZA 2003, 670 ff.

[152] BAG v. 18.09.2002 - 1 ABR 54/01 - NZA 2003, 670, 675.

Es wird ein **Betriebsteil** ausgegliedert und auf einen anderen Unternehmensträger übertragen 306
(insbesondere Outsourcing!). Der neue Unternehmensträger, der Erwerber, führt diesen Betriebsteil nach dem Übergang als selbstständigen Betrieb weiter.

Beispiel: 307

Ein Einzelhandelsunternehmen gliedert seine Cafeteria aus und überträgt sie auf einen selbstständigen Pächter, der die Cafeteria als eigenen Betrieb weiterführt. Die im Einzelhandelsbetrieb vor dem Übergang abgeschlossenen Betriebsvereinbarungen gelten in der Cafeteria normativ weiter

Hinweis: 308

Gerade in diesen Fällen (bei denen auch noch häufig ein Branchenwechsel vorliegt) werden die beim bisherigen Arbeitgeber geltenden Betriebsvereinbarungen häufig vor dem Betriebsübergang nicht gekündigt worden sein. Das gilt verstärkt, wenn der neue Arbeitgeber ursprünglich von einer bloßen Funktions- bzw. Auftragsnachfolge ausging und es sich erst später herausstellte, dass ein Betriebsübergang vorlag. In diesen Fällen muss der Übernehmer die Betriebsvereinbarung gegenüber dem dann zuständigen Betriebsrat (das ist i.d.R. wegen des in § 21a BetrVG geregelten Übergangsmandates der des „alten" Betriebes) gemäß § 77 Abs. 5 BetrVG kündigen, wenn er die normative Weitergeltung dieser Betriebsvereinbarung beenden will. Für das **Arbeitnehmer-Mandat** hat dies zur Folge, dass das Vorliegen einer ordnungsgemäßen Kündigung gegenüber dem richtigen „Empfangzuständigen" ggf. mit Nichtwissen bestritten, also nicht von vorneherein akzeptiert werden sollte.

Darüber hinaus gelten Betriebsvereinbarungen normativ bei einer **Betriebsaufspaltung** in der 309
Form weiter, dass zwei Unternehmensträger entstehen, der Betrieb aber – dann als gemeinsamer Betrieb zweier Unternehmen (Vermutungsregel des § 1 Abs. 2 Nr. 2 BetrVG!) – im Wesentlichen unverändert weitergeführt wird. Dies gilt sowohl für Betriebsaufspaltungen nach dem UmwG als auch für Aufspaltungen, die im Wege der Einzelrechtsnachfolge durchgeführt werden.

Beispiel: 310

Die X-GmbH ist Träger eines Betriebes. Die Gesellschafter beschließen eine Aufspaltung in eine Betriebs- und eine Besitzgesellschaft. Einige Arbeitnehmer gehen nach § 613a Abs. 1 BGB auf die neu gegründete Y-GmbH über. Es besteht jedoch wegen der einheitlichen Leitungsmacht nach wie vor nur ein Betrieb, so dass die vorher abgeschlossenen Betriebsvereinbarungen normativ weitergelten.

Unklar ist derzeit, ob Betriebsvereinbarungen bei der selbstständigen Weiterführung früherer 311
Betriebsteile als selbstständiger Betrieb auch dann normativ weitergelten, wenn der neu entstandene Betrieb nicht betriebsratsfähig ist, insbesondere weil er nicht mehr als vier Arbeitnehmer beschäftigt. Die Rechtslage ist offen. Nimmt man in diesen Fällen eine normative Weitergeltung der beim bisherigen Arbeitgeber geltenden Betriebsvereinbarungen an, könnte diese mangels eines Betriebsrats (ein Übergangsmandat besteht nach dem Wortlaut des § 21a Abs. 1 Satz 1 BetrVG nicht) nicht diesem gegenüber gekündigt werden. Der Übernehmer hätte jedoch die Möglichkeit, die Wirkung der Betriebsvereinbarung durch eine einheitliche Kündigungserklärung gegenüber allen betroffenen Arbeitnehmer zu beenden.[153]

---

[153] BAG v. 18.09.2002 - 1 ABR 54/01 - NZA 2003, 670, 674.

312 Hinweis:

Will der Übernehmer eine solche Kündigung aussprechen, sollte er wegen der ihn treffenden Beweislast darauf achten – und im **Arbeitgeber-Mandat** entsprechend beraten werden –, dass die Kündigungserklärung allen Arbeitnehmern zugeht, d.h. er sollte die Kündigung entweder schriftlich oder mündlich in Gegenwart eines Zeugen erklären. Ein Aushang am Schwarzen Brett sollte wegen der damit verbundenen (und bekannten) Zugangsprobleme nicht empfohlen werden.

313 Die normative Weitergeltung von Betriebsvereinbarungen ist nicht davon abhängig, ob der übernommene Betrieb bzw. Betriebsteil auf Dauer vom Erwerber als eigenständiger Betrieb weiter geführt wird. Betriebsvereinbarungen gelten also auch dann normativ weiter, wenn der Erwerber den Betrieb oder Betriebsteil erst einmal als eigenständigen Betrieb weiterführt und ihn erst später in seinen Betrieb eingliedert.

314 Hinweis:

Als Faustregel kann gelten, dass Betriebsvereinbarungen nach einem Betriebsübergang immer dann normativ weitergelten, wenn der Betrieb als solcher im Wesentlichen unverändert fortgeführt oder ein früherer Betriebsteil als selbstständiger Betrieb weitergeführt wird. Umgekehrt tritt nach derzeitiger Rechtslage eine Transformation nach § 613a Abs. 1 Satz 2 BGB dann ein, wenn ein Betrieb oder Betriebsteil in den Betrieb des Erwerbers eingegliedert oder mit anderen Betrieben oder Betriebsteilen zusammengeführt wird.

315 Eine normative „Weitergeltung" von Betriebsvereinbarungen kommt schließlich in Betracht, wenn sich der Übernehmer gegenüber dem Betriebsrat verpflichtet, die bisherigen Betriebsvereinbarungen trotz des Betriebsübergangs weiterhin unverändert anzuwenden. Dabei handelt es sich jedoch nicht um eine „echte" normative Weitergeltung; diese resultiert vielmehr aus § 77 Abs. 4 BetrVG, da es sich um eine neue eigenständige Betriebsvereinbarung zwischen Erwerber und Betriebsrat handelt.

b. Umfang der normativen Weitergeltung

316 Normativ weitergeltende Betriebsvereinbarungen gelten grundsätzlich in vollem Umfang weiter, d.h. die aus ihnen folgenden Rechte und Pflichten der Arbeitnehmer bleiben durch den Betriebsübergang unberührt. Damit bestehen auf jeden Fall die Ansprüche der Arbeitnehmer auf Entgeltzusatzleistungen, die in einer Betriebsvereinbarung geregelt sind, weiter. In anderen Fällen kann die normative Weitergeltung fraglich sein.

aa. Art der weitergeltenden Betriebsvereinbarungen

317 Ebenso wie bei der Transformation von Tarifverträgen hat die grundsätzlich normative Weitergeltung von Betriebsvereinbarungen nicht zwingend zur Folge, dass alle für den Veräußererbetrieb bestehenden Betriebsvereinbarungen auf den neuen Arbeitgeber übergehen. Vielmehr wird man zwischen den einzelnen Regelungsgegenständen differenzieren müssen.

318 Betriebsvereinbarungen gelten sicher normativ weiter, wenn sie die Arbeitsverhältnisse inhaltlich gestalten, also z.B. Lage und Verteilung der Arbeitszeit oder die Zahlung freiwilliger Entgeltzusatzleistungen des Arbeitgebers regeln. Solange der Übernehmer die Betriebsvereinbarung nicht kündigt, bleibt diese unverändert in Kraft.

319 Bei Betriebsvereinbarungen, die die Gewährung von Sachleistungen regeln, tritt ein ähnliches Problem wie im individualvertraglichen Bereich auf, wenn der frühere Arbeitgeber den Arbeitnehmern kostenlos oder verbilligt Sachleistungen gewährt hatte, die er selbst am Markt anbietet. Wenn der Erwerber diese Produkte oder Dienstleistungen nicht anbietet bzw. herstellt, stellt sich die Frage, ob die übergehenden Arbeitnehmer nach dem Betriebsübergang – und sei es nur für die Zeit der Kündigungsfrist – einen Anspruch auf diese Leistungen haben.

Beispiel: 320

> Ein Energieunternehmen hat sich in einer Betriebsvereinbarung verpflichtet, seinen Arbeitnehmern verbilligtes Heizgas aus eigener Produktion zur Verfügung zu stellen. Das Unternehmen beschließt nun, die Gebäudereinigung künftig durch ein Gebäudereinigungsunternehmen durchführen zu lassen. Das Gebäudereinigungsunternehmen übernimmt alle Reinigungskräfte des Energieunternehmens[154] und führt den früheren Betriebsteil als eigenen Betrieb fort, weigert sich aber, den übernommenen Arbeitnehmern verbilligtes Heizgas liefern zu lassen.

Die Rechtslage ist ebenso höchstrichterlich ungeklärt wie bei der parallelen individualrechtlichen Problematik. Allerdings wird im Schrifttum zur insoweit vergleichbaren Frage, welche Rechtsfolgen bei einer internen Umstrukturierung, die ohne Wechsel des Unternehmensträgers[155] zur Bildung neuer Betriebe führt, in Bezug auf Betriebsvereinbarungen eintreten, die Auffasung vertreten, diese würde nur weitergelten, wenn ihre Anwendung im aufnehmenden bzw. neuen Betrieb weiterhin möglich und sinnvoll sei.[156] Überträgt man dies auf Betriebsübergangsfälle, könnte man in Bezug auf Sachleistungen, deren Gewährung dem Erwerber nicht oder nur eingeschränkt möglich ist, ebenfalls davon ausgehen, dass entsprechende Betriebsvereinbarungen wegen einer Änderung der tatsächlichen Verhältnisse (ggf. auch wegen Unmöglichkeit der Leistung) gegenstandslos werden. Dies hätte zur Folge, dass der Erwerber auch ohne Kündigung nicht mehr an die Betriebsvereinbarung gebunden wäre. Es ist jedoch fraglich, ob sich ein solches Ergebnis mit dem Schutzzweck des § 613a BGB vereinbaren lässt, weil die Gewährung der fraglichen Sachleistungen Bestandteil des den Arbeitnehmern geschuldeten Arbeitsentgelts ist. Darüber hinaus entstünde ein Wertungswiderspruch zur individualvertraglichen Bewertung (vgl. hierzu Rn. 24 ff.). Die Frage wird letztlich nur durch eine höchstrichterliche Entscheidung des Bundesarbeitsgerichts geklärt werden können.

321

Hinweis: 322

> Wegen der ungeklärten Rechtslage sollte im **Arbeitgeber-Mandat** eine Kündigung der Betriebsvereinbarung gegenüber dem zuständigen Betriebsrat empfohlen werden, falls der Übernehmer sich von dieser Verpflichtung befreien will.

Anders dürfte die Frage der normativen Weitergeltung bei Betriebsvereinbarungen über arbeitsorganisatorische Fragen zu bewerten sein, da diese eventuell im Betrieb des Erwerbers nicht passen bzw. gegenstandslos werden.

323

Beispiel: 324

> Im Betrieb X besteht eine Betriebsvereinbarung, die u.a. Torkontrollen regelt. Ein Betriebsteil wird ausgegliedert und auf einen neuen Inhaber übertragen, der den früheren Betriebsteil an einem anderen Ort als selbstständigen Betrieb weiterführt. Tore gibt es dort nicht.

---

[154] So dass ein Betriebsübergang vorliegt.
[155] So dass ein Fall des § 613a nicht vorliegt.
[156] *Bachner*, NZA 1997, 79, 81; *Fitting/Engels/Schmidt/Trebinger/Linsenmaier*, BetrVG § 77 Rn. 164 für den Fall der Zusammenlegung mehrerer Betriebe.

325 Betriebsvereinbarungen, die ihrem Regelungsgehalt nach nicht (mehr) zum Betrieb des Übernehmers passen, gelten m.E. nach dem Zeitpunkt des Betriebsübergangs nicht normativ weiter. Sie müssen vielmehr mit diesem Zeitpunkt bzw. spätestens ab dem Zeitpunkt, an dem die Regelungen gegenstandslos werden, als beendet angesehen werden. Auch im allgemeinen Betriebsverfassungsrecht werden Betriebsvereinbarungen als beendet angesehen, wenn sie durch eine Änderung der tatsächlichen Verhältnisse gegenstandslos werden.[157] Dies lässt sich m.E. auf die hier interessierende Problematik der (normativen) Weitergeltung von Betriebsvereinbarungen nach einem Betriebsübergang übertragen.

326 Rechtliche Probleme können im Betrieb des bisherigen Arbeitgebers geltende (Gesamt-)Betriebsvereinbarungen über Sozialeinrichtungen i.S.d. § 87 Abs. 1 Nr. 8 BetrVG bereiten, da man wohl auch bei diesen Betriebsvereinbarungen von einer kollektivrechtlichen Weitergeltung ausgehen muss. Dies bereitet nur bei einer betriebsbezogenen Sozialeinrichtung und einem Übergang des ganzen Betriebes rechtlich wenig Schwierigkeiten; will der Übernehmer die Sozialeinrichtung nicht fortführen, hat er – ebenso wie der bisherige Arbeitgeber – die Möglichkeit, die Sozialeinrichtung nach allgemeinen Grundsätzen zu schließen. Anders sieht es aus, wenn der Übernehmer nur einen Betriebsteil erwirbt, den er als selbstständigen Betrieb weiterführt oder wenn die Sozialeinrichtung über eine Gesamtbetriebsvereinbarung unternehmensbezogen geregelt wird und nur ein oder mehrere Betriebe des Unternehmens auf einen neuen Inhaber übertragen werden. Für diesen Fall wird im Schrifttum die Auffassung vertreten, dass die Sozialeinrichtung nur beim bisherigen Arbeitgeber fortbesteht und die übergehenden Arbeitnehmer ihre Ansprüche (z.B. auf Nutzung der Sozialeinrichtung) verlieren.[158] Dies ist jedoch im Hinblick auf den Schutzzweck des § 613a BGB zweifelhaft, da die Rechte der Arbeitnehmer im Zusammenhang mit einer Sozialeinrichtung zum Inhalt ihres Arbeitsverhältnisses werden und sie daher durch den Betriebsübergang ihre Ansprüche verlieren würden; zumindest wäre an einen Anspruch auf Wertersatz, ähnlich wie bei den gerade behandelten Sachleistungen (vgl. Rn. 321), zu denken.

327 **Hinweis:**

Im **Arbeitnehmer-Mandat** sollten Haupt- und Hilfsantrag gestellt werden. Der Hauptantrag wäre auf die Weitergewährung der bisherigen Leistungen bzw. auf Zugang und Nutzung der jeweiligen Sozialeinrichtung zu richten. Der Hilfsantrag wäre als Leistungs- bzw. Zahlungsantrag in Höhe des wirtschaftlichen Vorteils zu stellen; ein unbezifferter Klageantrag dürfte unzulässig sein, insbesondere wird § 287 ZPO wohl nicht eingreifen; ggf. kann bei der Höhe des wirtschaftlichen Vorteils auf eine eventuelle Versteuerung geldwerter Vorteile zurückgegriffen werden. Im **Arbeitgeber-Mandat** sollte die Frage frühzeitig in den Verhandlungen zwischen bisherigem Arbeitgeber und Übernehmer angesprochen und geklärt werden, damit ggf. eine Kündigung der entsprechenden Betriebsvereinbarungen und Neuverhandlungen mit dem zuständigen (Gesamt-)Betriebsrat über die Neubestimmung des berechtigten Personenkreises geführt werden können.

328 Eine weitere Frage ist, ob Betriebsvereinbarungen mit Regelungsgegenständen, die erst ab einer bestimmten Arbeitnehmerzahl im Betrieb bzw. Unternehmen der zwingenden Mitbestimmung des Betriebsrats unterfallen (insbesondere §§ 95 Abs. 2, 99 BetrVG) beim Übergang eines Betriebsteils, in dem diese Zahl unterschritten wird, weiter gelten.

---

[157] *Fitting/Engels/Schmidt/Trebinger/Linsenmaier*, BetrVG, § 77 Rn. 160; *Kreutz* in: GK-BetrVG, § 77 Rn. 372 ff.; *Bachner*, NZA 1997, 79, 81 f.

[158] *Gaul*, Das Arbeitsrecht der Betriebs- und Unternehmensspaltung, S. 973.

Die Frage ist m.E. dann zu bejahen, wenn solche Betriebsvereinbarungen individuelle Rechts- 329
positionen der Arbeitnehmer begründen. In diesem Fall würden die Regelungen gemäß § 613a
Abs. 1 Satz 2 BGB transformiert. Dann kann sich bei einer normativen Weitergeltung der fraglichen Betriebsvereinbarung kein anderes Ergebnis ergeben. Der Erwerber kann jedoch diese
Betriebsvereinbarungen kündigen; da bei einem Unterschreiten der gesetzlich vorgegebenen
Arbeitnehmerzahl kein zwingendes Mitbestimmungsrecht des Betriebsrats mehr besteht,
müsste folgerichtig eine Nachwirkung nach § 77 Abs. 6 BetrVG ausgeschlossen sein.

Beispiel: 330

Im Betrieb des bisherigen Arbeitgebers werden mehr als 500 Arbeitnehmer beschäftigt.
Es besteht eine Betriebsvereinbarung über Auswahlrichtlinien gemäß § 95 Abs. 1 und 2
BetrVG. Der Erwerber übernimmt einen Betriebsteil mit 100 Arbeitnehmern und führt
diesen als eigenständigen Betrieb weiter. Die Betriebsvereinbarung gilt m.E. nicht weiter, da solche Auswahlrichtlinien i.d.R. keine Rechtspositionen der Arbeitnehmer begründen, sondern lediglich Reflexwirkung haben. Sieht man dies anders, könnte der
Übernehmer die Betriebsvereinbarung m.E. ersatzlos kündigen, da nach Betriebsteilübergang kein zwingendes Mitbestimmungsrecht des Betriebsrats mehr besteht.

Unklar ist, ob sog. betriebsorganisatorische Abreden, die von den Betriebsparteien häufig in 331
Form einer Betriebsvereinbarung abgeschlossen werden, normativ weitergelten. Solche Abreden regeln nicht den Inhalt der Arbeitsverhältnisse oder die Organisation des Betriebes bzw.
der Betriebsabläufe, sondern sie betreffen Verfahrensfragen (z.B. Ankündigung von Mehrarbeit oder Verfahren bei Einstellungen oder Versetzungen) oder Stellung und Geschäftsführung
des Betriebsrats. Zu letzterem gehören z.B. Vereinbarungen über Freistellungen nach § 38
BetrVG, über Schulungen nach § 37 Abs. 6 BetrVG oder Kostentragungsregeln nach § 40
BetrVG. Es wird derzeit noch nicht einmal diskutiert, ob auch solche „Betriebsvereinbarungen" auf den Erwerber übergehen. Arbeitsgerichtliche Entscheidungen hierzu liegen ebenfalls
nicht vor.

Die Weitergeltung solcher Betriebsvereinbarungen ist zweifelhaft. So scheitert eine Fortgel- 332
tung nach § 613a Abs. 1 BGB schon daran, dass in solchen Betriebsvereinbarungen nicht die
Rechte und Pflichten der Arbeitnehmer, sondern die Rechte und Pflichten von Arbeitgeber und
Betriebsrat geregelt werden. Ein Übergang der entsprechenden Vereinbarung qua Gesetz
scheitert daran, dass dieses – außer in den Fällen der Gesamtrechtsnachfolge – kein automati-
sches „Einrücken" des Rechtsnachfolgers in die (vertragliche bzw. betriebsverfassungsrechtliche) Position seines Vorgängers vorsieht. Würde man jedoch eine normative Weitergeltung
von betriebsorganisatorischen Absprachen annehmen, wäre genau dies gegeben. Demgegenüber wäre es natürlich vor allem beim Übergang und der unveränderten Fortführung eines ganzen Betriebes unpraktikabel, wenn solche Vereinbarungen nicht weiter gelten würden; diese
Erwägung allein reicht indes nicht aus, um die gesetzlichen Wertungen außer Kraft zu setzen,
zumal die Betriebsparteien bei Interesse an einer Weitergeltung eine unmittelbar anschließende neue, regelungsgleiche Vereinbarung treffen können.

Hinweis: 333

Im **Arbeitgeber-Mandat** sollte darauf hingewiesen werden, dass eine solche „bestäti-
gende" Betriebsvereinbarung nur vom Übernehmer wirksam geschlossen werden kann,
nicht vom bisherigen Arbeitgeber, da dies eine unzulässige Vereinbarung zu Lasten Dritter wäre.

334 Das Problem dürfte im Übrigen nur relevant werden, wenn der Erwerber einen Betrieb übernimmt und unverändert fortführt, da nur in diesem Fall das Amt des Betriebsrats fortbesteht. Anders sieht die Rechtslage aus, wenn der Erwerber nur einen Betriebsteil übernimmt und als eigenständigen Betrieb weiterführt. Dann nimmt der Betriebsrat des Ursprungsbetriebes im neuen Betrieb des Erwerbers gemäß § 21a BetrVG nur das Übergangsmandat wahr. Es wäre in diesem Fall weder rechtlich noch tatsächlich zu rechtfertigen, den Erwerber an Betriebsvereinbarungen zu binden, die nur im Veräußererbetrieb noch Sinn machen. Daher gelten m.E. bei Ausgliederung eines Betriebsteils betriebsorganisatorische Abreden nicht weiter.

335 Ungeklärt ist schließlich noch, ob die normative Weitergeltung von Betriebsvereinbarungen nach einem Betriebsübergang dazu führt, dass Arbeitnehmer, die vom Erwerber nach diesem Zeitpunkt neu eingestellt werden, von dieser Betriebsvereinbarung erfasst werden. Die Frage dürfte zu bejahen sein, da Grundlage für die normative Weitergeltung der Betriebsvereinbarungen immer noch § 77 Abs. 4 BetrVG ist. Der Übernehmer kann sich dieser Rechtsfolge daher nur entziehen, wenn er die Betriebsvereinbarung kündigt. Dann werden jedenfalls bei freiwilligen Betriebsvereinbarungen nach Ablauf der Kündigungsfrist neu eintretende Arbeitnehmer nicht mehr von dieser Betriebsvereinbarung erfasst. Zweifelhaft ist hingegen die Rechtslage bei erzwingbaren Betriebsvereinbarungen. Selbst wenn diese jedenfalls im Nachwirkungsstadium die neu eintretenden Arbeitnehmer nicht erfassen sollten, besteht für den Arbeitgeber das Problem, dass er jedenfalls im Bereich der erzwingbaren Mitbestimmung nach § 87 BetrVG keine wirksamen Weisungen ohne Zustimmung des Betriebsrats erteilen darf. Es ist also z.B. dann, wenn ein kollektiver Tatbestand vorliegt, ohne Zustimmung des Betriebsrats keine einseitige Anordnung von Mehrarbeit für die neu eintretenden Arbeitnehmer möglich.

bb. Sonderfall: Haftung für Sozialplanansprüche

336 Vor allem, wenn es nach dem Entschluss des bisherigen Arbeitgebers, den Betrieb oder einen Betriebsteil stillzulegen, zu einem unerwarteten Betriebsübergang kommt, kann die Frage auftreten, ob der Übernehmer eines Betriebes ggf. für Sozialplanansprüche der Arbeitnehmer haftet. Dabei wird im Folgenden ausschließlich die Rechtslage erörtert, wenn der bisherige Arbeitgeber bereits vor dem Betriebsübergang mit dem Betriebsrat einen Sozialplan vereinbart hat (zu Betriebsänderungen in Zusammenhang mit Betriebsübergängen vgl. Kapitel 6 Rn. 113 ff.).

337 **Beispiele:**

> Ein Unternehmer hatte im Januar 2006 beschlossen, seinen Betrieb wegen wirtschaftlicher Schwierigkeiten stillzulegen. Im April 2006 schließt er mit dem Betriebsrat einen Sozialplan ab, der für die gekündigten Arbeitnehmer Abfindungen vorsieht. Im Mai 2006 findet sich unerwartet ein Käufer für den Betrieb, der auch alle Arbeitnehmer übernehmen will. Der Kaufvertrag wird im Juni 2006 abgeschlossen.
>
> Ein Unternehmer verliert einen Auftrag und ist deshalb zu einem erheblichen Personalabbau gezwungen. Er vereinbart mit dem Betriebsrat einen Sozialplan.[159] Der Auftrag ist an einen Wettbewerber gegangen, der einen Teil der Arbeitnehmer des bisherigen Auftragnehmers übernimmt, so dass ein Betriebs(teil)übergang vorliegt.

---

[159] Der Betriebsrat hat auch dann, wenn das Vorliegen eines Betriebsübergangs fraglich ist, das Recht, einen vorsorglichen Sozialplan zu verlangen, vgl. BAG v. 01.04.1998 - 10 ABR 17/97 - NZA 1998, 768 ff.

Der vom bisherigen Arbeitgeber wegen einer geplanten Betriebs(teil)stilllegung abgeschlos-   338
sene Sozialplan wird durch einen unerwarteten Betriebsübergang nicht automatisch unwirksam. Er bzw. der Übernehmer als sein betriebsverfassungsrechtlicher Nachfolger haben jedoch
die Möglichkeit, unter Berufung auf den Wegfall der Geschäftsgrundlage eine Anpassung des
Sozialplans an die veränderten Verhältnisse zu verlangen.[160]
Sozialpläne werden rechtlich nicht anders als andere Betriebsvereinbarungen behandelt, d.h.   339
sie bzw. die in ihnen geregelten Rechte und Pflichten gehen auf den Erwerber eines Betriebes
oder Betriebsteils über. Dabei soll ein Sozialplan normativ weitergelten, wenn der Betrieb
durch den Betriebsübergang seine bisherige Identität nicht verliert. Der Übernehmer tritt dann
in die betriebsverfassungsrechtliche Stellung des bisherigen Arbeitgebers ein. Dies hat zur
Folge, dass er gegenüber dem im Zeitpunkt des Betriebsübergangs zur Belegschaft gehörenden Arbeitnehmer unmittelbar zum Schuldner aus dem Sozialplan wird.[161] Aufgrund der Entscheidung des Bundesarbeitsgerichts vom 18.09.2002[162], nach der Betriebsvereinbarungen
auch bei der selbstständigen Weiterführung eines übernommenen Betriebsteils normativ weitergelten sollen, wird man auch für diesen Fall eine normative Weitergeltung von Sozialplänen
annehmen müssen.
Konsequenz hieraus ist somit, dass der Übernehmer für Sozialplananspüche der Arbeitneh-   340
mer über § 613a Abs. 1 BGB haften kann. Dies tritt allerdings nur unter zwei Voraussetzungen
ein:

• erstens muss das Arbeitsverhältnis des Arbeitnehmers, der die Ansprüche geltend macht,
  auf den neuen Arbeitgeber übergegangen sein **und**
• zweitens müssen die im Sozialplan festgelegten Anspruchsvoraussetzungen erfüllt sein.

In Bezug auf die erstgenannte Voraussetzung scheidet damit eine Haftung des Übernehmers   341
aus, wenn ein Arbeitnehmer vor dem Zeitpunkt des Betriebsübergangs aus dem Betrieb ausgeschieden, die Kündigungsfrist also vor diesem Zeitpunkt abgelaufen ist, da in diesem Fall
das Arbeitsverhältnis nicht auf den Erwerber übergeht. In diesem Fall bleibt es bei der alleini-
gen Haftung des bisherigen Arbeitgebers für die vereinbarten Sozialplanleistungen.
Hinweis: 342

Maßgebend für den Übergang eines Arbeitsverhältnisses ist sein rechtliches Bestehen
und nicht, ob tatsächlich gearbeitet wurde. Wurde ein Arbeitnehmer vor Ablauf der Kündigungsfrist freigestellt und geht der Betrieb in diesem Freistellungszeitraum über, geht
das Arbeitsverhältnis für seine Restdauer bis zum Ablauf der Kündigungsfrist über!

Zweifelhaft ist die Haftung des Übernehmers für Sozialplananspüche, wenn er einen bereits   343
vom bisherigen Arbeitgeber betriebsbedingt gekündigten Arbeitnehmer nach Ablauf der Kündigungsfrist wieder einstellt. Eine Einstandspflicht kommt in diesen Fällen m.E. nur dann in
Betracht, wenn man davon ausgeht, dass ein sog. Vertragsfortsetzungsanspruch des Arbeitnehmers besteht. Einen solchen Vertragsfortsetzungsanspruch gesteht das Bundesarbeitsgericht
Arbeitnehmern zwar in bestimmten Fällen des unerwarteten Betriebsübergangs zu,[163] es hat
aber noch nicht darüber entschieden, ob dieser Vertragsfortsetzungsanspruch noch nach Ablauf der Kündigungsfrist besteht.[164] Wenn man dies verneint, würde die Wiedereinstellung eines Arbeitnehmers nach Ablauf der Kündigungsfrist nicht als Übergang des Arbeitsverhältnis-

---

[160] BAG v. 28.08.1996 - 10 AZR 886/95 - NZA 1997, 109 ff.
[161] BAG v. 15.01.2002 - 1 AZR 58/01 - NZA 2002, 1034, 1035.
[162] BAG v. 18.09.2002 - 1 ABR 54/01 - NZA 2003, 670, 675.
[163] St. Rspr. seit BAG v. 27.02.1997 - 2 AZR 160/96 - NZA 1997, 757 ff.; für § 613a seit BAG
   v. 13.11.1997 - 8 AZR 295/95 - NZA 1998, 251, 252 f.
[164] Offen gelassen von BAG v. 13.05.2004 - 8 AZR 198/03.

ses gewertet, sondern als Neuabschluss eines Arbeitsverhältnisses. Der Übernehmer würde dann nicht nach § 613a BGB für die beim bisherigen Arbeitgeber begründeten Sozialplanansprüche haften.

344 Ist das Arbeitsverhältnis auf den Erwerber übergegangen, kommt eine Haftung für Sozialplanansprüche grundsätzlich in Betracht. Das wird vor allem für die Arbeitsverhältnisse relevant, die zwar bereits vom bisherigen Arbeitgeber betriebsbedingt gekündigt wurden, bei denen aber die Kündigungsfrist im Zeitpunkt des Betriebsübergangs noch nicht abgelaufen ist. Auch diese Arbeitsverhältnisse gehen auf den Erwerber über.[165] Dies hat zur Folge, dass die übergehenden Arbeitnehmer nunmehr vom Erwerber grundsätzlich die Zahlung von Sozialplanleistungen verlangen können, da der Sozialplan gemäß § 613a Abs. 1 BGB auf den Erwerber übergegangen ist.[166] Der bisherige Arbeitgeber haftet dann nur noch gemäß § 613a Abs. 2 BGB gesamtschuldnerisch mit, da die Sozialplanansprüche vor dem Betriebsübergang, nämlich mit Ausspruch der Kündigung,[167] entstanden sind.

345 **Hinweis:**

> Im sog. Innenverhältnis zwischen früherem und neuem Arbeitgeber dürfte wohl der frühere Arbeitgeber über § 426 Abs. 1 Satz 1 BGB voll haften, so dass ggf. im **Arbeitgeber-Mandat** des Übernehmers über die Geltendmachung von Regress- bzw. Ausgleichsansprüchen nachgedacht werden muss. Für eine etwaige Klage sind dann aber die Zivilgerichte zuständig!

346 Für den Übernehmer stellt sich bei einer entsprechenden Inanspruchnahme die Frage, ob er sich gegenüber dem Zahlungsverlangen der übergehenden Arbeitnehmer auf eine mögliche und ggf. angebotene Weiterbeschäftigung berufen und damit die Erfüllung der Abfindungsansprüche verweigern kann.

347 Dies wiederum hängt von der Ausgestaltung des Sozialplans ab. Wenn im Sozialplan nicht vorgesehen ist, dass ein Abfindungsanspruch ausscheidet, wenn der Arbeitnehmer eine zumutbare Weiterbeschäftigung abgelehnt hat, bleibt der Abfindungsanspruch der gekündigten Arbeitnehmer bestehen. Sie haben keine Verpflichtung, ein etwaiges Weiterbeschäftigungsangebot des Erwerbers anzunehmen[168] oder den nach der Rechtsprechung des Bundesarbeitsgerichts bestehenden Wiedereinstellungs- bzw. Vertragsfortsetzungsanspruch[169] geltend zu machen. Dies führt letztlich sogar zu dem Ergebnis, dass Arbeitnehmer, denen von ihrem früheren Arbeitgeber wirksam gekündigt wurde und die nach Ablauf der Kündigungsfrist das Weiterbeschäftigungsangebot des Erwerbers angenommen und somit ein neues Arbeitsverhältnis begründet haben, einen Abfindungsanspruch erhalten, obwohl sie ihren Arbeitsplatz behalten!

348 **Hinweis:**

> Ändern kann der Erwerber dies wohl nur, wenn er sich gegenüber dem Betriebsrat auf den Wegfall der Geschäftsgrundlage beruft und eine Neuverhandlung über den Sozialplan erzwingt. Eventuelle Klageverfahren von Arbeitnehmern über die Zahlung von Sozialplanabfindungen sind in diesem Fall von den Arbeitsgerichten nach § 148 ZPO bis zum Abschluss eines neuen Sozialplans auszusetzen.[170]

---

[165] BAG v. 28.08.1996 - 10 AZR 886/95 - NZA 1997, 109, 111.

[166] Vgl. hierzu BAG v. 15.01.2002 - 1 AZR 58/01 - NZA 2002, 1034, 1035, in dem eine Haftung des Erwerbers jedoch wegen der in der Insolvenz geltenden Haftungsbeschränkungen verneint wurde.

[167] BAG v. 13.12.1994 - 3 AZR 357/94 - NZA 1996, 139.

[168] BAG v. 28.08.1996 - 10 AZR 886/95 - NZA 1997, 109, 111.

[169] BAG v. 27.02.1997 - 2 AZR 160/96 - NZA 1997, 757 ff.; BAG v. 13.11.1997 - 8 AZR 295/95 - NZA 1998, 251 ff.

[170] BAG v. 28.08.1996 - 10 AZR 886/95 - NZA 1997, 109, 111.

Anders ist die Rechtslage zum Teil zu bewerten, wenn der Sozialplan gemäß § 112 Abs. 5 **349**
Nr. 2 BetrVG vorsieht, dass Arbeitnehmer, die eine zumutbare Weiterbeschäftigung ablehnen,
keine Abfindung erhalten. In diesem Fall kommt es für das Entstehen des Abfindungsanspruchs darauf an, ob den Arbeitnehmern die vom Übernehmer angebotene Weiterbeschäftigung zumutbar ist. Dies richtet sich nach den allgemeinen Grundsätzen, die hierzu entwickelt
worden sind.[171]

Hinweis: **350**

Es kann sich in solchen Fällen für den Übernehmer ebenfalls empfehlen, unter Berufung
auf den Wegfall der Geschäftsgrundlage eine Änderung des abgeschlossenen Sozialplans zu erzwingen, da die Einigungsstelle auch festlegen kann, welche anderen Arbeitsplätze zumutbar sind.[172]

cc. Änderung der Betriebsvereinbarung im Ursprungsbetrieb (bei Betriebsteilüber-
tragungen)

Ausschließlich für den Fall, dass ein Betriebsteil übertragen und vom Übernehmer als selbst- **351**
ständiger Betrieb weitergeführt wird, folglich also nach der Rechtsprechung des Bundesarbeitsgericht die im ausgliedernden Betrieb geltenden Betriebsvereinbarungen normativ weitergelten[173], stellt sich die Frage, was geschieht, wenn eine Betriebsvereinbarung im Ursprungsbetrieb nach Betriebsübergang geändert wird.

Beispiel: **352**

Im Ursprungsbetrieb besteht eine Betriebsvereinbarung „Weihnachtsgeld", nach der den
Beschäftigten jedes Jahr ein zusätzliches Weihnachtsgeld von 200 € gezahlt wird. Im
Jahre 2004 wird ein Betriebsteil ausgegliedert, an einen Erwerber übertragen und von
diesem als selbstständiger Betrieb weitergeführt. Im Jahre 2005 gehen die Geschäfte im
Ursprungsbetrieb so gut, dass sich der Inhaber (und frühere Arbeitgeber der übergegangenen Beschäftigten) in einer neuen Betriebsvereinbarung zur Zahlung von 400 € Weihnachtsgeld an die Beschäftigten verpflichtet. Können auch die im Jahre 2004 auf den Erwerber übergegangenen Arbeitnehmer die Zahlung des höheren Weihnachtsgeldes verlangen?

Betriebsvereinbarungen gelten – ebenso wie Tarifverträge (vgl. Rn. 147 ff.) – m.E. nur in dem **353**
Zustand weiter, in dem sie sich im Zeitpunkt des Betriebsübergangs befanden. Spätere Änderungen der Betriebsvereinbarung im Ursprungsbetrieb erfassen die Arbeitsverhältnisse der
übergehenden Arbeitnehmer nicht, da weder der frühere Arbeitgeber noch der früher für die
übergegangenen Arbeitnehmer zuständige Betriebsrat das Recht haben, zu Gunsten oder zu
Lasten Dritter eine Regelung zu treffen. Das aber wäre der Fall, wenn eine geänderte Betriebsvereinbarung sich auch auf den Erwerber und die Arbeitnehmer, deren Arbeitsverhältnisse
übergegangen sind, erstrecken würde. Daher nehmen die übergehenden Arbeitnehmer an späteren Änderungen der normativ weitergeltenden Betriebsvereinbarung im Ursprungsbetrieb
nicht teil, so dass ihnen im o.g. Beispiel auch kein Anspruch auf das höhere Weihnachtsgeld
zusteht. Umgekehrt behalten sie ihren Anspruch in der alten Höhe auch dann, wenn die Leistungen im Ursprungsbetrieb durch eine abändernde Betriebsvereinbarung abgesenkt oder sogar vollständig beseitigt werden.

---

[171] Dazu *Fitting/Engels/Schmidt/Trebinger/Linsenmaier*, BetrVG, § 112 Rn. 228 f. m.w.N.
[172] St. Rspr., zuletzt BAG v. 28.09.1988 - 1 ABR 23/87 - NZA 1989, 186 ff.
[173] BAG v. 18.09.2002 - 1 ABR 54/01 - NZA 2003, 670, 675.

354 Beispiel:

Wandelt man das o.g. Beispiel dahingehend ab, dass im Ursprungsbetrieb die Betriebsvereinbarung „Weihnachtsgeld" wegen der schlechten Geschäftslage im Jahr 2005, also nach dem Zeitpunkt des Betriebsübergangs ersatzlos gekündigt wird, so hat auch dies keine Auswirkungen auf die nunmehr beim Übernehmer beschäftigten Arbeitnehmer. Solange der Übernehmer die Betriebsvereinbarung nicht kündigt, haben die Arbeitnehmer Anspruch auf die 200 € Weihnachtsgeld.

c. Nachwirkende Betriebsvereinbarungen

355 Eine bis jetzt nicht geklärte Folgefrage der Rechtsprechung des Bundesarbeitsgerichts zur normativen Weitergeltung von Betriebsvereinbarungen ist, ob nachwirkende Betriebsvereinbarungen normativ fortwirken. Dies wird man – ebenso wie bei Tarifverträgen – annehmen müssen, da sich der Geltungsgrund der Betriebsvereinbarung nicht ändert, wenn sie gekündigt wurde. Der Übernehmer ist damit m.E. an Betriebsvereinbarungen über Gegenstände der zwingenden Mitbestimmung (vor allem die Fälle des § 87 BetrVG) auch nach dem Betriebsübergang gebunden. Eine Neuregelung kann er nur erreichen, wenn er mit dem bei ihm zuständigen Betriebsrat eine neue, ablösende Betriebsvereinbarung abschließt. Hat der Erwerber einen Betriebsteil übernommen und führt er diesen als selbstständigen Betrieb weiter, ist zu beachten, dass der Betriebsrat des Ursprungsbetriebes für die übergehenden Arbeitnehmer das Übergangsmandat gemäß § 21a BetrVG wahrnimmt, so dass der Erwerber – wenn er eine Neuregelung erreichen will – bis zur Neuwahl eines Betriebsrats in seinem neuen Betrieb mit dem Betriebsrat des Ursprungsbetriebs verhandeln muss.[174]

356 Hinweis:

Daher kann es im **Arbeitgeber-Mandat** des Übernehmers angeraten sein, dem Mandanten im eigenen Interesse zu empfehlen, möglichst schnell die Bildung eines eigenen Betriebsrats zu unterstützen, damit er nicht mit dem Betriebsrat eines fremden Betriebes über die für seinen Betrieb geltenden Arbeitsbedingungen verhandeln muss.

357 Bei freiwilligen Betriebsvereinbarungen, die nach ihrer Kündigung nicht nach § 77 Abs. 6 BetrVG nachwirken, ist der Erwerber allenfalls bis zum Ablauf der Kündigungsfrist an die Betriebsvereinbarung gebunden. Das gilt auch für Betriebsvereinbarungen über Entgeltzusatzleistungen, wenn diese vom bisherigen Arbeitgeber vor dem Betriebsübergang ersatzlos gekündigt wurden. Da Betriebsvereinbarungen in diesem Fall nicht nachwirken,[175] muss der Erwerber die aus dieser Betriebsvereinbarung resultierenden Ansprüche der Arbeitnehmer allenfalls bis zum Ablauf der Kündigungsfrist erfüllen.

358 Beispiel:

Im Betrieb des bisherigen Arbeitgebers galt eine Betriebsvereinbarung, nach der jedem Mitarbeiter monatlich eine feste Fahrtkostenpauschale gezahlt wird. Der bisherige Arbeitgeber kündigt die Betriebsvereinbarung am 30.03.2006 ersatzlos zum 30.06.2006. Am 01.05.2006 geht ein Betriebsteil auf einen Erwerber über, der diesen als eigenständigen Betrieb fortführt. Die übergegangenen Arbeitnehmer können von ihrem neuen Arbeitgeber noch bis zum 30.06.2004 die Pauschale verlangen, danach entfällt ihr Anspruch, da die Betriebsvereinbarung nicht nachwirkt.

---

[174] Näheres dazu in Kapitel 6.
[175] BAG v. 26.10.1993 - 1 AZR 46/93 - NZA 1994, 572, 574.

Probleme wirft die normative Weitergeltung nachwirkender Betriebsvereinbarungen bei sog.   **359**
teilmitbestimmten Betriebsvereinbarungen (i.d.R. über freiwillige Entgeltzusatzleistungen des
Arbeitgebers) auf. Werden diese vom Arbeitgeber mit dem Ziel einer Absenkung und Neuver-
teilung des Dotationsvolumens gekündigt, tritt nach der Rechtsprechung des Bundesarbeitsgerichts Nachwirkung ein.[176]

Beispiel: **360**

> Wie oben, aber der bisherige Arbeitgeber hat die Betriebsvereinbarung am 30.03.2004
> mit dem Ziel gekündigt, künftig das Dotationsvolumen zu senken und die Fahrtkostener-
> stattung für die Mitarbeiter anders zu berechnen. In seinem Betrieb wirkt die Betriebs-
> vereinbarung nach, so dass seine Mitarbeiter bis zum Abschluss einer neuen Betriebs-
> vereinbarung weiterhin Anspruch auf die bisher geregelte Fahrtkostenpauschale haben.
> Können aber auch die auf den Erwerber übergegangenen Arbeitnehmer weiterhin die
> Zahlung der Fahrtkostenpauschale bis zum Abschluss einer neuen Betriebsvereinbarung
> verlangen?

Die Rechtslage ist offen. Das Problem wird sogar größtenteils noch nicht einmal im einschlä-   **361**
gigen Schrifttum behandelt. M.E. wird man davon ausgehen müssen, dass die Nachwirkung
der gekündigten teilmitbestimmten Betriebsvereinbarung nur den alten Arbeitgeber, nicht aber
den Übernehmer verpflichtet. Ihm kann der Umstand, dass der alte Arbeitgeber die Betriebsvereinbarung nicht ersatzlos, sondern mit dem Ziel einer – veränderten – Neuregelung gekündigt hat, nicht zugerechnet werden. Wenn er eine Neuregelung des in der gekündigten Betriebsvereinbarung geregelten Gegenstandes nicht beabsichtigt, dann muss er so behandelt
werden, als ob er selbst die Betriebsvereinbarung ersatzlos gekündigt hätte. Es ist jedoch demgegenüber durchaus vertretbar, den Arbeitnehmern weiterhin Ansprüche aus der „alten", nachwirkenden Betriebsvereinbarung zuzusprechen. In diesem Fall dürfte der Erwerber aber noch
nicht einmal die Möglichkeit haben, die nachwirkende Betriebsvereinbarung noch einmal zu
kündigen, da diese eigentlich nicht mehr existiert und nicht nochmals gekündigt werden kann.
Damit wäre der Übernehmer gezwungen, mit dem zuständigen Betriebsrat (§ 21a BetrVG beachten!) über eine Neuregelung zu verhandeln, da nur eine neue Betriebsvereinbarung die
nachwirkende Betriebsvereinbarung ablöst. Ob es rechtlich auch möglich wäre, in einer neuen
Betriebsvereinbarung die aus der nachwirkenden Betriebsvereinbarung folgenden Ansprüche
der Arbeitnehmer vollständig zu beseitigen, ist fraglich, jedoch eher ein theoretisches Problem, da es dem Erwerber i.d.R. ohnehin kaum gelingen wird, sich mit dem Betriebsrat über ein
völliges Entfallen der fraglichen Leistung zu einigen.

d. Ablösung von Betriebsvereinbarungen durch Tarifverträge

Insbesondere dann, wenn ein Betrieb oder Betriebsteil von einem nicht tarifgebundenen Ar-   **362**
beitgeber auf einen tarifgebundenen Erwerber übergeht, kann die Situation auftreten, dass eine
vor dem Betriebsübergang geltende Betriebsvereinbarung den gleichen Gegenstand wie der
nunmehr beim Erwerber geltende Tarifvertrag regelt. Das Gleiche kann passieren, wenn das
im Unternehmen des bisherigen Arbeitgebers geltende Tarifwerk wesentlich weniger umfang-
reich als das im Unternehmen des Erwerbers geltende Tarifwerk ist. Denkbar ist ferner der
Fall, dass der Erwerber zwar nicht tarifgebunden ist, er aber entweder die für ihn einschlägigen
Tarifverträge kraft arbeitsvertraglicher Vereinbarung (Bezugnahmeklausel) anwendet oder –
in Bezug auf einzelne Arbeitsbedingungen – in der Branche, der der Betrieb des Erwerbers angehört, tarifliche Regelungen „üblich" i.S.v. § 77 Abs. 3 BetrVG sind.

---

[176] St. Rspr. seit BAG v. 26.10.1993 - 1 AZR 46/93 - NZA 1994, 572 ff.

363   **Beispiel:**

Im Betrieb des nicht tarifgebundenen Veräußerers besteht eine Betriebsvereinbarung über die Zahlung von Urlaubsgeld. Ein Betriebsteil wird von einem Erwerber übernommen, der Mitglied eines tarifschließenden Arbeitgeberverbandes ist und für den ein (Mantel-)Tarifvertrag gilt, der u.a. die Zahlung von Urlaubsgeld regelt.

364   In solchen Fällen kann eine ablösende Wirkung nach § 613a Abs. 1 Satz 3 BGB schon deshalb nicht eintreten, weil die Betriebsvereinbarung bereits wegen des Eingreifens von § 77 Abs. 3 BetrVG oder von § 87 Abs. 1 Eingangssatz BetrVG unwirksam wird. Die übergehenden Arbeitnehmer können daher ab dem Zeitpunkt des Betriebsübergangs bzw. des Übergangs der Leitungsmacht aus einer solchen Betriebsvereinbarung keine Ansprüche mehr herleiten.

365   Eine andere Frage ist, ob sich die Arbeitnehmer dann auf die für den Erwerberbetrieb geltenden Tarifverträge berufen können. Allerdings wird auf ihre Arbeitsverhältnisse nicht automatisch der im Betrieb des Erwerbers geltende Tarifvertrag angewandt. Eine normative Wirkung dieser Tarifverträge setzt vielmehr beiderseitige Tarifgebundenheit voraus, die nur dann gegeben sein wird, wenn die Arbeitnehmer Mitglied der für den Erwerberbetrieb tarifzuständigen Gewerkschaft sind oder wenn der für den Erwerberbetrieb einschlägige Tarifvertrag für allgemeinverbindlich erklärt wurde. Eine schuldrechtliche Geltung der im Erwerberbetrieb geltenden Tarifverträge wird nur dann in Betracht kommen, wenn der Arbeitsvertrag der übergehenden Arbeitnehmer eine große dynamische Bezugnahmeklausel (Tarifwechselklausel) enthält. Dabei dürfte es insoweit – anders als bei der Reichweite des § 613a Abs. 1 Sätze 2 und 3 BGB – nicht darauf ankommen, ob der bisherige Arbeitgeber seinerseits tarifgebunden ist oder nicht, da es nicht um die Ablösung von Tarifverträgen gemäß § 613a Abs. 1 Satz 3 BGB geht, sondern allein darum, ob überhaupt ein Tarifvertrag oder Tarifwerk auf die Arbeitsverhältnisse der übergehenden Arbeitnehmer Anwendung findet oder nicht.

366   Ist der im Erwerberbetrieb geltende Tarifvertrag weder kraft beiderseitiger Tarifgebundenheit noch kraft einer Tarifwechselklausel auf die Arbeitsverhältnisse der übergehenden Arbeitnehmer anwendbar, könnte ihr Anspruch auf Anwendung der im Erwerberbetrieb einschlägigen Tarifverträge aus dem arbeitsrechtlichen Gleichbehandlungsgrundsatz folgen. Das kommt in Betracht, wenn der Erwerber die Tarifverträge generell auf alle Arbeitsverhältnisse der bei ihm beschäftigten Arbeitnehmer anwendet. Vor allem bei der Eingliederung des übernommenen Betriebs oder Betriebsteils in den Betrieb des Erwerbers kommt es dann darauf an, ob ein sachlicher Grund für die Ungleichbehandlung vorliegt.[177] Anders kann dies sein, wenn der Erwerber den übernommenen Betrieb oder Betriebsteil als eigenen Betrieb innerhalb seines Unternehmens fortführt. Zwar neigt der 1. Senat des Bundesarbeitsgerichts dazu, den Gleichbehandlungsgrundsatz unternehmensbezogen anzuwenden,[178] jedoch dürfte i.d.R. ein sachlicher Grund für die Differenzierung zwischen verschiedenen Betrieben vorliegen.

2. Transformation von Betriebsvereinbarungen

a. Ob der Transformation

367   Nur wenn Betriebsvereinbarungen nicht normativ weitergelten, kommt eine Transformation nach § 613a Abs. 1 Satz 2 BGB in Betracht. Sie beschränkt sich nach der neueren Rechtsprechung des Bundesarbeitsgerichts auf die Fälle, in denen der Erwerber den übernommenen Be-

---

[177] Vgl. dazu BAG v. 14.03.2007 - 5 AZR 420/06 - NZA 2007, 862, 864 f. sowie schon Rn. 78 ff.

[178] BAG v. 17.11.1998 - 1 AZR 147/98 - NZA 1999, 606 ff.; unklar BAG v. 14.02.2007 - 10 AZR 181/06 - NZA 2007, 558, 559 und BAG v. 14.03.2007 - 5 AZR 420/06 - NZA 2007, 862, 864, die mit der traditionellen Definition auf den Betrieb abstellen.

trieb oder Betriebsteil in seinen Betrieb eingliedert oder mehrere Betriebe oder Betriebsteile zusammenfasst. Allerdings wird im Schrifttum schon gefordert, dass man generell von der normativen Weitergeltung von Betriebsvereinbarungen ausgehen sollte, unerheblich, ob der übergehende Betrieb oder Betriebsteil in den Betrieb des Erwerbers eingegliedert wird oder nicht.[179] Ob das Bundesarbeitsgericht dem künftig folgen wird, ist nicht abzusehen. Derzeit ist jedenfalls in den Eingliederungsfällen von der Transformation von Betriebsvereinbarungen auszugehen.

Wie bei Tarifverträgen führt die Transformation von Betriebsvereinbarungen gemäß § 613a   **368** Abs. 1 Satz 2 BGB dazu, dass die in ihnen geregelten Rechte und Pflichten der Arbeitsvertragsparteien ihre normative Wirkung (§ 77 Abs. 4 BetrVG) verlieren, zum Inhalt des Arbeitsverhältnisses werden und gemäß § 613a Abs. 1 Satz 2 BGB nicht vor Ablauf eines Jahres zum Nachteil der Arbeitnehmer geändert werden können. Dies gilt für erzwingbare und freiwillige Betriebsvereinbarungen. Für den Übernehmer hat dies – anders als bei der kollektivrechtlichen Weitergeltung von Betriebsvereinbarungen – auch zur Folge, dass er nicht in die betriebsverfassungsrechtliche Position des früheren Arbeitgebers einrückt und demzufolge die (früheren) Betriebsvereinbarungen auch nicht kündigen kann (vgl. schon Rn. 297 ff.). Will er daher Rechtspositionen der übergehenden Arbeitnehmer, die auf einer transformierten Betriebsvereinbarung beruhen, beseitigen, bleibt ihm eine Änderungskündigung (nach Ablauf der Einjahresfrist des § 613a Abs. 1 Satz 2 BGB, jedoch nur bei Vorliegen eines Kündigungsgrundes!) oder der Abschluss einer neuen Betriebsvereinbarung, die unter den Voraussetzungen des § 613a Abs. 1 Satz 3 BGB ablösende Wirkung entfaltet.

b. Geltung der Betriebsvereinbarungen im Zeitpunkt des Betriebsübergangs

aa. Statische Verweisung bei bestehenden/ungekündigten Betriebsvereinbarungen

Ebenso wie tarifliche Regelungen werden Betriebsvereinbarungen nur in dem Zustand in das   **369** Arbeitsverhältnis transformiert, in dem sie sich zum Zeitpunkt des Betriebsübergangs befanden. Dies bedeutet vor allem, dass die übergehenden Arbeitnehmer an späteren Änderungen der Betriebsvereinbarung im Ursprungsbetrieb – unerheblich, ob dies für sie nachteilig oder vorteilhaft ist – nicht teilhaben (vgl. schon Rn. 300).

bb. Transformation gekündigter Betriebsvereinbarungen

Bei vom bisherigen Arbeitgeber (ersatzlos) gekündigten Betriebsvereinbarungen stellt sich die   **370** Frage, wie lange der Erwerber an eine gekündigte Betriebsvereinbarung gebunden ist. Wenn der Zeitpunkt des Betriebsübergangs bzw. des Übergangs der Leitungsmacht noch innerhalb der Kündigungsfrist liegt, werden die entsprechenden Vorschriften der Betriebsvereinbarung transformiert. Das kann allerdings m.E. nicht zur Folge haben, dass der Erwerber (nochmals) gezwungen wäre, die Betriebsvereinbarung zu beseitigen. Diese findet vielmehr mit dem Ablauf der Kündigungsfrist ihr Ende. Ein anderes Ergebnis würde dazu führen, dass die übergehenden Arbeitnehmer besser stünden als sie ohne den Betriebsübergang stehen würden. Dann nämlich würde eine ersatzlos gekündigte Betriebsvereinbarung auf jeden Fall mit Ablauf der Kündigungsfrist ihr Ende finden. Mit Ablauf der Kündigungsfrist verlieren die übergehenden Arbeitnehmer daher auch ihre Ansprüche aus einer transformierten Betriebsvereinbarung.[180]

---

[179] *Mues*, DB 2003, 1273 ff.

[180] *Willemsen/Hohenstatt/Schweibert/Seibt*, Umstrukturierung und Übertragung von Unternehmen, Teil E Rn. 31.

371 Beispiel:

Im Betrieb des bisherigen Arbeitgebers galt eine Betriebsvereinbarung über eine monatlich zu zahlende Familienzulage, die vom Arbeitgeber am 20.01.2005 zum 30.04.2005 ersatzlos gekündigt wurde. Am 01.02.2005 wird ein ausgegliederter Betriebsteil auf einen Unternehmer übertragen, der diesen Betriebsteil in seinen eigenen Betrieb eingliedert, in dem keine entsprechende Betriebsvereinbarung besteht. Die übergehenden Arbeitnehmer können noch (gemäß § 613a Abs. 1 Satz 2 BGB) für die Monate Februar bis April 2005 die Familienzulage verlangen.

cc. Nachwirkende Betriebsvereinbarungen

372 Ebenso wie bei der normativen Weitergeltung von Betriebsvereinbarungen stellt sich bei transformierten Betriebsvereinbarungen die Frage, wie sich die Rechtslage bei nachwirkenden Betriebsvereinbarungen darstellt. Im Schrifttum wird in Parallele zu nachwirkenden Tarifverträgen die Auffassung vertreten, auch nachwirkende Betriebsvereinbarungen würden transformiert, für sie würde aber die einjährige Verschlechterungssperre des § 613a Abs. 1 Satz 2 BGB nicht gelten.[181]

373 Dies ist nur für nachwirkende Betriebsvereinbarungen über Gegenstände der zwingenden Mitbestimmung (insbesondere § 87 Abs. 1 BetrVG) richtig. Diese wirken ähnlich wie nachwirkende Tarifverträge, nämlich gemäß § 77 Abs. 6 BetrVG nach. Sie können aber auf jeden Fall durch eine (neue) beim Erwerber geltende Betriebsvereinbarung gemäß § 613a Abs. 1 Satz 3 BGB abgelöst werden.

374 Für den besonders wichtigen Fall der teilmitbestimmten Betriebsvereinbarungen über freiwillige Entgeltzusatzleistungen des AG tritt jedoch bei der Transformation nahezu das gleiche Problem wie bei den normativ weitergeltenden (nachwirkenden) Betriebsvereinbarungen auf, d.h. es ist fraglich, ob eine vom bisherigen Arbeitgeber erklärte Kündigung mit dem Ziel einer Änderung des Dotationsvolumens, die eine Nachwirkung nach sich zieht, dazu führt, dass auch der Erwerber noch nach Ablauf der Kündigungsfrist an diese (gekündigte!) Betriebsvereinbarung im Rahmen des § 613a Abs. 1 Satz 2 BGB gebunden ist. Dies ist m.E. aus den o.g. Gründen (vgl. Rn. 361) nicht der Fall.

c. Umfang der Transformation

375 Der Umfang der Transformation ist im Bereich der Betriebsvereinbarungen ungeklärter als im Bereich der Tarifverträge. Im Schrifttum wird überwiegend in Parallele zum Tarifrecht angenommen, übergangsfähig seien in erster Linie Inhaltsnormen, außerdem ausnahmsweise Abschluss- und Beendigungsnormen. Betriebsnormen, die die Organisation des Betriebes beträfen, würden allenfalls dann transformiert, wenn sie auch Rechte und Pflichten der Arbeitnehmer normieren würden.[182] Ob man allerdings die Rechtsgrundsätze, die für Tarifverträge gelten, ohne weiteres auf Betriebsvereinbarungen übertragen kann, ist zweifelhaft, zumal gerade die Gegenstände des § 87 BetrVG durchweg den Inhalt der Arbeitsverhältnisse gestalten und damit auch Rechte und Pflichten der Arbeitsvertragsparteien festlegen, wie es z.B. bei der Befugnis zur Anordnung von Mehrarbeit oder bei Regelungen zu Lage und Verteilung der Arbeitszeit der Fall ist. M.E. liegt es näher, wie bereits im Rahmen der normativen Weitergeltung von Betriebsvereinbarungen dargestellt, davon auszugehen, dass Betriebsvereinbarungen gegenstandslos werden. Ebenso wie bei Umstrukturierungen ohne einen Wechsel des Unterneh-

---

[181] *Preis* in: ErfK, § 613a Rn. 113.

[182] *Willemsen/Hohenstatt/Schweibert/Seibt*, Umstrukturierung und Übertragung von Unternehmen, Teil E Rn. 27.

menstägers kann man dann danach differenzieren, ob die in Rede stehende Betriebsvereinbarung (betriebs-)organisatorische Fragen betrifft oder ob sie in erster Linie individuelle Rechte und Pflichten der Beschäftigten regeln soll.[183]

Allerdings dürfte die Frage nach dem Umfang der Transformation, anders als bei Tarifverträgen, praktisch bei betriebsorganisatorischen Fragen kaum relevant werden, da diese i.d.R. beim Übernehmer entweder bereits durch eine Betriebsvereinbarung geregelt sind oder nach dem Betriebsübergang – ggf. im Rahmen des Übergangsmandats nach § 21a BetrVG – durch Betriebsvereinbarung geregelt werden können. Diesen Betriebsvereinbarungen kommt dann nach § 613a Abs. 1 Satz 3 BGB ablösende Wirkung zu. Es wird zu Recht darauf hingewiesen, dass sich die Frage nach der Reichweite der Transformation vor allem dann stellt, wenn im Betrieb des Erwerbers kein Betriebsrat besteht und er auf individualrechtliche Gestaltungsmittel zur Änderung der Arbeitsbedingungen angewiesen ist.[184] Da ersteres wegen der 2001 erfolgten Einführung des Übergangsmandats in § 21a BetrVG in betriebsratsfähigen Betrieben kaum denkbar ist, dürfte sich die Frage weitgehend erledigen. **376**

Praktisch wichtig dürfte die Transformation von Betriebsvereinbarungen im Bereich der Entgeltzusatzleistungen sein. Die Ergebnisse sind in Bezug auf die übergehenden Arbeitnehmer mit den Fällen der normativen Weitergeltung identisch, so dass vollumfänglich auf die entsprechenden Ausführungen (vgl. Rn. 316 ff.) verwiesen werden kann. Für den Erwerber hat jedoch die Transformation von Betriebsvereinbarungen den entscheidenden Nachteil, dass er nicht in die betriebsverfassungsrechtliche Stellung des früheren Arbeitgebers einrückt und folglich die Betriebsvereinbarung nicht kündigen kann. Will er an diesen Entgeltzusatzleistungen etwas ändern, kann er dies mit Aussicht auf Erfolg nur durch den Abschluss einer neuen Betriebsvereinbarung erreichen, die dann gemäß § 613a Abs. 1 Satz 3 BGB ablösende Wirkung hat. Ob man so auch die vollständige Abschaffung der in der transformierten Betriebsvereinbarung geregelten Leistungen erreichen kann, ist jedoch zweifelhaft. Eine neue Betriebsvereinbarung müsste dann so aussehen, dass sie eine „Nulllösung" vorsieht, die Ansprüche der Arbeitnehmer also vollständig beseitigt. Unabhängig von den rechtlichen Zweifeln an einer solchen Betriebsvereinbarung, wird der Abschluss einer solchen „Nulllösung" i.d.R. daran scheitern, dass der Übernehmer eine entsprechende Regelung gegenüber dem zuständigen Betriebsrat faktisch kaum wird durchsetzen können. Bei Sozialplansprüchen, die ebenfalls transformationsfähig sind, führt die Transformation entsprechend dazu, dass sich der Übernehmer, falls er einstandspflichtig ist, anders als bei der normativen Weitergeltung nicht auf den Wegfall der Geschäftsgrundlage berufen kann (vgl. Rn. 348). **377**

Hinweis: **378**

> Beim **Arbeitgeber-Mandat** vor allem des Übernehmers sollte auf diesen Nachteil und seine etwaigen Folgen deutlich hingewiesen werden. Ist die normative Weitergeltung für den Mandanten sinnvoller, sollte überlegt werden, ob er diese durch eine – zumindest zeitweilige – Fortführung des übernommenen Betriebes oder Betriebsteils als eigenständiger Betrieb herbeiführen kann.

d. Einjährige Verschlechterungssperre

Ebenso wie bei Tarifverträgen können Arbeitsbedingungen, die in einer transformierten Betriebsvereinbarung enthalten sind, nach § 613a Abs. 1 Satz 2 BGB nicht vor Ablauf eines Jahres zum Nachteil des Arbeitnehmers geändert werden. Damit sind nicht nur Änderungen durch einseitige Maßnahmen des Arbeitgebers, sondern auch freiwillig abgeschlossene einzelver- **379**

---

[183] *Fitting/Engels/Schmidt/Trebinger/Linsenmaier*, BetrVG, § 77 Rn. 160 ff.; *Bachner*, NZA 1997, 79, 81.

[184] *Willemsen/Hohenstatt/Schweibert/Seibt*, Umstrukturierung und Übertragung von Unternehmen, Teil E Rn. 28.

tragliche Vereinbarungen, die die Rechtsposition des Arbeitnehmers verschlechtern, unzulässig, weil sie gegen ein gesetzliches Verbot i.s.d. § 134 BGB verstoßen. Für den besonders wichtigen Bereich der Entgeltzusatzleistungen bedeutet das, dass die Arbeitnehmer auf die transformierten Ansprüche nicht vor Ablauf eines Jahres wirksam verzichten können. Sollen Entgeltzusatzleistungen nicht vollständig beseitigt, sondern geändert bzw. reduziert werden, wird die Möglichkeit der einzelvertraglichen Abänderung kaum eine Rolle spielen, weil in diesem Fall ein Mitbestimmungsrecht des Betriebsrats nach § 87 Abs. 1 Nr. 10 BetrVG jedenfalls dann besteht, wenn mehrere Arbeitnehmer betroffen sind und damit eine kollektive Maßnahme vorliegt.

380   Andere, insbesondere betriebsorganisatorische Regelungsgegenstände, die in transformierten Betriebsvereinbarungen enthalten sind, werden i.d.R. durch beim Erwerber geltende Betriebsvereinbarungen geregelt, denen dann gemäß § 613a Abs. 1 Satz 3 BGB ablösende Wirkung zukommt. Daher werden einzelvertragliche Vereinbarungen in diesem Bereich ebenfalls kaum eine Rolle spielen.

3. Ablösung gemäß § 613a Abs. 1 Satz 3 BGB

381   Während bei Tarifverträgen vor allem wegen des Erfordernisses der kongruenten Tarifgebundenheit eine Ablösung tariflicher Regelungen nach § 613a Abs. 1 Satz 3 BGB nur selten in Betracht kommt, ist dies bei Betriebsvereinbarungen anders. Da sie nach § 77 Abs. 4 BetrVG auf die Arbeitsverhältnisse aller im Betrieb beschäftigten Arbeitnehmer (i.S.d. § 5 BetrVG) normativ einwirken, ohne dass es weiterer Voraussetzungen bedarf, kann ein Übernehmer die Ablösung betrieblicher oder sogar tariflicher Regelungen durch eine bei ihm bereits geltende oder nach Betriebsübergang[185] geschlossene Betriebsvereinbarung erreichen. Unerheblich ist, ob die neue Betriebsvereinbarung für die Arbeitnehmer ungünstigere Regelungen enthält; es gilt nicht das Günstigkeits-, sondern das Ablösungsprinzip.[186] Eine Ablösung nach § 613a Abs. 1 Satz 3 BGB ist bei normativ weitergeltenden und transformierten Betriebsvereinbarungen möglich (vgl. hierzu schon Rn. 294). Allerdings ist eine vor dem Betriebsübergang für einen anderen Betrieb geschlossene Betriebsvereinbarung nur dann eine andere Regelung i.S.d. § 613a Abs. 1 Satz 3 BGB, wenn sie der Sache nach denselben Gegenstand regelt und betriebsverfassungsrechtlich im übernommenen Betrieb gilt.[187] Sie muss darüber hinaus nach allgemeinen Grundsätzen (§ 77 Abs. 3 BetrVG beachten!) rechtswirksam sein.[188]

---

[185] Dazu BAG v. 16.05.1995 - 3 AZR 535/94 - NZA 1995, 1166, 1167 f.; BAG v. 19.03.1986 - 4 AZR 640/84 - NZA 1986, 687, 688 (beide Entscheidungen für Tarifverträge); BAG v. 14.08.2001 - 1 AZR 619/00 - NZA 2002, 276, 279.

[186] BAG v. 14.08.2001 - 1 AZR 619/00 - NZA 2002, 276, 278; ausdrücklich nochmals BAG v. 28.06.2005 - 1 AZR 213/04 - NZA 2005, 1431 (nur Orientierungssätze) = AP § 77 BetrVG 1972 Betriebsvereinbarung Nr. 25.

[187] BAG v. 01.08.2001 - 4 AZR 82/00 - NZA 2002, 41.

[188] Vgl. nur BAG v. 28.06.2005 - 1 AZR 213/04 - AP § 77 BetrVG 1972 Betriebsvereinbarung Nr. 25.

Kapitel 3

a. Betriebsverfassungsrechtliche Geltung im übernommenen Betrieb(steil)

Soll eine im Ursprungsbetrieb geltende Betriebsvereinbarung durch eine bereits vor Betriebs-   382
übergang beim Übernehmer geltende Betriebsvereinbarung nach § 613a Abs. 1 Satz 3 BGB
abgelöst werden, muss letztere nach der Rechtsprechung des Bundesarbeitsgerichts betriebsverfassungsrechtlich im übernommenen Betrieb gelten,[189] d.h. ihr räumlicher Geltungsbereich
muss den übernommenen Betrieb oder Betriebsteil erfassen. Damit kommt eine Ablösung
durch eine beim Übernehmer bereits vor Betriebsübergang geltende Einzelbetriebsvereinbarung (zur Ablösung durch eine Gesamtbetriebsvereinbarung vgl. gleich folgend unter Rn. 385)
nur dann in Betracht, wenn der übernommene Betrieb oder Betriebsteil in den Betrieb des Erwerbers eingegliedert und somit ein Teil des schon bestehenden Erwerberbetriebes wird. Umgekehrt scheidet eine Ablösung durch eine beim Erwerber bestehende Betriebsvereinbarung
aus, wenn der übernommene Betrieb oder Betriebsteil (weiterhin) als eigenständiger Betrieb
i.S.d. BetrVG (mit eigener Identität) weiter besteht.[190]

Beispiel: 383

> Im Betrieb des bisherigen Arbeitgebers gilt eine Betriebsvereinbarung über die Zahlung
> eines Weihnachtsgeldes in Höhe eines Monatsgehalts. Der Betrieb geht auf einen Unter-
> nehmer über, der bereits Inhaber eines anderen Betriebes ist, in dem eine Betriebsverein-
> barung über die Zahlung eines Weihnachtsgeldes in Höhe eines halben Monatsgehalts
> gilt. Der Übernehmer führt den übernommenen Betrieb unverändert eigenständig fort,
> zahlt jedoch den dort beschäftigten Arbeitnehmern nach dem Betriebsübergang unter
> Berufung auf die bei ihm geltende Betriebsvereinbarung nur ein halbes Monatsgehalt als
> Weihnachtsgeld. Die Arbeitnehmer können jedoch weiterhin ein ganzes Monatsgehalt
> Weihnachtsgeld verlangen, da der Betriebsrat des ursprünglichen Erwerberbetriebes für
> die Arbeitnehmer eines anderen (übernommenen) Betriebes keine Betriebsvereinbarung
> abschließen kann.[191]

Hinweis: 384

> Will man in diesem Fall beim Arbeitgeber-Mandat des Übernehmers erreichen, dass
> auch im übernommenen Betrieb die bei ihm geltende Betriebsvereinbarung über Weih-
> nachtsgeld gilt, muss entweder den übernommenen Betrieb in seinen ursprünglichen Be-
> trieb eingegliedert oder im übernommenen Betrieb die Betriebsvereinbarung gekündigt
> und ggf. mit dem dortigen Betriebsrat über eine Neuregelung verhandelt werden, wobei
> man jedoch die Nachwirkung der bisherigen Betriebsvereinbarung beachten muss. Eine
> weitere Lösung besteht darin, für beide Betriebe eine (neue) Gesamtbetriebsvereinba-
> rung abzuschließen.[192]

Eine Ablösung kommt bei einer eigenständigen Weiterführung des übernommenen Be-   385
triebs/Betriebsteils in Betracht, wenn beim Erwerber bereits eine Gesamtbetriebsvereinbarung
besteht. Es ist allerdings streitig, ob sich Gesamtbetriebsvereinbarungen auch auf Betriebe er-

---

[189] BAG v. 01.08.2001 - 4 AZR 82/00 - NZA 2002, 41, 43 f.
[190] BAG v. 01.08.2001 - 4 AZR 82/00 - NZA 2002, 41, 43 f.
[191] BAG v. 01.08.2001 - 4 AZR 82/00 - NZA 2002, 41 ff.; dort ging es allerdings um die Ablösung einer
     tariflichen (transformierten) Weihnachtsgeldregelung durch eine Betriebsvereinbarung im Erwerberbe-
     trieb.
[192] So BAG v. 01.08.2001 - 4 AZR 82/00 - NZA 2002, 44.

strecken, die das Unternehmen nach § 613a BGB erwirbt[193] und wenn ja, ob dies für alle Gesamtbetriebsvereinbarungen oder nur für solche gilt, für die der Gesamtbetriebsrat nach § 50 Abs. 1 BetrVG originär zuständig ist.[194] Ähnliches gilt für Konzernbetriebsvereinbarungen.

b. Identischer Regelungsgegenstand

386   Ebenso wie bei Tarifverträgen fordert das Bundesarbeitsgericht für die ablösende Wirkung einer beim Übernehmer (neu) geltenden Betriebsvereinbarung, dass sie der Sache nach den gleichen Gegenstand regelt wie die im Veräußererbetrieb geltende Regelung.[195] Wann ein in diesem Sinne identischer Regelungsgegenstand vorliegt, ist nach den gleichen Grundsätzen wie bei Tarifverträgen (vgl. dazu Rn. 225 ff.) zu beurteilen. Das Bundesarbeitsgericht hat bis jetzt nur in einem Fall eine ablösende Wirkung angenommen, in der sowohl in der früheren als auch in der neuen Betriebsvereinbarung Ansprüche auf eine Jahressonderzahlung geregelt wurden.[196] Allerdings dürfte allgemein die Frage, ob ein identischer Regelungsgegenstand vorliegt, bei Betriebsvereinbarungen leichter zu beurteilen sein als bei Tarifverträgen. Zumindest wenn es um Entgeltzusatzleistungen geht, kann der Abschluss einer neuen Betriebsvereinbarung dahingehend gesteuert werden, dass ein identischer Regelungsgegenstand vorliegt bzw. eine vom bisherigen Arbeitgeber gewährte Entgeltzusatzleistung durch eine vom Übernehmer gewährte Entgeltzusatzleistung anderer Art abgelöst wird. Die Sachlage unterscheidet sich insoweit deutlich von der beim Vorliegen verschiedener (Verbands- bzw. Flächen-)Tarifverträge.

c. „Ablösung" transformierter Betriebsvereinbarungen durch Tarifverträge?

387   Auch bei transformierten Betriebsvereinbarungen kann es zu der Situation kommen, dass im Unternehmen des Erwerbers eine tarifliche Regelung besteht, deren Regelungsgegenstand mit der der transformierten Betriebsvereinbarung identisch ist. Anders als bei der normativen Weitergeltung von Betriebsvereinbarungen ist es jedoch bei transformierten Betriebsvereinbarungen fraglich, ob sich der Erwerber in diesem Fall auf die Regelungssperre des § 77 Abs. 3 BetrVG berufen kann, da die Betriebsvereinbarung als solche ja nicht mehr existiert, sondern Bestandteil des Arbeitsvertrages geworden ist. M.E. kann die neue Rechtsnatur der transformierten Betriebsvereinbarung als Vertragsinhalt nicht dazu führen, dass die Sperre des § 77 Abs. 3 BetrVG nicht eingreift, zumal bei einem anderen Ergebnis ein Wertungswiderspruch zu normativ weitergeltenden Betriebsvereinbarungen entstehen würde. Jedoch ist die Frage noch nicht höchstrichterlich entschieden.

388   **Hinweis:**

> Die Problematik wird im **Arbeitnehmer-Mandat** dann relevant, wenn der Übernehmer Ansprüche aus transformierten Betriebsvereinbarungen unter Berufung auf eine abweichende tarifliche Regelung kürzt, ändert oder entfallen lassen will. Die übergehenden Arbeitnehmer behalten die Ansprüche aus der Betriebsvereinbarung nur dann, wenn diese nicht nach § 77 Abs. 3 BetrVG unwirksam ist.

---

[193] Ablehnend *Sowka/Weiss*, DB 1991, 1518.

[194] *Fitting/Engels/Schmidt/Trebinger/Linsenmaier*, BetrVG, § 50 Rn. 76; wohl auch LArbG München v. 08.11.1988 - 2 Sa 691/88 - DB 1989, 1880.

[195] BAG v. 01.08.2001 - 4 AZR 82/00 - NZA 2002, 41.

[196] BAG v. 14.08.2001 - 1 AZR 619/00 - NZA 2002, 276, 279.

4. Ablösung gemäß § 613a Abs. 1 Satz 4 BGB

Theoretisch greift auch in Bezug auf transformierte Betriebsvereinbarungen die Abänderungs-   **389**
möglichkeit des § 613a Abs. 1 Satz 4 BGB ein, der die einjährige Verschlechterungssperre des
§ 613a Abs. 1 Satz 2 BGB außer Kraft setzt, wenn die Betriebsvereinbarung vorher endet oder
zwischen den Arbeitsvertragsparteien die Geltung einer anderen kollektivrechtlichen Regelung vereinbart wird. Beide Alternativen dürften indes in der Praxis kaum eine Rolle spielen.

So ändert die Vorschrift des § 613a Abs. 1 Satz 4 Alt. 1 BGB nichts daran, dass freiwillige   **390**
bzw. teilmitbestimmte Betriebsvereinbarungen über Entgeltzusatzleistungen ersatzlos entfallen, wenn sie vor dem Betriebsübergang ersatzlos gekündigt wurden. Nur dann, wenn solche
teilmitbestimmte Betriebsvereinbarungen Nachwirkung entfalten, können nach Ablauf der
Kündigungsfrist abweichende einzelvertragliche Vereinbarungen mit den Arbeitnehmern getroffen werden. Das aber ist ohne Mitbestimmung des Betriebsrats nur dann möglich, wenn die
fragliche Leistung ersatzlos entfallen soll. Bei einer Reduzierung des Dotationsvolumens oder
der Änderung der Verteilungsgrundsätze muss der Betriebsrat im Betrieb des Übernehmers,
eventuell im Rahmen des Übergangsmandats nach § 21a BetrVG[197], beteiligt werden.

Bei Betriebsvereinbarungen, die gemäß § 77 Abs. 6 BetrVG nachwirken, also vor allem Ge-   **391**
genstände des § 87 Abs. 1 BetrVG regeln, sind einzelvertragliche Vereinbarungen mit den Arbeitnehmern durchweg nicht möglich, weil der Erwerber diese Arbeitsbedingungen ebenfalls
durch eine bereits bei ihm bestehende oder neu abzuschließende Betriebsvereinbarung regeln
muss und sollte. Das Übergangsmandat des § 21a BetrVG ist ggf. zu beachten.

Hinsichtlich des § 613a Abs. 1 Satz 4 Alt. 2 BGB ist eine vertragliche Vereinbarung über die   **392**
Geltung einer im Betrieb des Übernehmers bestehenden Betriebsvereinbarung schon rechtlich
fragwürdig, aber i.d.R. überflüssig, weil die Arbeitnehmer gemäß § 77 Abs. 4 BetrVG vom
Geltungsbereich dieser Betriebsvereinbarungen erfasst werden und somit bereits die Ablösung
nach § 613a Abs. 1 Satz 3 BGB eingreift.

Bedeutung gewinnt diese Alternative allenfalls dann, wenn eine beim bisherigen Arbeitgeber   **393**
bestehende Betriebsvereinbarung durch einen beim Übernehmer geltenden Tarifvertrag abgelöst werden soll und die übergehenden Arbeitnehmer mangels normativer Tarifgebundenheit
nicht unter den Geltungsbereich dieses Tarifvertrages fallen. Anders als bei der kollektivrechtlichen Fortgeltung von Betriebsvereinbarungen wird man nämlich bei der Transformation von
Betriebsvereinbarungen nicht ohne weiteres davon ausgehen können, dass letztere nach § 77
Abs. 3 BetrVG ab dem Zeitpunkt des Betriebsübergangs unwirksam werden. Es ist jedoch
m.E. nach § 613a Abs. 1 Satz 4 Alt. 2 BGB möglich, einzelvertraglich die Geltung des für den
Erwerber einschlägigen Tarifvertrages zu vereinbaren und so die Regelungen aus der transformierten Betriebsvereinbarung abzulösen.

5. Sonderfall: Betriebsvereinbarungen auf der Grundlage tariflicher Öffnungsklauseln

Einen Sonderfall bilden Betriebsvereinbarungen, die auf der Grundlage tariflicher Öffnungs-   **394**
klauseln abgeschlossen wurden. Das können tarifliche Klauseln sein, die den Betriebsparteien
Abweichungen von tariflichen Regelungen, die nach dem BetrVG beteiligungspflichtig sind,
gestatten, oder tarifliche Regelungen, die dem Betriebsrat Beteiligungsrechte über das BetrVG
hinaus zugestehen. Als Beispiel für letzteres können Regelungen zur Dauer der wöchentlichen
Arbeitszeit genannt werden, die den Betriebsparteien über die gesetzliche Zuständigkeit nach

---

[197] Das eingreift, wenn im Betrieb des Erwerbers noch kein Betriebsrat besteht.

§ 87 Abs. 1 Nr. 2 und 3 BetrVG hinaus auch eine Regelungskompetenz für die Dauer der Arbeitszeit einräumen. Ein anderes Beispiel sind die in einigen Branchen vorhandenen Tariföffnungsklauseln für betriebliche Bündnisse für Arbeit.

395   Bei der Frage, ob solche Betriebsvereinbarungen auch nach dem Betriebsübergang weitergelten bzw. transformiert werden, ist m.e. zu differenzieren:

396   Der Wegfall der tariflichen Rechtsgrundlage für die fragliche Betriebsvereinbarung ist dann unerheblich, wenn diese einen Regelungsgegenstand betrifft, der bereits nach dem BetrVG eigentlich der Regelungskompetenz der Betriebsparteien unterfällt und die Tarifparteien nur die Regelungssperre des § 87 Abs. 1 Eingangssatz beseitigen wollen.

397   **Beispiel:**

Der maßgebende Manteltarifvertrag regelt eine bestimmte Verteilung der wöchentlichen Arbeitszeit, lässt aber abweichende Betriebsvereinbarungen zu.

398   In diesem Fall besteht die Betriebsvereinbarung m.E. nach den vom Bundesarbeitsgericht entwickelten Grundsätzen weiter, d.h. entweder – bei Weiterführung des übernommenen Betriebes oder Betriebsteiles als eigenständiger Betrieb – normativ oder sie wird – bei Eingliederung der übernommenen Betriebes oder Betriebsteils in den Betrieb des Erwerbers – gemäß § 613a Abs. 1 Satz 2 BGB transformiert, wenn sie nicht nach § 613a Abs. 1 Satz 3 BGB abgelöst wird.

399   Schwierigkeiten treten vor allem dann auf, wenn den Betriebsparteien durch Tarifvertrag eine Regelungskompetenz eingeräumt wird, die ihnen nach dem BetrVG nicht zusteht. In diesem Fall stellt sich die Frage, ob die Betriebsvereinbarungen dann, wenn der zugrunde liegende Tarifvertrag nicht mehr normativ für den Erwerber eines Betriebes oder Betriebsteiles gilt, noch Gültigkeit haben können. Dann entfällt nämlich für diese Betriebsvereinbarungen die Rechtsgrundlage, da die entsprechenden tariflichen Rechtsgrundlagen als betriebsverfassungsrechtliche Normen zu qualifizieren sind, die nicht nach § 613a Abs. 1 Satz 2 BGB transformiert werden. Dies könnte dazu führen, dass entsprechende Betriebsvereinbarungen als unwirksam qualifiziert werden. Dann allerdings stellt sich die Frage, welche Regelung nach dem Betriebsübergang gilt, da solche Betriebsvereinbarungen häufig essentialia des Arbeitsverhältnisses, wie die Dauer der Arbeitszeit oder – vom Tarif abweichende – Entgeltregelungen enthalten.

400   **Beispiele:**

Im Betrieb des tarifgebundenen früheren Arbeitgebers besteht eine Betriebsvereinbarung, nach der das tariflich geregelte Weihnachtsgeld um 50% abgesenkt wird. Dies ist gemäß einer tariflichen Öffnungsklausel zulässig. Der Betrieb geht am 01.09.2006 auf einen nicht tarifgebundenen Erwerber über. In welcher Höhe schuldet er den übergehenden Arbeitnehmern das Weihnachtsgeld?

401   Die Rechtslage ist derzeit völlig ungeklärt. Man könnte davon ausgehen, dass die fragliche Betriebsvereinbarung durch das Entfallen der tariflichen Rechtsgrundlage unwirksam, folglich nur die tarifliche Regelung transformiert wird, so dass der Erwerber das Weihnachtsgeld in der tariflich geregelten Höhe zahlen müsste. Allerdings würde dies im Widerspruch zum Schutzzweck des § 613a BGB zu einer Besserstellung der Arbeitnehmer wegen des Betriebsübergangs führen, da diese dann einen tariflichen Anspruch erhalten würden, der ihnen ohne den Betriebsübergang nicht zustehen würde. Vorzugswürdig ist es daher, wenn man die Betriebsvereinbarung nach Maßgabe der allgemeinen Grundsätze (d.h. normative Weitergeltung oder Transformation) aufrecht erhält. Ihre Rechtsgrundlage wäre nach Betriebsübergang bei mitbe-

stimmungspflichtigen Regelungsgegenständen § 87 Abs. 1 BetrVG und bei nicht mitbestimmungspflichtigen § 88 BetrVG, denen – mangels normativer Tarifbindung des Übernehmers – der sog. Tarifvorrang des § 87 Abs. 1 Eingangssatz BetrVG[198] nicht entgegenstehen würde.

Hinweis: 402

Eine Kündigung gemäß § 77 BetrVG würde dann allerdings nicht zur Nachwirkung oder zum Entfallen der Leistung, sondern zum Wiederaufleben der transformierten tariflichen Regelung führen!

Danach hätten im Beispielsfall die übergehenden Arbeitnehmer einen Anspruch auf die in der Betriebsvereinbarung geregelten 50% des Weihnachtsgeldes. 403

Was nicht möglich sein dürfte, ist der Neuabschluss von Betriebsvereinbarungen auf der Grundlage entsprechender tariflicher Erlaubnisnormen nach Betriebsübergang, wenn diese tarifliche Regelung/Öffnungsklausel nicht für den Übernehmer gilt. Will er tarifliche Regelungen durch eine Betriebsvereinbarung ändern, kann er dies nur nach den allgemeinen Grundsätzen zur sog. Über-Kreuz-Ablösung (vgl. Rn. 232 ff.). 404

6. Regelungsabreden

Sog. Regelungsabreden, die sich dadurch kennzeichnen, dass der Betriebsrat einer vom Arbeitgeber getroffenen Regelung (insbesondere im Bereich der Mitbestimmung in sozialen Angelegenheiten nach § 87 BetrVG) zustimmt, fallen nach wohl h.M. nicht unter § 613a Abs. 1 Sätze 2-4 BGB, da ihnen – anders als Betriebsvereinbarungen – keine normative Wirkung zukommt. Sie stellen lediglich eine schuldrechtliche Absprache zwischen den Betriebsparteien dar. 405

Wenn daher der frühere Arbeitgeber Arbeitsbedingungen, die der zwingenden Mitbestimmung des Betriebsrats nach § 87 BetrVG unterfallen, über eine Regelungsabrede geregelt hat, sollen diese u.U. nach § 613a Abs. 1 Satz 1 BGB übergehen.[199] 406

Dies ist allerdings so pauschal nicht zutreffend. Vielmehr kommt es für die Frage, ob eine durch Regelungsabrede geregelte Arbeitsbedingung nach § 613a Abs. 1 Satz 1 BGB auf den Übernehmer übergeht, zunächst darauf an, ob das entsprechende Verhalten des Arbeitgebers tatsächlich rechts- bzw. anspruchsbegründenden Charakter hat. Dies ist dann nicht der Fall, wenn der Arbeitgeber lediglich – mit Zustimmung des Betriebsrats – das ihm zustehende Weisungsrecht ausgeübt hat, also z.B. bei der Anordnung von Mehrarbeit oder bei der Urlaubsgewährung. Hier handelt es sich lediglich um eine Ausfüllung bzw. Konkretisierung der dem Arbeitgeber kraft Arbeitsvertrages zustehenden Rechte, die sich zudem i.d.R. in einer einmaligen Handlung des Arbeitgebers erschöpft. 407

Anders ist die Rechtslage zu werten, wenn der frühere Arbeitgeber Ansprüche der Arbeitnehmer begründet hat, z.B. dann, wenn er seinen Mitarbeitern eine Entgeltzusatzleistung gewährt hat, ohne hierüber eine Betriebsvereinbarung abzuschließen. Ob diese Ansprüche entstanden sind, richtet sich allerdings nicht danach, ob der Betriebsrat beteiligt wurde oder nicht, sondern nach allgemeinen vertragsrechtlichen Grundsätzen. Maßgebend ist also die individualrechtliche Bewertung, d.h. z.B. ob die Leistung unter einem Freiwilligkeitsvorbehalt erbracht wurde oder nicht. Für den Erwerber hat dies die – unerfreuliche – Konsequenz, dass er in diesem Fall die Leistungen nur einstellen kann, wenn ihm dies (arbeits-)vertraglich möglich ist. Fehlt es daran, kann er sich – ebenso wie der frühere Arbeitgeber – nur über eine Änderungskündigung 408

---

[198] Der bei Tarifbindung des Arbeitgebers besteht, vgl. nur BAG v. 20.12.1988 - 1 ABR 57/87 - NZA 1989, 564 f.

[199] *Preis* in: ErfK, § 613a Rn. 114.

von dieser Verpflichtung lösen, was jedoch angesichts der strengen Anforderungen des Bundesarbeitsgerichts[200] faktisch kaum Erfolg versprechend ist. Der Übernehmer steht sich also bei einer Regelungsabrede i.d.R. schlechter als bei einer Betriebsvereinbarung, da letztere besser künd- bzw. abänderbar ist.

III. Gesamtbetriebsvereinbarungen

409 Gesamtbetriebsvereinbarungen können grundsätzlich nach den gleichen Rechtsgrundsätzen wie Betriebsvereinbarungen normativ weitergelten, transformiert oder abgelöst werden. Allerdings können wegen der betriebsübergreifenden Wirkung von Gesamtbetriebsvereinbarungen besondere Fallkonstellationen bestehen, die eine abweichende rechtliche Bewertung erfordern. Die folgenden Ausführungen werden in erster Linie auf diese Besonderheiten eingehen.

1. Kollektivrechtliche/normative Weitergeltung

a. Ob der normativen Weitergeltung

410 Ob und wenn ja wie Gesamtbetriebsvereinbarungen nach einem Betriebsübergang normativ weitergelten, ist in mehreren Punkten durch die Grundsatzentscheidung des Bundesarbeitsgerichts vom 18.09.2002[201] geklärt. Es ergibt sich folgende Übersicht:

411 Die zentralen Aussagen des Bundesarbeitsgerichts können wie folgt zusammengefasst werden:

- Werden alle Betriebe eines Unternehmens übernommen, gelten die Gesamtbetriebsvereinbarungen als solche normativ weiter.
- Werden nicht alle, aber eine gesamtbetriebsratsfähige Anzahl von Betrieben eines Unternehmens unter Wahrung ihrer Identität übernommen, gelten die Gesamtbetriebsvereinbarungen als solche normativ weiter; sie können bis zur Bildung eines neuen Gesamtbe-

---

[200] Siehe zuletzt BAG v. 16.05.2002 - 2 AZR 292/01 - NZA 2003, 147 ff.

[201] BAG v. 18.09.2002 - 1 ABR 54/01 - NZA 2003, 670 ff.

triebsrats zwar nicht inhaltlich abgeändert, aber durch eine gleichzeitige Kündigung des Arbeitgebers gegenüber allen Einzelbetriebsräten der übernommenen Betriebe vollständig beendet werden.

• Wird nur ein einzelner Betrieb oder eine nicht gesamtbetriebsratsfähige[202] Anzahl von Betrieben übernommen, gelten die bisherigen Gesamtbetriebsvereinbarungen normativ als Einzelbetriebsvereinbarungen weiter.

Diese Grundsätze gelten jedenfalls dann, wenn das erwerbende Unternehmen im Zeitpunkt des Betriebsübergangs keinen eigenen Betrieb besaß.

Ebenso wie bei Betriebsvereinbarungen kommt es also für die Frage, ob Gesamtbetriebsver- **412** einbarungen normativ fortwirken, zentral darauf an, ob die übernommenen Betriebe oder Betriebsteile als selbstständige Betriebe weitergeführt werden. Das Bundesarbeitsgericht spricht insoweit von einer „Identitätswahrung", was jedoch nicht ganz zutreffend ist, weil auch bei Verselbstständigung eines übernommenen Betriebsteiles und dessen Weiterführung als eigenständiger Betrieb die Gesamtbetriebsvereinbarungen normativ weitergelten sollen. Eine hiervon zu trennende Frage ist, wie die Gesamtbetriebsvereinbarungen fortwirken, und zwar entweder als Gesamt- oder als Einzelbetriebsvereinbarung. Dies ist vor allem dafür relevant, wem gegenüber (zum Fortbestand des Gesamtbetriebsrats vgl. Kapitel 6 Rn. 69 ff.) eine Kündigung der fraglichen (früheren) Gesamtbetriebsvereinbarung auszusprechen und mit wem ggf. über eine Neuregelung zu verhandeln ist.

Unerheblich dürfte es für das Bundesarbeitsgericht sein – dies wird allerdings in der Entschei- **413** dung vom 18.09.2002 nicht angesprochen –, ob die Gesamtbetriebsvereinbarung auf der originären Zuständigkeit des Gesamtbetriebsrats gemäß § 50 Abs. 1 BetrVG oder auf der abgeleiteten Zuständigkeit kraft Auftrags gemäß § 50 Abs. 2 BetrVG beruht. Allerdings wird im Schrifttum zum Teil der Begriff der Gesamtbetriebsvereinbarung nur für solche Betriebsvereinbarungen verwendet, die der Gesamtbetriebsrat im Rahmen seiner originären Zuständigkeit abgeschlossen hat, während es sich bei den Vereinbarungen nach § 50 Abs. 2 BetrVG nur um Betriebsvereinbarungen handeln soll.[203] Dies dürfte indes für die hier behandelte Frage irrelevant sein, da es allein darum geht, ob eine für einen übergehenden Betrieb abgeschlossene Betriebsvereinbarung normativ fortgilt oder nicht.

Hieraus ergeben sich folgende Konsequenzen: **414**

• Übernimmt ein Unternehmensträger, der bislang keinen Betrieb besaß, alle Betriebe eines anderen Unternehmens, gelten die Gesamtbetriebsvereinbarungen normativ weiter. Will der Erwerber die Gesamtbetriebsvereinbarung ändern, muss er diese dem (weiterbestehenden[204]) Gesamtbetriebsrat gegenüber kündigen und über eine Neuregelung mit ihm verhandeln. Bei Gesamtbetriebsvereinbarungen, die auf der Grundlage des § 50 Abs. 2 BetrVG abgeschlossen wurden, ist derzeit noch ungeklärt, ob die Kündigung gegenüber dem Gesamtbetriebsrat oder gegenüber dem bzw. den Einzelbetriebsräten zu erklären ist. Umgekehrt wird jedenfalls die Auffassung vertreten, nur der Betriebsrat sei zur Kündigung einer solchen Betriebsvereinbarung befugt, es sei denn, die Ermächtigung ist ausdrücklich auf die Kündigung der Betriebsvereinbarung erstreckt worden.[205] M.E. gilt dies umgekehrt für die Kündigung des Arbeitgebers nicht. Dies ist jedoch höchstrichterlich noch nicht entschieden.

---

[202] Das ist dann der Fall, wenn mehrere nicht betriebsratsfähige Betriebe oder selbstständig weitergeführte Betriebsteile übertragen wurden.

[203] So *Fitting/Engels/Schmidt/Trebinger/Linsenmaier*, BetrVG, § 50 Rn. 73.

[204] Dazu BAG v. 05.06.2002 - 7 ABR 17/01 - NZA 2002, 336 ff. sowie Kapitel 6 Rn. 69 ff.

[205] *Eisemann* in: ErfK, § 50 BetrVG Rn. 12.

Hinweis: Daher sollte im **Arbeitgeber-Mandat** des Übernehmers empfohlen werden, eine Gesamtbetriebsvereinbarung, die der Gesamtbetriebsrat aufgrund einer Ermächtigung nach § 50 Abs. 2 BetrVG abgeschlossen hat, sicherheitshalber sowohl gegenüber dem Gesamtbetriebsrat als auch gegenüber den Einzelbetriebsräten der Betriebe, für die die Betriebsvereinbarung gilt, zu kündigen.

- Der Erwerber führte vor dem Betriebsübergang keinen eigenen Betrieb und übernimmt mehrere gesamtbetriebsratsfähige Betriebe bzw. führt ausgegliederte Betriebsteile als eigene (gesamtbetriebsratsfähige) Betriebe fort.

Beispiel: Der bisherige Arbeitgeber ist Inhaber eines Unternehmens mit zehn Betrieben, die jeweils mehr als fünf Arbeitnehmer haben. Hiervon veräußert er drei Betriebe an einen Wettbewerber; außerdem gliedert er aus vier weiteren Betrieben jeweils Betriebsteile aus, zwei davon mit weniger als fünf Arbeitnehmern, die ebenfalls an seinen Wettbewerber übertragen werden und die dieser als selbstständige Betriebe fortführt.

Die Gesamtbetriebsvereinbarungen gelten in diesem Fall zumindest für alle betriebsratsfähigen übernommenen Betriebe und (früheren) Betriebsteile normativ fort. Unklar ist, ob dies auch für die Betriebe gilt, die nach der Ausgliederung und dem Betriebsübergang wegen Unterschreitens der Arbeitnehmerzahl des § 1 BetrVG nicht mehr betriebsratsfähig sind. Der Erwerber kann in diesem Fall die Gesamtbetriebsvereinbarung erst wieder abändern, wenn sich in seinem Unternehmen ein neuer Gesamtbetriebsrat konstituiert hat. Er hat allerdings die Möglichkeit, die normativ weitergeltende Betriebsvereinbarung durch gleichzeitige Kündigung gegenüber allen Einzelbetriebsräten vollständig zu kündigen.[206] In den nicht betriebsratsfähigen Betrieben muss die Kündigung der (Gesamt-)Betriebsvereinbarung gegenüber allen betroffenen Arbeitnehmern erfolgen.[207]

- Der Übernehmer führte vor dem Betriebsübergang keinen eigenen Betrieb und führt den übernommenen Betrieb oder Betriebsteil als eigenständigen Betrieb fort. In diesem Fall gilt die bisherige Gesamtbetriebsvereinbarung als Einzelbetriebsvereinbarung normativ fort. Der Erwerber kann diese gegenüber dem dann zuständigen Betriebsrat (ggf. im Rahmen dessen Übergangsmandats) kündigen und mit ihm ggf. über eine Neuregelung verhandeln.[208]

415 Unklar ist hingegen, welche Rechtsfolgen in folgenden Fallgestaltungen eintreten:

- Der Erwerber war bereits vor dem Betriebsübergang Inhaber eines oder mehrerer (betriebsratsfähiger) Betriebe, die jedoch durchweg betriebsratslos waren. Er führt die übernommenen Betriebe oder Betriebsteile als eigenständige Betriebe oder nur einen Betrieb bzw. einen ausgegliederten Betrieb eigenständig fort. M.E. ist in diesem Fall davon auszugehen, dass die früheren Gesamtbetriebsvereinbarungen bei der Übernahme mehrerer (gesamtbetriebsratsfähige) Betriebe bzw. Betriebsteile (nur) in diesen Betrieben normativ – entweder bei der Übernahme oder Fortführung mehrerer Betriebe als Gesamtbetriebsvereinbarung oder bei der Übernahme eines Betriebes bzw. Betriebsteils als Einzelbetriebsvereinbarung – weitergelten, da ein rechtserheblicher Unterschied zu den vom Bundesarbeitsgericht entschiedenen Fällen nicht besteht. Der Erwerber kann daher die normativ weitergeltende (Gesamt-)Betriebsvereinbarung ersatzlos gegenüber den in den übernommenen Betrieben bestehenden Betriebsräten kündigen. Eine Neuregelung wird er al-

---

[206] BAG v. 18.09.2002 - 1 ABR 54/01 - NZA 2003, 670, 675.
[207] BAG v. 18.09.2002 - 1 ABR 54/01 - NZA 2003, 670, 674.
[208] BAG v. 18.09.2002 - 1 ABR 54/01 - NZA 2003, 670, 674.

lerdings wohl nur erreichen können, wenn für alle Betriebe seines Unternehmens (also sowohl die bisherigen als auch die übernommenen Betriebe bzw. Betriebsteile) gemäß § 47 BetrVG ein neuer Gesamtbetriebsrat errichtet wurde.

• Wie gerade, aber: Der Erwerber war bereits vor dem Betriebsübergang Inhaber eines oder mehrerer Betriebe mit Betriebsrat. M.E. hindert auch dies die normative Weitergeltung früherer Gesamtbetriebsvereinbarungen grundsätzlich nicht, zumal die in den anderen Betrieben des Erwerbers geltenden Betriebsvereinbarungen mangels betriebsverfassungsrechtlicher Zuständigkeit der dort bestehenden Betriebsräte ohnehin keine ablösende Wirkung gemäß § 613a Abs. 1 Satz 3 BGB haben.[209] Der Erwerber kann die weitergeltende (Gesamt-)Betriebsvereinbarung nach den obigen Grundsätzen kündigen, muss aber über eine Neuregelung mit dem – ggf. neu zu konstituierenden – Gesamtbetriebsrat verhandeln. Denkbar ist allerdings auch, dass die im Unternehmen des Erwerbers geltenden Gesamtbetriebsvereinbarungen ablösende Wirkung gemäß § 613a Abs. 1 Satz 3 BGB gegenüber den normativ weitergeltenden (Gesamt-)Betriebsvereinbarungen haben, wenn man sich mit der h.M. auf den Standpunkt stellt, dass eine bestehende Gesamtbetriebsvereinbarung auch neu hinzukommende Betriebe erfasst. Weitere Voraussetzung ist allerdings, dass die Regelungsgegenstände identisch sind (vgl. hierzu Rn. 287).

Wie bereits anfangs erwähnt, gelten diese Grundsätze nur, wenn der Erwerber die übernommenen Betriebe oder Betriebsteile nach dem Betriebsübergang weiterhin als eigenständige Betriebe fortführt. Das Bundesarbeitsgericht hat sich in seiner Entscheidung vom 18.09.2002 bewusst auf diese Fallgestaltung beschränkt. Damit ist höchstrichterlich noch nicht über das Schicksal von Gesamtbetriebsvereinbarungen entschieden, wenn der Erwerber den übernommenen Betrieb oder Betriebsteil in seinen eigenen Betrieb eingliedert und damit die Identität dieser Betriebe „zerstört". M.E. muss in diesen Fällen ebenso wie bei Einzelbetriebsvereinbarungen jedenfalls nach der derzeitigen Rechtsprechung des Bundesarbeitsgerichts von einer Transformation der Gesamtbetriebsvereinbarungen nach § 613a Abs. 1 Satz 2 BGB ausgegangen werden. **416**

b. Umfang der normativen Weitergeltung

In welchem Umfang Gesamtbetriebsvereinbarungen normativ weitergelten, richtet sich nach den gleichen Grundsätzen, die bereits für die normative Weitergeltung von Betriebsvereinbarungen erörtert wurden. Darüber hinaus kommt eine weitere Ausnahme von der normativen Weitergeltung von Betriebsvereinbarungen dann in Betracht, wenn nicht alle Betriebe eines Unternehmens übertragen werden. Das Bundesarbeitsgericht hat in seiner Entscheidung vom 18.09.2002 angesprochen – ohne dass dies im konkreten Fall entscheidungserheblich war –, dass im Einzelfall eine Fortgeltung daran scheitern könnte, dass die betreffende Regelung nach ihrem Inhalt die Zugehörigkeit zum bisherigen Unternehmen zwingend voraussetzt und nach dem Betriebsübergang gegenstandslos wird.[210] Dies ist allerdings schon deshalb etwas missverständlich, weil jedenfalls Gesamtbetriebsvereinbarungen, die auf der originären Zuständigkeit des § 50 Abs. 1 BetrVG beruhen, ebenfalls die (zwingende) Notwendigkeit einer unternehmenseinheitlichen Regelung voraussetzen. Das ist vom Bundesarbeitsgericht offensichtlich nicht gemeint. Es dürfte vielmehr solche Betriebsvereinbarungen im Auge gehabt haben, die vorwiegend betriebsorganisatorische Fragen regeln, die für alle Betriebe eines Unternehmens einheitlich gelten. Als Beispiel kann eine Gesamtbetriebsvereinbarung über die Nutzung eines unternehmensinternen Intranets herangezogen werden, die dann gegenstandslos **417**

---

[209] BAG v. 01.08.2001 - 4 AZR 82/00 - NZA 2002, 41, 43 f.; vgl. schon Rn. 382.

[210] BAG v. 18.09.2002 - 1 ABR 54/01 - NZA 2003, 670, 674.

wird, wenn nur einzelne Betriebe oder Betriebsteile auf einen Erwerber übertragen werden. Hingegen werden die erfahrungsgemäß für die übergehenden Arbeitnehmer besonders wichtigen Gesamtbetriebsvereinbarungen, die unternehmenseinheitlich Entgeltzusatzleistungen des Arbeitgebers regeln, durchweg weiter gelten, da diese nicht gegenstandslos werden können.

418　Darüber hinaus werden Betriebsvereinbarungen über organisatorische Fragen, die mit dem Gesamtbetriebsrat z.b. gemäß § 47 Abs. 4 BetrVG abgeschlossen wurden, jedenfalls dann nicht normativ weiter gelten, wenn nicht alle Betriebe eines Unternehmens übertragen wurden, da dann die Grundlage für solche Betriebsvereinbarungen entfällt. Selbst wenn aber alle Betriebe eines Unternehmens übertragen werden, ist es – wie bei Betriebsvereinbarungen – fraglich, ob diese normativ weiter gelten bzw. ob der Übernehmer insoweit in die betriebsverfassungsrechtliche Stellung des bisherigen Arbeitgebers einrückt. Insoweit dürfte die Rechtslage mit der bei Firmentarifverträgen identisch sein, bei denen das Bundesarbeitsgericht ebenfalls annimmt, dass der Übernehmer nicht automatisch in die Stellung des bisherigen Arbeitgebers als Vertragspartei einrückt.[211]

419　**Hinweis:**

Will der Übernehmer diese Betriebsvereinbarungen beibehalten, empfiehlt es sich daher, eine Übernahmevereinbarung oder eine neue, gleichlautende Betriebsvereinbarung mit dem Gesamtbetriebsrat abzuschließen.

c. Ablösung von normativ weitergeltenden Gesamtbetriebsvereinbarungen

420　Bereits unter Rn. 385 wurde im Rahmen des Ob der kollektivrechtlichen Weitergeltung von Betriebsvereinbarungen angesprochen, wie normativ weitergeltende Gesamtbetriebsvereinbarungen beendet oder abgelöst werden können. Das Bundesarbeitsgericht hat – wie dargestellt – danach differenziert, ob nur ein Betrieb oder Betriebsteil übertragen und vom Erwerber als eigenständiger Betrieb fortgeführt wird oder ob mehrere – gesamtbetriebsratsfähige – Betriebe oder Betriebsteile übertragen und als eigenständige Betriebe fortgeführt werden. Nur im erstgenannten Fall kann der Übernehmer die (früheren) Gesamtbetriebsvereinbarungen, die nach dem Betriebsübergang als Einzelbetriebsvereinbarungen weitergelten, durch Neuverhandlungen mit dem für den übergehenden Betrieb bzw. Betriebsteil zuständigen Betriebsrat abändern, wohingegen nach der Aussage des Bundesarbeitsgerichts in den anderen Fällen nur eine Abänderung durch eine neue Gesamtbetriebsvereinbarung mit dem – ggf. neu zu bildenden – Gesamtbetriebsrat in Betracht kommt. Dies ist allerdings nicht ganz richtig. Vielmehr hat der Erwerber auch bei einer Gesamtbetriebsvereinbarung, die als solche nach dem Übergang mehrerer Betriebe oder Betriebsteile normativ fort gilt, durchaus die Möglichkeit, diese durch (mehrere) Einzelbetriebsvereinbarungen abzulösen. Insbesondere kann durch Umorganisation der übernommenen Betriebe oder Betriebsteile die vom Bundesarbeitsgericht geforderte zwingende sachliche Notwendigkeit für eine unternehmenseinheitliche Regelung[212] entfallen, so dass folgerichtig dann auch keine originäre Zuständigkeit des (ggf. neu zu bildenden) Gesamtbetriebsrats gemäß § 50 Abs. 1 BetrVG mehr besteht. Dann werden die Betriebsräte der einzelnen Betriebe (wieder) zuständig.

---

[211] BAG v. 20.06.2001 - 4 AZR 295/00 - NZA 2002, 517, 518 f.; BAG v. 29.08.2001 - 4 AZR 332/00 - NZA 2002, 513, 514 f.

[212] Dazu nur BAG v. 11.12.2001 - 1 AZR 193/01 - NZA 2002, 688 ff.; BAG v. 23.10.2002 - 7 ABR 55/01 - NZA 2003, 1360 ff.

Beispiel: 421

Der frühere Arbeitgeber hatte in seinem Unternehmen mit zehn Betrieben eine Gesamtbetriebsvereinbarung über eine freiwillige Weihnachtsgratifikation abgeschlossen, für
die – weil er diese Leistung allen Arbeitnehmern des Unternehmens gewähren wollte –
die originäre Zuständigkeit des Gesamtbetriebsrats nach § 50 Abs. 1 BetrVG bestand.[213]
Ein Erwerber übernimmt nun drei Betriebe dieses Unternehmens und führt sie unverändert fort. Damit wirkt die Gesamtbetriebsvereinbarung kollektivrechtlich weiter. Der Erwerber möchte jedoch bei den Entgeltstrukturen stärker zwischen den einzelnen Betrieben differenzieren und ein Weihnachtsgeld zahlen, dass zum Teil von der Ertragslage
des jeweiligen Betriebes abhängig ist. Damit entfällt die Zuständigkeit des Gesamtbetriebsrats, da eine unternehmenseinheitliche Regelung nicht mehr zwingend notwendig
ist, so dass die Betriebsräte der einzelnen (übergegangenen) Betriebe für die Regelung
nach § 87 Abs. 1 Nr. 10 BetrVG zuständig sind. Sollte es dem Erwerber gelingen, mit
den einzelnen Betriebsräten unterschiedliche Betriebsvereinbarungen über ein Weihnachtsgeld abzuschließen, lösen diese Einzelbetriebsvereinbarungen m.E. die Gesamtbetriebsvereinbarung ohne weiteres nach dem Ablösungsprinzip ab. Obwohl es damit einer Kündigung der Gesamtbetriebsvereinbarung nicht bedarf, sollte der Erwerber zur Sicherheit vor den Verhandlungen mit den einzelnen Betriebsräten die Gesamtbetriebsvereinbarung sowohl gegenüber den Betriebsräten als auch gegenüber dem Gesamtbetriebsrat kündigen.

2. Transformation von Gesamtbetriebsvereinbarungen gemäß § 613a Abs. 1 Satz 2 BGB

Eine normative Weitergeltung von Gesamtbetriebsvereinbarungen kommt nach dem derzeiti-   422
gen Stand der Rechtsprechung des Bundesarbeitsgerichts nur dann in Betracht, wenn der Erwerber die übernommenen Betriebe oder Betriebsteile als eigenständige Betriebe fortführt.
Gliedert er hingegen die übernommenen Betriebe oder Betriebsteile in seinen eigenen Betrieb
ein, wird man davon ausgehen müssen, dass auch Gesamtbetriebsvereinbarungen transformiert werden, also die in ihnen geregelten Rechte und Pflichten der Arbeitnehmer gemäß
§ 613a Abs. 1 Satz 2 BGB Inhalt des Arbeitsverhältnisses werden. Da sich in diesem Fall die
gleichen Fragen stellen, die bereits im Rahmen der Transformation von Betriebsvereinbarungen (vgl. Rn. 367 ff.) und der normativen Weitergeltung von Gesamtbetriebsvereinbarungen
(vgl. Rn. 417 ff.) behandelt wurden, kann auf die entsprechenden Ausführungen verwiesen
werden.

3. Ablösung von Gesamtbetriebsvereinbarungen gemäß § 613a Abs. 1 Satz 3 BGB

Eine Ablösung transformierter Gesamtbetriebsvereinbarungen nach § 613a Abs. 1 Satz 3   423
BGB kommt sowohl durch Einzel- als auch durch Gesamtbetriebsvereinbarungen in Betracht.
Werden jedoch Betriebe oder Betriebsteile als selbstständige Betriebe weitergeführt, stellt sich
die Frage der Ablösung durch eine bereits bestehende Gesamtbetriebsvereinbarung[214] nur,
wenn man davon ausgeht, dass diese neu hinzukommende Betriebe erfasst (vgl. schon
Rn. 385); in allen anderen Fällen kann es mangels einer für den übergehenden Betrieb oder Betriebsteil einschlägigen Regelung nicht zu einer Ablösung kommen. Damit gewinnt die Ablö-
sungsfrage in erster Linie Bedeutung, wenn der Übernehmer den oder die übernommenen Be-

---

[213] Dazu BAG v. 11.02.1992 - 1 ABR 51/91 - NZA 1992, 702, 703.

[214] Zur Ablösung durch (Gesamt-)Betriebsvereinbarungen, die nach Betriebsübergang geschlossen werden,
vgl. bereits Rn. 420.

triebe oder Betriebsteile in seinen eigenen Betrieb bzw. in seine eigenen Betriebe eingliedert oder mit anderen zusammenführt. Dann muss zwischen verschiedenen Fallkonstellationen unterschieden werden, die sowohl bei Eingliederung als auch bei der Zusammenführung von Betrieben oder Betriebsteilen vorliegen können:

- Der Erwerber war vor dem Betriebsübergang bereits Inhaber eines Betriebes, in dem ein Betriebsrat existiert. Er gliedert den übernommenen Betrieb bzw. Betriebsteil in diesen Betrieb ein. Eine transformierte Gesamtbetriebsvereinbarung kann in diesem Fall durch eine im Betrieb des Erwerbers bestehende (Einzel-)Betriebsvereinbarung nach § 613a Abs. 1 Satz 3 BGB abgelöst werden, wenn die Regelungsgegenstände identisch sind.

- Der Erwerber war vor dem Betriebsübergang Inhaber mehrerer Betriebe mit Betriebsräten. Ein Gesamtbetriebsrat ist gebildet. Er gliedert den übernommenen Betrieb bzw. Betriebsteil in einen dieser Betriebe ein. Eine transformierte Gesamtbetriebsvereinbarung kann in diesem Fall – vorausgesetzt, die Regelungsbereiche sind identisch – sowohl durch eine Gesamtbetriebsvereinbarung als auch durch eine Einzelbetriebsvereinbarung nach § 613a Abs. 1 Satz 3 BGB abgelöst werden.

    Beispiel: Im Unternehmen des Erwerbers besteht bereits eine Gesamtbetriebsvereinbarung über die Zahlung von Urlaubsgeld in Höhe eines halben Monatsgehalts. Er übernimmt einen Betrieb, in dem bisher eine Gesamtbetriebsvereinbarung galt, nach der ein Urlaubsgeld in Höhe eines Monatsgehalts zu zahlen war und gliedert diesen Betrieb sofort nach dem Betriebsübergang in einen seiner Betriebe ein. Für die übergehenden Arbeitnehmer gilt in diesem Fall die bereits beim Erwerber bestehende Gesamtbetriebsvereinbarung, so dass sie nur noch einen Anspruch auf ein halbes Monatsgehalt Urlaubsgeld haben. Dabei spielt in Bezug auf bereits bestehende Gesamtbetriebsvereinbarungen der oben erwähnte Streit, ob sich diese auch auf neu hinzukommende Betriebe erstrecken, keine Rolle, da die übernommenen Betriebe ja eingegliedert werden und daher ohne weiteres unter den Geltungsbereich bestehender Gesamtbetriebsvereinbarungen fallen.

- Der Erwerber war bereits vor dem Betriebsübergang Inhaber mehrerer Betriebe jeweils mit Betriebsrat und Gesamtbetriebsrat. Er übernimmt mehrere Betriebe und Betriebsteile und gliedert diese in verschiedene Betriebe seines Unternehmens ein. Ebenso wie in der zweiten Fallgestaltung kann die transformierte Gesamtbetriebsvereinbarung bei Vorliegen identischer Regelungsbereiche entweder jeweils durch die in den einzelnen Betrieben bestehenden Betriebsvereinbarungen oder durch eine schon bisher im Unternehmen des Erwerbers geltende Gesamtbetriebsvereinbarung gemäß § 613a Abs. 1 Satz 3 BGB abgelöst werden.

IV. Konzernbetriebsvereinbarungen

424 Das Schicksal von Konzernbetriebsvereinbarungen bei einem Betriebsübergang war bisher noch nicht Gegenstand höchstrichterlicher Entscheidungen. Außerdem wird dieser Komplex in vielen Darstellungen zu § 613a BGB nur in geringem Umfang behandelt, so dass hinsichtlich vieler Einzelfragen derzeit Unklarheit besteht.

1. Kollektivrechtliche/normative Weitergeltung

425 Eine kollektivrechtliche Fortgeltung von Konzernbetriebsvereinbarungen wird von der h.M. dann angenommen, wenn der neue Unternehmensträger dem gleichen Konzern wie der vorherige Unternehmensträger angehört.[215]

---

[215] *Willemsen/Hohenstatt/Schweibert/Seibt*, Umstrukturierung und Übertragung von Unternehmen, Teil E Rn. 54.

Beispiel: 426

Das zum X-Konzern gehörende Tochterunternehmen A veräußert einen seiner Betriebe an das ebenfalls zum X-Konzern gehörende Tochterunternehmen B.

Umstritten ist, ob Konzernbetriebsvereinbarungen normativ fortwirken, wenn das veräußerte 427 Unternehmen bzw. der veräußerte Betrieb aus dem Konzernverbund ausscheidet. Hier ist nach der Entscheidung des Bundesarbeitsgerichts vom 18.9.2002 zur Weitergeltung von Betriebsvereinbarungen zu fragen, ob die dort aufgestellten Grundsätze zu Gesamtbetriebsvereinbarungen auf Konzernbetriebsvereinbarungen übertragbar sind. Dies ist m.E. zu bejahen. Das Bundesarbeitsgericht hat maßgeblich darauf abgestellt, dass das Regelungsobjekt der Gesamtbetriebsvereinbarung bei einer Wahrung der Betriebsidentität nicht entfällt. Daher gelte sie nach einem identitätswahrenden Betriebsübergang im übertragenen Betrieb kollektivrechtlich weiter; des Auffangtatbestandes des § 613a Abs. 1 Satz 2 BGB bedürfe es nicht.[216] Wenn das Bundesarbeitsgericht damit die kollektivrechtliche Weitergeltung einer Gesamtbetriebsvereinbarung maßgebend daran anknüpft, dass der übertragene Betrieb seine Identität behält, ist kein Grund ersichtlich, warum die Rechtslage bei Konzernbetriebsvereinbarungen anders gewertet werden sollte. Auch Konzernbetriebsvereinbarungen gelten – wie Gesamtbetriebsvereinbarungen – im jeweils einzelnen Betrieb und ihr Regelungsobjekt entfällt ebenso wenig – wie bei Gesamtbetriebsvereinbarungen – bei einer identitätswahrenden Betriebsübertragung.

Denkt man also die Begründung des Bundesarbeitsgerichts zur Weitergeltung von Gesamtbe- 428 triebsvereinbarungen konsequent weiter, muss eine normative Weitergeltung von Konzernbetriebsvereinbarungen angenommen werden, wenn ein Betrieb oder Betriebsteil auf einen Erwerber übertragen wird, der diesen (ggf. neu entstandenen) Betrieb als eigenständige Einheit weiterführt. Kompliziert wird die Rechtslage dann allerdings dadurch, dass Konzernbetriebsvereinbarungen i.d.R. sozusagen auf der „dritten Regelungsstufe" stehen, so dass zweifelhaft ist, wie sie weiter gelten. Hier muss wiederum zwischen verschiedenen Fallgestaltungen differenziert werden:

Wenn ein Konzernunternehmen (mit mehreren Betrieben) vollständig auf einen Unterneh- 429 mensträger außerhalb des Konzernverbundes übertragen wird und die Betriebe unverändert weitergeführt werden, dürften Konzernbetriebsvereinbarungen jedenfalls dann als Gesamtbetriebsvereinbarung weiter gelten, wenn der neue Unternehmensträger seinerseits nicht zu einem Konzernverbund gehört.

Gehört jedoch das erwerbende Unternehmen seinerseits zu einem anderen Konzern, in dem ein 430 Konzernbetriebsrat besteht, könnte man auch an eine Weitergeltung als Konzernbetriebsvereinbarung denken. Dies hätte zur Folge, dass über eine Neuregelung mit dem Konzernbetriebsrat zu verhandeln wäre, soweit die Voraussetzungen für dessen Zuständigkeit nach § 58 Abs. 1 BetrVG gegeben sind. Besteht hingegen kein Konzernbetriebsrat, spricht m.E. mehr für eine Weitergeltung als Gesamtbetriebsvereinbarung, da ein Konzernbetriebsrat – anders als ein Gesamtbetriebsrat – nicht zwingend zu errichten ist.

Der andere Extremfall wäre, dass ein einzelner Betrieb oder Betriebsteil aus einem konzern- 431 angehörigen Unternehmen herausgelöst und von einem – nicht konzernangehörigen – Erwerber als eigenständiger Betrieb weitergeführt wird. In diesem Fall gilt die Konzernbetriebsvereinbarung als Einzelbetriebsvereinbarung weiter. Sie ist ggf. gegenüber dem für den übergegangenen Betrieb bzw. Betriebsteil zuständigen Betriebsrat zu kündigen und mit diesem ist auch ggf. über eine Neuregelung zu verhandeln.

---

[216] BAG v. 18.09.2002 - 1 ABR 54/01 - NZA 2002, 670, 674.

432 Schwieriger wird die rechtliche Beurteilung, wenn ein Erwerber mehrere Betriebe oder Betriebsteile von einem oder mehreren konzernangehörigen Unternehmen erwirbt und diese als selbstständige Betriebe weiterführt. Sind die übernommenen Betriebe gesamtbetriebsratsfähig, dürfte die Konzernbetriebsvereinbarung als Gesamtbetriebsvereinbarung weiter gelten, so dass dann die vom Bundesarbeitsgericht entwickelten Grundsätze zur Weitergeltung von Gesamtbetriebsvereinbarungen bei Übernahme einer gesamtbetriebsratsfähigen Anzahl von Betrieben anzuwenden wären.

433 Noch komplizierter wird es, wenn das erwerbende Unternehmen seinerseits einem Konzernverbund angehört. Hier wird eine Konzernbetriebsvereinbarung als solche m.E. nur dann weiter gelten können, wenn ein Konzernbetriebsrat in diesem Konzern besteht. Ansonsten spricht mehr für eine Weitergeltung als Gesamtbetriebsvereinbarung.

434 Der Umfang der kollektivrechtlichen Weitergeltung richtet sich nach den gleichen Grundsätzen wie bei Gesamtbetriebsvereinbarungen, so dass auf die dortigen Ausführungen (vgl. Rn. 417) verwiesen werden kann.

2. Transformation

435 Die konsequente Weiterführung der Rechtsprechung des Bundesarbeitsgerichts ergibt ferner, dass Konzernbetriebsvereinbarungen nach dem derzeitigen Rechtsstand dann transformiert werden, wenn der Erwerber ein konzernangehöriges Unternehmen oder Betriebe bzw. Betriebsteile eines konzernangehörigen Unternehmens erwirbt und diese in seinen bereits bestehenden Betrieb eingliedert. Der Umfang der Transformation richtet sich nach den gleichen Grundsätzen wie bei Gesamtbetriebsvereinbarungen (vgl. Rn. 422).

c. Ablösung gemäß § 613a Abs. 1 Satz 3 BGB

436 Transformierte Konzernbetriebsvereinbarungen können – je nach der Organisation des bzw. der Betriebe des Erwerbers – sowohl durch Konzern- als auch durch Gesamt- oder Einzelbetriebsvereinbarung gemäß § 613a Abs. 1 Satz 3 BGB abgelöst werden.

Kapitel 4: Auswirkung eines Betriebsübergangs auf die betriebliche Altersversorgung

Gliederung

A. Übersicht und praktische Mandatsrelevanz

Dass das Thema betriebliche Altersversorgung für alle an einem Betriebsübergang Beteiligten **1** außerordentlich relevant, wenn nicht gar brisant ist, bedarf kaum einer näheren Begründung. Für die beteiligten Arbeitnehmer ist die Frage, was aus ihren Rentenansprüchen bzw. Renten-anwartschaften wird, i.d.R. von hohem Interesse. Die beteiligten Arbeitgeber sind schon we-gen der erheblichen finanziellen Belastungen, die Versorgungszusagen mit sich bringen, auf eine weitgehende Klärung der Rechtsfragen, die sich in Zusammenhang mit einem Betriebs-übergang ergeben, angewiesen. Vor allem für den Übernehmer eines Betriebes bestehen er-hebliche finanzielle Risiken, die sich ggf. erst nach mehreren Jahren, wenn nicht erst Jahrzehn-ten realisieren. Im einschlägigen Schrifttum wird daher auch eine umfangreiche Bestandsauf-nahme hinsichtlich der auf den Erwerber übergehenden Versorgungsverpflichtungen empfoh-len.[1] Darüber hinaus dürfte jedenfalls dann, wenn bei Veräußerer und Erwerber verschiedene Versorgungssysteme bestehen, die Hinzuziehung eines Experten für betriebliche Altersversor-gung unerlässlich sein.

---

[1] *Willemsen/Hohenstatt/Schweibert/Seibt,* Umstrukturierung und Übertragung von Unternehmen, Teil J Rn. 95.

2 Da eine umfassende Behandlung der Problematik den hier gegebenen Rahmen weit übersteigen würde, wird im Folgenden lediglich eine grobe Übersicht über die bei einem Betriebsübergang auftretenden Rechtsfragen gegeben. Im Vorfeld wird die Rechtsprechung des Bundesarbeitsgerichts zum Bestandsschutz bei Versorgungszusagen behandelt, da diese bei mehreren Fallkonstellationen zu beachten ist und somit ein „vor die Klammer ziehen" sinnvoll ist. Eigenständig behandelt wird des Weiteren die Frage des erfassten Personenkreises, da neben § 613a BGB die Vorschriften der §§ 25, 28 HGB, die zum Teil weiter als § 613a BGB gehen, anwendbar sind, und damit eine Einstandspflicht für Ansprüche von (ehemaligen) Arbeitnehmern, die nicht von § 613a BGB erfasst werden, in Betracht kommt. Dem folgen die denkbaren Fallkonstellationen zur betrieblichen Altersversorgung beim Betriebsübergang einschließlich des Sonderfalles der Entgeltumwandlung, bevor abschließend einige Hinweise zum Informationsschreiben nach § 613a Abs. 5 BGB gegeben werden.

3 Im **Arbeitnehmer-Mandat** ist die Problematik – ähnlich wie bei den Rechtsfolgen – in verschiedener Hinsicht von Bedeutung. Denkbar ist eine Leistungsklage, wenn der Versorgungsfall eintritt und der Arbeitnehmer eine geringere Betriebsrente bzw. Altersversorgung als erwartet erhält und dies auf einen oder mehrere Betriebsübergänge zurückzuführen ist. Da das Bundesarbeitsgericht in ständiger Rechtsprechung Feststellungsklagen zulässt, mit denen das Bestehen einer Versorgungsanwartschaft in einer bestimmten Höhe festgestellt werden soll, kann es auch vorkommen, dass nach einem Betriebsübergang auf Feststellung geklagt wird, dass der übergehende Arbeitnehmer entweder eine Versorgungsanwartschaft in einer bestimmten Höhe hat oder dass seine Versorgungsanwartschaft nach Betriebsübergang nach anderen Kriterien oder Methoden zu berechnen ist als nach den vom bisherigen und/oder neuen Arbeitgeber angewandten Kriterien. Schließlich kann der Arbeitnehmer – ggf. schon im Vorfeld eines Betriebsübergangs – mit der nach § 613a Abs. 5 BGB erteilten Information darüber beraten werden wollen, wie sich der Betriebsübergang auf seine betriebliche Altersversorgung auswirkt und ob er ggf. aus diesem Grunde dem Übergang seines Arbeitsverhältnisses widersprechen soll.

4 Hinweis:

> Sollte die Information nicht oder nicht vollständig erteilt sein, bietet sich die Geltendmachung des in § 4a BetrAVG enthaltenen Auskunftsanspruchs an; das dafür notwendige berechtigte Interesse des Arbeitnehmers dürfte bei einem Betriebsübergang ohne weiteres zu bejahen sein.

5 Was das **Arbeitgeber-Mandat** angeht, so wurde bereits oben die erhebliche finanzielle Dimension der Problematik vor allem für den Übernehmer eines Betriebes angesprochen. In der Vorbereitung eines Betriebsübergangs wird daher vor allem in Rede stehen, ob die vom bisherigen Arbeitgeber angebotene Altersversorgung weitergeführt werden muss und ob ggf. die beim Übernehmer geltende Versorgungsordnung die beim bisherigen Arbeitgeber geltende ablöst. Daneben ist besonderes Augenmerk auf die Information der Arbeitnehmer nach § 613a Abs. 5 BGB zu lenken.

6 Hinweis:

> Für die Beschäftigten ist erfahrungsgemäß besonders wichtig die Frage der Anerkennung der Dienstzeiten, die Weiterführung bzw. Ablösung der betrieblichen Altersversorgung und – im letzteren Falle – die Wertgleichheit der Anwartschaften.

7 Im **Betriebsrats-Mandat** ist die Kenntnis vor allem hinsichtlich der Rechtslage bei der Ablösung von Versorgungsordnungen u.a. wegen des nach § 87 Abs. 1 Nr. 10, ggf. auch Nr. 8 BetrVG bestehenden Mitbestimmungsrechts wichtig. Daneben ist die betriebliche Altersversorgung häufig ein zentraler Bestandteil der verbreiteten Überleitungsvereinbarungen zwischen beiden Arbeitgebern und dem Betriebsrat; in diesem Fall sollte der Betriebsrat sowohl über Ablösungs- als auch ggf. über spätere Änderungsmöglichkeiten Bescheid wissen.

B. Vorüberlegung: Die Rechtsprechung des Bundesarbeitsgerichts zum Bestandsschutz bei Versorgungszusagen

Sollen (künftige) Versorgungsansprüche vom Übernehmer gemindert werden oder sogar – **8** was indes i.d.R. nicht möglich ist – ganz entfallen, ist die Kenntnis der Rechtsprechung des Bundesarbeitsgerichts zum Bestandsschutz bei Versorgungszusagen unerlässlich. Sie betrifft zwar vornehmlich Fallgestaltungen, in denen der zusagende Arbeitgeber selbst Versorgungs- zusagen ändern oder abschaffen wollte, jedoch gelten die von der Rechtsprechung gezogenen Grenzen gemäß der Grundregel, nach der der Übernehmer eines Betriebes die gleichen Rechte und Pflichten wie der bisherige Arbeitgeber hat, auch in Betriebsübergangsfällen.

Hierauf übertragen kann man die Rechtsprechung des Bundesarbeitsgerichts wie folgt zusam- **9** menfassen:

- Als erster Grundsatz ist zu beachten, dass die dem Erwerber zur Verfügung stehenden Än- derungsmöglichkeiten zentral von der Rechtsgrundlage abhängig sind, auf der die im Be- trieb des Veräußerers geltende Versorgungsordnung beruht. Individualrechtlich begrün- dete Versorgungszusagen (Einzelzusagen oder kollektiv ausgerichtete Regelungen wie vertragliche Einheitsregelung, Gesamtzusage oder betriebliche Übung) sind im Regelfall wesentlich schwerer zu ändern als kollektivrechtlich begründete (auf Betriebsvereinba- rungen beruhende) Versorgungszusagen.

- Dagegen spielt es i.d.R. für die Abänderungsmöglichkeiten keine erhebliche Rolle, wel- chen Durchführungsweg der Arbeitgeber für die betriebliche Altersversorgung der Arbeit- nehmer gewählt hat.

- Drittens sind die Grundsätze des Bestands- bzw. Vertrauensschutzes zu beachten. Dies führt vor allem dazu, dass die Änderungs- bzw. Minderungsmöglichkeiten des Arbeitge- bers davon abhängig sind, in welche Bestandteile der Versorgungsanwartschaften er ein- greifen will. Die Änderungsgründe müssen umso schwerer wiegen, je stärker die betroffe- nen Besitzstände sind und je tiefer in diese eingegriffen wird.[2] Von Bedeutung ist insoweit auch der Insolvenzschutz des § 7 BetrAVG.

Bei den letztgenannten Grundsätzen des Bestands- bzw. Vertrauensschutzes von Versorgungs- **10** zusagen ist ein vom Bundesarbeitsgericht für ablösende Betriebsvereinbarungen entwickeltes dreistufiges System zu beachten, das auch für andere Fallkonstellationen relevant werden kann. Danach ist – stark vereinfacht dargestellt – bei Versorgungsanwartschaften wie folgt zu unterscheiden:

Dreistufensystem bei Änderung von Versorgungszusagen

Erdiente Teilbeträge	Zeitanteilig erdiente Dynamik	Zu erdienende Teilbeträge
Eingriff allenfalls bei existenzge- fährdender wirtschaftlicher Notlage	Eingriff bei „triftigen" Gründen	Eingriff bei „sachlichen" Gründen

---

[2] St. Rspr. des BAG, vgl. nur BAG v. 17.04.1985 - 3 AZR 72/83 - NZA 1986, 57.

11   Die erste Stufe bilden die nach den Grundsätzen des § 2 BetrAVG bereits erdienten Teilbeträge bzw. Versorgungsanwartschaften.

12   **Beispiel:**

Der frühere Arbeitgeber hatte seinen Arbeitnehmern zugesagt, ihnen für jedes Jahr der Betriebszugehörigkeit eine Betriebsrente in Höhe von 5 € monatlich zu zahlen. Der Betrieb geht im Jahr 2004 auf den Erwerber über. Arbeitnehmer A, der seit 1990 im Betrieb beschäftigt ist, hat im Zeitpunkt des Betriebsübergangs eine (unverfallbare) Versorgungsanwartschaft in Höhe von 70 € monatlich erworben.

13   Die zweite Stufe bildet die sog. zeitanteilig erdiente Dynamik, die dann relevant wird, wenn die Versorgungsordnung des Arbeitgebers vorsieht, dass dem Arbeitnehmer bei Eintritt des Versorgungsfalles eine Betriebsrente in Höhe eines bestimmten Prozentsatzes des zuletzt erzielten (durchschnittlichen) Monatseinkommens zusteht oder – falls ein sog. Gesamtversorgungssystem vorliegt – die gesetzliche Rente einen bestimmten Prozentsatz des zuletzt erzielten Nettomonatseinkommens betragen soll.

14   **Beispiel:**

Der frühere Arbeitgeber hatte seinen Arbeitnehmern zugesagt, dass sie bei Eintritt des Versorgungsfalles eine Betriebsrente in Höhe von 5% des zuletzt erzielten (durchschnittlichen) Monatseinkommens erhalten.

15   Die dritte Stufe bilden schließlich die noch nicht erdienten Teilbeträge bzw. die dienstzeitabhängigen Steigerungsraten.

16   **Beispiel:**

Im o.g. erstgenannten Beispiel (vgl. Rn. 12) wären das die Beträge, die Arbeitnehmer A nach dem Zeitpunkt des Betriebsübergangs im Jahre 2004 erst noch erdienen wird bzw. kann.

17   Der Schutz dieser drei Stufen soll daraus folgen, ob der Arbeitnehmer bereits seine Gegenleistung für diese erbracht hat, so dass sich für das Bundesarbeitsgericht folgende Differenzierung ergibt:

18   Eingriffe in bereits erdiente Teilbeträge (erste Stufe) sollen allenfalls in seltenen Ausnahmefällen, die erst bei einer existenzgefährdenden wirtschaftlichen Notlage des Unternehmens vorliegen, zulässig sein. Derzeit ist jedoch unklar, ob ein hierauf gestützter Eingriff noch zulässig ist[3], da in solchen Fällen seit 1999 – anders als früher – der PSV nicht mehr eintritt; § 7 Abs. 1 Satz 4 BetrAVG beschränkt dessen Eintrittspflicht vielmehr auf die Fälle der Insolvenz und sieht keine Eintrittspflicht mehr bei einer wirtschaftlichen Notlage vor (so früher § 7 Abs. 1 Satz 4 Nr. 5 BetrAVG a.F.). Das Bundesarbeitsgericht erkennt jedenfalls die frühere Widerrufsmöglichkeit aus diesem Grunde nicht mehr an[4]; es spricht einiges dafür, dies auf Eingriffe im Rahmen ablösender (Betriebs-)Vereinbarungen zu übertragen.

19   Daneben kommt bei einer sog. planwidrigen Überversorgung, die allerdings nur bei sog. Gesamtversorgungssystemen vorkommen kann, eine Anpassung nach den Grundsätzen des Wegfalls der Geschäftsgrundlage in Betracht.[5]

---

[3]   Zutreffend *Steinmeyer* in: ErfK, Vorbem. BetrAVG Rn. 35.

[4]   So deutlich BAG v. 17.06.2003 - 3 AZR 396/02 - AP BetrAVG § 7 Widerruf Nr. 24 m. insoweit zust. Anm. *Langohr-Plato.*

[5]   BAG v. 28.07.1998 - 3 AZR 100/98 - NZA 1999, 444 ff.; BAG v. 09.11.1999 - 3 AZR 502/98 - NZA 2001, 98 ff.

Eingriffe in die sog. zeitanteilig erdiente Dynamik (zweite Stufe) setzen „triftige Gründe" vo- **20**
raus, die ausreichen würden, einen Teuerungsausgleich bei der Rentenanpassung nach § 16
BetrAVG wegen der wirtschaftlichen Lage des Arbeitgebers zu verweigern. Was triftige
Gründe sind, ist inzwischen in mehreren Entscheidungen des Bundesarbeitsgerichts näher geklärt worden: Sie sollen vorliegen, wenn die Kosten des Versorgungswerkes nicht mehr aus
den Unternehmenserträgen und etwaigen Zusätzen des Unternehmensvermögens erwirtschaf-
tet werden können, so dass eine die Entwicklung des Unternehmens beeinträchtigende Substanzgefährdung droht. Verwiesen wird auf die Grundsätze, die das Bundesarbeitsgericht zur
Anpassungspflicht nach § 16 BetrAVG entwickelt hat.[6] Triftige Gründe sollen fehlen, wenn
die Erhöhung der Versorgungsanwartschaften nach der vereinbarten Dynamisierungsregelung
bei einer Substanzgefährdung des Unternehmens unterbleiben darf.[7]

Eingriffe in sog. dienstzeitabhängige Steigerungsbeträge, das sind die noch zu erdienenden **21**
Anwartschaftsbeträge (dritte Stufe), sind bei Vorliegen sachlicher Gründe gerechtfertigt. Insoweit wird vertreten, dass bereits der Betriebsübergang als solcher einen entsprechenden sachlichen Grund darstellt.[8] Das ist m.E. zweifelhaft, da dem Übernehmer eines Betriebes damit
letztlich mehr Rechte eingeräumt werden als dem bisherigen Arbeitgeber zugestanden hätten.
Geht man aber von dem Grundsatz aus, dass der Übernehmer alles das darf, was auch der bisherige Arbeitgeber hätte tun dürfen, müssen an den sachlichen Grund für den Eingriff in noch
zu erdienende Teilbeträge die gleichen Maßstäbe angelegt werden. Damit dürfte insoweit die
entsprechende Rechtsprechung des Bundesarbeitsgerichts eingreifen.[9] Als sachliche Gründe
anerkannt werden vor allem eine wirtschaftlich ungünstige Lage des Versorgungsschuldners
oder eine Fehlentwicklung des betrieblichen Versorgungswerks.[10] Ob darüber hinaus weitere
Gründe, wie z.B. die bei Betriebsübergängen relevante Anpassung an andere Entgeltstrukturen
von der Rechtsprechung akzeptiert werden, ist zweifelhaft und derzeit nicht zu prognostizieren.

Hinweis: **22**

Für die Voraussetzungen eines zulässigen Eingriffs ist der Arbeitgeber bzw. Versorgungsschuldner darlegungs- und beweisbelastet. Im **Arbeitgeber-Mandat** sollte vor allem darauf hingewiesen werden, dass eine – ohnehin wichtige – sorgfältige Dokumenta-
tion der im Augenblick der Anpassung vorliegenden triftigen oder sachlichen Gründe bei
Versorgungszusagen ergänzend deshalb notwendig ist, weil es u.U. erst Jahre nach dem
Eingriff zu Rechtsstreitigkeiten über dessen Rechtmäßigkeit kommen kann und dann naturgemäß Beweisnot auftreten kann. Dies gilt auch, wenn der Betriebsrat beteiligt wurde.

C. Erfasster Personenkreis

Hat der bisherige Arbeitgeber eine Versorgungszusage erteilt, muss der Übernehmer über **23**
§ 613a BGB bzw. die einschlägigen Vorschriften für die Gesamtrechtsnachfolge, insbesondere die des UmwG, jedenfalls für die Versorgungsanwartschaften der auf ihn übergehenden
Arbeits- bzw. Beschäftigungsverhältnisse einstehen. Es kommt jedoch sogar eine darüber hinausgehende Haftung für Ansprüche anderer in Betracht. Gläubiger können sein:

• ausgeschiedene Arbeitnehmer mit unverfallbaren Versorgungsanwartschaften,

---

[6] Zuletzt BAG v. 11.12.2001 - 3 AZR 512/00 - NZA 2003, 1414, 1418 m.w.N.
[7] BAG v. 21.08.2001 - 3 ABR 44/00 - NZA 2002, 575, 579.
[8] *Gaul/Kühnreich*, NZA 2002, 495, 499.
[9] BAG v. 11.05.1999 - 3 AZR 21/98 - NZA 2000, 322 ff.
[10] Siehe nur BAG v. 18.09.2001 - 3 AZR 728/00 - NZA 2002, 1164, 1167.

- Betriebsrentner,
- Personen, die nicht Arbeitnehmer sind, denen aber eine Versorgungszusage erteilt wurde und die unter § 17 Abs. 1 BetrAVG fallen; also arbeitnehmerähnliche Personen, Heimarbeiter, freie Mitarbeiter oder – praktisch sehr wichtig! – Organmitglieder (z.b. GmbH-Geschäftsführer).

24 Ob der Übernehmer für Versorgungsansprüche dieser Personen einstehen muss, richtet sich danach, welche Haftungsgrundlage eingreift; dies wiederum ist davon abhängig, ob eine Einzel- oder eine Gesamtrechtsnachfolge vorliegt.

I. Haftung für Versorgungsansprüche bei Einzelrechtsnachfolge

1. § 613a BGB

25 Eine auf § 613a BGB basierende Einstandspflicht für Versorgungszusagen trifft den Übernehmer nur in Bezug auf die Arbeitnehmer, deren Arbeitsverhältnisse gemäß § 613a BGB auf ihn übergehen.[11]

26 Dies bedeutet im Umkehrschluss: Die Arbeitnehmer, die vor dem Zeitpunkt des Betriebsübergangs bereits aus dem Betrieb ausgeschieden sind, können gegen den Übernehmer aus § 613a BGB keine Ansprüche auf eine betriebliche Altersversorgung geltend machen. Dies sind die bereits aus dem Betrieb ausgeschiedenen Betriebsrentner und die aus dem Betrieb ausgeschiedenen Arbeitnehmer, die eine unverfallbare Versorgungsanwartschaft erworben haben.[12]

27 Es ist derzeit unklar, ob die Versorgungsanwartschaften oder die Ansprüche auf laufende Versorgungsleistungen der bereits vor dem Betriebsübergang ausgeschiedenen Arbeitnehmer auf den Übernehmer durch vertragliche (dreiseitige) Vereinbarung übertragen werden können oder ob dem das Übertragungsverbot des § 4 Abs. 1 BetrAVG entgegensteht. Zu § 4 BetrVG a.F. hat das Bundesarbeitsgericht seinerzeit entschieden, eine privative Schuldübernahme durch den Betriebsübernehmer sei nur mit Zustimmung des PSV zulässig[13]; ob dies nach der

---

[11] Zu einem Sonderfall nach Ablauf eines befristeten Arbeitsvertrages siehe BAG v. 19.05.2005 - 3 AZR 649/03 - NZA-RR 2006, 373 ff.

[12] BAG v. 11.11.1986 - 3 AZR 194/85 - NZA 1987, 559.

[13] BAG v. 17.03.1987 - 3 AZR 605/85 - NZA 1988, 21 ff.

Neufassung des § 4 BetrAVG anders zu werten ist, ist noch nicht entschieden. Dem Wortlaut nach ist eine Übertragung wohl nicht möglich, da der Übernehmer weder für die bereits versorgungsberechtigten Betriebsrentner noch für die noch aktiven ausgeschiedenen Arbeitnehmer mit unverfallbarer Versorgungsanwartschaft der „neue" Arbeitgeber ist. Und da § 4 BetrAVG nach wie vor sowohl dem Schutz der Arbeitnehmer als auch des PSV dienen soll[14], spricht einiges dafür, dass die Rechtsprechung des Bundesarbeitsgerichts durch die Neufassung des § 4 BetrAVG nicht berührt wird. Damit bleibt beim Abschluss solcher Vereinbarungen unklar, ob der bisherige Versorgungsschuldner mit ihnen endgültig aus seiner Einstandspflicht entlassen wird oder nicht, was vor allem bei späterer Insolvenz des Übernehmers und der dann drohenden Inanspruchnahme des früheren Versorgungsschuldners durch die Versorgungsberechtigten oder den PSV relevant werden wird. Sollte man diese Vereinbarungen als unwirksam ansehen, hätte dies jedoch wohl nicht zur Folge, dass der Übernehmer (rückwirkend) nicht haftet; es soll eine Umdeutung in einen Schuldbeitritt möglich sein.[15]

Der Übernehmer muss des Weiteren nicht gemäß § 613a BGB für Versorgungszusagen einstehen, die gegenüber dem von § 17 Abs. 1 Satz 2 BetrAVG erfassten Personenkreis vom bisherigen Arbeitgeber erteilt wurden. Diese Vertragsverhältnisse gehen nicht gemäß § 613a BGB auf den neuen Inhaber über (vgl. Kapitel 2 Rn. 18), so dass dementsprechend auch nicht die ihnen erteilten Versorgungszusagen auf ihn übergehen können. Die Versorgungsanwartschaften dieser Personen können gemäß § 4 BetrAVG nur mit ihrer Zustimmung auf den Übernehmer (neuer Vertragspartner!) übertragen werden.   **28**

Beispiel: **29**

> Die E-GmbH übernimmt den (einzigen) Betrieb der A-GmbH, und will den (Fremd-)Geschäftsführer der A-GmbH, dem eine Versorgungszusage erteilt wurde, behalten. Sein Anstellungsverhältnis geht ebenso wenig wie die Versorgungszusage auf die E-GmbH über; sie muss also mit ihm einen neuen Vertrag schließen. Die Versorgungszusage kann sie mit seiner Zustimmung gemäß § 4 BetrAVG übernehmen.

2. §§ 25, 28 HGB

Eine über § 613a BGB hinausgehende Haftung des Übernehmers auch für die Ruhegeldansprüche und unverfallbare Versorgungsanwartschaften der bereits vor dem Betriebsübergang ausgeschiedenen Arbeitnehmer oder anderer Versorgungsberechtigter kommt in Betracht, wenn die Voraussetzungen der §§ 25, 28 HGB erfüllt sind, da nach diesen Vorschriften der neue Inhaber in die Verbindlichkeiten des früheren Inhabers eintritt; dazu gehören auch die Ansprüche aus betrieblicher Altersversorgung. § 25 HGB gilt nicht in der Insolvenz![16]   **30**

§ 25 HGB greift unter folgenden Voraussetzungen ein: **31**

- Es muss ein Handelsgeschäft erworben werden durch Rechtsgeschäft unter Lebenden und
- die bisherige Firma (§ 17 HGB) muss – mit oder ohne Nachfolgezusatz – weitergeführt werden und
- die Haftung darf nicht gemäß § 25 Abs. 2 HGB ausgeschlossen sein.

Beispiel: **32**

> Die E-GmbH erwirbt von der V-GmbH einen Betrieb und führt diesen unter Beibehaltung der Firma der V-GmbH weiter; im Handelsregister wird keine Haftungsbeschränkung eingetragen.

---

[14] BT-Drs. 15/2150, S. 53.
[15] LAG Nürnberg v. 26.07.2005 - 6 Sa 100/05 - NZA-RR 2006, 94 f.
[16] St. Rspr., zuletzt BAG v. 20.09.2006 - 6 AZR 215/06 - NZA 2007, 335, 336.

33   § 28 HGB greift unter folgenden Voraussetzungen ein:
   • Es muss das Geschäft eines Einzelkaufmanns vorliegen, in das jemand als persönlich haftender Gesellschafter eintritt (das kann auch eine GmbH sein, so dass die Gründung einer GmbH & Co. KG durch einen Einzelkaufmann unter Wahrung der Personenidentität darunter fällt!) und
   • die Haftung darf nicht gemäß § 28 Abs. 2 HGB ausgeschlossen sein,
   • eine Fortführung der Firma ist – anders als bei § 25 HGB – nicht erforderlich.

34   **Beispiel:**

   Ein Einzelkaufmann gründet eine GmbH & Co. KG mit ihm als alleinigem GmbH-Gesellschafter und seiner Ehefrau als Kommanditistin; im Handelsregister wird keine Haftungsbeschränkung eingetragen.

35   Greifen diese Vorschriften ein, ist ergänzend zu beachten, dass sich der frühere Geschäftsinhaber seit dem In-Kraft-Treten des sog. Nachhaftungsbegrenzungsgesetzes im Jahre 1994 auf die Enthaftung gemäß §§ 26, 28 Abs. 3 HGB berufen kann.[17]

II. Haftung für Versorgungsansprüche bei Gesamtrechtsnachfolge

36   Eine Haftung für die Ruhegeldverbindlichkeiten ausgeschiedener Arbeitnehmer bzw. anderer Personen kommt schließlich in Betracht, wenn der Übernehmer den Betrieb oder Betriebsteil im Wege der Gesamtrechtsnachfolge/Umwandlungen nach dem UmwG übernommen hat, da er in diesem Fall für alle bestehenden Verbindlichkeiten seines Rechtsvorgängers haftet. Dies gilt auf jeden Fall für die Verschmelzung und den Formwechsel. Bei einer Spaltung wird es in erster Linie auf den Spaltungsplan und damit die Zuordnung der bestehenden Ruhegeldverbindlichkeiten und unverfallbaren Versorgungsanwartschaften ankommen. Dabei sind die Sonderregelungen der §§ 133, 134 UmwG (vgl. dazu Kapitel 9 Rn. 40 ff.) zu beachten. Es ist möglich und zulässig, (unverfallbare) Versorgungsverbindlichkeiten gegenüber bereits ausgeschiedenen Arbeitnehmern im Spaltungsplan dem übernehmenden Rechtsträger zuzuordnen. Dies ist weder von einer Zustimmung des Versorgungsberechtigten noch vom Pensionssicherungsvereins abhängig, da § 4 BetrAVG nur auf Fälle der Einzelrechtsnachfolge anwendbar ist; der Versorgungsberechtigte hat auch kein Widerspruchsrecht.[18]

37   Der Eintritt in bereits bestehende Versorgungsverbindlichkeiten hat zudem zur Folge, dass der übernehmende Rechtsträger nach § 16 BetrAVG zur Rentenanpassung verpflichtet sein kann. Eine Fusion zweier Unternehmen ändert zum einen nichts an dem von § 16 BetrAVG vorgegebenen Dreijahreszeitraum. Zum anderen kommt es für die Beurteilung der wirtschaftlichen Lage auf den Zeitpunkt an, in dem die Anpassung geprüft werden muss; nach einer Fusion ist damit die wirtschaftliche Lage der dann bestehenden Gesellschaft und nicht die ihrer Vorgängerin maßgebend.[19]

III. Ergänzung: Mithaftung des bisherigen Arbeitgebers gemäß § 613a Abs. 2 BGB

38   Für die auf den Übernehmer gemäß § 613a BGB übergegangenen Versorgungsverpflichtungen gilt ebenso wie für alle anderen Ansprüche der übergehenden Arbeitnehmer, dass der Übergang zugleich zu einer Enthaftung des bisherigen Arbeitgebers führt, da dieser ab dem Zeitpunkt des Betriebsübergangs nicht mehr Vertragspartner der übergehenden Arbeitnehmer

---

[17] Umfassend dazu *Lieb*, GmbHR 1994, 657 ff.

[18] BAG v. 22.02.2005 - 3 AZR 499/03 (A) - NZA 2005, 639.

[19] BAG v. 31.07.2007 - 3 AZR 810/05 (derzeit nur als Pressemitteilung verfügbar).

ist. Allerdings bleibt für die Dauer eines Jahres die Haftung des bisherigen Arbeitgebers gemäß den in § 613a Abs. 2 BGB niedergelegten Grundsätzen bestehen. Sie greift jedoch nur in solchen Versorgungsfällen ein, die binnen eines Jahr nach dem Zeitpunkt des Betriebsübergangs eintreten, d.h. der bisherige Arbeitgeber haftet für den Zeitraum eines Jahres nach Betriebsübergang[20] für die Betriebsrentenansprüche der übergegangenen Arbeitnehmer, die bis zu einem Jahr nach dem Zeitpunkt des Betriebsübergangs, z.b. wegen Erreichens der Altersgrenze oder wegen Invalidität, nach der Versorgungsordnung Rentenleistungen beanspruchen (können).[21]

Beispiel: 39

> Der bisherige Arbeitgeber veräußert seinen Betrieb zum 01.01.2004 an den Übernehmer. Der seit 1990 im Betrieb beschäftigte Arbeitnehmer A, dessen Arbeitsverhältnis auf den Übernehmer übergeht und dem eine Versorgungszusage erteilt wurde, wird am 01.07.2004 65 Jahre alt und geht in Altersrente. A hat gegen den Übernehmer einen Anspruch auf Zahlung der zugesagten Betriebsrente. Gegen seinen früheren Arbeitgeber kann er gem. § 613a Abs. 2 BGB noch für die Zeit von Juli bis Dezember 2004 seinen Betriebsrentenanspruch geltend machen.

Bisheriger und neuer Arbeitgeber haften in diesem Fall als Gesamtschuldner, d.h. der Arbeit-   40
nehmer kann nach seiner Wahl einen oder beide auf Zahlung der Betriebsrente in Anspruch nehmen. Eine andere Frage ist, wer im Innenverhältnis die wirtschaftlichen Lasten zu tragen hat. Dies richtet sich gemäß § 426 Abs. 1 BGB in erster Linie nach der vertraglichen Vereinbarung zwischen bisherigem und neuem Arbeitgeber. Wenn die Vertragsparteien eine ausdrückliche Regelung nicht getroffen haben oder wenn zwischen beiden keine unmittelbaren rechtlichen bzw. vertraglichen Beziehungen bestehen, wird man m.E. im Wege der Auslegung dazu kommen müssen, dass der Übernehmer jedenfalls dann, wenn die Versorgungsverbindlichkeiten in den Kaufpreis eingeflossen sind, im Innenverhältnis voll haftet. Ist eine solche Auslegung nicht möglich, tritt nach § 426 Abs. 1 Satz 1 BGB eine Haftung von bisherigem und neuem Arbeitgeber zu gleichen Teilen für die Dauer der gesamtschuldnerischen Haftung ein.

D. Umfang der Haftung des Übernehmers für Ansprüche aus betrieblicher Altersversorgung gemäß § 613a BGB

Bei übergehenden Arbeitsverhältnissen ist eine Einstandspflicht des Übernehmers nach § 613a   41
BGB unabdingbar; sie ergibt sich ebenso wie bei anderen Arbeitsbedingungen unmittelbar aus dem Gesetz, so dass die Übernahme von Versorgungsverpflichtungen übergehender Arbeitnehmer (vgl. Rn. 25 f.) nicht gesondert vereinbart werden muss; insbesondere ist § 4 BetrAVG nicht auf Betriebsübergangsfälle anzuwenden.[22] Vereinbarungen zwischen bisherigem und neuem Arbeitgeber und u.U. den Arbeitnehmern, nach denen der bisherige Arbeitgeber alleiniger Schuldner der Versorgungsansprüche der übergehenden Arbeitnehmer bleibt, sind nach der Rechtsprechung des Bundesarbeitsgerichts wegen eines Verstoßes gegen § 613a BGB und § 4 BetrAVG unwirksam.[23]

---

[20] BAG v. 19.05.2005 - 3 AZR 649/03 - NZA-RR 2006, 373 ff.
[21] Im Ergebnis ebenso *Willemsen/Hohenstatt/Schweibert/Seibt*, Umstrukturierung und Übertragung von Unternehmen, Teil J Rn. 114.
[22] BT-Drs. 15/2150, S. 53.
[23] BAG v. 14.07.1981 - 3 AZR 517/80 - AP § 613a BGB Nr. 27.

42 Der Übernehmer hat damit keine Möglichkeit, seine Einstandspflicht für Versorgungszusagen, die der bisherige Arbeitgeber erteilt hat, mit Außenwirkung gegenüber den übergehenden Arbeitnehmern zu vermeiden. Zulässig sind aber sog. Freistellungsvereinbarungen zwischen bisherigem und neuem Arbeitgeber, in denen sich der Erstere im Innenverhältnis verpflichtet (§ 329 BGB), wirtschaftlich für die künftigen Betriebsrentenansprüche der übergehenden Arbeitnehmer allein aufzukommen.[24] An der Schuldnerstellung des Übernehmers ändert das allerdings nichts; insbesondere wird er gegenüber dem Pensionssicherungsverein beitragspflichtig und bei Insolvenz des früheren Arbeitgebers muss er auf Erfüllung der Versorgungszusage ggf. persönlich haften.

43 **Hinweis:**

> Entsprechende Freistellungsvereinbarungen werden in Bezug auf das Arbeitgeber-Mandat des Übernehmers vor allem dann empfohlen, wenn ein mittelständisches Unternehmen einen Betrieb oder Betriebsteil von einem Großunternehmen erwirbt.[25] Bei Abschluss einer solchen Vereinbarung sollte jedoch auch die Beitragspflicht zum Pensionssicherungsverein sowie ein möglicher Insolvenzfall des bisherigen Inhabers bedacht werden; gerade die letztgenannte Gefahr ist angesichts einiger spektakulärer Insolvenzfälle großer Konzerne im vergangenen Jahrhundert nicht von der Hand zu weisen.

44 Der Umfang der Einstandspflicht des Übernehmers sowie die ihm zur Verfügung stehenden Änderungsmöglichkeiten richten sich im Wesentlichen danach, welche Versorgungsordnung beim bisherigen Arbeitgeber bestand und auf welcher Rechtsgrundlage diese beruht. Dies wird im Folgenden für die möglichen Fallkonstellationen dargestellt.

I. Versorgungsordnung nur bei bisherigem, nicht bei neuem Arbeitgeber

1. Übergang gemäß § 613a Abs. 1 BGB

45 Besteht nur beim bisherigen, nicht aber beim neuen Arbeitgeber eine betriebliche Altersversorgung, gilt die Versorgungsordnung grundsätzlich weiter. Beruht die Versorgungszusage auf einer individualrechtlichen Grundlage (Arbeitsvertrag, Gesamtzusage, vertragliche Einheitsregelung, betriebliche Übung), geht sie nach § 613a Abs. 1 Satz 1 BGB auf den Erwerber über. Beruht die Versorgungszusage auf einer kollektivrechtlichen Grundlage (Betriebsvereinbarung, z.T. auch Tarifvertrag), gelten diese nach den allgemeinen Grundsätzen (vgl. Kapitel 3 Rn. 103 ff., 290 ff.) entweder normativ oder nach § 613a Abs. 1 Satz 2 BGB weiter. Unerheblich ist es, ob die Altersversorgung vom bisherigen Arbeitgeber selbst oder von einem Dritten durchgeführt wird; wenn der Übernehmer nicht in der Lage ist, in die Position des bisherigen Arbeitgebers einzurücken, trifft ihn u.U. eine Verschaffungspflicht (vgl. Rn. 56). Dies gilt auch, wenn die Altersversorgung – wie z.B. im Baugewerbe – über eine Gemeinsame Einrichtung der Tarifvertragsparteien durchgeführt wird.[26]

46 Dies bedeutet für den Übernehmer, dass er für die bereits unverfallbar gewordenen und für die (noch) verfallbaren Versorgungsanwartschaften der auf ihn übergehenden Arbeitnehmer einstehen muss. Die Unverfallbarkeitsfristen des § 1b BetrAVG bleiben gemäß § 1b Abs. 1 Satz 3 BetrAVG vom Betriebsübergang unberührt. Darüber hinaus ist der Übernehmer – vorbehaltlich etwaiger Änderungsmöglichkeiten (vgl. Rn. 8 ff.) – auch für die Zukunft verpflichtet, die

---

[24] *Willemsen/Hohenstatt/Schweibert/Seibt*, Umstrukturierung und Übertragung von Unternehmen, Teil J Rn. 101.

[25] *Willemsen/Hohenstatt/Schweibert/Seibt*, Umstrukturierung und Übertragung von Unternehmen, Teil J Rn. 101.

[26] BAG v. 05.10.1993 - 3 AZR 586/92 - NZA 1004, 848 ff.

Versorgungszusagen entsprechend den beim bisherigen Arbeitgeber geltenden Bedingungen weiterzuführen bzw. den übergehenden Arbeitnehmern eine gleichwertige Versorgung zu verschaffen (vgl. Rn. 56). Nach Eintreten des Versorgungsfalles muss der Übernehmer folglich die geschuldeten Renten zahlen bzw. Zahlungen durch Dritte veranlassen und er muss Rentenanpassungen nach § 16 BetrAVG vornehmen.[27]

Hinweis: 47

Der Betriebsübergang führt also nicht dazu, dass die übergehenden Arbeitnehmer nunmehr lediglich noch eine unverfallbare Anwartschaft haben, die nach § 2 BetrAVG zu berechnen ist.

Beispiel: 48

Der bisherige Arbeitgeber hat seinen Arbeitnehmern in Form einer Direktzusage versprochen, dass sie nach Eintritt in den Ruhestand für jedes Jahr der Betriebszugehörigkeit eine Betriebsrente in Höhe von 10 € monatlich erhalten. Arbeitnehmer A ist seit 1985 beim Veräußerer beschäftigt. Im Jahre 2000 geht der Betrieb auf einen Erwerber über. 2005 geht A in Altersrente. Er hat bei seinem früheren Arbeitgeber eine (unverfallbare) Versorgungsanwartschaft in Höhe von 140 € erhalten, die auf den Erwerber übergegangen ist. Der Erwerber haftet aber darüber hinaus noch für die bis 2005 weiter entstehenden Versorgungsansprüche des A, so dass A gegen ihn einen monatlichen Betriebsrentenanspruch in Höhe von 200 € geltend machen kann.

Abwandlung: Wie oben, aber Arbeitnehmer A war erst seit 1998 im Betrieb beschäftigt. Da 49 der Betriebsübergang den Lauf der Unverfallbarkeitsfristen nicht ändert, erwirbt er gemäß § 1b Abs. 1 Satz 1 BetrAVG ab 2003 eine unverfallbare Versorgungsanwartschaft. Er kann daher vom Erwerber Zahlung einer Betriebsrente in Höhe von 70 € monatlich verlangen.

2. Besonderheiten der einzelnen Durchführungswege

a. Direktzusage

Zumindest arbeitsrechtlich wirft die Weiterführung der betrieblichen Altersversorgung für den 50 Übernehmer keine Probleme auf, wenn der bisherige Arbeitgeber den bei ihm beschäftigten Arbeitnehmern in Form einer sog. Direktzusage unmittelbar die Zahlung einer Betriebsrente zugesagt hat. Der Übernehmer tritt in diesem Fall in die vom bisherigen Arbeitgeber begründeten Rechte und Pflichten aus der Versorgungszusage ein und er muss – vorbehaltlich etwaiger Änderungsmöglichkeiten – die Direktzusage weiterführen (vgl. dazu das Beispiel unter Rn. 48).

b. Direktversicherung

Anders sieht die Rechtslage aus, wenn die betriebliche Altersversorgung über eine sog. Direkt- 51 versicherung durchgeführt wird, der bisherige Arbeitgeber also zu Gunsten der Arbeitnehmer eine Lebensversicherung abgeschlossen hat. Zwar tritt auch in diesem Fall der neue Arbeitgeber in die vom bisherigen Arbeitgeber erteilte Versorgungszusage ein, jedoch bleibt das Innenverhältnis zwischen letzterem und der Versicherung von einem Betriebsübergang unberührt. Das bedeutet, dass der bisherige Arbeitgeber trotz des Betriebsübergangs Versicherungsnehmer mit allen dazu gehörenden Rechten und Pflichten bleibt. Ein Wechsel dieser Position ist nur mit Zustimmung der Versicherung möglich.

---

[27] BAG v. 21.02.2006 - 3 AZR 216/05 - NZA 2007, 931, 933.

52 **Hinweis:**

Es sollte daher beim **Arbeitgeber-Mandat des Übernehmers** nach Möglichkeit versucht werden, die Zustimmung der Versicherung zu einem Schuldnerwechsel zu erlangen. Geschieht dies nicht, besteht die Gefahr, dass der bisherige Arbeitgeber auch noch nach dem Betriebsübergang Rechte aus dem Versicherungsvertrag (Kündigung oder Beleihung von Versicherungsverträgen) ausübt.[28] Daher sollte zumindest dann, wenn die Versicherung ihre Zustimmung verweigert, im Innenverhältnis geklärt werden, dass der bisherige Arbeitgeber künftig seine Rechte aus dem Versicherungsvertrag nicht oder nur mit Zustimmung des Übernehmer ausübt und letzterer im Gegenzug im Wege der Erfüllungsübernahme (§ 329 BGB) die Zahlung der Versicherungsbeiträge übernimmt.

53 Der Übernehmer kann sich auch dann, wenn der Versicherungsvertrag beim bisherigen Arbeitgeber verbleibt, den entsprechenden Versorgungsverpflichtungen nicht entziehen. Führt er die Versicherung nicht weiter, ist er verpflichtet, den Arbeitnehmern Ansprüche aus einer Direktbzw. Lebensversicherung zu verschaffen.[29] Ist dies, zum Beispiel wegen einer Beleihung der Versicherung durch den bisherigen Arbeitgeber, nicht möglich bzw. zahlt die Versicherung nicht, haftet der Übernehmer mit seinem Vermögen auf die Auszahlung der entsprechenden Summe.[30]

c. Unterstützungskasse

54 Wird die betriebliche Altersversorgung über eine Unterstützungskasse durchgeführt, bleibt dieses (Vertrags-)Verhältnis vom Betriebsübergang unberührt. Die Unterstützungskasse bzw. die entsprechende Trägerschaft geht also nicht kraft Gesetzes auf den Übernehmer über[31]; sie kann, muss aber nicht auf ihn übertragen werden.[32] Wird die Unterstützungskasse nicht übertragen, trifft den Übernehmer ebenso wie bei Direktversicherungen eine persönliche Haftung.

55 **Beispiel:**

Ein Erwerber hat am 01.01.2000 einen Betriebsteil von einem Inhaber erworben, der den bei ihm beschäftigten Arbeitnehmern eine Versorgungszusage über eine Unterstützungskasse erteilt hatte. Die Unterstützungskasse wird vom Erwerber nicht übernommen. Arbeitnehmer A, dessen Arbeitsverhältnis auf den Erwerber übergegangen ist, geht am 31.12.2003 in Rente und verlangt nun von seinem neuen Arbeitgeber – zu Recht – Zahlung der zugesagten Betriebsrente.

56 Es ist jedoch dem Übernehmer freigestellt, in welcher Form er die übernommenen Versorgungsansprüche befriedigen will. Er kann also seinerseits eine Unterstützungskasse gründen, sie in eine Pensionskasse einbringen, sie als Direktzusage weiterführen oder eine Direktversicherung abschließen.[33] Entscheidend ist letztlich, dass dem übergehenden Arbeitnehmer kein Nachteil entstehen darf, er also die Betriebsrente in der zugesagten Form und Höhe erhält. Daraus folgt für die Berechnung der dem Übernehmer entstehenden finanziellen Belastungen,

---

[28] Dazu *Willemsen/Hohenstatt/Schweibert/Seibt*, Umstrukturierung und Übertragung von Unternehmen, Teil J Rn. 116.

[29] BAG v. 08.11.1988 - 3 AZR 85/87 - NZA 1989, 679, 681.

[30] BAG v. 08.11.1988 - 3 AZR 85/87 - NZA 1989, 679, 681.

[31] BAG v. 08.11.1988 - 3 AZR 85/87 - NZA 1989, 679, 680.

[32] Zur Berechnung dieser Verbindlichkeiten im Rahmen des Kaufpreises *Willemsen/Hohenstatt/Schweibert/Seibt*, Umstrukturierung und Übertragung von Unternehmen, Teil J Rn. 201.

[33] Dazu *Willemsen/Hohenstatt/Schweibert/Seibt*, Umstrukturierung und Übertragung von Unternehmen, Teil J Rn. 115.

dass unverfallbare Versorgungsanwartschaften, die dem Arbeitnehmer bereits gegen die Unterstützungskasse zustehen, m.E. berücksichtigt werden dürfen. Damit ist die Deckungslücke wohl in der Form zu berechnen, dass zunächst die (hypothetische) Höhe der Versorgungsleistungen, die dem Arbeitnehmer bei einer Weiterführung des bisherigen Versorgungssystems bis zum Erreichen der Altersgrenze zustehen würden, und dann die Höhe der bereits entstandenen (unverfallbaren) Versorgungsanwartschaft berechnet wird; die sich daraus ergebende Differenz zwischen beiden Beträgen ist der Betrag, der vom Übernehmer abzudecken ist.

d. Pensionskasse, Pensionsfonds

Wird die Altersversorgung über eine Pensionskasse oder einen Pensionsfonds geregelt, gelten   57
gegenüber dem vorher Gesagten zu anderen Versorgungsformen keine rechtlichen Besonderheiten, d.h. der Übernehmer haftet ggf. persönlich auf die Erfüllung der Betriebsrentenansprüche, wenn er keine andere Lösung wählt. Es wird jedoch darauf hingewiesen, dass Pensionskassen i.d.R. die bereits finanzierten Versorgungsansprüche aufrechterhalten und der Übernehmer dies bei seiner Versorgungsplangestaltung berücksichtigen kann, wenn er selbst nicht Mitglied der Pensionskasse ist bzw. werden darf.[34]

e. Gemeinsame Einrichtung gemäß § 4 Abs. 2 TVG

Eine Verschaffungspflicht des Übernehmers besteht, wenn die Altersversorgung beim bishe-   58
rigen Arbeitgeber über eine Gemeinsame Einrichtung der Tarifvertragsparteien erfolgt ist. Hauptbeispiel und wichtigster Fall ist die Baubranche.

Beispiel: 59

Der tarifgebundene bisherige Arbeitgeber unterfällt dem fachlichen Geltungsbereich der Bautarifverträge und ist daher verpflichtet, Beiträge an die Zusatzversorgungskasse im Baugewerbe abzuführen. Der einem Metallarbeitgeberverband angehörende Erwerber erwirbt einen Betriebsteil. Da er nicht unter den fachlichen Geltungsbereich der Bautarifverträge fällt, muss er zwar keine Beiträge an die Zusatzversorgungskasse abführen (und er darf dies regelmäßig auch gar nicht), aber er muss den übergehenden Arbeitnehmern, deren Versorgungsanspruch nach § 613a Abs. 1 Satz 2 BGB transformiert wurde, eine gleichwertige Leistung verschaffen.[35]

3. Änderungsmöglichkeiten für den Übernehmer

Wegen der nicht unerheblichen und zeitlich kaum absehbaren finanziellen Belastungen besteht   60
häufig ein Interesse des Übernehmers, die vom bisherigen Arbeitgeber übernommene Versorgungsordnung zu ändern. Gemäß den allgemeinen vom Bundesarbeitsgericht entwickelten Grundsätzen zum Bestands- und Vertrauensschutz (vgl. Rn. 8 ff.) und dem Grundprinzip, dass der Übernehmer sich an die gleichen Grenzen wie der bisherige Arbeitgeber halten muss, sind Abänderungen nur nach Maßgabe der allgemeinen Regeln möglich und zulässig.

Hinweis: 61

Der Betriebs(teil)übergang bzw. der Wunsch des Übernehmers nach einer Reduzierung der finanziellen Belastungen ist für sich genommen kein legitimer Grund, eine bestehende und übernommene Versorgungsordnung zu Lasten der Arbeitnehmer zu ändern. Dies gilt auch für die erst künftig zu erdienenden Versorgungsanwartschaften.

---

[34] *Willemsen/Hohenstatt/Schweibert/Seibt*, Umstrukturierung und Übertragung von Unternehmen, Teil J Rn. 117.

[35] BAG v. 05.10.1993 - 3 AZR 586/92 - NZA 1994, 848, 850 f.

62 Ob und in welchem Umfang der Erwerber die Möglichkeit zur Änderung betrieblicher Versorgungsordnungen hat, richtet sich in erster Linie nach der Rechtsgrundlage, auf der die Versorgungszusage des Veräußerers beruht.

a. Individualrechtliche Rechtsgrundlage

63 Beruht die Versorgungszusage des Veräußerers auf einer individualrechtlichen Grundlage, also Arbeitsvertrag, Gesamtzusage, vertragliche Einheitsregelung oder betriebliche Übung, ist eine einseitige Änderung bzw. ein einseitiger Widerruf durch den Übernehmer nur unter engen Voraussetzungen möglich. Das Bundesarbeitsgericht erkennt einen solchen Widerruf nur an, wenn eine (grobe) Treupflichtverletzung des Versorgungsberechtigten[36] oder der Abbau einer (planwidrigen) Überversorgung[37] in Rede steht. Die früher bestehende Möglichkeit des Widerrufs wegen einer wirtschaftlichen Notlage ist vom Bundesarbeitsgericht ausdrücklich beseitigt worden, weil seit 1999 – anders als früher – der Pensionssicherungsverein in solchen Fällen nicht mehr eintritt.[38]

64 Die Widerrufsmöglichkeiten des Übernehmers hängen nicht davon ab, ob die Versorgungsordnung einen Widerruf enthält oder nicht; solche (sog. steuerunschädlichen) Vorbehalte haben nach der Rechtsprechung des Bundesarbeitsgerichts durchweg nur rein deklaratorische Bedeutung und begründen demzufolge kein eigenständiges Widerrufsrecht.[39] Daher soll sich der Arbeitgeber auch bei vorbehaltenem Widerruf an das Dreistufensystem des Bundesarbeitsgerichts (vgl. Rn. 10 ff.) halten müssen.[40]

65 **Hinweis:**

> Daraus folgt, dass ein Widerruf in der Regel nur Erfolgsaussichten in Bezug auf die noch nicht erdienten Versorgungsanwartschaftsteile hat, wenn sich der Übernehmer auf sachliche Gründe berufen kann, die jedoch m.E. nicht schon im Betriebsübergang an sich liegen können (vgl. Rn. 21). Im **Arbeitnehmer-Mandat** sollte daher entsprechend Auskunft über diese sachlichen Gründe (und erst recht natürlich bei Eingriffen in erdiente Versorgungsbestandteile) verlangt werden; zwar besteht hierauf kein Rechtsanspruch des Arbeitnehmers, aber eine Auskunftserteilung liegt letztlich auch im eigenen Interesse des Arbeitgebers.

66 Will der Übernehmer damit an den übernommenen Versorgungszusagen etwas ändern, ist er im Wesentlichen auf das Einverständnis der betroffenen Arbeitnehmer mit einer Änderung der Versorgungszusage angewiesen.

67 **Hinweis:**

> Auf ein solches Einverständnis hat der Übernehmer jedoch selbst bei noch so dringenden (betrieblichen oder wirtschaftlichen) Gründen keinen Anspruch.

68 Lassen sich die Arbeitnehmer auf Änderungen ein, sind indes einzelvertragliche Vereinbarungen, in denen sie ganz oder zum Teil auf ihre künftigen Betriebsrentenansprüche verzichten, nicht ohne weiteres zulässig. Nach der ständigen Rechtsprechung des Bundesarbeitsgerichts ist eine solche Vereinbarung wegen Umgehung des § 613a BGB unzulässig, es sei denn, es liegt ein sachlicher Grund vor. Jedoch soll allein der Betriebsübergang als solcher keinen sach-

---

[36] Dazu *Steinmeyer* in: ErfK, Vorbem. BetrAVG Rn. 26 ff. m.w.N.

[37] Siehe nur BAG v. 28.07.1998 - 3 AZR 100/98 - NZA 1999, 444 ff.

[38] So deutlich BAG v. 17.06.2003 - 3 AZR 396/02 - AP BetrAVG § 7 Widerruf Nr. 24 m. insoweit zust. Anm. *Langohr-Plato*.

[39] BAG v. 17.06.2003 - 3 AZR 396/02 - AP BetrAVG § 7 Widerruf Nr. 24.

[40] BAG v. 17.04.1985 - 3 AZR 72/83 - NZA 1986, 57, 58 ff.

lichen Grund darstellen.[41] Im einschlägigen Schrifttum wird daher vorgeschlagen, vor allem bei einem sanierenden Betriebsübergang den Arbeitnehmern eine andere Versorgsform anzubieten, um im Gegenzug zu ihrem Sanierungsbeitrag ein Leistungsäquivalent zu bieten.[42] Was möglich sein soll, ist eine Abfindung der erdienten Versorgungsansprüche, die nicht unter § 3 BetrAVG fallen soll, da das Arbeitsverhältnis durch den Betriebsübergang ja gerade nicht beendet wird.[43]

69

Hinweis:

70

Ob dem Übernehmer dies nutzt, ist jedoch fraglich, da dann auf einen Schlag erhebliche Mittel flüssig gemacht werden müssten und zudem das Betriebsrentenproblem nur für die Arbeitnehmer gelöst wird, die eine solche Vereinbarung unterschreiben. Tun sie dies nicht, besteht keine Möglichkeit, den Abschluss einer solchen Abfindungsvereinbarung zu erzwingen.

Will der Erwerber eine bestehende Versorgungsordnung nicht gänzlich abschaffen, sondern ändern, kommen ebenfalls entsprechende vertragliche Vereinbarungen mit den Arbeitnehmern in Betracht. Wenn allerdings im Betrieb ein Betriebsrat besteht, sind Änderungen bzw. Ablösungen bestehender Versorgungsordnungen, die auf einer individualrechtlichen Grundlage beruhen, nur unter Beteiligung des Betriebsrats möglich, da diesem wegen der damit regelmäßig einhergehenden Änderung des Versorgungs- bzw. Leistungsplans ein Mitbestimmungsrecht nach § 87 Abs. 1 Nr. 10 BetrVG zusteht.

71

Wie gerade schon angesprochen, kann eine auf individualrechtlicher Grundlage beruhende Versorgungsordnung ggf. auch durch eine Betriebsvereinbarung abgelöst werden. In welchem Umfang dies möglich ist, hängt zunächst in Anwendung der allgemeinen Grundsätze zu sog. ablösenden Betriebsvereinbarungen davon ab, ob die beim früheren Arbeitgeber geltende Versorgungsordnung „betriebsvereinbarungsoffen" ist, also ob eine vertragliche Einheitsregelung ausdrücklich oder stillschweigend unter dem Vorbehalt einer späteren Abänderung durch eine Betriebsvereinbarung steht.[44] Wenn allerdings ein entsprechender (arbeitsvertraglicher) ausdrücklicher Vorbehalt fehlt, wird man wohl nur unter besonderen Umständen von einer solchen „Betriebsvereinbarungsoffenheit" ausgehen können.[45] Derzeit gibt es zur Frage der Ablösung einer ursprünglich individualvertraglichen Regelung durch Betriebsvereinbarung nur eine Entscheidung des Bundesarbeitsgerichts vom 20.11.1990[46], in der ausdrücklich betont wird, allein der kollektive Charakter einer individualrechtlichen Versorgungsordnung lasse noch nicht den Schluss zu, dass das geltende Regelungswerk von seiner vertraglichen Grundlage gelöst und zum Nachteil der Arbeitnehmer durch eine betriebsverfassungsrechtliche Regelung ersetzt werden könne. Das Bundesarbeitsgericht sah in der Vereinbarung der sog. steuerunschädlichen Mustervorbehalte ebenso wenig einen ausreichenden Anhaltspunkt wie in der Beteiligung des Betriebsrats in einem sog. Einspruchsausschuss.[47] In einer jüngeren Entscheidung, in der es allerdings nicht um die Ablösung einer Versorgungsordnung selbst, sondern um die von der Arbeitgeberin übernommene Pauschsteuer ging, hat der Ruhegeldsenat aller-

72

---

[41] BAG v. 12.05.1992 - 3 AZR 247/91 - NZA 1992, 1080, 1081; BAG v. 29.10.1985 - 3 AZR 485/83 - AP § 1 BetrAVG Betriebsveräußerung Nr. 4.

[42] *Meyer*, NZA 2002, 246, 254.

[43] BAG v. 14.08.1990 - 3 AZR 301/89 - NZA 1991, 174 ff.; *Meyer*, NZA 2002, 246, 253 f.

[44] BAG GS v. 16.09.1986 - GS 1/82 - NZA 1987, 168, 171 f.

[45] Ausführlich dazu *Kania* in: ErfK, § 77 BetrVG Rn. 89 ff.

[46] BAG v. 20.11.1990 - 3 AZR 573/89 - NZA 1991, 477 ff.; dort auch zum Vertrauensschutz für „Altfälle" bis August 1982.

[47] BAG v. 20.11.1990 - 3 AZR 573/89 - NZA 1991, 477, 479.

dings eine „Betriebsvereinbarungsoffenheit" schon deshalb angenommen, weil die Arbeitgeberin in ihrem entsprechenden Rundschreiben bekannt gab, ihre freiwillige Leistung sei „im Einvernehmen mit dem Gesamtbetriebsrat" beschlossen; daraus – so der erk. Senat – sei für die Arbeitnehmer erkennbar gewesen, dass die Leistung folglich auch in Zukunft Abänderungen durch Betriebsvereinbarung zugänglich sein sollte.[48] Ob das Bundesarbeitsgericht dies auch bei der Ablösung von Versorgungsansprüchen bzw. -anwartschaften durch Betriebsvereinbarung ausreichen lassen wird, kann derzeit nicht mit letzter Sicherheit gesagt werden.

73 **Hinweis:**

Man wird daher vorsichtshalber in der Beratung im **Arbeitgeber-Mandat** darauf hinweisen müssen, dass die ablösende Wirkung einer beim Übernehmer qua Betriebsvereinbarung geregelten betrieblichen Altersversorgung i.d.R. nur dann eintritt, wenn entweder die Versorgungsordnung selbst oder die vom früheren Arbeitgeber geschlossenen Arbeitsverträge einen ausdrücklichen Vorbehalt des Inhalts enthalten, dass die auf einer individualrechtlichen Grundlage beruhende betriebliche Altersversorgung durch eine spätere Betriebsvereinbarung geändert werden kann. Beim Fehlen eines ausdrücklichen Vorbehalts wird man nur in Ausnahmefällen von einem (konkludenten) Vorbehalt ausgehen können, so dass die Abänderungsmöglichkeit erschwert wird.

74 Liegt eine betriebsvereinbarungsoffene, individualrechtlich geregelte Versorgungsordnung vor, kann eine beim Übernehmer geltende Betriebsvereinbarung über betriebliche Altersversorgung ebenso ablösende Wirkung haben wie es eine vom bisherigen Arbeitgeber abgeschlossene Betriebsvereinbarung hätte. Dabei müssen allerdings die Grenzen, die sich vor allem aus der Besitzstandswahrung für bereits erdiente Versorgungsanwartschaften ergeben, also das Dreistufensystem des Bundesarbeitsgerichts[49] (vgl. Rn. 10 ff.), beachtet werden.

75 Ist eine Versorgungsordnung auf der Grundlage einer Gesamtzusage oder betrieblichen Übung nicht betriebsvereinbarungsoffen gestaltet, kann eine Ablösung durch Betriebsvereinbarung nur erfolgen, wenn sie nach der Rechtsprechung des Großen Senats des Bundesarbeitsgerichts dem sog. „kollektiven Günstigkeitsprinzip" entspricht, die Neuregelung also insgesamt bei kollektiver Betrachtung für die Arbeitnehmer nicht ungünstiger ist bzw. der Dotationsrahmen nicht verändert wird[50], was indes gerade bei der betrieblichen Altersversorgung nur schwer feststellbar ist.

76 Beruht die Versorgungsordnung auf einer echten einzelvertraglichen Abrede, ist eine Ablösbarkeit im Rahmen des kollektiven Günstigkeitsprinzips zweifelhaft.

77 Die gerade genannten Grenzen für Eingriffe in übernommene Versorgungszusagen gelten nicht für Arbeitnehmer, die nach dem Betriebsübergang vom Übernehmer neu eingestellt werden. Diesen Arbeitnehmern gegenüber kann der Übernehmer die Geltung der auf einer individualrechtlichen Grundlage, insbesondere einer Gesamtzusage beruhenden Versorgungsordnung durch ausdrückliche Erklärung verweigern.[51]

78 Ist der Übernehmer Inhaber eines Betriebes, in dem er bereits vor dem Betriebsübergang Arbeitnehmer beschäftigt hat, haben diese Arbeitnehmer gegen ihn keinen Anspruch auf Erteilung einer Versorgungszusage nach dem für die übergegangenen Arbeitnehmer geltenden Richtlinien. Ein Anspruch folgt insbesondere nicht aus dem arbeitsrechtlichen Gleichbehand-

---

[48] BAG v. 10.12.2002 - 3 AZR 92/02 - NZA 2004, 271, 273.

[49] BAG v. 17.03.1987 - 3 AZR 64/84 - NZA 1987, 855 ff. zu ablösenden Betriebsvereinbarungen über betriebliche Altersversorgung.

[50] BAG GS v. 16.09.1986 - GS 1/82 - NZA 1987, 168 ff.

[51] So – für die betriebliche Übung – BAG v. 10.08.1988 - 5 AZR 571/87 - NZA 1989, 57, 58.

lungsgrundsatz, da die aus § 613a BGB folgende rechtliche Bindung des Übernehmers an Rechtshandlungen des vorherigen Arbeitgebers m.E. einen sachlichen Grund für die Ungleichbehandlung der Arbeitnehmer darstellt bzw. es schon an der notwendigen eigenen Verteilungsentscheidung des neuen Arbeitgebers fehlt.[52]

b. Betriebsvereinbarung

Beruht die betriebliche Altersversorgung auf einer Betriebsvereinbarung, stellt sich die Rechtslage für den Erwerber in Bezug auf Änderungen der Versorgungsordnung jedenfalls dann günstiger dar, wenn die Betriebsvereinbarungen nach der Rechtsprechung normativ weitergelten, also der Betrieb im Wesentlichen unverändert fortgeführt wird oder ein übertragener Betriebsteil nach dem Betriebsübergang als eigenständiger Betrieb weitergeführt wird (eingehend dazu vgl. Kapitel 3 Rn. 302 ff.). **79**

Bei einer normativen Weitergeltung hat der Erwerber zum einen die Möglichkeit, die Betriebsvereinbarung bzw. Versorgungsordnung nach Maßgabe des § 77 Abs. 5 BetrVG zu kündigen; diese Kündigung ist an keine Voraussetzungen gebunden, jedoch hat sie nicht zur Folge, dass dann die Versorgungsansprüche der übergehenden bzw. von der Betriebsvereinbarung erfassten Arbeitnehmer vollständig entfallen. Vielmehr schränkt das Bundesarbeitsgericht die Rechtsfolgen der Kündigung ein, indem es auch in diesem Fall sein Dreistufensystem anwendet.[53] Kündigt der Erwerber die Betriebsvereinbarung, ändert sich also am Inhalt der bereits bestehenden und noch zu erdienenden unverfallbaren Anwartschaften der übergehenden Arbeitnehmer nichts. Schlechter geht es den Arbeitnehmern, die noch keine unverfallbare Versorgungsanwartschaft erworben haben; sie können nach der Kündigung keine unverfallbare Versorgungsanwartschaft mehr erwerben.[54] Außerdem werden nach dem Betriebsübergang bzw. nach der Kündigung eintretende Arbeitnehmer von der Betriebsvereinbarung jedenfalls nach Ablauf der Kündigungsfrist nicht mehr erfasst.[55] **80**

Zum anderen kann bei einer normativen Weitergeltung die auf einer Betriebsvereinbarung beruhende Versorgungszusage durch eine andere Betriebsvereinbarung abgelöst werden. Hier gilt das kollektive Günstigkeitsprinzip nicht, da es nicht um die Ablösung individualvertraglicher Regelungen geht. Den Rechten der Betriebsparteien werden jedoch die gleichen Grenzen gesetzt, die bereits mehrfach erwähnt wurden, d.h. es gilt das Dreistufensystem des Bundesarbeitsgerichts. Hinsichtlich einer ablösenden Betriebsvereinbarung hat das Bundesarbeitsgericht dabei entschieden, dass der Eingriff durch die Betriebspartner in künftige Zuwächse zu seiner Wirksamkeit gegenüber den von der abgelösten Regelung Begünstigten sachlich-proportionaler Gründe bedarf, welche die Willkürfreiheit des Eingriffs belegen (vgl. Rn. 21).[56] Dies soll auch bei der Neuregelung von Unterstützungskassen-Richtlinien gelten.[57] **81**

Wirkt eine Betriebsvereinbarung über eine betriebliche Altersversorgung nicht normativ weiter, sondern wird sie gemäß § 613a Abs. 1 Satz 2 BGB transformiert, gelten für ablösende Betriebsvereinbarungen die gleichen Grundsätze wie bei der Ablösung normativ weitergeltender Betriebsvereinbarungen. Bei der Transformation von Betriebsvereinbarungen, die vor allem dann eingreift, wenn der Erwerber einen übernommenen Betrieb oder Betriebsteil in seinen ei- **82**

---

[52] So jetzt auch – für das Arbeitsentgelt – BAG v. 31.08.2005 - 5 AZR 517/04 - NZA 2006, 265, 266.
[53] BAG v. 18.04.1989 - 3 AZR 688/87 - NZA 1990, 67, 68 ff.; BAG v. 11.05.1999 - 3 AZR 21/98 - NZA 2000, 322 ff.
[54] BAG v. 18.09.2001 - 3 AZR 728/00 - NZA 2002, 1164, 1167.
[55] BAG v. 18.09.2001 - 3 AZR 728/00 - NZA 2002, 1164, 1167.
[56] BAG v. 18.09.2001 - 3 AZR 728/00 - NZA 2002, 1164.
[57] BAG v. 10.09.2002 - 3 AZR 635/01 - NZA 2004, 231 (LS) = AP § 1 BetrAVG Ablösung Nr. 37.

genen Betrieb eingliedert oder mit anderen Betrieben bzw. Betriebsteilen zusammenführt, kann der Erwerber jedoch die transformierte Betriebsvereinbarung nicht nach § 77 Abs. 5 BetrVG kündigen (eingehend dazu vgl. Kapitel 3 Rn. 290 ff.). Will er eine Betriebsvereinbarung über eine betriebliche Altersversorgung ändern, geht dies nur über eine ablösende Betriebsvereinbarung.

83   Bei transformierten Betriebsvereinbarungen werden weder die Arbeitnehmer, die beim Erwerber bereits vor dem Betriebsübergang beschäftigt waren, noch die Arbeitnehmer, die nach dem Betriebsübergang neu eingestellt werden, von dieser Betriebsvereinbarung erfasst. Wie bereits dargelegt, können sich diese Arbeitnehmer zur Begründung eines Rentenanspruchs m.E. auch nicht auf den arbeitsrechtlichen Gleichbehandlungsgrundsatz berufen.[58]

c. Tarifvertrag

84   Beruhen die Betriebsrentenansprüche bzw. Versorgungsanwartschaften der Arbeitnehmer auf einer tariflichen Rechtsgrundlage[59], werden diese regelmäßig in das Arbeitsverhältnis transformiert, da i.d.R. weder eine normative Weitergeltung der Tarifverträge noch deren Ablösung nach § 613a Abs. 1 Satz 3 BGB in Betracht kommen. Das übernehmende Unternehmen hat jedoch m.E. bei fehlender Tarifüblichkeit von Versorgungsregelungen die Möglichkeit, solche transformierten tariflichen Regelungen durch eine Betriebsvereinbarung abzulösen, da die Regelungssperren des § 87 Abs. 1 Eingangssatz und des § 77 Abs. 3 BetrVG dann nicht eingreifen. Damit ist eine sog. Über-Kreuz-Ablösung (vgl. Kapitel 3 Rn. 232) durch Betriebsvereinbarung möglich. Diese bietet sich vor allem dann an, wenn gegen den Erwerber ein Verschaffungsanspruch der Arbeitnehmer besteht, d.h. wenn der Übernehmer keine Beiträge an ein Versorgungswerk bzw. eine Gemeinsame Einrichtung (Zusatzversorgungskasse des Baugewerbes!) abführen will bzw. darf. In diesem Fall sollte über eine Betriebsvereinbarung eine gleichwertige Altersversorgung für die übergehenden Arbeitnehmer geschaffen werden. Die Berechnung richtet sich nach der Differenz zwischen der Höhe der bereits erworbenen Versorgungsanwartschaften und der Höhe der Betriebsrente, die bei einer unveränderten Weiterführung der für den Veräußerer geltenden Versorgungsordnung bis zum Erreichen des Versorgungsfalles (insbesondere Altersgrenze) hätte erreicht werden können.

85   **Hinweis:**

Soll sich die Ablösung auf die übergehenden Arbeitnehmer beschränken, sollte im **Arbeitgeber-Mandat des Übernehmers** bei Abschluss einer solchen Betriebsvereinbarung auf eine entsprechende – m.E. mitbestimmungsfreie[60] – Beschränkung des persönlichen Geltungsbereichs sowie eine ausdrückliche Anrechnungsklausel geachtet werden.

II. Versorgungsordnungen bei bisherigem und neuem Arbeitgeber

86   Bestehen sowohl beim bisherigem als auch beim neuen Arbeitgeber Versorgungsordnungen, ist die rechtliche Bewertung hinsichtlich Weitergeltung oder Ablösung der bisher geltenden Versorgungsordnung ebenfalls im Wesentlichen von der Rechtsgrundlage der Versorgungszusage abhängig. Es bestehen jedoch wesentlich mehr denkbare Fallkonstellationen.

---

[58] Allgemein dazu BAG v. 31.08.2005 - 5 AZR 517/04 - NZA 2006, 265, 266.

[59] Dies wird vor allem der Fall sein bei Betrieben der Baubranche und Betrieben, für die die Tarifverträge des Öffentlichen Dienstes gelten.

[60] Das Mitbestimmungsrecht des § 87 Abs. 1 Nr. 10 BetrVG umfasst nach st. Rspr. nicht die Entscheidung, welcher Personenkreis begünstigt wird, siehe zuletzt wohl BAG v. 21.01.2003 - 3 AZR 30/02 - NZA 2004, 331, 332 f., jedoch muss der Gleichbehandlungsgrundsatz gewahrt werden, siehe BAG v. 18.09.2001 - 3 AZR 656/00 - NZA 2002, 148, 149 f., was vorliegend der Fall ist.

1. Kollidierende Betriebsvereinbarungen bei bisherigem und neuem Arbeitgeber

Ist die betriebliche Altersversorgung bei bisherigem und neuem Arbeitgeber jeweils durch eine **87** Betriebsvereinbarung geregelt, kommt es zunächst – unabhängig davon, ob die beim bisherigen Arbeitgeber geltenden Betriebsvereinbarungen normativ weitergelten oder transformiert werden – gemäß den allgemeinen Grundsätzen zu einer Ablösung nach § 613a Abs. 1 Satz 3 BGB. Dieses Ordnungsprinzip soll jedoch nach der Rechtsprechung des Bundesarbeitsgerichts im Betriebsrentenrecht nur mit der Maßgabe gelten, dass ein unter der Geltung der bisherigen Betriebsvereinbarung erdienter Besitzstand gewahrt bleiben muss. Der übernommene Arbeitnehmer darf deshalb im Versorgungsfall in keinem Fall geringere Versorgungsleistungen erhalten, als er sie erhalten hätte, wenn er im Ablösungszeitpunkt (d.h. im Zeitpunkt des Betriebsübergangs) aus dem Arbeitsverhältnis ausgeschieden wäre. Jedoch müssen die bis zu diesem Zeitpunkt erdienten Versorgungsbesitzstände nicht mit dem im Erwerberbetrieb erdienten Versorgungsbesitzstand addiert werden.[61] Offen gelassen hat das Bundesarbeitsgericht, ob der Arbeitnehmer in Ausnahmefällen dann, wenn der Übernehmer die beim bisherigen Arbeitgeber zurückgelegte Beschäftigungszeit nicht anrechnet, unter dem Gesichtspunkt der Besitzstandswahrung im Ergebnis zumindest so zu stellen ist, als wäre er bis zum Versorgungsfall Arbeitnehmer des ursprünglichen Arbeitgebers geblieben. Dies kann jedoch nur dann relevant werden, wenn die vom Übernehmer gezahlte Betriebsrente niedriger ist als die Betriebsrente, die der Arbeitnehmer ohne den Betriebsübergang von seinem früheren Arbeitgeber erhalten hätte.

Diese Entscheidung ist für den Übernehmer insgesamt günstig, da sie seine Belastungen aus **88** einer vom bisherigen Arbeitgeber abgegebenen und in einer Betriebsvereinbarung geregelten Versorgungszusage verringert. Hingegen werden die übergehenden Arbeitnehmer zum Teil schlechter gestellt. Daher ist die Entscheidung m.E. im Ergebnis auch nicht in allen denkbaren Fällen überzeugend. Dies wird folgend anhand konkreter (Berechnungs-)Beispiele unter Einbeziehung der unklar gebliebenen Fallgestaltungen dargelegt:

Grundfall: Beim bisherigen Arbeitgeber V besteht eine Betriebsvereinbarung, nach der die **89** Arbeitnehmer für jedes Jahr der Betriebszugehörigkeit eine monatliche Rente von 5 € erhalten. Beim Erwerber E gilt die Regelung, dass Arbeitnehmer für jedes Jahr der Beschäftigungsdauer eine monatliche Rente von 10 € pro Beschäftigungsjahr erhalten. Arbeitnehmer A ist seit 1980 bei V beschäftigt. Der Betrieb geht 1990 auf E über, der die übergehenden Arbeitnehmer in sein Versorgungswerk aufnimmt, aber die bei V zurückgelegten Beschäftigungszeiten nicht anrechnet. A geht 2005 in Rente. A hat bei V eine Anwartschaft in Höhe von 50 € (10x5) erworben, bei E beträgt die Anwartschaft bzw. Betriebsrente 150 € (15x10). Die beiden Anwartschaften werden nicht addiert. A hätte allenfalls gegen E einen höheren Anspruch, wenn seine Anwartschaft zum Zeitpunkt des Betriebsübergangs höher als seine Rente wäre, was hier nicht der Fall ist. A hätte auch dann gegen E keinen höheren Anspruch, wenn man mit dem Bundesarbeitsgericht hypothetisch fragt, wie hoch die Betriebsrente gewesen wäre, wenn A bei V geblieben wäre, da die Rente des A dann nur 125 € betragen hätte. Im Ergebnis wird A damit so gestellt, als wäre er 1990 von E neu eingestellt worden.

Abwandlung 1: Hätte der Betriebsübergang erst 1995 stattgefunden, hätte A im Zeitpunkt des **90** Betriebsübergangs eine Anwartschaft in Höhe von 75 € (15x5) erworben, gegen E hätte er einen Anspruch von 100 € (10x10). Hätte der Betriebsübergang nicht stattgefunden, hätte A gegen V einen Betriebsrentenanspruch in Höhe von 125 € gehabt. Hier ist es möglich, dass E auf Zahlung von 125 € haftet; dies ist vom Bundesarbeitsgericht offen gelassen worden.

---

[61] Grundlegend BAG v. 24.07.2001 - 3 AZR 660/00 - NZA 2002, 520 ff.

91   **Abwandlung 2**: Wäre von V eine monatliche Betriebsrente von 10 € pro Beschäftigungsjahr zugesagt worden ist, bei E aber nur eine monatliche Betriebsrente von 5 € pro Beschäftigungsjahr und hätte der Betriebsübergang 1990 stattgefunden, hätte A gegen V eine Anwartschaft in Höhe von 100 € (10x10) gehabt und gegen E einen Anspruch in Höhe von 75 € (15x5) erworben. E muss mindestens 100 € zahlen (da die zum Zeitpunkt des Betriebsübergangs bestehende Anwartschaft höher als die bei ihm erdiente Betriebsrente ist), vielleicht sogar 250 € (25x10), da A ohne den Betriebsübergang gegen V einen Rentenanspruch in dieser Höhe erworben hätte. E würde sich also evtl. günstiger stehen, wenn er die bei V zurückgelegten Beschäftigungszeiten angerechnet hätte. Dann hätte A gegen ihn einen Betriebsrentenanspruch in Höhe von 125 € erworben, der mit der gegen V im Zeitpunkt des Betriebsübergangs bestehenden Anwartschaft in Höhe von 100 € verrechnet würde.

92   **Abwandlung 3**: Geht man von der für A ungünstigeren Versorgungsordnung gemäß dem Grundfall (Rn. 89) aus und hätte der Betriebsübergang erst im Jahre 2003 stattgefunden, konnte A bei Renteneintritt im Jahre 2005 die Voraussetzungen (§ 1b Abs. 1 BetrAVG) für eine gegen E unverfallbare Versorgungsanwartschaft nicht erfüllen, so dass er gegen E keinen Rentenanspruch aus der bei E geltenden Versorgungsordnung erworben hätte. Damit stellt sich die Frage, ob A aus übergegangenem Recht von E Zahlung der beim Betriebsübergang bestehenden Versorgungsanwartschaft (115 €, also 23x5) oder der Rente verlangen kann, die er von V ohne den Betriebsübergang hätte beanspruchen können (125 €, also 25x5). Wenn E hingegen die bei V zurückgelegten Beschäftigungszeiten anerkannt hätte, müsste er A eine Rente von 250 € (25x10) zahlen.

93   **Abwandlung 4**: Wenn hingegen die bei V geltende Versorgungsordnung gemäß der Abwandlung 2 (Rn. 91) für den A günstiger als bei E wäre und der Betriebsübergang 2003 stattgefunden hätte, würde E sich bei Renteneintritt im Jahre 2005 besser stehen, wenn er die bei V erbrachte Beschäftigungszeit anrechnet. Dann hätte A gegen ihn einen Anspruch auf 125 € (25x5) aus der bei E geltenden Versorgungsordnung und könnte den Differenzbetrag zu der im Zeitpunkt des Betriebsübergangs entstandenen Anwartschaft (230 € aus 23x10 abzgl. 125 € = 115 €) gegen E geltend machen, so dass E insgesamt 230 € zahlen müsste. Würde E die bei V zurückgelegten Beschäftigungszeiten nicht anerkennen, hätte A mindestens einen Anspruch auf eine Betriebsrente in Höhe der bei Betriebsübergang bestehenden Versorgungsanwartschaft von 230 € (23x10), könnte aber auch einen Anspruch auf die Betriebsrente haben, die er ohne den Betriebsübergang bei V erworben hätte, also 250 € (25x10); letzteres ist ebenfalls noch ungeklärt.

94   Ungeklärt ist des Weiteren die Frage, was mit den Arbeitnehmern geschieht, die im Zeitpunkt des Betriebsübergangs gegen den bisherigen Arbeitgeber noch keine unverfallbare Versorgungsanwartschaft erworben haben. Werden sie in das beim Übernehmer bestehende Versorgungswerk mit aufgenommen, ohne dass die beim bisherigen Arbeitgeber zurückgelegte Beschäftigungszeit mit angerechnet wird, erwirbt der Arbeitnehmer m.E. trotz fehlender Unverfallbarkeit eine Versorgungsanwartschaft, die nach den oben dargestellten Regeln mit der vom Übernehmer zu zahlenden Betriebsrente zu verrechnen ist. Probleme treten dann auf, wenn der Arbeitnehmer auch beim Übernehmer keine unverfallbare Versorgungsanwartschaft erwirbt, etwa weil er den Betrieb vor Ablauf der entsprechenden 5-Jahres-Frist verlässt.

Beispiel: 95

Arbeitnehmer A arbeitet seit 1998 bei V, der eine Versorgungszusage erteilt hat. Im Jahr 2002 geht der Betrieb auf den Erwerber E über, der A in sein Versorgungswerk mit aufnimmt, ohne dass die bei V erbrachte Beschäftigungszeit angerechnet wird. A verlässt den Betrieb im Jahre 2006. Es stellt sich die Frage, ob er gegen E einen Betriebsrentenanspruch bzw. eine unverfallbare Versorgungsanwartschaft erworben hat. Das ist m.E. dem Grunde nach zu bejahen, da A so behandelt werden muss, als hätte der Betriebsübergang nicht stattgefunden; dann hätte er eine unverfallbare Versorgungsanwartschaft erworben. Ein anderes Ergebnis würde in Widerspruch zu § 1b Abs. 1 Satz 3 BetrAVG stehen. Ob sich die Höhe der Versorgungsanwartschaft nach der beim bisherigen oder beim späteren Arbeitgeber bestehenden Versorgungsordnung richtet, ist dann die zweite ungeklärte Frage; m.E. wird man ähnlich wie in den Fällen vorgehen müssen, in denen eine oder zwei unverfallbare Versorgungsanwartschaften beim bisherigen und ggf. beim späteren Arbeitgeber entstanden sind.

Noch weiter verkompliziert wird die Rechtslage, wenn bisheriger und neuer Arbeitgeber unterschiedliche Durchführungswege und/oder unterschiedliche Finanzierungsformen gewählt haben. Kommt dann noch u.U. eine zeitanteilig erdiente Dynamik hinzu, ist eine Berechnung, wie sich eine Ablösung auf die konkreten Versorgungsansprüche der von einem Betriebsübergang betroffenen Arbeitnehmer genau auswirkt, letztlich nur mit Hilfe entsprechend mathematischer Risikoberechnungen möglich.   96

Hinweise: 97

Diese Situation ist weder für das **Arbeitnehmer**- noch das **Arbeitgeber**- oder **Betriebsrats-Mandat** erfreulich, weil die bestehenden Unklarheiten und Berechnungsschwierigkeiten das anwaltliche Haftungsrisiko selbstverständlich erhöhen. Dieses Risiko kann nicht beseitigt, nur vermindert werden. Dazu sollen die folgenden Hinweise beitragen, die indes – vor allem im **Arbeitgeber-Mandat** – die Hinzuziehung eines Experten für die betriebliche Altersversorgung nicht ersetzen können!

Im Arbeitgeber-Mandat des Übernehmers geht es bei kollidierenden Betriebsvereinbarungen um zwei Entscheidungen: Erstens, ob der Übernehmer die übergehenden Arbeitnehmer in sein Versorgungswerk aufnimmt oder ob er – parallel zu seinem eigenen Versorgungswerk – das des bisherigen Arbeitgebers fortführt; letzteres kann durch eine (vor Betriebsübergang vorgenommene) Beschränkung des persönlichen Geltungsbereichs der beim bisherigen Übernehmer geltenden (Gesamt-)Betriebsvereinbarung erreicht werden. Nimmt der Übernehmer die übergehenden Arbeitnehmer in sein Versorgungswerk auf, muss er sozusagen auf der zweiten Stufe entscheiden, ob er die beim bisherigen Arbeitgeber zurückgelegten Dienstzeiten anrechnet oder nicht. Um diese Entscheidungen richtig treffen bzw. die oben dargestellten Berechnungen vornehmen zu können, müssen mindestens die vier folgenden Zahlen ermittelt werden: 98

• Wie hoch ist die (unverfallbare) Versorgungsanwartschaft, die der Arbeitnehmer im Zeitpunkt des Betriebsübergangs hatte?

• Wie hoch wäre die Versorgungsanwartschaft bzw. die Betriebsrente, wenn der Betriebsübergang nicht stattfinden würde?

• Wie hoch wäre die (unverfallbare) Versorgungsanwartschaft bzw. die Betriebsrente, die der übergehende Arbeitnehmer bis zum Zeitpunkt des Versorgungsfalles gegen den Übernehmer erdienen kann, ohne dass die beim bisherigen Arbeitgeber zurückgelegten Beschäftigungszeiten mit eingerechnet werden?

- Wie hoch wäre die (unverfallbare) Versorgungsanwartschaft bzw. die Betriebsrente, die der übergehende Arbeitnehmer bis zum Zeitpunkt des Versorgungsfalles gegen den Übernehmer erdienen kann, wenn die beim bisherigen Arbeitgeber zurückgelegten Beschäftigungszeiten mit eingerechnet werden?

99   Das **Arbeitnehmer-Mandat** stellt sich als etwas einfacher dar, weil es dort „nur" darum geht, die vom neuen Arbeitgeber getroffenen Entscheidungen für oder gegen Aufnahme sowie für oder gegen Anrechnung in ihren Auswirkungen zu beurteilen. Dafür benötigt man ergänzend die gerade vorhin aufgelisteten vier Zahlenwerte. Bei geplanten Betriebsübergängen kann man in erster Linie auf die Information nach § 613a Abs. 5 BGB zurückgreifen, die neben den Zahlen auch Zusicherungen oder Zusagen in Bezug auf die betriebliche Altersversorgung enthalten kann, wie es z.B. relativ häufig bei Unternehmensumstrukturierungen der Fall ist. Man sollte auf jeden Fall versuchen, unter Berufung auf § 613a Abs. 5 BGB möglichst genaue Zahlenwerte über die Höhe der bestehenden Versorgungsanwartschaft und der erzielbaren Altersversorgung zu erhalten, da man dies selbst i.d.R. nicht aus den Versorgungsordnungen selbst ermitteln kann und entsprechende Gutachten von den Mandanten meist zu teuer sind. Daneben kann man den Auskunftsanspruch des § 4a Abs. 1 BetrAVG jedenfalls gegen den bisherigen Arbeitgeber geltend machen; spätestens nach Betriebsübergang besteht ein entsprechender Auskunftsanspruch gemäß § 4a Abs. 2 BetrAVG auch gegen den neuen Arbeitgeber. Geht es in der Beratung zentral um die Frage, ob ein Arbeitnehmer dem Übergang seines Arbeitsverhältnisses nach § 613a Abs. 6 BGB widersprechen soll, muss zusätzlich in die Überlegungen mit einfließen, ob dem Mandanten im Falle eines Widerspruchs eine (betriebsbedingte) Kündigung (vgl. Kapitel 7 Rn. 74 ff.) droht; dann nämlich beschränkt sich sein Betriebsrentenanspruch auf die im Beendigungszeitpunkt bestehende unverfallbare Versorgungsanwartschaft, die ihm aber auch bei einem Betriebsübergang erhalten bleibt! Daher kann selbst dann, wenn die beim Übernehmer geltende Versorgungsordnung für den Arbeitnehmer letztlich ungünstiger ist, von einem Widerspruch abzuraten sein. Soll hingegen nach Eintritt des Versorgungsfalles gegen die zu niedrige Berechnung einer Betriebsrente, also auf Zahlung eines höheren Betrages, geklagt werden, muss – falls die Berechnungsgrundlagen nicht offen liegen oder unzureichend sind – u.U. zunächst eine Auskunftsklage gegen den Versorgungsträger erhoben werden.

2. Individualrechtliche Grundlage bei bisherigem Arbeitgeber, Betriebsvereinbarung bei Übernehmer

100   Die gerade dargestellten und sich aus der Rechtsprechung des Bundesarbeitsgerichts ergebenden Grundsätze gelten nur dann, wenn sowohl bei bisherigem als auch bei neuem Arbeitgeber die betriebliche Altersversorgung jeweils durch eine Betriebsvereinbarung geregelt ist. Anders ist die Rechtslage zu werten, wenn die beim bisherigen Arbeitgeber geltende Versorgungsordnung auf einer individualrechtlichen Grundlage, insbesondere vertraglicher Einheitsregelung oder Gesamtzusage beruht. Dann stellt sich die Frage, ob diese durch die beim Übernehmer geltende Betriebsvereinbarung mit den gleichen Folgen wie bei kollidierenden Betriebsvereinbarungen abgelöst werden kann.

101   Dies wird wohl auch im Bereich der betrieblichen Altersversorgung davon abhängig sein, ob die beim Veräußerer geltende individualrechtliche Regelung „betriebsvereinbarungsoffen" ist oder nicht (vgl. Rn. 72). Nur wenn dies zu bejahen ist, kommt eine Ablösung der bisherigen individualrechtlichen Versorgungsordnung durch eine beim Erwerber geltende Betriebsvereinbarung nach dem Ablösungsprinzip in Betracht, wobei dann allerdings wohl – ebenso wie bei zwei Betriebsvereinbarungen – mindestens die gerade dargestellten Grundsätze zur Besitzstandswahrung (vgl. Rn. 87 ff.) beachtet werden müssen. Fehlt es an dieser „Betriebsvereinba-

rungsoffenheit", werden die vom Bundesarbeitsgericht zu ablösenden Betriebsvereinbarungen aufgestellten Grundsätze (vgl. Rn. 75) beachtet werden müssen, so dass eine Neuregelung kollektiv gesehen nicht ungünstiger sein darf als die bisherige Regelung. Außerdem wird man wohl auf die Besitzstandswahrung achten müssen. Dies muss m.E. auch dann gelten, wenn beim Erwerber bereits eine Betriebsvereinbarung besteht. Allerdings ist die Rechtslage noch vollständig ungeklärt.

Hinweis: 102

Für das **Arbeitgeber-Mandat** des Erwerbers kann daher nur angeraten werden, nach Möglichkeit eine einvernehmliche Lösung mit den übergehenden Arbeitnehmern, ggf. unter Beteiligung des Betriebsrats zu suchen. Zu achten ist vor allem darauf, dass es nicht zu einer kostenintensiven Kumulation von Versorgungsansprüchen kommt.

3. Betriebsvereinbarung bei bisherigem Arbeitgeber, individualrechtliche Regelung bei Übernehmer

Ist die betriebliche Altersversorgung beim bisherigen Arbeitgeber durch eine Betriebsverein- 103
barung, beim Übernehmer jedoch auf individualrechtlicher Grundlage geregelt, gilt die Betriebsvereinbarung nach den allgemeinen Grundsätzen entweder normativ weiter oder sie wird gemäß § 613a Abs. 1 Satz 2 BGB in das Arbeitsverhältnis transformiert (vgl. Kapitel 3 Rn. 290 ff.). Beides hat zur Folge, dass der Übernehmer zur Weiterführung der beim bisherigen Arbeitgeber geltenden Versorgungsordnung verpflichtet ist. Die bei ihm individualrechtlich geltende betriebliche Altersversorgung hat keine ablösende Wirkung.[62] Ungeklärt ist, ob die übergehenden Arbeitnehmer noch zusätzlich Ansprüche aus der beim Übernehmer geltenden Versorgungsordnung erwerben können.

Hinweis: 104

Wird indes die Versorgungsordnung beim Übernehmer noch vor dem Betriebsübergang in eine Betriebsvereinbarung überführt, tritt eine ablösende Wirkung nach den vom Bundesarbeitsgericht aufgestellten Grundsätzen (vgl. Rn. 87 ff.) ein; darauf sollte im **Arbeitgeber-Mandat** des Übernehmers hingewiesen werden. Bleibt es bei einer individualrechtlichen Regelung im Übernehmerbetrieb, können die übergehenden Arbeitnehmer von ihrem Geltungsbereich ausgeschlossen werden; einen Verstoß gegen den arbeitsrechtlichen Gleichbehandlungsgrundsatz dürfte dies nicht darstellen (vgl. dazu bereits allgemein Kapitel 3 Rn. 78 ff.).

4. Individualrechtliche Grundlage bei bisherigem und neuem Arbeitgeber

Beruht sowohl beim bisherigem als auch beim neuen Arbeitgeber die betriebliche Altersver- 105
sorgung auf einer individualrechtlichen Grundlage, kommt eine automatische Ablösung durch die beim Übernehmer geltende Versorgungsordnung nicht in Betracht. Die vom bisherigen Arbeitgeber erteilte Versorgungszusage geht nach § 613a Abs. 1 Satz 1 BGB auf den Übernehmer über und muss unverändert von ihm weitergeführt werden.

Hinweis: 106

Anders als bei der vorher behandelten Konstellation bringt es in Bezug auf die Ablösung keinen automatischen Vorteil, wenn der Übernehmer die bei ihm bestehende Altersversorgung in eine Betriebsvereinbarung überführt, da diese die übergehende individualrechtliche Regelung nur nach Maßgabe der dazu entwickelten Grundsätze (vgl. Rn. 72 ff.) ablösen kann; dennoch sollte diese Möglichkeit im **Arbeitgeber-Mandat** des Übernehmers natürlich geprüft werden.

---

[62] BAG v. 18.03.1997 - 3 AZR 729/95 - NZA 1998, 97, 100/101.

5. Tarifvertrag bei bisherigem, Betriebsvereinbarung bei neuem Arbeitgeber

107   Ist die Altersversorgung beim früheren Arbeitgeber durch einen Tarifvertrag, beim Übernehmer mittels einer Betriebsvereinbarung geregelt, tritt m.E. – wenn die Voraussetzungen des § 77 Abs. 3 BetrVG nicht erfüllt sind – im Wege der sog. Über-Kreuz-Ablösung (vgl. Kapitel 3 Rn. 232) ebenso wie bei kollidierenden Betriebsvereinbarungen eine Ablösung nach § 613a Abs. 1 Satz 3 BGB ein. Es gelten die gleichen Grundsätze wie bei kollidierenden Betriebsvereinbarungen, d.h. die bisher tariflich geregelte Altersversorgung muss vom Erwerber nicht weitergeführt werden. Zu Gunsten des Arbeitnehmers besteht jedoch eine Besitzstandswahrung des Inhalts, dass er ggf. die Differenz zwischen der beim Übernehmer erdienten Betriebsrente und der im Zeitpunkt des Betriebsübergangs bestehenden (tariflichen) Versorgungsanwartschaft verlangen kann, wenn letztere höher als die beim Übernehmer erdiente Betriebsrente ist.[63] Hinsichtlich der damit verbundenen Probleme kann auf die obigen Ausführungen (vgl. Rn. 87 ff.) verwiesen werden.

108   Die Ablösung tariflicher Regelungen durch eine beim Übernehmer geltende Betriebsvereinbarung greift im Übrigen auch dann ein, wenn dieser die tarifliche Regelung nicht weiterführen kann, wie es z.B. bei der Versorgungskasse des Baugewerbes (gemeinsame Einrichtung gemäß § 4 Abs. 2 TVG) der Fall ist. Der dann entstehende Verschaffungsanspruch kann m.E. durch die ablösende Betriebsvereinbarung erfüllt werden.

6. Tarifvertrag bei früherem, individualrechtliche Regelung bei neuem Arbeitgeber

109   Besteht beim bisherigen Arbeitgeber eine tarifvertragliche Altersversorgungsregelung, beim Übernehmer aber keine Betriebsvereinbarung, sondern eine auf individualrechtlicher Grundlage (vertragliche Einheitsregelung, Gesamtzusage) beruhende Versorgungsordnung, kommt eine ablösende Wirkung der beim bisherigen Arbeitgeber geltenden tarifvertraglichen Regelungen nicht in Betracht. Die tariflichen Regelungen für die übergehenden Arbeitnehmer werden dann gemäß § 613a Abs. 1 Satz 2 BGB in die Arbeitsverhältnisse transformiert. Dies hat zur Folge, dass der Erwerber die tariflichen Versorgungsregeln für die übergehenden Arbeitnehmer weiterführen bzw. ihnen einen gleichwertigen Versorgungsanspruch verschaffen muss. Die übergehenden Arbeitnehmer haben dann jedoch m.E. keinen Anspruch darauf, in das auf individualrechtlicher Grundlage bestehende Versorgungswerk aufgenommen zu werden, weil dies zu einer ungerechtfertigten Kumulation von Versorgungsansprüchen führt; nimmt der Übernehmer sie daher aus der Gruppe der Begünstigten heraus, verstößt dies nicht gegen den arbeitsrechtlichen Gleichbehandlungsgrundsatz.

110   Hinweis:

> Dies sollte der Übernehmer allerdings den übergehenden Arbeitnehmern gegenüber klarstellen; dafür bietet sich die Information nach § 613a Abs. 5 BGB an. Unberührt bleibt selbstverständlich die Möglichkeit abändernder Einzelvereinbarungen mit den Arbeitnehmern, bei denen allerdings der bei Betriebsübergang bestehende Besitzstand gewahrt werden sollte, wenn nicht gar muss (§ 4 Abs. 4 TVG).

7. Betriebsvereinbarung bei früherem, Tarifvertrag bei neuem Arbeitgeber

111   Besteht beim bisherigen Arbeitgeber eine Betriebsvereinbarung über eine betriebliche Altersversorgung, die beim Übernehmer tarifvertraglich geregelt ist, wird die Betriebsvereinbarung nach allgemeinen Grundsätzen wegen des in § 87 Abs. 1 Eingangssatz BetrVG geregelten Tarifvorrangs nach dem Betriebsübergang unwirksam. Allerdings müssen dann die bisher von den übergehenden Arbeitnehmern erworbenen Besitzstände erhalten bleiben. Für sie kann

---

[63] BAG v. 24.07.2001 - 3 AZR 660/00 - NZA 2002, 520, 523.

diese Rechtsfolge dennoch nachteilig sein, weil tarifliche Altersversorgungsregeln als sog. Inhaltsnormen nicht automatisch für die übergehenden Arbeitnehmer gelten, sondern nur dann, wenn sie Mitglied der für den Erwerberbetrieb zuständigen Gewerkschaft sind oder werden. Ob ein Aufnahmeanspruch aus vertraglichen Bezugnahmeklauseln folgt, ist zweifelhaft und wird m.E. jedenfalls bei kleinen Bezugnahmeklauseln abzulehnen sein.

Hinweis: 112

> Das kann für die übergehenden Arbeitnehmer ein deutlicher Anreiz zum Beitritt in die für den Erwerberbetrieb tarifzuständige Gewerkschaft sein. Wenn sie allerdings durch ihren Beitritt die normative Geltung der für den Übernehmer normativ geltenden Tarifverträge herbeiführen, gilt dies – und darauf sollte beim **Arbeitnehmer-Mandat** hingewiesen werden! – nicht nur für die Versorgungsregelungen, sondern auch für alle anderen Tarifverträge. Damit werden in andere Bereiche transformierte tarifliche Regelungen ebenfalls nach § 613a Abs. 1 Satz 3 BGB abgelöst (vgl. Kapitel 3 Rn. 206 ff.), was z.B. im Bereich des Arbeitsentgelts zu erheblichen Einbußen führen kann.

Falls die übergehenden Arbeitnehmer – entweder kraft Beitritt bzw. Wechsel in die für den Betrieb des Übernehmers tarifzuständige Gewerkschaft oder kraft Vereinbarung mit dem Übernehmer – in den Geltungsbereich der tariflichen Versorgungsregelungen wechseln, stellt sich wiederum die Frage, ob die beim bisherigen Arbeitgeber zurückgelegten Beschäftigungszeiten zwingend vom Übernehmer angerechnet werden müssen. M.E. ist eine solche Verpflichtung des Übernehmers ebenso wenig gegeben wie bei Versorgungssystemen, die auf anderen Rechtsgrundlagen beruhen, da dies zu einer – von § 613a BGB nicht geforderten – Besserstellung der übergehenden Arbeitnehmer führen würde. Außerdem bestehen im Regelfall bereits Ansprüche aus der beim vorherigen Arbeitgeber geltenden Betriebsvereinbarung.   113

Hinweis: 114

> Der Übernehmer sollte jedoch klarstellen, dass die beim bisherigen Arbeitgeber zurückgelegten Beschäftigungszeiten nicht angerechnet werden. Ist ihm dies – weil insoweit eine höchstrichterliche Entscheidung noch fehlt – zu unsicher, sollte er zumindest darauf hinweisen, dass die gegen den bisherigen Arbeitgeber bereits entstandenen und von ihm übernommenen Betriebsrentenansprüche mit den bei ihm zu erwerbenden tariflichen Ansprüchen verrechnet werden.

8. Individualrechtliche Regelung bei bisherigem, Tarifvertrag bei neuem Arbeitgeber

Ist beim bisherigen Arbeitgeber die betriebliche Altersversorgung auf individualrechtlicher Grundlage geregelt, führt der beim Übernehmer geltende Tarifvertrag nicht zur Unwirksamkeit dieser Versorgungsordnung. Diese geht vielmehr nach § 613a Abs. 1 Satz 1 BGB auf den Übernehmer über. Nur wenn der beim Übernehmer geltende Tarifvertrag normativ (d.h. i.d.R. kraft beiderseitiger Verbandsmitgliedschaft) auf die Arbeitsverhältnisse der übergehenden Arbeitnehmer anzuwenden ist, wird die übergehende einzelvertragliche Regelung unwirksam, wenn sie für die Arbeitnehmer ungünstiger als die tarifliche Regelung ist. Ist sie hingegen für die übergehenden Arbeitnehmer i.S.v. § 4 Abs. 3 TVG günstiger, bleibt sie bestehen. Unklar ist die Rechtslage bei Bezugnahmeklauseln; während man bei sog. kleinen Bezugnahmeklauseln wohl von einer Weitergeltung der tariflichen Versorgungsregeln ausgehen kann, wird man wohl bei großen Bezugnahmeklauseln bzw. Tarifwechselklauseln von einer Ablösung ausgehen müssen.   115

116 Falls einzelvertragliche Regelungen nach obiger Maßnahme unwirksam werden sollten, wird dies m.e. nur Wirkung für die Zukunft haben, so dass die bereits erworbenen Versorgungsanwartschaften der übergehenden Arbeitnehmer erhalten bleiben. Sind die beim Übernehmer geltenden tariflichen Regelungen auf sie anzuwenden, hat dies m.E. keine Rückwirkung. Die übergehenden Arbeitnehmer können also nicht verlangen, so gestellt zu werden, als wären sie von Anfang an beim Übernehmer beschäftigt gewesen. Die beim bisherigen Arbeitgeber zurückgelegten Beschäftigungszeiten müssen dementsprechend vom Übernehmer nicht angerechnet werden. Die Rechtslage ist also genauso zu bewerten wie bei der Verdrängung einer beim bisherigen Arbeitnehmer geltenden Betriebsvereinbarung durch einen beim Übernehmer geltenden Tarifvertrag.

9. Tarifvertrag bei früherem und neuem Arbeitgeber

117 Der – seltene – Fall, dass sowohl beim früheren als auch beim neuen Arbeitgeber tarifliche Regelungen zur Altersversorgung gelten, muss nach den allgemeinen Konkurrenzregeln gelöst werden. Soweit eine Ablösung nach § 613a Abs. 1 Satz 3 BGB nicht in Betracht kommt, werden die beim bisherigen Arbeitgeber geltenden tariflichen Regelungen transformiert und müssen weiterhin auf die übergehenden Arbeitsverhältnisse angewendet werden. Sollte eine Ablösung in Betracht kommen, werden die Grundsätze zur Besitzstandswahrung gelten, die das Bundesarbeitsgericht zu kollidierenden Betriebsvereinbarungen aufgestellt hat (vgl. Rn. 87 ff.).

III. Versorgungsordnung nicht bei bisherigem, nur bei neuem Arbeitgeber

118 Besteht nur beim Übernehmer eine arbeitgeberfinanzierte betriebliche Altersversorgung, hat dieser – mit Ausnahme des Falles, dass ein entsprechender Tarifvertrag normativ auf die übergehenden Arbeitsverhältnisse anzuwenden ist – die Wahl, ob er die übergehenden Arbeitnehmer in die Altersversorgung aufnehmen will und wenn ja, ob er die beim bisherigen Arbeitgeber zurückgelegten Beschäftigungszeiten bei der Berechnung der Versorgungsanwartschaften berücksichtigt. Im Einzelnen gilt:

119 Der Übernehmer kann, muss aber nicht die übergehenden Arbeitnehmer in ein bereits bestehendes Versorgungswerk bzw. eine bereits bestehende Versorgungszusage aufnehmen.[64] Will er dies nicht tun, muss er jedoch vor dem Betriebsübergang das Versorgungswerk für alle danach in den Betrieb eintretenden Arbeitnehmer (also auch die, die nach dem Betriebsübergang neu eingestellt werden) schließen. Es ist m.E. nicht möglich, nur die übergehenden Arbeitnehmer von einer Versorgungszusage auszuschließen, aber die nach dem Betriebsübergang neu eingestellten Arbeitnehmer in diese miteinzubeziehen. Anders ausgedrückt: Der Übernehmer kann – dies entspricht allgemeinen Grundsätzen – wie jeder andere Arbeitgeber für neu in den Betrieb hinzukommende Arbeitnehmer, zu denen auch die kraft § 613a BGB übergehenden Arbeitnehmer gehören, auf Grund eigener (nicht mitbestimmter) Entscheidung ein bestehendes Versorgungswerk schließen. Darin liegt – auch für den Fall des § 613a BGB – kein Verstoß gegen den arbeitsrechtlichen Gleichbehandlungsgrundsatz.[65]

---

[64] *Gaul*, Das Arbeitsrecht der Betriebs- und Unternehmensspaltung, S. 1468, 1469.

[65] Dazu BAG v. 25.08.1976 - 5 AZR 788/75 - AP § 242 BGB Gleichbehandlung Nr. 41; allgemein für betriebliche Übung, aber auf andere Vertragsinstrumente übertragbar BAG v. 10.08.1988 - 5 AZR 571/87 - NZA 1989, 57/58; *Bepler*, RdA 2004, 226, 238. Vgl. auch schon Kapitel 3 Rn. 61.

Hinweis: 120

> Im **Arbeitgeber-Mandat** ist dem Übernehmer für diesen Fall zu empfehlen, den übergehenden Arbeitnehmern ausdrücklich mitzuteilen, dass für sie keine betriebliche Altersversorgung besteht, um eine Haftung – aus Vertrauensschutzaspekten – auszuschließen. Dafür bietet sich das an die übergehenden Arbeitnehmer zu richtende Informationsschreiben nach § 613a Abs. 5 BGB an.

Die gerade dargestellten Möglichkeiten des Übernehmers bestehen grundsätzlich auch dann,   121
wenn die betriebliche Altersversorgung in seinem Unternehmen in einer Gesamt- oder Konzernbetriebsvereinbarung geregelt ist. Es ist allerdings schon umstritten, ob eine Gesamt- oder Konzernbetriebsvereinbarung automatisch auf neu hinzukommende Betriebe erstreckt wird. Geht man jedoch von einer solchen Erstreckung aus, muss der Übernehmer – will er die übergehenden Arbeitnehmer nicht in das Versorgungswerk aufnehmen – vor dem Betriebsübergang dafür sorgen, dass sich der Geltungsbereich einer Gesamt- oder Konzernbetriebsvereinbarung nicht auf den neu hinzukommenden Betrieb erstreckt. Allerdings dürfte bei dieser Entscheidung der Gleichbehandlungsgrundsatz zu beachten sein, da dieser nach einer wohl vordringenden Auffassung im individualrechtlichen Bereich unternehmensweite Geltung haben soll.[66] Rechtssicher ausgeschlossen werden können Ansprüche auf Gleichbehandlung daher nur dann, wenn es für die Differenzierung zwischen einzelnen Betrieben sachliche Gründe gibt, für die der Arbeitgeber (= Übernehmer) darlegungs- und ggf. beweisbelastet ist.

Will der Übernehmer das bei ihm bestehende Versorgungswerk nicht schließen oder kündigen,   122
muss er die übergehenden Arbeitnehmer in seine Versorgungszusage mit einbeziehen. Allerdings ist er in diesem Fall nicht verpflichtet, die beim bisherigen Arbeitgeber zurückgelegten Beschäftigungszeiten bei der Gewährung und Berechnung von Versorgungsleistungen anzurechnen.[67] Er soll bei der Aufstellung von Berechnungsregeln frei sein, Vorbeschäftigungszeiten als wertbildende Faktoren außer Ansatz zu lassen, da die übergehenden Arbeitnehmer erst ab dem Zeitpunkt des Betriebsübergangs zur Wertschöpfung des Unternehmens beitragen.[68] Darin liegt auch kein Widerspruch zu § 613a BGB, da diese Vorschrift den Inhalt des Arbeitsverhältnisses nur so weit schützt, wie er im Zeitpunkt des Betriebsübergangs besteht. Den Arbeitnehmern würde durch eine zwingende Einbeziehung in die beim Erwerber geltende Versorgungsordnung ein Vorteil entstehen, den sie ohne den Betriebsübergang nicht gehabt hätten. Außerdem begründet die Betriebszugehörigkeit allein für sich keine Rechte.[69] Der Übernehmer kann also die Höhe von Versorgungsanwartschaften allein auf der Grundlage der bei ihm zurückgelegten Beschäftigungszeiten berechnen. Jedoch sollen die beim bisherigen Arbeitgeber zurückgelegten Beschäftigungszeiten bei der Frage, ob eine nach § 1b BetrAVG unverfallbare Versorgungsanwartschaft entstanden ist, zwingend mit einzuberechnen sein.[70] Dies war allerdings nur in Bezug auf die frühere Regelung des § 1 BetrAVG relevant, nach dem eine unverfallbare Versorgungsanwartschaft bestand, wenn die Versorgungszusage mindestens drei Jahre bestand, der Arbeitnehmer aber mehr als 12 Jahre dem Betrieb angehörte. Hier kam es für die Frage, ob eine unverfallbare Versorgungsanwartschaft entstanden war, neben dem Zeitpunkt der Versorgungszusage auch auf die Dauer des Beschäftigungsverhältnisses an.

---

[66] BAG v. 17.11.1998 - 1 AZR 147/98 - NZA 1999, 606 ff.

[67] St. Rspr., siehe BAG v. 30.08.1979 - 3 AZR 58/78 - AP § 613a BGB Nr. 16; BAG v. 19.12.2000 - 3 AZR 451/99 - NZA 2002, 615, 617.

[68] BAG v. 19.12.2000 - 3 AZR 451/99 - NZA 2002, 615, 617; zuletzt bestätigt von BAG v. 19.04.2005 - 3 AZR 469/04 - NZA 2005, 840.

[69] BAG v. 30.08.1979 - 3 AZR 58/78 - AP § 613a BGB Nr. 16.

[70] BAG v. 19.12.2000 - 3 AZR 451/99 - NZA 2002, 615, 616/617.

Insoweit waren nach der Rechtsprechung des Bundesarbeitsgerichts die beim Rechtsvorgänger erbrachten Dienstzeiten mit anzurechnen.[71] Inzwischen stellt § 1b Abs. 1 BetrAVG für die Frage, ob eine Versorgungsanwartschaft unverfallbar geworden ist, nur noch darauf ab, ob die Versorgungszusage fünf Jahre bestanden hat. Die Dauer der Betriebszugehörigkeit des Arbeitnehmers ist also nunmehr für die Frage, ob eine unverfallbare Versorgungsanwartschaft entstanden ist, unerheblich. Für sog. Altfälle, denen eine Versorgung vor dem 01.01.2001 zugesagt wurde, gilt gemäß § 30f BetrAVG eine Sonderregelung.

IV. Sonderfall: Entgeltumwandlung

123   Einen Sonderfall stellt die Entgeltumwandlung dar. Diese kennzeichnet sich dadurch, dass selbst bei Bestehen tariflicher oder betrieblicher Regelungen i.d.R. eine einzelvertragliche Vereinbarung zwischen den Arbeitsvertragsparteien über die Umwandlung von Entgeltbestandteilen abgeschlossen werden muss. Diese geht nach § 613a Abs. 1 Satz 1 BGB auf den Übernehmer über. Daraus ergibt sich für ihn, dass er ebenso wie der bisherige Arbeitgeber an die bereits abgeschlossenen Entgeltumwandlungsvereinbarungen gebunden ist. Es bleibt also sowohl die Höhe und/oder Art des umzuwandelnden Entgeltbestandteils als auch der gewählte Durchführungsweg maßgebend. Allerdings kann sich für die Arbeitnehmer u.U. ein außerordentliches Kündigungsrecht ergeben, wenn z.B. der Entgeltbestandteil, der umgewandelt werden soll, entfällt oder wenn sich Änderungen beim Entgelt des Arbeitnehmers ergeben.

124   **Beispiel:**

Arbeitnehmer A hatte mit seinem früheren Arbeitgeber vereinbart, dass 50% der tariflichen Sonderzahlung umgewandelt und der Betrag in eine Pensionskasse eingezahlt wird. Nach dem Betriebsübergang finden auf das Arbeitsverhältnis des A die beim Übernehmer einschlägigen Tarifverträge Anwendung, die keine oder nur eine wesentlich geringere Sonderzahlung vorsehen.

125   Schwierigkeiten können sich dann ergeben, wenn ein Durchführungsweg gewählt wurde, der nur dem früheren Arbeitgeber offen stand, z.B. eine Pensionskasse einer bestimmten Branche, die nur branchenangehörige Unternehmen aufnimmt. Dem Übernehmer wird dann die Durchführung der Entgeltumwandlungsvereinbarung unmöglich, jedoch dürfte er – ebenso wie bei der arbeitgeberfinanzierten betrieblichen Altersversorgung (vgl. Rn. 45, Rn. 56) – verpflichtet sein, dem Arbeitnehmer eine gleichwertige Altersversorgung zu verschaffen. Damit ergeben sich dann allerdings Probleme dadurch, dass die beim früheren Versorgungsträger bereits bestehenden Anwartschaften nicht automatisch mitübertragen werden, so dass der Arbeitnehmer ggf. wieder „bei Null" anfangen muss. Ein Übertragungsanspruch des Arbeitnehmers nach § 4 Abs. 4 BetrAVG besteht nicht, weil das Arbeitsverhältnis durch den Betriebsübergang nicht beendet wird, sondern unverändert fortbesteht. Es müsste jedoch eine freiwillige Vereinbarung über die Übertragung des sog. Barwerts möglich sein; daran wären der alte und der neue Versorgungsträger, der Übernehmer und der Arbeitnehmer zu beteiligen.

126   Unerheblich dürfte es in den meisten Fällen sein, wenn die kollektivrechtliche Vereinbarung, die Grundlage für eine einzelvertragliche Entgeltumwandlungsvereinbarung ist, entfällt, da solche Vereinbarungen üblicherweise alle notwendigen Bestandteile enthalten, also sozusagen auch ohne die maßgebende kollektivrechtliche Regelung „lebensfähig" sind. Probleme kann es allerdings dann geben, wenn tarifliche Regelungen von den gesetzlichen Vorgaben in § 1a

---

[71] So BAG v. 08.02.1983 - 3 AZR 229/81 - AP § 613a BGB Nr. 35; BAG v. 19.12.2000 - 3 AZR 451/99 - NZA 2002, 615 ff.

BetrAVG abweichen, also z.B. nur die Umwandlung bestimmter Entgeltbestandteile (z.B. vermögenswirksame Leistungen) zulassen. Dann muss bei der rechtlichen Lösung differenziert werden.

Wenn im Ursprungsbetrieb ein Tarifvertrag galt, der eigenständige Regelungen zur Entgeltumwandlung enthält, stellt sich die Frage, ob Übernehmer und Arbeitnehmer nach dem Betriebsübergang noch an die entsprechenden tariflichen Vorgaben gebunden sind, also nur Entgeltumwandlungen vereinbaren dürfen, die den beim bisherigen Arbeitgeber geltenden tariflichen Vorgaben entsprechen. **127**

Bei tariflichen Regelungen, die Ob und Ausgestaltung von Entgeltumwandlungsvereinbarungen regeln, handelt es sich um Inhaltsnormen, da mit ihnen Rechte und Pflichten der Arbeitsvertragsparteien geregelt werden. Diese werden gemäß § 613a Abs. 1 Satz 2 BGB transformiert, gelten also auch nach dem Betriebsübergang weiter, es sei denn, die Vertragsparteien vereinbaren etwas für den Arbeitnehmer Günstigeres oder die Geltung eines anderen Kollektivvertrages gemäß § 613a Abs. 1 Satz 4 BGB. Hiervon ausgehend haben im Beispielsfall die übergehenden Arbeitnehmer keinen Anspruch auf den Abschluss von Entgeltumwandlungsvereinbarungen, die von den transformierten tariflichen Regelungen abweichen, wohl aber dürfte es zulässig sein, wenn der Übernehmer mit den übergehenden Arbeitnehmern entsprechende Vereinbarungen trifft, da diese i.d.R. günstiger sein werden bzw. hierin die Vereinbarung über die Geltung eines anderen Kollektivvertrages i.S.v. § 613a Abs. 1 Satz 4 BGB zu sehen ist. **128**

Beispiel: **129**

Der beim bisherigen Arbeitgeber geltende Tarifvertrag sieht vor, dass die Arbeitnehmer nur bestimmte Entgeltbestandteile, z.B. die vermögenswirksamen Leistungen umwandeln können. Arbeitnehmer A kann nach dem Betriebsübergang von seinem neuen Arbeitgeber, der nicht an diese Tarifverträge gebunden ist, zwar nicht verlangen, dass andere Entgeltbestandteile, z.B. eine tarifliche Sonderzahlung, umgewandelt werden, aber eine freiwillige Vereinbarung mit seinem neuem Arbeitgeber über den Abschluss entsprechender Entgeltumwandlungsvereinbarungen ist zulässig.

Eine umgekehrte Problematik kann sich stellen, wenn die beim Übernehmer geltenden Tarifverträge die Möglichkeiten der Entgeltumwandlung entweder in Höhe und/oder Art der umwandelbaren Entgeltbestandteile oder bei den Durchführungswegen beschränken. Hier stellt sich zunächst die Frage, ob die bereits bestehenden Entgeltumwandlungsvereinbarungen weiterhin wirksam sind. Dies ist m.E. zu bejahen, da das Entfallen der maßgeblichen tariflichen Rechtsgrundlage nicht zur Unwirksamkeit der bereits abgeschlossenen Entgeltumwandlungsvereinbarungen führen kann. Zweitens ist zu fragen, ob die übergehenden Arbeitnehmer nach dem Betriebsübergang nur noch den Abschluss von Entgeltumwandlungsvereinbarungen verlangen können, die den beim Übernehmer geltenden tariflichen Vorgaben entsprechen bzw. – umgekehrt – ob der Übernehmer verpflichtet ist, Entgeltumwandlungsvereinbarungen auf der Grundlage des beim bisherigen Arbeitgeber geltenden Entgeltumwandlungstarifvertrages abzuschließen. Dies ist m.E. davon abhängig, ob die beim bisherigen Arbeitgeber geltenden Tarifverträge transformiert oder nach § 613a Abs. 1 Satz 3 BGB abgelöst werden. Bei einer Transformation wird man den Übernehmer wohl weiterhin für verpflichtet halten müssen, Entgeltumwandlungsvereinbarungen auf der Grundlage der transformierten Tarifnormen abzuschließen, da es sich sowohl hinsichtlich des Anspruchsgrundes als auch der Ausgestaltung der Entgeltumwandlungsvereinbarungen um Inhaltsnormen handelt. Nur bei einer Ablösung nach § 613a Abs. 1 Satz 3 oder 4 BGB kann der Übernehmer damit die Arbeitnehmer auf die bei ihm geltenden tariflichen Bestimmungen verweisen. **130**

V. Besonderheiten bei der Information gemäß § 613a Abs. 5 BGB

131 Welche Auswirkung ein Betriebsübergang auf die betriebliche Altersversorgung hat, ist eine rechtliche und wirtschaftliche Folge, über die die übergehenden Beschäftigten gemäß § 613a Abs. 5 Nr. 3 BGB unterrichtet werden müssen. Die Unterrichtungspflicht des § 613a Abs. 5 BGB bezieht sich indes nur auf die Beschäftigten, deren Arbeitsverhältnisse gemäß § 613a Abs. 1 BGB auf den neuen Inhaber übergehen; keine Informationspflicht besteht gegenüber den Versorgungsberechtigten, die nach wie vor ihre Ansprüche gegen den bisherigen Arbeitgeber geltend machen können, also Versorgungsempfänger und Berechtigte, die bereits vor dem Betriebsübergang mit einer unverfallbaren Versorgungsanwartschaft aus dem Betrieb ausgeschieden sind (vgl. Rn. 26). Das gilt auch dann, wenn der neue Inhaber nach anderen Rechtsgrundsätzen (vgl. Rn. 30 ff.) oder vertraglichen Vereinbarungen mit dem bisherigen Arbeitgeber die Versorgungsverbindlichkeiten übernimmt bzw. übernehmen muss.

132 Für die Information über die Auswirkungen eines Betriebsübergangs auf die betriebliche Altersversorgung gelten – unabhängig davon, ob diese allein durch den Arbeitgeber und/oder auch durch die Arbeitnehmer (über eine Entgeltumwandlung) finanziert wird – die gleichen allgemeinen Grundsätze, die für die Information über andere Arbeitsbedingungen Anwendung finden (vgl. eingehend Kapitel 10 Rn. 27 ff.). Maßgebend ist also ebenfalls, welche Information der Arbeitnehmer als Grundlage für seine Entscheidung über die Ausübung des ihm zustehenden Widerspruchsrechts benötigt.

1. Arbeitgeberfinanzierte Altersversorgung

133 Gemäß dem allgemeinen Grundsatz, dass der Arbeitgeber gemäß § 613a Abs. 5 Nr. 3 BGB eine Information über die tatsächlichen Auswirkungen eines Betriebsübergangs, aber keine Rechtsberatung schuldet (vgl. Kapitel 10 Rn. 28), müssen die Beschäftigten m.E. darüber informiert werden, dass der neue Arbeitgeber kraft Gesetzes auch im Hinblick auf ihre Versorgungsansprüche in die Rechtsposition ihres früheren Arbeitgebers einrücken wird.

134 Zwingender Bestandteil der Information ist weiterhin, ob das beim bisherigen Arbeitgeber geltende Versorgungssystem vom Übernehmer weitergeführt wird bzw. ob ein Verschaffungsanspruch auf eine gleichwertige Versorgung besteht, wenn die Übernahme nicht möglich sein sollte (vgl. Rn. 45, Rn. 56).[72]

135 Hinweis:

Falls im Unternehmen des Übernehmers ein eigenes Versorgungssystem gilt, jedoch das Versorgungssystem des bisherigen Arbeitgebers nicht qua Gesetz abgelöst wird (vgl. Rn. 87, Rn. 107, Rn. 111, Rn. 117), sollte zwecks Vermeidung kumulierter Anspruchsentstehung im **Arbeitgeber-Mandat** die Aufnahme eines ergänzenden Hinweises empfohlen werden, dass eine Aufnahme in das beim Übernehmer geltende Versorgungswerk/-system aus diesem Grunde nicht erfolgt.

136 Soll das beim bisherigen Arbeitgeber geltende Versorgungssystem durch ein beim Erwerber geltendes abgelöst werden, muss dies selbstverständlich ebenfalls mitgeteilt werden. Gegenstand der Information wird auch sein, ob ein anderer Durchführungsweg besteht. Unsicher ist, ob nicht nur über die Ablösung an sich, sondern auch über den – ggf. höheren oder niedrigeren – Betrag der beim Übernehmer erdienbaren Teilbeträge informiert werden muss. M.E. wird man zwar nicht die Angabe genauer Zahlen verlangen dürfen (zumal dies in Bezug auf die zu-

---

[72] Vom BAG nicht beanstandetes Formulierungsbeispiel für diesen Fall in BAG v. 13.07.2006 - 8 AZR 303/05 - NZA 2006, 1273, 1274.

künftige Entwicklung kaum verlässlich möglich sein wird), wohl aber eine ungefähre „Richtungsangabe", ob das beim Übernehmer geltende Versorgungssystem insgesamt gesehen[73] gleichwertig, günstiger oder ungünstiger für die Beschäftigten ist.

Hinweis: 137

Ist die beim Übernehmer geltende Versorgungsordnung für den Arbeitnehmer hinsichtlich der noch zu erdienenden Teilbeträge ungünstiger, sollte im **Arbeitnehmer-Mandat** in der Beratung bedacht werden, dass der Mandant im Falle eines Widerspruchs und einer darauf folgenden betriebsbedingten Kündigung ggf. doch schlechter steht als wenn er dem Übergang seines Arbeitsverhältnisses nicht widerspricht, da er in diesem Fall nur noch seine unverfallbare Versorgungsanwartschaft in der Höhe behält, wie sie zum Zeitpunkt der Beendigung des Arbeitsverhältnisses besteht; eine geringere Steigerungsmöglichkeit kann der nicht mehr bestehenden Steigerungsmöglichkeit vorzuziehen sein.

Im Übrigen kann auf die Versorgungsordnungen bzw. Versorgungsrichtlinien verwiesen wer-   **138** den, wie es das Bundesarbeitsgericht auch bei anderen Tarifverträgen und Betriebsvereinbarungen ausreichen lässt[74] (vgl. Kapitel 10 Rn. 66 ff.). M.E. nicht zwingend erforderlich, aber u.U. sinnvoll kann die weitere Angabe sein, dass dem Beschäftigten die Höhe der bisher erdienten Versorgungsanwartschaft erhalten bleibt. Die beiden Arbeitgeber sind des Weiteren nicht verpflichtet – dies ergibt sich auch daraus, dass das Bundesarbeitsgericht Standardschreiben und damit den Verzicht auf individuelle Informationen ausdrücklich gestattet[75] –, die Beschäftigten über die konkrete Höhe der von ihnen bereits erdienten Versorgungsanwartschaft zu informieren. Auch insoweit können die Arbeitnehmer auf weitere Erkundigungen bzw. die Geltendmachung ihres aus § 4a BetrAVG folgenden Auskunftsanspruchs (vgl. Rn. 99) verwiesen werden.

Hinweis: 139

Die Frage wird häufig deshalb obsolet sein, weil viele Versorgungsträger die Berechtigten regelmäßig über den Stand ihrer Anwartschaften informieren; darauf kann im Rahmen der Information verwiesen werden.

Weitere Angaben sind m.E. vom Gesetz nicht gefordert. Erfahrungsgemäß sind den Beschäf-   **140** tigten, deren Arbeitsverhältnisse auf einen neuen Betriebsinhaber übergehen, jedoch folgende Informationen besonders wichtig: Anerkennung der Dienstzeiten, Weiterführung der betrieblichen Altersversorgung, bei Wechsel des Versorgungssystems Wertgleichheit der Anwartschaften.

Hinweis: 141

Es kann daher unabhängig von der rechtlichen Informationsverpflichtung aus Gründen der Akzeptanz sinnvoll sein, im **Arbeitgeber-Mandat** die Erteilung auch weitergehender Informationen anzuraten.

Unsicher ist des Weiteren, ob in Bezug auf die betriebliche Altersversorgung ein gesonderter,   **142** auf ihre Besonderheiten zugeschnittener Hinweis auf die Mithaftung des bisherigen Arbeitgebers in die Information aufzunehmen ist. M.E. ist dies nicht generell erforderlich, da sich die

---

[73] Man könnte insoweit eine Parallele zum sog. „kollektiven Günstigkeitsvergleich" ziehen, der nach der ständigen Rechtsprechung des Bundesarbeitsgerichts bei ablösenden Betriebsvereinbarungen zu ziehen ist, vgl. dazu nur BAG v. 16.09.1986 - GS 1/82, NZA 1987, 168 ff. sowie Kapitel 3 Rn. 72 ff.

[74] BAG v. 13.07.2006 - 8 AZR 305/05 - NZA 2006, 1268, 1272.

[75] BAG v. 13.07.2006 - 8 AZR 305/05 - NZA 2006, 1268, 1271.

Rechtsfolgen aus einer schlichten Gesetzesanwendung ergeben, für die sich der Arbeitnehmer ggf. Unterstützung besorgen muss. Eine Ausnahme ist wegen der Sonderregelung des § 134 Abs. 2 UmwG für bestimmte Betriebsaufspaltungsfälle (vgl. Kapitel 9 Rn. 48 ff.) denkbar.

143 Hinweis:

> Allgemein sollte beim **Arbeitgeber-Mandat** überdies angeraten werden, bei der Formulierung darauf zu achten, dass nicht der Eindruck entsteht, der Übernehmer wolle eine über § 613a BGB hinausgehende Einstandspflicht übernehmen, sich insbesondere für die Zukunft Änderungsmöglichkeiten nehmen; um vor allem das letztgenannte Risiko auszuschließen, sollte der Übernehmer sich ausdrücklich künftige Änderungsmöglichkeiten im Rahmen des geltenden Rechts vorbehalten.

144 Schließlich sind die Beschäftigten für den Fall, dass ihnen ihr bisheriger Arbeitgeber keine Versorgungszusage erteilt hatte, darüber zu informieren, wenn und dass der Übernehmer beabsichtigt, sie in das bei ihm geltende Versorgungswerk aufzunehmen.

145 Hinweis:

> Falls dies beabsichtigt ist, sollte im **Arbeitgeber-Mandat** angeraten werden, ergänzend darauf hinzuweisen, ob die beim bisherigen Arbeitgeber zurückgelegten Beschäftigungszeiten angerechnet werden oder nicht; dies ist vor allem wichtig, wenn der Übernehmer diese nicht anrechnen will, da er so einen gegenteiligen Eindruck (und eine nicht gewollte rechtliche Verpflichtung) vermeiden kann.

2. Entgeltumwandlung

146 Jedenfalls dann, wenn der bisherige Arbeitgeber mit den übergehenden Arbeitnehmern Entgeltumwandlungsvereinbarungen abgeschlossen hatte, werden die Beschäftigten gemäß § 613a Abs. 5 Nr. 3 BGB über entsprechende Auswirkungen des Betriebsübergangs ebenso wie bei der arbeitgeberfinanzierten Altersversorgung zu informieren sein.

147 Falls Entgeltumwandlungsvereinbarungen bestehen, dürfte im Regelfall der Hinweis ausreichen, dass der neue Betriebsinhaber auch insoweit in die Rechte und Pflichten des bisherigen Arbeitgebers eintritt und die Vereinbarung unverändert weitergeführt wird. Mehr Information wird gefordert sein, wenn die Durchführung der Entgeltumwandlungsvereinbarung in der bisherigen Form nicht mehr möglich ist oder sich bestimmte Rahmenbedingungen ändern (vgl. Rn. 123 ff.); den Arbeitnehmern wird man in diese Umstände wohl ebenfalls mitteilen müssen.

148 Galten im Betrieb des Übernehmers tarifliche Entgeltumwandlungsregelungen, die den gesetzlichen Anspruch aus § 1a BetrAVG modifizieren und werden diese transformiert, wird man dies in die Information aufnehmen müssen; will der Übernehmer den Beschäftigten künftig Entgeltumwandlungsvereinbarungen auf der Grundlage der bei ihm geltenden Tarifverträge und des § 613 Abs. 1 Satz 4 BGB anbieten (vgl. dazu Kapitel 3 Rn. 236 ff.), kann dies ergänzend aufgenommen werden.

149 Lösen die tariflichen Rahmenbedingungen für Entgeltumwandlungsvereinbarungen im Übernehmerbetrieb den im Betrieb des bisherigen Arbeitgebers geltenden Entgeltumwandlungstarifvertrag gemäß § 613a Abs. 1 Satz 3 BGB (nur bei kongruenter Tarifgebundenheit! – vgl. Kapitel 3 Rn. 206 ff.) ab, sollten die Beschäftigten darüber informiert werden, dass sie nach Betriebsübergang Entgeltumwandlungsvereinbarungen nur noch nach Maßgabe des beim Übernehmer geltenden Entgeltumwandlungstarifvertrages abschließen können. Klarstellend kann der Hinweis aufgenommen werden, dass bestehende Entgeltumwandlungsvereinbarungen hiervon unberührt bleiben.

Kapitel 5: Altersteilzeitverträge und Betriebsübergang

Gliederung

A. Übersicht und Mandatsrelevanz

Wegen der zahlreichen Besonderheiten von Altersteilzeitarbeitsverhältnissen werfen diese bei Betriebsübergängen schwierige Fragen auf, die bisher nur zu einem kleinen Teil durch höchstrichterliche Entscheidungen geklärt sind. Hinzu kommt der Umstand, dass neben arbeitsrechtlichen Aspekten sozialversicherungs- und steuerrechtliche Erwägungen einschließlich der Erstattungsmöglichkeiten durch die Agentur für Arbeit in die Beratung mit einbezogen werden müssen. Gegenstände des Mandats können Fragen in Zusammenhang mit dem Übergang von Altersteilzeitarbeitsverhältnissen einschließlich des Widerspruchsrechts des Altersteilzeitarbeitnehmers und einem etwaigen Kündigungsrecht des bisherigen Arbeitgebers sein sowie Ansprüche auf Altersteilzeit einerseits und Ansprüche aus Altersteilzeit (inhaltliche Auswirkungen eines Betriebsübergangs) andererseits. Wegen der Dominanz des sog. Block-modells[1] werden sich die folgenden Ausführungen schwerpunktmäßig mit den damit zusammenhängenden Fragen befassen. **1**

Im **Arbeitnehmer-Mandat** werden die angesprochenen Fragen in erster Linie relevant, wenn ein Altersteilzeitarbeitnehmer betroffen ist. Im Vorfeld eines Betriebsübergangs geht es in erster Linie darum, ob sein Arbeitsverhältnis übergeht und wenn ja, ob er dem Übergang seines Altersteilzeitarbeitsverhältnisses ggf. widersprechen oder eine entsprechende Vereinbarung mit seinem bisherigen Arbeitgeber treffen sollte. In diesem Zusammenhang muss ergänzend bedacht werden, dass das Altersteilzeitarbeitsverhältnis u.U. durch eine arbeitgeberseitige Kündigung beendet werden kann und eine Rückabwicklung des dann bestehenden sog. Stör- **2**

---

[1] Das nicht auf eine Halbierung der regelmäßigen wöchentlichen Arbeitszeit während der gesamten Dauer der Altersteilzeit gerichtet ist, sondern auf eine unregelmäßige Arbeitszeitverteilung derart, dass die geschuldete Arbeitsleistung in der ersten Hälfte der Altersteilzeit verrichtet (sog. Arbeitsphase) und der Altersteilzeitarbeitnehmer in der zweiten Hälfte vollständig freigestellt wird (sog. Freistellungsphase).

falls zur rückwirkenden Verbeitragung und Versteuerung führt.[2] Daneben steht in Rede, ob ein Betriebsübergang Auswirkungen auf die inhaltliche Gestaltung des Altersteilzeitarbeitsverhältnisses hat. Letzteres kann vor allem dann, wenn sich die Arbeitsbedingungen des Altersteilzeiters nach Betriebsübergang verschlechtern (sollen), Gegenstand einer Leistungsklage sein. Schließlich kann es noch darum gehen, ob u.U. neben dem Übernehmer der bisherige Arbeitgeber des Altersteilzeitarbeitnehmers über § 613a Abs. 2 BGB unmittelbar haftet (vgl. hierzu Rn. 78 ff.).

3   Im **Arbeitnehmer-Mandat** kann die Altersteilzeit zudem eine Rolle spielen, wenn sich der Mandat (noch) nicht in Altersteilzeit befindet, aber wissen will, ob ihm ein etwaiger (tariflicher) Anspruch auf Altersteilzeit erhalten bleibt und wenn ja, zu welchen Bedingungen.

4   Im **Arbeitgeber-Mandat** ist neben den Fragen, ob und wenn ja, mit welcher inhaltlichen Ausgestaltung bestehende Altersteilzeitarbeitsverhältnisse auf den Erwerber übergehen, beim sog. Blockmodell in wirtschaftlicher Hinsicht zu beachten, dass der bisherige Arbeitgeber in der Arbeitsphase zwar die volle Arbeitsleistung des Altersteilzeiters erhalten, dafür aber mit dem Altersteilzeitentgelt monatlich nur die Hälfte des damit erzielten Verdiensts gezahlt hat. Es besteht für den Übernehmer daher das Risiko, dass er wegen des Übergangs der Altersteilzeitarbeitsverhältnisse für eine Arbeitsleistung zahlen muss, die er nicht erhalten hat und nicht erhalten wird. Diese Belastung bleibt auch dann bestehen, wenn dem Erwerber die Erstattungsansprüche nach dem ATG zustehen; dieser Punkt sollte im Vorfeld des Betriebsübergangs besonders beachtet werden. Gleiches gilt für die Erteilung der Information nach § 613a Abs. 5 BGB, da Altersteilzeitarbeitsverhältnisse eine „Besonderheit des Arbeitsverhältnisses" darstellen dürften, die nach der Rechtsprechung des Bundesarbeitsgerichts eine spezielle Information erfordern.[3]

5   Im **Betriebsrats-Mandat** ist die Altersteilzeitproblematik regelmäßig nicht selbstständig relevant, da die Ausgestaltung der Altersteilzeitverträge i.d.R. durch gesetzliche und/oder tarifliche Regelungen vorgegeben ist und sich die Rechtsfolgen meist unmittelbar aus dem Gesetz ergeben, somit kein Regelungsspielraum für (freiwillige) Betriebsvereinbarungen besteht. Mittelbar ist wiederum die Kenntnis der sich bei der Altersteilzeit spezifisch ergebenden Probleme beim Abschluss von Überleitungsvereinbarungen u.Ä. zumindest nützlich, wenn nicht sogar notwendig.

B. Übergang der Altersteilzeitarbeitsverhältnisse

I. Übergang gemäß § 613a Abs. 1 Satz 1 BGB

6   Da § 613a Abs. 1 Satz 1 BGB den Übergang aller Arbeitsverhältnisse, unabhängig von etwaigen Besonderheiten, anordnet, gehen auch Altersteilzeitarbeitsverhältnisse nach Maßgabe der allgemeinen Grundsätze (vgl. Kapitel 2 Rn. 13 ff.) auf den Übernehmer eines Betriebes oder Betriebsteils über.[4] Das gilt beim Blockmodell mit Sicherheit für Altersteilzeitarbeitsverhältnisse, die sich zum Zeitpunkt des Betriebsübergangs in der Arbeitsphase befinden; ob Altersteilzeitarbeitsverhältnisse, die sich bereits in der Freistellungsphase befinden, übergehen, ist höchstrichterlich noch nicht entschieden. Für die übergehenden Altersteilzeitarbeitsverhältnisse muss der Erwerber jedenfalls ab dem Zeitpunkt des Betriebsübergangs das Altersteilzeitentgelt plus die vereinbarten Aufstockungsbeträge zahlen. Er wird nicht nur in arbeits-, sozialversicherungs- und steuerrechtlicher Hinsicht zum Arbeitgeber, sondern auch im Hinblick

---

[2]   Siehe dazu nur *Debler*, NZA 2001, 1285, 1289 ff.

[3]   BAG v. 13.07.2006 - 8 AZR 305/05 - NZA 2006, 1268-1273.

[4]   BAG v. 19.10.2004 - 9 AZR 647/03 - NZA 2005, 408, 409.

auf die Erstattungsansprüche des § 4 ATG und die Insolvenzsicherungspflicht des § 8a ATG. Ausnahmen gelten beim Erwerb eines Betriebes aus der Insolvenz; der Übernehmer ist in diesem Fall nicht zur Insolvenzsicherung für Arbeitszeitguthaben verpflichtet, die vor der Insolvenzeröffnung entstanden sind[5] (vgl. dazu noch Rn. 97 ff.).

Wurde das sog. Blockmodell vereinbart, gehen Altersteilzeitarbeitsverhältnisse m.E. auch   7
dann über, wenn sich der Arbeitnehmer bereits in der sog. Freistellungsphase befindet. Dies
kann zu Schwierigkeiten führen, wenn nicht ein gesamter Betrieb, sondern nur ein Betriebsteil
übertragen wird. Da der Altersteilzeitarbeitnehmer (im Unterschied insbesondere zu ruhenden
Arbeitsverhältnissen) ab Beginn der Freistellungsphase aller Voraussicht nach nicht mehr in
den Betrieb zurückkehren wird, ist zweifelhaft, ob die zur Zuordnung von Arbeitnehmern entwickelten Grundsätze (vgl. Kapitel 2 Rn. 25 ff.) in diesem Fall angewendet werden können
oder ob das Altersteilzeitarbeitsverhältnis unabhängig davon beim bisherigen Arbeitgeber verbleibt. M.E. wird man die Zuordnungsregeln auch bei freigestellten Altersteilzeitarbeitnehmern anwenden müssen, da für eine Abweichung von den allgemeinen arbeitsrechtlichen Regelungen keine hinreichenden Gründe vorhanden sind.

Hinweis: 8

> Liegt dem Betriebsübergang ein (Kauf-)Vertrag zwischen bisherigem Arbeitgeber und
> Übernehmer zugrunde, besteht keine Möglichkeit, in diesem Vertrag den Nichtübergang von Altersteilzeitarbeitsverhältnissen zu regeln, da § 613a BGB zwingendes Recht
> ist. Die Altersteilzeitarbeitsverhältnisse können daher nur dann nicht übergehen, wenn
> die Altersteilzeitarbeitnehmer das ihnen nach § 613a Abs. 6 BGB zustehende Widerspruchsrecht ausüben oder sie dies mit dem bisherigen Arbeitgeber und (nach Möglichkeit zugleich im Rahmen einer dreiseitigen Vereinbarung) mit dem Übernehmer regeln.
> Der (Nicht-)Übergang von Altersteilzeitarbeitsverhältnissen kann des Weiteren nicht in
> einer Betriebsvereinbarung geregelt werden.

Im Übrigen realisiert sich für den Übernehmer beim Übergang von Altersteilzeitarbeitsver-   9
hältnissen das schon angesprochene Risiko, dass er für eine Arbeitsleistung zahlen muss, die
er ganz oder zum Teil nicht erhalten hat bzw. allenfalls teilweise oder – beim Übergang eines
Altersteilzeitarbeitsverhältnisses in der Freistellungsphase – sogar nicht mehr erhalten wird.
Wird der Übergang des Altersteilzeitarbeitsverhältnisses allerdings vermieden, z.B. durch einen Widerspruch des Altersteilzeitarbeitnehmers oder eine entsprechende (dreiseitige) Vereinbarung zwischen den Beteiligten, kann der Erwerber u.U. den aus § 4 ATG folgenden Erstattungsanspruch verlieren, da in diesem Fall Altersteilzeitarbeitnehmer und ein neu eingestellter
Arbeitnehmer (bei dem die Voraussetzungen einer Wiederbesetzung gemäß § 3 Abs. 1 Nr. 2
ATG erfüllt sind) nicht (mehr) beim gleichen Arbeitgeber tätig sind.

Hinweise: 10

> Es dürfte letztlich im Interesse aller Beteiligten liegen, wenn diese Problematik durch
> eine einvernehmliche dreiseitige vertragliche Regelung gelöst wird, bei der die Einschaltung der Agentur für Arbeit dringend anzuraten ist!
>
> Im **Arbeitnehmer-Mandat** sollte besonderes Augenmerk auf den Altersteilzeitvertrag
> gelenkt werden, da in ihm u.U. Mitwirkungs- oder Handlungspflichten des Mandanten
> geregelt sind, die sich u.U. auch bei Betriebsübergängen auswirken können.
>
> Im **Arbeitgeber-Mandat** sollte im Rahmen der Vertragsverhandlungen geklärt werden,
> wie der bisherige Arbeitgeber – sollte es zu einem Übergang der Altersteilzeitarbeits-

---

[5] BAG v. 19.12.2006 - 9 AZR 230/06 - BB 2007, 1281-1283.

verhältnisse kommen – den für den Übernehmer entstehenden Verlust (Entgeltzahlung ohne Erhalt der Arbeitsleistung) kompensieren kann, wobei die Möglichkeit von Erstattungsansprüchen nach § 4 ATG, insbesondere wenn sie dem Übernehmern zustehen, mit berücksichtigt werden muss.

II. Widerspruch von Altersteilzeitarbeitnehmern

11 Entsprechend dem vom Bundesarbeitsgericht aufgestellten Grundsatz, dass arbeitsrechtliche Vorschriften nur dann nicht auf Altersteilzeitarbeitsverhältnisse anzuwenden sind, wenn sich dies aus dem Recht der Altersteilzeit ergibt[6], wird man mangels einer abweichenden Regelung Altersteilzeitarbeitnehmern das Widerspruchsrecht des § 613a Abs. 6 BGB zubilligen müssen.

12 Widerspricht ein Altersteilzeiter dem Übergang seines Arbeitsverhältnisses, ändert sich an der Arbeitgeberstellung des bisherigen Arbeitgebers nichts. Wie in anderen Widerspruchsfällen stellt sich dann u.U. für den Arbeitgeber die Frage, ob er bei fehlenden Weiterbeschäftigungsmöglichkeiten gegenüber dem Altersteilzeitarbeitnehmer eine betriebsbedingte Kündigung aussprechen kann.[7] Das ist im Ansatz davon abhängig, ob sich der Altersteilzeitarbeitnehmer noch in der Arbeitsphase oder schon in der Freistellungsphase befindet.

13 Hinweis:

> Im Arbeitnehmer-Mandat ist die Kenntnis der Kündigungsmöglichkeiten von erheblicher Bedeutung, wenn der Mandant dahin gehend beraten wird, ob er dem Übergang des Altersteilzeitarbeitsverhältnisses widersprechen soll oder nicht.

14 Für Altersteilzeitarbeitsverhältnisse gelten folgende Grundsätze:

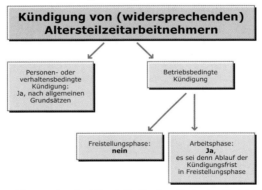

15 Befindet sich der widersprechende Altersteilzeiter bereits in der Freistellungsphase, ist eine betriebsbedingte Kündigung des Altersteilzeitarbeitsverhältnisses durch den bisherigen Arbeitgeber ausgeschlossen.[8] Er ist damit bis zur Beendigung des Altersteilzeitarbeitsverhältnisses sowohl zur Zahlung des Altersteilzeitentgelts als auch der Aufstockungsbeträge verpflichtet.

---

6   So allgemein BAG v. 19.10.2004 - 9 AZR 647/03 - NZA 2005, 408, 409.
7   Allgemein dazu Kapitel 7 Rn. 74 ff.; Rechtsprechungsübersicht bei *Nicolai*, BB 2006, 1162 ff.
8   BAG v. 05.12.2002 - 2 AZR 571/01 - NZA 2003, 789/790.

Beispiel: 16

Befindet sich Altersteilzeitarbeitnehmer A ab dem 01.01.2006 in vierjähriger verblockter Altersteilzeit, kann ihm ab dem Beginn der Freistellungsphase ab dem 01.01.2008
nicht mehr betriebsbedingt gekündigt werden.

Hinweis: 17

Da dies selbst dann gilt, wenn der bisherige Arbeitgeber keinen eigenen Betrieb mehr
führt, sollte im entsprechenden **Arbeitgeber-Mandat** darauf hingewiesen werden, dass
die Liquidationsphase des Unternehmens erst bei Beendigung des letzten Altersteilzeitarbeitsverhältnisses abgeschlossen ist.

In diesem Fall stellt sich zudem die Frage, wem ggf. die Erstattungsleistungen der Agentur für 18
Arbeit zustehen, wenn der Arbeitsplatz des Altersteilzeiters gemäß § 3 ATG wiederbesetzt
wurde und das Arbeitsverhältnis des für den Altersteilzeiter neu eingestellten Arbeitnehmers
auf den Erwerber übergegangen ist. Diese Frage ist derzeit nicht geklärt. Die einschlägigen
Dienstanweisungen der BA (2.3. und 3.1.7.) erfassen wohl nur den Fall, dass beim Erwerber
sowohl der Altersteilzeiter als auch der Wiederbesetzer beschäftigt werden.

Hinweis: 19

Daher ist bei den entsprechenden **Arbeitgeber-Mandaten** eine Abstimmung mit der
zuständigen Agentur für Arbeit anzuraten.

Befindet sich der widersprechende Altersteilzeiter noch in der Arbeitsphase, wird der bishe- 20
rige Arbeitgeber das Arbeitsverhältnis jedenfalls dann betriebsbedingt kündigen können, wenn
das Arbeitsverhältnis noch in der Arbeitsphase beendet werden soll und die ordentliche Kündigung nach Maßgabe allgemeiner Grundsätze möglich und zulässig ist.[9]

Hinweis: 21

Läuft die Kündigungsfrist erst ab oder bereits während der Freistellungsphase aus,
spricht hingegen vieles dafür, dass das Bundesarbeitsgericht in diesem Fall ebenfalls
keinen betriebsbedingten Kündigungsgrund anerkennt, da in diesem Fall – wie bei Kündigungen in der Freistellungsphase (vgl. Rn. 15) naturgemäß die Beschäftigungsmöglichkeit nicht entfallen kann.

Beispiel: 22

Wird dem Altersteilzeitarbeitnehmer A (vgl. Rn. 16) im Oktober 2007 zum 31.03.2008
betriebsbedingt gekündigt, dürfte dies unwirksam sein. Wird ihm hingegen im Juni
2007 zum 31.10.2007 gekündigt, dürfte eine betriebsbedingte Kündigung möglich sein.

Dabei kommt es jedenfalls bei Kündigungen durch den Insolvenzverwalter nicht darauf an, ob 23
nur ein geringer Zeitraum zwischen dem Ablauf der Kündigungsfrist und dem Beginn der Frei-
stellungsphasen liegt.[10] Dies soll wohl – dies geht aus den Gründen des Bundesarbeitsgerichts
nicht ganz klar hervor – auch außerhalb der Insolvenz gelten; in diesem Fall ist weiterhin entscheidend, ob der Altersteilzeitarbeitnehmer ordentlich kündbar ist.[11] Daran fehlt es, wenn die
ordentliche Kündbarkeit nicht gemäß § 15 Abs. 3 TzBfG einzel- oder tarifvertraglich vereinbart ist, da es sich bei Altersteilzeitarbeitsverhältnissen um befristete Arbeitsverhältnisse han-

---

[9]   So wohl BAG v. 16.06.2005 - 6 AZR 476/04 - NZA 2006, 270, 271.

[10] BAG v. 16.06.2005 - 6 AZR 476/04 - NZA 2006, 270, 271, 272.

[11] Für Kündigungen durch den Insolvenzverwalter gilt § 113 InsO!

delt. Diese Vereinbarung ist indes nicht formgebunden, und sie kann sich. auch aus einer Auslegung des Vertrages ergeben.[12] Ob es ausreichend ist, wenn der Altersteilzeitvertrag einen allgemeinen Tarifvertrag in Bezug nimmt, der die ordentliche Kündbarkeit vorsieht[13], ist fraglich. Fehlt es an einer solchen Vereinbarung, bleibt allenfalls eine außerordentliche Kündigung mit sozialer Auslauffrist, deren strenge Voraussetzungen jedoch eher selten erfüllt sein werden.

24 **Hinweis:**

> Im **Arbeitnehmer-Mandat** ist daher zu ermitteln, ob der Altersteilzeitvertrag selbst oder der diesem zugrunde liegende (Altersteilzeit-)Tarifvertrag oder der in Bezug genommene Tarifvertrag eine ordentliche Kündigung des Altersteilzeitarbeitsverhältnisses ermöglicht. Fehlt eine ausdrückliche (schriftliche) Regelung, ist der Arbeitgeber für das Vorliegen einer entsprechenden Vereinbarung beweisbelastet. Die Chancen, gegen eine ordentliche betriebsbedingte Kündigung selbst beim Wegfall der Beschäftigungsmöglichkeit vorzugehen, stehen in diesem Fall recht gut, vor allem, wenn zwischen Ablauf der Auslauffrist (= hypothetische Kündigungsfrist) und Beginn der Freistellungsphase kein erheblicher Zeitraum mehr liegt.

25 Das Gleiche könnte gelten, wenn die ordentliche Kündigung des Altersteilzeitarbeitnehmers ausgeschlossen ist, so z.B. durch eine entsprechende tarifliche Regelung. Geht man von der Wirksamkeit solcher Regelungen aus[14], wird ebenfalls nur eine außerordentliche Kündigung zulässig sein. Insoweit werden für Altersteilzeitarbeitnehmer die gleichen Grundsätze gelten, die nach der Rechtsprechung des Bundesarbeitsgerichts für die außerordentliche Kündigung eines ordentlich unkündbaren Arbeitnehmers, der dem Übergang seines Arbeitsverhältnisses widersprochen hat, gelten (vgl. hierzu näher Kapitel 7 Rn. 74 ff.).[15]

26 **Hinweis:**

> All dies gilt nicht im Insolvenzverfahren, da § 113 InsO auf jeden Fall eine ordentliche Kündbarkeit des Altersteilzeitarbeitsverhältnisses ermöglichen soll.[16]

27 Folge einer wirksamen betriebsbedingten Kündigung des Altersteilzeitverhältnisses ist der Eintritt eines sog. Störfalls, der nach den hierzu entwickelten Grundsätzen (rück-)abgewickelt werden muss.[17]

28 **Hinweis:**

> Die voranstehenden Ausführungen beziehen sich allein auf betriebsbedingte Kündigungen. Die Zulässigkeit personen- und verhaltensbedingter Kündigungen richtet sich nach allgemeinen Rechtsgrundsätzen; insoweit bestehen grundsätzlich keine Besonderheiten bei Altersteilzeitarbeitsverhältnissen, auch wenn natürlich insbesondere in der Freistel-

---

[12] So BAG v. 04.07.2001 - 2 AZR 88/00 - NZA 2002, 288 noch zum BeschFG und § 620 BGB; dies auf TzBfG übertragend *Dörner*, Der befristete Arbeitsvertrag, Rn. 915; *Müller-Glöge* in: ErfK, § 15 TzBfG Rn. 15.

[13] So die Rechtsprechung zu „normalen" befristeten Arbeitsverträgen, siehe BAG v. 18.09.2003 - 2 AZR 432/02 - NZA 2004, 222.

[14] Ihre Vereinbarkeit mit § 10 AGG bzw. dem Verbot der Altersdiskriminierung steht derzeit in Rede; siehe dazu *Nicolai*, Das Allgemeine Gleichbehandlungsgesetz in der anwaltlichen Praxis, 2006, Rn. 336 ff.

[15] BAG v. 17.09.1998 - 2 AZR 419/97 - NZA 1999, 258 ff.

[16] BAG v. 16.06.2005 - 6 AZR 476/04 - NZA 2006, 270, 271 f.

[17] *Debler*, NZA 2001, 1285 ff.

lungsphase Ansatzpunkte für einen entsprechenden Kündigungsgrund allenfalls in Ausnahmefällen (z.B. Verstoß gegen vertragliches (!) Wettbewerbsverbot) vorliegen dürften.

C. Anspruch auf Altersteilzeit nach Betriebsübergang

Räumen Tarifverträge, Betriebsvereinbarungen oder auch kollektivbezogene individualver-   **29**
tragliche Instrumente (z.b. Gesamtzusage) den Arbeitnehmern einen Anspruch auf Altersteilzeit ein (§ 2 Abs. 2 ATG), stellt sich die Frage, ob die übergehenden Arbeitnehmer nach dem Betriebsübergang diesen Anspruch auf Abschluss einer Altersteilzeitvereinbarung behalten.

Hinweis: **30**

> Für bereits bestehende (oder abgeschlossene) Altersteilzeitverträge ist dies irrelevant; es geht vielmehr sowohl beim **Arbeitnehmer-** als auch beim **Arbeitgeber-Mandat** um die Beschäftigten, die erst nach dem Betriebsübergang die Möglichkeit haben (§ 1 Abs. 2 ATG), in Altersteilzeit zu gehen.

Gelten Tarifverträge oder Betriebsvereinbarungen nach dem Betriebsübergang normativ wei-   **31**
ter, behalten die übergehenden Arbeitnehmer einen etwaigen Anspruch auf Altersteilzeit. Werden Tarifverträge oder Betriebsvereinbarungen gemäß § 613a Abs. 1 Satz 2 BGB transformiert, gilt m.E. ebenfalls, dass die Arbeitnehmer einen Anspruch auf den Abschluss einer Altersteilzeitvereinbarung behalten, da es sich bei den entsprechenden kollektivrechtlichen Regelungen um sog. Inhaltsnormen (vgl. hierzu Kapitel 3 Rn. 155) handeln dürfte, die den Arbeitnehmern individuelle Rechte einräumen.

Hinweis: **32**

> Falls eine beim bisherigen Arbeitgeber bestehende Betriebsvereinbarung einen Anspruch auf Abschluss einer Altersteilzeitvereinbarung enthält, dürfte es sich insoweit um eine freiwillige bzw. teilmitbestimmte Betriebsvereinbarung handeln[18], die gemäß § 77 BetrVG ohne Nachwirkung kündbar ist. Somit ist ggf. beim **Arbeitgeber-Mandat** zu empfehlen, dass sich der Übernehmer eines Betriebes jedenfalls dann, wenn die Betriebsvereinbarung nach allgemeinen Grundsätzen normativ weiter gilt, durch eine Kündigung derselben von dieser Verpflichtung löst (allgemein dazu vgl. Kapitel 3 Rn. 297).

Ein Anspruch auf den Abschluss einer Altersteilzeitvereinbarung scheidet umgekehrt damit   **33**
dann aus, wenn die dafür maßgebende Rechtsgrundlage in Form eines Tarifvertrages oder einer Betriebsvereinbarung nicht mehr gilt, sei es, weil der Betrieb oder Betriebsteil nach dem Betriebsübergang aus dem Geltungsbereich des bisherigen Regelung hinausfällt (vgl. Rn. 46) oder die bisherige Regelung gemäß § 613a Abs. 1 Satz 3 oder 4 BGB durch eine andere kollektivrechtliche (Altersteilzeit-)Regelung abgelöst wird, die keinen solchen Anspruch enthält.

Beruht hingegen der Anspruch auf Abschluss einer Altersteilzeitvereinbarung auf einer indi-   **34**
vidualrechtlichen Grundlage, also z.B. einer Gesamtzusage, geht der entsprechende Anspruch der Arbeitnehmer gemäß § 613a Abs. 1 Satz 1 BGB auf den Übernehmer über. Unter Umständen kann ein Anspruch der übergehenden, noch nicht in Altersteilzeit befindlichen Arbeitnehmer sogar aus dem arbeitsrechtlichen Gleichbehandlungsgrundsatz folgen, wenn der bisherige Arbeitgeber vor dem Betriebsübergang mit mehreren Arbeitnehmern oder bestimmten Arbeit-

---

[18] Dem Betriebsrat steht allenfalls über § 87 Abs. 1 Nr. 2 BetrVG ein Mitbestimmungsrecht bei der Verteilung der Arbeitszeit, nicht aber bei der Einführung von Altersteilzeit zu, so *Fitting/Engels/Schmitt/Trebinger/Linsenmaier*, BetrVG, § 87 Rn. 126 a.E.

nehmergruppen Altersteilzeitverträge abgeschlossen hat und ein sachlicher Grund für eine etwaige Ungleichbehandlung fehlt. Auch eine solche Verpflichtung würde wohl übergehen, sich aber m.E. dann auf die übergehenden Arbeitnehmer beschränken.

35   Der Anspruch der übergehenden Arbeitnehmer richtet sich dabei nicht nur auf den Abschluss einer Altersteilzeitvereinbarung selbst, sondern m.E. auch darauf, diese Vereinbarung zu den Bedingungen abschließen zu können, die mit dem bisherigen Arbeitgeber hätten vereinbart werden können bzw. müssen. Dies ist nur anders, wenn eine beim Übernehmer geltende kollektivrechtliche Regelung ablösende Wirkung nach § 613a Abs. 1 Satz 3 oder 4 BGB hat (allgemein dazu Kapitel 3 Rn. 206 ff., 236 ff., 381 ff., 389 ff.).

36   **Beispiel:**

Hat also im Betrieb des früheren Arbeitgebers eine tarifliche Regelung bestanden, nach der die Beschäftigten mit Vollendung des 60. Lebensjahres einen Anspruch auf eine mindestens zweijährige verblockte Altersteilzeit hatten, in der das Altersteilzeitentgelt auf 83% des bisherigen Nettoentgelts aufgestockt werden soll und sich die Zahlungen des Arbeitgebers an die gesetzliche Rentenversicherung nach 95% des bisherigen Entgelts bemessen, haben die Beschäftigten, deren Arbeitsverhältnis auf einen nicht tarifgebundenen Übernehmer übergeht, auch noch nach Betriebsübergang einen Anspruch auf den Abschluss eines Altersteilzeitvertrages nach Maßgabe der (transformierten) tariflichen Bestimmungen.

37   Eine Sonderfrage stellt sich, wenn zwar ein tariflicher Anspruch auf Abschluss eines Altersteilzeittarifvertrages besteht, dies jedoch nur unter dem Vorbehalt, dass der Arbeitgeber nicht überfordert wird (sog. Überforderungsgrenze). Auf diese Überforderungsgrenze kann sich m.E. der Übernehmer ebenfalls berufen, da der entsprechende Anspruch der Arbeitnehmer in diesem Fall unter einer aufschiebenden Bedingung steht, die nach § 613a Abs. 1 Satz 2 BGB transformiert wird. Gleiches gilt m.E. für entsprechende Betriebsvereinbarungen oder individualrechtliche Regelungsinstrumente, soweit diese – wie in § 2 Abs. 2 ATG vorgesehen – die tarifvertragliche Altersteilzeitregelung in Bezug nehmen.

38   **Hinweis**: Im **Arbeitgeber-Mandat** sollte darauf hingewiesen werden, dass die Frage, ob das Recht oder die Möglichkeit der Beschäftigten, nach Betriebsübergang Altersteilzeitverträge zu schließen, weiter besteht und/oder sich nach den beim Übernehmer geltenden Bestimmungen richtet, in die nach § 613a Abs. 5 BGB zu erteilende Information aufgenommen werden sollte.

D. Auswirkungen des Betriebsübergangs auf bestehende Altersteilzeitarbeitsverhältnisse

I. Einstandspflicht und Besonderheiten des Altersteilzeitarbeitsverhältnisses

39   Aus dem Charakter des Altersteilzeitarbeitsverhältnisses als Arbeitsverhältnis folgt für die Fälle eines Betriebsübergangs nicht nur, dass Altersteilzeitarbeitsverhältnisse auf den Übernehmer eines Betriebes oder Betriebsteiles übergehen, sondern zugleich, dass die zu den Rechtsfolgen eines Betriebsübergangs entwickelten Regelungen grundsätzlich ebenfalls für Altersteilzeitvereinbarungen gelten. Geht ein Altersteilzeitarbeitsverhältnis auf den Erwerber über, muss es also grundsätzlich zu den Bedingungen fortgeführt werden, die der Altersteilzeitarbeitnehmer mit dem bisherigen Arbeitgeber vereinbart hat. Der Erwerber tritt in alle Verpflichtungen ein, die sich aus dem Altersteilzeitvertrag ergeben, d.h. er ist sowohl zur Zahlung des Altersteilzeitentgelts als auch der vereinbarten Aufstockungsbeträge verpflichtet.[19] Sollten weitergehende Leistungen des Arbeitgebers vereinbart sein, muss der Erwerber auch diese er-

---

[19] BAG v. 19.10.2004 - 9 AZR 647/03 - NZA 2005, 408, 409.

füllen, wie z.b. die Weitergewährung von Sachleistungen oder Zusagen, eine betriebliche Altersversorgung weiterzuführen.[20] Auf der anderen Seite ändert sich nichts an der Dauer der vereinbarten Altersteilzeit- bzw. Arbeitszeit.

Hinweis: 40

Ebenso wie bei anderen Arbeitsverhältnissen ändert also der Betriebsübergang als solcher nichts an den Verpflichtungen, die sich für den Arbeitgeber aus dem Altersteilzeitvertrag ergeben.

Probleme können wie bei anderen übergehenden Arbeitsverhältnissen dann auftreten, wenn   41
sich die Arbeitsbedingungen nach einem Betriebsübergang ändern (sollen). Einvernehmliche
Änderungen von Altersteilzeitvereinbarungen sind selbstverständlich zulässig und möglich.

Hinweis: 42

Dabei sollten – dies ist bei **Arbeitnehmer-** und **Arbeitgeber-Mandat** zu beachten – beide Parteien, also Altersteilzeitarbeitnehmer und Übernehmer, ggf. auch der bisherige Arbeitgeber, darauf achten, dass die sozialrechtlichen Anforderungen an Altersteilzeitverträge weiterhin gewahrt bleiben, damit die sozialversicherungsrechtlichen Vorteile (Steuer- und Beitragsfreiheit, ggf. vorzeitiger Rentenzugang nach Altersteilzeit) erhalten bleiben.

Deutlich schwieriger wird es bei der Frage, ob sich Arbeitsbedingungen auch gegen den Wil-   43
len des Altersteilzeitarbeitnehmers ändern können. Dies kann vor allem dann von Bedeutung
sein, wenn sich die kollektivrechtlichen, meist tariflichen Grundlagen, auf denen das abgeschlossene Altersteilzeitarbeitsverhältnis beruht, ändern und damit u.U. die Sonderregelungen
des § 613a Abs. 1 Sätze 2-4 BGB eingreifen. Altersteilzeitarbeitsverhältnisse nehmen wie andere übergehende Arbeitsverhältnisse an entsprechenden Änderungen beim Inhalt der Arbeitsbedingungen teil[21], es sei denn, dem stehen gesetzliche Altersteilzeitregeln entgegen.

Eine solche gesetzliche Altersteilzeitregelung, die Änderungen von Altersteilzeitarbeitsver-   44
hältnissen nach einem Betriebsübergang entgegensteht, ist vor allem § 6 Abs. 2 ATG, der die
Dauer der während der Altersteilzeit zu leistenden Arbeit zwingend so festlegt, dass sie nach
Beginn des Altersteilzeitarbeitsverhältnisses nicht mehr ohne Verlust der sozialversicherungsrechtlichen Vorteile geändert werden kann.[22] Sehr wohl ändern kann sich jedoch das Arbeits-
bzw. Altersteilzeitentgelt; dem soll weder das Gesetz noch generell ein schutzwürdiges Vertrauen der Altersteilzeitarbeitnehmer entgegenstehen.[23]

In der Praxis können sich die Fragen nach einer inhaltlichen Veränderung von Altersteilzeit-   45
vereinbarungen vor allem bei einer Änderung der maßgeblichen tariflichen Grundlage stellen.
Die Rechtslage wird in solchen Fällen noch dadurch verkompliziert, dass Altersteilzeittarifverträge nicht unmittelbar Altersteilzeitarbeitsverhältnisse inhaltlich regeln, sondern (i.d.R. zwingende) Vorgaben für die Ausgestaltung der auf diesen Tarifverträgen basierenden individualrechtlichen Altersteilzeitvereinbarungen enthalten. Damit greift zwar vordergründig § 613a
Abs. 1 Satz 1 BGB für diese Vereinbarungen ein, es wäre jedoch m.E. nicht zu rechtfertigen,

---

[20] BAG v. 19.10.2004 - 9 AZR 647/03 - NZA 2005, 408, 409.
[21] So für tarifliche Änderungen (ohne Betriebsübergang) deutlich BAG v. 11.04.2006 - 9 AZR 369/05 - NZA 2006, 926, 930.
[22] So BAG v. 11.04.2006 - 9 AZR 369/05 - NZA 2006, 926, 929 f. unter Bezugnahme auf die entsprechende Rechtsauffassung der Bundesagentur für Arbeit.
[23] BAG v. 11.04.2006 - 9 AZR 369/05 - NZA 2006, 926, 930.

das Eingreifen der für Tarifverträge geltenden Regelungen des § 613a Abs. 1 Sätze 2-4 BGB allein an dieser formalen Hürde scheitern zu lassen, sondern man wird in den maßgebenden Fällen jeweils angemessene und interessengerechte Lösungen finden müssen.

II. Einzelfragen

1. Herausfallen aus dem Geltungsbereich der Altersteilzeitregelung

46   Nach § 2 ATG werden auf einer tariflichen Grundlage beruhende Altersteilzeitvereinbarungen trotz fehlender Tarifgebundenheit beider Arbeitsvertragsparteien anerkannt, wenn die Betriebs- oder Arbeitsvertragsparteien die Anwendung eines (Altersteilzeit-)Tarifvertrages vereinbaren, in dessen Geltungsbereich der Betrieb fällt. Vor allem ein Betriebsteilübergang kann dazu führen, dass der übergehende Betriebsteil nicht mehr in den Geltungsbereich dieses in Bezug genommenen Tarifvertrages fällt. Dies dürfte sich indes auf bereits bestehende Altersteilzeitarbeitsverhältnisse nicht auswirken, da den Beteiligten insoweit Bestands- und Inhaltsschutz zu gewähren ist. Auch die Bundesagentur für Arbeit geht davon aus (DA 2.3), dass die Altersteilzeitverhältnisse in diesem Fall unverändert weitergeführt werden können. Dies soll auch für die Altersteilzeitverhältnisse gelten, die rechtswirksam mit Wirkung für die Zukunft mit dem bisherigen Arbeitgeber vereinbart wurden, bei denen die Altersteilzeitarbeit aber erst beim neuen Arbeitgeber einsetzt (DA 2.3).

47   **Beispiel:**

Ein nicht verbandsangehöriger Arbeitgeber aus der Metallbranche vereinbart mit seinem Betriebsrat die Geltung des für ihn räumlich geltenden Metall-Altersteilzeittarifvertrages. Er gliedert später seine Vertriebsabteilung auf einen neuen Unternehmensträger aus, in der sich bereits einige Mitarbeiter in Altersteilzeit befinden. Das dadurch bewirkte Herausfallen aus dem Geltungsbereich der Metalltarifverträge hat keinen Einfluss auf Durchführung und Wirksamkeit der Altersteilzeitverträge.

48   Was nicht möglich sein dürfte, ist der Abschluss eines Altersteilzeittarifvertrages nach Betriebs(teil)übergang auf der Grundlage eines nur für den bisherigen Arbeitgeber, nicht aber für den Übernehmer (fachlich) einschlägigen Tarifvertrages.

49   **Beispiel:**

Die in der o.g. Vertriebsabteilung beschäftigten und auf den neuen Unternehmensträger übergegangenen Beschäftigten können damit wohl nach dem Betriebsübergang keine Altersteilzeitverträge unter Bezugnahme auf die nunmehr nicht mehr einschlägigen Metalltarifverträge schließen.

50   **Hinweis:**

Wird dies beim **Arbeitnehmer-Mandat** relevant, also insbesondere dann, wenn der Mandant noch die Möglichkeit hat, in Altersteilzeit zu gehen, wäre daher zu überlegen, ob nicht bereits vor dem Betriebsübergang ein Altersteilzeitvertrag mit dem bisherigen Arbeitgeber unter Bezugnahme auf die bisher einschlägigen Tarifverträge abgeschlossen wird, in den der neue Inhaber eintritt. Eine vorherige Abstimmung zumindest mit der Agentur für Arbeit dürfte dann allerdings zu empfehlen sein.

2. Transformation von (Altersteilzeit-)Tarifverträgen oder Betriebsvereinbarungen

51   Kommt es gemäß § 613a Abs. 1 Satz 2 BGB zu einer Transformation von Tarifverträgen oder Betriebsvereinbarungen, ändert sich in Bezug auf bereits abgeschlossene Altersteilzeitverträge i.d.R. nichts. Diese gehen mit den vereinbarten Arbeitsbedingungen auf den Erwerber über. Er

bleibt damit insbesondere zur Zahlung des vereinbarten bzw. tariflichen Altersteilzeitentgelts sowie der – tariflich ebenfalls meist festgelegten – Aufstockungsbeträge verpflichtet. Dass der dem Altersteilzeitvertrag zugrunde liegende Tarifvertrag nicht mehr normativ gilt, hat m.E. auf die Wirksamkeit dieses Vertrages keine Auswirkungen. Dies ergibt sich schon daraus, dass auch Altersteilzeitverträge mit nichtorganisierten Arbeitnehmern, die sich an den tariflichen Vorgaben ausrichten, ohne Zweifel wirksam sind, obwohl auch in diesem Fall der Tarifvertrag nur schuldrechtlich und nicht normativ wirkt.

Probleme ergeben sich vor allem dann, wenn die dem Altersteilzeitvertrag zugrunde liegenden **52** tariflichen Regelungen ihrerseits auf andere tarifliche Regelungen verweisen, die nach dem Betriebsübergang nur noch statisch weitergelten. So ist es in vielen Branchen üblich, dass Altersteilzeitarbeitnehmer aufgrund der tariflichen Vorgaben an der allgemeinen tariflichen Entgeltentwicklung teilnehmen. Hier stellt sich für den Erwerber die Frage, ob er Altersteilzeitarbeitnehmern tarifliche Entgelterhöhungen gewähren muss, die erst nach dem Zeitpunkt des Betriebsübergangs vereinbart werden. Da die entsprechende tarifliche Bestimmung mit dem Abschluss des Altersteilzeitvertrages zum Bestandteil dieses Vertrages wird, scheint sich dies in der Tat aus § 613a Abs. 1 Satz 1 BGB zu ergeben. Zweifel daran ergeben sich daraus, dass für alle anderen übergehenden Arbeitnehmer die beim bisherigen Arbeitgeber geltenden Tarifverträge nur statisch transformiert werden, so dass sie an Tariferhöhungen, die nach Betriebsübergang vereinbart werden, i.d.R. nicht partizipieren (vgl. hierzu Kapitel 3 Rn. 147). Wäre der Übernehmer nur bei Altersteilzeitarbeitnehmern verpflichtet, das Altersteilzeitentgelt entsprechend zu erhöhen, käme es zu einer unterschiedlichen Behandlung von Altersteilzeitarbeitnehmern und anderen Arbeitnehmern. Dies ist jedoch mit dem Sinn und Zweck dieser speziellen Tarifklausel nicht vereinbar. Diese soll – ähnlich wie Bezugnahmeklauseln – bezwecken, dass Altersteilzeitarbeitnehmer in Bezug auf tarifliche Entgeltentwicklungen genauso behandelt werden wie die anderen im Betrieb tätigen Arbeitnehmer, also eine Gleichstellung herbeiführen. Damit würde sich im Übrigen auch eine tarifliche Entgeltminderung auf das Altersteilzeitentgelt auswirken, wenn die Tarifparteien nichts anderes vereinbart haben.[24] Die Klausel deckt damit eine unterschiedliche Behandlung von Altersteilzeitarbeitnehmern und anderen Arbeitnehmern (nach einem Betriebsübergang) nicht ab, so dass eine Privilegierung der Altersteilzeitarbeitnehmer weder gewollt noch zu rechtfertigen ist.

Beispiel: **53**

> Im einschlägigen Altersteilzeitvertrag ist vorgeschrieben, dass allgemeine tarifliche Entgelterhöhungen auch das Altersteilzeitentgelt erfassen. Wenn nun die allgemeinen Entgelttarifverträge wegen eines Betriebsübergangs transformiert werden, so dass die Beschäftigten an Tariflohnerhöhungen nach Betriebsübergang nicht partizipieren muss dies m.E. auch für Altersteilzeitarbeitsverhältnisse gelten; die Verträge sind entsprechend gemäß § 157 BGB auszulegen, da insoweit von einer Vertragslücke auszugehen ist.

Im Ergebnis wird man daher dann, wenn für die aufgrund eines Betriebsübergangs übergehen- **54** den Arbeitnehmer ein beim bisherigen Arbeitgeber geltender Entgelttarifvertrag nur noch statisch gilt, auch für die Altersteilzeitarbeitnehmer annehmen müssen, dass sie an Tariferhöhungen nach Betriebsübergang nicht teilnehmen. Ein anderes Ergebnis würde zudem in Widerspruch zur negativen Koalitionsfreiheit des Erwerbers stehen, mit der im Rahmen der Transformation von Tarifverträgen eine dynamische Weitergeltung dieser Tarifverträge abgelehnt wird. Rechtstechnisch wird man dieses Ergebnis mittels einer Auslegung der entsprechenden

---

[24] Dazu BAG v. 15.02.2006 - 4 AZR 4/05 - NZA 2006, 1128.

(Tarif-)Klausel, die durch den Abschluss des Altersteilzeitvertrages Vertragsbestandteil wird, erreichen können; die Rechtslage ist insoweit – darauf wurde bereits hingewiesen – mit Bezugnahmeklauseln vergleichbar. Auch dort wird bisher[25] angenommen, dass nichtorganisierte Arbeitnehmer keinen Anspruch auf Tariferhöhungen haben, die nach dem Zeitpunkt des Betriebsübergangs vereinbart werden (vgl. hierzu Kapitel 3 Rn. 259).

55 Hinweis:

> Im **Arbeitgeber-Mandat** des Übernehmers sollte jedoch auf die unklare, weil höchstrichterlich noch nicht entschiedene Rechtslage und das daraus folgende Risiko einer nachträglichen Entgeltzahlung hingewiesen werden. Falls der Mandat dieses Risiko nicht eingehen und (nur) den Altersteilzeitarbeitnehmern vertragsgemäß tarifliche Entgelterhöhungen nach Betriebsübergang gewähren will, sollte ihm ergänzend angeraten werden, dies unter Hinweis auf die unklare Rechtslage zu tun, damit andere Arbeitnehmer keine Verletzung des arbeitsrechtlichen Gleichbehandlungsgrundsatzes rügen können.

56 Die hier vorgenommene Einschränkung bei der Transformation insbesondere von Altersteilzeittarifverträgen dürfte allerdings nach der derzeitigen Rechtsprechung des Bundesarbeitsgerichts nur dann gelten, wenn der bisherige Arbeitgeber – i.d.R. über eine Verbandsmitgliedschaft – gem. § 4 Abs. 1 TVG an den transformierten Tarifvertrag gebunden war. War der bisherige Arbeitgeber nicht tarifgebunden, führt die nur schuldrechtlich wirkende Bezugnahme auf Tarifverträge nicht zur Anwendung des § 613a Abs. 1 Sätze 2-4 BGB, sondern es ist allein § 613a Abs. 1 Satz 1 BGB einschlägig.[26] Damit schuldet ein Erwerber, der einen Betrieb von einem nicht tarifgebundenen Veräußerer übernimmt, allen übergehenden Arbeitnehmern (einschließlich Altersteilzeitarbeitnehmern) die nach Betriebsübergang neu vereinbarten Tariferhöhungen, soweit dies in der arbeitsvertraglichen Bezugnahmeklausel vereinbart ist (vgl. hierzu Kapitel 3 Rn. 254 ff.).

3. Ablösung gemäß § 613a Abs. 1 Satz 3 BGB bei anderen kollektivrechtlichen Altersteilzeitregelungen

57 Erhebliche und bis jetzt vollständig ungeklärte, ja zum Teil noch nicht einmal angesprochene Rechtsfragen treten auf, wenn der Übernehmer an andere (kollektivrechtliche) Altersteilzeitregelungen gebunden ist, die nach § 613a Abs. 1 Satz 3 BGB ablösende Wirkung haben (könnten). Denkbar sind die verschiedenen Ablösungskonstellationen, d.h.: Tarifvertrag durch Tarifvertrag, Tarifvertrag durch Betriebsvereinbarung (in den Grenzen des § 77 Abs. 3 BetrVG, vgl. hierzu Kapitel 3 Rn. 232), Betriebsvereinbarung durch Tarifvertrag oder Betriebsvereinbarung durch Betriebsvereinbarung.

58 Dies hat zunächst für die übergehenden Beschäftigten, die erst nach dem Betriebsübergang einen Altersteilzeitvertrag abschließen (wollen), zur Folge, dass sich dessen Bedingungen nunmehr allein nach dem beim Übernehmer geltenden Tarifvertrag richten (vgl. hierzu schon Rn. 33). Ob der beim Übernehmer geltende Altersteilzeittarifvertrag günstiger oder ungünstiger für die Beschäftigten ist, spielt keine Rolle, da das Ablösungsprinzip gilt.

---

[25] Zur neuen Rechtslage bei der Verwendung von Bezugnahmeklauseln durch tarifgebundene Arbeitgeber siehe jedoch BAG v. 14.12.2005 - 4 AZR 536/04 - NZA 2006, 607 ff. = SAE 2007, 158 m. Anm. *Nicolai/Krois*.

[26] Siehe zuletzt BAG v. 01.12.2004 - 4 AZR 50/04 - NZA 2005, 478 = DB 2005, 778.

Beispiel:

Sieht der beim bisherigen Arbeitgeber geltende Altersteilzeittarifvertrag vor, dass das Altersteilzeitentgelt auf 85% des bisherigen Nettoentgelts aufgestockt wird, legt aber der beim Übernehmer geltende Tarifvertrag einen geringeren Aufstockungsbetrag von 83% fest, ist letzterer jedenfalls für die nach Betriebsübergang abgeschlossenen Altersteilzeitverträge maßgebend. Wegen der beiderseitigen normativen Tarifbindung ist es unerheblich, dass der beim Übernehmer geltende Tarifvertrag für die Beschäftigten ungünstiger ist.[27]

Unklar ist vor allem, ob für die Altersteilzeitverträge der Beschäftigten, die sich bereits in Altersteilzeit befinden oder mit ihrem bisherigen Arbeitgeber einen Altersteilzeitvertrag auf der Grundlage der bis zum Betriebsübergangszeitpunkt geltenden tariflichen Regelungen abgeschlossen haben, nunmehr die beim Übernehmer geltenden Altersteilzeittarifverträge maßgebend sind. An das vorstehende Beispiel (vgl. Rn. 59) anknüpfend stellt sich also die Frage, ob das Altersteilzeitentgelt bei den bestehenden (und noch in der Arbeitsphase befindlichen[28]) Altersteilzeitverhältnissen ab dem Zeitpunkt des Betriebsübergangs nur noch 83% und nicht mehr 85% betragen würde.

60

Würde man die ablösende Wirkung bejahen, müssten sämtliche zum Zeitpunkt des Betriebsübergangs bestehenden bzw. bereits abgeschlossenen Altersteilzeiten auf andere, neue tarifliche Regelungen umgestellt werden, vorbehaltlich der vom Bundesarbeitsgericht gezogenen Grenzen insbesondere in Bezug auf die Dauer der vereinbarten Arbeitszeit (vgl. Rn. 44). Dies weckt bereits von der praktischen Umsetzbarkeit her erhebliche Bedenken und könnte zudem die sozialversicherungsrechtliche Anerkennung der Altersteilzeitverträge gefährden. Rechtlich würde überdies i.d.R. § 613a Abs. 1 Satz 3 BGB nicht unmittelbar eingreifen, da die einschlägigen Altersteilzeittarifverträge i.d.R. das Altersteilzeitarbeitsverhältnis nicht selbst inhaltlich gestalten, sondern die einzelvertraglichen Vereinbarungen (zwingend) vorgeben; damit aber greift hinsichtlich der Weitergeltung dieser Vereinbarungen § 613a Abs. 1 Satz 1 BGB ein, für den § 613a Abs. 1 Satz 3 BGB nicht gilt. Lehnt man allerdings aus diesen Gründen eine Änderung der bestehenden Altersteilzeitverträge ab, kommt es zu einer Ungleichbehandlung von Altersteilzeitarbeitnehmern und den anderen Beschäftigten, deren Arbeitsverhältnisse auf den Erwerber übergegangen sind; dies ließe sich indes mit den Besonderheiten des Altersteilzeitarbeitsverhältnisses wohl rechtfertigen.

61

Hinweis:

Solange die Rechtslage ungeklärt ist, sollte sowohl beim Arbeitnehmer- als auch bei beiden Arbeitgeber-Mandaten nach Möglichkeit eine einvernehmliche Regelung angestrebt werden, bei der allerdings eine Einbindung sowohl der Agentur für Arbeit als auch der Sozialversicherungsträger dringend anzuraten ist, damit es später keine unliebsamen Überraschungen beim Erstattungsanspruch oder bei späteren (Betriebs-)Prüfungen gibt.

---

[27] Zur Problematik bei konstitutiven Bezugnahmeklauseln vgl. aber Kapitel 3 Rn. 224.
[28] Rückwirkend kann das Altersteilzeitentgelt m.E. nicht geändert werden, so dass für die bereits erdienten Zeiten der Freistellungsphase das Altersteilzeitentgelt nicht reduziert werden kann.

4. Auswirkungen anderer (kollektivrechtlicher) Veränderungen auf Altersteilzeit-arbeitsverhältnisse

a. Ablösung nach § 613a Abs. 1 Satz 3 BGB

63 Von den gerade besprochenen Problemen der Transformation und ggf. Ablösung von Alters-teilzeittarifverträgen bzw. entsprechenden Kollektivvereinbarungen deutlich zu trennen ist die Frage, ob und wenn ja, wie sich andere Veränderungen bei kollektivrechtlich geregelten Ar-beitsbedingungen, so z.b. bei der Dauer der Arbeitszeit oder bei Höhe und/oder Zusammen-setzung des Arbeitsentgelts auf Altersteilzeitarbeitsverhältnisse auswirken. Was gilt, wenn ein kraft § 613a Abs. 1 Satz 3 BGB ablösender Manteltarifvertrag eine höhere Wochenarbeitszeit regelt? Was gilt, wenn eine beim bisherigen Arbeitgeber geltende Betriebsvereinbarung über Weihnachtsgeld durch eine beim Erwerber geltende (und für die übergehenden Beschäftigten ungünstigere) Betriebsvereinbarung abgelöst wird?

64 Die Ausgangspunkte für die Lösung dieser Fragen müssen m.E. zwei Überlegungen sein: Zum einen hat das Bundesarbeitsgericht entschieden, dass Altersteilzeitarbeitsverhältnisse den glei-chen Regelungen wie andere Arbeitsverhältnisse unterfallen[29] und dass die Bedingungen in Altersteilzeitarbeitsverhältnissen, die sich nach kollektivrechtlichen Bestimmungen richten, ebenso wie die der Arbeitnehmer im „Normalarbeitsverhältnis" unter dem immanenten Vor-behalt einer Änderung stehen.[30] Zum anderen muss berücksichtigt werden, dass die Betriebs-übergangsvorschriften nicht dazu dienen sollen, die Beschäftigten generell vor Verlustrisiken zu schützen, sondern nur vor den spezifischen Gefahren, die ein Betriebsübergang im Hinblick auf den Bestand und den Inhalt der betroffenen Arbeitsverhältnisse mit sich bringt. Beides zu-sammen genommen führt m.E. dazu, dass sich durch einen Betriebsübergang verursachte Än-derungen im kollektivrechtlichen Bereich ohne weiteres auf Altersteilzeitarbeitsverhältnisse ebenso auswirken können wie auf andere Arbeitsverhältnisse, es sei denn, das Recht der Al-tersteilzeit steht dem entgegen.

65 Vor diesem Hintergrund kann zunächst die Rechtsprechung des Bundesarbeitsgerichts, nach der die Dauer der in einem Altersteilzeitvertrag vereinbarten Arbeitzeit nachträglich nicht än-derbar ist, auf die Betriebsübergangsfälle so übertragen werden, dass kollektivrechtliche, d.h. i.d.R. tarifliche Regelungen zur Dauer der wöchentlichen Arbeitszeit keine ablösende Wir-kung nach § 613a Abs. 1 Satz 3 BGB haben können, weil dem § 6 ATG entgegensteht.

66 Anders sieht es im Bereich des Arbeitsentgelts i.w.S. aus. Bereits behandelt und verneint wurde die Frage, ob Altersteilzeitarbeitnehmer bei nur statischer Weitergeltung der beim bis-herigen Arbeitgeber geltenden Tarifverträge grundsätzlich keinen Anspruch auf Teilhabe an Tariflohnerhöhungen nach Betriebsübergang haben, wenn dieser auch bei den anderen Be-schäftigten nicht besteht (vgl. Rn. 52 ff.). Vergleichbar ist die Rechtslage, wenn sich tarifliche oder betriebliche Bestimmungen im Bereich des Arbeitsentgelts mit normativer Wirkung für die Beschäftigten ändern. Es ist kein Grund ersichtlich, warum Altersteilzeitarbeitnehmer in dieser Hinsicht anders als die anderen übergehenden Beschäftigten behandelt werden sollten. Unterfallen diese nach dem Betriebsübergang anderen tariflichen bzw. kollektivrechtlichen Entgeltstrukturen, muss dies gleichermaßen für Altersteilzeitarbeitnehmer gelten, so dass sich deren Altersteilzeitentgelt nach den beim Übernehmer geltenden Tarifverträgen bzw. kollek-tivrechtlichen Entgeltstrukturen richtet. Dem entspricht, dass kollektivrechtlich geregelte Al-

---

[29] BAG v. 19.10.2004 - 9 AZR 647/03 - NZA 2005, 408, 410.

[30] BAG v. 11.04.2006 - 9 AZR 369/05 - NZA 2006, 926, 930.

tersteilzeitarbeitsverhältnisse nach der Rechtsprechung des Bundesarbeitsgerichts ebenfalls unter dem immanenten Vorbehalt einer Änderung (der kollektivrechtlichen Vorschriften) stehen[31] und dies vom Vorliegen eines Betriebsübergangs unabhängig ist.

Unerheblich ist, ob das nach Betriebsübergang geltende Tarif- bzw. kollektivrechtlich geltende Entgelt höher oder niedriger als beim bisherigen Arbeitgeber ist. Damit kann nicht generell gesagt werden, dass sich der Betriebsübergang für eine der Parteien des Altersteilzeitarbeitsvertrages immer nachteilig auswirkt, sondern die im Einzelfall bestehenden (kollektivrechtlichen) Vorschriften und Regelungen maßgebend sind.   **67**

Beispiel: **68**

> Wird der beim bisherigen Arbeitgeber geltende Entgelttarifvertrag durch den beim Übernehmer geltenden nach § 613a Abs. 1 Satz 3 BGB abgelöst und erhält der Altersteilzeitarbeitnehmer danach ein höheres Tarifgehalt, also z.b. nicht mehr 2.000 €, sondern 2.500 €, bemisst sich das Altersteilzeitentgelt nach den neuen Vorschriften, so dass es nach dem Betriebsübergang 1.250 € beträgt.

Waren oder sind die beim bisherigen Arbeitgeber geltenden Regelungen für den Altersteilzeitarbeitnehmer günstiger oder besser, stellt sich allerdings die Frage, ob gegenüber den nunmehr ungünstigeren Regelungen beim Übernehmer das Günstigkeitsprinzip (§ 4 Abs. 3 TVG) zugunsten des Altersteilzeitarbeitnehmers eingreift. Verweist der Altersteilzeitvertrag allerdings nur auf die einschlägigen Tarifverträge, wird man allein hieraus nicht auf den Willen der Parteien schließen können, die Anwendung dieser Tarifverträge selbstständig und sozusagen „konstitutiv" vereinbaren zu wollen[32]; vielmehr wird man im Regelfall davon ausgehen müssen, dass die Vertragsparteien das Altersteilzeitarbeitsverhältnis lediglich nach den maßgebenden kollektivrechtlichen Regelungen ausgestalten wollten.   **69**

Hinweis: **70**

> Im **Arbeitnehmer-Mandat** muss also beachtet werden, dass sich das Altersteilzeitentgelt nach Betriebsübergang auch zu Lasten des Mandanten ändern kann bzw. die Rechtslage insoweit weitgehend noch nicht geklärt ist. Dies ist u.a. wichtig, wenn es darum geht, ob der Mandant dem Übergang des Altersteilzeitarbeitsverhältnisses widersprechen sollte oder nicht; insoweit muss auch die von den Arbeitgebern nach § 613a Abs. 5 BGB zu erteilende Information herangezogen und ggf. zu weiterer Information aufgefordert werden.

Da sich allerdings in den beim Betriebsübergang bereits bestehenden Altersteilzeitarbeitsverhältnissen die spezifischen Altersteilzeitregelungen nach hier vertretener Auffassung nicht ändern (vgl. Rn. 61), kann dies zu dem Ergebnis führen, dass sich das Altersteilzeitentgelt zwar nach den ablösenden tariflichen Regelungen beim Übernehmer richtet, die Aufstockungsbeträge aber weiterhin nach den bisherigen tariflichen bzw. kollektivrechtlichen Altersteilzeitregelungen zu berechnen sind, d.h. die Prozentbeträge sind auf der Grundlage des veränderten Altersteilzeitentgelts neu zu berechnen, was natürlich auch zu einer Veränderung in der absoluten Höhe der Aufstockungsbeträge führt.   **71**

---

[31] BAG v. 11.04.2006 - 9 AZR 369/05 - NZA 2006, 926, 930.
[32] Großzügiger aber jetzt wohl BAG v. 29.09.2007 - 4 AZR 765/06 und 767/06 (derzeit nur als Pressemitteilung verfügbar).

72   **Beispiel:**

> In dem beim bisherigen Arbeitgeber geltenden Altersteilzeittarifvertrag ist geregelt, dass das Nettoarbeitsentgelt auf 85% des bisherigen Nettolohns aufzustocken ist. Der Altersteilzeitarbeitnehmer hat ein Altersteilzeitentgelt von 2.000 €, das bis zum Betriebsübergang auf 3.400 € aufgestockt wurde. Nach Betriebsübergang beträgt das Altersteilzeitentgelt nach dem beim Übernehmer geltenden tariflichen Entgeltregelungen nur noch 1.900 €; dieses wird auf 3.230 € (85% von 3.800 €!) aufgestockt.

b. Auswirkungen anderer Änderungen beim Arbeitsentgelt

73   Neben den bereits behandelten Veränderungen bei Tarifverträgen können sich Auswirkungen auf die Arbeitsbedingungen bzw. genauer: das Arbeitsentgelt der übergehenden Arbeitnehmer auch aus anderen Gründen ergeben: So können z.b. Betriebsvereinbarungen über freiwillige Entgeltzusatzleistungen ersatzlos gekündigt oder (zu Lasten der Arbeitnehmer) geändert werden, oder der Erwerber nimmt einzelvertraglich vereinbarte (Widerrufs-)Rechte bezüglich einzelner Entgeltbestandteile wahr. In allen diesen Fällen verringert sich das Arbeitsentgelt der übergehenden Arbeitnehmer entsprechend. Damit stellt sich für Altersteilzeitarbeitnehmer die Frage, ob auch ihr Altersteilzeitentgelt entsprechend vermindert wird. Wenn ja, hat dies u.a. Auswirkungen auf die Berechnung der Aufstockungsbeträge, da diese auf einer anderen Grundlage (neu) berechnet werden müssen.

74   Folgt man dem Grundsatz, dass auch für Altersteilzeitarbeitnehmer grundsätzlich die allgemeinen arbeitsrechtlichen Regelungen gelten, wirken sich entsprechende Änderungen im Bereich des Arbeitsentgelts in der Tat unmittelbar auf das Altersteilzeitentgelt aus. Allerdings könnten entsprechende Änderungen dann unzulässig sein, wenn diese durch den Altersteilzeitvertrag vertraglich ausgeschlossen sind. Eine solche Vereinbarung wird jedoch nicht schon darin zu sehen sein, dass im Altersteilzeitvertrag die Berechnungsgrundlage für die Aufstockungsbeträge ggf. ausdrücklich enthalten ist; dies wird vielmehr i.d.R. nur den Willen der Vertragsparteien widerspiegeln, Altersteilzeitarbeitnehmer beim Entgelt ebenso zu behandeln wie die anderen Arbeitnehmer des Betriebes. Eine Zusicherung des Inhalts, bestimmte Entgeltbestandteile für die Dauer des Altersteilzeitverhältnisses verbindlich zuzusagen, wird daher nur bei Vorliegen darüber hinausgehender Umstände angenommen werden können. Damit werden auch einzelvertraglich vereinbarte, aber unter Widerrufs- oder Freiwilligkeitsvorbehalt stehende Entgeltbestandteile i.d.R. während der Altersteilzeit entfallen können. Selbstverständlich muss der Erwerber dabei die allgemeinen rechtlichen Grenzen insbesondere beim Widerruf von Entgeltbestandteilen beachten.

75   Zu überlegen wäre dann weiter, ob Besonderheiten des Altersteilzeitrechts diesem Ergebnis entgegenstehen. Der Hinweis auf den Altersteilzeitvertrag allein reicht dafür allerdings nicht aus. Bedenken könnten sich aber daraus ergeben, dass die Aufstockungsbeträge auch das Ziel verfolgen, den Lebensstandard des Altersteilzeitarbeitnehmers zu sichern.[33] Dies allein rechtfertigt jedoch m.E. eine Besserstellung des Altersteilzeitarbeitnehmers gegenüber anderen Arbeitnehmern des Betriebes nicht. Vielmehr stellt die Änderung bzw. Verringerung des Arbeits- und damit auch des Altersteilzeitentgelts ein allgemeines Risiko für alle Arbeitnehmer dar, die damit entsprechend mit einer Verringerung ihres Lebensstandards rechnen müssen. Der Altersteilzeitarbeitnehmer wird insoweit bereits durch die Zahlung der Aufstockungsbeträge an sich ausreichend geschützt. Ein weitergehender Schutz des Inhalts, dass das Altersteilzeitent-

---

[33] So BAG v. 19.10.2004 - 9 AZR 647/03 - NZA 2005, 408, 410.

gelt und damit auch die Aufstockungsbeträge während der Dauer des Altersteilzeitarbeitsverhältnisses unverändert bleiben, kann hingegen nicht aus dem Altersteilzeitrecht abgeleitet werden.

Hinweis: 76

> Zu beachten ist für Altersteilzeit im Blockmodell, dass der Widerruf bzw. das Entfallen einer Entgeltzusatzleistung während der Arbeitsphase zur Folge hat, dass diese Entgeltbestandteile dennoch in den Monaten der Freistellungsphase, die spiegelbildlich der Arbeitsphase vor dem Entfallen der Entgeltzusatzleistung entsprechen, zu zahlen sind.[34]

Beispiel: 77

> Altersteilzeiter A befindet sich seit dem 01.01.2005 in zweijähriger verblockter Altersteilzeit. Am 01.10.2005 geht der Betrieb auf den Erwerber über. Dieser widerruft (rechtswirksam) eine dem A gewährte außertarifliche Zulage zum 01.11.2005. Diese Zulage war Bestandteil des Altersteilzeitentgelts und wurde bei der Berechnung der Aufstockungsbeträge mit berücksichtigt. A hat dann zwar ab dem 01.11.2005 keinen Anspruch mehr auf die Zulage, und auch die Aufstockungsbeträge werden geringer, jedoch ändert sich dies mit Eintritt in die Freistellungsphase. Dann hat er von Januar bis Oktober 2006 Ansprüche in der Höhe, die er von Januar bis Oktober 2005 hatte.

E. Mithaftung des bisherigen Arbeitgebers nach § 613a Abs. 2 BGB

Da Altersteilzeitarbeitnehmer im sog. Blockmodell in erheblichem Umfang vorleisten, ist für 78 alle Beteiligten – und damit sowohl im **Arbeitnehmer-** als auch im **Arbeitgeber-Mandat** – von Interesse, ob und in welchem Umfang der bisherige Arbeitgeber nach § 613a Abs. 2 BGB für Ansprüche von Altersteilzeitarbeitnehmern mit einstehen muss. Dazu kommt die davon zu trennende Frage, ob er nur gegenüber seinem (Rechts-)Nachfolger, dem Übernehmer des Betriebes, also sozusagen intern haftet oder unmittelbar auch gegenüber den Altersteilzeitarbeitnehmern, die dann direkt gegen ihn vorgehen könnten. Im **Arbeitgeber-Mandat des Übernehmers** kann ferner die Ausgleichsfrage vor allem dann von Interesse sein, wenn zwischen bisherigem und neuem Inhaber keine unmittelbaren Rechtsbeziehungen bestehen.

I. Umfang der Einstandspflicht des bisherigen Arbeitgebers

Ob und wenn ja, in welchem Umfang der bisherige Arbeitgeber noch haftet, wenn ein Alters- 79 teilzeitverhältnis auf den Erwerber übergegangen ist, richtet sich nach § 613a Abs. 2 BGB, also danach, welche Ansprüche des Altersteilzeitarbeitnehmers noch vor dem Betriebsübergang im Sinne dieser Vorschrift „entstanden" sind.

In der Übersicht ergibt sich folgende Einstandspflicht: 80

---

[34] BAG v. 24.06.2003 - 9 AZR 353/02 - AP § 4 ATG Nr. 1; BAG v. 04.10.2005 - 9 AZR 449/04 - NZA 2006, 506, 507 f.

Einstandspflicht für Ansprüche
aus Altersteilzeitarbeitsverhältnissen -
§ 613a Abs. 2 BGB

Arbeitsphase	Freistellungsphase
1-01	1-02
2-01	2-02
3-01	3-02
4-01	4-02
5-01	5-02
6-01 Betriebsübergang	6-02
7-01	7-02
8-01	8-02
9-01	9-02
10-01	10-02
11-01	11-02
12-01	12-02

☐ = Mithaftung des bisherigen Arbeitgebers nach Betriebsübergang

81 Ausgehend von den allgemeinen Regeln zu § 613a Abs. 2 BGB (vgl. Kapitel 9 Rn. 12 ff.) kommt eine Mithaftung des Veräußerers dann nicht in Betracht, wenn Ansprüche von Altersteilzeitarbeitnehmern auf Zahlung des Altersteilzeitentgelts und der Aufstockungsbeträge erst nach dem Betriebsübergang i.S.d. § 613a Abs. 2 BGB „entstehen", also bei „normaler" Altersteilzeit in Form echter Teilzeittätigkeit ab dem Zeitpunkt des Betriebsübergangs und bei verblockter Altersteilzeit in den Monaten der nach Betriebsübergang verbleibenden Arbeitsphase. Insoweit besteht kein Unterschied zu „normalen" laufenden monatlichen Entgeltansprüchen übergehender Arbeitnehmer.

82 **Beispiel:**

Alterteilzeitarbeitnehmer A befindet sich seit dem 01.01.2004 in vierjähriger verblockter Altersteilzeit. Der Betrieb geht am 01.01.2005 auf einen Erwerber über. Für die ab dem 01.01.2005 bis 31.12.2005 entstehenden Ansprüche des A auf Altersteilzeitentgelt und Aufstockungsbeträge haftet der bisherige Arbeitgeber nicht mit.

83 Relevant wird die Mithaftung des Veräußerers daher nur dann, wenn sich ein Altersteilzeitarbeitnehmer im Zeitpunkt des Betriebsübergangs bereits in der Freistellungsphase befindet[35] oder wenn er binnen eines Jahres nach Betriebsübergang von der Arbeits- in die Freistellungsphase wechselt. Die Mithaftungsfrage reduziert sich also darauf, ob der Veräußerer nach Maßgabe des § 613a Abs. 2 BGB für Ansprüche der Altersteilzeitarbeitnehmer nach Beginn der Freistellungsphase haftet.

84 Eine grundsätzliche Mithaftung des Veräußerers ergibt sich aus § 613a Abs. 2 BGB, wenn die Ansprüche des A vor dem Zeitpunkt des Betriebsübergangs entstanden sind. Wie bereits erwähnt, entstehen die Ansprüche der Arbeitnehmer auf das laufende Arbeitsentgelt jeweils in dem Monat, in dem gearbeitet wurde. Bei der Altersteilzeit besteht jedoch die Besonderheit, dass der Altersteilzeitarbeitnehmer während der Arbeitsphase mit seinen vollen Arbeitsleistungen im Hinblick auf die anschließende Freistellungsphase in Vorleistung tritt. Nach wohl

---

[35] Zum Übergang von in der Freistellungsphase befindlichen Altersteilzeitarbeitsverhältnissen vgl. Rn. 7.

allgemeiner Meinung soll der Altersteilzeitarbeitnehmer damit bereits während der Arbeitsphase einen Anspruch auf das volle Arbeitsentgelt erwerben, der jedoch nur zur Hälfte durchsetzbar ist. Die andere Hälfte wird erst in der Freistellungsphase fällig.[36] Das BAG hat sich mit dieser Frage in Zusammenhang mit der insolvenzrechtlichen Haftungsbeschränkung des Erwerbers (vgl. hierzu Rn. 97 ff.) befasst und ist dabei davon ausgegangen, dass sich die Abgrenzung von Insolvenz- und Masseforderungen danach richtet, wann die Arbeitsleistung, die den Ansprüchen zugrunde liegt, erbracht wurde.[37] Dies ist m.E. auf die hier in Rede stehende Problematik übertragbar.

Daraus folgt für § 613a Abs. 2 BGB, dass zumindest die Ansprüche auf das Altersteilzeitentgelt in der Freistellungsphase bereits während der Arbeitsphase entstanden sind. Fraglich ist, ob dies auch für die Aufstockungsbeträge gilt. Insoweit dürfte die Entscheidung des Bundesarbeitsgerichts vom 19.10.2004[38], in der es um die insolvenzrechtliche Haftungsbeschränkung für Ansprüche übergehender Altersteilzeitarbeitnehmer ging, von Bedeutung sein. Danach sollen auch die Aufstockungsbeträge Entgelt i.S.d. §§ 611, 612 BGB sein. Dass sich der Aufstockungsbetrag der Höhe nach rechnerisch nicht allein an der Arbeitsleistung, sondern darüber hinaus auch an dem Ziel orientiere, den Lebensstandard des Arbeitnehmers zu sichern, ändere nichts am Charakter der Aufstockungsbeträge als Arbeitsentgelt. Damit scheint das Bundesarbeitsgericht davon auszugehen, dass nicht nur der Anspruch auf das Altersteilzeitentgelt, sondern auch auf die Aufstockungsbeträge, die in der Freistellungsphase zu zahlen sind, bereits in der Arbeitsphase entsteht. Dabei werden die Ansprüche des Altersteilzeitarbeitnehmers in der Freistellungsphase jeweils in dem Monat fällig, der dem Monat in der Arbeitsphase entspricht, d.h. das im ersten Monat der Arbeitsphase erarbeitete Altersteilzeitentgelt sowie die Aufstockungsbeträge werden im ersten Monat der Freistellungsphase fällig.

Beispiel:

    Würde im o.g. Beispiel (vgl. Rn. 82) der Betrieb erst am 01.01.2006 auf den Erwerber übergehen, würde der bisherige Arbeitgeber über § 613a Abs. 2 BGB für die Ansprüche des (seit dem gleichen Zeitpunkt in der Freistellungsphase befindlichen) A auf Altersteilzeitentgelt und Aufstockungsbeträge für die Dauer eines Jahres, also bis zum 31.12.2006, gesamtschuldnerisch mithaften.

Hinweis:

    Als Faustregel kann man festhalten, dass der bisherige Arbeitgeber innerhalb der Jahresfrist des § 613a Abs. 2 BGB in dem Umfang für Ansprüche in der Freistellungsphase haftet, für die er in der Arbeitsphase die Leistung erhalten hat.

II. Außen- oder Innenhaftung des bisherigen Arbeitgebers?

Bejaht man die grundsätzliche Einstandspflicht des bisherigen Arbeitgebers für Ansprüche der Altersteilzeitarbeitnehmer, stellt sich die weitere Frage, ob sich der bisherige Arbeitgeber gegenüber einem etwaigen (Zahlungs-)Verlangen des Altersteilzeitarbeitnehmers auf Unmöglichkeit i.S.v. § 275 Abs. 1 BGB berufen kann. Dies wird regelmäßig für Urlaubsansprüche übergehender Arbeitnehmer angenommen, da der bisherige Arbeitgeber nach dem Zeitpunkt des Betriebsübergangs den in erster Linie auf Freistellung von der Arbeitspflicht gerichteten

85

86

87

88

---

[36] *Rolfs* in: ErfK, § 8 ATG Rn. 2; *Rombach*, RdA 1999, 194, 195.

[37] BAG v. 19.10.2004 - 9 AZR 647/03 - NZA 2005, 408, 409 f.; bestätigt von BAG v. 19.12.2006 - 9 AZR 230/06 - BB 2007, 1281-1283.

[38] BAG v. 19.10.2004 - 9 AZR 647/03 - NZA 2005, 408 ff.

(Urlaubs-)Anspruch des Arbeitnehmers nicht mehr erfüllen könne.[39] Dies könnte für Altersteilzeitarbeitnehmer, die sich beim oder nach Betriebsübergang in der Freistellungsphase befinden, genauso zu werten sein, da auch sie gegen ihren Arbeitgeber einen Anspruch auf Freistellung von der Arbeitsleistungsverpflichtung erwerben.[40]

89 Die Rechtsfrage ist derzeit völlig ungeklärt. M.E. spricht mehr dafür, die Ansprüche des Altersteilzeitarbeitnehmers nach Beginn der Freistellungsphase rechtlich genauso wie Urlaubsansprüche zu bewerten, da die Sach- und Interessenlage im Wesentlichen identisch ist. Wenn man zudem Ansprüche aus Arbeitszeitkonten ebenfalls wie Urlaubsansprüche behandelt (vgl. Kapitel 3 Rn. 41 ff.), kommt man an einer Gleichbehandlung von Altersteilzeit und Urlaub kaum vorbei, da auch bei der Altersteilzeit ein Arbeitszeitkonto aufgebaut wird. Ein anderes Ergebnis bzw. eine Außenhaftung des bisherigen Arbeitgebers gegenüber dem Altersteilzeitarbeitnehmer würde zudem dazu führen, dass der Anspruch auf Freistellung von der Arbeitspflicht vom Anspruch auf Zahlung des Altersteilzeitentgelts und der Aufstockungsbeträge getrennt würde. Dies dürfte kaum möglich sein.

90 Geht man daher davon aus, dass die Ansprüche der Altersteilzeitarbeitnehmer, die sich bei oder nach Betriebsübergang in der Freistellungsphase befinden bzw. in diese eintreten, vom bisherigen Arbeitgeber nicht mehr erfüllt werden können, kann sich dieser auf § 275 Abs. 1 BGB mit der Folge berufen, dass er den Altersteilzeitern gegenüber wohl auch nicht mehr auf Zahlung des Altersteilzeitentgelts und der Aufstockungsbeträge haftet.

91 Dies würde allerdings eine Haftung des bisherigen Arbeitgebers nicht vollständig ausschließen. Vielmehr soll nach der Rechtsprechung des BGH[41] zum Urlaubsrecht dennoch ein Gesamtschuldnerausgleich zwischen Erwerber und Veräußerer möglich sein; § 421 BGB soll dem nicht entgegenstehen, da § 613a Abs. 2 BGB eine diese Vorschrift verdrängende Sonderregelung darstelle. Daher kommt der BGH im Urlaubsrecht dazu, dass der Veräußerer dem Erwerber anteilig Regress für das Urlaubsentgelt zahlen muss, das für die vor dem Betriebsübergang entstandenen Urlaubsansprüche gezahlt wurde. Überträgt man dies auf Altersteilzeitarbeitsverhältnisse, schuldet der bisherige Arbeitgeber dem Erwerber Regress für die Monate der Freistellungsphase, für die das Altersteilzeitentgelt und die Aufstockungsbeträge in den vor dem Betriebsübergang liegenden Monaten der Arbeitsphase erdient wurde. Die Haftungsgrenze für den Veräußerer liegt jedoch auch hier bei der in § 613a Abs. 2 BGB genannten Jahresgrenze.

92 **Beispiel:**

> Arbeitnehmer A befindet sich seit dem 01.01.2005 in dreijähriger verblockter Altersteilzeit. Der Betrieb geht am 01.01.2006 auf den Erwerber über. A wechselt am 01.07.2006 in die Freistellungsphase. Der Erwerber kann vom bisherigen Arbeitgeber Zahlung des für Juli bis Dezember 2006 gezahlten Altersteilzeitentgelts und der Aufstockungsbeträge verlangen. Ab Januar 2007 ist die Haftung des früheren Arbeitgebers nach § 613a Abs. 2 BGB ausgeschlossen.

93 Der Regressanspruch des Erwerbers vermindert sich m.E. dann, wenn er nach dem Betriebsübergang bzw. nach dem Eintritt des übergehenden Arbeitnehmers in die Freistellungsphase von der Agentur für Arbeit Erstattung gemäß § 4 ATG erhält. Die Einstandspflicht des frühe-

---

[39] BAG v. 18.11.2003 - 9 AZR 347/03 - NZA 2004, 654, 655 f.; BAG v. 18.11.2003 - 9 AZR 95/03 - NZA 2004, 651, 653 f.

[40] BAG v. 19.10.2004 - 9 AZR 647/03 - NZA 2005, 408, 410.

[41] BGH v. 04.07.1985 - IX ZR 172/84 - AP § 613a BGB Nr. 50; bestätigt von BGH v. 25.03.1999 - III ZR 27/98 - NZA 1999, 817.

ren Arbeitgebers richtet sich dann nur noch auf die Differenz zwischen den (tarif-)vertraglich vereinbarten und den gesetzlich zu erstattenden bzw. erstatteten Aufstockungsbeträgen sowie dem Altersteilzeitentgelt.

Erhält der Erwerber hingegen keine Erstattungsleistungen von der Agentur für Arbeit (weil er **94** den frei werdenden Arbeitsplatz nicht wieder besetzt hat), stellt sich für den früheren Arbeitgeber die Frage, ob er dem auf volle Erstattung der Aufstockungsbeträge gerichteten Regressanspruch des Erwerbers den Einwand entgegenhalten kann, der Erwerber hätte den frei werdenden Arbeitsplatz wieder besetzen können. Dies ist rechtlich schwierig zu fassen, weil dieser Einwand bei einem Schadensersatzanspruch über § 254 BGB geltend gemacht werden könnte, hier jedoch kein Schadensersatzanspruch, sondern ein über § 426 BGB geregelter Ausgleichsanspruch vorliegt. Daher könnte ein entsprechender Einwand allenfalls über eine Verletzung der dem Erwerber aus dem Gesamtschuldverhältnis obliegenden Pflichten (§§ 421 ff. i.V.m. § 280 Abs. 1 BGB) rechtlich beachtlich sein. M.E. wird man einen entsprechenden Einwand des Veräußerers zulassen müssen. Die Rechtslage ist jedoch ungeklärt.

Hinweis: **95**

> Die Problematik kann im **Arbeitgeber-Mandat** des Übernehmers vor allem bei ungewollten bzw. ungeplanten Betriebsübergängen relevant sein, bei denen häufig keine unmittelbaren Rechtsbeziehungen zwischen früherem und jetzigem Betriebsinhaber bestehen, die Arbeitnehmer aber mit Erfolg den Übergang ihrer Arbeitsverhältnisse geltend gemacht haben.

Der Ausgleichsanspruch nach § 426 BGB dürfte den allgemeinen Verjährungsregeln (§ 199 **96** BGB) unterfallen.

F. Besonderheiten beim Erwerb aus der Insolvenz

Wie in Kapitel 8 ausführlich dargestellt, kann sich der Erwerber eines Betriebs oder Betriebs- **97** teiles auf eine Haftungsbeschränkung berufen, wenn der Zeitpunkt des Betriebsübergangs nach Eröffnung des Insolvenzverfahrens liegt. Er haftet nach der Rechtsprechung des Bundesarbeitsgerichts allgemein nicht für solche (Insolvenz-)Forderungen, die vor der Eröffnung des Insolvenzverfahrens entstanden sind. Bei Altersteilzeitarbeitsverhältnissen besteht dabei das Problem, dass bereits ein Arbeitszeitguthaben entstanden ist, dass in der Freistellungsphase sukzessive abgebaut wird. Daher stellt sich die Frage, ob und in welchem Umfang der Erwerber für Ansprüche von Arbeitnehmern, die sich im Zeitpunkt der Insolvenzeröffnung bereits in Altersteilzeit befunden haben, haftet. Die Problematik dürfte durch die Entscheidungen des Bundesarbeitsgerichts vom 19.10.2004[42] und vom 23.02.2005[43] inzwischen geklärt sein.

In Anknüpfung an seine ständige Rechtsprechung zur Haftungsbeschränkung des Erwerbers **98** beim Erwerb eines Betriebs oder Betriebsteils aus der Insolvenz stellt das Bundesarbeitsgericht darauf ab, dass der Erwerber für Insolvenzforderungen, die vor der Eröffnung des Insolvenzverfahrens entstanden sind, nicht haftet.[44] Die Haftung tritt vielmehr nur für Masseforderungen ein. Wie Ansprüche aus Altersteilzeitarbeitsverhältnissen zu bewerten sind, richtet danach, wann die Arbeitsleistung, die den Ansprüchen zu Grunde liegt, erbracht wurde. Der Altersteilzeitarbeitnehmer erarbeitet sich bereits während der Arbeitsphase Entgelte, die nicht im Monat der Arbeitsphase ausgezahlt, sondern für die spätere Freistellungsphase angespart wer-

---

[42] BAG v. 19.10.2004 - 9 AZR 647/03 - NZA 2005, 408 ff.
[43] BAG v. 23.02.2005 - 10 AZR 602/03 - NZA 2005, 694 ff.
[44] Hierzu und zum Folgenden BAG v. 19.10.2004 - 9 AZR 647/03 - NZA 2005, 408 ff.; bestätigt von BAG v. 19.12.2006 - 9 AZR 230/06 - BB 2007, 1281-1283.

den. Er erarbeitet sich daher im Umfang seiner Vorleistungen zum einen Ansprüche auf die spätere Zahlung der Bezüge und zum anderen einen entsprechenden Anspruch auf Freistellung von der Arbeitspflicht. Daher ist das während der Freistellungsphase ausgezahlte Entgelt Gegenleistung für die bereits während der Arbeitsphase geleistete, über die verringerte Arbeitszeit hinausgehende Arbeit. Der Anspruch hierauf ist im insolvenzrechtlichen Sinne „für" diese Zeit geschuldet. Die so vorzunehmende Aufteilung nach der Erbringung der Arbeitsleistung vor oder nach der Insolvenzeröffnung betrifft sowohl das entsprechend der Verringerung der Gesamtarbeitsleistung halbierte Arbeitsentgelt als auch die Aufstockungsbeträge, die ebenfalls als Arbeitsentgelt einzuordnen seien. Entsprechendes gilt für andere vereinbarte Zahlungen bzw. Leistungen des Arbeitgebers.

99 Daraus folgt, dass der Erwerber nur für die Ansprüche des Altersteilzeitarbeitnehmers (auf Zahlung des Altersteilzeitentgelts plus der Aufstockungsbeträge) in der Freistellungsphase haftet, die dem Zeitraum der nach der Insolvenzeröffnung liegenden Arbeitsphase entspricht. Dabei entsteht der entsprechende Zahlungsanspruch des Altersteilzeitarbeitnehmers jedoch nicht unmittelbar nach Ende der Arbeitsphase bzw. mit Beginn der Freistellungsphase. Das Bundesarbeitsgericht leitet vielmehr aus § 366 BGB sowie aus dem Umstand, dass die in der Freistellungsphase gezahlte Vergütung jeweils „spiegelbildlich" für die entsprechenden Monate der Altersteilzeit gezahlt wird, ab, dass die in der Arbeitsphase erworbenen Ansprüche des Altersteilzeitarbeitnehmers in der Freistellungsphase zeitlich genauso abgebaut werden wie sie aufgebaut wurden. Der Arbeitgeber ist jedoch gemäß § 271 Abs. 2 BGB berechtigt, die Bezüge vor ihrer Fälligkeit an den Altersteilzeitarbeitnehmer auszuzahlen, sofern der Arbeitnehmer keine abweichende Vereinbarung darlegen kann.[45]

Einstandspflicht beim Erwerb aus der Insolvenz

Arbeitsphase	Freistellungsphase
1-01	1-02
2-01	2-02
3-01	3-02
4-01	4-02
5-01	5-02
6-01 Insolvenzeröffnung	6-02
7-01	7-02
8-01	8-02
9-01 Betriebsübergang	9-02
10-01	10-02
11-01	11-02
12-01	12-02

☐ = Haftung des Übernehmers

100 Zusammenfassend kann man also folgende Ergebnisse festhalten, wenn der Erwerber einen Betrieb oder Betriebsteil nach Eröffnung des Insolvenzverfahrens aus der Insolvenz erwirbt:

---

[45] BAG v. 19.12.2006 - 9 AZR 230/06 - BB 2007, 1281-1283.

- Gehen Altersteilzeitarbeitsverhältnisse, die sich bereits zum Zeitpunkt der Insolvenzeröffnung in der Freistellungsphase befinden, gemäß § 613a BGB auf den Erwerber über, haftet dieser weder auf die Zahlung des Altersteilzeitentgelts noch auf die Zahlung der Aufstockungsbeträge.

- Gehen Altersteilzeiter, die sich zum Zeitpunkt der Insolvenzeröffnung und des Betriebsübergangs noch in der Arbeitsphase befinden, auf den Erwerber über, haftet der Erwerber nicht für die Ansprüche auf Altersteilzeitentgelt und die Aufstockungsbeträge, die vor der Eröffnung des Insolvenzverfahrens entstanden sind, da es sich insoweit um Insolvenzforderungen handelt.[46] Hingegen sind die Ansprüche der Altersteilzeiter, die nach der Eröffnung des Insolvenzverfahrens entstanden sind, als sog. Masseforderungen einzuordnen[47], für die nach der Rechtsprechung des BAG[48] die Haftungsbeschränkung des Erwerbers in der Insolvenz nicht eingreifen dürfte. In der anschließenden Freistellungsphase haftet der Erwerber nicht für die Ansprüche auf das Altersteilzeitentgelt und die Aufstockungsbeträge, die spiegelbildlich den Zeiten der Arbeitsphase vor der Eröffnung des Insolvenzverfahrens entsprechen.

- Eine Haftung des Erwerbers kommt auch dann in Betracht, wenn sich die übergehenden Altersteilzeiter zum Zeitpunkt der Insolvenzeröffnung noch in der Arbeitsphase, zum Zeitpunkt des Betriebsübergangs aber bereits in der Freistellungsphase befinden. Dann greift für die Ansprüche nach Eröffnung des Insolvenzverfahrens die Haftungsbeschränkung nicht ein. Der Erwerber wird daher nicht nur für die in dieser Zeit entstehenden Ansprüche des Altersteilzeitarbeitnehmers während der (letzten Monate der) Arbeitsphase, sondern auch für die diesen korrelierenden Monate der Freistellungsphase einstehen müssen. Dies ist allerdings höchstrichterlich noch nicht ausdrücklich geklärt.

Beispiel: 101

Altersteilzeitarbeitnehmer A befindet sich seit dem 01.01.2005 in zweijähriger verblockter Altersteilzeit. Wird am 01.10.2005 das Insolvenzverfahren eröffnet und übernimmt der Erwerber den Betrieb zum 01.11.2005, muss er ab dem 01.10.2005 (falls der Insolvenzverwalter nicht gezahlt hat) das Altersteilzeitentgelt und die Aufstockungsbeträge bis zum Dezember 2005 zahlen. Dann ist er von Januar von September 2006 von der Zahlung befreit, muss dann aber wieder von Oktober bis Dezember 2006 Altersteilzeitentgelt und Aufstockungsbeiträge an A zahlen; diese Ansprüche kann er durch vorzeitige Zahlung, z.B. von Januar bis März 2006, erfüllen. Wäre der Betrieb erst am 01.01.2006 auf den Erwerber übergegangen, müsste er nichts an A zahlen.

Soweit der Erwerber für Ansprüche von Altersteilzeitarbeitnehmern haftet, ist allerdings das 102 Verhältnis zur Insolvenzsicherung unklar, wenn der Veräußerer eine solche zu Gunsten der Altersteilzeiter vereinbart hatte. Eine Einstandspflicht des Insolvenzsicherungsträgers wird man wohl jedenfalls für die Monate der Freistellungsphase annehmen müssen, für die der Erwerber nicht haftet; außerdem wohl auch für die Monate, in denen der Altersteilzeitarbeitnehmer während der Arbeitsphase mit seinen Forderungen ausgefallen ist. Ob dies allerdings auch dann

---

[46] BAG v. 19.10.2004 - 9 AZR 647/03 - NZA 2005, 408 ff.; BAG v. 23.02.2005 - 10 AZR 602/03 - NZA 2005, 694.

[47] BAG v. 23.02.2005 - 10 AZR 602/03 - NZA 2005, 694; dabei sollen Ansprüche der Altersteilzeitarbeitnehmer nach Verstreichenlassen der ersten Kündigungsmöglichkeit sogar Neumasseverbindlichkeiten sein; generell nochmals bestätigt von BAG v. 19.12.2006 - 9 AZR 230/06 - BB 2007, 1281-1283.

[48] BAG v. 18.11.2003 - 9 AZR 95/03 - NZA 2003, 651 ff.

gilt, wenn der Erwerber nach den oben dargelegten Grundsätzen für Ansprüche des Altersteilzeitarbeitnehmers, die vor dem Betriebsübergang, aber nach der Eröffnung des Insolvenzverfahrens entstanden sind, haftet, ist fraglich.

G. Besonderheiten bei der Information nach § 613a Abs. 5 BGB

103   Obwohl für Altersteilzeitarbeitnehmer im Wesentlichen beim Betriebsübergang die gleichen Rechtsregeln wie für „normale" Arbeitsverhältnisse gelten, empfiehlt sich eine gesonderte, mindestens aber eine ergänzte Information für Altersteilzeitarbeitnehmer. Notwendig wird eine gesonderte Information, wenn der Übernehmer die Altersteilzeitarbeitnehmer anders als die anderen übergehenden Beschäftigten behandeln will. Unterschiede im Vergleich zu der Information anderer Arbeitnehmer ergeben sich vor allem in Bezug auf § 613a Abs. 5 Nr. 3 BGB (Information über die Folgen des Übergangs):

104   Altersteilzeitarbeitnehmer sollten darüber informiert werden, dass ihr Arbeitsverhältnis auf den neuen Inhaber übergeht. Es sollten auch die Altersteilzeitarbeitnehmer informiert werden, die sich bereits in der Freistellungsphase befinden.

105   In Bezug auf den Widerspruch nach § 613a Abs. 6 BGB sind die Altersteilzeitarbeitnehmer darüber zu informieren, dass auch ihnen das Widerspruchsrecht zusteht und an welche Voraussetzungen es gebunden ist.

106   Sofern sich Altersteilzeitarbeitnehmer bereits in der Freistellungsphase befinden, wären sie ggf. darüber zu informieren, dass ihnen nicht betriebsbedingt gekündigt werden kann, ihr Widerspruch jedoch Auswirkungen auf den Erstattungsanspruch des Arbeitgebers haben kann.

107   **Hinweis:**

        Im **Arbeitgeber-Mandat** kann jedenfalls dann, wenn der Erwerber auch den Wiederbesetzer übernimmt, angeraten werden, dass der Erwerber und ggf. der bisherige Arbeitgeber den Altersteilzeitarbeitnehmern gegenüber die Haftung für die noch ausstehenden Altersteilzeitentgelte und Aufstockungsbeträge übernehmen. Wird dies in die Information aufgenommen, dürfte die Gefahr eines Widerspruchs und damit des Entfallens des Erstattungsanspruchs geringer sein.

108   Altersteilzeiter, die sich noch in der Arbeitsphase befinden, sollten wie andere Arbeitnehmer auf die Möglichkeit einer betriebsbedingten Kündigung sowie ergänzend darauf hingewiesen werden, dass das Altersteilzeitarbeitsverhältnis in einem solchen Fall nach Maßgabe der dafür einschlägigen (tariflichen) Vorschriften für sog. Störfälle abgewickelt werden müsste.

109   In Bezug auf den Inhalt des übergehenden Altersteilzeitarbeitsverhältnisses kann klargestellt werden, dass der Übernehmer in vollem Umfang in die aus den entsprechenden Altersteilzeitarbeitsverträgen geregelten Rechte und Pflichten eintritt, sich also grundsätzlich für die Altersteilzeitarbeitnehmer nichts ändert und die Altersteilzeitverträge so weitergeführt werden, wie sie der bisherige Arbeitgeber weitergeführt hätte.

110   Werden tarifliche Regelungen transformiert und besteht die Verpflichtung, das Altersteilzeitentgelt an den allgemeinen tariflichen Entwicklungen teilnehmen zu lassen, hängt der Inhalt der Information im Wesentlichen von der Entscheidung des Erwerbers ab, ob er sich auf das Risiko einlassen will, auch bei Altersteilzeitarbeitnehmern von einer statischen Wirkung der Transformation auszugehen. Entscheidet er sich dafür, sollte das Informationsschreiben so gefasst werden, dass die beim bisherigen Arbeitgeber geltenden Tarifverträge nur in dem Zustand weiter gelten, in dem sie sich zum Zeitpunkt des Betriebsübergangs befinden, und daher die Altersteilzeitarbeitnehmer ebenso wie alle anderen übergehenden Arbeitnehmer des Betriebes nicht an tariflichen Änderungen nach dem Betriebsübergang teilnehmen. Will der Er-

werber hingegen die Altersteilzeitarbeitnehmer besser behandeln, sie also an späteren tariflichen Änderungen teilhaben lassen, sollte er sie – ohne Anerkennung einer Rechtspflicht – darüber informieren, dass er sie wegen der ausdrücklichen tariflichen und ggf. einzelvertraglichen Regelungen an späteren tariflichen Änderungen teilnehmen lässt.

Ein ähnliches Vorgehen empfiehlt sich, wenn man – anders als hier (vgl. Rn. 61) – die Auffassung vertritt, dass die beim Übernehmer geltenden (tariflichen) Altersteilzeitbestimmunen die beim bisherigen Arbeitgeber geltenden ablösen. Sind erstere günstiger oder zumindest nicht ungünstiger als die zweiten, sollten die Altersteilzeitarbeitnehmer zum einen über die Ablösung selbst und zum anderen darüber informiert werden, dass sich dies insbesondere auf die Höhe des Altersteilzeitentgelts und der Aufstockungsbeträge nicht wesentlich auswirkt. Für die weiteren Bedingungen der Altersteilzeitarbeitsverhältnisse kann dann auf die für den Erwerber maßgebenden Tarifverträge oder Betriebsvereinbarungen verwiesen werden. Es kann im Übrigen hilfreich sein, wenn man die Altersteilzeitarbeitnehmer zusätzlich darüber informiert, dass der Wechsel zum für den Erwerber geltenden Tarifvertrag für diesen die Abrechnung erleichtert. **111**

Sind die beim Erwerber geltenden Tarifverträge ungünstiger für den Altersteilzeitarbeitnehmer, hängt der Inhalt der Information wiederum von der Entscheidung des Erwerbers ab, ob er die Altersteilzeiter anders als die anderen übergehenden Arbeitnehmer behandeln will. Wenn nein, wird er die Altersteilzeitarbeitnehmer darauf hinweisen müssen, dass auch auf ihr Altersteilzeitarbeitsverhältnis künftig die für ihn geltenden Tarifverträge (und dies können nicht nur Altersteilzeittarifverträge, sondern auch andere (Entgelt-)Tarifverträge sein) angewendet werden. Dies wird freilich bei Altersteilzeitarbeitnehmern, die sich bereits in der Freistellungsphase befinden oder kurz vor dem Eintritt in dieselbe stehen, aller Wahrscheinlichkeit nach zum Widerspruch gegen den Übergang ihrer Altersteilzeitarbeitsverhältnisse führen. **112**

Will der Erwerber bei ungünstigeren Tarifverträgen das Risiko einer Klage von Altersteilzeitarbeitnehmern vermeiden, sollte er ohne Anerkennung einer Rechtspflicht darüber informieren, dass das Altersteilzeitarbeitsverhältnis zu den beim bisherigen Arbeitgeber geltenden Konditionen von ihm fortgesetzt wird. **113**

Werden nicht die Altersteilzeitregelungen selbst, wohl aber Arbeitsbedingungen durch den Betriebsübergang geändert, die sich auf die Altersteilzeitarbeitsverhältnisse auswirken, wie z.B. ein geändertes Tarifentgelt, das auf die Höhe des Altersteilzeitentgelts „durchschlägt" (vgl. Rn. 66 ff.), sollte dies in die Information aufgenommen werden; dazu gehört die Frage, ob die Aufstockungsleistungen weiterhin unverändert bleiben, sich aber die Berechnungsgrundlage ändert. **114**

Abgestimmt werden zwischen bisherigem Arbeitgeber und Erwerber sollte schließlich die Information darüber, in welchem Umfang der bisherige Arbeitgeber ggf. noch für die Ansprüche der übergehenden Altersteilzeitarbeitnehmer mithaftet. Ob dies allerdings zwingend Bestandteil der nach § 613a Abs. 5 BGB geschuldeten Information ist, ist fraglich, weil sich dies in Verbindung mit den Daten des Altersteilzeitarbeitsverhältnisses und dem Zeitpunkt des Betriebsübergangs aus § 613a Abs. 2 BGB ergibt und somit nicht erläuterungsbedürftig ist. Generell hält das Bundesarbeitsgericht indes eine Information über § 613a Abs. 2 BGB allerdings für notwendig[49], so dass dies wohl auch für Altersteilzeitarbeitsverhältnisse gilt. **115**

---

[49] BAG v. 13.07.2006 - 8 AZR 305/05 - NZA 2006, 1268.

116 Hinweis:

Eine solche Information kann jedoch Widersprüche vermeiden helfen, so dass es nicht nur eine rechtliche, sondern auch eine strategische Frage darstellt, ob diese Information aufgenommen werden sollte.

Kapitel 6: Betriebsverfassungsrechtliche Auswirkungen eines Betriebsübergangs

Gliederung

A. Bestand und Zusammensetzung des Betriebsrats nach Betriebsübergang

I. Übersicht und Mandatsrelevanz

Betriebs(teil)übergänge können sich unmittelbar auf den Bestand der betrieblichen Interessenvertretungen auswirken. Dies gilt sowohl für den Betriebsrat des Betriebes, der oder dessen Teile übertragen werden, als auch für den Gesamt- und u.U. den Konzernbetriebsrat. **1**

Wie sich ein Betriebs(teil)übergang auf den Bestand und die Zusammensetzung des Betriebs- **2** rats bzw. der betriebsverfassungsrechtlichen Organe im Veräußerer-, ggf. auch im Erwerberbetrieb auswirkt, ist zunächst unmittelbar für diese Organe selbst und damit im **Betriebsratsmandat** relevant. Bei Betriebsräten geht es regelmäßig darum, ob sie trotz eines Betriebsübergangs weiterhin die gesetzlichen Beteiligungsrechte wahrnehmen und rechtswirksam handeln, insbesondere Betriebsvereinbarungen abschließen können. Letzteres ist auch für Gesamt- und Konzernbetriebsräte relevant, für die die Frage ihrer Zusammensetzung eine der internen Willensbildung ist.

221

3   In der Beratung kann des Weiteren wichtig sein, ob Mitglieder ihr Amt durch den Betriebsübergang verlieren, da die Mitgliedschaft vom Weiterbestand des Organs selbst abhängt. Von Bedeutung ist dies vor allem wegen der mit der Organmitgliedschaft verbundenen Sonderrechte, wie z.b. der besondere Kündigungsschutz des § 15 KSchG oder das Beteiligungsrecht des Betriebsrats gemäß § 103 BetrVG bei (außerordentlichen) Kündigungen und ggf. Versetzungen.

4   Daher kann beim **Arbeitnehmer-Mandat** eines **Mandatsträgers** – vor allem im Rahmen von Kündigungsschutzklagen oder bei Klagen gegen personelle Maßnahmen – die Frage nach dem Weiterbestand des Betriebsrats von erheblicher Bedeutung für die Wirksamkeit dieser Maßnahme sein.

5   Mittelbar ist die Frage, ob bzw. welcher (Gesamt-/Konzern-)Betriebsrat nach Betriebsübergang im Amt bzw. für den übergehenden Betrieb oder Betriebsteil zuständig ist, vor allem dafür wichtig, welcher Betriebsrat nach diesem Zeitpunkt für die Wahrnehmung der Rechte der übergehenden Arbeitnehmer zuständig ist und welcher Betriebsrat für (Rechts-)Handlungen des Arbeitgebers (z.b. Kündigungen!) empfangszuständig ist.

6   Beim **Arbeitnehmer-Mandat** kann daher die Frage, ob und wie sich ein Betriebs(teil)übergang auswirkt, vor allem dann relevant werden, wenn eine Beteiligung des Betriebsrats notwendige Voraussetzung für die Wahrung der Arbeitnehmerrechte ist. So muss das bei Kündigungen bestehende Anhörungsrecht des § 102 BetrVG oder das bei anderen personellen Maßnahmen bestehende Anhörungs- und Zustimmungsverweigerungsrecht nach § 99 BetrVG nach einem erfolgten Betriebsübergang bei dem dann zuständigen Betriebsrat erfolgen; dafür ist wesentlich, welcher Betriebsrat nach dem Betriebsübergang für die Belange der (übergehenden) Beschäftigten zuständig ist. Werden Betriebsvereinbarungen (mit Leistungsansprüchen der Arbeitnehmer) gekündigt, muss die Kündigung gegenüber dem zuständigen Betriebsrat erfolgen; dies kann auch bei Gesamt- und Konzernbetriebsvereinbarungen relevant werden. Die fehlende Zuständigkeit kann dann schon für sich genommen zur Unwirksamkeit einer Maßnahme und damit zum Erfolg der Klage führen.

7   Beim **Arbeitgeber-Mandat** ist die Ermittlung, welcher (Gesamt-/Konzern-)Betriebsrat nach Betriebsübergang für die übergehenden Beschäftigten zuständig sein wird, aus den o.g. Zuständigkeitsgründen von erheblicher Bedeutung, da personelle Maßnahmen bei Beteiligung des unzuständigen Betriebsrats ohne weiteres unwirksam sein können. Ebenso muss eine Kündigung und ggf. eine Neuverhandlung von (teilmitbestimmten) Betriebsvereinbarungen mit dem zuständigen Betriebsrat erfolgen, sonst sind diese Maßnahmen ebenfalls unwirksam mit der Folge, dass Arbeitnehmer sich weiterhin auf frühere Betriebsvereinbarungen berufen können.

II. Amt des Betriebsrats im übertragenden Betrieb

1. Übersicht und Definitionen

8   Geht ein Betrieb oder Betriebsteil auf einen neuen Inhaber über, kann dies in Bezug auf das Amt des beim bisherigen Betriebsinhaber bestehenden Betriebsrats drei verschiedene, sich gegenseitig ausschließende Folgen haben:

Vollmandat bedeutet, dass sich an der Stellung des Betriebsrats nichts ändert. Er behält sein **9** Amt und er nimmt die ihm zustehenden Beteiligungsrechte unverändert wahr, dies nunmehr jedoch gegenüber dem neuen Betriebsinhaber. Er bleibt daher vollständig (empfangs-)zuständig. Die Amtszeit endet nach Maßgabe des § 21 BetrVG. Das Vollmandat besteht vor allem dann, wenn ein gesamter Betrieb übertragen wird.

Das in § 21a BetrVG teilweise geregelte **Übergangsmandat** weist gegenüber dem Vollmandat **10** nur eine Besonderheit auf: Der Betriebsrat, der das Übergangsmandat wahrnimmt, ist gemäß § 21a Abs. 1 Satz 2 BetrVG gesetzlich verpflichtet, unverzüglich Wahlvorstände zu bestellen, also Neuwahlen im übergegangenen Betrieb oder Betriebsteil einzuleiten. Ansonsten ist auch das Übergangsmandat ein sog. Vollmandat, d.h. dem Betriebsrat des Übergangsmandates stehen alle gesetzlich geregelten Beteiligungsrechte sowie die sich aus dem Betriebsratsamt selbst ergebenden Rechte zu.[1] Es endet allerdings gemäß § 21a Abs. 1 Satz 3 BetrVG mit der Wahl eines neuen Betriebsrats oder sechs Monate nach Betriebsübergang, sofern es nicht gemäß § 21a Abs. 1 Satz 4 BetrVG um weitere sechs Monate verlängert wird.

Hinweise: **11**

Das Übergangsmandat kann vor allem bei der erstmaligen Ausgliederung von Betriebsteilen dazu führen, dass sich der neue Inhaber des Betriebes mit dem Betriebsrat eines fremden Unternehmens auseinander setzen muss, der dann für beide Betriebe (den verbleibenden und den neuen) zuständig ist. Da dies häufig zu Interessenkonflikten führt, kann es im eigenen Interesse des Übernehmers liegen, dass schnellstmöglich ein Betriebsrat aus den bei ihm beschäftigten Mitarbeitern gebildet wird.

Ansonsten führt ein für beide Betriebe bestehendes Mandat des Betriebsrats nicht dazu, dass **12** er die ihm zustehenden Beteiligungsrechte betriebs- bzw. unternehmensübergreifend geltend machen kann. Er kann also z.B. keine Betriebsvereinbarungen abschließen, die für beide Betriebe gelten.[2]

Als dritte Alternative kommt schließlich in Betracht, dass der beim bisherigen Inhaber beste- **13** hende Betriebsrat durch den Betriebs(teil)übergang **Amt und Mandat verliert**; ab dem Zeitpunkt des Betriebsübergangs entfallen dann sämtliche Beteiligungsrechte des Betriebsrats. Eine Ausnahme besteht allenfalls (selten) dann, wenn ein Restmandat nach § 21b BetrVG besteht; das kommt insbesondere in Betracht, wenn so viele Arbeitnehmer dem Übergang ihres Arbeitsverhältnisses widersprechen, dass die dann vom bisherigen Betriebsinhaber ggf. auszusprechenden betriebsbedingten Kündigungen die Zahlengrenzen des § 112a BetrVG überschreiten und eine beteiligungspflichtige Betriebsänderung vorliegt (vgl. Rn. 120).

Generell ist nach der Einführung des § 21a BetrVG ein betriebsratsloser Zustand nach einem **14** Betriebs(teil)übergang allenfalls in Ausnahmefällen denkbar, wenn im Betrieb des Veräußerers ein Betriebsrat bestand bzw. besteht. Ein solcher Ausnahmefall wird vorliegen, wenn

---

[1] Vgl. nur *Worzalla* in: H/S/W/G/N § 21a Rn. 30 m.w.N.

[2] *Rieble*, NZA 2002, 233, 236.

der übergehende Betrieb oder Betriebsteil nach dem Betriebsübergang nicht mehr dem Geltungsbereich des BetrVG unterfällt, z.b. mangels Betriebsratsfähigkeit (§ 1 BetrVG) oder als Einrichtung einer Religionsgemeinschaft (§ 118 Abs. 2 BetrVG) oder als Verwaltungseinrichtung (LPersVGesetze, BPersVG).[3]

2. Exkurs: Fragen beim Übergangsmandat

15 Wie bereits angesprochen, stellt das in § 21a BetrVG geregelte Übergangsmandat ein sog. Vollmandat dar (vgl. Rn. 10). Wegen der Besonderheiten von Betriebsübergängen treten jedoch einige – bis jetzt ungeklärte – Fragen auf:

16 So ist fraglich, ob sich die Beteiligungsrechte des Betriebsrats mit Übergangsmandat nach den Verhältnissen des Ursprungsbetriebes oder des übergegangenen Betriebes bzw. Betriebsteils richten. Dies ist vor allem relevant für Beteiligungsrechte, die erst ab einer bestimmten Arbeitnehmerzahl eingreifen. Wird diese nach dem Betriebsübergang unterschritten, kommt eine entsprechenden Mitwirkung des Betriebsrats m.E. nicht mehr in Betracht, da allein die betrieblichen Verhältnisse im Zeitpunkt der Arbeitgebermaßnahme entscheidend sind, eine Art „Nachwirkung" der vorherigen betrieblichen Verhältnisse also nicht anzunehmen ist.[4] Diese Frage ist allerdings höchstrichterlich noch nicht entschieden.

17 **Beispiel:**

Aus einem Unternehmen mit 30 Arbeitnehmern wird eine Abteilung mit 6 Arbeitnehmern auf ein eigenes, neu gegründetes Unternehmen ausgelagert. Ein Arbeitnehmer soll danach dort eingestellt werden; der Betriebsrat macht Beteiligungsrechte nach § 99 BetrVG geltend. Diese bestehen m.E. mangels Erreichens der dafür notwendigen Arbeitnehmerzahl des Unternehmens nicht.

18 Außerdem ist streitig, ob dem Betriebsrat des Übergangsmandats Beteiligungsrechte auch für die Beschäftigten zustehen, die schon bislang beim Betriebsübernehmer beschäftigt waren, aber nicht von einem Betriebsrat vertreten waren; dies wird in erster Linie bei Eingliederungsfällen relevant (vgl. Rn. 34).

19 Betriebsverfassungsrechtlich ist des Weiteren von Interesse, wie sich der Betriebsrat bei Bestehen eines Übergangsmandats zusammensetzt.

20 **Beispiel:**

Betriebratsmitglied A ist in der Vertriebsabteilung eines Betriebes tätig. Die Abteilung wird ausgegliedert und auf einen neuen Inhaber übertragen, der die Abteilung als eigenständigen Betrieb weiterführt. Das Arbeitsverhältnis des A geht auf den neuen Inhaber über. Wie sieht es mit seiner Mitgliedschaft im Betriebsrat a) generell, b) in Bezug auf das Übergangsmandat des Betriebsrats des Ursprungsbetriebes aus?

21 Der Übergang des Arbeitsverhältnisses führt m.E. zunächst dazu, dass die Mitgliedschaft des A im Betriebsrat im Zeitpunkt des Übergangs seines Beschäftigungsverhältnisses gemäß § 24 Nr. 3 BetrVG erlischt. Fraglich ist aber, ob dies auch in Bezug auf das für den übergegangenen Betriebsteil bestehende Übergangsmandat gilt. Teilweise geht man davon aus, dass die Mitgliedschaft im Betriebsrat insoweit nicht erlischt.[5] Demgegenüber wird jedoch zu Recht darauf hingewiesen, dies führe zu dem nicht hinnehmbaren Ergebnis, dass der Betriebsrat im Ursprungsbetrieb dann in einer anderen Besetzung zusammentreten und beschließen müsste als beim Übergangsmandat in einem anderen Betrieb.[6] Richtigerweise wird man davon ausgehen

---

[3] *Rieble*, NZA 2002, 233, 235.
[4] *Rieble*, NZA 2002, 233, 235.
[5] So wohl *Preis* in: ErfK, § 613a Rn. 126 auch für das Restmandat.
[6] *Rieble*, NZA 2002, 233, 235.

müssen, dass die Mitgliedschaft im Betriebsrat auch dann erlischt, wenn der Betriebsrat des Ursprungsbetriebes im übertragenen Betriebsteil ein Übergangsmandat hat, da das Bestehen des Übergangsmandats nichts daran ändert, dass das Arbeitsverhältnis mit dem Inhaber des Ursprungsbetriebes beendet wurde. Daher verliert A im Beispielsfall m.E. seine Betriebsratsmitgliedschaft auch in Bezug auf das Übergangsmandat.

Hinweis: 22

Praktisch relevant ist dies für die Frage nach Sonderrechten des jeweils betroffenen Betriebsratsmitglieds (z.b. § 15 KSchG) bzw. entsprechenden Sonderregelungen (z.b. § 103 BetrVG), für deren Eingreifen eine Mitgliedschaft im Rahmen des Übergangsmandats ausreichend ist.[7] Solange die Frage nicht höchstrichterlich geklärt ist, sollte man sich im Rahmen des **Arbeitnehmer-Mandats** (z.b. bei einer Kündigung oder Versetzung nach Betriebsübergang) auf das Weiterbestehen des Mandats berufen. Beim **Arbeitgeber-Mandat** ist vor allem in der Beratung auf das entsprechende Risiko hinzuweisen.

3. Denkbare Fallgestaltungen

Ordnet man die möglichen Auswirkungen eines Betriebs(teil)übergangs auf Amt und Stellung 23 des Betriebsrats nach den denkbaren Sachverhalten, ergibt sich folgendes Bild:

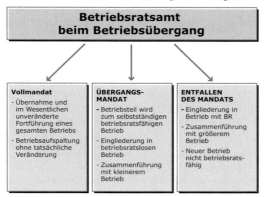

a. Übergang eines gesamten Betriebes

aa. Unveränderte Fortführung des übernommenen Betriebes

Wird ein ganzer Betrieb übernommen und vom Erwerber im Wesentlichen, d.h. unter Wah- 24 rung der Betriebsidentität unverändert fortgeführt, bleibt der Betriebsrat nach allgemeiner Meinung im Amt[8] und er behält in vollem Umfang die ihm nach dem BetrVG zustehenden Beteiligungsrechte[9].

---

[7] Wenn man dies ablehnt, bleibt allerdings der nachwirkende besondere Kündigungsschutz des § 15 Abs. 1 Satz 2 KSchG.

[8] BAG v. 05.02.1991 - 1 ABR 32/90 - NZA 1991, 639, 641.

[9] Damit sind auch keine Neuwahlen anzusetzen, da der Betriebsübergang selbst keinen Grund hierfür darstellt, der unter § 13 Abs. 2 BetrVG fällt.

25 Daraus folgt im Übrigen, dass den Erwerber eines Betriebes etwaige Verpflichtungen des Veräußerers gegenüber dem Betriebsrat gemäß § 325 ZPO jedenfalls dann treffen, wenn diese Verpflichtung in einem früheren Beschlussverfahren rechtskräftig festgestellt wurde.[10] Eine Entscheidung der gleichen Streitfrage kann wieder zulässig sein, wenn sich der Sachverhalt wesentlich geändert hat; der Betriebsübergang selbst stellt keine solche wesentliche Änderung dar.[11]

26 **Beispiel:**

Ein Unternehmer erwirbt aus der Insolvenz einen Betrieb mit 75 Arbeitnehmern, in dem der Betriebsrat gegen den früheren Arbeitgeber eine rechtskräftige Entscheidung darüber erwirkt hatte, dass ihm Auskunft über bestimmte wirtschaftliche Daten zu erteilen ist. Auf der Grundlage dieser Entscheidung begehrt der Betriebsrat nach dem Betriebsübergang nunmehr vom Übernehmer des Betriebes die entsprechenden Informationen. Das Bundesarbeitsgericht hat entschieden, dass der Übernehmer aus der rechtskräftigen Entscheidung des Arbeitsgerichts verpflichtet ist; konkret hat es allerdings den Antrag des Betriebsrats daran scheitern lassen, dass nach § 109 BetrVG die Einigungsstelle anzurufen gewesen wäre.[12]

27 Diese Grundsätze dürften allerdings nicht in dem Falle gelten, in dem sich Veräußerer und Betriebsrat im Vergleichswege geeinigt haben, da sich § 325 ZPO allein auf rechtskräftige Entscheidungen bezieht. Die Rechtslage ist jedoch höchstrichterlich noch nicht geklärt.

28 Höchstrichterlich ungeklärt ist ebenfalls, ob Titel, die der Betriebsrat im Rahmen eines Verfahrens nach § 23 Abs. 3 BetrVG gegen den bisherigen Arbeitgeber erwirkt hat, gegenüber dem Übernehmer gelten. Dagegen spricht, dass es sich hier i.d.R. um eine höchstpersönliche Verpflichtung des Arbeitgebers handelt, die nicht übertragbar sein dürfte.

29 **Hinweis:**

Beim **Arbeitgeber-Mandat** sollte daher im Vorfeld des Betriebsübergangs geprüft werden, ob solche Titel gegen den bisherigen Betriebsinhaber vorliegen, da aus ihnen ggf. auch gegen den Rechtsnachfolger vollstreckt werden kann.

30 Unklar ist, ob der Erwerber als Rechtsnachfolger des bisherigen Arbeitgebers auch in solche Verpflichtungen eintreten muss, die sich aus (vertraglichen) Vereinbarungen mit dem Betriebsrat, z.B. über Kostentragung, Verfahrensregelungen etc. ergeben. Ein gesetzlicher Übergang solcher Verpflichtungen scheidet m.E. aus, da sich insbesondere § 613a Abs. 1 BGB nur auf Betriebsvereinbarungen bezieht, die Rechte und Pflichten der Arbeitnehmer regeln, also sog. „Betriebsvereinbarungen", die den Arbeitgeber/Veräußerer gegenüber dem Betriebsrat selbst verpflichten, davon nicht erfasst werden (vgl. Kapitel 3 Rn. 331 ff.).

bb. Eingliederung des übernommenen Betriebes in den Betrieb des Erwerbers

31 Wird ein übernommener Betrieb in den Betrieb des Erwerbers eingegliedert, in dem ein Betriebsrat besteht, wird nunmehr dieser Betriebsrat (des aufnehmenden Betriebes) auch für die übergehenden Arbeitnehmer zuständig; es handelt sich nicht um ein Übergangs-, sondern um ein Vollmandat, so dass Neuwahlen nur nach Maßgabe des § 13 Abs. 2 BetrVG[13] eingeleitet werden müssen. Der Betriebsrat des aufgenommenen Betriebes verliert sein Amt.

---

[10] BAG v. 05.02.1991 - 1 ABR 32/90 - NZA 1991, 639, 640/641.

[11] BAG v. 05.02.1991 - 1 ABR 32/90 - NZA 1991, 639, 640/641.

[12] BAG v. 05.02.1991 - 1 ABR 32/90 - NZA 1991, 639, 640/641.

[13] Dazu *Nicolai* in: H/S/W/G/N, § 13.

Wann eine Eingliederung vorliegt, ist höchstrichterlich noch nicht geklärt. In der Literatur   32
wird vor allem darauf abgestellt, ob der aufnehmende Betrieb seine Identität behält, d.h. nach
der Aufnahme unter gleich bleibender Leitung und mit im Wesentlichen gleichem Zweck fortgeführt wird.[14]

Beispiel: 33

Ein Wachdienst mit 20 Beschäftigten wird von einem großen Wachdienstunternehmen
mit mehr als 200 Arbeitnehmern aufgekauft und in den vorhandenen Betrieb eingegliedert. Der Betriebsrat des aufnehmenden Betriebes bleibt im Amt. Es handelt sich nicht
um ein Übergangs-, sondern um ein Regelmandat. Damit wird der Betriebsrat des aufnehmenden Betriebes ab dem Zeitpunkt des Betriebsübergangs zuständig für die übergehenden Arbeitnehmer. Der beim bisherigen Arbeitgeber bestehende Betriebsrat verliert sein Amt. Neuwahlen sind nur einzuleiten, wenn die Voraussetzungen des § 13
Abs. 2 Nr. 1 BetrVG erfüllt sind: dies ist hier nicht der Fall.

Umstritten ist die Rechtslage, wenn im aufnehmenden Betrieb (des Erwerbers) kein Betriebs-   34
rat besteht, wohl aber im eingegliederten Betrieb. Dieser Fall wird von § 21a BetrVG nicht erfasst, so dass man hieraus den Schluss ziehen kann, dann verliere der Betriebsrat des eingegliederten Betriebes sein Amt, ohne dass ein anderer Betriebsrat zuständig wird.[15] Anderer Ansicht nach soll dem Betriebsrat des eingegliederten Betriebes ein Übergangsmandat nicht nur
für die Arbeitnehmer des übernommenen Betriebes, sondern sogar des eingliedernden Betriebes zustehen.[16] Als Zwischenlösung denkbar wäre, dass dem Betriebsrat des übernommenen
Betriebes zwar ein Übergangsmandat zusteht, dieses sich aber auf die übergehenden Arbeitnehmer beschränkt. Letzteres würde m.E. dem Sinn und Zweck des § 21a BetrVG als auch den
Vorgaben der Betriebsübergangsrichtlinie am ehesten entsprechen, da ein Betriebsübergang
einerseits nicht dazu führen soll, dass die übergehenden Arbeitnehmer den bisher vorhandenen
betriebsverfassungsrechtlichen Schutz verlieren, es aber andererseits kaum vertretbar ist, die
Arbeitnehmer des aufnehmenden Betriebes, die bisher – vielleicht sogar bewusst und gewollt
– auf einen Betriebsrat verzichtet haben, unter die Zuständigkeit eines fremden und von ihnen
nicht gewählten Betriebsrats zu stellen. Für ein Übergangsmandat spricht ferner, dass im vergleichbaren Fall der Eingliederung eines Betriebsteils in einen betriebsratslosen Betrieb nach
dem Wortlaut des § 21a Abs. 1 BetrVG ein Übergangsmandat besteht und es keinen Unterschied machen kann, ob ein Betriebsteil oder ein ganzer Betrieb in den Betrieb des Erwerbers
eingegliedert wird. Allerdings hat dies nicht zur Folge, dass der Betriebsrat, dem das Übergangsmandat zusteht, auch für die beim Erwerber bereits vor dem Betriebsübergang beschäftigten Arbeitnehmer zuständig ist. Insoweit enthält das Gesetz keine Vorgaben. Die o.g. Argu-
mente sprechen m.E. eher dafür, das Übergangsmandat auf die übergegangenen Arbeitnehmer
zu begrenzen.

Hinweis: 35

Praktisch relevant wird diese ungeklärte Streitfrage vor allem bei personellen beteiligungspflichtigen Maßnahmen des Übernehmers und dort in erster Linie bei Kündigungen.

Beim **Arbeitnehmer-Mandat**, insbesondere bei Kündigungsschutzverfahren sollte daher die   36
Beteiligung/Anhörung des Betriebsrats (ggf. mit Nichtwissen) bei personellen Maßnahmen
oder Kündigungen nach Betriebsübergang bestritten werden.

---

[14] *Richardi/Thüsing/Annuß*, § 21a BetrVG Rn. 5; *Rieble*, NZA 2002, 233, 236/237.
[15] So in der Tat *Rieble*, NZA 2002, 233, 237.
[16] *Fitting/Engels/Schmidt/Trebinger/Linsenmaier*, BetrVG § 21a Rn. 14, 23.

37   Beim **Arbeitgeber-Mandat** sollte empfohlen werden, in solchen Konstellationen auf jeden
      Fall zumindest vorsorglich den Betriebsrat, u.u. sogar beide Betriebsräte anzuhören oder zu
      beteiligen, wenn unklar ist, welcher Betriebsrat denn nun zuständig ist.

**cc. Zusammenführung des übernommenen Betriebes mit anderen Betrieben des
      Erwerbers**

38   Anders ist die Rechtslage, wenn der Erwerber eines Betriebes diesen mit einem oder vielleicht
      sogar mehreren Betrieben zusammenführt. Eine solche Zusammenführung soll – im Unter-
      schied zur Eingliederung – vorliegen, wenn zwei oder mehrere Betriebe zu einem neuen ein-
      heitlichen Betrieb unter einheitlicher Leitung zusammengefasst werden.[17] Maßgebend ist, ob
      nach dem Betriebsübergang ein neuer Betrieb entsteht, der sich deutlich von dem bisherigen
      Betrieb des Erwerbers unterscheidet.

39   Liegt eine solche Zusammenführung vor, steht nach § 21a Abs. 2 BetrVG dem Betriebsrat des
      nach Zahl der wahlberechtigten Arbeitnehmer größten Betriebes das Übergangsmandat zu.
      Die Betriebsräte der anderen Betriebe verlieren also ihr Amt.

40   **Hinweis:**

      Die sich bei Umstrukturierungsvorgängen häufig stellende Frage, ob eine Eingliederung
      oder eine Zusammenführung vorliegt, ist praktisch deshalb von Bedeutung, weil bei ei-
      ner Zusammenführung nur ein Übergangsmandat entsteht und folglich Neuwahlen ein-
      geleitet werden müssen. Dies ist bei der Eingliederung nur der Fall, wenn die Vorausset-
      zungen des § 13 Abs. 2 BetrVG erfüllt sind.

b. Übergang eines Betriebsteils

aa. Weiterführung als selbstständiger Betrieb

41   Wird ein Betriebsteil ausgegliedert und vom Erwerber als eigenständiger Betrieb weiterge-
      führt, steht dem Betriebsrat des bisherigen Betriebsinhabers nach § 21a Abs. 3 i.V.m. Abs. 1
      Satz 1 BetrVG das Übergangsmandat zu, wenn der neu entstandene Betrieb betriebsratsfähig
      gemäß § 1 Abs. 1 BetrVG ist.

42   **Beispiel:**

      Ein Unternehmen lagert seine gesamte Vertriebsabteilung mit 20 Beschäftigten auf eine
      neu gegründete GmbH aus, die den Vertrieb nunmehr als eigenständigen Betrieb weiter-
      führt.

43   Besteht ein Übergangsmandat, hat das für den Übernehmer zur Folge, dass er bis zum Amts-
      antritt eines neuen, bei ihm gewählten Betriebsrats in allen beteiligungspflichtigen Angelegen-
      heiten den Betriebsrat des bisherigen Betriebsinhabers beteiligen muss. Will er – normativ
      weitergeltende – Betriebsvereinbarungen kündigen, muss er diese Kündigung gegenüber dem
      Betriebsrat aussprechen, der das Übergangsmandat wahrnimmt.

44   **Hinweis:**

      Beim **Arbeitnehmer-Mandat** sollte daher bei einer nach Betriebsteilübergang erfolgen-
      den Änderung von Arbeitsbedingungen, die in einer Betriebsvereinbarung geregelt sind,
      immer (ggf. mit Nichtwissen) bestritten werden, dass der (zuständige) Betriebsrat ord-
      nungsgemäß beteiligt bzw. die Kündigung gegenüber dem zuständigen Betriebsrat aus-
      gesprochen wurde.

---

[17] *Worzalla* in: H/S/W/G/N, § 21a Rn. 10.

Bei der Ausgliederung eines Betriebsteils und dessen Weiterführung als selbstständigem Be-　**45**
trieb ist besonders zu beachten, dass die Frage, welche Beteiligungsrechte dem Betriebsrat im
Rahmen des Übergangsmandats zustehen, m.E. allein nach den Verhältnissen des neu entstandenen Betriebes zu beurteilen ist. Unterschreitet die Beschäftigtenzahl dieses Betriebes die in
mehreren Beteiligungsrechten (insbesondere §§ 95 Abs. 3, 99 Abs. 1, 111 BetrVG) vorgesehenen Zahlengrenzen, besteht m.E. im Rahmen des Übergangsmandats kein Beteiligungsrecht
(vgl. Rn. 16).

bb. Eingliederung in den Betrieb des Erwerbers

Wird der übernommene Betriebsteil in den Betrieb des Erwerbers im o.g. Sinne eingegliedert　**46**
und besteht dort ein Betriebsrat, entsteht kein Übergangsmandat. Allein zuständig für die übergehenden Arbeitnehmer wird der Betriebsrat des Erwerberbetriebes. (Außerplanmäßige) Neuwahlen müssen im aufnehmenden Betrieb nur eingeleitet werden, wenn die gesetzlichen Voraussetzungen des § 13 Abs. 2 BetrVG erfüllt sind. Der Betriebsrat des Veräußererbetriebes
bleibt dort im Amt; seine Zuständigkeit für die Arbeitnehmer des Betriebsteils endet mit dem
Übergang der Arbeitsverhältnisse.

Besteht im Betrieb des Erwerbers kein Betriebsrat, stellt sich ebenso wie bei der Eingliederung　**47**
eines ganzen Betriebes in einen betriebsratslosen Betrieb des Erwerbers (vgl. Rn. 31 ff.), die
Frage, ob und wenn ja, in welchem Umfang dem Betriebsrat des Veräußererbetriebes ein
Übergangsmandat zusteht. Dies ergibt sich für diese Fallkonstellation schon aus dem Wortlaut
des § 21a Abs. 1 (i.V.m. Abs. 3) BetrVG. Umstritten ist, ob sich dieses Übergangsmandat auf
die übergegangenen Arbeitsverhältnisse beschränkt[18] oder ob es auch die Arbeitsverhältnisse
der beim Erwerber bereits vor dem Betriebsübergang beschäftigten Arbeitnehmer erfasst.[19]

Hinweise:　**48**

Praktisch relevant wird dies wieder (vgl. Rn. 35) für die Frage, ob der Betriebsrat mit
Übergangsmandat bei personellen Maßnahmen, die nach dem Betriebsübergang im aufnehmenden Betrieb getroffen werden, zu beteiligen ist.

Beim **Arbeitnehmer-Mandat**, insbesondere bei Kündigungsschutzverfahren sollte daher die
Beteiligung/Anhörung des Betriebsrats (ggf. mit Nichtwissen) bei personellen Maßnahmen
oder Kündigungen nach Betriebsübergang bestritten werden.

cc. Zusammenführung mehrerer Betriebsteile

Werden mehrere Betriebsteile zu einem neuen Betrieb zusammengeführt, erhält nach § 21a　**49**
Abs. 2 BetrVG der Betriebsrat des nach Zahl der wahlberechtigten Arbeitnehmer größten Betriebes oder Betriebsteils das Übergangsmandat. Auch insoweit ist zu beachten, dass der Betriebsrat eines Veräußererbetriebes die gesetzlichen Beteiligungsrechte im (neuen) Erwerberbetrieb wahrnehmen kann und daher die gleichen Probleme wie bei der Weiterführung oder
der Eingliederung des Betriebsteils in einen betriebsratslosen Betrieb (vgl. Rn. 31 ff.) entstehen können.

Wenn der Erwerber sukzessive Betriebe bzw. Betriebsteile zusammenführt, können – je nach　**50**
Größe der Betriebe bzw. Betriebsteile – verschiedene Übergangsmandate aufeinander folgen.

---

[18]　*Worzalla* in: H/S/W/G/N, § 21a Rn. 9.
[19]　So u.a. *Fitting/Engels/Schmidt/Trebinger/Linsenmaier*, BetrVG § 21a Rn. 23.

51 Beispiel:

U führt zunächst zwei Betriebsteile aus zwei seiner Betriebe zusammen. Der erste Betriebsteil verfügt über 100 Arbeitnehmer, der zweite über 200 Arbeitnehmer. Damit nimmt der Betriebsrat des zweiten Betriebsteils das Übergangsmandat wahr. Wenn U danach einen dritten Betrieb oder Betriebsteil mit 250 Arbeitnehmern anfügt, stellt sich die Frage, ob dem in diesem Betrieb bestehenden Betriebsrat das Übergangsmandat zusteht, ob er also den zweiten Betriebsrat (ggf. noch mit Übergangsmandat) ablöst.

52 Diese Fragen sind weitgehend ungeklärt und vom Gesetzgeber im Rahmen des § 21a BetrVG nicht bedacht worden. Geht man vom Wortlaut des Gesetzes aus, wird man wohl in der Tat davon ausgehen müssen, dass in diesem Fall ein zweites (sechsmonatiges[20]) Übergangsmandat nach § 21a Abs. 2 BetrVG entsteht, das erste also verdrängt wird. Dies hat vor allem zur Konsequenz, dass eventuell bereits eingeleitete Betriebsratswahlen abgebrochen und ein neues Wahlverfahren eingeleitet werden muss.[21] Allerdings kann diese Folge auch dann eintreten, wenn das Übergangsmandat des ersten Betriebsrats erhalten bleibt.

53 Hinweis:

Diese Konstellationen können zu Unsicherheit darüber führen, welcher Betriebsrat zur Wahrnehmung der Beteiligungsrechte, vor allem bei personellen Maßnahmen, zuständig ist. Insoweit kann sowohl für das **Arbeitnehmer-** als auch das **Arbeitgeber-Mandat** auf die bereits erfolgten Hinweise (vgl. Rn. 35, Rn. 48) verwiesen werden; bei letzterem sollte im Zweifelsfalle empfohlen werden, beide Betriebsräte (hilfsweise oder vorsorglich) zu informieren bzw. anzuhören. Im **Betriebsrats-Mandat** kann eine solche Situation die Erhebung eines selbstständigen Feststellungsantrages erfordern, mit dem Klarheit darüber geschaffen werden soll, welcher Betriebsrat denn nun noch im Amt ist und welcher nicht; der Feststellungsantrag kann ggf. im Rahmen eines Beschlussverfahrens wohl auch als Zwischenfeststellungsantrag gestellt werden.

dd. Sonderfall: Betriebsaufspaltung/gemeinsamer Betrieb

54 Ein Sonderfall liegt bei einer Betriebsaufspaltung vor, bei der zwar ein Betriebsteil auf einen neuen Unternehmensträger übergeht, die tatsächlichen Verhältnisse davon jedoch im Wesentlichen unberührt bleiben, der Betrieb also weiterbesteht. In diesem Fall ist für ein Übergangsmandat nach § 21a BetrVG kein Raum. Der bisherige Betriebsrat bleibt vielmehr unverändert im Amt, da der Betrieb zu einem gemeinsamen Betrieb mehrerer Unternehmen wird, für den ein Betriebsrat zu bilden ist (§ 1 Abs. 1 Satz 2 BetrVG).[22]

55 Hinweis:

In diesem Zusammenhang ist die Vermutung des § 1 Abs. 2 Nr. 2 BetrVG zu beachten.

56 Die Fallkonstellation ist damit mit der des Übergangs eines ganzen Betriebes (vgl. Rn. 24 ff.) vergleichbar. Dem Betriebsrat stehen ohne Unterbrechung unverändert die gesetzlichen Beteiligungsrechte zu.

---

[20] Anders wohl *Rieble*, NZA 2002, 233, 238, der den Sechsmonatszeitraum von Beginn des ersten Übergangsmandats her bemessen will; das dürfte mit dem Wortlaut des § 21a BetrVG indes kaum vereinbar sein.

[21] Umfassend dazu *Rieble*, NZA 2002, 233, 238.

[22] BAG v. 18.10.2000 - 2 AZR 494/99 - NZA 2001, 321, 323; ebenso *Rieble*, NZA 2002, 233, 238/239.

Hinweis: 57

Dies gilt auch für die Beteiligungsrechte nach § 99 BetrVG, selbst wenn beide oder nur eines der Unternehmen nach dem Betriebsübergang nicht mehr über die dort genannte Grenze von 20 Beschäftigten fallen, da das Bundesarbeitsgericht § 99 BetrVG in diesem Fall analog anwendet.[23]

c. Übergang von Kleinbetrieben/Betrieben gemäß § 4 Abs. 1 Satz 2 BetrVG

Werden Betriebe veräußert, die bislang nach § 4 BetrVG dem Hauptbetrieb zugeordnet waren, 58 gelten für das Übergangsmandat keine Besonderheiten. Dies bedeutet:

Geht ein nicht betriebsratsfähiger Kleinbetrieb gem. i.S.d. § 4 Abs. 2 BetrVG über, kommt ein 59 Übergangsmandat nach § 21a BetrVG nicht in Betracht, da dieser Kleinbetrieb nach dem Betriebsübergang nach wie vor nicht betriebsratsfähig ist.

Wird hingegen ein (betriebsratsfähiger) Betrieb bzw. Betriebsteil i.S.d. § 4 Abs. 1 BetrVG, für 60 den bisher der Betriebsrat des Hauptbetriebes zuständig war, auf einen anderen Unternehmensträger übertragen, gelten m.E. die allgemeinen Regelungen zum Übergangsmandat. Der Betriebsrat des Hauptbetriebes nimmt gemäß § 21a BetrVG das Übergangsmandat wahr, es sei denn, der übertragene Betrieb oder Betriebsteil wird in den Betrieb des Erwerbers, in dem ein Betriebsrat besteht, eingegliedert oder er wird mit einem Betrieb oder Betriebsteil zusammengeführt, in dem mehr Arbeitnehmer beschäftigt sind und ein Betriebsrat besteht.

d. Sonderfall: Regelungen gemäß § 3 BetrVG

Besteht in einem Unternehmen, einem Betrieb oder Betriebsteil eine Vereinbarung nach § 3 61 BetrVG, ist die Frage, ob die Amtsstellung des Betriebsrats unberührt bleibt oder ggf. ein Übergangsmandat entsteht, zunächst deutlich von der Frage zu trennen, ob die Vereinbarung selbst auf den Erwerber übergeht. Dies wurde bereits an anderer Stelle jedenfalls für den Fall der Einzelrechtsnachfolge verneint, da es sich bei diesen Regelungen nicht um sog. Inhaltsnormen handelt, die nach § 613a Abs. 1 Satz 2 BGB transformiert werden (vgl. Kapitel 3 Rn. 156, 197). Dies ist jedoch für die hier im Vordergrund stehende Fragestellung unerheblich, da es nunmehr allein um die Kontinuität der betriebsverfassungsrechtlichen Vertretung geht.

Es ist zwischen folgenden Fallgestaltungen zu trennen: 62

aa. Veräußerung eines gesamten Unternehmens mit mehreren Betrieben

Wird ein gesamtes Unternehmen mit mehreren Betrieben veräußert, für die eine Regelung 63 nach § 3 BetrVG besteht, ist im Ergebnis kein Raum für ein Übergangsmandat, da sich die tatsächlichen Verhältnisse nicht ändern und daher der bzw. die Betriebsräte – ebenso wie beim Übergang und der Weiterführung des gesamten Betriebes – im Amt bleiben. Problematisch ist in diesem Fall allerdings, dass Vereinbarungen nach § 3 BetrVG jedenfalls bei der Einzelrechtsnachfolge nicht kraft gesetzlicher Anordnung auf den Erwerber übergehen, so dass entsprechenden betriebsverfassungsrechtlichen Strukturen ohne eine vertragliche Regelung über die Weitergeltung der zugrunde liegenden Vereinbarung sozusagen „der Boden entzogen" wird. Wie diese Problematik zu lösen ist, ist derzeit ungeklärt. Das Entfallen der Rechtsgrundlage müsste eigentlich zu (außerplanmäßigen) Neuwahlen führen; dies ist allerdings in § 13 BetrVG nicht vorgesehen. Denkbar ist allerdings auch, dass man der zugrunde liegenden Kollektivvereinbarung doch Wirkung über den Betriebsübergang zumisst. Schließlich könnte man

---

[23] BAG v. 29.09.2004 - 1 ABR 39/03 - NZA 2005, 420 ff.

noch daran denken, die Kollektivvereinbarung für die verbleibende Amtszeit des Betriebsrats als maßgebend anzusehen und erst bei den turnusmäßigen Betriebsratswahlen wieder zu den gesetzlichen Regelungen zurückzukehren.

64 Die Frage ist praktisch deshalb relevant, weil man ohne eine sichere Rechtsgrundlage für die auf der Grundlage des § 3 BetrVG gebildeten betriebsverfassungsrechtlichen Vertretungen nicht mit Gewissheit davon ausgehen kann, dass die mit diesen Organen abgeschlossenen (Betriebs-)Vereinbarungen rechtswirksam sind.

65 **Hinweis:**

> In solchen Fallgestaltungen sollte daher beim **Arbeitgeber-Mandat** bereits im Vorfeld des Betriebsübergangs geklärt werden, wie sich die betriebsverfassungsrechtlichen Vertretungen nach dem Übergang des Unternehmens bzw. der Betriebe zusammensetzen sollen. Es wird für den Übernehmer häufig die günstigste Lösung sein, wenn er – zumindest bis zum Zeitpunkt der nächsten turnusmäßigen Neuwahlen – die Vereinbarung nach § 3 BetrVG im Wege eines dreiseitigen Vertrages übernimmt, da in diesem Fall die Rechtwirksamkeit der mit der betriebsverfassungsrechtlichen Vertretung abgeschlossenen (Betriebs-)Vereinbarungen gesichert ist.

bb. Übergang einzelner Betriebe oder Betriebsteile

66 Anders sieht die Rechtslage aus, wenn aus einem Unternehmen, das eine Vereinbarung nach § 3 BetrVG abgeschlossen hat, einzelne Betriebe oder Betriebsteile herausgelöst und auf einen Erwerber übertragen werden.

67 Dies dürfte nicht anders als die anderen Fälle des Betriebsübergangs selbst beurteilt werden können. Wird der übergehende Betrieb oder Betriebsteil durch den Betriebsübergang betriebsratslos, nimmt der bisherige Betriebsrat unter den Voraussetzungen des § 21a BetrVG das Übergangsmandat wahr. Wird der übergehende Betrieb oder Betriebsteil in den Betrieb des Erwerbers eingegliedert, in dem ein Betriebsrat besteht, ist hingegen für ein Übergangsmandat kein Raum. [24]

68 **Beispiel:**

> Der Inhaber eines Unternehmens mit insgesamt 10 Filialbetrieben hat mit dem Betriebsrat vereinbart, dass gemäß § 3 Abs. 1 Nr. 1 a) BetrVG ein unternehmenseinheitlicher Betriebsrat gebildet wird. Eine seiner Filialen geht auf einen neuen Inhaber über. Der unternehmenseinheitliche Betriebsrat nimmt für die übergehenden Arbeitnehmer das Übergangsmandat wahr, wenn die übergehende Filiale betriebsratsfähig ist.

III. Auswirkungen auf Bestand und Zusammensetzung des Gesamtbetriebsrats

1. Übersicht und Mandatsrelevanz

69 Wie sich ein Betriebs(teil)übergang auf Bestand und Zusammensetzung des beim Veräußerer, ggf. auch beim Erwerber bestehenden Gesamtbetriebsrats auswirkt, ist gesetzlich an keiner Stelle geregelt. Ein Übergangsmandat gibt es jedenfalls beim Gesamtbetriebsrat nicht, da dieses in erster Linie das Ziel verfolgt, den übergehenden Beschäftigten die kollektive Interessenvertretung durch den Betriebsrat zu erhalten und diese Zielsetzung nur beim Betriebsrat des betroffenen Betriebes, nicht aber beim Gesamtbetriebsrat erfüllt sein kann. Dafür stellt sich beim Gesamtbetriebsrat vor allem bei der Herauslösung einzelner Betriebe aus einem bzw. der

---

[24] Dazu *Rieble*, NZA 2002, 233, 239 f.

Eingliederung einzelner Betriebe in ein Unternehmen mit mehreren Betrieben die Frage, wie sich dies auf Bestand und Zusammensetzung der dort ggf. schon vorhandenen Gesamtbetriebsräte auswirkt und/oder ein neuer Gesamtbetriebsrat zu bilden ist.

Insgesamt ergeben sich in Bezug auf den Gesamtbetriebsrat folgende Möglichkeiten: 70

Die Frage nach dem Schicksal des Gesamtbetriebsrats stellt sich allerdings nur dann, wenn ein   71
oder mehrere Betrieb/e aus einem Unternehmen ausscheiden, da sich ausschließlich in diesen Fällen Bestand und Zusammensetzung des Gesamtbetriebsrats ändern (können). Umgekehrt stellt sich die Frage also nicht, wenn Betriebsteile ausgegliedert werden; da Zahl und Bestand der zum Unternehmen gehörenden Betriebe unverändert bleiben.

Hinweis: 72

Von der Bestandsfrage zu trennen ist, ob und in welchem Umfang die beim bisherigen Betriebsinhaber bestehenden Gesamtbetriebsvereinbarungen nach einem Betriebs(teil)übergang weiter gelten; dies wird sowohl bei Übertragung eines ganzen Betriebes als auch eines Betriebsteils relevant.

Ebenso wie die Frage nach dem Weiterbestand des Betriebsrats ist auch die nach dem Schick   73
sal des Gesamtbetriebsrats für die daran beteiligten Organe sowie für beide, den bisherigen und den neuen Arbeitgeber, von Interesse.

So kann beim **(Gesamt-)Betriebsratsmandat** die Frage der Auswirkung des bzw. der konkre   74
ten Betriebsübergänge Gegenstand eines Feststellungsantrags sein.

Mittelbar relevant werden die Auswirkungen eines Betriebsübergangs auf den Bestand des Ge   75
samtbetriebsrats vor allem, wenn im Betrieb des bisherigen Arbeitgebers Gesamtbetriebsvereinbarungen bestehen. Ebenso wie beim Betriebsrat stellt sich die Frage, wem gegenüber eine solche Gesamtbetriebsvereinbarung zu kündigen und mit wem ggf. über eine Neuregelung zu verhandeln ist.

Beispiel: 76

Im Unternehmen besteht eine Gesamtbetriebsvereinbarung über eine jährliche Sonderzahlung. Ein Betrieb des Unternehmens wird auf einen neuen Inhaber übertragen, der diese Sonderzahlung abschaffen, mindestens aber mindern will.

Denkbar ist ferner, dass Gesamtbetriebsvereinbarungen, die nach Betriebsübergang abge   77
schlossen werden, wegen formeller Mängel (z.B. Nichtzuständigkeit des Gesamtbetriebsrats) gerügt werden.

78 Damit kann die hier behandelte Problematik beim **Arbeitnehmer-Mandat** erheblich sein, wenn Rechte oder Ansprüche, die sich aus bisherigen Gesamtbetriebsvereinbarungen ergeben, entfallen oder gemindert werden sollen. Erfolgt z.b. die Kündigung gegenüber einem unzuständigen Organ, bleiben die Rechte der Arbeitnehmer (zunächst) erhalten. Werden Rechte der Arbeitnehmer eingeschränkt oder werden ihnen Pflichten auferlegt, kann die Rechtswirksamkeit einer entsprechenden (Gesamt-)Betriebsvereinbarung fraglich sein, mithin keine Grundlage für entsprechende Weisungen oder Maßnahmen des Arbeitgebers bilden. Vor allem die Kürzung oder Abschaffung von Entgeltbestandteilen kann aus diesem Grunde unwirksam sein.

79 **Beispiel:**

> Will der neue Inhaber im o.g. Beispielsfall die fragliche (Gesamt-)Betriebsvereinbarung kündigen, muss er die Kündigung gegenüber dem nach dem Betriebsübergang zuständigen (Gesamt-)Betriebsrat erklären, sonst ist sie unwirksam (vgl. dazu schon Kapitel 3 Rn. 411 ff.). Die Beschäftigten behalten ihren Anspruch auf die Sonderzahlung in bisheriger Höhe.

80 Insgesamt ist die Problematik allerdings beim **Arbeitnehmer-Mandat** von deutlich geringerer Relevanz als beim Betriebsrat, da der Gesamtbetriebsrat vor allem bei personellen Maßnahmen, die den einzelnen Arbeitnehmer betreffen, durchweg keine Beteiligungsrechte hat.

81 Beim **Arbeitgeber-Mandat** kann es vor allem bei (beabsichtigten) Änderungen von Arbeitsbedingungen wichtig sein kann, ob noch nach einem Betriebsübergang ein Gesamtbetriebsrat (empfangs-)zuständig oder sogar neu zu bilden ist. Wird dies nicht beachtet, kann entsprechenden Maßnahmen die Rechtsgrundlage fehlen, so dass z.b. die Kürzung von Entgeltbestandteilen unwirksam sein kann (vgl. schon Kapitel 3 Rn. 414).

2. Denkbare Fallgestaltungen

a. Übertragung eines Unternehmens mit mehreren Betrieben

82 Wird ein gesamtes Unternehmen mit zwei oder mehr Betrieben auf einen neuen Inhaber übertragen, besteht der Gesamtbetriebsrat in der bisherigen Form wohl nur dann fort, wenn ein neuer Unternehmensträger, der bisher keine Betriebe hatte, alle Betriebe vom vorherigen Unternehmensträger übernimmt und die Betriebsidentität aller Betriebe erhalten bleibt.[25]

83 **Beispiel:**

> Ein Unternehmen mit 10 (betriebsratsfähigen) Filialen wird auf einen neuen Inhaber übertragen, der die Filialen unverändert weiterführt.

84 Der Fortbestand des Gesamtbetriebsrats setzt damit zwingend voraus, dass alle Betriebe eines Unternehmens vom gleichen Erwerber übernommen werden. Bei zwei oder mehr Erwerbern scheidet der Fortbestand des Gesamtbetriebsrats aus; dies gilt auch dann, wenn die Erwerber einen gemeinsamen Betrieb bilden.[26]

85 Darüber hinaus fordert das Bundesarbeitsgericht wohl, dass der Übernehmer bisher keinen eigenen Betrieb hatte, da ein Fortbestand des Gesamtbetriebsrats dann ausscheiden soll, wenn das übernehmende Unternehmen bereits einen oder mehrere Betriebe hat und sich die betrieblichen Strukturen im übernehmenden Unternehmen durch Integration der neuen Betriebe in das Unternehmen entsprechend ändern.[27] Offen bleibt damit, ob ein Fortbestand des beim bis-

---

[25] So offen lassend, aber mit bejahender Tendenz BAG v. 05.06.2002 - 7 ABR 17/01 - NZA 2003, 336, 337.

[26] BAG v. 05.06.2002 - 7 ABR 17/01 - NZA 2003, 336, 337.

[27] BAG v. 05.06.2002 - 7 ABR 17/01 - NZA 2003, 336, 337.

herigen Unternehmensträger bestehenden Gesamtbetriebsrats dann in Betracht kommt, wenn die betrieblichen Strukturen im Unternehmen des Übernehmers durch die neu erworbenen Betriebe nicht geändert werden, wobei unklar ist, was unter einer solchen Änderung der betrieblichen Struktur zu verstehen ist. Es dürfte daher in solchen Fällen rechtssicherer sein, wenn ein neuer Gesamtbetriebsrat gebildet wird.

b. Herauslösung eines oder mehrerer Betriebe aus einem Unternehmen

Werden ein oder mehrere Betrieb/e aus einem Unternehmen herausgelöst oder werden die Betriebe eines Unternehmens an verschiedene Erwerber übertragen, kommt es für die Frage des Fortbestands des Gesamtbetriebsrats zunächst darauf an, ob der abgebende Unternehmensträger nach dem bzw. den Betriebsübergängen noch über mindestens zwei betriebsratsfähige Betriebe verfügt. In diesem Fall bleibt der bei ihm bestehende Gesamtbetriebsrat bestehen, es ändert sich jedoch dessen Zusammensetzung, da die Betriebsräte der übertragenen Betriebe aus dem Gesamtbetriebsrat ausscheiden.   **86**

Besteht beim Veräußerer nach dem Betriebsübergang kein Betrieb mehr oder sind nur noch ein Betrieb bzw. nicht mindestens zwei betriebsratsfähige Betriebe vorhanden, erlischt das Amt des Gesamtbetriebsrats ab dem Zeitpunkt, in dem seine Errichtungsvoraussetzungen (§ 47 BetrVG) entfallen. [28]   **87**

Sofern beim Erwerber (noch) kein Gesamtbetriebsrat bestand, ist bei ihm nach den Betriebsübergängen bzw. ab dem Zeitpunkt, in dem er Inhaber von zwei Betrieben wird, ein neuer Gesamtbetriebsrat zu bilden. Sollte beim Erwerber bereits ein Gesamtbetriebsrat vorhanden sein, werden Mitglieder der Einzelbetriebsräte der übergehenden Betriebe in den beim Erwerber bestehenden Gesamtbetriebsrat nach Maßgabe des § 47 BetrVG entsandt.[29] Das gilt auch dann, wenn der Erwerber keinen ganzen Betrieb, sondern einen betriebsratsfähigen Betriebsteil vom Veräußerer erwirbt und diesen als eigenständigen Betrieb weiterführt. In diesem Zusammenhang ist zu beachten, dass eine Entsendung in den Gesamtbetriebsrat bzw. die Neubildung eines Gesamtbetriebsrats auch beim Vorliegen eines Übergangsmandats nach § 21a BetrVG möglich sein dürfte.[30]   **88**

Sollte durch eine Umstrukturierung ein gemeinschaftlicher Betrieb zweier Unternehmen entstehen, ist zusätzlich zu beachten, dass der für diesen Betrieb zuständige Betriebsrat eventuell Mitglieder in die Gesamtbetriebsrat **beider** Unternehmen entsenden kann. Es ist allerdings – trotz der Neufassung des § 47 Abs. 9 BetrVG – nach wie vor umstritten, ob der Betriebsrat eines Gemeinschaftsbetriebes Mitglieder in den bzw. die Gesamtbetriebsräte der an diesem Betrieb beteiligten Unternehmen entsenden darf.[31]   **89**

Sonderfall Betriebsaufspaltung: Einen Sonderfall stellt die sog. Betriebsaufspaltung (meist in eine Besitz- und eine Betriebsgesellschaft) dar, bei der i.d.R. ein Betriebsteil auf einen neuen Unternehmensträger (Besitz- oder Betriebsgesellschaft) übertragen wird und damit sozusagen aus einem Betrieb zwei Betriebe werden. Ein Gesamtbetriebsrat ist i.d.R. nicht zu bilden: Entweder besteht der Betrieb, so wie er schon bisher existiert hat, im Wesentlichen unverändert fort. Dann liegt – nicht zuletzt wegen der Vermutung des § 1 Abs. 2 Nr. 2 BetrVG – ein gemeinsamer Betrieb zweier Unternehmen vor, für den nur ein Betriebsrat zu bilden ist bzw. für   **90**

---

[28] So wohl auch *Willemsen/Hohenstatt/Schweibert/Seibt*, Umstrukturierung und Übertragung von Unternehmen, Teil D Rn. 110; *Fitting/Engels/Schmidt/Trebinger/Linsenmaier*, BetrVG § 47 Rn. 26.

[29] BAG v. 16.03.2005 - 7 ABR 37/04 - NZA 2005, 1069, 1071.

[30] So zutreffend für die Neubildung eines Gesamtbetriebsrats *Glock* in: H/S/W/G/N § 47 Rn. 13.

[31] Dafür *Fitting/Engels/Schmidt/Trebinger/Linsenmaier*, BetrVG § 47 Rn. 78; differenziert: *Willemsen/ Hohenstatt/Schweibert/Seibt*, Umstrukturierung und Übertragung von Unternehmen, Teil D Rn. 117.

den der bisher schon zuständige Betriebsrat im Amt bleibt (vgl. Rn. 54 ff.) Oder es wird der übertragene Betriebsteil abgetrennt und als eigener Betrieb weitergeführt; dann fehlt es i.d.R. an der Voraussetzung, dass beide Betriebe dem gleichen Unternehmensträger angehören müssen, da durch die Betriebsaufspaltung zwei verschiedene Unternehmensträger entstehen.[32] Im letztgenannten Fall steht dem Betriebsrat des Ursprungsbetriebes unter den Voraussetzungen des § 21a BetrVG ein Übergangsmandat zu.

91   Hinweis:

> Möglich ist in diesem Fall die Bildung eines Konzernbetriebsrats, wenn der bzw. die (identischen) Gesellschafter beider Gesellschaften als herrschendes Unternehmen i.S.v. § 54 Abs. 1 BetrVG i.V.m. § 18 AktG anzusehen sind.

IV. Auswirkungen auf Bestand und Zusammensetzung des Konzernbetriebsrats

92   Welche Auswirkungen ein Betriebsübergang auf Bestand und Zusammensetzung eines beim Veräußerer, ggf. auch beim Erwerber bestehenden Konzernbetriebsrats hat, ist bisher noch nicht Gegenstand (höchst-)richterlicher Entscheidungen gewesen. Die Rechtslage dürfte sich ähnlich darstellen wie die beim Gesamtbetriebsrat. Mittelbare praktische Relevanz sowohl beim **Arbeitnehmer-** als auch beim **Arbeitgeber-Mandat** kann diesem Komplex vor allem bei der Kündigung bzw. Änderung von vor dem Betriebsübergang für die Beschäftigten geltenden Konzernbetriebsvereinbarungen zukommen (vgl. dazu Kapitel 3 Rn. 424 ff.).

93   Zu Bestand und Zusammensetzung des Konzernbetriebsrats wird man zu folgenden Ergebnissen gelangen können:

94   Dass ein Konzernbetriebsrat insgesamt bei einem neuen Inhaber unverändert fortbesteht, ist möglich, aber wenig wahrscheinlich. Der unveränderte Fortbestand des Konzernbetriebsrats dürfte in Anlehnung an die Entscheidung des BAG zum Fortbestand eines Gesamtbetriebsrats[33] allenfalls dann in Betracht kommen, wenn ein gesamter Konzern (einschließlich aller dazugehöriger Konzernunternehmen) veräußert wird und der Konzern insgesamt in seiner Struktur unverändert bleibt. Das wird in der Praxis kaum jemals vorkommen.

95   Hinweis:

> Die Frage, ob sich an Bestand oder Zusammensetzung eines Konzernbetriebsrats etwas ändert, stellt sich im Übrigen i.d.R. nur dann, wenn ein gesamtes (Konzern-)Unternehmen veräußert wird. Veräußert ein Konzernunternehmen lediglich einen Betrieb oder Betriebsteil, hat dies auf die Zusammensetzung des Konzernbetriebsrats i.d.R. keine Auswirkung, da nach wie vor der (Gesamt-)Betriebsrat[34] des Veräußererunternehmens Mitglieder in den Konzernbetriebsrat entsendet.

96   Ansonsten ändert der Übergang eines Betriebes/Betriebsteils oder der eines gesamten Unternehmens (evtl. mit mehreren Betrieben) nur dann etwas am Bestand des beim Veräußerer gebildeten Konzernbetriebsrats, wenn dieser Betriebsübergang dazu führt, dass die nach § 54 BetrVG notwendigen Errichtungsvoraussetzungen für den Konzernbetriebsrat entfallen. Ist dies nicht der Fall, bleibt der Konzernbetriebsrat bestehen, jedoch ändert sich seine Zusammensetzung, da bei der Übertragung eines ganzen Konzernunternehmens auf einen konzernfremden Dritten dessen Gesamtbetriebsrat aus dem Konzernbetriebsrat ausscheidet.

---

[32] BAG v. 05.12.1975 - 1 ABR 8/74 - AP Nr. 1 zu § 47 BetrVG 1972.
[33] BAG v. 05.06.2002 - 7 ABR 17/01 - NZA 2003, 336 f.
[34] Beachte § 54 Abs. 2 BetrVG für Konzernunternehmen ohne Gesamtbetriebsrat!

Für den Erwerber gilt spiegelbildlich das Gleiche: Ein bei ihm bereits bestehender Konzernbe- **97** triebsrat ändert seine Zusammensetzung nur, wenn ein weiteres (Konzern-)Unternehmen dazukommt und der dort bestehende Gesamtbetriebsrat (evtl. auch in den Fällen des § 54 Abs. 2 BetrVG der Betriebsrat) neue Mitglieder in den Konzernbetriebsrat entsendet. Ggf. kommt auch erst nach Erwerb des Unternehmens erstmalig die Bildung eines Konzernbetriebsrats in Betracht. Dagegen ändert sich i.d.R. nichts, wenn der Erwerber lediglich einen Betrieb oder Betriebsteil erwirbt und kein neues Konzernunternehmen gründet, sondern den erworbenen Betrieb/Betriebsteil in ein bestehendes Unternehmen integriert. In diesem Fall ändert sich die Zahl der Konzernunternehmen nicht, so dass sich auch an der Zusammensetzung des Konzernbetriebsrats nichts ändert.

Besteht beim Erwerber (noch) kein Konzernbetriebsrat, kann der Erwerb eines Betriebes oder **98** Unternehmens dazu führen, dass die Errichtungsvoraussetzungen des § 54 BetrVG nach Betriebsübergang erfüllt werden.

Hinweis: **99**

Die Bildung eines Konzernbetriebsrats ist fakultativ.

B. (Rechts-)Stellung der Betriebsratsmitglieder nach Betriebs(teil)-übergang

I. Übersicht und Mandatsrelevanz

Für die Betriebsratsmitglieder im Ursprungsbetrieb kann der Betriebsübergang entweder zum **100** Mandatsverlust führen oder nichts daran ändern.

Welche (Rechts-)Stellung die Betriebsratsmitglieder nach einem Betriebsübergang innehaben, **101** richtet sich zunächst nach der Stellung des Betriebsrats. Verliert dieser sein Amt (vgl. Rn. 13), zieht dies den Mandatsverlust der bisherigen Betriebsratsmitglieder unmittelbar nach sich: Betriebsratsmitglieder ohne Betriebsrat gibt es nicht.

Bleibt der Betriebsrat hingegen im Amt und/oder steht ihm ein Übergangsmandat zu, kommt **102** es für die Beibehaltung bzw. den Verlust der jeweiligen Betriebsratsmitgliedschaft darauf an, ob nach dem Betriebsübergang noch ein Arbeitsverhältnis zu dem Arbeitgeber besteht, der nunmehr dem Betriebsrat gegenübersteht. Zu wem das Arbeitsverhältnis nach Betriebsübergang besteht, ist deshalb entscheidend, weil sich aus § 24 Nr. 3 und 4 BetrVG ergibt, dass nur Arbeitnehmer des Betriebes Betriebsratsmitglieder sein können; Arbeitnehmer des Betriebes sind nach § 5 BetrVG die Beschäftigten, die zu dem Arbeitgeber in einem Arbeits- bzw. Beschäftigungsverhältnis stehen.[35] Wenn also zu dem Arbeitgeber, der dem Betriebsrat nach Betriebs(teil)übergang weiterhin oder neu gegenübersteht, kein Arbeitsverhältnis mehr besteht, erlischt die Betriebsratsmitgliedschaft nach § 23 Nr. 3 oder 4 BetrVG.

103 Hinweise:

> Ob ein Betriebsratsmitglied durch einen Betriebsübergang sein Betriebsratsmandat behält oder nicht, ist wesentlich für die Frage, ob die für Betriebsratsmitglieder geltenden besonderen Regelungen, vor allem der besondere Kündigungsschutz des § 15 KSchG oder die speziellen Beteiligungsrechte des Betriebsrats (§ 103 BetrVG) eingreifen. Endet die Betriebsratsmitgliedschaft, ist jedoch bei Kündigungen der nachwirkende Kündigungsschutz des § 15 Abs. 1 Satz 2 KSchG zu beachten.

104 Für das **Arbeitnehmer-Mandat** hat dies vor allem zur Folge, dass bei personellen (Einzel-)Maßnahmen eingehend geprüft werden muss, ob der Betriebsübergang zum Verlust der Betriebsratsmitgliedschaft geführt hat oder nicht.

105 Für das **Arbeitgeber-Mandat** gilt umgekehrt, dass diese Frage im Vorfeld personeller Maßnahmen geklärt werden muss, weil entsprechende Arbeitgebermaßnahmen zum Teil wesentlich höhere Wirksamkeitsvoraussetzungen haben.

II. Denkbare Fallkonstellationen

106 Wegen der Anforderung, dass der Betriebsrat im Ursprungsbetrieb im Amt bleiben und ein Arbeitsverhältnis zu dem Arbeitgeber bestehen muss, der dem Betriebsrat gegenübersteht, ergeben sich folgende Ergebnisse für die einzelnen denkbaren Fallkonstellationen:

1. Übergang eines gesamten Betriebes

107 Geht ein gesamter Betrieb unverändert auf den neuen Inhaber über, ändert sich beim Betriebsrat nichts (vgl. Rn. 24). Demzufolge ändert sich auch nichts an der Betriebsratsmitgliedschaft, es sei denn, ein Betriebsratsmitglied widerspricht dem Übergang seines Arbeitsverhältnisses. Falls es widerspricht, bleibt das Arbeitsverhältnis zum bisherigen Betriebsinhaber bestehen; dieser steht aber nunmehr nicht mehr dem Betriebsrat gegenüber, sondern der neue Inhaber, zu dem indes kein Arbeitsverhältnis besteht. Damit entfällt die Mitgliedschaft im Betriebsrat gemäß § 24 Nr. 3, 4 BetrVG spätestens ab dem Zeitpunkt, in dem der Widerspruch dem Arbeitgeber bzw. dem neuen Inhaber zugegangen ist.[36]

108 Geht ein gesamter Betrieb auf einen neuen Inhaber über, der diesen in einen seiner eigenen Betriebe eingliedert, verliert der Betriebsrat sein Amt und die Betriebsratsmitglieder ihre Mitgliedschaft, wenn im eingliedernden Betrieb ein Betriebsrat besteht (vgl. Rn. 31) oder dieser nicht dem Geltungsbereich des BetrVG unterfällt. Besteht kein Betriebsrat im eingliedernden Betrieb und unterfällt er dem Geltungsbereich des BetrVG, steht dem Betriebsrat des Ursprungsbetriebes das Übergangsmandat des § 21a BetrVG zu; er bleibt also im Amt und die Betriebsratsmitglieder behalten ihr Mandat, wenn sie dem Übergang ihres Arbeitsverhältnisses nicht widersprechen.

---

[35] Dazu umfassend *Fitting/Engels/Schmidt/Trebinger/Linsenmaier*, BetrVG § 5 Rn. 14 ff.

[36] Ob die Ausübung des Widerspruchsrechts auf den Zeitpunkt des Betriebsübergangs zurückwirkt, ist umstritten, wird vom Bundesarbeitsgericht aber inzwischen klar bejaht, vgl. BAG v. 13.07.2006 - 8 AZR 305/05, NZA 2007 - 1268, 1272f.; BAG v. 13.07.2006 - 8 AZR 382/05 - NZA 2006, 1406, 1410 f.

Wird der übergehende Betrieb mit anderen Betrieben zusammengeführt, kommt es darauf an, **109** welcher Betriebsrat gemäß § 21a Abs. 2 BetrVG das Übergangsmandat wahrnimmt. Nur dessen Mitglieder behalten – vorausgesetzt, sie widersprechen dem Übergang ihres Arbeitsverhältnisses nicht – ihr Amt; die Mitglieder des bzw. der anderen Betriebsräte verlieren ihr Mandat in dem Zeitpunkt, in dem auch der jeweilige Betriebsrat sein Amt verliert.

Hinweis: **110**

> Der Amtsverlust durch Betriebsübergang ändert m.E. nichts am Eingreifen des nachwirkenden Kündigungsschutzes gemäß § 15 Abs. 1 Satz 2 KSchG, da der Wortlaut dieser Vorschrift keine Einschränkung für solche Fälle enthält.

2. Übergang eines Betriebsteils

Geht nur ein Betriebsteil auf einen neuen Inhaber über, so dass der Betriebsrat des Ursprungs- **111** betriebes dort im Amt bleibt, ändert sich zunächst für die Betriebsratsmitglieder, die im Ursprungsbetrieb bleiben und deren Arbeitsverhältnis nicht übergeht, nichts.

Die in dem übergehenden Betriebsteil beschäftigten Arbeitnehmer verlieren im Zeitpunkt des **112** Übergangs ihr Betriebsratsmandat, da sie nicht mehr zu dem Arbeitgeber, der dem Betriebsrat gegenübersteht, in einem Arbeitsverhältnis stehen. Sie bleiben nur im Falle eines Widerspruchs gemäß § 613a Abs. 6 BGB Betriebsratsmitglied beim bisherigen Arbeitgeber. Dies gilt auch, wenn dem Betriebsrat des Ursprungsbetriebes im übertragenen Betriebsteil ein Übergangsmandat gemäß § 21a BetrVG zusteht (vgl. Rn. 21).

C. Beteiligungsrechte in Zusammenhang mit einem Betriebsübergang

I. Interessenausgleichs- und Sozialplanpflicht

1. Grundsatz

Ob ein Betriebs(teil)übergang die Beteiligungsrechte nach den §§ 111 ff. BetrVG und dabei **113** insbesondere die Sozialplanpflicht auslöst, hängt zentral davon ab, ob eine Betriebsänderung i.S.v. § 111 BetrVG vorliegt. Nach einer inzwischen ständig verwendeten Formel stellt ein Betriebs(teil)übergang für sich genommen keine Betriebsänderung dar. Eine Betriebsänderung kann jedoch vorliegen, wenn mit einem Betriebsteilübergang weitere bzw. andere Maßnahmen des Arbeitgebers verbunden sind, die den Tatbestand des § 111 BetrVG erfüllen.[37] Wird ein Betriebsteil ausgegliedert und übertragen, ist gemäß § 111 Nr. 3 BetrVG zu beachten, dass die Ausgliederung und Übertragung eines Betriebsteils regelmäßig den Begriff der Spaltung erfüllt und damit eine Betriebsänderung darstellt.[38] Ähnliches gilt für den Zusammenschluss von Betrieben, der von § 111 Nr. 3 ebenfalls erfasst wird; dort ist indes unklar, welcher Betriebsrat eigentlich zuständig ist und ob dies vom Restmandat nach § 21b BetrVG erfasst wird.

Hinweis: **114**

> Daraus folgt als Faustformel, dass eine Betriebsänderung i.d.R. dann vorliegt, wenn ein Betriebsteil übertragen wird, während sie – vorbehaltlich etwaiger Widersprüche – ausscheidet, wenn – ohne weitere organisatorische Maßnahmen – ein gesamter Betrieb übertragen und im Wesentlichen unverändert weitergeführt wird.

---

[37] St. Rspr. seit BAG v. 4.12.1979 - 1 AZR 843/76 - AP § 111 BetrVG 1972 Nr. 6; zuletzt BAG v. 25.01.2000 - 1 ABR 1/99 - NZA 2000, 1069, 1070.
[38] BAG v. 10.12.1996 - 1 ABR 32/96 - NZA 1997, 898, 899.

115   Keine betriebsverfassungsrechtliche Auswirkung eines Betriebsübergangs ist es, wenn die Abgrenzung zwischen einer i.d.R. interessenausgleichs- und sozialplanpflichtigen Betriebs-(teil)stilllegung und einem Betriebs(teil)übergang in Rede steht. Dies richtet sich nach den allgemeinen, bereits eingehend behandelten Kriterien (vgl. dazu Kapitel 1 Rn. 7 ff.). Wenn streitig oder unklar ist, ob eine Stilllegung oder ein Übergang vorliegt, können die Betriebsparteien einen vorsorglichen Sozialplan vereinbaren.[39]

116   **Hinweis:**

> Ein vorsorglicher Sozialplan als solcher dürfte indes nicht erzwingbar sein. Im **Betriebsrats-Mandat** muss daher selbst dann, wenn der Betriebsrat meint, es liege ein Betriebsübergang vor, im Verfahren vorgetragen werden, es handele sich um eine interessenausgleichs- und sozialplanpflichtige Betriebs(teil)stilllegung.

117   Abfindungsansprüche der betroffenen Arbeitnehmer in einem solchen vorsorglichen Sozialplan dürfen allerdings nicht davon abhängig gemacht werden, dass die Beschäftigten vorher erfolglos eine Feststellungsklage auf Übergang ihres Arbeitsverhältnisses nach § 613a BGB gegen den „Übernehmer" angestrengt haben.[40]

118   Fehlt es an einer beteiligungspflichtigen Betriebsänderung, folgt daraus nicht, dass Betriebsvereinbarungen, die die Folgen von Betriebs(teil)übergängen regeln, unzulässig sind. Es ist vielmehr im Gegenteil so, dass die Betriebsparteien inzwischen häufig sog. Überleitungsvereinbarungen abschließen, in denen zahlreiche Fragen, wie z.B. die Zuordnung einzelner Arbeitnehmer, die Klärung der Rechtsfolgen vor allem in Bezug auf Sozialleistungen oder betriebliche Altersversorgung geklärt werden.[41] Solche Überleitungs- bzw. Betriebsvereinbarungen können nicht nur mitbestimmungspflichtige Gegenstände regeln, sondern – als freiwillige Betriebsvereinbarung – auch darüber hinausgehen. So hat das Bundesarbeitsgericht die Vereinbarung einer Wiedereinstellungszusage bei betriebsbedingten Kündigungen durch den Übernehmer akzeptiert.[42] Die Betriebsparteien müssen sich allerdings an die Grenzen des zwingenden Rechts halten. So sind z.B. bei Betriebsteilübertragungen Zuordnungen, die den dafür entwickelten Kriterien (vgl. Kapitel 2 Rn. 25 ff.) widersprechen, m.E. unwirksam. Ebenso wenig können bisheriger Arbeitgeber und (Gesamt-)Betriebsrat allein, ohne Beteiligung des Übernehmers, Regelungen ausschließlich für die Zeit nach Betriebsübergang treffen, da ihnen insoweit die Regelungskompetenz fehlt[43]; daran ändert ein eventuell nach § 21a BetrVG bestehendes Übergangsmandat nichts, da der Übernehmer nicht ohne sein Einverständnis an von Dritten gesetzte Regelungen gebunden werden kann.

119   **Hinweis:**

> Überleitungsvereinbarungen sind inzwischen so üblich, dass ihr Abschluss oft erwartet wird. Falls es indes an einer Betriebsänderung fehlt, kann der Betriebsrat eine solche Regelung bzw. entsprechende Verhandlungen nicht erzwingen. Dennoch sollte im **Arbeitgeber-Mandat** in der Regel zum Abschluss einer solchen Vereinbarung geraten werden, weil sie die Akzeptanz bei den Beschäftigten erfahrungsgemäß erhöht, die Gefahr von Widersprüchen absenkt und zudem die nach § 613a Abs. 5 BGB zu erteilende Information erleichtert und weniger fehleranfällig macht, da auf die Überleitungsvereinbarung verwiesen werden kann (vgl. dazu Kapitel 10 Rn. 21).

---

[39] BAG v. 01.04.1998 - 10 ABR 17/97 - NZA 1998, 768, 770 f.

[40] BAG v. 22.07.2003 - 1 AZR 575/02 - AP BetrVG 1972 § 112 Nr. 160.

[41] Beispiele bei *Sieg/Maschmann*, Teil J.

[42] BAG v. 19.10.2005 - 7 AZR 32/05 - NZA 2006, 393, 394 f.

[43] BAG v. 01.04.1987 - 4 AZR 77/86 - NZA 1987, 593, 595; BAG v. 18.09.2002 - 1 ABR 54/01 - NZA 2003, 670, 675 f.

2. Übertragung von Betrieben als Betriebsänderung

Die Übertragung eines gesamten Betriebs kann trotz der gerade genannten Faustformel in **120**
mehreren Fallgestaltungen Beteiligungsrechte des Betriebsrats nach den §§ 111 ff. BetrVG
auslösen. So zum einen dann, wenn der bisherige Arbeitgeber vor dem Betriebsübergang organisatorische Maßnahmen ergreift bzw. den Wert des Unternehmens oder Betriebes durch
Personalabbau steigern will. In diesem Fall liegt eine klassische Betriebseinschränkung i.S.d.
§ 111 Satz 3 Nr. 1 BetrVG vor, wenn die Zahlengrenzen des § 112a BetrVG überschritten werden. Zum anderen kann eine sozialplanpflichtige Betriebsänderung durch den Widerspruch
mehrerer Arbeitnehmer nach § 613a Abs. 6 BGB entstehen. Das kann nach der Rechtsprechung des Bundesarbeitsgerichts jedenfalls dann der Fall sein, wenn ein oder mehrere Betriebsteile übertragen werden, beim bisherigen Arbeitgeber aber noch ein (Rest-)Betrieb verbleibt. Bei einem durch die Widersprüche verursachten Personalabbau werden auch diejenigen
Arbeitsverhältnisse mitgezählt, die nur deshalb gekündigt werden müssen, weil die Arbeitnehmer dem Übergang auf einen Teilbetriebserwerber widersprochen haben und eine Beschäftigungsmöglichkeit im Restbetrieb nicht mehr besteht. Darüber hinaus sollen auch widersprechende Arbeitnehmer einen Anspruch auf Nachteilsausgleich haben, wenn der Arbeitgeber vor
der Betriebsänderung keinen Interessenausgleich mit dem Betriebsrat versucht hat.[44]

Beispiel:[45]   **121**

Ein Unternehmer beschließt, seine drei Betriebe mit insgesamt 18 Mitarbeitern jeweils
an verschiedene Erwerber zu veräußern und die allgemeine kaufmännische Verwaltung
mit nochmals 5 Mitarbeitern zum 31.12.2004 aufzulösen. Arbeitnehmer A widerspricht
im Dezember 2004 dem Übergang seines Arbeitsverhältnisses auf den Übernehmer seines Betriebes. Daraufhin wird ihm von seinem bisherigen Arbeitgeber betriebsbedingt
gekündigt. A verlangte die Zahlung eines Nachteilsausgleichs gemäß § 113 BetrVG, was
ihm vom BAG auch zugestanden wurde.

Diese Rechtsprechung kann für den bisherigen Arbeitgeber zu einer echten „Haftungsfalle" **122**
werden, da er gerade bei solchen und ähnlichen Fallkonstellationen nicht weiß und auch nicht
wissen kann, ob die Grenzen für eine sozialplanpflichtige Betriebsänderung überschritten werden oder nicht. Dieses Problem wird durch die vom EuGH veranlasste Änderung des Massen-
entlassungsbegriffs[46], nach der die Entlassung als Ausspruch der Kündigung zu verstehen ist[47],
verschärft. Da die Massenentlassungsanzeige bei der Agentur für Arbeit vor Ausspruch der
Kündigungen erstattet werden muss, wird der Arbeitgeber vor das zusätzliche Problem gestellt, dass eventuell bereits ausgesprochene Kündigungen (wegen Betriebsstilllegung) aus
diesem Grunde als unwirksam betrachtet werden.

Hinweise: **123**

Das Problem lässt sich kaum befriedigend lösen, worauf im **Arbeitgeber-Mandat** hingewiesen werden sollte. Eine Möglichkeit, das Risiko zu verringern, besteht in einer
frühzeitigen Information nach § 613a Abs. 5 BGB, damit die Einmonatsfrist des § 613a
Abs. 6 BGB ausgelöst wird, nach deren Ablauf abgeschätzt werden kann, wie hoch der
tatsächliche Personalabbau sein wird. Allerdings werden u.U. erst danach Kündigungen

---

[44] BAG v. 10.12.1996 - 1 AZR 290/96 - NZA 1997, 787, 788.
[45] BAG v. 10.12.1996 - 1 AZR 290/96 - NZA 1997, 787 ff.
[46] EuGH v. 27.01.2005 - C-188/03 - NZA 2005, 213; dazu *Nicolai*, NZA 2005, 206 ff.
[47] „Übernommen" jetzt von BAG v. 23.03.2006 - 2 AZR 343/05 - NZA 2006, 971 und BAG v. 13.07.2006
- 6 AZR 198/06 - AP KSchG 1969 § 17 Nr. 22 m. Anm. *Nicolai*: richtlinienkonforme Auslegung der
§§ 17 ff. KSchG.

ausgesprochen werden können, so dass wegen der zum Teil erheblichen Kündigungsfristen die Gefahr erheblicher Entgeltzahlungen nach der (Teil-)Stilllegung droht. Im **Arbeitnehmer-Mandat** sollte für den Fall, dass dem Mandanten, der widersprochen hat, betriebsbedingt gekündigt wurde, die Möglichkeit eines Nachteilsausgleichs dann mit bedacht werden, wenn ein Betriebsrat besteht und im Unternehmen mehr als zwanzig Arbeitnehmer tätig sind. Dann kann – ggf. hilfsweise – ein Antrag auf Zahlung eines Nachteilsausgleichs auf der Grundlage von § 113 BetrVG gestellt werden. Wendet man sich gegen die Kündigung, sollten das Vorliegen einer Massenentlassung vorgetragen und die rechtzeitige Erstattung der Massenentlassungsanzeige mit Nichtwissen bestritten werden.

124 Höchstrichterlich noch nicht entschieden ist der Fall, dass nach Übergang des gesamten Betriebs oder aller Betriebsteile einige Arbeitnehmer dem Übergang ihrer Arbeitsverhältnisse widersprechen. In diesem Fall könnte das Vorliegen einer nach § 111 BetrVG beteiligungspflichtigen Betriebsänderung bereits daran scheitern, dass beim bisherigen Arbeitgeber überhaupt kein Betrieb mehr besteht. Die entsprechende organisatorische Einheit ist ja untergegangen. Allerdings könnte – Hinweis im **Betriebsrats-Mandat** erteilen! – der Betriebsrat unter Bezug auf § 21b BetrVG auch die Auffassung vertreten, dass ihm ein Restmandat zusteht.[48] Solange diese Frage höchstrichterlich nicht entschieden ist, bleibt es jedenfalls für den Arbeitgeber ein Risiko, wenn er den Abschluss eines Interessenausgleichs und Sozialplans verweigert. Ggf. drohen Nachteilsausgleichsansprüche gemäß § 113 BetrVG.

125 Hinweis:

Will der bisherige Arbeitgeber dieses Risiko nicht eingehen und einen Sozialplan abschließen, sollte im **Arbeitgeber-Mandat** auf die Aufnahme einer Klausel gedrängt werden, nach der eine Abfindung ausgeschlossen ist, wenn der Arbeitnehmer die Annahme eines anderen zumutbaren Arbeitsplatzes verweigert hat. Außerdem ist zu beachten, dass ein Arbeitnehmer, der dem Übergang seines Arbeitsverhältnisses widersprochen hat, trotz Unmöglichkeit der Beschäftigung durch den früheren Arbeitgeber einen etwaigen Anspruch auf Annahmeverzugslohn verliert, wenn er eine ihm zumutbare Beschäftigung beim Übernehmer des Betriebes ausgeschlagen hat (§ 615 Satz 2 Alt. 3 BGB).[49]

3. Übertragung von Betriebsteilen als Betriebsänderung

126 Wie bereits angesprochen, stellt die Übertragung von Betriebsteilen, wenn sie mit einer Ausgliederung bzw. einer Spaltung des Betriebes verbunden ist, wegen der ausdrücklichen Regelung in § 111 Satz 3 Nr. 3 BetrVG nahezu immer eine Betriebsänderung dar. Das Bundesarbeitsgericht hat zwar die Frage, ob sog. „Bagatellausgründungen" hiervon ausgenommen sind, offen gelassen, jedoch betont, die Veräußerung eines Betriebsteils setze eine veräußerungsfähige Einheit voraus, die regelmäßig erst bei einer wirtschaftlich relevanten Größenordnung und einer abgrenzbaren eigenständigen Struktur gegeben sei. Daher werde eine Ausgliederung im Zusammenhang mit einer solchen Übertragung regelmäßig auch den Begriff der Spaltung erfüllen.[50] Daraus wird man schließen können, dass die Ausgliederung und Übertragung von Betriebsteilen faktisch immer eine Betriebsänderung darstellen wird.

---

[48] So auch das LAG Rheinland-Pfalz v. 18.04.2005 - 2 TaBV 15/05 - NZA-RR 2005, 529 f.

[49] BAG v. 19.03.1998 - 8 AZR 139/97 - NZA 1998, 750.

[50] BAG v. 10.12.1996 - 1 ABR 32/96 - NZA 1997, 898, 900.

Hinweis: 127

> § 111 Satz 3 Nr. 3 BetrVG setzt die Spaltung von Betrieben und nicht von Unternehmen voraus. Daraus folgt, dass eine sog. „Betriebsaufspaltung", die nur den bzw. die Unternehmensträger betrifft, die tatsächlichen Verhältnisse aber unverändert lässt, keine Betriebsänderung darstellt. Der Betrieb wird dann nur zu einem gemeinsamen Betrieb mehrerer Unternehmen (§ 1 Abs. 2 Nr. 2 BetrVG).

Auch bei der Ausgliederung und/oder Übertragung von Betriebsteilen kann es zu dem gerade 128
unter Rn. 120 ff. erörterten Problem kommen, dass wegen des Widerspruchs und einer darauf folgenden (betriebsbedingten) Kündigung mehrerer Arbeitnehmer erst später ein (weiterer) sozialplan- und massenentlassungsanzeigepflichtiger Tatbestand entsteht. Insoweit kann auf die obigen Ausführungen verwiesen werden. Ein zusätzliches Problem entsteht dann noch allerdings dadurch, dass der Arbeitgeber beim Ausspruch betriebsbedingter Kündigungen gemäß § 1 Abs. 3 KSchG eine Sozialauswahl durchführen muss, da ja der bisherige Betrieb noch existent ist. Zu der Frage, ob und wenn ja, wie sich der Widerspruch eines Arbeitnehmers auf die Sozialauswahl auswirkt, siehe Kapitel 7 Rn. 91 ff.

4. Auszugleichende Nachteile

Liegt eine sozialplanpflichtige Betriebsänderung vor, stellt sich vor allem bei Verfahren vor 129
der Einigungsstelle die Frage, welche Nachteile auszugleichen sind bzw. ob dazu auch die eventuell schlechtere Solvenz des Erwerbers u.Ä. gehören. Nach der Rechtsprechung des Bundesarbeitsgerichts sind eine etwaige Verringerung der Haftungsmasse bei dem Betriebserwerber sowie dessen befristete Befreiung von der Sozialplanpflicht nach § 112a Abs. 2 BetrVG nicht zu berücksichtigen.[51] Dies seien Folgen des Schuldnerwechsels, nicht aber der Spaltung des Betriebes. Umgekehrt ausgedrückt, sollen dann, wenn ein (Teil-)Betriebsübergang mit einer Betriebsänderung zusammenfällt, nur diejenigen Nachteile zu berücksichtigen sein, die die Betriebsänderung selbst verursacht, die also nicht durch § 613a BGB abschließend(!) geregelt sind.[52] Wirtschaftliche Nachteile aus Vorgängen, die selbst keine Betriebsänderung sind und auch nicht deren notwendige Folge darstellen, sind laut Bundesarbeitsgericht keiner erzwingbaren Regelung durch einen Einigungsstellenspruch zugänglich.[53] Ausgleichsfähig sind damit allein die spaltungsbedingten Nachteile, z.B. Fahrtkosten- oder Umzugskostenerstattung bei einer räumlichen Verlegung des ausgegliederten Betriebsteils.

Beispiel:[54] 130

> Der bisherige Arbeitgeber gliedert eine Abteilung mit 24 Arbeitnehmern aus und überträgt sie auf die neu gegründete E-GmbH, deren alleiniger Gesellschafter-Geschäftsführer der bisherige Leiter dieser Abteilung ist. Der beim bisherigen Arbeitgeber bestehende Betriebsrat verlangt, dass die schlechtere Solvenz der E-GmbH sowie der Umstand, dass diese gemäß § 112a Abs. 2 BetrVG in den ersten vier Jahren nach Gründung nicht sozialplanpflichtig ist, im Rahmen des Sozialplans mit ausgeglichen werden; damit ist er aus den o.g. Gründen nicht durchgedrungen.

---

[51] BAG v. 10.12.1996 - 1 ABR 32/96 - NZA 1997, 898, 900; BAG v. 25.01.2000 - 1 ABR 1/99 - NZA 2000, 1069, 1070.
[52] BAG v. 10.12.1996 - 1 ABR 32/96 - NZA 1997, 898, 900.
[53] BAG v. 25.01.2000 - 1 ABR 1/99 - NZA 2000, 1069, 1070.
[54] BAG v. 10.12.1996 - 1 ABR 32/96 - NZA 1997, 898 ff.

131 **Hinweise:**

Damit ist es auch nicht ausgleichsfähig, wenn ein Betrieb oder Betriebsteil durch einen Betriebs(teil)übergang nicht mehr der Tarifbindung unterfällt. Diese Bindungen gelten allerdings nur für die Einigungsstelle. Die Betriebsparteien sind in der Festlegung, welche Nachteile auszugleichen sind, freier.[55]

5. Sonderfall: Sozialplan bei unerkanntem oder überraschendem Betriebsübergang

132 Einen Sonderfall stellen die Konstellationen dar, in denen ein Arbeitgeber, z.B. weil er einen Auftrag verloren hat, seinen Betrieb oder einen Teil seines Betriebes stilllegen will bzw. muss, entsprechende Verhandlungen mit dem Betriebsrat führt, ggf. schon Kündigungen ausspricht und es dann entweder unerwartet zu einem Betriebs(teil)übergang kommt oder aber bei einer Auftragsnachfolge doch ein Betriebs(teil)übergang und keine bloße Funktionsnachfolge vorliegt. Sollte der Sozialplan bereits vereinbart sein, besteht die Gefahr einer Haftung des Erwerbers. Allerdings soll dieser sich u.U. auf den Wegfall der Geschäftsgrundlage berufen können (vgl. dazu bereits Kapitel 3 Rn. 336 ff.).

6. Betriebsänderung nach Betriebs(teil)übergang

133 Führt der Übernehmer nach dem Betriebs(teil)übergang eine Betriebsänderung i.S.d. § 111 BetrVG durch, gelten hinsichtlich seiner Interessenausgleichs- und Sozialplanpflicht keine Besonderheiten. Wurde das Unternehmen des Erwerbers neu bzw. kurz vor dem Betriebs(teil)übergang gegründet, kann er sich auf die Befreiung von der Sozialplanpflicht nach § 112a Abs. 2 Satz 1 BetrVG berufen. Diese Befreiung greift auch dann ein, wenn ein neu gegründetes Unternehmen einen bestehenden Betrieb oder Betriebsteil übernimmt.[56] Dies gilt nach § 112a Abs. 2 Satz 2 BetrVG nicht für Neugründungen im Zusammenhang mit der rechtlichen Umstrukturierung von Unternehmen und Konzernen.

II. Information des Wirtschaftsausschusses

134 Der Wirtschaftsausschuss ist gemäß § 106 Abs. 3 Nr. 10 BetrVG über eine Betriebsaufspaltung bzw. den Übergang eines Betriebes oder eines Betriebsteils auf einen anderen Inhaber nach § 613a BGB zu unterrichten.[57] Entsprechend den allgemein zu § 106 BetrVG entwickelten Grundsätzen muss diese Unterrichtung so rechtzeitig erfolgen, dass Wirtschaftsausschuss und Betriebsrat durch ihre Stellungnahme und eigene Vorschläge noch Einfluss auf die Gesamtplanung wie auch die einzelnen Vorhaben nehmen können.[58]

135 Darüber hinaus stellt sich die Frage, welche Unterlagen dem Wirtschaftsausschuss nach § 106 Abs. 2 BetrVG vorgelegt werden müssen, insbesondere ob dazu auch der mit dem Erwerber geschlossene Kaufvertrag gehört. Nach der Rechtsprechung des Bundesarbeitsgerichts sind dem Wirtschaftsausschuss alle Unterlagen vorzulegen, die ihm eine Stellungnahme und ggf. Einfluss auf die unternehmerische Entscheidung selbst ermöglichen.[59] Jedoch umfasst dies nicht die Unterlagen, die die unternehmerische Entscheidung selbst umsetzen. Wenn der Arbeitgeber einen Betrieb oder Betriebsteil veräußert hat, ist die unternehmerische Entscheidung bereits gefallen, so dass der mit dem Erwerber geschlossene (Kauf-)Vertrag dementsprechend auch nicht vorgelegt werden muss. Der Wirtschaftsausschuss ist vielmehr bereits vor der Ver-

---

[55] Siehe nur BAG v. 06.05.2003 - 1 ABR 11/02 - NZA 2004, 108, 110.

[56] BAG v. 13.06.1989 - 1 ABR 14/88 - NZA 1989, 974, 975.

[57] BAG v. 22.01.1991 - 1 ABR 38/89 - NZA 1991, 649, 650.

[58] BAG v. 22.01.1991 - 1 ABR 38/89 - NZA 1991, 649, 650.

[59] BAG v. 11.07.2000 - 1 ABR 43/99 - NZA 2001, 402, 404 f.

äußerung eines Betriebs oder Betriebsteils zu informieren. Der Veräußerer kann dann gehalten sein, etwaige Unterlagen, die Grundlage für seine entsprechende (Verkaufs- oder Auslage-rungs-)Entscheidung sind, vorzulegen. Das können z.b. in Outsourcing-Fällen Berechnungen über die Höhe der möglicherweise einzusparenden Kosten sein.

III. Unterrichtungspflicht des Arbeitgebers gemäß § 80 Abs. 2 Satz 1 BetrVG

Ein eigenes Unterrichtungsrecht des Betriebsrats kann zudem aus § 80 Abs. 2 Satz 1 BetrVG **136** folgen. Nach der im Jahre 2001 erfolgten Weiterung der Aufgaben des Betriebsrats in § 80 Abs. 1 Nr. 8 BetrVG um die Beschäftigungssicherung und -förderung im Betrieb[60] sowie das Anhörungsrecht des § 92a BetrVG können geplante Betriebs(teil)übergänge bzw. insbesondere die in § 92a BetrVG explizit genannten Auslagerungen eine Informationspflicht des Arbeitgebers auslösen.

---

[60] Vgl. dazu nur *Nicolai* in: H/S/W/G/N, § 80 Rn. 41.

Kapitel 7: Die Beendigung von Arbeitsverhältnissen in Zusammenhang mit einem Betriebsübergang

Gliederung

A. Übersicht und praktische Mandatsrelevanz

1 Der Schutz der von einem Betriebsübergang betroffenen Arbeitnehmer wird durch die Regelung des § 613a Abs. 4 BGB vervollständigt. Danach sind Kündigungen wegen eines Betriebsübergangs unzulässig. Zulässig bleiben Kündigungen aus anderen Gründen. § 613a Abs. 4 BGB gewährt also keinen vollständigen Bestandsschutz, sondern nur einen vor den spezifischen Gefahren bei Betriebsübergängen; einem Grundziel des § 613a BGB entsprechend sollen die von einem Betriebsübergang betroffenen Arbeitnehmer ihre bisherige Rechtsstellung weitgehend behalten, aber nicht mehr geschützt werden, als wenn sie beim früheren Arbeitgeber geblieben wären.

2 **Hinweis:**

> Weit verbreitet ist das Missverständnis, § 613a BGB verbiete generell Kündigungen innerhalb eines Jahres nach Betriebsübergang. Dies ist klar falsch; verboten sind nur Kündigungen wegen des Betriebsübergangs (vgl. Rn. 46 ff.), worauf insbesondere beim **Arbeitnehmer-Mandat** deutlich hingewiesen werden sollte.

Im Bereich des § 613a Abs. 4 BGB stellen sich zwei zentrale Fragen. Als erstes die nach der   3
persönlichen und sachlichen Reichweite des in § 613a Abs. 4 Satz 1 BGB enthaltenen Kündigungsverbotes und hierbei vor allem, ob und wenn ja, unter welchen Voraussetzungen auch andere Beendigungsformen hiervon erfasst werden. Zweitens wird in mehrfachen Varianten erheblich, wie weit die in § 613a Abs. 4 Satz 2 BGB enthaltene Erlaubnis, Kündigungen „aus anderen Gründen" auszusprechen, reicht.

Im **Arbeitnehmer-Mandat** wird die Problematik in erster Linie im Rahmen von Kündigungs-   4
schutzklagen relevant, die sich nicht nur gegen Beendigungs-, sondern auch gegen Änderungskündigungen richten können. Daneben können andere Beendigungsgründe, insbesondere bereits abgeschlossene Aufhebungsverträge oder auslaufende Befristungen in (zeitlichem) Zusammenhang mit einem – ggf. erst danach erfolgenden – Betriebsübergang in Rede stehen, so dass eventuell eine auf Weiterbestehen des Arbeitsverhältnisses gerichtete Feststellungs- oder Entfristungsklage zu erheben ist. Berührt wird die Problematik des Weiteren bei Kündigungsschutzklagen, die ein Beschäftigter nach seinem Widerspruch gemäß § 613a Abs. 6 BGB gegen eine (betriebsbedingte) Kündigung seines bisherigen Arbeitgebers erhebt.

Im **Arbeitgeber-Mandat** kann die Kenntnis der sachlichen und persönlichen Reichweite des   5
Kündigungsverbots in § 613a Abs. 4 Satz 1 BGB im Vorfeld der Planung vor allem eines Betriebsübergangs in Form einer sanierenden Übertragung wesentlich für den Erfolg einer solchen Maßnahme sein. Müssen (betriebsbedingte) Kündigungen ausgesprochen werden, sind verschiedene Fallkonstellationen und Interessenlagen denkbar. Bei (betriebsbedingten) Kündigungen durch den bisherigen Arbeitgeber steht die Frage nach der Abgrenzung zwischen einer Betriebs(teil)stilllegung einerseits und einem Betriebs(teil)übergang andererseits im Vordergrund. Nur wenn eine Stilllegung vorliegt, sind betriebsbedingte Kündigungen gerechtfertigt und nicht gemäß § 613a Abs. 4 Satz 1 BGB unwirksam. Für einen Veräußerer kann ferner von Interesse sein, ob er einen Betrieb oder Betriebsteil umstrukturieren kann, um seine Verkaufschancen zu erhöhen. Bei Übertragung nur eines Betriebsteils können ferner Arbeitsplätze in anderen (zentralisierten) Abteilungen entfallen. Schließlich kann er sich, wenn einer oder mehrere Arbeitnehmer dem Übergang ihres Arbeitsverhältnisses widersprechen, vor die Notwendigkeit betriebsbedingter Kündigungen gestellt sehen. Für den Übernehmer eines Betriebes geht es hingegen in erster Linie oft darum, ob er (nach einem Betriebsübergang) die Möglichkeit hat, wegen notwendiger Umstrukturierungs- oder Anpassungsmaßnahmen betriebsbedingte Kündigungen, und zwar sowohl in Form von Beendigungs- als auch von Änderungskündigungen, auszusprechen.

Im **Betriebsrats-Mandat** werden die Probleme, die sich bei der Beendigung von Arbeitsver-   6
hältnissen in Zusammenhang mit einem Betriebsübergang ergeben, durchweg nicht unmittelbar relevant. Insbesondere kann ein Betriebsrat betriebsbedingte Kündigungen nicht mit der Begründung verhindern, bei der zugrunde liegenden unternehmerischen Maßnahme handele sich nicht um eine Betriebs(teil)stilllegung, sondern um einen Betriebsübergang. Im Rahmen des dem Betriebsrat nach § 102 BetrVG zustehenden Anhörungsrechts können jedoch Weiterbeschäftigungsmöglichkeiten und die Sozialauswahl als Widerspruchsgründe des § 102 Abs. 3 BetrVG ebenso wie bei anderen Kündigungen in Rede stehen; bei Betriebsteilübergängen bzw. -stilllegungen können sich einige zu beachtende Besonderheiten (vgl. Rn. 71 ff.) ergeben. Schließlich kann die Zahl der zu beendenden Arbeitsverhältnisse für den Betriebsrat in Bezug auf die ihm zustehenden Beteiligungsrechte in wirtschaftlichen Angelegenheiten nach den §§ 111 ff. BetrVG wichtig sein; das eventuelle Vorliegen eines Betriebs(teil)übergangs kann zudem für die Ausgestaltung des Sozialplans wichtig sein (vgl. Kapitel 6 Rn. 113 ff.).

B. Das Kündigungsverbot des § 613a Abs. 4 Satz 1 BGB

I. Rechtsnatur als Verbotsnorm

7   § 613a Abs. 4 BGB stellt einen eigenständigen Unwirksamkeitsgrund i.S.v. § 13 Abs. 3 KSchG, § 134 BGB für eine Kündigung dar.[1] Es gilt sowohl für Kündigungen des bisherigen als auch des neuen Arbeitgebers.

8   **Hinweis:**

> Unstreitig findet § 613a Abs. 4 Satz 1 BGB auch in der Insolvenz Anwendung, so dass eine Kündigung des Insolvenzverwalters oder des Übernehmers wegen eines Betriebsübergangs ebenfalls rechtsunwirksam ist.

9   Der Streit um die Rechtsnatur des § 613a Abs. 4 BGB hat vor allem Folgen für den persönlichen Anwendungsbereich dieses Kündigungsverbots (vgl. Rn. 12 ff.). Früher spielte der Streit um die Rechtsnatur des Absatzes 4 auch eine Rolle dafür, ob die dreiwöchige Klagefrist des § 4 KSchG auf entsprechende (Feststellungs-)Klagen gekündigter Arbeitnehmer anzuwenden war. Dies ist wegen der Neufassung des § 4 Satz 1 KSchG seit dem 01.01.2004 unerheblich; seitdem ist die Unwirksamkeit einer Kündigung „wegen eines Betriebsübergangs" innerhalb von drei Wochen ab Zugang der Kündigung geltend zu machen.[2]

10   **Hinweis:**

> Da im Zeitpunkt des Zugangs der (betriebsbedingten) Kündigung den betroffenen Arbeitnehmern (und ggf. bei der Auftragsnachfolge auch dem kündigenden Arbeitgeber) das Vorliegen eines Betriebsübergangs noch nicht bekannt ist, ist die Gefahr der Fristversäumnis groß. Daher empfiehlt es sich im **Arbeitnehmer-Mandat**, entweder vorsorglich Kündigungsschutzklage innerhalb der Dreiwochenfrist des § 4 KSchG zu erheben und mit dem Mandanten das entsprechende Risiko abzuklären oder später zu versuchen, gemäß § 5 KSchG einen Antrag auf nachträgliche Klagezulassung zu stellen; im letzteren Fall sollte der Mandant darauf hingewiesen werden, auf etwaige Anzeichen für einen Betriebs(teil)übergang zu achten und sich ggf. sofort zu melden, damit die Zweiwochenfrist des § 5 Abs. 3 KSchG gewahrt werden kann.

11   Keine Bedeutung hat der Streit um die Rechtsnatur des § 613a Abs. 4 Satz 1 BGB für die Darlegungs- und Beweislast, wenn es in Zusammenhang mit einem Betriebsübergang zu einer Kündigung kommt. Es bleibt auch nach der Ausdehnung des § 4 KSchG dabei, dass ein Arbeitnehmer, der die Unwirksamkeit einer Kündigung wegen § 613a Abs. 4 BGB geltend macht, für das Vorliegen eines Betriebs(teil)übergangs darlegungs- und beweisbelastet ist. Richtet er sich hingegen zugleich gegen die soziale Rechtfertigung einer Kündigung, trägt der (kündigende!) Arbeitgeber gemäß § 1 Abs. 2 Satz 4 KSchG die Darlegungs- und Beweislast für das Vorliegen eines Kündigungsgrundes und damit letztlich dafür, dass kein Betriebs(teil)übergang vorliegt (umfassend dazu Rn. 42 ff.).

II. Persönlicher Anwendungsbereich des § 613a Abs. 4 BGB

12   Weil § 613a Abs. 4 BGB ein „eigenständiges Kündigungsverbot" i.S.v. § 13 Abs. 3 KSchG ist, kommt es auf die Anwendbarkeit des KSchG nicht an. Es greift also nicht nur bei Arbeitnehmern ein, für die das KSchG gilt, sondern auch bei:

---

[1]   BAG v. 31.01.1985 - 2 AZR 530/83 - NZA 1085, 593 ff.; bestätigt in BAG v. 05.12.1985 - 2 AZR 3/85 - NZA 1986, 522, 523.

[2]   Dazu *Nicolai*, Das neue Kündigungsrecht, Rn. 179 f.

- Arbeitnehmern, die weniger als sechs Monate im Betrieb beschäftigt sind und damit die Wartezeit des § 1 Abs. 1 Satz 1 KSchG nicht erfüllen,
- Arbeitnehmern in Kleinbetrieben gemäß § 23 KSchG,
- leitenden Angestellten, d.h. auch solche, die unter § 14 KSchG fallen.

Das Kündigungsverbot des § 613a Abs. 4 BGB ist jedoch auf Arbeitnehmer beschränkt. Es gilt **13** daher nicht für:

- freie Mitarbeiter, Subunternehmer etc.,
- Heimarbeiter,
- Organmitglieder.

Differenziert ist die Rechtslage bei Organmitgliedern bzw. GmbH-Geschäftsführern. Für sie **14** greift mangels Arbeitnehmereigenschaft weder § 613a Abs. 1 Satz 1 BGB[3] noch § 613a Abs. 4 BGB ein.

Hinweis: **15**

Für das Arbeitgeber-Mandat des früheren Unternehmensträgers bedeutet dies i.d.R., dass er den mit dem GmbH-Geschäftsführer bestehenden Anstellungsvertrag kündigen kann bzw. muss. Ist in diesem (wie häufig) die ordentliche Kündigung ausgeschlossen, ist zweifelhaft, ob ein Betriebsübergang i.S.d. § 626 BGB einen Grund für eine außerordentliche Kündigung darstellt.[4]

Sollte jedoch entgegen der von der Rechtsprechung aufgestellten Vermutung[5] noch ein ruhen- **16** des Arbeitsverhältnis zwischen dem bisherigen Arbeitgeber und dem GmbH-Geschäftsführer bestehen, geht dieses auf den Übernehmer über (vgl. Kapitel 2 Rn. 18). Für dieses müsste dann folgerichtig das Kündigungsverbot des § 613a Abs. 4 BGB eingreifen.

Hinweis: **17**

Die Problematik wird nur bei einer Unternehmens- bzw. einem Betriebsübergang (asset deal) relevant, nicht bei einem reinen Anteilskauf (share deal), da letzterer keinen Betriebsübergang darstellt (vgl. Kapitel 1 Rn. 130). Dann bleibt der (Anstellungs-)Vertrag mit dem GmbH-Geschäftsführer selbstverständlich bestehen.

III. Sachlicher Anwendungsbereich des § 613a Abs. 4 BGB

18

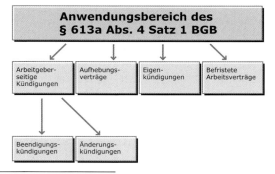

---

[3] So BAG v. 13.02.2003 - 8 AZR 654/01 - NZA 2003, 552, 554.

[4] Dazu *Röder/Lingemann*, DB 1993, 1341, 1345.

[5] Vgl. nur BAG v. 25.04.2002 - 2 AZR 352/01 - NZA 2003, 272, 273 sowie zuletzt – insbesondere im Hinblick auf die Schriftformanforderung des § 623 BGB – BAG v. 19.07.2007 - 6 AZR 774/06 (derzeit nur als Pressemitteilung verfügbar).

1. Arbeitgeberseitige Kündigungen

19   § 613a Abs. 4 Satz 1 BGB erfasst alle Kündigungen, die vom Arbeitgeber wegen eines Betriebsübergangs ausgesprochen werden. Das Kündigungsverbot umfasst also:
- ordentliche Beendigungskündigungen,
- außerordentliche Beendigungskündigungen (ggf. mit sozialer Auslauffrist),
- ordentliche Änderungskündigungen,
- außerordentliche Änderungskündigungen.

20   Allein wegen eines Betriebsübergangs kann weder eine Beendigungs- noch eine Änderungskündigung ausgesprochen werden. Greift das KSchG ein, benötigt der Arbeitgeber folglich einen Kündigungsgrund (§§ 1, 2 KSchG). Das richtet sich nach allgemeinen kündigungsrechtlichen Grundsätzen.

2. Aufhebungsverträge, Eigenkündigungen und Widerspruch

21   Der Anwendungsbereich des § 613a Abs. 4 Satz 1 BGB ist trotz des engen Wortlauts nicht auf Kündigungen (wegen des Betriebsübergangs) beschränkt. Dem Schutzzweck der Vorschrift entsprechend können Aufhebungsverträge und Eigenkündigungen ebenfalls vom Kündigungsverbot des § 613a Abs. 4 BGB erfasst werden.[6]

22   **Hinweis:**

> Falls eine Unwirksamkeit eines Aufhebungsvertrages oder einer Eigenkündigung in Betracht kommt, muss dies im **Arbeitnehmer-Mandat** im Wege einer Feststellungsklage geltend gemacht werden; diese kann – dies kann den einschlägigen Entscheidungen des Bundesarbeitsgerichts inzident entnommen werden – auf jeden Fall gegen den Übernehmer des Betriebes gerichtet werden. Ob der bisherige Arbeitgeber zusätzlich passiv legitimiert ist, ist unklar, aber wohl zu verneinen.[7]

23   Wirksam sind Aufhebungsverträge und Eigenkündigungen, die auf ein endgültiges Ausscheiden des Arbeitnehmers aus dem Betrieb zielen.[8] Dann ist es sogar unschädlich, wenn dies wegen des Betriebsübergangs geschieht.

24   Rechtliche Schwierigkeiten gibt es, wenn Arbeitnehmer zum Abschluss von Aufhebungsverträgen oder Eigenkündigungen veranlasst werden, damit sie nach dem Betriebsübergang vom Übernehmer zu neuen Arbeitsbedingungen wieder eingestellt werden können. Praktisch relevant wird dies vor allem bei Unternehmenssanierungen und einem damit verbundenen Personalabbau. Wenn den Arbeitnehmern in einem solchen Fall eine feste Wiedereinstellung durch den Übernehmer des Betriebs oder Betriebsteils zugesagt wird (sog. Lemgoer Modell), werden Aufhebungsverträge und Eigenkündigungen als Umgehung des § 613a BGB und damit als nichtig gewertet.[9]

25   **Beispiel:**

> Ein in wirtschaftlichen Schwierigkeiten befindlicher Betrieb soll an einen Erwerber veräußert werden. Die Belegschaft willigt ein, mit ihrem bisherigen Arbeitgeber Aufhebungs- und mit dem Erwerber neue Arbeitsverträge zu schlechteren Arbeitsbedingungen abzuschließen. Beide Verträge sind unwirksam, so dass der Erwerber an die bisherigen

---

[6]   St. Rspr. seit BAG v. 28.04.1987 - 3 AZR 75/86 - NZA 1988, 198 ff.; zuletzt bestätigt in BAG v. 18.08.2005 - 8 AZR 523/04 - NZA 2006, 145, 147.

[7]   Zum richtigen Klagegegner in Betriebsübergangsfällen vgl. umfassend *Nicolai*, FA 2007, 164 ff.

[8]   BAG v. 11.12.1997 - 8 AZR 654/95 - NZA 1999, 262, 263.

[9]   BAG v. 28.04.1987 - 3 AZR 75/86 - NZA 1988, 198; dann entfällt allerdings auch ein vertraglich vereinbarter Abfindungsanspruch, BAG v. 11.07.1995 - 3 AZR 154/95 - NZA 1996, 207.

abzuschließen. Beide Verträge sind unwirksam, so dass der Erwerber an die bisherigen Arbeitsbedingungen nach Maßgabe des § 613a Abs. 1 BGB gebunden bleibt. Außerdem muss er ggf. die Arbeitnehmer, mit denen er keine neuen Arbeitsverträge abgeschlossen hat, übernehmen.

Hinweis: 26

> Ist ein Aufhebungsvertrag wegen Umgehung des § 613a Abs. 4 BGB unwirksam, entfallen allerdings auch etwaige (Abfindungs-)Ansprüche, die dem Arbeitnehmer wegen der Beendigung des Arbeitsverhältnisses zustehen.[10]

Anders wird die Rechtslage beurteilt, wenn die Arbeitnehmer aufgrund eines dreiseitigen Vertrags zu einer Beschäftigungsgesellschaft wechseln und ihnen der Abschluss eines neuen Arbeitsverhältnisses mit einem Erwerber lediglich unverbindlich in Aussicht gestellt wird. Dies hält das Bundesarbeitsgericht in ständiger Rechtsprechung für zulässig. Aufhebungsverträge, mit denen eine Verschlechterung der Arbeitsbedingungen verbunden ist, sind demnach wirksam, wenn für die Verschlechterungen ein sachlicher Grund besteht.[11] Das kann beim Abschluss eines dreiseitigen Vertrages unter Einschaltung einer Beschäftigungs- und Qualifizierungsgesellschaft zur Vermeidung einer Insolvenz der Fall sein. 27

Ein solcher Aufhebungsvertrag oder eine entsprechende Eigenkündigung können damit allenfalls nach Maßgabe der allgemeinen Regelungen des BGB angefochten werden. Wurde den Arbeitnehmern eine Betriebsstilllegung nur vorgespiegelt und liegt in Wahrheit ein Betriebsübergang vor oder wird dieser geplant, kommt eine Anfechtung wegen arglistiger Täuschung gemäß § 123 BGB in Betracht.[12] Wurde unzulässiger Druck auf die Arbeitnehmer ausgeübt, können Aufhebungsvertrag oder Eigenkündigung u.U. wegen widerrechtlicher Drohung gemäß § 123 BGB angefochten werden. In Betracht kommen des Weiteren Anfechtungen gemäß § 119 BGB; ob ein Erklärungs- oder Inhaltsirrtum vorliegt, richtet sich nach allgemeinen zivilrechtlichen Grundsätzen. 28

Hinweis: 29

> Für das Vorliegen eines Anfechtungsgrundes i.S.d. §§ 119, 123 BGB ist der Arbeitnehmer beweisbelastet[13], so dass beim **Arbeitnehmer-Mandat** nur dann zu einer Anfechtung geraten werden sollte, wenn zumindest klare (und beweisbare) Anhaltspunkte für einen Anfechtungsgrund vorliegen.

Eine neue (Umgehungs-)Variante ist aus einer Entscheidung des ArbG Passau[14] bekannt geworden: Ein Krankenhausträger gründete eine Service-GmbH, deren Betriebszweck jedoch in Arbeitnehmerüberlassung bestand. Er schloss mit einigen Beschäftigten des Krankenhauses Aufhebungsverträge; die Beschäftigten sollten – mit Besitzstandswahrung, aber dennoch zu schlechteren Konditionen – Arbeitsverträge mit der Service-GmbH schließen und dann an das Krankenhaus ausgeliehen werden. Die Aufhebungsverträge wurden ebenfalls als Umgehung des § 613a Abs. 4 Satz 1 BGB gewertet; die entscheidende Vorfrage besteht dabei allerdings 30

---

[10] BAG v. 11.07.1995 - 3 AZR 154/95 - NZA 1996, 207 ff.

[11] BAG v. 18.08.2005 - 8 AZR 523/04 - NZA 2006, 145, 148 im Anschluss an BAG v. 10.12.1998 - 8 AZR 324/97 - NZA 1999, 422; nochmals bestätigt von BAG v. 23.11.2006 - 8 AZR 349/06 - NZA 2007, 866, 868.

[12] BAG v. 23.11.2006 - 8 AZR 349/06 - NZA 2007, 866.

[13] So jetzt deutlich BAG v. 23.11.2006 - 8 AZR 349/06 - NZA 2007, 866, 868f.

[14] ArbG Passau v. 30.06.2005 - 2 Ca 790/04 - n.v.; Berufung eingelegt beim LArbG München unter 6 Sa 870/05.

darin, ob überhaupt ein Betriebsübergang vom Krankenhaus auf die Service-GmbH vorliegt, da Betriebszweck der letzteren ein ganz anderer, nämlich die gewerbliche Arbeitnehmerüberlassung ist. Das Arbeitsgericht Passau hat dies aus Umgehungsgesichtspunkten als unerheblich gewertet. Eine höchstrichterliche Entscheidung zu dieser Thematik steht noch aus, so dass eine entsprechende Vorgehensweise mit einem nicht unerheblichen Risiko behaftet ist.

31   Höchstrichterlich noch nicht entschieden ist, ob die (vom Arbeitgeber veranlasste) Ausübung des Widerspruchsrechts nach § 613a Abs. 6 BGB als Umgehung des aus § 613a Abs. 4 Satz 1 BGB folgenden Kündigungsverbots gemäß § 134 BGB unwirksam sein kann. Das ist dann denkbar, wenn Arbeitnehmer dem Übergang ihrer Arbeitsverhältnisse widersprechen, anschließend vom bisherigen Arbeitgeber gekündigt und dann vom neuen Inhaber zu geänderten Arbeitsbedingungen wieder eingestellt werden; es spricht einiges dafür, die oben dargestellten Grundsätze zu Aufhebungsverträgen und Eigenkündigungen auf diese Fallkonstellation anzuwenden.[15] Als einseitige Willenserklärung ist der Widerspruch zudem nach den §§ 119, 123 BGB anfechtbar (vgl. Kapitel 2 Rn. 124 ff.)[16]; wobei dies indes in dem hier geschilderten Fall regelmäßig nicht in Betracht kommen wird.

3. Befristete Arbeitsverhältnisse

32   Befristete oder auflösend bedingte Arbeitsverhältnisse sind ebenfalls angreifbar, wenn sie auf eine Umgehung des § 613a Abs. 4 BGB zielen.[17] Eine solche Umgehung soll allerdings ausgeschlossen sein, wenn die Befristung auf einem Sachgrund (i.S.d. § 14 Abs. 1 TzBfG) beruht.[18] Indes wird ein (geplanter) Betriebs(teil)übergang vom Bundesarbeitsgericht nicht als Sachgrund für eine Befristung anerkannt.[19]

33   **Hinweis:**

Es wird m.E. daher ebenfalls nicht für eine wirksame Sachgrundbefristung ausreichen, wenn der Arbeitgeber vorträgt, er habe bei Vertragsschluss nicht gewusst, ob der Arbeitsplatz nach Betriebsübergang erhalten bleibt; dies dürfte eher zum unternehmerischen Risiko gehören, das nicht auf den Arbeitnehmer abgewälzt werden kann.

34   Da auflösende Bedingungen gemäß § 21 TzBfG ebenfalls eines sachlichen Grundes bedürfen, wird eine Umgehung des aus § 613a Abs. 4 BGB folgenden Kündigungsverbotes bei solchen Fallkonstellation i.d.R. auch ausscheiden.

35   Damit können vornehmlich sachgrundlos befristete Arbeitsverträge auf der Grundlage des § 14 Abs. 2 TzBfG unter das Verdikt der Unwirksamkeit gemäß § 613a Abs. 4 BGB fallen. Dies wird indes nur dann der Fall sein, wenn dem Arbeitgeber eine Umgehung des § 613a Abs. 4 BGB bzw. eine entsprechende Umgehungsabsicht (im Zeitpunkt des Vertragsschlusses!) nachgewiesen werden kann; beweisbelastet dafür wird nach allgemeinen Grundsätzen der Arbeitnehmer sein. Daher wird es m.E. i.d.R. auch nicht ausreichen, wenn das vereinbarte Befristungsende zeitlich (eng) mit dem Betriebsübergang zusammenfällt.

36   **Beispiel:**

Der Arbeitgeber schließt am 01.01.2006 mit dem Arbeitnehmer A einen auf sechs Monate sachgrundlos befristeten Arbeitsvertrag ab. Am 01.07.2006 geht der Betrieb nach längeren Verhandlungen mit einem Interessenten auf diesen über. Allein dieser Umstand reicht m.E. nicht aus, um von einer Umgehung des § 613a Abs. 4 BGB auszugehen, da-

---

[15] Dazu *Ende*, NZA 1994, 494, 495.

[16] So nunmehr ausdrücklich BAG v. 15.02.2007 - 8 AZR 310/06 - DB 2007, 1759 ff.

[17] BAG v. 15.02.1995 - 7 AZR 680/94 - NZA 1995, 987 ff.

[18] BAG v. 15.02.1995 - 7 AZR 680/94 - NZA 1995, 987, 988.

[19] BAG v. 02.12.1998 - 7 AZR 579/97 - NZA 1999, 926.

für müsste der Arbeitnehmer einiges mehr vortragen, z.B. eine entsprechende Äußerung des Arbeitgebers bei Vertragsschluss.

Hinweis: 37

Die Unwirksamkeit einer Befristung wegen eines Verstoßes gegen das Kündigungsverbot des § 613a Abs. 4 BGB muss gemäß § 17 TzBfG innerhalb von drei Wochen nach Beendigung bzw. Fristablauf gerichtlich geltend gemacht werden. Richtiger Klagegegner dürfte – wie bei Kündigungsschutzklagen (vgl. Rn. 129 ff.) – der bisherige Arbeitgeber sein; da die Frage der Passivlegitimation jedoch noch nicht geklärt ist, sollte sicherheitshalber auch der Übernehmer jedenfalls dann verklagt werden, wenn die Frist nach Betriebsübergang abläuft (vgl. Rn. 132 ff.).[20]

Ist eine Befristung wirksam, kann allerdings immer noch gefragt werden, ob sich ein Verstoß   38
gegen § 613a Abs. 4 BGB daraus ergibt, dass der bisherige oder der neue Arbeitgeber die Verlängerung des befristeten Arbeitsvertrages wegen des (geplanten) Betriebsübergangs ablehnen. Grundsätzlich ist der Übernehmer jedoch frei, befristete Arbeitsverträge, die gemäß § 613a Abs. 1 BGB auf ihn übergehen, nicht zu verlängern, unabhängig davon, ob dies rechtlich möglich ist, so z.B. wegen eines weiterhin bestehenden Sachgrundes oder weil er die Verlängerungsmöglichkeiten des § 14 Abs. 2 TzBfG noch wahrnehmen kann; es gilt der allgemeine Grundsatz, dass dem Übernehmer eines Betriebes i.d.R. die gleichen Rechte wie dem bisherigen Arbeitgeber zustehen. Damit wird ein Verstoß gegen § 613a Abs. 4 BGB m.E. regelmäßig nicht in Betracht kommen; anders könnte man die Rechtslage allenfalls beurteilen, wenn dem Übernehmer eine Umgehung des § 613a Abs. 4 BGB bzw. eine entsprechende Umgehungsabsicht nachgewiesen werden kann. Die Beweislast würde insoweit jedoch den Arbeitnehmer treffen.

Hinweise: [21]   39

Die Frage der Wirksamkeit einer Befristung bzw. eines Anspruchs auf Vertragsverlängerung muss zum einen deutlich von der Frage getrennt werden, ob das Arbeitsverhältnis eines befristet eingestellten Arbeitnehmers auf den neuen Arbeitgeber übergeht (vgl. dazu Kapitel 2 Rn. 13). Für letzteres sind die Verhältnisse im Zeitpunkt des Betriebsübergangs maßgebend, für erstere die im Zeitpunkt des Vertragsschlusses. Zum anderen kann ein unmittelbar nach Fristablauf geschlossener weiterer (unbefristeter) Arbeitsvertrag mit dem Übernehmer dazu führen, dass ein Übergang des Arbeitsverhältnisses (z.B. im Hinblick auf die Betriebszugehörigkeit) angenommen wird.[21]

4. Versetzungen und andere Änderungen von Arbeitsbedingungen

Keine Anwendung findet § 613a Abs. 4 BGB auf Änderungen von Arbeitsbedingungen, die   40
der Arbeitgeber kraft seines Direktionsrechts bzw. kraft entsprechender arbeitsvertraglicher Erweiterungen seines Direktionsrechts vornehmen kann, ohne eine Änderungskündigung aussprechen zu müssen. Entsprechende arbeitgeberseitige Weisungen oder Handlungen können also nicht mit der Begründung angegriffen werden, sie könnten wegen eines Betriebsübergangs nicht vorgenommen werden. Ein anderes Ergebnis würde den Schutzzweck des § 613a BGB auch überdehnen: Er soll die Beschäftigten nur vor Nachteilen schützen, die aus dem Betriebsübergang selbst resultieren können, nicht aber vor jeglichen Inhaltsänderungen. Der

---

[20] Dazu *Nicolai*, FA 2007, 164 ff.
[21] So BAG v. 19.05.2005 - 3 AZR 649/03 - NZA-RR 2006, 373, 375 f. für einen Anspruch aus betrieblicher Altersversorgung in einem Fall, in dem der klagende Arbeitnehmer (!) den Übergang seines Arbeitsverhältnisses bestritten hatte.

Übernehmer kann daher grundsätzlich die Rechte geltend machen, die schon dem bisherigen Arbeitgeber (vertraglich oder gesetzlich) zustehen (vgl. Kapitel 3 Rn. 8 ff.). Bei einseitigen Leistungsbestimmungsrechten muss jedoch die sog. Ausübungskontrolle des § 106 GewO beachtet werden, nach der die Weisungen und Handlungen des Arbeitgebers billigem Ermessen genügen müssen.

41 **Hinweis:**

Selbstverständlich müssen darüber hinaus noch etwaige Beteiligungsrechte des Betriebsrats, insbesondere gemäß §§ 87, 99 BetrVG beachtet werden; diese können auch im Rahmen des Übergangsmandats (§ 21a BetrVG – vgl. Kapitel 6 Rn. 10, 15) ausgeübt werden.

IV. Darlegungs- und Beweislast für das Eingreifen des Kündigungsverbots

42 Ob die Voraussetzungen des § 613a Abs. 4 Satz 1 BGB erfüllt sind, muss – entsprechend den allgemeinen Regeln zu Verteilung der Darlegungs- und Beweislast – der Arbeitnehmer darlegen und beweisen[22], d.h. es liegt sowohl in Bezug auf Beendigungs- und Änderungskündigungen als auch in Bezug auf andere Beendigungstatbestände zunächst in der Verantwortung des Beschäftigten, die für einen Betriebs(teil)übergang sprechenden Tatsachen darzulegen und ggf. zu beweisen. Außerhalb von Kündigungen müssen die Tatsachen dargelegt und bewiesen werden, die für eine Umgehung des § 613a Abs. 4 Satz 1 BGB sprechen.

43 Klagt ein Beschäftigter gegen eine Kündigung, ändert sich an der Verteilung der Darlegungs- und Beweislast in Bezug auf das Kündigungsverbot des § 613a BGB nichts. Wenn jedoch zeitgleich ein Kündigungsschutzverfahren gegen den bisherigen Arbeitgeber anhängig und das KSchG auf das Arbeitsverhältnis anwendbar ist, greift hinsichtlich des Kündigungsgrundes § 1 Abs. 2 Satz 4 KSchG ein. Wenn es damit für die Wirksamkeit einer betriebsbedingten Kündigung darauf ankommt, ob eine Betriebsstilllegung oder ein Betriebsübergang vorliegt (vgl. Rn. 51 ff.), dann ist zunächst der Arbeitgeber in der Pflicht, das Vorliegen eines Kündigungsgrundes, also den aus der Betriebs(teil)stilllegung oder Betriebsänderung folgenden Wegfall der Beschäftigungsmöglichkeit darzulegen und zu beweisen.[23] Der Vortrag des Arbeitgebers muss also einen Betriebsübergang ausschließen. Gelingt dem Arbeitgeber dies nicht, ist die Kündigung sozial nicht gerechtfertigt. Der Arbeitnehmer muss in solchen Fällen eigentlich nichts weiter zum Betriebsübergang vortragen; bloßes Bestreiten der vom Arbeitgeber vorgetragenen Tatsachen sowie ein Hinweis auf den zeitlichen Zusammenhang zwischen Kündigung und Betriebsübergang wird ausreichen. Selbst wenn aber der Vortrag des Arbeitgebers für das Vorliegen eines Kündigungsgrundes spricht, wird dem Arbeitnehmer die ihm obliegende Darlegungslast deutlich erleichtert, da Tatsachen, die für das Vorliegen eines Betriebsübergangs relevant sein können, zumindest partiell schon vom Arbeitgeber vorgetragen werden (müssen).

44 Umgekehrt trifft den Arbeitnehmer die volle Darlegungs- und Beweislast für die Voraussetzungen des § 613a Abs. 4 Satz 1 BGB, also dafür, dass eine Kündigung wegen eines Betriebsübergangs erfolgte, wenn das Arbeitsverhältnis nicht unter den Geltungsbereich des KSchG fällt; allerdings kann es je nach Fallgestaltung zur Abschwächung der Substantiierungslast oder sogar zu einer Art „abgestuften Darlegungslast" kommen, weil dem Beschäftigten unstreitig die erforderliche Sachnähe fehlt. Unzulässig bleiben aber Ausforschungsbeweise. Trägt der Arbeitnehmer substantiiert und unter Beweisantritt Hinweise oder Indizien vor, die auf einen Betriebsübergang hindeuten (z.B. Auftreten des neuen Inhabers unter gleichem oder

---

[22] Deutlich BAG v. 05.12.1985 - 2 AZR 3/85 - NZA 1986, 522, 523.

[23] BAG v. 05.12.1985 - 2 AZR 3/85 - NZA 1986, 522, 523.

ähnlichen Firmennamen; Beibehaltung des Betriebssitzes, zeitlich geringe Betriebsunterbrechung, Übernahme von bestimmten – namentlich benannten! – Arbeitnehmern), wird man vom Arbeitgeber wegen seiner größeren Sachnähe ein substantiiertes Bestreiten fordern müssen; fehlt es daran, müssen die vom Arbeitnehmer vorgetragenen Tatsachen als zugestanden gelten und folglich Grundlage der Bewertung sein, ob ein Betriebsübergang vorliegt oder nicht.

Hinweis: 45

Das bedeutet letztlich, dass das **Arbeitnehmer-Mandat** mit sehr viel Ermittlungsarbeit verbunden ist. Tatsachen wie der Übergang von Kundenbeziehungen oder welche materiellen oder immateriellen Betriebsmittel auf den neuen Geschäftsinhaber übertragen wurden, sind dem Mandanten i.d.R. nicht zugänglich. Deshalb sollte angeraten werden, Kontakte zu früheren Arbeitskollegen zu pflegen, vor allem natürlich solchen, die vom neuen Inhaber übernommen worden sind. Dennoch sind die Aussichten, in solchen Fällen ausreichende Tatsachen mitsamt dazugehörender Beweisantritte für einen Betriebsübergang vortragen zu können, i.d.R. gering. Das entsprechende Risiko sollte mit dem Mandanten erörtert werden.

C. Zulässigkeit von Kündigungen aus anderen Gründen (§ 613a Abs. 4 Satz 2 BGB)

I. Inhalt der Regelung

Da ein Betriebsübergang nicht zu einer Besserstellung der übergehenden Arbeitnehmer führen 46
soll, regelt das Gesetz in § 613a Abs. 4 Satz 2 BGB ausdrücklich, dass Kündigungen aus anderen Gründen nach wie vor möglich sind. Ist auf ein Arbeitsverhältnis das KSchG anwendbar und können sich der frühere Arbeitgeber oder der Übernehmer auf einen Kündigungsgrund berufen, sind Kündigungen also nach wie vor rechtswirksam. Dies gilt für alle Kündigungsgründe sowie für Beendigungs- und Änderungskündigungen.

Beispiel: 47

Nachdem Arbeitnehmer A auf der Betriebsversammlung von der bevorstehenden Übernahme mehrerer Betriebe seines bisherigen Arbeitgebers durch einen Erwerber erfährt, beschimpft er den Vorstand seines bisherigen Arbeitgebers in übelster, ehrverletzender Art und Weise und droht körperliche Gewalt für den Fall an, dass sein Betrieb übergeht. A ist schon in der Vergangenheit durch Beleidigungen gegenüber Mitarbeitern aufgefallen und abgemahnt worden. Eine verhaltensbedingte Kündigung des A bleibt trotz des Betriebsübergangs möglich und zulässig.

Ist auf das bzw. die Arbeitsverhältnisse das KSchG nicht anwendbar, z.B. weil es sich – ggf. 48
auch erst nach Betriebsübergang – um einen Kleinbetrieb i.S.d. § 23 KSchG handelt[24] oder das Arbeitsverhältnis noch keine sechs Monate besteht (§ 1 Abs. 1 Satz 1 KSchG), bedarf es für Kündigungen zwar keines Kündigungsgrundes, jedoch kann die Vermutung nahe liegen, dass eine Kündigung wegen des Betriebsübergangs ausgesprochen wurde und somit gemäß §§ 613a Abs. 4 Satz 1, 134 BGB unwirksam ist; das ist denkbar, wenn es für die ausgesprochenen Kündigungen kein anderes offen liegendes Motiv gibt.

Fristlose Kündigungen müssen die Anforderungen des § 626 BGB erfüllen. 49

---

[24] Der vorher bestehende Kündigungsschutz geht nicht nach § 613a BGB über! Siehe BAG v. 15.02.2007
- 8 AZR 397/06 - NZA 2007, 739, 740 f.

50 In der Praxis wirft die Abgrenzung einer zulässigen Kündigung aus betriebsbedingten Gründen und einer unzulässigen Kündigung wegen eines Betriebsübergangs die meisten Probleme auf.

II. Zulässigkeit betriebsbedingter Beendigungskündigungen in Zusammenhang mit einem geplanten Betriebsübergang

1. Abgrenzung zwischen Betriebsstilllegung und Betriebsübergang

51 Will der frühere Arbeitgeber, z.b. wegen eines Auftragsverlustes, seinen Betrieb ganz oder teilweise stilllegen oder Personal reduzieren und werden – u.U. erst nach einem gewissen Zeitraum – von einem anderen Unternehmensträger der Auftrag oder Betriebsmittel übernommen, stellt sich die Frage, wie eine (Teil-)Betriebsstilllegung von einem Betriebsübergang abzugrenzen ist.

52 Nach einer vom Bundesarbeitsgericht in ständiger Rechtsprechung verwandten Formel soll eine Kündigung gemäß § 613a Abs. 4 BGB unwirksam sein, wenn der Betriebsübergang zum Zeitpunkt des Zugangs der Kündigung den tragenden Grund bzw. die ganz überwiegende Ursache und nicht den äußeren Anlass für die Kündigung bildet.[25] Die Kündigung müsse „aus sich heraus" gerechtfertigt sein. Diese Formel ist missverständlich, da sie den Eindruck erwecken kann, es komme für die Unwirksamkeit einer betriebsbedingten Kündigung maßgeblich darauf an, ob (subjektives) Motiv für die arbeitgeberseitige Kündigung der (geplante) Betriebsübergang ist. Das aber ist schon deshalb unzutreffend, weil es unerheblich ist, ob der Arbeitgeber den Betriebsübergang kannte.[26] Letzteres wird vor allem bei einer Auftragsnachfolge, also beim Fehlen vertraglicher Beziehungen zwischen bisherigem Arbeitgeber und Übernehmer, der Fall sein.

53 Entscheidend ist somit, ob im Zeitpunkt des Ausspruchs der Kündigung objektiv ein Betriebs(teil)übergang vorlag oder ob er ernsthaft geplant war bzw. „greifbare Formen" angenommen hat.[27] Wenn dies der Fall ist, ist eine betriebsbedingte Kündigung wegen Betriebs(teil)stilllegung nicht gerechtfertigt, da dann kein Kündigungsgrund i.S.v. § 1 KSchG vorliegt.

54 **Beispiel:**

Ein Unternehmer will aus wirtschaftlichen Gründen einen Betriebsteil abstoßen. Er verhandelt mit mehreren Interessenten über eine Übernahme, die sich jedoch zeitlich hinauszögert. Da der Betriebsteil für ihn nicht mehr tragbar ist, entschließt er sich schließlich, den dort beschäftigten Arbeitnehmern zu kündigen. Einige Zeit danach gelingt es ihm aber doch, den Betriebsteil an einen der Interessenten zu veräußern. Die von ihm ausgesprochenen Kündigungen dürften von den Arbeitsgerichten für unwirksam erklärt werden, da in solchen Konstellationen wohl davon auszugehen ist, dass der Betriebs(teil)übergang bereits greifbare Formen angenommen hat.

[25] St. Rspr., siehe nur BAG v. 28.04.1988 - 2 AZR 623/87 - NZA 1989, 265; BAG v. 13.11.1997 - 8 AZR 295/95 - NZA 1998, 251, 252; BAG v. 20.03.2003 - 8 AZR 97/02 - NZA 2003, 1027, 1028.

[26] BAG v. 16.05.2002 - 8 AZR 319/01 - NZA 2003, 93; deutlich im Übrigen auch schon BAG v. 05.12.1985 - 2 AZR 3/85 - NZA 1986, 522, 523: „Fehlt es … (am Kündigungsgrund, Verf.), dann ist der Kündigungsschutzklage stattzugeben, ohne dass es der Feststellung bedarf, die Kündigung beruhe tragend auf dem Betriebsübergang."

[27] BAG v. 19.05.1988 - 2 AZR 596/87 - NZA 1989, 461.

Für den in der Praxis häufigen und wichtigen Fall der sog. Auftragsnachfolge ist zudem zu be-   55
achten, dass allein die Unsicherheit, ob der Arbeitgeber den Auftrag im Rahmen einer Neuaus-
schreibung behält, noch keine betriebsbedingte Kündigung wegen einer Betriebs(teil)stilllle-
gung rechtfertigt; solange das Ausschreibungsverfahren läuft, sind demzufolge noch keine
Kündigungen möglich.[28]

Anders ist die Rechtslage hingegen zu beurteilen, wenn der Betriebsübergang zum Zeitpunkt   56
des Ausspruchs der Kündigungen noch nicht abzusehen war. In diesem Fall sind die vom Arbeitgeber ausgesprochenen Kündigungen wirksam, wenn der (betriebsbedingte) Kündigungsgrund zum Zeitpunkt des Ausspruchs der Kündigungen vorlag. Den gekündigten Arbeitnehmern kann jedoch unter bestimmten Voraussetzungen gegen den Übernehmer ein Wiedereinstellungsanspruch zustehen[29] (vgl. Rn. 98 ff.)

Beispiele: 57

Ein Reinigungsunternehmen verliert am 01.10.2004 zum 01.11.2004 seinen mit einem
Krankenhaus bestehenden Reinigungsauftrag. Es muss daher seinen Betrieb stilllegen
und den Arbeitnehmern am 01.10. betriebsbedingt zum 31.10.2004 kündigen. Am
10.10.2004 übernimmt ein anderes Reinigungsunternehmen, das den Reinigungsauftrag
erhalten hat, 90% der beim vorherigen Auftragnehmer beschäftigten Arbeitnehmer. Die
am 01.10. ausgesprochenen betriebsbedingten Kündigungen bleiben zwar wirksam, jedoch können die nicht übernommenen Arbeitnehmer u.U. einen Wiedereinstellungsanspruch gegen den neuen Auftragnehmer geltend machen.

Der bisherige Arbeitgeber will aus wirtschaftlichen Gründen einen Betriebsteil zum
31.12.2004 schließen und kündigt, nachdem er sämtliche Abwicklungsschritte für eine
Schließung eingeleitet hat, den dort beschäftigten Mitarbeitern im Oktober 2004 zu diesem Termin. Im Dezember 2004 findet sich überraschend ein Interessent, der den Betriebsteil zum 01.01.2005 übernimmt.

Hinweis: 58

Als Faustregel lässt sich festhalten, dass jedenfalls dann, wenn sich ein Arbeitgeber bereits in Vertragsverhandlungen über die Übernahme eines Betriebs oder Betriebsteils befindet, i.d.R. betriebsbedingte Kündigungen wegen einer Betriebs(teil)stilllegung unwirksam sein werden.

Umgekehrt bleiben Kündigungen unwirksam, wenn ein Arbeitgeber wegen einer geplanten   59
Betriebsveräußerung kündigt, sich die Übernahmepläne später zerschlagen und der Betrieb
stillgelegt werden muss.

2. Umstrukturierungsmaßnahmen und Betriebsübergang

a. Ausgangspunkt

Nicht die Frage des „Entweder-oder", sondern die des „Sowohl-als-auch" (Betriebsübergang   60
und Kündigung) stellt sich bei Umstrukturierungen, die der bisherige oder der neue Arbeitgeber vor oder nach einem (geplanten) Betriebs(teil)übergang vornehmen. Solchen Umstrukturierungen oder sog. Verschlankungen können verschiedene Motive zugrunde liegen, so z.B.
Sanierungen, Ausnutzung von Synergieeffekten oder organisatorische Veränderungen. Führen
diese (unternehmerischen) Maßnahmen oder Entscheidungen zum Entfallen von Arbeitsplät-
zen, so gilt unabhängig vom Motiv der Entscheidung, dass hierauf basierende Kündigungen

---

[28] BAG v. 12.04.2002 - 2 AZR 256/01 - NZA 2002, 1205 f.
[29] BAG v. 13.11.1997 - 8 AZR 295/95 - NZA 1998, 251.

nur zulässig sind, wenn ein betriebsbedingter Kündigungsgrund vorliegt und alle weiteren Voraussetzungen für die Rechtmäßigkeit betriebsbedingter Kündigungen erfüllt sein müssen. Grundsätzlich gilt also in diesem Fall nichts anderes als für andere betriebsbedingte Kündigungen. Dennoch gilt es im Zusammenhang mit Betriebs(teil)übergängen einige Besonderheiten zu beachten.

b. Druckkündigungen

61 Nicht zulässig sind sog. Druckkündigungen, die ausgesprochen werden, weil der Erwerber eines Betriebes oder Betriebsteils nicht alle oder nur bestimmte Arbeitnehmer beschäftigen will.[30]

c. Verschlankungsmaßnahmen des Veräußerers vor Betriebsübergang

62 Der bisherige Arbeitgeber ist berechtigt, im Vorfeld eines Betriebsübergangs Verschlankungsmaßnahmen durchzuführen, auch wenn er damit Verkaufschancen erhöhen („die Braut hübsch machen") will.[31] Dabei sind die Vorgaben des § 1 KSchG, d.h. zum betriebsbedingten Kündigungsgrund und zur Sozialauswahl zu beachten. Wenn es sich um eine Betriebsänderung handelt, ist der Betriebsrat nach den gesetzlichen Vorschriften zu beteiligen, d.h. es ist ein Interessenausgleichs- und Sozialplanverfahren durchzuführen.

d. Personalabbau nach Betriebsübergang

63 Der Übernehmer eines Betriebes ist ebenfalls nicht gehindert, nach einem Betriebsübergang betriebsbedingte Kündigungen nach Maßgabe der allgemein geltenden kündigungsschutzrechtlichen Grundsätze auszusprechen, wenn bei ihm Beschäftigungsmöglichkeiten entfallen, z.b. weil er durch das Zusammenführen von Betrieben oder Betriebsteilen Synergieeffekte erzielen kann oder weil er den übernommenen Betrieb umstrukturiert. Spricht er betriebsbedingte Kündigungen aus, muss er jedoch beachten, dass bei den übernommenen Arbeitnehmern die beim früheren Arbeitgeber zurückgelegten Beschäftigungszeiten angerechnet werden. Dies wird z.B. für (tarifliche) Unkündbarkeitsklauseln und die Sozialauswahl relevant[32], außerdem ggf. bei Sozialplanansprüchen, wenn der Personalabbau eine Betriebsänderung i.S.v. § 111 BetrVG darstellt.

64 **Hinweis:**

Ein neu gegründetes Unternehmen, das einen Betrieb oder Betriebsteil übernimmt, kann sich auf die in § 112a Abs. 2 BetrVG enthaltene Befreiung von der Sozialplanpflicht berufen, wenn es sich nicht um eine Neugründung im Rahmen einer Unternehmensumstrukturierung handelt.[33]

e. Kündigungen des Veräußerers aufgrund eines Erwerberkonzepts

65 Ein spezifisches Betriebsübergangsproblem stellen betriebsbedingte Kündigungen dar, die zwar noch vom Veräußerer ausgesprochen werden, aber auf einem (Sanierungs-)Konzept des

---

[30] BAG 26.05.1983 - 2 AZR 477/81 - AP § 613a BGB Nr. 34.

[31] BAG v. 18.07.1996 - 8 AZR 127/94 - NZA 1997, 148.

[32] Bei Spaltungen und Teilübertragungen nach dem UmwG ist außerdem § 323 UmwG zu beachten, dessen Inhalt allerdings unklar ist. Umstritten ist vor allem, ob der Arbeitnehmer sämtliche kündigungsschutzrechtlichen Vorteile behält oder ob er nur vor dem Herausfallen des Betriebes aus dem Geltungsbereich des KSchG geschützt wird (vgl. noch Rn. 125).

[33] BAG v. 13.06.1989 - 1 ABR 14/88 - NZA 1989, 974.

Erwerbers beruhen. Solche betriebsbedingten Kündigungen sind jedenfalls dann zulässig, wenn der Veräußerer das Sanierungskonzept auch selbst hätte verwirklichen können.[34]

Beispiel: 66

Ein in wirtschaftlichen Schwierigkeiten steckender Betrieb soll an einen Erwerber veräußert werden, der jedoch nach entsprechenden Gutachten feststellt, dass zur Sanierung des Betriebes 20% der beschäftigten Mitarbeiter betriebsbedingt gekündigt werden muss. Der bisherige Arbeitgeber kündigt daraufhin auf der Grundlage des vom Erwerber vorgelegten Sanierungskonzepts den Mitarbeitern aus (gegebenen) betriebsbedingten Gründen und unter Beachtung der Sozialauswahl. Danach erst wird der Betrieb übernommen.

Unklar ist derzeit, ob auch Kündigungen, die auf einem Sanierungskonzept beruhen, das der   67
Veräußerer selbst nicht durchführen könnte, rechtswirksam sein können.

Beispiel: 68

Arbeitnehmer A ist als Betriebsorganisationsleiter beschäftigt. Der in erheblichen wirtschaftlichen Schwierigkeiten steckende Betrieb wird an einen Erwerber veräußert, bei dem zwei Geschäftsführer in eigener Verantwortung und unter Fortfall der bisherigen Hierarchieebenen die gesamte Betriebs- und Organisationsleitung übernehmen sollen. Dem A wird daher noch vor dem Betriebsübergang von seinem bisherigen Arbeitgeber betriebsbedingt auf Grund des vom Erwerber vorgelegten veränderten Konzepts gekündigt. Das BAG hat dies für den Fall der Insolvenz gebilligt.

Anerkannt werden solche Kündigungen des bisherigen Arbeitgebers aufgrund eines Erwerber-   69
konzepts für den Fall der Insolvenz, wenn das verbindliche Konzept oder der Sanierungsplan des Erwerbers bereits greifbare Formen angenommen hat.[35] Ob das Bundesarbeitsgericht dies auch für einen Erwerb außerhalb der Insolvenz anerkennen wird, ist derzeit nicht prognostizierbar.

Hinweis: 70

Auch wenn das Bundesarbeitsgericht in den beiden genannten Fallgestaltungen grundsätzlich betriebsbedingte Kündigungen des Veräußerers auf der Grundlage eines Erwerberkonzepts zugelassen hat, ist beim **Arbeitgeber-Mandat** Vorsicht geboten, wenn eine solche Gestaltung letztlich dazu führt, dass der Erwerber selbst in seinen bereits bestehenden Betrieben keine Kündigungen aussprechen muss. In solchen Fällen kann leicht der Eindruck entstehen, dass die kündigungsrechtliche Stellung der Arbeitnehmer des Veräußerers bewusst auf dessen Betrieb beschränkt bleibt, den Erwerber also keine Verpflichtung zur Weiterbeschäftigung gemäß § 1 Abs. 1 Nr. 1 b) KSchG sowie zur Durchführung der Sozialauswahl unter allen, auch den bei ihm schon beschäftigten Arbeitnehmern, treffen soll. Wenn dies der Fall ist, könnte der Gedanke an eine (unzulässige) Umgehung des § 613a BGB nahe liegen.

f. Auslagerung und/oder Stilllegung eines Betriebsteils

Zusätzliche kündigungsschutzrechtliche Fragen stellen sich, wenn kein gesamter Betrieb betroffen ist, sondern nur ein Betriebsteil ausgelagert bzw. stillgelegt werden soll. In diesem Fall   71
können beim früheren Arbeitgeber zum einen in Folge dieser Auslagerung Arbeitsplätze in anderen Betriebsabteilungen entfallen, so z.B. in zentralisierten Abteilungen. Können die Arbeit-

---

[34] BAG v. 26.05.1983 - 2 AZR 477/81 - AP § 613a BGB Nr. 34.
[35] BAG v. 20.03.2003 - 8 AZR 97/02 - NZA 2003, 1027.

nehmer in solchen Betriebsabteilungen oder Betriebsteilen nicht dem übergehenden Betriebs-teil zugeordnet werden (vgl. dazu Kapitel 2 Rn. 25 ff.), bleiben ihre Arbeitsverhältnisse zum bisherigen Arbeitgeber bestehen. Ihnen kann zwar betriebsbedingt gekündigt werden, jedoch muss der Arbeitgeber erstens bestehende Weiterbeschäftigungsmöglichkeiten und zweitens im Rahmen der Sozialauswahl die Vergleichbarkeit mit anderen Arbeitnehmern prüfen.

72 Plant der Arbeitgeber, einen Betriebsteil stillzulegen und einen anderen zu übertragen, muss er vorher eine auf den gesamten Betrieb bezogene Sozialauswahl durchführen. Daher soll bei der betriebsbedingten Kündigung eines Arbeitnehmers, der dem stillzulegenden Betriebsteil angehört, auch ein vergleichbarer Arbeitnehmer zu berücksichtigen sein, der zum Zeitpunkt der Kündigung dem noch zu übertragenden Betriebsteil angehört.[36]

73 **Beispiel:**

Der bisherige Arbeitgeber beschäftigt in zwei voneinander getrennten Betriebsabteilun-gen je einen Lagerleiter. 2004 überträgt er eine Betriebsabteilung auf einen Erwerber, die andere Betriebsabteilung legt er still. Dabei kündigt er dem in der stillgelegten Be-triebsabteilung beschäftigten Lagerleiter aus betriebsbedingten Gründen, obwohl dieser sozial schutzbedürftiger als der im übertragenen Betriebsteil beschäftigte Lagerleiter ist. Das Bundesarbeitsgericht hat die Kündigung aus den o.g. Gründen als unwirksam ange-sehen.

3. Betriebsbedingte Kündigungen nach Widerspruch

74 Wiederum eine ganz andere Ebene berührt wird bei (betriebsbedingten) Kündigungen, die der bisherige Arbeitgeber gegenüber Beschäftigten ausspricht, die ihr Widerspruchsrecht gemäß § 613a Abs. 6 BGB ausgeübt haben und deren Arbeitsverhältnis folglich nicht auf den Über-nehmer übergegangen ist. Ihnen kann grundsätzlich gekündigt werden, sofern die Vorausset-zungen des § 1 KSchG für eine sozial gerechtfertigte Kündigung erfüllt sind. Das Kündigungs-verbot des § 613a Abs. 4 Satz 1 BGB greift in diesen Fällen nicht ein, da die Kündigung aus anderen Gründen i.S.d. § 613a Abs. 4 Satz 2 BGB gerechtfertigt ist.

75 Ob die betriebsbedingte Kündigung eines widersprechenden Arbeitnehmers rechtmäßig ist, richtet sich allerdings nicht allein nach den Grundsätzen, die zur betriebsbedingten Kündigung aufgestellt wurden. Es sind zusätzlich einige weitere rechtliche Besonderheiten zu beachten. Dies wird im Folgenden in einem groben Überblick dargestellt.[37]

76 Zulässig sind i.d.R. nur ordentliche betriebsbedingte Kündigungen, so dass die für das Arbeits-verhältnis anwendbaren Kündigungsfristen einzuhalten sind.

77 **Hinweis:**

Darauf sollte beim **Arbeitgeber-Mandat** ausdrücklich hingewiesen werden, da häufig irrtümlich die Einhaltung der Kündigungsfristen nicht für notwendig gehalten wird.

78 Der Betriebsrat ist gemäß § 102 BetrVG vor Ausspruch der Kündigung anzuhören. Ist kein Be-triebsrat mehr vorhanden, etwa weil der gesamte Betrieb mitsamt Betriebsrat übergegangen ist (vgl. Kapitel 6 Rn. 24 ff.), muss grundsätzlich weder der Betriebsrat noch ein etwa bestehender Gesamtbetriebsrat angehört werden, es sei denn, der widersprechende Arbeitnehmer ist nach seinem Widerspruch einem anderen Betrieb mit Betriebsrat zugeordnet worden; im letzteren Falle muss dann dieser Betriebsrat angehört werden.[38]

---

[36] BAG v. 28.10.2004 - 8 AZR 391/03 - NZA 2005, 285.

[37] Umfassend dazu *Nicolai*, BB 2006, 1162 ff.

[38] Dazu BAG v. 21.03.1996 - 2 AZR 559/95 - NZA 1996, 974, 975; vgl. auch BAG v. 24.05.2005 - 8 AZR 398/04 - NZA 2005, 1302, 1306, 1307.

Hinweis: 79

Eine solche Zuordnung dürfte vorliegen, wenn der Arbeitnehmer nach erfolgtem Widerspruch zur Arbeitsaufnahme in einem anderen Betrieb des Unternehmens aufgefordert wird.

Kein Wirksamkeitserfordernis für die wirksame Kündigung eines widersprechenden Arbeitnehmers ist eine ordnungsgemäße Information nach § 613a Abs. 5 BGB; fehlt sie oder ist sie unvollständig oder falsch, wird die Kündigung dadurch nicht unwirksam.[39] 80

Die Kündigung eines widersprechenden Arbeitnehmers ist unwirksam, wenn er auf einem anderen freien Arbeitsplatz, auch in einem anderen Betrieb des Unternehmens weiterbeschäftigt werden kann.[40] Besteht vor und nach Betriebsübergang ein gemeinsamer Betrieb mehrerer Unternehmen, bezieht sich die Weiterbeschäftigungspflicht des § 1 Abs. 2 Nr. 1 b) KSchG ausnahmsweise arbeitgeberübergreifend auf den gesamten Betrieb.[41] 81

Hinweis: 82

Für eine solche Weiterbeschäftigungsmöglichkeit trifft zunächst den Beschäftigten die Darlegungs- und Beweislast[42], so dass beim **Arbeitnehmer-Mandat** nachgefragt werden muss, ob dem Mandanten freie, geeignete Arbeitsplätze im Betrieb oder in einem anderen Betrieb des Unternehmens bekannt sind.

Zusätzlich muss der Arbeitgeber indes beachten, dass er bei einem Betriebs(teil)übergang grundsätzlich ab dem Zeitpunkt, in dem er die Arbeitnehmer von dem bevorstehenden Betriebsübergang unterrichtet und sie Kenntnis vom Betriebsübergang haben, mit deren Widerspruch rechnen muss. Daher soll er einen freiwerdenden Arbeitsplatz nicht besetzen und sich dann gegenüber dem widersprechenden Arbeitnehmer darauf berufen dürfen.[43] 83

Beispiel: 84

Arbeitnehmer A ist bei einem Buch- und Zeitungsverlag als Auslieferungsfahrer beschäftigt. Der Verlagsinhaber entschloss sich 1998, den gesamten Ladebereich und den Fuhrpark mit zwei Fahrern zum 01.03.1999 auf ein Logistikunternehmen zu übertragen. Er unterrichtete A am 18.01. und am 21.01.1999 erneut über den bevorstehenden Betriebsteilübergang und den damit verbundenen Übergang seines Arbeitsverhältnisses. Mit Schreiben vom 11.02.1998 widersprach A dem Übergang seines Arbeitsverhältnisses. Gegen die daraufhin ausgesprochene betriebsbedingte Kündigung seines bisherigen Arbeitgebers wehrte er sich (mit Erfolg) damit, er habe auf einem anderen freien Arbeitsplatz weiterbeschäftigt werden können, den sein Arbeitgeber am 18.01.1999 mit einem anderen (außenstehenden) Bewerber besetzt hatte.[44]

In welchen Zeiträumen genau der Arbeitgeber dabei mit einem Widerspruch rechnen muss, hat das Bundesarbeitsgericht offen gelassen. Es soll sich die Zeit zwischen der Unterrichtung nach § 613a Abs. 5 BGB und dem Ablauf der Frist nach § 613a Abs. 6 BGB anbieten, so dass der Arbeitgeber jedenfalls in diesem einmonatigen Zeitraum Arbeitsplätze, die im Betrieb oder in einem anderen Betrieb seines Unternehmens (§ 1 Abs. 2 Nr. 1 KSchG) frei sind und die von 85

---

[39] BAG v. 24.05.2005 - 8 AZR 398/04 - NZA 2005, 1302, 1304 f.
[40] Im Kündigungsschutzverfahren trägt dafür jedoch zunächst einmal der Arbeitnehmer die Darlegungslast, vgl. BAG v. 15.08.2002 - 2 AZR 195/01 - NZA 2003, 430, 431 f.
[41] BAG v. 15.02.2007 - 8 AZR 310/06 - DB 2007, 1759 ff.
[42] BAG v. 15.08.2002 - 2 AZR 195/01 - NZA 2003, 430, 431.
[43] BAG v. 15.08.2002 - 2 AZR 195/01 - NZA 2003, 430, 431; a.A. *Lunk/Möller*, NZA 2004, 9, 10 f.
[44] Sachverhalt nach BAG v. 15.08.2002 - 2 AZR 195/01 - NZA 2003, 430 ff.

den nicht übergehenden Arbeitnehmern besetzt werden könnten, nicht mit neu eingestellten Arbeitnehmern besetzen kann, ohne Gefahr zu laufen, dass ihm dies bei Kündigungen widersprechender und für diesen Arbeitsplatz geeigneter Arbeitnehmer entgegengehalten wird.

86 Unklar ist, ob der Betriebsrat unter Hinweis auf drohende Nachteile einer Neueinstellung in diesem Zeitraum gemäß § 99 Abs. 2 Nr. 3 BetrVG widersprechen kann. Dies ist m.E. nur dann möglich, wenn ein Beschäftigter bereits widersprochen hat oder Tatsachen vorliegen, die auf die Ausübung des Widerspruchsrechts schließen lassen.

87 Widersprechen mehrere Arbeitnehmer dem Übergang ihrer Arbeitsverhältnisse und sind nicht so viele freie geeignete Arbeitsplätze im Betrieb oder Unternehmen vorhanden, wird man wohl in Anlehnung an die Grundsätze zur Sozialauswahl oder – wie beim Wiedereinstellungsanspruch[45] – nach billigem Ermessen bestimmen müssen, wem der Arbeitgeber den freien Arbeitsplatz hätte anbieten müssen.

88 Verschärft sind die Anforderungen an eine mögliche Weiterbeschäftigung, wenn der widersprechende Arbeitnehmer tariflich oder einzelvertraglich unkündbar ist. In einem solchen Fall soll der Arbeitgeber verpflichtet sein, bei der Suche nach einer Weiterbeschäftigung fast alle Möglichkeiten auszuschöpfen; allerdings muss wohl kein Arbeitsplatz freigekündigt werden.[46]

89 Ähnlich streng, zum Teil noch strenger sind die Anforderungen, wenn der Arbeitgeber einem widersprechenden Betriebsratsmitglied kündigen will. Allerdings muss vorab gefragt werden, ob das Betriebsratsmitglied nach dem Betriebsübergang überhaupt noch Amtsträger ist. Dies ist nicht der Fall, wenn ein gesamter Betrieb übergeht und der Betriebsrat somit dort im Amt bleibt; dann erlischt für den widersprechenden Amtsträger die Mitgliedschaft gemäß § 24 Nr. 3, 4 BetrVG. Für ihn bleibt dann noch der nachwirkende Kündigungsschutz des § 15 Abs. 5 KSchG mit den o.g. verschärften Anforderungen an seine Weiterbeschäftigungsmöglichkeit. Im Übrigen entfällt in diesem Fall das Anhörungsrecht des (übergegangenen) Betriebsrats nach § 103 Abs. 1 und/oder § 102 Abs. 1 BetrVG, wobei dies auch dann gelten soll, wenn das ehemalige Betriebsratsmitglied im übergegangenen Betrieb auf Grund einer Arbeitnehmerüberlassung weiterbeschäftigt wird.[47] Erlischt hingegen die Mitgliedschaft des widersprechenden Betriebsratsmitglieds im Betriebsrat des Ursprungsbetriebes nicht, kann es sich zwar auf Sonderkündigungsschutz berufen, jedoch sind § 15 Abs. 4 und 5 KSchG zu beachten, so dass der Arbeitgeber nach Maßgabe dieser Vorschriften eine ordentliche betriebsbedingte Kündigung – auch gegenüber freigestellten Betriebsratsmitgliedern[48] – aussprechen kann. Unklar ist, ob der Arbeitgeber bei den Weiterbeschäftigungsmöglichkeiten u.U. sogar einen geeigneten freien Arbeitsplatz freikündigen muss. Die Kündigung ist nach § 102 BetrVG anhörungs-, aber nicht nach § 103 Abs. 1 BetrVG zustimmungspflichtig.[49]

90 **Hinweis:**

> Für das **Arbeitnehmer-Mandat** hat dies zur Folge, dass vor allem in der Beratung nach Erhalt eines Informationsschreibens zum Widerspruch allenfalls dann angeraten werden sollte, wenn der Mandat entweder ordentlich unkündbar oder Betriebsratsmitglied ist und die Aussichten auf eine Weiterbeschäftigung auf einem freien geeigneten Arbeitsplatz im Betrieb oder in einem anderen Betrieb des Unternehmens gut sind. Ordentlich kündbare Arbeitnehmer gehen hingegen ein deutlich höheres Risiko ein, betriebsbedingt

---

[45] Dazu BAG v. 04.12.1997 - 2 AZR 140/97 - NZA 1998, 701, 704; vgl. auch BAG v. 15.02.2007 - 8 AZR 310/06 - DB 2007, 1759 ff.

[46] BAG v. 17.09.1998 - 2 AZR 419/97 - NZA 1998, 189 ff.

[47] BAG v. 25.05.2000 - 8 AZR 416/99 - NZA 2000, 1115, 1118.

[48] BAG v. 18.09.1997 - 2 ABR 15/97 - NZA 1998, 189, 192.

[49] BAG v. 18.09.1997 - 2 ABR 15/97 - NZA 1998, 189, 191.

gekündigt zu werden; sie sollten dann schon einen konkreten, für sie (objektiv) geeigneten Arbeitsplatz benennen können.

Schließlich sind selbst beim Entfallen des Arbeitsplatzes und fehlender Weiterbeschäftigungsmöglichkeit des widersprechenden Arbeitnehmers die Grundsätze der Sozialauswahl zu beachten, auf die sich nach ständiger Rechtsprechung des Bundesarbeitsgerichts auch widersprechende Arbeitnehmer berufen dürfen.[50] **91**

Allerdings ist die Verpflichtung zur Sozialauswahl betriebsbezogen[51], so dass sie von vornherein nur bei Betriebsteilübertragungen in Betracht kommt. Dabei soll sie unternehmensübergreifend vorzunehmen sein, wenn ein gemeinsamer Betrieb vorliegt.[52] Wird ein gesamter Betrieb übertragen, ist dieser beim bisherigen Arbeitgeber nicht mehr existent, so dass eine Sozialauswahl denknotwendig nicht stattfinden kann. Bleibt ein Teil des Betriebes hingegen beim bisherigen Arbeitgeber, ist eine Sozialauswahl durchzuführen, wobei nach derzeitiger Rechtsprechung des Bundesarbeitsgerichts die Gründe für den Widerspruch des Arbeitnehmers im Rahmen der Sozialauswahl berücksichtigt werden müssen; die Gründe für den Widerspruch müssen umso gewichtiger sein, je geringer die Unterschiede in der sozialen Schutzbedürftigkeit der in den Vergleich miteinzubeziehenden Arbeitnehmer sind.[53] Streitig ist, ob die Berücksichtigung der Widerspruchsgründe nach der Neufassung des § 1 Abs. 3 KSchG mit der Beschränkung auf die vier Sozialauswahlkriterien noch Bestand hat.[54] **92**

Hinweis: **93**

Wenn das Bundesarbeitsgericht an seiner Rechtsprechung festhält, hätte dies sowohl im **Arbeitnehmer-** als auch im **Arbeitgeber-Mandat** den Nachteil, dass man allenfalls grob abschätzen kann, ob eine Berufung auf eine fehlerhafte Sozialauswahl durch den widersprechenden Arbeitnehmer Aussicht auf Erfolg hätte oder nicht. Als Faustregel wird man sagen können, dass (objektiv!) erhebliche Widerspruchsgründe (z.B. Verschlechterung bei kündigungsrechtlicher Stellung oder erhebliche bei den Arbeitsbedingungen) und eine hohe soziale Schutzwürdigkeit dem Arbeitnehmer gute Chancen einräumen.

Haben mehrere Arbeitnehmer widersprochen, muss im **Arbeitnehmer-Mandat** zusätzlich beachtet werden, dass das Bundesarbeitsgericht jüngst seine Rechtsprechung geändert hat; während sich früher jeder Beschäftigte mit Erfolg auf eine fehlerhafte Sozialauswahl berufen konnte, gilt dies nunmehr nur noch für den, dem bei korrekter Sozialauswahl nicht gekündigt worden wäre.[55] **94**

Für die Betriebsratsanhörung reicht es aus, wenn der Arbeitgeber dem Betriebsrat mitteilt, er halte die Sozialauswahl für überflüssig; aus welchen Gründen er dies annimmt, soll er dem Betriebsrat nicht mitteilen müssen.[56] **95**

---

[50] BAG v. 24.02.2000 - 8 AZR 167/99 - NZA 2000, 764, 766.

[51] BAG v. 02.06.2005 - 2 AZR 158/04 - NZA 2005, 1175 f.; unklar BAG v. 24.05.2005 - 8 AZR 398/04 - NZA 2005, 1302, 1305 f.

[52] BAG v. 15.02.2007 - 8 AZR 310/06 - DB 2007, 1759 ff.

[53] BAG v. 24.02.2000 - 8 AZR 167/99 - NZA 2000, 764, 766 ff.; BAG v. 05.12.2002 - 2 AZR 522/01 - NZA 2003, 1168 (nur Leitsätze); BAG v. 24.05.2005 - 8 AZR 398/04 - NZA 2006, 1302, 1305, 1307; vgl. auch LArbG Hamm v. 19.07.1994 - 6 SA 30/94 - NZA 1995, 471.

[54] Dazu *Nicolai*, Das neue Kündigungsrecht, Rn. 32 ff: sowie *Nicolai*, BB 2006, 1162, 1165.

[55] BAG v. 09.11.2006 - 2 AZR 812/05 - NZA 2007, 549, 550 f.

[56] BAG v. 24.02.2000 - 8 AZR 167/99 - NZA 2000, 764, 765.

96   Ergänzend muss schließlich beachtet werden, ob dem widersprechenden Arbeitnehmer auf Grund einer sog. Namensliste gemäß § 1 Abs. 5 KSchG gekündigt wurde. Es ist zulässig, wenn in einer solchen Namensliste die betriebsbedingte Kündigung namentlich bezeichneter Arbeitnehmer von der Ausübung des Widerspruchsrechts abhängig gemacht wird.[57] In diesem Fall wird das Vorliegen eines betriebsbedingten Kündigungsgrundes vermutet und die Sozialauswahl nur auf grobe Fehlerhaftigkeit überprüft.

97   **Hinweis:**

Im **Arbeitnehmer-Mandat** ist daher auf jeden Fall nach der Existenz einer solchen Namensliste zu fragen. Falls diese existiert, stehen die Chancen für den Mandanten, sich gegen eine betriebsbedingte Kündigung erfolgreich zu wehren, schlecht. Daher sollte in solchen Fällen eher von einem Widerspruch abgeraten werden.

III. Wiedereinstellungsanspruch bei unerwartetem/ungeplantem Betriebsübergang

98   Nahezu ausschließlich bei unerwarteten oder ungeplanten Betriebsübergängen tritt die zusätzliche Frage auf, ob Arbeitnehmer, denen ihr bisheriger Arbeitgeber z.b. wegen Auftragswegfalls (wirksam) betriebsbedingt gekündigt hatte, nach dem Zeitpunkt des Ausspruchs bzw. dem Zugang der Kündigungen einen Wiedereinstellungsanspruch gegen den Erwerber bzw. Übernehmer geltend machen können. Dies wird vom Bundesarbeitsgericht rechtsfortbildend jedenfalls dann angenommen, wenn der Betriebsübergang noch während des Laufs der Kündigungsfrist stattfindet.[58]

99   **Beispiel:**

Ein Unternehmensträger beschließt, seinen Betrieb wegen erheblicher wirtschaftlicher Schwierigkeiten zum 31.12.2006 stillzulegen und kündigt seinen Arbeitnehmern im Oktober 2006 zum Jahresende. Im Dezember 2006 findet sich überraschend ein Investor, der den Betrieb zum 15.12.2006 übernimmt. Die gekündigten Arbeitnehmer können einen Wiedereinstellungsanspruch geltend machen.

100 **Hinweis:**

Bei geplanten Betriebsübergängen lehnt das Bundesarbeitsgericht einen Einstellungsanspruch ausdrücklich selbst dann ab, wenn ein potentieller Erwerber so lange mit der Betriebsübernahme wartet, bis eine vom bisherigen Arbeitgeber geplante Betriebsstilllegung geplant, durch den Abschluss von Aufhebungsverträgen und Ausspruch von Kündigungen beendet und so ein Betrieb mit geringerer Arbeitnehmerzahl übernommen werden kann.[59] Zu freiwillig abgegebenen Wiedereinstellungszusagen in Betriebsvereinbarungen vgl. Kapitel 6 Rn. 118.[60]

---

[57] BAG v. 24.02.2000 - 8 AZR 180/99 - NZA 2000, 785, 787 f.; der Betriebsrat muss natürlich angehört werden, BAG v. 20.05.1999 - 2 AZR 148/99 - NZA 1999, 1039; BAG v. 20.05.1999 - 2 AZR 532/98 - NZA 1999, 1101.

[58] Grundlegend BAG v. 27.02.1997 - 2 AZR 160/96 - NZA 1997, 757 ff.; BAG v. 13.11.1997 - 8 AZR 295/95 - NZA 1998, 251.

[59] So explizit und mit eingehender Begründung BAG v. 23.11.2006 - 8 AZR 349/06 - NZA 2007, 866, 869.

[60] Sie sind nach der Rechtsprechung des Bundesarbeitsgerichts zulässig, vgl. BAG v. 19.10.2005 - 7 AZR 32/05 - NZA 2006, 393, 394 f.

Umstritten ist zwischen den einzelnen Senaten des Bundesarbeitsgerichts, ob ein Wiederein- **101** stellungs- oder Fortsetzungsanspruch auch dann in Frage kommt, wenn der Betriebsübergang nach Ablauf der Kündigungsfrist stattgefunden hat. Der für das Betriebsübergangsrecht derzeit zuständige 8. Senat hat dies in zwei Fällen angenommen, in denen die Kündigungsfrist der Arbeitnehmer zeitgleich mit dem Auslaufen des (Reinigungs-)Auftrags endete und der Übernehmer (= neuer Auftragnehmer) unmittelbar anschließend durch die Einstellung einer wesentlichen Anzahl von Arbeitnehmern seines Vorgängers einen Betriebsübergang herbeiführte.[61]

Beispiel: **102**

> Ein Reinigungsunternehmen verliert zum 30.04.2005 einen Auftrag und kündigt seinen Arbeitnehmern entsprechend zu diesem Termin. Der neue Auftragnehmer übernimmt zum 01.05.2005 nicht nur den Auftrag, sondern fast alle Arbeitnehmer des bisherigen Auftragnehmers, nur Arbeitnehmer A nicht. Dieser klagt (erfolgreich) auf Feststellung, dass sein mit dem früheren Arbeitgeber begründetes Arbeitsverhältnis zu unveränderten Bedingungen mit dem neuen Auftragnehmer fortbesteht.

Ungeklärt ist damit nach wie vor, ob ein Wiedereinstellungs- bzw. Fortsetzungsanspruch auch **103** dann in Betracht kommt, wenn die Kündigungsfrist einige Zeit vor dem Zeitpunkt des Betriebsübergangs abgelaufen ist. Relevant wird dies vor allem dann, wenn ein Personalabbau sukzessive erfolgt und erst einige Zeit später ein – unerwarteter – Betriebsübergang stattfindet. M.E. ist ein Wiedereinstellungsanspruch in solchen Fällen abzulehnen.

Ein Wiedereinstellungsanspruch nach Maßgabe der o.g. Voraussetzungen besteht auch dann, **104** wenn ein Arbeitnehmer mit dem bisherigen Arbeitgeber einen Aufhebungsvertrag abgeschlossen hatte[62], jedoch muss die Wirksamkeit des Aufhebungsvertrages wegen Anfechtung, Wegfalls der Geschäftsgrundlage oder aus einem anderen Grunde beseitigt sein.[63]

Der Wiedereinstellungsanspruch muss unverzüglich nach Kenntniserlangung über die den Be- **105** triebsübergang begründenden Tatsachen geltend gemacht werden.[64]

Ebenso kann ein Wiedereinstellungsanspruch in Betracht kommen, wenn die Arbeitsvertrags- **106** parteien in einem vor Betriebsübergang eingeleiteten Kündigungsschutzverfahren einen Abfindungsvergleich geschlossen haben. In diesem Fall kann der Arbeitnehmer – gestützt auf den Wegfall der Geschäftsgrundlage – die „Anpassung" des Vergleichs verlangen und darauf eine (Leistungs-)Klage auf Wiedereinstellung stützen.[65]

Beim Erwerb eines Betriebes oder Betriebsteils aus der Insolvenz ist ein Wiedereinstellungs- **107** anspruch jedenfalls dann ausgeschlossen, wenn der Betriebsübergang nach Ablauf der Kündigungsfrist erfolgt.[66]

IV. Zulässigkeit betriebsbedingter Änderungskündigungen nach Betriebsübergang

Schon mehrfach angesprochen wurde, ob der Übernehmer eines Betriebes nach einem Be- **108** triebsübergang die Möglichkeit hat, die Arbeitsbedingungen der übernommenen Arbeitnehmer den bei ihm geltenden Arbeitsbedingungen anzupassen. Soweit eine Ablösung kollektiv-

---

[61] BAG v. 13.11.1997 - 8 AZR 295/95 - NZA 1998, 251; BAG v. 11.12.1997 - 8 AZR 156/95 - NZA 1999, 486.

[62] BAG v. 28.06.2000 - 7 AZR 904/98 - NZA 2000, 1097.

[63] BAG v. 23.11.2006 - 8 AZR 349/06 - NZA 2007, 866, 869.

[64] BAG v. 12.11.1998 - 8 AZR 265/97 - NZA 1999, 311.

[65] BAG v. 04.12.1997 - 2 AZR 140/97 - NZA 1998, 701, 703.

[66] BAG v. 13.05.2004 - 8 AZR 198/03 - AP § 613a BGB Nr. 264.

rechtlich geregelter Arbeitsbedingungen nach § 613a Abs. 1 Satz 3 BGB nicht in Betracht kommt und die übergehenden Arbeitnehmer den Abschluss von Änderungsvereinbarungen verweigern, kommt i.d.R. nur eine Änderungskündigung in Betracht.

109 **Hinweis:**

> Vorab sollte im **Arbeitgeber-Mandat** genau überprüft werden, welche Gestaltungsmöglichkeiten dem Arbeitgeber nach dem Arbeitsvertrag zustehen. So ist z.b. bei einem wirksam vereinbarten Widerrufsvorbehalt für bestimmte Entgeltbestandteile keine Änderungskündigung erforderlich! Allerdings muss die Ausübung vertraglicher Gestaltungsrechte nach billigem Ermessen erfolgen.

110 Notwendig für eine Änderungskündigung ist ein Kündigungsgrund i.S.d. § 1 KSchG. Der Betriebsübergang selbst stellt keinen (betriebsbedingten) Kündigungsgrund dar! Der Übernehmer muss sich also auf andere Gründe berufen können. Die Erfolgsaussichten von Änderungskündigungen hängen dann vor allem davon ab, welche Arbeitsbedingungen der Übernehmer ändern will.

111 Schwierig und kaum durchsetzbar sind Änderungskündigungen, mit denen der Übernehmer Änderungen beim Arbeitsentgelt oder der Dauer der Arbeitszeit durchsetzen will. Das Bundesarbeitsgericht stellt im Entgeltbereich strenge Anforderungen an das Vorliegen eines (betriebsbedingten) Kündigungsgrundes und lässt auch eine Gleichbehandlung mit anderen Arbeitnehmern nicht als Kündigungsgrund ausreichen.[67] Allerdings ist höchstrichterlich noch ungeklärt, ob das in § 613a Abs. 1 Sätze 3 und 4 BGB vom Gesetzgeber anerkannte Vereinheitlichungsinteresse des Übernehmers im Bereich von Betriebsübergängen nicht doch eine andere Bewertung rechtfertigt, wenn nicht gar erfordert.[68]

112 **Hinweis:**

> Wegen der ungeklärten Rechtslage kann im **Arbeitgeber-Mandat** derzeit allenfalls zu Änderungskündigungen geraten werden, wenn der Übernehmer lediglich – bei Vorliegen eines Kündigungsgrundes! – die Entgeltstrukturen ändern will, ohne die Höhe des im Zeitpunkt des Betriebsübergangs bestehenden Arbeitsentgelts zu ändern. Entgeltminderungen hingegen dürften kaum mit Aussicht auf Erfolg durchsetzbar sein.

113 Einfacher durchsetzbar können Änderungskündigungen im organisatorischen Bereich sein; allerdings wird hier schon häufig das Direktionsrecht des Arbeitgebers oder eine entsprechende Betriebsvereinbarung (z.b. zu Lage und Verteilung der Arbeitszeit) zur Änderung der Arbeitsbedingungen ausreichen.

114 **Hinweis:**

> Neben etwaige vertragliche Anpassungsmöglichkeiten oder solchen, die bereits gemäß § 106 GewO durch das Weisungsrecht des Arbeitgebers durchgesetzt werden können, tritt für den Übernehmer die Möglichkeit, solche (früher formell genannten) Arbeitsbedingungen durch eine ablösende Betriebsvereinbarung zu regeln, da viele dieser Regelungsgegenstände von der zwingenden Mitbestimmung nach § 87 BetrVG erfasst werden.

---

[67] BAG v. 16.05.2002 - 2 AZR 292/01 - NZA 2003, 147.

[68] Großzügiger auch, wenn es um Anwendbarkeit eines anderen Tarifvertrages/Tarifwerks geht, *Preis* in: ErfK, § 613a Rn. 118 m.w.N.

V. Auswirkungen eines Betriebsübergangs auf die kündigungsschutzrechtliche Stellung der Arbeitnehmer

Für die Arbeitnehmer und für den Übernehmer eines Betriebes oder Betriebsteils ist relevant, ob und wenn ja, in welchem Umfang sich die übergehenden Arbeitnehmer nach dem Betriebsübergang auf ihre erworbene kündigungsschutzrechtliche Stellung berufen können. Es wurde bereits darauf hingewiesen, dass die beim bisherigen Arbeitgeber zurückgelegte Beschäftigungsdauer in vollem Umfang angerechnet wird (vgl. Kapitel 2 Rn. 57 ff.). Dies hat vor allem Bedeutung für das Eingreifen des KSchG und die Sozialauswahl.   **115**

Darüber hinaus stellt sich die Frage, ob sich die übergehenden Arbeitnehmer nach dem Betriebsübergang auf für sie günstige kündigungsschutzrechtliche Bestimmungen (z.B. Sonderkündigungsschutz) oder Vereinbarungen (z.B. tarifliche Unkündbarkeitsklauseln) berufen können. Dabei ist danach zu differenzieren, ob der Betrieb oder Betriebsteil im Wege der Einzel- oder der Gesamtrechtsnachfolge übergeht.   **116**

1. Betriebsübergang kraft Einzelrechtsnachfolge

Ein etwaiger Sonderkündigungsschutz der übergehenden Arbeitnehmer bleibt nach Betriebsübergang erhalten. Insbesondere für schwerbehinderte Menschen, Schwangere und Elternzeiter ändert sich durch den Betriebsübergang also nichts.   **117**

Anders ist die Rechtslage bei Amtsträgern zu werten, die unter den Sonderkündigungsschutz des § 15 KSchG fallen, also vor allem Betriebsratmitglieder sowie Mitglieder der Jugend- und Auszubildendenvertretung. Sie behalten ihren Sonderkündigungsschutz nur dann, wenn sie nach dem Betriebsübergang ihr Amt behalten. Dies ist dann der Fall, wenn ein ganzer Betrieb übertragen wird und dieser im Wesentlichen unverändert weitergeführt wird, da das Amt des Betriebsrats dann unberührt bleibt (vgl. Kapitel 6 Rn. 24 ff.). Denkbar ist ferner, dass ein Betrieb in einen betriebsratslosen Betrieb eingegliedert wird, so dass dem Betriebsrat des Ursprungsbetriebes gemäß § 21a BetrVG das Übergangsmandat zusteht.   **118**

Verliert ein auf den Übernehmer übergehendes Betriebsratsmitglied durch den Betriebs-(teil)übergang sein Mandat, kann es sich jedoch auf den nachwirkenden besonderen Kündigungsschutz des § 15 Abs. 1 Satz 2 KSchG berufen. Dies wird vor allem beim Übergang eines Betriebsteils der Fall sein, da in diesem Fall der Betriebsrat im Ursprungsbetrieb zwar bestehen bleibt, das übergehende Betriebsratsmitglied jedoch gemäß § 24 Nr. 3 BetrVG sein Amt verliert, weil es nicht mehr Arbeitnehmer des Ursprungsbetriebes ist (vgl. dazu umfassend Kapitel 6 Rn. 100 ff.).   **119**

Kündigungsschutzrechtliche Vereinbarungen in Einzelarbeitsverträgen, Tarifverträgen oder Betriebsvereinbarungen gehen nach den allgemeinen Regeln auf den Übernehmer eines Betriebes über und werden, falls sie durch Tarifvertrag oder Betriebsvereinbarung geregelt sind, u.U. nach § 613a Abs. 1 Satz 3 BGB abgelöst. Damit können auch Verschlechterungen für die übergehenden Arbeitnehmer verbunden sein.   **120**

Die kündigungsschutzrechtliche Stellung der Arbeitnehmer kann weiterhin dadurch verschlechtert werden, dass ein ausgegliederter Betriebsteil nach dem Betriebsübergang als selbstständiger (Klein-)Betrieb weitergeführt wird, in dem die Zahlengrenzen des § 23 Abs. 1 KSchG nicht erreicht werden. Der Kündigungsschutz nach dem KSchG entfällt in diesem Fall ipso iure mit dem Zeitpunkt des Übergangs; eine analoge Anwendung des § 323 Abs. 1 UmwG scheidet aus.[69]   **121**

---

[69] Diese Rechtsposition geht nicht nach § 613a BGB über, siehe BAG v. 15.02.2007 - 8 AZR 397/06 - NZA 2007, 739, 740 ff.

122 Hinweis:

> Im **Arbeitgeber-Mandat** sollte angeraten werden, diesen Umstand in die Information nach § 613a Abs. 5 BGB aufzunehmen, da dies eine (erhebliche) rechtliche Folge des Betriebs(teil)übergangs ist.[70]

2. Betriebsübergang kraft Gesamtrechtsnachfolge

123 Die oben dargestellten Grundsätze gelten prinzipiell auch für die Fälle, in denen ein Betrieb oder Betriebsteil mittels einer Gesamtrechtsnachfolge auf den Übernehmer übergeht. Wenn dem Betriebsübergang jedoch eine Spaltung (§§ 123 ff. UmwG) oder eine – für Metallunternehmen i.d.R. irrelevante – Vermögensübertragung (§§ 174 ff. UmwG) zugrunde liegt, greift § 323 Abs. 1 UmwG ein, nachdem sich die kündigungsschutzrechtliche Stellung eines übergehenden Arbeitnehmers auf Grund der Spaltung für die Dauer von zwei Jahren nicht verschlechtert. Es ist derzeit stark umstritten, wie diese Vorschrift zu verstehen ist.[71] Das Bundesarbeitsgericht bezieht die Vorschrift nur auf Verschlechterungen, die auf Grund der Spaltung eingetreten sind, so dass nachfolgende Entwicklungen von § 323 UmwG nicht erfasst werden.[72]

124 Beispiel:

> Ein zum 01.01.2005 abgespaltener Betrieb wird vom neuen Rechtsträger zum 31.12.2005 stillgelegt. § 323 UmwG steht betriebsbedingten Kündigungen wegen der Stilllegung nicht entgegen.

125 Offen bleibt nach dieser Entscheidung[73] die sachliche Reichweite des § 323 UmwG. Während zum Teil die Auffassung vertreten wird, § 323 Abs. 1 UmwG regele allein den Fall, dass ein Betrieb nach einer Spaltung aus dem Geltungsbereich des KSchG herausfällt, also weniger als fünf/zehn Arbeitnehmer i.S.v. § 23 Abs. 1 KSchG beschäftigt, wird die Vorschrift von anderen umfassend verstanden. Von ihr sollen alle gesetzlichen, tarifvertraglichen oder betriebsverfassungsrechtlichen Regelungen, die für die kündigungsrechtliche Stellung des Arbeitnehmers von Bedeutung sind und auf deren Voraussetzungen sich die Spaltung auswirkt, erfasst werden. Dies hätte z.B. zur Folge, dass ein Betriebsratsmitglied, das sein Amt durch die Spaltung verliert, dennoch für zwei Jahre den Sonderkündigungsschutz des § 15 KSchG genießen würde. Außerdem würden tarifliche und betriebliche Bestimmungen zum Kündigungsrecht für die Dauer von zwei Jahren ohne die Möglichkeit einer – gesetzlichen (§ 613a Abs. 1 Satz 3 BGB) oder vertraglichen (§ 613a Abs. 1 Satz 4 BGB) – Ablösung uneingeschränkt weitergelten. M.E. ist die letztgenannte Auslegung schon deshalb unzutreffend, weil sie zu einem unlösbaren Widerspruch dazu führt, da § 613a Abs. 1 BGB gemäß § 324 UmwG auch bei Betriebsübergänge anzuwenden ist, die auf einer Gesamtrechtsnachfolge beruhen. Dazu würde es nicht passen, wenn § 613a Abs. 1 BGB in einem Bereich faktisch verdrängt würde. Darüber hinaus entstünde ein Widerspruch dadurch, dass allein die Spaltung und die Vermögensübertragung von § 323 UmwG erfasst werden, die Verschmelzung aber nicht. Wenn man aber ein besonderes Schutzbedürfnis der übergehenden Arbeitnehmer bei einer Gesamtrechtsnachfolge nach dem UmwG sieht, ist es kaum nachvollziehbar, warum dies nur bei der Spaltung und

---

[70] Für eine entsprechende Informationspflicht wohl auch BAG v. 15.02.2007 - 8 AZR 397/06 - NZA 2007, 739, 741.

[71] Ausführlich hierzu *Willemsen/Hohenstatt/Schweibert/Seibt*, Umstrukturierung und Übertragung von Unternehmen, Teil H Rn. 150 ff.

[72] BAG v. 22.09.2005 - 6 AZR 526/04 - NZA 2006, 658, 659.

[73] Keine Festlegung auch in BAG v. 15.02.2007 - 8 AZR 397/06 - NZA 2007, 739, 743 f.

nicht bei der Verschmelzung gelten soll. Die Vorschrift kann sich daher nur allein auf die Besonderheiten beziehen, die sich gerade bei einer Spaltung (und Vermögensübertragung) zu Lasten der Arbeitnehmer ergeben. Das aber wäre nur das Herausfallen aus dem Geltungsbereich des KSchG, während der Verlust des Sonderkündigungsschutzes nach § 15 KSchG für Betriebsratsmitglieder und ihnen Gleichgestellte sowie die Ablösbarkeit tariflicher und betrieblicher Regelungen auch bei der Verschmelzung auftreten können. § 323 UmwG steht ferner dem Kündigungsrecht des Insolvenzverwalters nicht entgegen.[74]   **126**

D. Prozessuale Fragen bei Bestandsschutzstreitigkeiten in Zusammenhang mit einem Betriebsübergang

I. Passivlegitimation

Die Frage nach der Passivlegitimation ist in erster Linie im **Arbeitnehmer-Mandat** von er-   **127** heblichem Interesse, da das Verklagen des falschen Gegners ein Anwaltsfehler ist, der teuer werden kann. Daher muss der Rechtsanwalt beim **Arbeitnehmer-Mandat** wissen, wen er bei den verschiedenen Beendigungsformen, die in Zusammenhang mit einem Betriebsübergang auftreten können, wie, also mit welchen Anträgen, verklagen muss oder darf.[75]

Im **Arbeitgeber-Mandat** ist die Frage der Passivlegitimation nicht von vergleichbar hohem   **128** Interesse, da diese Zulässigkeitsvoraussetzung von den Gerichten von Amts wegen zu prüfen ist; dennoch sollte eine fehlende Passivlegitimation vorsorglich ausdrücklich gerügt werden.

1. Klagen gegen Kündigungen in Zusammenhang mit einem Betriebsübergang

a. Richtige/r Klagegegner

Kündigungen müssen mit einer Kündigungsschutzklage innerhalb der dreiwöchigen Klage-   **129** frist des § 4 KSchG (vgl. Rn. 9) angegriffen werden; daneben kommt eine Feststellungsklage auf Weiterbestehen des Arbeitsverhältnisses in Betracht. Wer mit welchem Antrag zu verklagen ist, richtet sich nach folgenden Grundsätzen:

---

[74] BAG v. 22.09.2005 - 6 AZR 526/04 - NZA 2006, 658, 659 f.
[75] Umfassend dazu *Nicolai*, FA 2007, 154 ff.

130   Bei Kündigungsschutzklagen gilt der allgemeine Grundsatz, dass sie grundsätzlich gegen den Arbeitgeber zu richten sind, der die Kündigung ausgesprochen hat. Davon machen Betriebsübergangsfälle keine Ausnahme. Deshalb bleibt der bisherige Arbeitgeber, der die Kündigung ausgesprochen hat, passiv legitimiert, selbst wenn es vor Erhebung der Kündigungsschutzklage zu einem Betriebsübergang gekommen ist.[76] Spricht erst der Übernehmer eines Betriebes oder Betriebsteils eine Kündigung aus, ist folgerichtig er richtiger Beklagter.

131   **Hinweis:**

Im **Arbeitnehmer-Mandat** ist darauf zu achten, dass gegen den kündigenden Arbeitgeber eine „normale" Kündigungsschutzklage und keine (nicht fristwahrende!) allgemeine Feststellungsklage zu erheben ist. Letztere kann je nach Antragsfassung und -begründung allerdings als Kündigungsschutzantrag auszulegen sein.[77]

132   Neben der gegen den bisherigen Arbeitgeber gerichteten Kündigungsschutzklage kann zusätzlich gegen den Übernehmer des Betriebes oder Betriebsteils auf Feststellung eines weiterbestehenden Arbeitsverhältnisses geklagt werden.[78] Das Bundesarbeitsgericht erkennt in ständiger Rechtsprechung ein entsprechendes Feststellungsinteresse des Arbeitnehmers selbst dann an, wenn die Entscheidung im Kündigungsschutzverfahren auch gegenüber dem Übernehmer gilt. Letzteres ist dann der Fall, wenn die Klage noch vor Betriebsübergang rechtshängig wird, da dann die §§ 265, 325 ZPO analog angewendet werden[79] (vgl. Rn. 175).

133   **Hinweis:**

Eine Klage gegen den Übernehmer ist grundsätzlich natürlich nur dann sinnvoll, wenn der Arbeitnehmer dem Übergang seines Arbeitsverhältnisses nicht widersprochen hat.

134   Für diese Feststellungsklage gilt die Klagefrist des § 4 KSchG nicht, da sie sich nicht gegen die Kündigung richtet und somit keine Kündigungsschutzklage vorliegt. Nach der bisherigen Rechtsprechung des Bundesarbeitsgerichts konnte damit eine solche Feststellungsklage gegen den Erwerber auch dann mit Aussicht auf Erfolg erhoben werden, wenn die Kündigung selbst nicht gerichtlich angegriffen wurde. Das dürfte indes nach der Neufassung der §§ 4 und 7 KSchG durch das seit 2004 geltende Gesetz zu Reformen am Arbeitsmarkt[80] zwar immer noch zulässig sein, aber keine Aussicht auf Erfolg haben. So gilt die vom bisherigen Arbeitgeber ausgesprochene Kündigung gemäß § 7 KSchG bei Versäumung der Klagefrist des § 4 KSchG als wirksam (und nicht mehr nur als bloß sozial ungerechtfertigt); diese gesetzliche Fiktion erstreckt sich jetzt also auf alle Unwirksamkeitsgründe für eine Kündigung und damit auch dem § 613a Abs. 4 BGB.[81] Zwar ist die Reichweite des § 7 KSchG nicht ganz klar[82], jedoch muss

---

[76] BAG v. 18.03.1999 - 8 AZR 306/98 - NZA 1999, 706; *Preis* in: ErfK, § 613a Rn. 170/171; *Willemsen/Müller-Bonanni*, HWK, § 613a Rn. 371; a.A. LArbG Hamm v. 02.12.1999 - 4 Sa 1153/99 - ZIP 2000, 325: Klage gegen den Erwerber, wenn Kündigungsfrist erst nach Betriebsübergang abläuft.

[77] St. Rspr., vgl. zuletzt BAG v. 12.05.2005 - 2 AZR 426/04 - NZA 2005, 1259, 1261.

[78] St. Rspr. seit BAG v. 31.01.1985 - 2 AZR 530/83 - NZA 1985, 593 f.; BAG v. 04.03.1993 - 2 AZR 507/92 - NZA 1994, 260, 261 f.

[79] BAG v. 15.12.1976 - 5 AZR 600/75 - AP § 325 ZPO Nr. 1; BAG v. 18.03.1999 - 8 AZR 306/98 - NZA 1999, 706, 708.

[80] Vgl. dazu *Nicolai*, Das neue Kündigungsrecht, Rn. 144 ff.

[81] *Nicolai*, Das neue Kündigungsrecht, Rn. 144.

[82] Die Fiktion soll dazu führen, dass sich Dritte gegenüber dem Arbeitgeber nicht auf die Unwirksamkeit der Kündigung berufen können, vgl. BAG v. 20.08.1980 - 5 AZR 227/79 - AP LohnFG Nr. 14. Ob dies auch für den Arbeitnehmer gilt, der gegen einen anderen Arbeitgeber vorgehen will, ist damit noch nicht gesagt.

die in ihm enthaltene Fiktion m.E. zumindest gegenüber dem Rechtsnachfolger des Arbeitgebers gelten. Damit müsste eine ausschließlich gegen einen Übernehmer nach Klagefristablauf rechtshängig gemachte Feststellungsklage konsequenter Weise als unbegründet zurückgewiesen werden, da das Arbeitsverhältnis durch die dann (fingiert) wirksame Kündigung rechtswirksam beendet wurde.

Hinweis: 135

> Dieses Problem ist allerdings in Bezug auf Klagen, die auf das Kündigungsverbot des § 613a Abs. 4 BGB gestützt werden, in dieser Form noch nicht gesehen worden. Daher ist nicht sicher, ob das Bundesarbeitsgericht tatsächlich seine Rechtsprechung ändern wird oder muss. Dennoch besteht insoweit im **Arbeitnehmer-Mandat** ein Risiko. **Es ist jedenfalls dringend davon abzuraten, im Falle einer Kündigung in Zusammenhang mit einem Betriebsübergang lediglich isoliert Feststellungsklage gegen den Übernehmer und keine Kündigungsschutzklage gegen den bisherigen Arbeitgeber zu erheben!** Falls gegen den bisherigen kündigenden Arbeitgeber nicht fristgerecht Kündigungsschutzklage erhoben worden sein sollte, sollte nach Möglichkeit ein Antrag nach § 5 KSchG auf Wiedereinsetzung in den vorigen Stand gestellt und doch noch Kündigungsschutzklage erhoben werden. Dies kann man mit einer Feststellungsklage gegen den Übernehmer verbinden. Im **Arbeitgeber-Mandat** des Übernehmers sollte einer erst nach Ablauf der Dreiwochenfrist des § 4 KSchG allein anhängig gewordenen Feststellungsklage die neue Rechtslage bzw. § 7 KSchG entgegengehalten werden.

Da bisheriger und neuer Arbeitgeber einfache[83] Streitgenossen gemäß § 60 ZPO sind, können 136 sie gemeinsam verklagt werden; kommt die Feststellungsklage gegen den Übernehmer später hinzu, dürfte es sich um eine Klageänderung i.S.d. § 263 ZPO handeln, die vom Gericht als sachdienlich erachtet werden muss.

Hinweis: 137

> Streitig ist derzeit, ob der Streitwert bei gleichzeitiger Kündigungsschutz- und Feststellungsklage auf das Ein-[84] oder Zweifache[85] des in § 42 Abs. 4 GKG vorgesehenen Betrages festzusetzen ist; da letzteres vertretbar ist, kann zunächst als Streit- bzw. Gegenstandswert das sechsfache Monatsgehalt angesetzt werden, zumal auch das Bundesarbeitsgericht von zwei verschiedenen Rechtsstreitigkeiten ausgeht.[86]

Haben bisheriger und neuer Arbeitgeber verschiedene allgemeine Gerichtsstände, muss das 138 zuständige Gericht – auch wenn die Feststellungsklage gegen den neuen Arbeitgeber erst später anhängig gemacht wird – gemäß § 36 Abs. 1 Nr. 3 ZPO bestimmt werden.[87]

Die zusätzliche Feststellungsklage gegen den Übernehmer sollte erhoben werden, wenn die 139 Kündigungsschutzklage erst nach dem Zeitpunkt des Betriebsübergangs rechtshängig (d.h.: zugestellt! – §§ 261, 253 ZPO) wird, da in diesem Falle – anders als bei Rechtshängigkeit vor

---

[83] Nicht: Notwendige Streitgenossen, vgl. BAG v. 04.03.1993 - 2 AZR 507/92 - NZA 1994, 260, 261: Rechtsbehelfe eines Beklagten hindern daher Rechtskraft der Entscheidung gegen anderen Beklagten nicht!

[84] So LArbG Schleswig-Holstein v. 12.04.2005 - 1 Ta 85/04 - LAG-Report 2005, 223 und LArbG Schleswig-Holstein v. 28.07.2005 - 2 Ta 174/05 - ZIP 2005, 1984.

[85] So LArbG Köln v. 16.12.1993 - 12 Ta 204/93 - ARST 1994, 57.

[86] BAG v. 04.03.1993 - 2 AZR 507/92 - NZA 1994, 260, 261.

[87] BAG v. 25.04.1996 - 5 AS 1/96 - NZA 1996, 1062.

dem Zeitpunkt des Betriebsübergangs[88] – die Rechtskraft einer (obsiegenden) Entscheidung nicht gegen den Erwerber wirkt; die §§ 265, 325 ZPO sind dann nicht anwendbar.[89]

140 **Hinweis:**

> Sofern nicht ganz sicher ist, dass der Betriebsübergang, also der Übergang der sog. Leitungsmacht (vgl. Kapitel 1 Rn. 146 ff.) nach Rechtshängigkeit der Kündigungsschutzklage stattgefunden hat, sollte auf jeden Fall zur Sicherheit Kündigungsschutzklage gegen den bisherigen Arbeitgeber und Feststellungsklage gegen den Übernehmer erhoben werden (zu einer weiteren Erwägung vgl. Rn. 149).

141 Klagen gegen beide Arbeitgeber empfehlen sich des Weiteren dann, wenn der Zeitpunkt des Betriebsübergangs nicht sicher bzw. dem Arbeitnehmer nicht genau bekannt ist. Dies hat den Hintergrund, dass eine Kündigungsschutzklage als unbegründet abgewiesen werden muss, wenn der bisherige Arbeitgeber nach einem Betriebsübergang die Kündigung ausgesprochen hat, da in diesem Fall zum Zeitpunkt der Kündigung kein Arbeitsverhältnis mehr besteht.[90] Sollte dies der Fall sein, muss dennoch über die Feststellungsklage und damit das (Weiter-)Bestehen des Arbeitsverhältnisses entschieden werden.

142 **Hinweis:**

> Die immerhin von höchstrichterlicher Seite ausgesprochene Empfehlung, bei unklarer Sach- und Rechtslage primär Feststellungs- und hilfsweise Kündigungsschutzklage zu erheben[91], dürfte nach der Ausdehnung der §§ 4, 7 KSchG auf alle Unwirksamkeitsgründe gefährlich geworden sein (vgl. Rn. 134 f.), da nicht sicher ist, ob die Stellung eines Hilfsantrags noch eine rechtzeitige Klageerhebung darstellt. Außerdem könnte dies damit kollidieren, dass das Bundesarbeitsgericht eine bedingte subjektive Klagehäufung als unzulässig ablehnt.[92] M.E. sollten zur Sicherheit zwei Hauptanträge gestellt werden.

143 Der Arbeitnehmer ist selbstverständlich nur berechtigt, nicht verpflichtet, beide Arbeitgeber zu verklagen. Das kann sowohl im **Arbeitgeber-Mandat** des bisherigen als auch des neuen Arbeitgebers zu Schwierigkeiten führen.

144 Falls der Arbeitnehmer nur gegen seinen bisherigen Arbeitgeber Kündigungsschutzklage erhebt, kann dies für den Übernehmer deshalb problematisch werden, weil sich sein Rechtsvorgänger im Hinblick auf einen Betriebsübergang im Verfahren nicht sehr engagiert oder er sich u.U. das klägerische Vorbringen zumindest hilfsweise zu Eigen macht und einen Betriebsübergang (Wechsel der Arbeitgeberstellung) behauptet.[93] Damit besteht für den Übernehmer ein nicht unerhebliches Interesse, ggf. Einfluss auf das Verfahren nehmen zu können. Möglich ist eine Nebenintervention gemäß §§ 265 Abs. 2, 66 ff. ZPO.

145 **Hinweis:**

> Übernehmen kann der neue Arbeitgeber (nach Absprache mit dem bisherigen Arbeitgeber) das Verfahren nur, wenn der Prozessgegner, also der Arbeitnehmer zustimmt, wozu dieser nicht verpflichtet ist.

---

[88] BAG v. 18.03.1999 - 8 AZR 306/98 - NZA 1999, 706.
[89] BAG v. 18.02.1999 - 8 AZR 485/97 - NZA 1999, 648.
[90] St. Rspr., zuletzt BAG v. 15.12.2005 - 8 AZR 202/05 - NZA 2006, 597, 600.
[91] *Müller-Glöge*, NZA 1999, 449, 456.
[92] BAG v. 11.12.1997 - 8 AZR 729/96 - NZA 1998, 534, 536.
[93] Dazu *Willemsen/Hohenstatt/Schweibert/Seibt*, Umstrukturierung und Übertragung von Unternehmen, Teil H Rn. 126.

Wird nur der bisherige Arbeitgeber verklagt, hat er seinerseits wohl keine Möglichkeit, den **146** Übernehmer in den Rechtsstreit miteinzubeziehen, es sei denn, man würde die eventuell künftige Zahlung des bisherigen Arbeitgebers auf (Entgelt-)Ansprüche des Arbeitnehmers bei Obsiegen im Kündigungsschutzverfahren als Zahlungen auf fremde Schuld ansehen, die der bisherige Arbeitgeber beim neuen Arbeitgeber u.U. kondizieren kann; dann käme eine Streitverkündung in Betracht. Es ist m.E. nicht sehr wahrscheinlich, dass dies anerkannt wird. Allerdings hat das LAG Köln wohl einmal eine Drittwiderklage eines beklagten Arbeitgebers gegen den (behaupteten) Übernehmer zugelassen.[94]

Im (nicht zu empfehlenden – vgl. Rn. 135) Fall, dass nur der Übernehmer verklagt wurde, kann **147** dieser m.E. ggf. zunächst dem bisherigen Arbeitgeber den Streit verkünden gemäß § 72 ZPO, falls er für den Fall des Vorliegens eines Betriebsübergangs noch Regressansprüche (sei es aus dem der Übernahme zugrunde liegenden Rechtsgeschäft, sei es nach § 613a Abs. 2 BGB) gegen seinen Rechtsvorgänger geltend machen kann.

b. Auflösungsanträge gemäß § 9 KSchG

Nach der Rechtsprechung des Bundesarbeitsgerichts kann ein Arbeitnehmer bei einem Be- **148** triebsübergang vor dem (beabsichtigten) Auflösungszeitpunkt des § 9 Abs. 2 KSchG einen bislang noch nicht gestellten Auflösungsantrag nur in einem Prozess gegen den ihm bekannten Erwerber stellen.[95] Die Passivlegitimation des Arbeitgebers für den Auflösungsantrag folgt nicht automatisch dem bereits erhobenen Kündigungsschutzantrag. Der Auflösungsantrag ist ein selbstständiger Antrag und ein eigenständiges prozessuales Institut des Kündigungsrechts, so dass auch bei analoger Anwendung der §§ 265, 325 ZPO keine Prozessführungsbefugnis gegeben ist.[96]

Hinweis: **149**

Dies stellt im Übrigen ein weiteres Argument dafür dar, neben dem bisherigem Arbeitgeber den Übernehmer zu verklagen (vgl. Rn. 140).

Hinsichtlich eines Auflösungsantrags des Arbeitgebers gilt nach einer neueren Entscheidung **150** des Bundesarbeitsgerichts, dass der bisherige Arbeitgeber befugt bleibt, aus eigenem Recht einen Auflösungsantrag zu stellen, wenn der Betriebsübergang nach Ablauf der Kündigungsfrist (also dem Zeitpunkt nach § 9 Abs. 2 KSchG) liegt.[97] Der bisherige Arbeitgeber verfolgt in diesem Fall nicht die Rechte des Erwerbers, sondern die Auflösung des Arbeitsverhältnisses, welches bis zum Betriebsübergang bei ihm fortbestand. Offen bleibt, ob der bisherige Arbeitgeber den Antrag nach § 9 KSchG auch dann stellen kann, wenn der (behauptete) Betriebsübergang vor Ablauf der Kündigungsfrist stattgefunden haben soll; wenn man ihn allerdings als allein passivlegitimiert ansieht, wäre es m.E. nur konsequent, ihm eine entsprechende Antragsbefugnis zuzugestehen, da § 9 KSchG ansonsten in diesen Fällen überhaupt nicht anwendbar wäre.

Hinweis: **151**

Falls ein solcher Antrag beim **Arbeitgeber-Mandat** des bisherigen Arbeitgebers gestellt werden soll, könnte es ggf. zur Darlegung der entsprechenden Vertretungs- bzw. Handlungsmacht des beklagten Arbeitgebers hilfreich sein, dem Arbeitsgericht eine entsprechende Ermächtigung des Übernehmers vorzulegen.

---

[94] LArbG Köln v. 26.03.1998 - 5 Sa 1420/97 - NZA-RR 1998, 398; zweifelnd *Willemsen/Hohenstatt/ Schweibert/Seibt*, Umstrukturierung und Übertragung von Unternehmen, Teil H Rn. 126.

[95] BAG v. 20.03.1997 - 8 AZR 769/95 - NZA 1997, 937 ff.

[96] BAG v. 20.03.1997 - 8 AZR 769/95 - NZA 1997, 937 ff.

[97] BAG v. 24.05.2005 - 8 AZR 246/04 - NZA 2005. 1178 ff.

c. Vergleich

152 Schließt der beklagte bisherige Arbeitgeber im Kündigungsschutzverfahren mit dem gekündigten Arbeitnehmer einen Beendigungs- bzw. Abfindungsvergleich, so handelt er in Vertretung des Übernehmers; damit wirkt der Vergleich auch gegenüber dem Übernehmer, wenn dieser dem bisherigen Arbeitgeber eine entsprechende Vollmacht erteilt oder den Vergleich nachträglich i.S.v. § 177 BGB genehmigt hat.[98]

153 **Hinweis:**

Dies ist für das **Arbeitgeber-Mandat** deshalb von Bedeutung, weil der Entscheidung des Bundesarbeitsgerichts ein Fall zugrunde lag, in dem eine gekündigte Arbeitnehmerin zunächst die von ihr erhobene Kündigungsschutzklage durch einen Abfindungsvergleich beendet und anschließend(!) Feststellungsklage gegen den Übernehmer auf Weiterbestehen eines Arbeitsverhältnisses erhoben hatte. Daher empfiehlt es sich dringend beim **Arbeitgeber-Mandat des Übernehmers** den vorherigen Arbeitgeber zu kontaktieren und nach anhängigen oder beendeten Kündigungsschutzverfahren zu fragen. Für das **Arbeitgeber-Mandat des bisherigen Arbeitgebers** kann es sich im Übrigen ebenfalls empfehlen, Kontakt zum Übernehmer zu suchen, um abzuklären, ob man sich die Kosten nicht eventuell teilen kann.

2. Klagen auf Wiedereinstellung (nach wirksamer Kündigung)

154 Der vom Bundesarbeitsgericht rechtsfortbildend entwickelte Wiedereinstellungsanspruch (vgl. Rn. 98 ff.) kann nach Betriebsübergang gegenüber dem Übernehmer des Betriebes geltend gemacht werden.[99] Unklar ist, ob auch der bisherige Arbeitgeber für diesen Antrag passiv legitimiert sein kann; dies wird zum Teil dann angenommen, wenn der Arbeitnehmer den Antrag noch vor Ablauf der Kündigungsfrist und vor dem Zeitpunkt des Betriebsübergangs stellt.[100] Unklar ist ferner, mit welchem Antrag bzw. welcher Klageart dieser Wiedereinstellungsanspruch geltend gemacht werden muss: mit einer Feststellungsklage (wegen eines weiterbestehenden Arbeitsverhältnisses) oder mit einer Leistungsklage auf Abgabe einer Willenserklärung bzw. auf den Neuabschluss eines Arbeitsvertrages; vorherrschend wird letzteres angenommen.[101] Dabei wird zu Recht auf die notwendige Bestimmtheit des Klageantrags hingewiesen, für die ein schlichter Antrag auf Abgabe einer Willenserklärung zum Abschluss eines Arbeitsvertrages wohl nicht ausreicht; notwendig werden zusätzliche Angaben zum Arbeitsvertragsinhalt, mindestens solche zu den sog. essentialia eines Arbeitsvertrages (Tätigkeit, Arbeitszeit, Arbeitsentgelt) sein; dabei kann Bezug genommen werden auf den Inhalt des zwischen dem Arbeitnehmer und dem bisherigen Arbeitgeber abgeschlossenen Arbeitsvertrages.[102]

155 **Beispiel:**

Der Klageantrag könnte so aussehen, dass der Arbeitgeber verurteilt werden soll, das Angebot des Arbeitnehmers auf Abschluss eines Arbeitsvertrages zu den Bedingungen, die im Arbeitsvertrag zwischen dem Arbeitnehmer und dem bisherigen Arbeitgeber enthalten sind, anzunehmen.

---

[98] BAG v. 24.08.2006 - 8 AZR 574/05 - NZA 2007, 328-330.

[99] *Müller-Glöge*, NZA 1999, 449, 456.

[100] So *Boewer*, NZA 1999, 1177, 1182; anerkannt wurde ein solcher Feststellungsantrag vom BAG v. 27.02.1997 - 2 AZR 160/96 - NZA 1997, 757 ff.

[101] *Müller-Glöge*, NZA 1999, 449, 456; *Boewer*, NZA 1999, 1177, 1182.

[102] Eingehend dazu – mit Formulierungshinweisen – *Boewer*, NZA 1999, 1177, 1182 f.

Der Übernehmer kann sowohl selbstständig als auch gemeinsam (einfache Streitgenossen-schaft! – vgl. Rn. 136) mit dem bisherigen Arbeitgeber verklagt werden. Es müssen aber zwei Hauptanträge gestellt werden! Es ist unzulässig, den Wiedereinstellungsantrag gegen den Übernehmer nur hilfsweise für den Fall zu stellen, dass der Arbeitnehmer mit seiner gegen den bisherigen Arbeitgeber erhobenen Kündigungsschutzklage unterliegt; nach der Rechtspre-chung des Bundesarbeitsgerichts ist dies nicht möglich, weil dies eine unzulässige subjektive Klagehäufung darstellen würde.[103] Der Hilfsantrag wird dann als unzulässig abgewiesen. **156**

Hinweis: **157**

> Es ist m.E. am sinnvollsten, gegen den Übernehmer einen „normalen" Feststellungsan-trag zu stellen und den Wiedereinstellungsanspruch hilfsweise dazu geltend zu machen und beide Anträge mit der Kündigungsschutzklage gegen den bisherigen Arbeitgeber zu verbinden; dies führt allerdings dazu, dass der Arbeitnehmer zwangsläufig mindestens eines der beiden Verfahren verliert.[104] Das daraus resultierende Kostenrisiko sollte im **Arbeitnehmer-Mandat** mit dem Mandanten abgeklärt werden. Der auf Wiedereinstel-lung gerichtete (Hilfs-)Antrag sollte überdies erst dann gestellt werden, wenn sich im Laufe des Kündigungsschutzverfahrens Hinweise darauf ergeben, dass der – behauptete – Betriebsübergang ein unerwarteter/ungeplanter und demzufolge die betriebsbedingte Kündigung wirksam ist (vgl. Rn. 56). Ggf. kann die Kündigungsschutzklage (sowie die Feststellungsklage) dann zurückgenommen und nur noch das Weiterbeschäftigungsver-langen gegen den Übernehmer weiterverfolgt werden.

Dass für die erfolgreiche Geltendmachung des Wiedereinstellungsanspruchs ein Antrag auf Abgabe einer Willenserklärung gemäß § 894 ZPO gestellt werden muss, führt dazu, dass der neue Arbeitsvertrag erst ab Rechtskraft der gerichtlichen Entscheidung besteht. Bis dahin kön-nen mangels Arbeitsverhältnis keine Annahmeverzugslohnansprüche entstehen; es soll aber möglich sein, den entgangenen Verdienst als Schadensersatzanspruch geltend zu machen.[105] Dabei ist es allerdings fraglich, ob das zwischen den Parteien bis zum Zeitpunkt des Vertrags-schlusses bestehende Prozessrechtsverhältnis ein Schuldverhältnis i.S.d. § 280 BGB ist, das al-lein dem Arbeitnehmer einen vertraglichen Schadensersatzanspruch ermöglichen würde; und ob den Arbeitgeber ein Verschulden i.S.d. § 276 BGB trifft, ist ebenfalls fraglich. **158**

Hinweis: **159**

> Dennoch sollte der Anspruch im **Arbeitnehmer-Mandat** ggf. im Wege eines normalen Zahlungsantrags geltend gemacht werden. Will man dieses Zahlungsrisiko im **Arbeitge-ber-Mandat** vermeiden, kann der Abschluss eines befristeten bzw. auflösend bedingten Arbeitsvertrages für die Dauer des Verfahrens angeboten werden; dabei sollte darauf hingewiesen oder geachtet werden, dass die für solche Verträge in § 14 Abs. 4 TzBfG gesetzlich vorgeschriebene Schriftform (vor Vertragsbeginn!) eingehalten werden muss.[106]

3. Klagen gegen Aufhebungsverträge, Eigenkündigungen und Widersprüche in Zu-sammenhang mit einem Betriebsübergang

Will sich ein Beschäftigter gegen die Wirksamkeit eines Aufhebungsvertrages oder einer Ei-genkündigung in Zusammenhang mit einem Betriebsübergang richten, muss er eine allge- **160**

---

[103] BAG v. 11.12.1997 - 8 AZR 729/96 - NZA 1998, 534, 536; *Müller-Glöge*, NZA 1999, 449, 456.

[104] Darauf weist auch *Preis* in: ErfK, § 613a Rn. 172 hin.

[105] *Preis/Steffan*, DB 1998, 309, 313.

[106] BAG v. 22.10.2003 - 7 AZR 113/03 - NZA 2004, 1275.

meine Feststellungsklage erheben. Dies gilt sowohl bei Verstößen gegen § 613a Abs. 4 BGB (bzw. eine entsprechend behauptete Umgehung des Kündigungsverbots) als auch bei Anfechtungen der entsprechenden Willenserklärungen gemäß §§ 119, 123 BGB.

161 Richtiger Klagegegner für eine solche Feststellungsklage nach vollzogenem Betriebsübergang ist m.E. der Übernehmer; das Bundesarbeitsgericht hat in seinen bisherigen Entscheidungen, in denen es jeweils um die Wirksamkeit von Aufhebungsverträgen ging, keinerlei Bedenken gegen die Passivlegitimation der dort beklagten Erwerber geäußert.[107] Materiell-rechtlich ergibt sich die Passivlegitimation des Übernehmers daraus, dass die Unwirksamkeit eines Aufhebungsvertrages zugleich zur Folge hat, dass das ursprüngliche Arbeitsverhältnis nicht beendet wurde, so dass dieses gemäß § 613a Abs. 1 BGB auf den neuen Betriebsinhaber übergegangen ist. Da die Sach- und Rechtslage bei Eigenkündigungen parallel liegt, wird in solchen Fällen ebenfalls der Übernehmer auf jeden Fall der richtige Klagegegner für entsprechende Feststellungsklagen sein.

162 Ob der bisherige Arbeitgeber Klagegegner in solchen Verfahren sein kann, ist bislang nicht erörtert worden, dürfte aber mangels Arbeitgebereigenschaft nach Betriebsübergang im Zeitpunkt der Klageerhebung abzulehnen sein. In das Verfahren einbeziehen kann der Arbeitnehmer seinen früheren Arbeitgeber daher allenfalls im Wege der Streitverkündung oder der Drittwiderklage, die indes beide mögliche (Regress-)Ansprüche des Beschäftigten (z.B. Schadensersatz wegen arglistiger Täuschung) voraussetzen.

163 Die Grundsätze, die für Aufhebungsverträge und Eigenkündigungen gelten, kommen m.E. auch dann zur Anwendung, wenn der Arbeitnehmer die Unwirksamkeit oder Anfechtbarkeit eines von ihm nach § 613a Abs. 6 BGB erklärten Widerspruchs geltend macht. Hat er damit Erfolg, besteht das Arbeitsverhältnis ebenfalls weiter und ist folglich nach § 613a Abs. 1 BGB auf den neuen Inhaber übergegangen; daraus ergibt sich zugleich dessen Passivlegitimation, wenn das Weiterbestehen des Arbeitsverhältnisses nach Betriebsübergang gerichtlich geltend gemacht wird.

4. Entfristungsklagen in Zusammenhang mit einem Betriebsübergang

164 Geht das Arbeitsverhältnis eines befristet eingestellten Arbeitnehmers auf den Übernehmer eines Betriebes über, folgt aus dem gesetzlich angeordneten Arbeitgeberwechsel zugleich, dass für eine nach Betriebsübergang erhobene Entfristungsklage allein der Übernehmer des Betriebes nunmehr passivlegitimiert ist.

165 **Hinweis:**

Der Arbeitnehmer erhält damit teilweise die Möglichkeit, sich seinen Klagegegner „auszusuchen", da Entfristungsklage auch vor Ende des befristeten Arbeitsverhältnisses erhoben werden kann.

Daraus folgt für das **Arbeitgeber-Mandat des Erwerbers** im Vorfeld eines Betriebsübergangs, dass nach befristeten Arbeitsverhältnissen und ggf. nach Unterlagen vor allem für Sachgrundbefristungen gefragt werden sollte, da es trotz des Betriebsübergangs nach wie vor für die Wirksamkeit der Befristung auf die Verhältnisse bei Abschluss des befristeten Arbeitsvertrages[108] (durch den bisherigen Arbeitgeber) ankommt.

---

[107] BAG v. 10.12.1998 - 8 AZR 324/97 - NZA 1999, 422 ff.; BAG v. 18.08.2005 - 8 AZR 523/04 - NZA 2006, 145 ff.; BAG v. 23.11.2006 - 8 AZR 349/06 (derzeit nur als Pressemitteilung verfügbar).

[108] Wohl allg. Meinung und st. Rspr., vgl. zuletzt BAG v. 19.10.2005 - 7 AZR 31/05 - NZA 2006, 154.

Im umgekehrten Fall des Fristablaufs bzw. Ende des befristeten Arbeitsverhältnisses und der **166** Erhebung der Entfristungsklage vor Betriebsübergang ist hingegen – parallel zum Kündigungsschutzverfahren (vgl. Rn. 130) – m.E. allein der bisherige Arbeitgeber legitimiert; der Übernehmer wird in diesem Fall ebenfalls wie im Kündigungsrecht als Rechtsnachfolger i.S.d. §§ 265, 325 ZPO angesehen werden müssen.

Schwierigkeiten gibt es vor allem dann, wenn das Ende des befristeten/auflösend bedingten) **167** Arbeitsverhältnisses vor dem Zeitpunkt des Betriebsübergangs liegt, die Entfristungsklage aber erst nach diesem Zeitpunkt erhoben wird.

M.E. besteht in diesen Fällen kein so gravierender Unterschied zu Kündigungsschutzverfah- **168** ren, dass eine andere Lösung als dort geboten wäre. Daher muss m.E. auch in solchen Fällen der bisherige Arbeitgeber allein passivlegitimiert sein; gegen den Übernehmer kann bzw. sollte der Arbeitnehmer aus den o.g. Gründen (vgl. Rn. 139 f.) eine zusätzliche Feststellungsklage erheben. Da bisheriger und neuer Arbeitgeber in diesen Fällen ebenfalls einfache Streitgenossen i.S.d. § 60 ZPO sind, können sie gemeinsam verklagt werden (vgl. Rn. 136).

Beispiel: **169**

> Arbeitnehmer A ist vom bisherigen Arbeitgeber zum 01.01.2006 für ein Jahr befristet bis zum 31.12.2006 eingestellt worden. Der Betrieb geht zum 01.01.2007 auf einen Erwerber über. Die Entfristungsklage sollte A gegen den bisherigen Arbeitgeber richten; zusätzlich sollte er gegen den Erwerber als weiteren Hauptantrag einen Feststellungsantrag auf Weiterbestehen des Arbeitsverhältnisses stellen.

Will ein befristet eingestellter Arbeitnehmer keine Entfristungsklage erheben, sondern aus an- **170** deren Gründen auf Weiterbeschäftigung oder Wiedereinstellung klagen (z.B. wegen einer entsprechenden Zusage des Arbeitgebers[109]), ist richtiger Klagegegner m.E. der Arbeitgeber, zu dem – wie bei Rn. 164 – das befristete Arbeitsverhältnis im Zeitpunkt der Klageerhebung unstreitig besteht. Probleme mit der Passivlegitimation können wiederum auftreten, wenn das Arbeitsverhältnis vor Betriebsübergang endet, aber erst danach Klage erhoben werden soll. Da der Arbeitnehmer in diesem Fall keine Feststellungs-, sondern eine Leistungsklage erheben muss, bestehen m.E. deutliche Parallelen zum Wiedereinstellungsanspruch (vgl. Rn. 154 ff.), so dass der Übernehmer der richtige Klagegegner sein dürfte.

II. Rechtskraft

In Zusammenhang mit Kündigungsschutzklagen, die erfolgreich gegen den bisherigen Arbeit- **171** geber erhoben werden, stellt sich die schon angesprochene (vgl. Rn. 132) Frage, ob die in diesen Verfahren ergangenen Entscheidungen nicht nur gegen ihn, sondern auch gegen den nicht beklagten bzw. nicht am Rechtsstreit beteiligten neuen Arbeitgeber gelten. Es geht also um die Reichweite der Rechtskraft eines entsprechenden Feststellungsurteils.

Hinweis: **172**

> Die Rechtskraftfrage stellt sich nur dann, wenn der Übernehmer nicht am Rechtsstreit beteiligt war. Ist er als Nebenintervenient gemäß §§ 66 ff. ZPO beigetreten, ergibt sich die Rechtskrafterstreckung bereits aus diesem Umstand, so dass es auf weiteres nicht ankommt.

Praktische Bedeutung hat die Rechtskraftfrage allerdings nicht so sehr für die Entscheidung im **173** Kündigungsschutzverfahren selbst, sondern vor allem für Leistungsklagen bzw. Leistungsanträge, deren Erfolg im Ansatz davon abhängt, ob das Arbeitsverhältnis weiterbesteht oder nicht

---

[109] Allgemein dazu *Dörner*, Der befristete Arbeitsvertrag, Rn. 943 ff.

bzw. die Kündigung gerechtfertigt war oder nicht; diese Ansprüche können bereits zugleich mit der Kündigungsschutzklage geltend gemacht worden sein, wie es z.B. beim Weiterbeschäftigungsantrag/-anspruch häufig der Fall ist.

174 Hinweis:

> Für das **Arbeitnehmer-Mandat** wurde bereits darauf hingewiesen (vgl. Rn. 139 f.), dass die Rechtskraftfrage im Vorfeld der Klageerhebung entscheidend dafür ist, ob ausschließlich Kündigungsschutzklage gegen den bisherigen Arbeitgeber oder zusätzlich Feststellungsklage gegen den Übernehmer erhoben werden sollte.

175 Da gerichtliche Entscheidungen grundsätzlich nur inter partes Rechtskraft entfalten, muss eine Rechtskrafterstreckung auf den nicht am Rechtsstreit beteiligten Übernehmer auf einer entsprechenden gesetzlichen Regelung beruhen. Das Bundesarbeitsgericht wendet die Vorschriften der §§ 265 Abs. 2, 325 ZPO entsprechend an, wenn der Betriebs(teil) nach Rechtshängigkeit der Feststellungs-(Kündigungsschutz-) und/oder Leistungsklage übergegangen ist, m.a.W. also dann, wenn der Zeitpunkt des Übergangs der sog. Leitungsmacht (vgl. Kapitel 1 Rn. 146 ff.) nach Klageerhebung i.S.d. §§ 253 Abs. 1, 261 ZPO liegt.

176 Beispiel:

> Kündigt der bisherige Arbeitgeber dem Arbeitnehmer am 30.03.1007 zum 30.04.2007 und geht die am 10.04.2007 anhängig gemachte Kündigungsschutzklage dem bisherigen Arbeitgeber am 17.04.2007 zu und geht der Betrieb zum 20.04.2007 auf einen neuen Inhaber über, wirkt die Entscheidung im Kündigungsschutzverfahren auch für und gegen den neuen Inhaber. Geht der Betrieb am 15.04.2007 auf den neuen Inhaber über, wirkt die Entscheidung nicht für oder gegen ihn, da der Betrieb vor Rechtshängigkeit am 17.04.2007 auf ihn übergegangen ist.

177 Unklar ist derzeit, ob der Übernehmer gegen die Rechtskrafterstreckung einwenden kann, er habe von dem gegen den bisherigen Arbeitgeber geführten (Kündigungsschutz-)Verfahren nichts gewusst und nichts wissen können; der Einwand könnte allenfalls dann Aussicht auf Erfolg haben, wenn § 325 Abs. 2 ZPO insoweit Anwendung finden würde[110], was aber wohl abzulehnen sein wird.[111]

178 Erstreckt sich die Rechtskraft einer Entscheidung auf den Übernehmer, kommt bei vollstreckbaren Entscheidungen eine Titelumschreibung nach § 727 ZPO oder eine Klage auf Klauselerteilung nach § 731 ZPO in Betracht. Bei letzterem wird dann das Vorliegen eines Betriebsübergangs geprüft.[112]

---

[110] So wohl BAG v. 15.12.1976 - 5 AZR 600/75 - AP § 325 ZPO Nr. 1.

[111] So wohl zutreffend *Leipold*, Anmerkung zu BAG v. 15.12.1976 - 5 AZR 600/75 - AP § 325 ZPO Nr. 1 unter Hinweis darauf, dass der lastenfreie Erwerb eines Betriebes nach § 613a BGB nicht möglich ist.

[112] Darauf weisen zu Recht *Sieg/Maschmann*, Rn. 403, hin.

Kapitel 8: Besonderheiten bei Betriebsübernahmen aus der Insolvenz

Gliederung

A. Übersicht und Mandatsrelevanz

In Deutschland entspricht es – das nationale Recht geht insoweit über die Vorgaben in Art. 5 **1** der Betriebsübergangsrichtlinie 2001/23/EG hinaus – der ständigen Rechtsprechung des Bundesarbeitsgerichts, dass § 613a BGB zwar in der Insolvenz Anwendung findet, jedoch die Haftung des Übernehmers in Bezug auf die Ansprüche der übergehenden Arbeitnehmer beschränkt wird[1]. Bei Betriebsübergangsfällen in der Insolvenz gelten daher teilweise andere Regelungen als bei Betriebsübergängen außerhalb der Insolvenz. Dies betrifft vor allem die Einstandspflicht des Erwerbers und die Beendigung von Arbeitsverhältnissen.

Gegenstand der folgenden Ausführungen werden allein die Rechte der betroffenen Arbeitnehmer sowie dem korrespondierend die Pflichten des Übernehmers sein; außer Acht gelassen **2** werden die insolvenzrechtlichen Sonderregelungen, die der Insolvenzverwalter bei der Veräußerung von Betrieben oder Betriebsteilen beachten muss; insoweit wird auf die einschlägige Spezialliteratur verwiesen.[2]

Im **Arbeitnehmer-Mandat** ist die Kenntnis von Ob und Umfang der Haftungsbeschränkung **3** des Übernehmers in der Insolvenz erheblich, wenn rückständige Ansprüche des Mandanten gegen den bisherigen Arbeitgeber bestehen, die nicht vom Insolvenzausfallgeld abgedeckt worden sind und/oder vom Insolvenzverwalter nicht bedient wurden oder wenn der Übernehmer Leistungen (die nicht notwendig in Geldzahlungen bestehen müssen, sondern auch andere Arbeitsbedingungen, wie z.B. die Gewährung von Urlaub betreffen können) unter Hinweis auf seine Haftungsbeschränkung verweigert. Ebenso wie bei anderen Betriebsübergängen kann die Frage im Rahmen der Beratung wegen einer nach § 613a Abs. 5 BGB erstellten Information, die auch bei einem Betriebs(teil)übergang in der Insolvenz zu erstellen ist (vgl. Kapitel 10 Rn. 5), relevant werden. Und schließlich stellen sich bei (betriebsbedingten) Kündigungen durch den Insolvenzverwalter Folgefragen, so z.B. wer für evtl. Abfindungen haftet und/oder ob Wiedereinstellungsansprüche bestehen.

Hinweis: **4**

Selbst bei einer wirksamen betriebsbedingten Kündigung durch den Insolvenzverwalter können Ansprüche gegen einen etwaigen Übernehmer bestehen, so dass das Vorliegen eines Betriebsübergangs selbst dann, wenn das Arbeitsverhältnis des Mandanten nicht

---

[1] Grundlegend BAG v. 17.01.1980 - 3 AZR 160/79 - AP § 613a BGB Nr. 18 noch für die KO; zur Geltung für das Insolvenzverfahren nach der InsO BAG v. 20.06.2002 - 8 AZR 459/01 - NZA 2003, 318 ff.

[2] Siehe nur *Annuß/Lembke*, Arbeitsrechtliche Umstrukturierung in der Insolvenz, sowie *Lembke*, BB 2007, 1333 ff.

übergegangen sein sollte, von erheblichem Interesse vor allem für die Realisierung von Forderungen sein kann (vgl. Rn. 15).

5 Im **Arbeitgeber-Mandat**, das sich hier aus den o.g. Gründen (vgl. Rn. 2) auf das Mandat des Übernehmers beschränkt, ist die Frage nach dem Eingreifen und dem Umfang der Haftungsbeschränkung von erheblichem Interesse. So muss ggf. bereits im Vorfeld darauf hingewirkt werden, dass ein (geplanter[3]) Betriebsübergang erst nach einem bestimmten Zeitpunkt stattfindet, damit der Erwerber sich auf die Haftungsbeschränkung berufen kann. Ist diese Grundbedingung erfüllt, muss in einem zweiten Schritt ermittelt werden, wie weit diese Haftungsbeschränkung (nicht) reicht.

6 **Hinweis:**

Ob sich der Übernehmer auf die Haftungsbeschränkung berufen kann, ist im Übrigen nicht nur im Verhältnis zu den Beschäftigten des bisherigen Arbeitgebers relevant, sondern auch für die eine etwaige Inanspruchnahme durch die Agentur für Arbeit, da Forderungen der Beschäftigten bei der Zahlung von Insolvenzgeld gemäß § 187 SGB III auf sie übergehen. Ggf. können auch andere Sozialversicherungsträger Nachforderungen stellen.

7 Sowohl im **Arbeitnehmer-** als auch im **Arbeitgeber-Mandat** erfahrungsgemäß praktisch besonders relevant sind Änderungsvereinbarungen mit den Beschäftigten, die in Insolvenzfällen häufig leichter als in anderen Betriebsübergangsfällen abgeschlossen werden können, da der Erhalt des Arbeitsplatzes für die Beschäftigten i.d.R. im Vordergrund steht. Solche Vereinbarungen sind selbstverständlich auch im Insolvenzstadium zulässig, es ist jedoch darauf zu achten, dass ein übermäßiger Druck auf die Beschäftigten eine Anfechtung nach § 123 BGB wegen widerrechtlicher Drohung nach sich ziehen kann.

8 **Hinweis:**

Vor allem dann, wenn die Beschäftigten vor die Wahl zwischen dem Verlust des Arbeitsplatzes oder schlechteren Arbeitsbedingungen gestellt werden, der Betriebsübergang also von einem entsprechenden Einverständnis des Beschäftigten abhängig gemacht wird, muss im Einzelfall geprüft werden, ob dies noch zulässigen Druck darstellt. Unberührt bleibt im Übrigen das einjährige Verschlechterungsverbot des § 613a Abs. 1 Satz 2 BGB bei transformierten Tarifverträgen und Betriebsvereinbarungen.

9 Im **Betriebsrats-Mandat** spielt die Frage der Haftungsbeschränkung in der Insolvenz kaum eine Rolle; für den Betriebsrat ist i.d.R. in erster Linie maßgebend, was beim Aushandeln von Sozialplänen zu beachten ist. Im Übrigen gelten die allgemeinen Regeln vor allem zum Weiterbestand des Betriebsrats einschließlich Übergangsmandat (vgl. Kapitel 6 Rn. 8 ff.) sowie etwaiger Betriebsvereinbarungen auch bei einem Betriebsübergang in der Insolvenz. Denkbar ist jedoch, dass der Betriebsrat selbst noch (Freistellungs- oder Zahlungs-)Ansprüche gegen den insolvent gewordenen Arbeitgeber hat und diese nunmehr gegen den Übernehmer realisieren will (vgl. Rn. 61). **In eigener Sache** kann für den Rechtsanwalt von Interesse sein, ob er Honorarforderungen aus Betriebsrats-Mandaten gegen den Übernehmer eines insolventen Betriebes geltend machen kann (vgl. Rn. 63).

---

[3] Geht es hingegen darum, einen Betriebs(teil)übergang zu vermeiden, treten in Insolvenzfällen keine Besonderheiten auf, so dass vollumfänglich auf die Ausführungen in Kapitel 1 Rn. 7 ff., verwiesen werden kann.

B. Grundsätze der Haftungsbeschränkung

I. Übersicht und Grundlagen

Wie bereits angesprochen, wird § 613a BGB nach der ständigen Rechtsprechung des BAG **10** auch in der Insolvenz angewendet.[4] Allerdings ist die Haftung des Erwerbers beschränkt. Er haftet nicht für Ansprüche der Arbeitnehmer, die vor der Eröffnung des Insolvenzverfahrens entstanden sind, da insoweit die Verteilungsgrundsätze des Konkurs- bzw. Insolvenzverfahrens Vorrang haben.[5] Tragender Grund für diese Haftungsbeschränkung ist, dass eine Haftung des Erwerbers für rückständige Ansprüche der Arbeitnehmer, die vor der Insolvenzeröffnung entstanden sind, zu einer Benachteiligung der anderen Insolvenzgläubiger führen würde. Der Erwerber würde nämlich in diesem Fall den Kaufpreis um die Höhe der zu erwartenden Verbindlichkeiten mindern, was zu Lasten der Insolvenzmasse ginge. Die anderen Gläubiger des Insolvenzschuldners würden dann in noch größerem Umfang mit ihren Forderungen ausfallen, währenddessen die Arbeitnehmer volle Befriedigung ihrer Forderungen erlangen würden. Für die Haftung des Übernehmers ergibt sich daher folgendes Bild:

Der Erwerber kann sich auf die Haftungsbeschränkung nur berufen, wenn ein Betrieb oder Be- **11** triebsteil nach Eröffnung des Insolvenzverfahrens auf ihn übergegangen ist. Damit scheidet eine Haftungsbeschränkung für Ansprüche, die vor dem Betriebs(teil)übergang entstanden sind, aus, wenn ein Betrieb bzw. Betriebsteil vor der Eröffnung des Insolvenzverfahrens übergeht. Ebenso kann sich der Übernehmer nicht auf die Haftungsbeschränkung berufen, wenn der vorläufige Insolvenzverwalter den Betrieb oder Betriebsteil veräußert.[6] Offen gelassen hat das BAG die Frage, ob die Haftungsbeschränkung des Erwerbers ausnahmsweise in den Fällen greift, in denen der Verkauf vor Verfahrenseröffnung eine Stilllegung des Betriebes im Hinblick auf auflaufende wirtschaftliche Verluste abwenden oder einen außerordentlichen wirtschaftlichen Vorteil realisieren soll, der nach Verfahrenseröffnung nicht mehr erzielt werden könnte und das Insolvenzgericht der Veräußerung zustimmt.[7] Eine Haftungsbeschränkung kommt ferner nicht in Betracht, wenn die Eröffnung des Insolvenzverfahrens mangels Masse abgelehnt wird.[8]

---

[4] St. Rspr. seit BAG v. 17.01.1980 - 3 AZR 160/79 - AP § 613a BGB Nr. 18; bestätigt für das Insolvenzverfahren von BAG v. 20.06.2002 - 8 AZR 459/01 - NZA 2003, 318 ff.

[5] BAG v. 20.06.2002 - 8 AZR 459/01 - NZA 2003, 318 ff.

[6] So mit ausführlicher Begründung BAG v. 20.06.2002 - 8 AZR 459/01 - NZA 2003, 318, 322 ff.

[7] So *Kammel*, NZI 2000, 102, 140, *Lohkemper*, ZIP 1999, 1251, 1252.

[8] BAG v. 20.11.1984 - 3 AZR 584/83 - AP § 613a BGB Nr. 38, BB 1985, 860.

12   Unschädlich für die Haftungsbeschränkung des Erwerbers ist es auch, wenn erst nach Eröffnung des Insolvenzverfahrens das Verfahren mangels Masse eingestellt wird.[9]

13   Greift danach die Haftungsbeschränkung zu Gunsten des Übernehmers ein, ist sie nach der Rechtsprechung des BAG auf Insolvenzforderungen begrenzt. Bei Beschäftigungsverhältnissen muss diesbezüglich zunächst die Vorschrift des § 108 Abs. 2 InsO beachtet werden, nach der Ansprüche, die vor Eröffnung des Insolvenzverfahrens entstanden sind, nur als Insolvenzforderung geltend gemacht werden können; dies setzt jedoch eine entsprechende Zuordnung voraus.[10] Der Ausschluss der Einstandspflicht des Erwerbers für Insolvenzforderungen, also solche, die vor Eröffnung des Insolvenzverfahrens entstanden sind, hat umgekehrt zur Folge, dass er (gesamtschuldnerisch neben der Masse) umgekehrt für alle Ansprüche der Arbeitnehmer haftet, die nach diesem Zeitpunkt entstanden sind.[11]

14   Solche Masseforderungen, zu denen gemäß § 55 InsO auch die Entgeltansprüche der Arbeitnehmer für die Zeit nach Eröffnung des Insolvenzverfahrens gehören, sind vorrangig aus der Insolvenzmasse zu befriedigen. Dennoch kann für den Erwerber insoweit ein nicht unbeträchtliches Haftungsrisiko bestehen, wenn der Insolvenzverwalter nicht in der Lage ist, diese Masseverbindlichkeiten in vollem Umfang zu erfüllen.

15   **Beispiel:**

Über das Vermögen der Firma V wurde am 14.09.1981 das Konkursverfahren eröffnet. Der Insolvenzverwalter kündigt Arbeitnehmer A am 25.09.1981 fristgemäß zum 17.10.1981. Der hiergegen gerichteten Kündigungsschutzklage wurde stattgegeben. E erwirbt den Betrieb der V zum 01.04.1982. Er wird von A auf Zahlung von Annahmeverzugslohn für die Zeit vom 18.10.1981 bis zum 31.03.1982 verklagt. Das BAG hat der Klage stattgegeben, weil sich die von ihm angenommene Haftungsbeschränkung des Erwerbers im Konkurs nicht auf Masseschulden beziehe.[12] An dieser Rechtsprechung hat sich durch die Einführung der Insolvenzordnung nichts geändert.

16   **Hinweis:**

Der Zeitpunkt, ab dem der Übernehmer für die Ansprüche der Arbeitnehmer nicht haften muss, ist also nicht der Zeitpunkt des Betriebs(teil)übergangs, sondern der davor liegende Zeitpunkt der Eröffnung des Insolvenzverfahrens. Dies darf nicht mit der Frage

---

[9]   BAG v. 11.02.1992 - 3 AZR 117/91 - NZA 1993, 20, 22.

[10]   BAG v. 18.11.2003 - 9 AZR 347/03 - NZA 2004, 654, 656.

[11]   BAG v. 19.10.2004 - 9 AZR 647/03 - NZA 2005, 408-411; BAG v. 19.05.2005 - 3 AZR 649/03 - BAGE 114, 349-361.

[12]   BAG v. 04.12.1986 - 2 AZR 246/86 - NZA 1987, 460 f.

verwechselt werden, wann sich der Übernehmer auf die vom BAG angenommene Haftungsbeschränkung berufen kann. Dies ist nur dann der Fall, wenn der Betriebs(teil)-übergang nach der Eröffnung des Insolvenzverfahrens erfolgt ist. Es ergibt sich also folgende Zeitschiene:

Beispiel: 17

Über das Vermögen der Firma V wird am 01.09.2004 das Insolvenzverfahren eröffnet. E übernimmt diese Firma zum 01.11.2004. Er kann sich damit auf die Haftungsbeschränkung berufen, dies allerdings nur für Ansprüche der übergehenden Arbeitnehmer, die vor dem 01.09.2004 entstanden sind.

Die Haftungsbeschränkung auf Ansprüche, die vor der Eröffnung des Insolvenzverfahrens entstanden sind, bedeutet im Umkehrschluss, dass in Bezug auf künftige Ansprüche der Arbeitnehmer für den Erwerber die gleichen Rechtsgrundsätze gelten wie bei Betriebs(teil)übergängen außerhalb der Insolvenz. Weder hinsichtlich der individualvertraglich noch der kollektivrechtlich geregelten Arbeitsbedingungen gelten Besonderheiten. Damit bestehen für den Erwerber auch dann, wenn er einen Betrieb oder Betriebsteil aus der Insolvenz erwirbt, die gleichen Schwierigkeiten bei der Übernahme und Anpassung von Arbeitsbedingungen wie bei einem Betriebs(teil)übergang außerhalb der Insolvenz. Zu verschlechternden Einzelvereinbarungen mit den Beschäftigten vgl. Kapitel 7 Rn. 24 ff. 18

II. Maßgeblicher Zeitpunkt für Eingreifen der Haftungsbeschränkung

1. Rechtsprechung des Bundesarbeitsgerichts

Entscheidend für die Beurteilung der Frage, wann der Betriebs(teil)übergang erfolgt ist, ist auch beim Erwerb aus der Insolvenz nicht, wann der Kaufvertrag abgeschlossen oder das Eigentum bzw. die Nutzungsrechte an den Betriebsmitteln auf den Erwerber übergegangen ist, sondern allein, zu welchem Zeitpunkt der Erwerber aufgrund rechtsgeschäftlicher Übereinkunft in die Lage versetzt worden ist, die Leitungsmacht im Betrieb mit dem Ziel der Betriebsfortführung auszuüben (dazu Kapitel 1 Rn. 146 ff.). Wann dieser Zeitpunkt genau vorliegen soll, ist allerdings nach der derzeitigen Rechtsprechung des BAG nicht genau bestimmbar. 19

So war es nach der Rechtsprechung des Bundesarbeitsgerichts zur Konkursordnung nicht entscheidend, ob die Leitungsmacht tatsächlich bereits ausgeübt wurde.[13] Der Umstand, dass alle für den Betriebs(teil)übergang erforderlichen Rechtsgeschäfte bereits vor der Insolvenzeröffnung abschließend verhandelt waren, sollte ein Indiz dafür sein, dass die tatsächliche Leitungsmacht übertragen wurde, der Betriebserwerber also rechtlich nicht mehr gehindert war, die betriebliche Leitungs- und Organisationsgewalt anstelle des Betriebsveräußerers auszuüben.[14] 20

In einer jüngeren Entscheidung, in der das Bundesarbeitsgericht die Geltung der von ihm aufgestellten Grundsätze zur Haftungsbeschränkung im Konkurs für das Insolvenzverfahren bestätigt hat, hat es allerdings darauf abgestellt, wann der Wechsel in der Person des Inhabers des Betriebs eintrat und als wesentliches Kriterium für den Betriebsübergang die tatsächliche Weiterführung oder Wiederaufnahme der Geschäftstätigkeit bezeichnet. Einer besonderen Übertragung einer irgendwie gearteten Leitungsmacht bedürfe es neben dem Merkmal der Fortführung des Betriebes nicht.[15] 21

---

[13] BAG v. 26.03.1996 - 3 AZR 965/94 - NZA 1997, 94, 95.

[14] BAG v. 26.03.1996 - 3 AZR 965/94 - NZA 1997, 94, 95 f.; ähnlich BAG v. 16.02.1993 - 3 AZR 347/92 - NZA 1993, 643, 644.

[15] BAG v. 20.06.2002 - 8 AZR 459/01 - NZA 2003, 318, 320.

22 Damit ist nunmehr unklar, ab welchem Zeitpunkt sich der Erwerber tatsächlich auf die Haftungsbeschränkung berufen kann, da anscheinend eine nicht aufgeklärte Divergenz besteht. Fraglich ist insbesondere, ob tatsächlich schon allein die Möglichkeit, die Leitungsmacht aufgrund der abgeschlossenen Verträge auszuüben, dafür spricht, dass ein Betriebs(teil)übergang vor der Eröffnung des Insolvenzverfahrens stattgefunden hat.

23 Probleme kann es vor allem dann geben, wenn alter und neuer Inhaber personenmäßig miteinander verflochten sind, z.b. dann, wenn die Gesellschafter und ggf. Geschäftsführer einer insolvent gewordenen GmbH im Wege einer sog. „sanierenden Übertragung" eine neue GmbH bzw. Gesellschaft gründen und Teile des alten Betriebes fortführen. Dabei kann es nach der Rechtsprechung des Bundesarbeitsgerichts ausreichen, wenn ein Betrieb auf eine Vor-GmbH übertragen wird.[16] Angesichts der in diesen Fällen häufigen Personenidentität oder zumindest der (engen) Verwandtschaft der handelnden Personen zueinander kann der Nachweis, dass die neue Gesellschaft den Betrieb oder Betriebsteil tatsächlich erst nach der Eröffnung des Insolvenzverfahrens weitergeführt hat, schwierig werden.

24 **Hinweis:**

> In solchen Fällen sollte beim **Arbeitgeber-Mandat** empfohlen werden, zusätzlich darauf zu achten, dass die handelnden Personen nachweisbar und deutlich für die neue Gesellschaft erst nach dem Zeitpunkt der Insolvenzeröffnung handeln. Dies muss entsprechend mit dem Insolvenzverwalter abgeklärt werden.

25 Das Bundesarbeitsgericht hat es im Übrigen nicht für rechtsmissbräuchlich gehalten, wenn eine Auffanggesellschaft durch entsprechende Vertragsgestaltung hinsichtlich der Übernahme der Leitungsmacht bzw. der Fortführung des Betriebes vertraglich die Bedingung der Eröffnung des Insolvenzverfahrens stellt bzw. ihr rechtsgeschäftliches Verhalten an der Möglichkeit der Haftungsbeschränkung orientiert. Die Gesellschaft könne sich auf das Privileg der beschränkten Haftung im Konkurs berufen, ohne dass dies gegen Sinn und Zweck des § 613a BGB verstoße.[17]

26 Diese Entscheidung dürfte der Hintergrund für eine vor allem für das **Arbeitgeber-Mandat** relevante Empfehlung im einschlägigen Schrifttum sein, man solle den Übergang der Leitungsmacht rechtlich und tatsächlich unter die Bedingung der Insolvenzeröffnung stellen und ggf. einen echten Betriebsführungsvertrag abschließen.[18] Dieser Weg ist indes risikobehaftet. Wenn es vielmehr entscheidend ist, ob der Erwerber den Betrieb vor der Eröffnung des Insolvenzverfahrens tatsächlich geführt hat, kann es allein auf die tatsächlichen Umstände und nicht auf die jeweiligen Vertragsgestaltungen ankommen; bis zur Klärung dieser Frage durch eine höchstrichterliche Entscheidung ist daher zur Vorsicht zu raten.

27 Schwierig kann der Zeitpunkt des Übergangs der Leitungsmacht des Weiteren dann festzulegen sein, wenn mehrere Übernahmeverträge abgeschlossen werden und/oder die Betriebsmittel in einzelnen nacheinander folgenden Schritten auf den Erwerber über gehen. Dann soll der Betriebsübergang jedenfalls zu dem Zeitpunkt erfolgt sein, in dem die wesentlichen, zur Fortführung des Betriebes erforderlichen Betriebsmittel übergegangen sind und die Entscheidung über den Betriebsübergang nicht mehr rückgängig gemacht werden kann.[19] Dabei dürfte es

---

[16] BAG v. 20.06.2002 - 8 AZR 459/01 - NZA 2003, 318, 320 f.

[17] BAG v. 26.03.1996 - 3 AZR 965/94 - NZA 1997, 94, 96.

[18] So *Annuß/Lembke*, Arbeitsrechtliche Umstrukturierung in der Insolvenz, Rn. 60.

[19] BAG v. 16.02.1993 - 3 AZR 347/92 - NZA 1993, 643, 644; siehe dazu auch BAG v. 20.06.2002 - 8 AZR 459/01 - NZA 2003, 318, 321 ff.

entscheidend auf die Art des übertragenen Betriebes ankommen, insbesondere ob ein Produktions- oder Dienstleistungsunternehmen übertragen wird.

Hinweis: 28

Angesichts dieser Unklarheit sollte beim **Arbeitgeber-Mandat** nach Möglichkeit empfohlen werden, entweder mit dem Abschluss der dem Betriebs(teil)übergang zu Grunde liegenden Verträge bis nach der Eröffnung des Insolvenzverfahrens zu warten oder zumindest vor dem letztgenannten Zeitpunkt im Betrieb oder Betriebsteil weder nach außen (zu den Kunden und Lieferanten) noch nach innen (zu den Beschäftigten) als Inhaber des Betriebes aufzutreten.

2. Darlegungs- und Beweislast

Zur Beweislast hinsichtlich der Frage, ob sich ein Erwerber auf die Haftungsbeschränkung im 29 Konkurs berufen kann, hat das Bundesarbeitsgericht seinerzeit eine abgestufte Darlegungs- und Beweislast angenommen. Danach muss der Erwerber zunächst den nach seiner Auffassung maßgeblichen und von der Haftung entlastenden Erwerbstatbestand nach Eröffnung des Insolvenzverfahrens nach Inhalt und Zeitpunkt darlegen und ggf. beweisen. Derjenige, der sich auf die unbeschränkte Haftung des Erwerbers beruft, muss dann Tatsachen vortragen und ggf. beweisen, dass der Erwerber bereits vor diesem Zeitpunkt die betriebliche Leitungsmacht ausgeübt bzw. den Betrieb fortgeführt hat.[20] Dabei kann, muss aber nicht der Umstand, dass alle für den Betriebsübergang erforderlichen Rechtsgeschäfte bereits vor der Insolvenzeröffnung abschließend verhandelt waren, ein Indiz für den früheren Übergang der Leitungsmacht sein. Der Hinweis auf im Wesentlichen abgeschlossene Vertragsverhandlungen genügt dafür nicht.[21]

III. Umfang der Haftungsbeschränkung

1. Grundsätze

Wie bereits angesprochen (vgl. Rn. 10), wird der Übernehmer bei einem Betriebsübergang 30 nach Eröffnung des Insolvenzverfahrens nicht vollständig von jeglicher Einstandspflicht entlastet. Seine Haftung ist nur für Insolvenzforderungen ausgeschlossen, die – ausgehend von der Sonderregelung des § 108 Abs. 2 InsO – vor der Eröffnung des Insolvenzverfahrens „entstanden" sind. In Bezug auf Entgeltansprüche soll dafür maßgebend sein, wann der Arbeitnehmer die hierfür erforderliche Arbeitsleistung erbracht hat; war dies vor Eröffnung des Insolvenzverfahrens der Fall, handelt es sich bei den korrespondierenden Vergütungsansprüchen (einschließlich Annahmeverzug) um Insolvenzforderungen.[22] In anderen Fällen hat das Bundesarbeitsgericht auf die Begründung, nicht aber die Entstehung der Forderung abgestellt, so z.B. bei tariflichen Abfindungsansprüchen[23] oder bei Nachteilsausgleichsansprüchen[24].

Für Masseforderungen i.S.d. § 55 InsO haften die Masse und der Übernehmer (mit Ausnahme 31 von Sozialplanforderungen – vgl. Rn. 61) gesamtschuldnerisch. Solche Masseforderungen sind z.B. der Urlaubsabgeltungsanspruch[25] oder Nachteilsausgleichsansprüche, wenn die Betriebsänderung nach Insolvenzeröffnung beschlossen und durchgeführt wurde.[26]

---

[20] BAG v. 26.03.1996 - 3 AZR 965/94 - NZA 1997, 94, 96.
[21] BAG v. 26.03.1996 - 3 AZR 965/94 - NZA 1997, 94, 96.
[22] BAG v. 19.10.2004 - 9 AZR 647/03 - NZA 2005, 408-411.
[23] BAG v. 27.04.2006 - 6 AZR 347/05.
[24] BAG v. 04.12.2002 - 10 AZR 17/02; BAG v. 08.04.2003 - 2 AZR 15/02 - NZA 2004, 343.
[25] BAG v. 15.02.2005 - 9 AZR 78/04 - NZA 2005, 1124-1127.
[26] BAG v. 04.12.2002 - 10 AZR 17/02; BAG v. 08.04.2003 - 2 AZR 15/02 - NZA 2004, 343.

32 **Hinweis:**

Im **Arbeitnehmer-Mandat** ist darauf zu achten, dass für die Geltendmachung von Masseforderungen ggf. tarifliche oder anders vereinbarte Ausschlussfristen gelten.[27] Soll der Übernehmer in Anspruch genommen werden, werden Ausschlussfristen jedenfalls dann einzuhalten sein, wenn sie gemäß § 613a Abs. 1 Sätze 1 oder 2 BGB weitergelten (vgl. Kapitel 3 Rn. 192 f.). Für Insolvenzforderungen greifen hingegen nach der Rechtsprechung des BAG Ausschlussfristen nicht ein.[28]

2. Praktisch wichtige Einzelfragen

a. Monatlich laufendes Arbeitsentgelt

33 Der Übernehmer eines Betriebes haftet nicht für Ansprüche der Arbeitnehmer auf rückständiges monatlich laufendes Arbeitsentgelt, wenn diese vor dem Zeitpunkt der Insolvenzeröffnung entstanden sind, also die Arbeitsleistung hierfür vor diesem Zeitpunkt erbracht worden ist. Vergütungsansprüche der Beschäftigten, die nach dem Zeitpunkt der Insolvenzeröffnung entstehen, werden hingegen von der Haftungsbeschränkung nicht erfasst, so dass der Übernehmer – falls sie vom Insolvenzverwalter nicht (vollständig) erfüllt werden – für diese vollumfänglich einstehen muss.

34 **Hinweis:**

Haben die Beschäftigten noch nach Eröffnung des Insolvenzverfahrens Insolvenzgeld erhalten, sollte beim **Arbeitgeber-Mandat** des Übernehmers auf den Anspruchsübergang gemäß § 187 SGB III hingewiesen werden. Beim **Arbeitnehmer-Mandat** kann ggf. eine etwaige Differenz zwischen Insolvenzgeld und einem u.U. höheren Nettoarbeitsentgelt gegen den Übernehmer (und/oder den Insolvenzverwalter) geltend gemacht werden.

b. Einmalzahlungen

35 Bei Entgeltbestandteilen, die nicht zum laufenden monatlichen Arbeitsentgelt gehören (meist sog. Einmalzahlungen), beurteilt sich der Umfang der Einstandspflicht des Übernehmers danach, wann sie im insolvenzrechtlichen Sinne „entstanden" sind.

36 So muss der Erwerber für solche Ansprüche vollumfänglich einstehen, wenn sie erst nach Eröffnung des Insolvenzverfahrens entstehen. Unerheblich ist, ob sie erst nach diesem Zeitpunkt bzw. dem Zeitpunkt des Betriebs(teil)übergangs fällig werden. Das BAG hat darauf abgestellt, ob die Arbeitnehmer ihren Anspruch im Konkursverfahren gegen ihren früheren Arbeitgeber geltend machen konnten.[29]

37 In Bezug auf Sonder- bzw. Einmalzahlungen kommt es daher in erster Linie darauf an, welcher Zweck mit ihnen verfolgt wird.

38 Bei sog. Sonderzahlungen mit reinem Entgeltcharakter, mit denen kein weiterer Zweck als die Entlohnung tatsächlich erbrachter Arbeitsleistung verfolgt wird und bei denen der Anspruch ratierlich entsteht und erst später fällig wird, haftet der Erwerber nur für den Betrag, auf den nach dem Zeitpunkt des Betriebsübergangs ein Anspruch des Arbeitnehmers entsteht. Unerheblich ist es im Hinblick auf die Haftungsbeschränkung, wann die Ansprüche der Arbeitneh-

---

[27] BAG v. 15.02.2005 - 9 AZR 78/04 - NZA 2005, 1124, 1127.

[28] BAG v. 15.02.2005 - 9 AZR 78/04 - NZA 2005, 1124, 1127 unter Bezugnahme und Bestätigung seiner entsprechenden früheren Rechtsprechung zur Konkursordnung, BAG v. 17.01.1980 - 3 AZR 160/79 - AP § 613a BGB Nr. 18.

[29] BAG v. 11.10.1995 - 10 AZR 984/94 - NZA 1996, 432, 433.

mer auf solche Sonderzahlungen fällig werden.

Beispiel: 39

> Eine mit dem Dezemberentgelt fällige Jahressonderzahlung wird den Beschäftigten nur unter der Voraussetzung gewährt, dass das Arbeitsverhältnis nicht ruhte; außerdem erhalten die Beschäftigten, die im Laufe des Jahres eintreten oder ausscheiden, eine anteilige Leistung. Hier spricht viel dafür, eine Sonderzahlung mit reinem Entgeltcharakter anzunehmen. Wird daher über das Vermögen eines Unternehmensträgers z.B. am 01.07. das Insolvenzverfahren eröffnet und wird der Betrieb am 01.10. übernommen, haftet der Erwerber nur auf die hälftige Jahressonderzahlung; die andere Hälfte ist Insolvenzforderung und ggf. zur Tabelle anzumelden.

Anders sieht dies bei den wesentlich häufiger vorkommenden Gratifikationen bzw. Einmal-   40
zahlungen mit sog. Mischcharakter aus. Bei solchen Zahlungen fallen der Zeitpunkt der Anspruchsentstehung und die Fälligkeit des Anspruchs an dem bezeichneten Stichtag zusammen. Liegt dieser Stichtag nach dem Zeitpunkt des Betriebsübergangs, haftet der Erwerber hierfür in vollem Umfang.[30]

Beispiel: 41

> Ein Erwerber übernimmt am 01.11.2003 den Betrieb einer Firma, über deren Vermögen am 22.10.2003 das Insolvenzverfahren eröffnet wurde. Der für diese Firma geltende Tarifvertrag sieht eine Jahressonderzahlung für die Beschäftigten vor, die sich zu diesem Zeitpunkt in einem seit mehr als sechs Monate bestehendem und ungekündigtem Arbeitsverhältnis befinden. Aufgrund dieser sowie weiterer Anhaltspunkte gelangte das BAG dazu, dass diese Sonderzahlung nicht ausschließlich den Zweck verfolgt, die tatsächlich erbrachte Sonderleistung zu entlohnen. Daher musste der Erwerber den übergegangenen Beschäftigten die volle tarifliche Jahressonderzahlung gewähren.[31]

Es kommt also für die Frage, ob der Erwerber unbeschränkt oder nur zeitanteilig für Einmal-   42
zahlungen haftet, in erster Linie darauf an, welcher Zweck mit der fraglichen Leistung verfolgt wird. Dies ist nach allgemeinen Grundsätzen zu beurteilen.[32] Unerheblich ist, ob der Anspruch der Arbeitnehmer auf arbeitsvertraglicher oder kollektivrechtlicher Grundlage beruht.

c. Urlaubsansprüche

Noch ausstehende Urlaubsansprüche übergehender Arbeitnehmer stellen nach der Rechtspre-   43
chung des BAG keine Insolvenzforderungen dar, die die Arbeitnehmer als Insolvenzgläubiger geltend machen können. Daher sollen sie in vollem Umfang auf den Erwerber übergehen, können also nicht in die Zeit vor und nach dem Betriebsübergang aufgeteilt werden.[33]

Beispiel: 44

> Der Erwerber übernimmt am 01.11.2003 den Betrieb einer Firma, über deren Vermögen im Oktober 2003 das Insolvenzverfahren eröffnet wurde. Arbeitnehmer A, dessen Arbeitsverhältnis gemäß § 613a BGB auf den Erwerber übergegangen ist, verlangt nun

---

[30] BAG v. 11.10.1995 - 10 AZR 984/94 - NZA 1996, 432, 433 f.

[31] BAG v. 11.10.1995 - 10 AZR 984/94 - NZA 1996, 432 ff.

[32] Siehe dazu nur *Preis* in: ErfK, § 611 BGB Rn. 663 ff.

[33] BAG v. 18.11.2003 - 9 AZR 347/03 - NZA 2004, 654, 655 f.; BAG v. 18.11.2003 - 9 AZR 95/03 - NZA 2004, 651, 653 f.

von ihm Gewährung des vollen Jahresurlaubs, da er unstreitig im Jahre 2003 noch keinen Urlaub genommen hatte. Der Erwerber muss dem Verlangen stattgeben, da der Urlaubsanspruch des A in vollem Umfang übergegangen ist.

45   Urlaubsabgeltungsansprüche stellen ebenfalls Masseforderungen dar[34], so dass insoweit dem ersten Anschein nach ebenfalls eine Einstandspflicht des Erwerbers in Betracht kommt. Der Anspruch besteht jedoch gemäß § 7 Abs. 4 BUrlG nur bei einer Beendigung des Arbeitsverhältnisses; wenn jetzt ein (gekündigter) Arbeitnehmer gegen den Übernehmer diesen Urlaubsabgeltungsanspruch geltend macht, setzt dies indes zwingend voraus, dass sein Arbeitsverhältnis gemäß § 613a BGB auf den Übernehmer übergegangen und damit gerade nicht beendet ist. Eine entsprechende Klage dürfte daher am Verbot des widersprüchlichen Verhaltens scheitern.

46   Insgesamt wird also der Erwerber eines insolventen Betriebs bzw. Betriebsteils hinsichtlich der Urlaubsregelungen genauso behandelt wie ein Erwerber, der einen Betrieb außerhalb der Insolvenz erworben hat.

d. Altersteilzeit

47   Können Altersteilzeitarbeitsverhältnisse dem übergehenden Betrieb/Betriebsteil zugeordnet werden (allgemein vgl. Kapitel 5 Rn. 6 ff. und Kapitel 2 Rn. 25 ff.) gehen sie auch in der Insolvenz des bisherigen Arbeitgebers vollständig auf den Erwerber über. Unerheblich ist m.E., ob sich der Arbeitnehmer bereits in der Freistellungsphase befindet.

48   Die Haftung des Erwerbers insbesondere für Ansprüche auf Zahlung des Arbeitsentgelts und der Aufstockungsbeträge in der Freistellungsphase ist jedoch beschränkt. So haftet er nicht, wenn sich der Arbeitnehmer im Zeitpunkt des Betriebsübergangs bereits in der Freistellungsphase befindet. Befindet sich der Arbeitnehmer hingegen im Zeitpunkt des Betriebsübergangs noch in der Arbeitsphase, haftet der Erwerber in der Freistellungsphase sowohl für das Arbeitsentgelt als auch die Aufstockungsbeträge nur eingeschränkt in dem zeitlichen Umfang, in dem bei ihm nach dem Betriebsübergang die Arbeitsphase noch gedauert hat.[35] Außerdem muss er für die Monate der Freistellungsphase, für die der Altersteilzeiter bei ihm die Arbeitsleistung erbracht hatte, das Altersteilzeitentgelt und die Aufstockungsbeträge zahlen.

49   **Beispiel:**

Altersteilzeiter A befindet sich ab dem 01.01.2002 in zweijähriger verblockter Altersteilzeit. Sein ursprünglicher Arbeitgeber wird insolvent und der Erwerber E erwirbt den Betrieb am 01.11.2002 nach der Eröffnung des Insolvenzverfahrens im Oktober 2002. Der Erwerber muss dem A für insgesamt 4 Monate, für November 2002 und Dezember 2003 sowie für November und Dezember 2004 das vereinbarte Altersteilzeitentgelt samt den Aufstockungsbeträgen zahlen, da die Arbeitsphase des A nach dem Betriebsübergang noch zwei Monate dauerte und E dementsprechend nur für zwei Monate der Freistellungsphase zahlen muss.

e. Arbeitszeitkonten

50   Eine bis jetzt kaum angesprochene Frage ist, ob der Erwerber eines insolventen Betriebs für Arbeitszeitkonten haftet, die die übergehenden Arbeitnehmer beim Veräußerer aufgebaut haben. Dies wird teilweise unter Hinweis darauf angenommen, es handele sich um Zeitguthaben der Arbeitnehmer, die nicht zur Insolvenztabelle angemeldet werden könnten. Dies ist aller-

---

[34]   BAG v. 15.02.2005 - 9 AZR 78/04 - NZA 2005, 1124-1127.
[35]   BAG v. 19.10.2004 - 9 AZR 647/03 - NZA 2005, 408. 409 ff.; dazu *Nicolai*, FA 2005, 168 ff.

dings schon deshalb zweifelhaft, weil die in Arbeitszeitkonten gesicherten Zeitguthaben einer Insolvenzsicherung nicht nur zugänglich sind, sondern sogar ab einem gewissem Umfang eine Insolvenzsicherung gesetzlich durch § 7d SGB IV vorgeschrieben ist. Dies deutet eher darauf hin, dass Ansprüche der Arbeitnehmer aus Arbeitszeitkonten Insolvenzforderungen sind. Dies hätte zur Folge, dass der Erwerber aufgrund der vom Bundesarbeitsgericht angenommenen Haftungsbeschränkung nicht für entsprechende Forderungen der Arbeitnehmer, die sie vor der Eröffnung des Insolvenzverfahrens erworben haben, einstehen müsste.

Gegen ein solches Ergebnis spricht auch nicht die gerade dargestellte Rechtsprechung des **51** Bundesarbeitsgerichts zu Urlaubsansprüchen bei einem Betriebsübergang in der Insolvenz. Hinsichtlich deren Einordnung stellt es vielmehr zentral darauf ab, dass Urlaubsansprüche auf Freistellung von der Arbeitsleistung bei Fortzahlung der Bezüge gerichtet, nicht von einer Arbeitsleistung abhängig sind und nicht monatlich erdient werden. Daher sei auch keine Zuordnung auf die Zeit vor oder nach dem Zeitpunkt der Eröffnung des Insolvenzverfahrens möglich.[36] Zwar könnte man auch in Bezug auf Arbeitszeitkonten annehmen, dass aus ihnen folgende Ansprüche der Arbeitnehmer auf Freistellung von der Arbeitsverpflichtung unter Fortzahlung der Vergütung gerichtet sind, jedoch steht einer Gleichstellung mit Urlaubsansprüchen schon entgegen, dass die Vergütungsansprüche bereits erdient wurden. Anders als bei Urlaubsansprüchen ist daher eine Aufteilung der entsprechenden Freistellungs- und Zahlungsansprüche des Arbeitnehmers durchaus möglich. Wenn man zudem berücksichtigt, dass die Freistellung von der Arbeitsverpflichtung nach der (vertraglichen) Abrede der Arbeitsvertragsparteien eine Abrede über eine Leistung erfüllungshalber (statt der Entgeltzahlung für die geleisteten Arbeitsstunden) darstellt, dann ist ersichtlich, dass der Vergütungsanspruch der Arbeitnehmer zwar gestundet ist, aber dem Grunde nach erhalten bleibt.

Ferner hat das Bundesarbeitsgericht auch für Ansprüche übergehender Altersteilzeiter ange- **52** nommen, dass der Erwerber eines Betriebes für deren während der Arbeitsphase im Hinblick auf die Freistellungsphase vor der Insolvenzeröffnung erworbenen Entgeltansprüche (aus Zahlung des Altersteilzeitentgelts und der Aufstockungsbeträge) nicht haftet.[37] Dies spricht ebenfalls dafür, Ansprüche aus Arbeitszeitkonten als Insolvenzforderungen einzuordnen, da diese ebenso wie bei der Altersteilzeit bereits erdient wurden.

Hinweis: **53**

Sollte man der gegenteiligen Auffassung folgen, also eine Einstandspflicht des Übernehmers für den gesamten Bestand der bei Eröffnung des Insolvenzverfahrens bestehenden Arbeitszeitguthaben annehmen, würde sich diese allerdings nach wie vor primär auf Freistellung von der Arbeitspflicht und nicht auf Vergütung richten, da die entsprechende Abrede zwischen dem Beschäftigten und dem bisherigen Arbeitgeber noch nach dem Betriebsübergang weiter besteht (vgl. Kapitel 3 Rn. 41 ff.).

f. Betriebliche Altersversorgung

Die vom Bundesarbeitsgericht aufgestellten Grundsätze zur Haftungsbeschränkung in der In- **54** solvenz gelten sämtlich auch für den besonders wichtigen Bereich der betrieblichen Altersversorgung. Zwar tritt der Erwerber gemäß § 613a Abs. 1 BGB – wie in allen anderen Betriebsübergangsfällen außerhalb der Insolvenz – in die unverfallbaren und verfallbaren Versorgungsanwartschaften der übergehenden Arbeitnehmer ein (vgl. Kapitel 4 Rn. 23 ff.), jedoch haftet

---

[36] BAG v. 18.11.2003 - 9 AZR 347/03 - NZA 2004, 654, 656.
[37] BAG v. 19.10.2004 - 9 AZR 647/03 - NZA 2005, 408 ff.

er nicht für die bis zum Zeitpunkt der Eröffnung des Insolvenzverfahrens entstandenen Versorgungsanwartschaften.[38] Für diese muss vielmehr der PSV einstehen.[39]

55 Hinweis:

> Entgegen der häufig anzutreffenden Fehlvorstellung, dass der Erwerb eines Betriebs oder Betriebsteils aus der Insolvenz zu einer vollständigen Enthaftung des Übernehmers auch in Bezug auf die vom bisherigen Arbeitgeber zugesagte Versorgungszusage führt, sollte in der Beratung beim **Arbeitgeber-Mandat** ausdrücklich darauf hingewiesen werden, dass dies ausschließlich für die zum Zeitpunkt des Betriebsübergangs bereits erdienten Versorgungsanwartschaften gilt, nicht aber für die noch künftig zu erdienenden Versorgungsbestandteile. Insoweit können also durchaus künftig erhebliche finanzielle Belastungen des Übernehmers entstehen. Dies sollte ggf. vor dem Betriebs(teil)übergang mit den übergehenden Arbeitnehmern geregelt werden (vgl. Kapitel 4 Rn. 42).

56 Anders als bei Betriebsübergängen außerhalb der Insolvenz kann der Erwerber im Übrigen auch nicht aus anderen Haftungsgründen, speziell den §§ 25, 28 HGB, für bereits entstandene Versorgungsanwartschaften und Betriebsrenten haften, da diese Vorschriften nach der Rechtsprechung des BGH in der Insolvenz keine Anwendung finden.[40]

57 Insbesondere beim Erwerb von Betrieben oder Betriebsteilen aus der Insolvenz wurde und wird häufig versucht, mit den übergehenden Arbeitnehmern eine Vereinbarung des Inhalts zu treffen, dass sie zumindest auf die künftig zu erdienenden Versorgungsbestandteile, wenn nicht sogar auf die gesamte betriebliche Altersversorgung verzichten. Das Bundesarbeitsgericht erkennt jedoch wegen einer Umgehung des § 613a BGB solche Vereinbarungen nicht generell an. Vereinbarungen, in denen Arbeitnehmer auf bereits unverfallbar gewordene Versorgungsanwartschaften verzichten, sind wegen eines Verstoßes gegen § 17 BetrAVG vollständig unwirksam. Vereinbarungen, mit denen auf künftig zu erdienende Versorgungsanwartschaften verzichtet wird (Erlassvertrag), sind nur bei Vorliegen eines sachlichen Grundes zulässig.[41]

58 Hinweis:

> Es sollte daher beim **Arbeitgeber-Mandat** davon abgeraten werden, einen entschädigungslosen Verzicht auf eine Versorgungszusage zu vereinbaren. Den übergehenden Arbeitnehmern kann aber eine andere – gleichwertige – Versorgungsform angeboten werden.[42]

59 Der Betriebsübergang als solcher stellt keinen derartigen sachlichen Grund für einen Verzicht oder auch nur eine Änderung dar.[43] Der Erwerber kann sich aber z.b. auf eine Vereinheitlichung der Arbeitsbedingungen oder eine eventuelle Unmöglichkeit, einem bisher bestehenden Versorgungssystem beizutreten (z.B. wenn bislang eine Unterstützungskasse bestand – vgl. Kapitel 4 Rn. 45 ff.) berufen. Möglich müsste sein, den Arbeitnehmern ohne Anrechnung der beim Veräußerer zurückgelegten Beschäftigungszeiten die Aufnahme in das beim Erwerber bestehende Versorgungswerk anzubieten bzw. sie über eine Betriebsvereinbarung in das beim

---

[38] St. Rspr. seit BAG v. 29.10.1985 - 3 AZR 485/83 - AP § 1 BetrAVG Betriebsveräußerung Nr. 4; zuletzt BAG v. 19.05.2005 - 3 AZR 649/03 - NZA-RR 2006, 373 ff.

[39] BAG 11.02.1992 - 3 AZR 117/91 - NZA 1993, 20, 22 f., BAG v. 16.02.1993 - 3 AZR 347/92 - NZA 1993, 643 f.

[40] BGH v. 11.04.1988 - II ZR 313/87 - DB 1988, 1437; übernommen und bestätigt in BAG v. 19.05.2005 - 3 AZR 649/03 - NZA-RR 2006, 373, 377.

[41] BAG v. 29.10.1985 - 3 AZR 485/83 - AP § 1 BetrAVG Betriebsveräußerung Nr. 4, DB 1986, 1779.

[42] *Meyer*, NZA 2002, 246, 254.

[43] BAG v. 29.10.1985 - 3 AZR 485/83 - AP § 1 BetrAVG Betriebsveräußerung Nr. 4, DB 1986, 1779.

Erwerber bestehende Versorgungswerk aufzunehmen. Insoweit dürften bei Betriebs(teil)über-gängen in der Insolvenz keine anderen Regeln als bei Betriebs(teil)übergängen außerhalb der Insolvenz (vgl. Kapitel 4 Rn. 118 ff.) gelten.

g. Sozialplanansprüche

Wurde vom Insolvenzverwalter ein Sozialplan abgeschlossen, scheidet im Gegensatz zu Be-triebsübergängen außerhalb der Insolvenz (vgl. Kapitel 3 Rn. 336 ff.) eine Haftung des Erwer-bers für darin begründete Abfindungsansprüche der Arbeitnehmer auch dann aus, wenn die (gekündigten) Arbeitsverhältnisse auf ihn übergegangen sind.[44] Obwohl es sich bei Sozial-planverbindlichkeiten gemäß § 123 Abs. 2 InsO um Masseverbindlichkeiten handelt[45], für die der Erwerber grundsätzlich haftet, hat das Bundesarbeitsgericht für die Rechtslage nach der Konkursordnung eine Ausnahme von diesem Grundsatz gemacht, da der tragende Grund für die Haftungsbeschränkung bei Betriebsübergängen in der Insolvenz auch für Sozialplanan-sprüche zutrifft. Würde nämlich der Erwerber für Ansprüche aus einem Sozialplan haften, den der Insolvenzverwalter abgeschlossen hat, ginge dies zu Lasten der Insolvenzmasse, da der Er-werber in diesem Fall den Kaufpreis entsprechend schmälern und die anderen Gläubiger des Insolvenzschuldners gegenüber den Arbeitnehmern benachteiligt würden. Aus diesem Grund dürfte die Entscheidung des Bundesarbeitsgerichts nach der Einführung der Insolvenzordnung weiterhin Gültigkeit beanspruchen.

60

h. Betriebsratskosten

Ansprüche des Betriebsrats bzw. seiner Mitglieder auf Tragung der Kosten i.S.d. § 40 Abs. 1 BetrVG gehen gemäß § 613a BGB auf den Erwerber über. Ebenso wie bei Ansprüchen der Ar-beitnehmer scheidet jedoch eine Haftung des Erwerbers für Kostentragungs- bzw. Freistel-lungsansprüche des Betriebsrats nach § 40 Abs. 1 BetrVG aus, wenn diese vor Eröffnung des Insolvenzverfahrens entstanden sind.[46] Diese Forderungen stellen dann einfache Insolvenzfor-derungen dar, die vom Betriebsrat dem Insolvenzverwalter gegenüber geltend zu machen sind.

61

Beispiel:

62

> Der Betriebsrat einer in Insolvenz gegangenen Firma hatte im September 2003 einen Rechtsanwalt mit der Einleitung eines gegen den bisherigen Arbeitgeber gerichteten Be-schlussverfahrens beantragt. Das Insolvenzverfahren wurde im Oktober 2003 eröffnet. Danach übernahm ein Erwerber den Betrieb. Der Betriebsrat nahm den Antrag im Januar 2004 zurück. Der von ihm beauftragte Rechtsanwalt verlangte nun vom Über-nehmer sein Honorar. Die Klage wurde jedoch abgewiesen, da sich der Übernehmer auf die Haftungsbeschränkung in der Insolvenz berufen konnte.[47]

Nach einer neuen Entscheidung des Bundesarbeitsgerichts[48] stellen die Gebührenforderungen eines Rechtsanwalts, der den Betriebsrat in einem vom früheren Arbeitgeber noch vor der In-solvenzeröffnung eingeleiteten Wahlanfechtungsverfahren vertreten hat, bevorrechtigte Mas-

63

---

[44] BAG v. 15.01.2002 - 1 AZR 58/01 - NZA 2002, 1034, 1035 ff.

[45] Zwingende Voraussetzung ist der entsprechende Abschluss nach Eröffnung des Insolvenzverfahrens oder durch einen starken vorläufigen Insolvenzverwalter (mit Verfügungsbefugnis), wohingegen bei Abschluss durch einen vorläufigen Insolvenzverwalter nur Insolvenzforderungen begründet, so insge-samt BAG v. 31.07.2002 - 10 AZR 275/01 - NZA 2002, 1332 ff.

[46] BAG v. 13.07.1994 - 7 ABR 50/93 - NZA 1994, 1144, 1146.

[47] Sachverhalt nach BAG v. 13.07.1994 - 7 ABR 50/93 - NZA 1994, 1144 ff.

[48] BAG v. 17.08.2005 - 7 ABR 56/04 (derzeit nur als Pressemitteilung verfügbar).

severbindlichkeiten dar, wenn der Insolvenzverwalter das Anfechtungsverfahren aufgenommen hat. Dies soll auch dann gelten, wenn sämtliche Gebühren bereits vor Eröffnung des Insolvenzverfahrens entstanden sind. Da sich die Haftungsbeschränkung in der Insolvenz nur auf Insolvenzforderungen bezieht (vgl. Rn. 13 ff.), muss der Erwerber eines Betriebes auch für diese Rechtsanwaltskosten einstehen, wenn sie vom Insolvenzverwalter nicht beglichen werden (können).

C. Kündigungen und Betriebsübergänge in der Insolvenz

64 Dem Insolvenzverwalter stehen zwar bestimmte Erleichterungen bezüglich betriebsbedingter Kündigungen in einem insolventen Betrieb zu (z.B. u.U. verkürzte Kündigungsfrist gemäß § 113 InsO oder die Möglichkeiten des § 125 InsO), jedoch bleibt das Kündigungsverbot des § 613a Abs. 4 BGB durch die Insolvenz unberührt. Stellt sich demnach nach allgemeinen Grundsätzen (vgl. Kapitel 7 Rn. 46 ff.) eine Kündigung als eine solche „wegen des Betriebsübergangs" dar, ist sie unwirksam, unabhängig davon, ob das KSchG eingreift oder nicht.

65 Kündigungsrechtlich gibt es daher in der Insolvenz nur eine wichtige Ausnahme in Bezug auf den Wiedereinstellungs- bzw. Weiterbeschäftigungsanspruch: Hat ein Insolvenzverwalter bereits vor dem Betriebsübergang betriebsbedingte Kündigungen ausgesprochen und sind diese nicht gemäß § 613a Abs. 4 BGB unwirksam, kommt ein Wiedereinstellungsanspruch dieser Arbeitnehmer nicht in Betracht. Nach der Rechtsprechung des Bundesarbeitsgerichts besteht ein Wiedereinstellungsanspruch gekündigter Arbeitnehmer bei einem Betriebsübergang in der Insolvenz jedenfalls dann nicht, wenn dieser Betriebsübergang nach Ablauf der Frist einer insolvenzbedingten Kündigung stattfindet. Dies soll auch dann gelten, wenn das Insolvenzverfahren auf Sanierung des Unternehmens abzielt (sanierende Übertragung).[49]

---

[49] St. Rspr., zuletzt BAG v. 13.05.2004 - 8 AZR 265/97 - NZA 2005, 405, 406 ff., in der ausdrücklich bestätigt wird, dass die bisher zur KO ergangene Rechtsprechung auch unter der InsO ihre Geltung behält.

Kapitel 9: Mithaftung des bisherigen Arbeitgebers nach Betriebsübergang

Gliederung

A. Übersicht und Mandatsrelevanz

Ab dem Zeitpunkt des Betriebsübergangs rückt der Übernehmer in Bezug auf die übergehen- **1** den Arbeitsverhältnisse in die Rechtsposition des bisherigen Arbeitgebers ein, so dass letzterer zeitgleich seine Schuldnerstellung verliert. Dies gilt sowohl bei der Einzel- als auch der Gesamtrechtsnachfolge (also insbes. Umwandlungen nach dem UmwG). Eine vollständige Enthaftung des bisherigen Arbeitgebers tritt jedoch nicht ein; vielmehr hat der Gesetzgeber in § 613a Abs. 2 BGB für die Einzelrechtsnachfolge und in den §§ 22, 45, 133 f. UmwG in unterschiedlichem Umfang eine zeitlich beschränkte (gesamtschuldnerische) Mithaftung des bisherigen Arbeitgebers angeordnet.

Im **Arbeitnehmer-Mandat** ist die Mithaftung des bisherigen Arbeitgebers vor allem dann **2** wichtig, wenn der Übernehmer des Betriebes die Verbindlichkeiten aus dem Arbeitsverhältnis nicht (mehr) bedienen kann; in anderen Fällen kann ein zusätzlicher Schuldner von Vorteil sein.

Hinweis: **3**

> Es besteht keine Verpflichtung der Arbeitnehmer, sich zuerst oder primär an einen der beiden Schuldner (Veräußerer und Übernehmer) zu wenden. Sie haben die freie Wahl, wen sie in Anspruch nehmen wollen.

Im **Arbeitgeber-Mandat** kann die Mithaftungsfrage sowohl beim bisherigen Arbeitgeber als **4** auch beim Übernehmer relevant werden. Während der **bisherige Arbeitgeber** i.d.R. wissen will, ob er auch noch nach dem Zeitpunkt des Betriebsübergangs damit rechnen muss, von den Beschäftigten, deren Arbeitsverhältnisse übergegangen sind, in Anspruch genommen zu werden und/oder ob der Übernehmer gegen ihn ggf. noch Regressansprüche geltend machen kann, liegt die Interessenlage beim **Übernehmer** genau umgekehrt: Für ihn kann – dies gilt sowohl für geplante als auch für ungeplante Betriebsübergänge – wichtig sein, ob er bei Inanspruchnahme vor allem für Verbindlichkeiten, die vor dem Betriebsübergang entstanden sind, beim bisherigen Arbeitgeber Regress nehmen kann.

Da es um individuelle Ansprüche der übergehenden Arbeitnehmer geht, ist die Mithaftungs- **5** problematik im **Betriebsrats-Mandat** regelmäßig nicht unmittelbar erheblich; ihre Kenntnis kann im Rahmen der Verhandlungen über sog. Überleitungsvereinbarungen sinnvoll sein.

B. Die Regelung des § 613a Abs. 2 BGB

I. Gegenstand, Zweck und Rechtsnatur des § 613a Abs. 2 BGB

6 § 613a Abs. 2 BGB ordnet eine zeitlich und inhaltlich beschränkte gesamtschuldnerische Mithaftung des bisherigen Arbeitgebers an, dies indes nur für solche Ansprüche der Beschäftigten, die nach § 613a Abs. 1 BGB auf den Übernehmer übergehen. Der bisherige Arbeitgeber haftet also nach wie vor vollumfänglich für solche Verbindlichkeiten, die nicht von § 613a Abs. 1 BGB erfasst werden, wie z.b. rückständige Steuern und Sozialversicherungsbeiträge (vgl. Kapitel 3 Rn. 7) oder Versorgungsansprüche (einschließlich unverfallbarer Versorgungsanwartschaften) der schon vor dem Betriebsübergang ausgeschiedenen Arbeitnehmer (vgl. dazu Kapitel 4 Rn. 26 ff.).

7 Der Zweck des § 613a Abs. 2 BGB wird gemeinhin darin gesehen, dass die übergehenden Arbeitnehmer ihren bisherigen Arbeitgeber für Ansprüche, die sie noch während ihrer Beschäftigungszeit bei ihm erworben haben, als Schuldner behalten sollen. Insoweit sollen sie nicht das Risiko einer geringeren Solvenz des Erwerbers tragen.[1]

8 Darüber hinaus dürfte § 613a Abs. 2 BGB zudem den Übernehmer eines Betriebes schützen bzw. das Ziel haben, eine angemessene Lastenverteilung zwischen bisherigem und neuem Arbeitgeber herbeizuführen. Haben nämlich die Arbeitnehmer Ansprüche noch während ihres zum bisherigen Arbeitgeber bestehenden Arbeitsverhältnisses erworben, ist davon auszugehen, dass sie dafür auch die entsprechende Gegenleistung (in Form ihrer Arbeitsleistung) erbracht haben. Den Nutzen von dieser Gegenleistung hat damit noch der bisherige Arbeitgeber gehabt, so dass es gerechtfertigt ist, ihm auch insoweit die entsprechenden Lasten aufzuerlegen. Dieser Gedanke wird vor allem für den internen (Gesamtschuldner-)Ausgleich (§ 426 BGB) zwischen Veräußerer und Übernehmer relevant.

9 § 613a Abs. 2 BGB soll eine zwingende Vorschrift sein. Daraus soll folgen, dass Veräußerer und Erwerber § 613a Abs. 2 BGB nicht zu Lasten der übergehenden Arbeitnehmer abbedingen können[2], was sich allerdings schon daraus ergibt, dass dies einen – unzulässigen – Vertrag zu Lasten Dritter darstellen würde. Hingegen können bisheriger Arbeitgeber und Arbeitnehmer durchaus vereinbaren, dass der Arbeitnehmer auf die Inanspruchnahme des bisherigen Arbeitgebers verzichtet (so dass Absatz 2 eben doch nicht zwingend ist!). Wenn eine solche Vereinbarung getroffen wird, bleibt indes das Innenverhältnis zwischen dem bisherigen Arbeitgeber und Erwerber unberührt, da ansonsten ebenfalls ein – unzulässiger – Vertrag zu Lasten Dritter (des Erwerbers) vorliegen würde. Letzterer kann also auch bei Vorliegen einer solchen Verzichtsvereinbarung im Rahmen des (gestörten) Gesamtschuldnerausgleichs Regressansprüche gegen den bisherigen Arbeitgeber geltend machen.

10 Zulässig sind selbstverständlich Vereinbarungen, mit denen die Einstandspflicht des bisherigen Arbeitgebers zu Gunsten der übergehenden Arbeitnehmer erweitert wird, wie dies häufig im Rahmen von Unternehmensumstrukturierungen (meist in Überleitungsvereinbarungen) geregelt wird.

11 Die Anordnung der gesamtschuldnerischen Haftung hat zur Folge, dass die Erfüllung des Anspruchs durch einen der beiden Arbeitgeber auch für den anderen wirkt (§ 422 BGB). Der davon zu trennende interne Ausgleich zwischen dem bisherigen und dem neuen Übernehmer richtet sich nach § 426 BGB.

---

[1] Vgl. nur *Preis* in: ErfK, § 613a Rn. 129.
[2] *Preis* in: ErfK, § 613a Rn. 135.

II. Voraussetzungen für die Mithaftung nach § 613a Abs. 2 BGB

§ 613a Abs. 2 BGB erfasst ausschließlich Ansprüche der Arbeitnehmer, deren Arbeitsverhält- **12** nisse auf den Erwerber übergegangen sind. Sie können ihren bisherigen Arbeitgeber unmittelbar in Anspruch nehmen (nur) für Verbindlichkeiten, die

* vor Betriebsübergang entstanden und fällig geworden sind[3] oder
* vor Betriebsübergang entstanden, aber erst bis zu einem Jahr nach dem Betriebsübergang fällig werden (§ 613a Abs. 2 Satz 1 BGB). Der bisherige Arbeitgeber haftet hier ggf. nur anteilig (§ 613a Abs. 2 Satz 2 BGB).

Der bisherige Arbeitgeber haftet nicht mehr für Forderungen, die vor dem Betriebsübergang **13** entstanden, aber erst nach Ablauf eines Jahres nach Betriebsübergang fällig geworden sind. Dies wird vor allem bei Altersteilzeitarbeitsverhältnissen und Betriebsrenten relevant.

Die Jahresfrist des § 613a Abs. 2 Satz 1 BGB und damit die vollständige Enthaftung des bis- **14** herigen Arbeitgebers gilt nur für solche Ansprüche, die nach Ablauf dieser Jahresfrist fällig werden. Ansprüche, für die der bisherige Arbeitgeber nach § 613a Abs. 2 BGB haftet, verjähren m.E. nach den allgemeinen Verjährungsregeln, so dass der bisherige Arbeitgeber somit erst nach Ablauf von drei Jahren (§ 195 BGB) auf diese Forderungen nicht mehr leisten muss.

Beispiel: **15**

> Die Arbeitnehmer eines am 01.02.2004 übergegangenen Betriebes haben gegen den E einen Anspruch auf eine im Dezember fällige Sonderzahlung, die monatlich anteilig erdient wird. Da E diese Verpflichtung nicht erfüllt, halten sie sich im Januar 2005 an V, der in Höhe von 1/12 noch mithaftet. Dieser (anteilige) Anspruch ist erst ab dem 01.01.2008 verjährt.

Unklar ist, ob sich der bisherige Arbeitgeber gegenüber den Forderungen der Arbeitnehmer **16** immer noch auf (tarifliche) Ausschlussfristen berufen kann, die vor dem Betriebsübergang auf das Arbeitsverhältnis Anwendung fanden. Das ist m.E. zu bejahen, weil der Arbeitnehmer ansonsten durch den Betriebsübergang besser stehen würde als ohne diesen. Dies würde jedenfalls dann, wenn die entsprechenden (tariflichen) Ausschlussfristen auch nach dem Betriebsübergang weitergelten, gegen den § 613a BGB zugrunde liegenden Rechtsgedanken verstoßen.

Hinweis: **17**

> Es ist daher beim **Arbeitnehmer-Mandat** zu empfehlen, die (weiterhin) für das Arbeitsverhältnis geltenden Ausschlussfristen auch bei Klagen gegen den bisherigen Arbeitgebers einzuhalten.

Wann eine Forderung i.S.d. § 613a Abs. 2 BGB „entstanden" ist, richtet sich nach der ratio der Vor- **18** schrift entsprechend nicht danach, wann das zugrunde liegende Rechtsverhältnis entstanden ist, sondern wann die Voraussetzungen für den konkreten (Zahlungs-)Anspruch des Arbeitnehmer erfüllt waren. Dies wird im Folgenden für die praktisch wichtigsten Einzelfragen aufgezeigt.

---

[3] Allg. M., vgl. nur *Preis* in: ErfK, § 613a Rn. 132.

III. Einzelfragen

1. Laufendes monatliches Arbeitsentgelt

19 Der bisherige Arbeitgeber haftet nicht für Ansprüche der übergegangenen Arbeitnehmer auf laufendes monatliches Arbeitsentgelt, die nach dem Zeitpunkt des Betriebsübergangs entstanden sind.

20 Beispiel:

> Der Betrieb des bisherigen Arbeitgebers wird zum 01.01.2005 an einen Erwerber veräußert. Der bisherige Arbeitgeber haftet nicht mehr für die monatlichen Entgeltansprüche ab Januar 2005.

2. Einmalzahlungen

21 Bei Einmalzahlungen, also z.b. Weihnachtsgeld, Jahressonderzahlung, Urlaubsgeld etc., die auf einen bestimmten Bemessungszeitraum (meist das Kalenderjahr) bezogen sind, kommt es für die Mithaftung des bisherigen Arbeitgebers zentral darauf an, ob die entsprechenden Ansprüche der übergehenden Arbeitnehmer bereits vor Betriebsübergang i.S.d. § 613a Abs. 2 BGB „entstanden" sind. Dies ist nur dann der Fall, wenn vor dem Betriebsübergang bereits anteilige Ansprüche der Arbeitnehmer bestehen und lediglich der Fälligkeitszeitpunkt nach hinten verlagert ist. Damit kann auf die vom Bundesarbeitsgericht in ständiger Rechtsprechung vorgenommene Unterscheidung nach dem Zweck von Sondervergütungen bzw. Einmalzahlungen zurückgegriffen werden. Nur wenn die Sondervergütungen reinen Entgeltcharakter haben, ist davon auszugehen, dass sie pro rata temporis erdient und erst später fällig werden.

22 Beispiel:

> Ein nicht tarifgebundener Arbeitgeber hatte seinen Arbeitnehmer arbeitsvertraglich als zusätzliches Gehalt ein 13. Monatsgehalt (jeweils zahlbar mit dem Dezembergehalt) zugesagt, das im Jahr des Eintritts und des Ausscheidens anteilig gezahlt werden sollte. Das BAG hat hierin eine Leistung mit reinem Entgeltcharakter gesehen.[4] Wird der Betrieb zum 01.07.2005 veräußert, ist für das erste Halbjahr 2005 der halbe Anspruch der Arbeitnehmer auf das 13. Monatsgehalt entstanden, so dass der bisherige Arbeitgeber gem. § 613a Abs. 2 BGB darauf (nicht aber auf die zweite Hälfte!) mithaftet.

23 Anders ist die Rechtslage bei Sonderzahlungen mit sog. Mischcharakter oder zur reinen Belohnung von Betriebstreue. Bei diesen entsteht der Anspruch des Arbeitnehmers erst zu dem Zeitpunkt, der tarifvertraglich, qua Betriebsvereinbarung oder Arbeitsvertrag angegeben ist.

24 Beispiele:

> Eine in der Höhe nach der Dauer der Betriebszugehörigkeit gestaffelte tarifliche Jahressonderzahlung schließt Arbeitnehmer, die ihr Arbeitsverhältnis im Auszahlungszeitpunkt gekündigt haben, von der Sonderzahlung aus. Eine solche Regelung kann sog. Mischcharakter haben[5], so dass der Anspruch auf die Sonderzahlung erst im tarifvertraglich vorgesehenen Auszahlungszeitpunkt entsteht. Daher wäre im Falle eines vor diesem Zeitpunkt erfolgten Betriebsübergangs der Anspruch der übergehenden Arbeitnehmer noch nicht entstanden; der bisherige Arbeitgeber würde demgemäß nicht anteilig gemäß § 613a Abs. 2 BGB haften.

---

4   BAG v. 24.10.1990 - 6 AZR 156/89 - NZA 1991, 318.

5   BAG v. 11.10.1995 - 10 AZR 984/94 - NZA 1996, 432.

Ein Arbeitgeber hat seinen Arbeitnehmern qua Gesamtzusage eine Treueprämie in Höhe von 500 € nach 25 Jahren Betriebszugehörigkeit zugesagt. Der Betrieb wird zum 01.01.2005 an einen Erwerber übertragen. Arbeitnehmer A erreicht am 01.04.2005 die 25 Jahre Betriebszugehörigkeit. Den Anspruch auf die Treueprämie kann er nur gegen den Erwerber, nicht mehr gegen seinen früheren Arbeitgeber geltend machen, da der Anspruch erst am 01.04.2005, also nach dem Betriebsübergang, entstanden ist.

Es kommt also für die Haftung des bisherigen Arbeitgebers für Einmalzahlungen gem. § 613a **25** Abs. 2 BGB in erster Linie auf den mit ihnen verfolgten Zweck an, der im jeweiligen Einzelfall mittels Auslegung der Zusage des Arbeitgebers oder der tariflichen/betrieblichen Regelung zu ermitteln ist.

Hinweis: **26**

Als Faustformel kann man festhalten, dass reiner Entgeltcharakter i.d.R. (nur) dann vorliegt, wenn bei Eintritt oder Ausscheiden des Arbeitnehmers auf jeden Fall die anteilige Einmalzahlung zu leisten ist und der Anspruch nicht vom Bestehen eines Arbeitsverhältnisses zum Zeitpunkt der Auszahlung oder zu einem späteren Zeitpunkt abhängig gemacht wird. Im Übrigen kommt es auf den Einzelfall an.

3. Urlaubsansprüche

Urlaubsansprüche der Arbeitnehmer sind nach der neueren Rechtsprechung des Bundesar- **27** beitsgerichts allein auf Freistellung von der Arbeit unter Fortzahlung des Entgelts gerichtet.[6] Sie müssen nach Betriebsübergang vom Erwerber erfüllt werden (vgl. Kapitel 3 Rn. 35 ff.). Dies hat zur Folge, dass Urlaubsansprüche zwar anteilig entstehen können, jedoch eine Haftung des bisherigen Arbeitgebers für beim Betriebsübergang bereits entstandene Urlaubsansprüche der übergehenden Arbeitnehmer deshalb ausscheidet, weil der bisherige Arbeitgeber die Arbeitnehmer nicht mehr freistellen kann; er kann sich auf Unmöglichkeit gemäß § 275 BGB berufen.

Beispiel: **28**

Ein Betrieb geht zum 01.05.2005 auf einen Erwerber über. Arbeitnehmer A verlangt von diesem am 01.09.2005 die Gewährung seines vollen Urlaubsanspruchs von 30 Arbeitstagen, da er in diesem Jahr unstreitig noch keinen Urlaub genommen hat. Der Erwerber muss den Anspruch erfüllen, der bisherige Arbeitgeber haftet gegenüber A nicht.

Das Freiwerden des bisherigen Arbeitgebers gegenüber dem Arbeitnehmer (im Außenverhält- **29** nis) bedeutet jedoch nicht, dass er überhaupt nicht mehr in Anspruch genommen werden kann. Vielmehr ist er nach der Rechtsprechung des Bundesgerichtshofs aufgrund der Sonderregelung des § 613a Abs. 2 BGB verpflichtet, im Rahmen des nach § 426 BGB vorzunehmenden Gesamtschuldnerausgleichs dem Übernehmer einen finanziellen Ausgleich zu zahlen für die Gewährung von Urlaub und etwaige Urlaubsabgeltungen für Urlaubsansprüche, die vor dem Betriebsübergang entstanden sind.[7] Dabei geht der Bundesgerichtshof allem Anschein nach davon aus, dass der bisherige Arbeitgeber diesen Betrag im Innenverhältnis zum Übernehmer allein tragen muss, also keine hälftige Aufteilung zwischen ihnen stattfindet, wie es § 426 Abs. 1 Satz 1 BGB eigentlich vorsieht. Damit wird § 613a Abs. 2 BGB anscheinend so verstanden, dass er eine „andere Bestimmung" i.S.d. § 426 Abs. 1 Satz 1 BGB darstellt.

---

[6] BAG v. 09.06.1998 - 9 AZR 43/97 - NZA 1999, 80.
[7] BGH v. 04.07.1985 - IX ZR 172/84 - AP § 613a BGB Nr. 50; BGH v. 25.03.1999 - III ZR 27/98 - NZA 1999, 817.

30 Beispiel:

Im o.g. Beispiel kann der Übernehmer also vom bisherigen Arbeitgeber Ausgleich für das für 10 Arbeitstage an A gezahlte Urlaubsentgelt verlangen.

31 Hinweis:

Im Rahmen eines **Arbeitgeber-Mandats** sollte daher bei geplanten Betriebsübergängen, denen ein (Kauf-)Vertrag zwischen Veräußerer und Erwerber zugrunde liegt, im Rahmen der Vertragsverhandlungen abgeklärt werden, wie viele Urlaubsansprüche noch offen stehen und wie der interne Ausgleich aussehen sollte.

32 Bei ungeplanten Betriebsübergängen, insbesondere im Fall von Auftragsnachfolgen, kann der Übernehmer den bisherigen Arbeitgeber auf der Grundlage der Rechtsprechung des Bundesgerichtshofs in Regress nehmen. Zuständig sind dafür die ordentlichen Gerichte.

4. Arbeitszeitkonten

33 Wie bereits dargelegt (vgl. Kapitel 3 Rn. 41 ff.), steht Arbeitnehmern bei Arbeitszeitkonten ebenfalls in erster Linie ein Anspruch gegen ihren Arbeitgeber auf Freistellung von der Arbeitsleistung gegen Weiterzahlung der Vergütung zu, da eine sog. Abrede erfüllungshalber (§ 364 Abs. 2 BGB) getroffen wurde. In Betriebsübergangsfällen hat diese Einordnung zur Folge, dass der bisherige Arbeitgeber nach dem Zeitpunkt des Betriebsübergangs ebenso wie bei Urlaubsansprüchen von der Verpflichtung zur Leistung gemäß § 275 BGB frei wird, da er die Freistellung nicht mehr gewähren kann.

34 Eine unmittelbare Außenhaftung des bisherigen Arbeitgebers gegenüber den übergehenden Beschäftigten kommt allenfalls in Betracht, wenn sich deren Freistellungsansprüche nach Betriebsübergang wieder in einen Zahlungsanspruch umwandeln, also vor allem dann, wenn der Erwerber die Freistellung (z.B. wegen einer Betriebsstilllegung) nicht (mehr) gewähren kann. Der bisherige Arbeitgeber haftet dann nach Maßgabe des § 613a Abs. 2 BGB für die Dauer eines Jahres für die Arbeitszeitguthaben mit, die vor dem Betriebsübergang entstanden sind.

35 Ebenso wie beim Urlaub schließt die fehlende Außenhaftung eine Innenhaftung des Veräußerers gegenüber dem Erwerber nicht aus, so dass der Veräußerer im Rahmen des § 613a Abs. 2 BGB über § 426 BGB dem Erwerber einen Ausgleich für die Zeiten der Freistellung schuldet, für die die Arbeitsleistung vor Betriebsübergang erdient wurde. Begrenzt wird dies durch die Jahresgrenze des § 613a Abs. 2 BGB.

36 Beispiel:

Arbeitnehmer A verfügt bei Betriebsübergang am 01.01.2004 über ein Zeitguthaben von insgesamt 35 Wochenstunden. Am 01.03.2004 wird er vom Erwerber für eine Woche (35 Stunden) von der Arbeit gegen Weiterzahlung der Vergütung freigestellt. Der Vergütungsanspruch des A ist vor Betriebsübergang entstanden und innerhalb eines Jahres nach Betriebsübergang (wegen der Freistellung) fällig geworden. Der Erwerber/ Übernehmer kann daher die entsprechende Vergütung von dem bisherigen Arbeitgeber gemäß §§ 613a Abs. 2, 426 BGB zurückverlangen.

37 Abwandlung:

Wenn A nach dem 01.01.2004 sein Guthaben um weitere 10 Stunden aufgestockt hatte und er dann vom Übernehmer für 35 Stunden freigestellt wird, haftet der bisherige Arbeitgeber m.E. auf vollen Regress, da gemäß § 366 Abs. 2 BGB bei fehlender Tilgungsbestimmung davon auszugehen ist, dass der Übernehmer mit der Freistellung zunächst die ältere Schuld (also die vor dem Betriebsübergang erworbenen Vergütungsansprüche des A) tilgen will.

Wird A für 45 Stunden freigestellt, bleibt es dabei, dass der bisherige Arbeitgeber im Innenverhältnis zum Übernehmer auf die Vergütung für 35 Stunden haftet, da der Vergütungsanspruch für die weiteren 10 Stunden erst nach Betriebsübergang entstanden ist und somit eine Haftung des bisherigen Arbeitgebers nach § 613a Abs. 2 BGB ausscheidet.

Abwandlung: 38

Wenn A sein vor dem Betriebsübergang am 01.01.2004 aufgebautes Zeitguthaben von 35 Stunden erst in der Woche ab dem 01.01.2005 durch Freistellung abbaut, haftet der bisherige Arbeitgeber nicht mehr, weil der Vergütungsanspruch des A erst nach Ablauf eines Jahres nach Betriebsübergang (durch die Freistellung) fällig geworden ist.

Eine Kombination aus den gerade dargestellten beiden Lösungen kommt schließlich in Betracht, wenn der Arbeitnehmer ein Wahlrecht hat, ob er angesparte Arbeitszeit in Geld ausbezahlt verlangen kann oder ob der Arbeitgeber ihm bezahlte Freistellung gewähren muss. In diesem Fall wird der Arbeitnehmer vom Veräußerer die Auszahlung der vor dem Betriebsübergang erdienten Vergütung innerhalb der Grenzen des § 613a Abs. 2 BGB verlangen können. Verlangt er hingegen Auszahlung oder Freistellung vom Erwerber, kann dieser, wie oben dargestellt, Regress beim Veräußerer nehmen. 39

C. Die Spezialregelungen der §§ 133, 134 UmwG

Ausschließlich für Spaltungen i.S.v. § 123 UmwG gelten für die Haftung des übertragenden Rechtsträgers die Sonderregelungen der §§ 133, 134 UmwG. § 134 UmwG betrifft nur den Fall der Betriebsaufspaltung in eine bzw. mehrere Anlage- und Betriebsgesellschaften. Ob die §§ 133, 134 UmwG als Sonderregelungen § 613a Abs. 2 BGB verdrängen, ist streitig.[8] Relevant wird dies vor allem für die Frage, ob die auf den aufnehmenden Rechtsträger übergehenden Arbeitnehmer die von § 613a Abs. 2 BGB erfassten Ansprüche gegen den übertragenden Rechtsträger auch ohne vollstreckbaren Titel (vgl. § 133 Abs. 4 UmwG) geltend machen können; würde § 613a Abs. 2 BGB eingreifen, bestünde eine solche Voraussetzung (eine Art Vorausklagepflicht – vgl. Rn. 46) nicht. 40

Hinweis: 41

Bis zu einer höchstrichterlichen Entscheidung muss man daher beim **Arbeitnehmer-Mandat** damit rechnen, dass Klagen gegen den übertragenden Rechtsträger bei Fehlen eines vollstreckbaren Titels gegen den übernehmenden Rechtsträger schon aus diesem Grunde scheitern. Für den wohl häufigsten Fall der Insolvenz des aufnehmenden Rechtsträgers muss § 197 Abs. 1 Nr. 5 BGB beachtet werden.

I. § 133 UmwG

§ 133 UmwG ordnet in Absatz 1 Satz 1 an, dass alle an der Spaltung beteiligten Rechtsträger als Gesamtschuldner für die Verbindlichkeiten des übertragenden Rechtsträgers, die vor dem Wirksamwerden der Spaltung begründet worden sind, haften. 42

---

[8] Vgl. hierzu ausführlich *Picot/Schnitker*, Teil I Rn. 366 ff.; *Willemsen/Hohenstatt/Schweibert/Seibt*, Umstrukturierung und Übertragung von Unternehmen, Teil G Rn. 217 ff.

43   Damit wird ähnlich wie bei § 613a Abs. 2 BGB zunächst der übertragende Rechtsträger als bisheriger Arbeitgeber der – qua Gesamtrechtsnachfolge – übergehenden Arbeitnehmer verpflichtet, für die bei ihm begründeten Forderungen auch noch nach Betriebsübergang einzustehen.

44   In die Haftung miteinbezogen werden darüber hinaus andere Rechtsträger, die an der Spaltung beteiligt sind, so dass die übergehenden Arbeitnehmer mehr als zwei Schuldner haben können.

45   **Beispiel:**

Die A-GmbH, die ein Unternehmen mit drei Betrieben unterhält, spaltet sich auf in die A1-, A2- und A3-GmbH und überträgt auf jede dieser GmbHs einen Betrieb. Die Arbeitnehmer können für die noch bei der A-GmbH begründeten Verbindlichkeiten alle drei GmbHs in Anspruch nehmen, auch wenn ihr Arbeitsverhältnis nur auf eine der GmbHs übergegangen ist.

46   § 133 Abs. 3 UmwG ordnet für diese Mithaftung eine im Vergleich zu § 613a Abs. 2 BGB zeitlich deutlich weitere Haftung der an der Spaltung beteiligten Rechtsträger an, auf die die beim ursprünglichen Arbeitgeber begründeten Arbeitsverhältnisse nicht übergegangen sind. Sie haften für alle Verbindlichkeiten, die vor Ablauf von fünf Jahren nach der Spaltung (§ 133 Abs. 4 UmwG) fällig werden. Für die vor dem Wirksamwerden der Spaltung begründeten Versorgungsverbindlichkeiten beträgt die Frist nach § 133 Abs. 3 Satz 2 UmwG sogar zehn Jahre. Deutlich enger als § 613a Abs. 2 BGB ist die weitere Voraussetzung, dass diese Ansprüche in einem vollstreckbaren Titel (§ 197 Abs. 1 Nr. 3-5 BGB) oder in einem schriftlichen Anerkenntnis (§ 133 Abs. 5 UmwG) festgestellt sein müssen, woraus sich faktisch eine Vorausklageverpflichtung der übergehenden Arbeitnehmer gegen den übernehmenden Rechtsträger, also den neuen Arbeitgeber, ergibt. Die Haftung der anderen (einschließlich des übertragenden) Rechtsträger stellt sich damit als eine Art „Ausfallhaftung" dar.

47   Hinsichtlich der Ansprüche selbst ergibt sich eine weitere Erweiterung gegenüber § 613a Abs. 2 BGB dadurch, dass der Begriff des „Begründens einer Forderung" in § 133 Abs. 1 Satz 1 UmwG anders als der des „Entstehens einer Forderung" zu verstehen ist. § 133 UmwG ist deutlich mit den §§ 159, 160 HGB verwandt, bei denen es in Bezug auf Forderungen aus Dauerschuldverhältnissen nicht auf das Entstehen der einzelnen Forderung, sondern auf den Zeitpunkt des Entstehens des Dauerschuldverhältnisses (i.E. des (Arbeits-)Vertragsschlusses) ankommt. Im Ergebnis erfasst damit die gesamtschuldnerische Haftung aus § 133 Abs. 1 UmwG auch Ansprüche der Arbeitnehmer, die bis zu fünf Jahren nach der Spaltung entstehen, also laufende monatliche Entgeltansprüche oder Einmalzahlungen, wenn der Arbeitsvertrag vor der Spaltung abgeschlossen (also „begründet" i.S.v. § 133 Abs. 1 Satz 1 UmwG) wurde.[9]

II. § 134 UmwG

48   § 134 UmwG stellt eine Sonderregelung für Betriebsaufspaltungen dar, erfasst allerdings nur Spaltungen nach § 123 UmwG. Betriebsaufspaltungen, die auf einer rechtsgeschäftlichen Übertragung beruhen, werden von § 134 UmwG nicht erfasst.

49   Hintergrund des § 134 UmwG ist der Schutz der im Rahmen einer Betriebsaufspaltung auf einen neuen Unternehmensträger (die Betriebsgesellschaft) übergehenden Arbeitnehmer. Hier besteht die Gefahr, dass die Anlagegesellschaft als „reiche" Gesellschaft alle Anlagegüter und Vermögensgegenstände behält, so dass die „arme" Besitzgesellschaft schneller in Insolvenz gehen kann, ohne dass die Vermögenssubstanz gefährdet wird. Es liegt auf der Hand, dass diese Vermögenslosigkeit die Arbeitnehmer in Bezug auf Sozialplanansprüche benachteiligt,

---

[9]   *Semler/Stengel*, UmwG, § 133 Rn. 13 m.w.N.

da diese kaum realisierbar sein werden. Daher ordnet § 134 Abs. 1 UmwG für Sozialplan- und Nachteilsausgleichsansprüche eine Mithaftung der Anlagegesellschaft an. Dies geht insoweit über die anderen Haftungsregelungen hinaus, als damit eine Haftung des bisherigen Arbeitgebers auch für Ansprüche statuiert wird, die erst nach dem Betriebsübergang entstehen. Begünstigt sollen auch Arbeitnehmer sein, die nach dem Wirksamwerden der Spaltung neu eingestellt werden. Zeitlich ist diese Haftung auf Sozialplan- und Nachteilsausgleichsansprüche, die fünf Jahre ab dem Wirksamwerden der Spaltung begründet werden, erweitert bzw. begrenzt. Aus dem in § 134 Abs. 3 UmwG enthaltenen Verweis auf § 133 Abs. 3 UmwG soll sich ferner ergeben, dass die Anlagegesellschaft für die so entstandenen Verbindlichkeiten nochmals fünf Jahre haftet, so dass sich eine maximale Haftungsdauer von 10 Jahren ergibt.[10]

Hinweis: **50**

Ob überhaupt ein Sozialplan erzwingbar ist bzw. eine nach § 111 BetrVG beteiligungspflichtige Betriebsänderung vorliegt, richtet sich allerdings wohl allein nach den Verhältnissen der Betriebsgesellschaft. Diese muss also mehr als 20 Arbeitnehmer beschäftigen. Auch der Dotationsrahmen des Sozialplans dürfte sich allein an den finanziellen Verhältnissen der Betriebsgesellschaft orientieren, so dass eine Einbeziehung des Vermögens der Anlagegesellschaft wohl nicht möglich ist. Beide Fragen sind jedoch höchstrichterlich noch nicht entschieden.

§ 134 Abs. 2 UmwG begründet die gesamtschuldnerische Haftung nach Absatz 1 auch für vor   **51**
dem Wirksamwerden der Spaltung (§ 133 Abs. 4 UmwG) begründete Versorgungsverbindlichkeiten. Damit sind sowohl Betriebsrenten als auch Versorgungsanwartschaften gemeint.[11]

§ 134 Abs. 1 Satz 1 UmwG greift unter folgenden Voraussetzungen ein: **52**
- es muss eine Spaltung i.S.v. § 123 UmwG vorliegen,
- die zur Führung eines Betriebes notwendigen Vermögensteile müssen im Wesentlichen auf einen übernehmenden oder mehrere übernehmende oder auf einen oder mehrere neue Rechtsträger übertragen werden,
- die Tätigkeit dieses bzw. dieser übernehmenden Rechtsträger muss sich im Wesentlichen auf die Verwaltung dieser Vermögensteile beschränken (Anlagegesellschaft),
- dem übertragenden Rechtsträger müssen diese Vermögensteile bei der Führung seines Betriebes überlassen werden,
- an den an der Spaltung beteiligten Rechtsträgern müssen im Wesentlichen dieselben Personen beteiligt sein und
- die Ansprüche der Arbeitnehmer aus den §§ 111 ff. BetrVG müssen nach dem Verweis in § 134 Abs. 3 UmwG von der bzw. den Anlagegesellschaften schriftlich anerkannt (§ 133 Abs. 5 UmwG) oder gemäß § 133 Abs. 3 UmwG vollstreckungsfähig tituliert sein, wobei in den von § 134 UmwG gemeinten Fällen vor allem § 197 Abs. 1 Nr. 5 BGB – Feststellung der Forderung im Insolvenzverfahren (der Betriebsgesellschaft!) – relevant sein dürfte.

§ 134 Abs. 1 UmwG geht von der Variante aus, dass die Anlagegesellschaft neu gegründet   **53**
wird und die Arbeitnehmer bei der – besitzlosen – Betriebsgesellschaft verbleiben. Damit liegen § 134 Abs. 1 UmwG keine Betriebsübergangsfälle zugrunde. Anders ausgedrückt: Es liegt zwar eine Aufspaltung, i.d.R. aber kein Betriebsübergang i.S.v. § 613a BGB vor.

---

[10] *Willemsen*, NZA 1996, 791, 796.
[11] *Picot/Schnitker*, Teil I, Rn. 360 ff.

54 Übergehen werden die Arbeitnehmer bei der in § 134 Abs. 1 Satz 2 UmwG gleichgestellten Variante, dass die (wesentlichen) Vermögensteile beim übertragenden Rechtsträger verbleiben und dem bzw. den übernehmenden oder neuen Rechtsträger(n) zur Nutzung überlassen werden. Dann ist i.d.R. ein Betriebs(teil)übergang auf die Besitzgesellschaft gegeben.[12] In diesem Fall haftet die Anlagegesellschaft als bisheriger Arbeitgeber nach Maßgabe der gerade dargestellten Voraussetzungen für die bis zu fünf Jahren nach der Spaltung begründeten Sozialplan- und Nachteilsausgleichsansprüche der Arbeitnehmer.

55 Beispiel:

Die A-GmbH, deren alleiniger Gesellschafter und Geschäftsführer B ist, spaltet sich im Jahre 2004 in der Weise auf, dass ihr operatives Geschäft auf die von B als alleinigem Gesellschafter neu gegründete A2-GmbH übergeht, sie aber Eigentümerin der notwendigen Betriebsmittel bleibt und diese an die A2 verpachtet. Die A beschränkt sich auf die Verwaltung dieser Vermögensteile. Wenn die A2 im Jahre 2007 insolvent wird und der Insolvenzverwalter mit dem Betriebsrat einen Sozialplan aushandelt, haftet die A-GmbH (nicht: Gesellschafter B) nach Maßgabe des § 134 UmwG für die Sozialplanansprüche der Beschäftigten mit.

56 Hinweis:

Darlegungs- und beweisbelastet für das Vorliegen der Voraussetzungen des § 134 UmwG ist der Beschäftigte, so dass im **Arbeitnehmer-Mandat** ggf. entsprechende Ermittlungen im Handelsregister über die an der Spaltung beteiligten Personen und die Unternehmenszwecke nach Spaltung anzustellen sind.

D. Sonderfall: Erlöschen des bisherigen Arbeitgebers

57 Erlischt der bisherige Arbeitgeber nach oder gleichzeitig mit dem Betriebsübergang, kann er nicht mehr haften. Diese Selbstverständlichkeit bringt § 613a Abs. 3 BGB zum Ausdruck, nach dem Absatz 2 nicht anwendbar ist, wenn der bisherige Arbeitgeber, der naturgemäß nur eine juristische Person oder eine Personenhandelsgesellschaft sein kann, durch Umwandlung erlischt. Damit tritt diese „Enthaftung" nur in Umwandlungsfällen nach dem UmwG ein, insbesondere bei Verschmelzung eines Rechtsträgers auf einen anderen.

58 Wird eine Personenhandelsgesellschaft auf einen anderen Rechtsträger verschmolzen, müssen deren Gesellschafter die Haftungsregelung des § 45 UmwG beachten.

---

[12] *Semler/Stengel*, UmwG, § 134 Rn. 20.

Kapitel 10: Information der Arbeitnehmer nach § 613a Abs. 5 BGB

Gliederung

A. Übersicht und praktische Mandatsrelevanz

Die im Jahre 2002 durch § 613a Abs. 5 BGB neu eingeführte Unterrichtungspflicht bei Betriebsübergängen wirft auf Tatbestands- und Rechtsfolgenebene viele Fragen auf, die bislang nur partiell durch das Bundesarbeitsgericht geklärt wurden. Auf tatbestandlicher Ebene geht es um Adressaten, Form und – besonders wichtig – den Inhalt der Unterrichtung. Auf Rechtsfolgenseite ist erheblich, welche Folgen einerseits eine zutreffende und andererseits eine fehlende/unzutreffende/unvollständige Information hat; für die Mandatspraxis besonders wichtig ist die Verknüpfung der Informationspflicht des Arbeitgebers mit dem in § 613a Abs. 6 BGB kodifizierten Widerspruchsrecht der übergehenden Arbeitnehmer. Schon davor ist im Ansatz unklar, ob der Unterrichtungsverpflichtung des bzw. der Arbeitgeber ein entsprechender Anspruch der Arbeitnehmer korrespondiert und wenn ja, wie weit dieser reicht. Nicht zuletzt in allen diesen Bereichen ist für die Praxis die Verteilung der Darlegungs- und Beweislast zu klären. **1**

Im **Arbeitnehmer-Mandat** können Ob und Reichweite der gesetzlichen Informationspflicht in mehrfacher Hinsicht relevant werden. Für die von einem Betriebsübergang betroffenen Arbeitnehmer ist vor allem, also nicht nur im Hinblick darauf, ob sie ihr Widerspruchsrecht ausüben wollen, sondern generell von hohem Interesse, wie sich ein Betriebsübergang auf Bestand und Inhalt ihrer Arbeitsverhältnisse auswirkt. Im Rahmen der Beratung kann u.U. schon in Rede stehen, ob für den Mandanten die Erteilung einer bisher nicht oder nur unvollständig erteilten Information geltend gemacht werden sollte. Praktisch häufiger kommt indes der Fall vor, dass der Mandant mit einer Information Beratung sucht und der Rechtsanwalt vor diesem Hintergrund beurteilen muss, ob der Mandant dem Übergang seines Arbeitsverhältnisses widersprechen sollte oder nicht; dabei muss auf jeden Fall die Rechtslage bei der Kündigung widersprechender Arbeitnehmer (vgl. Kapitel 7 Rn. 74 ff.) mitberücksichtigt werden. Schließlich kann – u.U. schon geraume Zeit nach einem Betriebsübergang – in Rede stehen, ob die gesetzliche Einmonatsfrist für den Widerspruch des Arbeitnehmers (vgl. Kapitel 2 Rn. 107 ff.) schon **2** zu laufen begonnen hat oder nicht; Letzteres ist nicht nur bei einer fehlenden, sondern auch bei einer fehlerhaften Information der Fall. Enthält eine Information Fehler, kann des Weiteren nach Schadensersatzansprüchen gegen alten und/oder neuen Arbeitgeber gefragt werden.

3   Im **Arbeitgeber-Mandat** sowohl des bisherigen als auch des neuen Arbeitgebers steht vor allem die Frage nach der „richtigen" Information im Vorfeld eines (geplanten) Betriebsübergangs im Vordergrund; Fehler können nicht zuletzt wegen der Gefahr eines späten Widerspruchs teuer werden. Um die gleiche Problematik geht es, wenn ein Beschäftigter, dessen Arbeitsverhältnis auf den neuen Arbeitgeber übergegangen ist, nach Ablauf der Monatsfrist des § 613a Abs. 6 BGB widerspricht oder Schadensersatzansprüche wegen fehlerhafter Information geltend macht. Des Weiteren können Umfang und Tiefe der nach § 613a Abs. 5 BGB zu erstellenden Information zum Gegenstand des (Beratungs-)Mandats werden, wenn – was regelmäßig bei einzelnen Beschäftigten durchaus vorkommt – weitere Informationen zu den Folgen des Betriebsübergangs verlangt werden.

4   Im **Betriebsrats-Mandat** ist die Information nach § 613a Abs. 5 BGB nicht unmittelbar relevant, da die dort geregelte Informationspflicht nur gegenüber den einzelnen Beschäftigten und nicht gegenüber den Arbeitnehmervertretungen besteht. Ein explizites Informationsrecht des Betriebsrats ergibt sich aus dem Gesetz nur für den Fall, dass der geplante Betriebsübergang zugleich eine Betriebsänderung darstellt, die die Beteiligungsrechte des § 111 BetrVG auslöst; bereits vorab kann zudem eine Unterrichtungspflicht gegenüber dem Wirtschaftsausschuss gemäß § 106 Abs. 3 BetrVG bestehen. Insbesondere bei der Ausgliederung von Betriebsteilen kommt zudem eine Unterrichtungspflicht nach § 80 Abs. 2 Satz 1 BetrVG in Betracht, da es um die Beschäftigungssicherung im Betrieb gehen kann, die zum einen gemäß § 80 Abs. 1 Nr. 8 BetrVG zu den gesetzlichen Aufgaben des Betriebsrats gehört und zum anderen das Beteiligungsrecht des § 92a BetrVG auslösen kann (vgl. dazu insgesamt eingehend Kapitel 6 Rn. 113 ff.). Ob alter und neuer Arbeitgeber den Anforderungen des § 613a Abs. 5 BGB Genüge getan haben, kann aber gemäß § 80 Abs. 1 Nr. 1 BetrVG unter die Überwachungsaufgabe des Betriebsrats fallen. Damit wird man dem Betriebsrat das Recht zugestehen müssen, über die den Arbeitnehmern erteilte Information einschließlich der Vorlage des Textes informiert zu werden; es besteht indes weder ein Mitgestaltungs- noch ein Korrekturrecht des Betriebsrats.

B. Inhalt und Reichweite der Unterrichtungsverpflichtung nach § 613a Abs. 5 BGB

I. Grundlagen

5   Die in § 613a Abs. 5 BGB geregelte Unterrichtungspflicht besteht bei allen Betriebsübergängen, die unter den Geltungsbereich des § 613a BGB fallen. Für Betriebsübergänge, die auf einer Umwandlung nach dem UmwG beruhen, gilt § 613a Abs. 5 BGB wegen des Verweises in § 324 UmwG. Die Informationspflicht ist unabhängig von der Betriebsgröße und besteht auch dann, wenn die zuständige Arbeitnehmervertretung – aus anderen Gründen (vgl. Kapitel 6 Rn. 134, 136) – zu informieren ist.[1] Sie besteht des Weiteren bei Betriebs(teil)übertragungen in der Insolvenz.

---

[1] BT-Drs. 14/7760, S. 19.

Ganz überwiegend wird angenommen, dass der Unterrichtungsverpflichtung ein subjektives   **6** Recht und damit ein Rechtsanspruch der von einem Betriebsübergang betroffenen Arbeitnehmer (vgl. Rn. 13 ff.) korrespondiert.[2] Folglich kann der Informationsanspruch selbstständig geltend gemacht werden und zwar umfassend, wenn keine Information erteilt wurde und partiell, wenn die Information unzureichend oder unvollständig ist.

Hinweis: **7**

Die selbstständige Geltendmachung des Informationsanspruchs wird den Regeln über die Geltendmachung von Auskunftsansprüchen folgen, so dass der Klageantrag entsprechend zu spezifizieren sein wird. Ob es bei fehlender Information unter dem Blickwinkel der Bestimmbarkeit ausreichen wird, deren Erteilung unter Wiederholung des Wortlauts des § 613a Abs. 5 BGB zu beantragen, ist zweifelhaft. Rügt man das Fehlen einzelner Informationen, werden diese jedenfalls genau benannt werden müssen.

Wird der Informationsanspruch eingeklagt, wird sich die Vollstreckung nach § 888 ZPO richten, da es sich m.E. bei der Informationserteilung um eine unvertretbare Handlung handelt. Sie ist jedenfalls keine Willenserklärung i.S.d. § 894 ZPO, allenfalls eine „Wissenserklärung".   **8**

Die Unterrichtungspflicht des § 613a Abs. 5 BGB wird des Weiteren nicht nur als bloße Obliegenheit der verpflichteten Arbeitgeber angesehen werden können. Geht man vielmehr vom Anspruchscharakter des § 613a Abs. 5 BGB aus, wird man nicht umhinkönnen, eine Rechtspflicht zur Information anzunehmen, die zugleich eine Vertragspflicht i.S.d. § 241 BGB ist und deren Nicht- oder Schlechterfüllung folglich vertragliche Schadensersatzansprüche gemäß §§ 280 ff. BGB begründen kann (vgl. Rn. 116 ff.).   **9**

II. Informationsverpflichtete und -berechtigte

1. Informationsverpflichtete

Zur Information verpflichtet sind nach dem ausdrücklichen Wortlaut des § 613a Abs. 5 BGB   **10** der bisherige oder der neue Arbeitgeber. Dies ist allerdings nicht so zu verstehen, dass nur einer von beiden oder beide voneinander unabhängig die Arbeitnehmer unterrichten müssen; vielmehr können auch beide zusammen die aus § 613a Abs. 5 BGB folgende Unterrichtungspflicht wahrnehmen und erfüllen.[3]

Hinweis: **11**

Im **Arbeitgeber-Mandat** ist sogar eine gemeinsame Information, mindestens aber eine Abstimmung zwischen beiden Arbeitgebern dringend anzuraten[4], da regelmäßig beide Parteien nicht über alle Informationen verfügen, die erteilt werden müssen.

Rechtstechnisch betrachtet sind bisheriger und neuer Arbeitgeber in Bezug auf die Informationsverpflichtung Gesamtschuldner i.S.d. §§ 420 ff. BGB. Das hat vor allem gemäß § 422 BGB zur Folge, dass die Unterrichtung durch einen der beiden Arbeitgeber zur Erfüllung des den Arbeitnehmern zustehenden Informationsanspruchs ausreicht.   **12**

---

[2] So wohl auch BAG v. 24.05.2005 - 8 AZR 398/04 - NZA 2005, 1302, 1304 f. und BAG v. 13.07.2006 - 8 AZR 382/05 - NZA 2006, 1406, 1411: „echte Rechtspflicht".

[3] Dazu fordert der Gesetzgeber sogar auf, vgl. BT-Drs. 14/7760, S. 19.

[4] Vgl. auch *Hohenstatt/Grau*, NZA 2007, 13, 14.

2. Informationsberechtigte/Adressaten

13   Nach § 613a Abs. 5 BGB sind „die von einem Übergang betroffenen Arbeitnehmer" zu unterrichten. Dazu gehören sicherlich die Arbeitnehmer bzw. Beschäftigten, deren Arbeitsverhältnisse auf den neuen Inhaber übergehen (sollen) (vgl. Kapitel 2 Rn. 13 ff.).

14   **Hinweis:**

Dies sind auch die Beschäftigten, deren Arbeitsverhältnisse zum Zeitpunkt des Betriebsübergangs ruhen, also z.b. Elternzeiter, oder deren Arbeitspflicht entfallen ist, also
insbesondere Altersteilzeiter in der Freistellungsphase (vgl. Kapitel 2 Rn. 16). Sie müssen ebenfalls informiert werden, was in der Praxis manchmal vergessen wird, so dass
ein anwaltlicher Hinweis im **Arbeitgeber-Mandat** angezeigt ist.

15   Umgekehrt müssen Personen, die nicht von § 613a BGB erfasst werden und deren Vertragsverhältnisse folglich nicht gesetzlich auf den neuen Inhaber übergehen (z.b. freie Mitarbeiter,
GmbH-Geschäftsführer, allgemein dazu vgl. Kapitel 2 Rn. 17 f.) nicht informiert werden;
selbstverständlich können sie informiert werden, aber sie haben keinen Informationsanspruch
aus § 613a Abs. 5 BGB.

16   Nicht ganz klar ist, ob auch Arbeitnehmer, deren Arbeitsverhältnisse nicht auf den Übernehmer übergehen sollen, zu informieren sind; dies wird vor allem bei Betriebsteilübergängen relevant, bei denen die Arbeitsverhältnisse der nicht übertragenen Betriebsteile beim bisherigen
Arbeitgeber verbleiben. Dennoch kann sich der Betriebsteilübergang auf sie auswirken, so z.b.
in Form geänderter Arbeitsbedingungen oder anderen Tätigkeiten oder sogar durch zur (betriebsbedingten) Kündigung berechtigenden Wegfall der Beschäftigungsmöglichkeiten. Dennoch scheidet ihnen gegenüber m.E. eine Unterrichtungspflicht nach § 613a Abs. 5 BGB aus,
da schon aus den Gesetzesmaterialien deutlich wird, dass es dem Gesetzgeber nur um die Beschäftigten geht, die sich auf einen Arbeitgeberwechsel einstellen müssen.[5] Gegen die Unterrichtungspflicht spricht weiterhin systematisch die Verknüpfung mit dem in § 613a Abs. 6
BGB geregelten Widerspruchsrecht, da dieses naturgemäß nur Arbeitnehmern zustehen kann,
deren Arbeitsverhältnisse auf den neuen Inhaber übergehen sollen. § 613a Abs. 5 BGB ist m.E.
folglich so auszulegen, dass eine Informationspflicht nur gegenüber den unmittelbar von einem Übergang betroffenen Arbeitnehmern besteht.

17   **Beispiel:**

Durch die Auslagerung einer Vertriebsabteilung entfallen zum Teil die Aufgaben des
für diese Abteilung bisher mitzuständigen Buchhalters, der dem übergehenden Betriebsteil jedoch nicht zuzuordnen ist; der Buchhalter wird nun vom Arbeitgeber angewiesen,
künftig eine andere Abteilung mitzubetreuen. Darin liegt zwar eine Änderung des Aufgabenbereichs, jedoch ist der Buchhalter nicht „vom Übergang betroffen" i.S.d. § 613a
Abs. 5 BGB, so dass ihm gegenüber keine Informationspflicht besteht. Das Gleiche
würde gelten, wenn der Arbeitgeber dem Buchhalter gegenüber wegen des teilweise
entfallenden Aufgabenbereichs eine Änderungskündigung mit dem Ziel der Arbeitszeit-
reduzierung ausspricht.

18   Wurden nicht alle oder umgekehrt zu viele Arbeitnehmer informiert, zieht dies nur Rechtsfolgen in Bezug auf die nicht informierten betroffenen Beschäftigten nach sich; sie können weiterhin die Erteilung einer Information verlangen bzw. sich darauf berufen, dass die Frist für
den Widerspruch gemäß § 613a Abs. 6 BGB zu laufen beginnt. Keine Auswirkungen hat die-

---

[5]   BT-Drs. 14/7760, S. 19.

ser Fehler auf die Rechtsstellung der ebenfalls betroffenen, aber informierten Mitarbeiter; sie können eine unterlassene Information ihrer Kollegen nicht als Beleg für eine nicht ordnungsgemäße Information anführen und hieraus Rechte ableiten.

III. Form- und Fristerfordernisse

1. Form

Vorgeschrieben ist im Gesetz die Textform gemäß § 126b BGB. Die Information muss also schriftlich erfolgen, die Person des/der Erklärenden (bisheriger und/oder neuer Arbeitgeber) muss genannt und das Ende der Unterrichtung muss erkennbar gemacht werden, z.b. durch Namensunterschrift oder gedruckten Namen. Verzichtet wird also im Unterschied zur Schriftform des § 126 BGB nur auf die eigenhändige Unterschrift des Arbeitgebers bzw. eines Bevollmächtigten.   **19**

Hinweis: **20**

Sowohl für das **Arbeitnehmer-** als auch das **Arbeitgeber-Mandat** ist wichtig, dass die Textform für alle Informationen einzuhalten ist, die nach § 613a Abs. 5 BGB erteilt werden müssen. Ist die schriftliche Unterrichtung unvollständig und erteilt der Arbeitgeber den Beschäftigen die restlichen Auskünfte mündlich (individuell oder in einer Betriebsversammlung), wird die Unterrichtung dadurch nicht vollständig; damit beginnt die Widerspruchsfrist des § 613a Abs. 6 BGB nicht zu laufen!

Die Formvorschrift des § 126b BGB dürfte sich – wie bei der Schriftform des § 126 BGB[6] – auf den gesamten Inhalt der nach § 613a Abs. 5 BGB zu erteilenden Informationen beziehen; dies ist vor allem dann zu beachten, wenn im Informationsschreiben auf andere Urkunden bzw. schriftliche Vereinbarungen, wie z.B. die in der Praxis weithin üblichen Überleitungsvereinbarungen, Bezug genommen wird. Wird dann nur eine Einsichtnahme angeboten, ist zweifelhaft, ob dies dem Textformerfordernis genügt. Daher sollten solche in Bezug genommenen Urkunden dem Informationsschreiben beigefügt werden.   **21**

Hinweis: **22**

Das gilt nicht für die im Informationsschreiben erwähnten Tarifverträge und Betriebsvereinbarungen, da diese nicht unmittelbar Gegenstand der Informationspflicht sind; insoweit reicht ein Verweis aus (vgl. Rn. 66 ff.).

2. Frist

§ 613a Abs. 5 BGB enthält keine Fristbestimmung, ordnet aber an, dass die Information vor dem Übergang erfolgen soll. Damit können bisheriger und/oder neuer Arbeitgeber nach eigenem Ermessen entscheiden, wann sie die Beschäftigten unterrichten wollen.   **23**

Hinweis: **24**

Im **Arbeitgeber-Mandat** sollte darauf hingewiesen werden, dass eine sehr frühzeitige Information einerseits den Vorteil hat, dass alle Beteiligten früh wissen, welche Arbeitnehmer dem Übergang ihres Arbeitsverhältnisses widersprechen, andererseits der Nachteil besteht, dass viele Informationen noch nicht sicher und/oder verfügbar sind und die Information daher eher unzutreffend oder unvollständig sein kann. In der Praxis hat sich inzwischen ein Zeitpunkt von ungefähr einem Monat vor dem geplanten Betriebsübergang eingebürgert.

---

[6] Vgl. dazu nur *Heinrichs* in: Palandt, § 126 BGB Rn. 2 ff.

25 Erfolgt die Information der Arbeitnehmer erst nach dem Betriebsübergang, ist dies m.E. unschädlich; der Gesetzgeber hat ausdrücklich festgehalten, dass die Widerspruchsfrist des § 613a Abs. 6 BGB auch bei einer Information nach Betriebsübergang zu laufen beginnt.[7] Daraus ist zu schließen, dass auch eine nach Betriebsübergang erteilte Information rechtmäßig ist.[8]

26 Hinweis:

> Wegen der dann erst anlaufenden Widerspruchsfrist besteht allerdings für alle Beteiligten einige Wochen Rechtsunsicherheit darüber, welche Beschäftigten denn nun auf den neuen Inhaber übergehen oder nicht; daher sollte beim **Arbeitgeber-Mandat** von einem solchen Vorgehen eher abgeraten werden.

IV. Inhalt der Unterrichtung

1. Ausgangspunkt und allgemeine Anforderungen

27 § 613a Abs. 5 BGB enthält in vier Ziffern (nicht abschließende) Regelungen, worüber die betroffenen Arbeitnehmer unterrichtet werden sollen. Allerdings sind diese Vorschriften so unbestimmt, dass derzeit nach wie vor trotz zweier Grundsatzentscheidungen des Bundesarbeitsgerichts[9] nur zum Teil Klarheit darüber besteht, worüber die Arbeitnehmer denn nun genau zu unterrichten sind.[10]

28 Eine wichtige Weichenstellung hat das Bundesarbeitsgericht dadurch vorgenommen, dass es Sinn und Zweck der Unterrichtung in erster Linie darin sieht, dass der Arbeitnehmer eine ausreichende Wissensgrundlage für die Ausübung oder Nichtausübung seines Widerspruchsrechts nach § 613a Abs. 6 BGB erhalten soll; er müsse sich über die Person des Übernehmers und über die in § 613a Abs. 5 BGB genannten Umstände ein Bild machen können.[11] Die Information muss jedoch nicht gegenüber jedem Arbeitnehmer individuell erfolgen, sondern es können Standardschreiben verwendet werden, wobei dies unter dem Vorbehalt steht, dass eine standardisierte Information dennoch etwaige Besonderheiten des Arbeitsverhältnisses erfassen muss.[12] Aus Letzterem sowie aus der Verwendung des Begriffs der Wissensgrundlage wird man den Schluss ziehen können, dass die Information nach § 613a Abs. 5 BGB in erster Linie Tatsachen enthalten muss, die für die Beurteilung der Rechtsfolgen erheblich sind und die den Arbeitnehmer, ggf. nach Inanspruchnahme fachkundiger Unterstützung, in die Lage versetzen, die sich für ihn aus dem Betriebsübergang ergebenden Folgen ermitteln und beurteilen zu können. Sicherlich nicht geschuldet ist eine Aufklärung über Rechtsfragen oder eine individuelle Rechtsberatung des einzelnen Arbeitnehmers; diese muss sein Anwalt leisten.

---

[7] BT-Drs. 14/7760, S. 20.

[8] So wohl auch BAG v. 13.07.2006 - 8 AZR 382/05 - NZA 2006, 1406, 1410.

[9] BAG v. 13.07.2006 - 8 AZR 305/05 - NZA 2006, 1268 ff. und 8 AZR 303/05 - NZA 2006, 1273 ff.; bestätigt von BAG v. 14.12.2006 - 8 AZR 763/05 - NZA 2007, 682 ff.

[10] Aus dem umfangreichen Schrifttum vgl. zuletzt vor allem *Hohenstatt/Grau*, NZA 2007, 13 ff. m. zahlr. N. zur älteren Literatur; *Willemsen*, NJW 2007, 2065 ff.; *Lindemann/Wolter-Roßteutscher*, BB 2007, 938 ff.; *Meyer*, DB 2007, 858 ff.

[11] BAG v. 13.07.2006 - 8 AZR 305/05 - NZA 2006, 1268, 1270.

[12] BAG v. 13.07.2006 - 8 AZR 305/05 - NZA 2006, 1268, 1270.

Aus dem genannten Grundansatz leitet das Bundesarbeitsgericht die Forderung ab, die Unter- **29** richtung müsse verständlich, arbeitsplatzbezogen und zutreffend sein.[13] Ob diese Bedingungen erfüllt sind, kann in vollem Umfang von den Arbeitsgerichten überprüft werden.[14] Unabhängig von den in § 613a Abs. 5 BGB genannten Unterrichtungsgegenständen (vgl. Rn. 30 ff.) führt dies zu folgenden Anforderungen an eine ordnungsgemäße Unterrichtung:

- Gefordert wird eine auch für juristische Laien möglichst verständliche Sprache.[15] Dies bedeutet nicht, dass auf juristische Fachbegriffe verzichtet werden muss; Schriftsatzcharakter wäre jedoch wohl fehl am Platze. Die Arbeitsgerichte können jedoch m.E. eine Information nicht deshalb für fehlerhaft erklären, weil sie der Auffassung sind, man hätte diese verständlicher und/oder klarer formulieren können; in erster Linie wird es wohl wie beim Transparenzgebot des § 307 Abs. 1 Satz 2 BGB um Klarheit und Durchschaubarkeit für den (durchschnittlich gebildeten, verständigen und aufmerksamen) Adressaten gehen.[16]
- Die Information darf – auch insoweit zeigt sich m.E. eine Anlehnung an das Transparenzgebot – keine Angaben enthalten, die zur Irreführung geeignet sind. So hat das Bundesarbeitsgericht ein Problem schon darin gesehen, dass im Schreiben mit der Aussage, die Erwerberin habe sich verpflichtet, alle Beschäftigten zu übernehmen, der Eindruck erweckt wurde, es handele sich um die freiwillige Übernahme einer Verpflichtung, die sich unmittelbar aus dem Gesetz ergebe.[17]
  Hinweis: Will der Übernehmer den übergehenden Arbeitnehmern über die sich aus dem Gesetz ergebende Rechtsfolge hinaus weitere Zusagen machen (z.B. dass die bisher geltenden Tarifverträge trotz fehlender Tarifgebundenheit des Übernehmers dynamisch angewendet werden sollen), empfiehlt sich beim **Arbeitgeber-Mandat** der Hinweis, in der Information zunächst auf die sich aus dem Gesetz ergebende Rechtslage hinzuweisen und anschließend deutlich zu machen, dass eine darüber hinausgehende Zusage des Übernehmers für einzelne Arbeitsbedingungen abgegeben wird.
- Die Information muss „betriebsbezogen" gehalten sein. Ein schlichter Hinweis auf die generellen Regelungen zum Betriebsübergang wird daher nicht ausreichen. Notwendig wird eine auf den konkreten Betriebsübergang abstellende Information darüber sein, wie sich dieser vor allem auf den Inhalt der Arbeitsbedingungen und ggf. die Änderung der äußeren Umstände (z.B. Eingreifen von bestimmten Gesetzen oder Auswirkungen auf die betriebliche Interessenvertretung) auswirkt. Letztlich wird es um die Ergebnisse gehen, die im Vorfeld eines Betriebsübergangs im Rahmen der arbeitsrechtlichen „due diligence"[18] ermittelt wurden.
- Neben der Betriebsbezogenheit der Information müssen etwaige Besonderheiten des Arbeitsverhältnisses erfasst werden.[19] Es ist nicht ganz klar, was genau damit gemeint ist.[20] M.E. werden hiervon zwei Aspekte erfasst: Zum einen geht es um Arbeitnehmergruppen, bei denen Besonderheiten zu berücksichtigen sind, die sich nicht unbedingt unmittelbar aus dem Gesetz selbst ergeben, wie z.B. Ausbildungsverhältnisse[21], Altersteilzeitarbeits-

---

[13] BAG v. 13.07.2006 - 8 AZR 305/05 - Orientierungssatz 1 - NZA 2006, 1268.

[14] So klar gegen engere Auffassungen, die den Gerichten nur eine Art formelles Prüfungsrecht zugestehen wollen, BAG v. 13.07.2006 - 8 AZR 305/05 - NZA 2006, 1268, 1270.

[15] So ausdrücklich BAG v. 13.07.2006 - 8 AZR 305/05 - NZA 2006, 1268, 1271.

[16] Allgemein dazu *Heinrichs* in: Palandt, § 307 Rn. 16 ff.

[17] BAG v. 13.07.2006 - 8 AZR 305/05 - NZA 2006, 1268, 1272.

[18] Vgl. dazu *Grimm/Böker*, NZA 2002, 193 ff.

[19] BAG v. 13.07.2006 - 8 AZR 305/05 - NZA 2006, 1268, 1271.

[20] Rätselnd auch *Hohenstatt/Grau*, NZA 2007, 13, 14.

[21] Zu deren Besonderheiten beim Betriebsübergang vgl. *Mehlich*, NZA 2002, 823 ff.

verhältnisse oder ruhende Arbeitsverhältnisse, bei denen ein Beschäftigungsanspruch beim Übernehmer in Rede steht; allerdings muss auch insoweit gelten, dass der Arbeitgeber keinen Rechtsrat erteilen muss bzw. darf, so dass z.b. die besonderen Schutzbestimmungen für einzelne Arbeitnehmergruppen m.e. nicht in die Information mitaufzunehmen sind. Zum anderen können besondere Beschäftigungsbedingungen in einzelnen Betriebsabteilungen in Rede stehen, wie z.b. unterschiedliche Arbeitszeiten in verschiedenen Abteilungen. Auch insoweit wird bei der Information zu differenzieren sein. **Beispiel**: Ein häufiger Fall sind getrennte Arbeitszeitregelungen in Produktions- und Verwaltungsabteilungen. In ersteren ist häufig Schichtarbeit geregelt, während im Verwaltungsbereich i.d.R. von Montag bis Freitag und jeweils von morgens bis abends (ggf. in Gleitzeit oder mit Vertrauensarbeitszeit) gearbeitet wird. Die Information den Arbeitnehmern gegenüber in Bezug auf die Arbeitszeit sollte zumindest dann ebenso differenziert sein, wenn sich die Arbeitszeitregelungen ändern.

Hinweis: Entspricht eine Information diesen Anforderungen nicht, können sich m.E. nur die Beschäftigten darauf berufen, denen gegenüber die zusätzlichen/ergänzenden/modifizierten Informationen hätten erteilt werden müssen. Die Beschäftigten, die dies nicht betrifft, können die diesbezügliche Unvollständigkeit der Information m.e. nicht geltend machen.

Unsicher ist des Weiteren, ob die Information solche Umstände enthalten muss, die nur einen einzigen oder eine kleine Anzahl von Arbeitnehmern angeht, wie es z.b. der Fall sein kann, wenn ein Arbeitsplatz wegen einer anderen Organisation des Übernehmers (Entfallen einer Hierarchieebene) wegfallen wird.[22] M.E. spricht mehr dafür, insoweit ebenfalls von einer Informationspflicht auszugehen; wenn sich Entscheidungen des bisherigen und/oder neuen Arbeitgebers unmittelbar auf Arbeitsverhältnisse auswirken, kann die Zahl der davon betroffenen Arbeitnehmer nicht maßgebend sein. Allerdings gilt auch hier, dass eine konkrete Rechtsberatung nicht geschuldet ist.

Hinweis: Es sollte daher mindestens bis zu einer Klärung der Rechtslage im **Arbeitgeber-Mandat** empfohlen werden, die Auswirkungen von Entscheidungen auch dann in die Information aufzunehmen, wenn nur ein einzelner oder eine kleine Gruppe von Arbeitnehmern betroffen ist. Je nach Sachlage bietet sich hier mit den betroffenen Mitarbeitern vorab ein persönliches Gespräch an (das wegen des Textformerfordernisses anschließend schriftlich dokumentiert werden sollte) oder eine gesonderte schriftliche Information, die der an alle Beschäftigten gerichteten Standardmitteilung beigefügt werden kann. Dafür kann i.Ü. sprechen, dass es nicht immer sinnvoll ist, Arbeitsbedingungen, die nur einzelne betreffen, durch Information an alle Mitarbeiter öffentlich zu machen.

• Informationen über Tatsachen müssen zutreffend sein; ob dies der Fall ist, soll sich wohl nach dem Kenntnisstand des Veräußerers und Erwerbers zum Zeitpunkt der Unterrichtung richten.[23]

• Eine Information über die rechtlichen Folgen muss präzise sein und sie darf keine juristischen Fehler beinhalten.[24] Wenn der Unterrichtungsverpflichtete jedoch die Rechtslage gewissenhaft geprüft hat und einen vertretbaren Rechtsstandpunkt einnimmt, stellt dies keinen Fehler dar.[25] Sicher ist dies dann, wenn eine Rechtsfrage höchstrichterlich noch ungeklärt ist. Zweifelhaft ist, ob es in diesem Sinne vertretbar ist, einer anderen Auffassung

---

[22] Beispiel nach *Hohenstatt/Grau*, NZA 2007, 13, 14.

[23] BAG v. 13.07.2006 - 8 AZR 305/05 - NZA 2006, 1268, 1272; das Prinzip der subjektiven Determination gilt insoweit nicht, zutreffend *Lindemann/Wolter-Roßteutscher*, BB 2007, 938, 940.

[24] BAG v. 13.07.2006 - 8 AZR 305/05 - NZA 2006, 1268, 1272.

[25] BAG v. 13.07.2006 - 8 AZR 303/05 - NZA 2006, 1273, 1275.

als das Bundesarbeitsgericht zu folgen. Diese Anforderung bedeutet indes nicht, dass die Arbeitnehmer über (streitige) Rechtsfragen informiert werden müssen; vielmehr sind die diesbezüglichen Anforderungen des Bundesarbeitsgerichts m.E. so zu verstehen, dass in der Information die Ergebnisse zu nennen sind, zu denen der bzw. die Arbeitgeber nach zutreffender rechtlicher Würdigung gelangt sind.

Beispiel: Ist der Arbeitgeber der Auffassung, dass die in seinen Arbeitsverträgen enthaltene Bezugnahmeklausel als Gleichstellungsabrede ausgelegt werden kann, so kann er – falls die beim bisherigen Arbeitgeber geltenden Tarifverträge transformiert werden – m.E. die Arbeitnehmer dahingehend informieren, dass die bisher normativ geltenden Tarifverträge nach dem Betriebsübergang nur noch statisch, also in dem Zustand weitergelten, in dem sie sich beim Betriebsübergang befunden haben, und zwar unabhängig davon, ob die Arbeitnehmer ihrerseits bisher normativ tarifgebunden, also Gewerkschaftsmitglieder waren. Es ist m.E. nicht gefordert, dass im Informationsschreiben explizit mitgeteilt wird, man vertrete die Auffassung, dass die Bezugnahmeklauseln als Gleichstellungsabreden auszulegen seien; entscheidend ist m.E. nur, dass das Ergebnis vertretbar ist und der Arbeitnehmer (zusätzlich) die Informationen in die Hand bekommt, die er bzw. sein Anwalt für eine eigene rechtliche Beurteilung dieser Frage benötigt.

Hinweis: In vielen Unternehmen und Konzernen ist es inzwischen üblich geworden, den Betriebsrat in die Abwicklung des Betriebsübergangs miteinzubeziehen und sog. Überleitungsvereinbarungen abzuschließen, in denen vor allem das Schicksal der Arbeitsbedingungen im Einzelnen geregelt wird. Falls eine solche Überleitungsvereinbarung besteht, kann im Informationsschreiben auf sie Bezug genommen werden; es empfiehlt sich, die Vereinbarung dem Informationsschreiben beizufügen, weil es fraglich ist, ob ein bloßer Verweis auf die Überleitungsvereinbarung dem Textformerfordernis der §§ 613a Abs. 5, 126b BGB gerecht wird (vgl. Rn. 21).

2. Einzelne Unterrichtungsgegenstände

Worüber die von einem Betriebsübergang betroffenen Arbeitnehmer zu informieren sind, ist   **30**
in den einzelnen Ziffern des § 613a Abs. 5 BGB geregelt. Das Bundesarbeitsgericht sieht diese Regelungen indes nicht als abschließend an und stellt weitere Anforderungen, die sich zwar nicht unmittelbar aus dem Gesetz ergeben, aber m.E. durchaus sinnvoll und berechtigt sind. Allerdings wird man inhaltliche Anforderungen an die Unterrichtung nur dann über den Gesetzeswortlaut hinaus entwickeln können, wenn diese für die Entscheidung über die Ausübung des Widerspruchsrechts von erheblicher Bedeutung sind; weitergehenden Vorstellungen dürfte der Gesetzeswortlaut als Grenze der Auslegung entgegenstehen. Nach derzeitigem Stand sollte eine Information die nachfolgenden Punkte beinhalten:

Checkliste: Inhalt der Information bei Betriebsübergang
- Gegenstand des Betriebsübergangs
- Person des Übernehmers (Firmenbezeichnung und Anschrift)
- (geplanter) Zeitpunkt des Betriebsübergangs
- Rechtlicher und wirtschaftlicher /tatsächlicher Grund für den Betriebsübergang
- Eintritt in Arbeitsvertrag
- Einstandspflicht des bisherigen Arbeitgebers
- Auswirkungen auf individualrechtliche Arbeitsbedingungen
- Normative oder schuldrechtliche Weitergeltung oder Ablösung von Tarifverträgen (einschl. Bezugnahmeklauseln)
- Normative oder schuldrechtliche Weitergeltung oder Ablösung von Betriebsvereinbarungen, Gesamt-/Konzernbetriebsvereinbarungen

- Auswirkungen auf betriebliche Altersversorgung einschl. Entgeltumwandlung
- Kündigungsverbot des § 613a Abs. 4 BGB
- Ggf. Auswirkungen auf allgemeinen Kündigungsschutz
- Widerspruchsrecht einschl. Form und Frist und etwaige unmittelbare und ggf. mittelbare Folgen
- Betriebsverfassungsrechtliche Auswirkungen auf Amt und Zusammensetzung des bisherigen Betriebsrats/Zuständigkeit eines anderen Betriebsrats
- (Wirtschaftliche Situation des Übernehmers?)
- Hinsichtlich der Arbeitnehmer in Aussicht genommene Maßnahmen?

a. Gegenstand des Betriebsübergangs

31   Der Gegenstand des Betriebsübergangs muss bezeichnet werden.[26] Hintergrund für diese Forderung dürfte sein, dass die Beschäftigten beurteilen können sollen, ob ihr Arbeitsverhältnis überhaupt auf den Übernehmer übergeht. Daher dürfte dies vor allem für Betriebsteilübertragungen relevant sein, da sich nur dort die Zuordnungsfrage (vgl. Kapitel 2 Rn. 25 ff.) stellen kann. Daher sollten die Beschäftigten darüber informiert werden, ob der gesamte Betrieb oder ein oder mehrere Betriebsteile übertragen werden; die Betriebsteile sollten so genau wie möglich bezeichnet werden.

32   **Hinweis:**

Falls im Betrieb ein Organigramm erstellt wurde, kann im Informationsschreiben darauf verwiesen werden, wenn dieses den Mitarbeitern bekannt ist.

33   Unklar ist, wie weit die Informationsverpflichtung reicht, wenn nicht nur ein Betrieb, sondern mehrere Betriebe oder Teile mehrerer Betriebe auf einen Erwerber übertragen werden sollen. Müssen die Beschäftigten in diesem Fall nicht nur über den Übergang ihres eigenen Betriebes unterrichtet werden, sondern auch über die Übertragung anderer, zum Unternehmen gehörender Betriebe oder Betriebsteile? Dafür spricht, dass dies für die Entscheidung über die Ausübung des Widerspruchsrechts von erheblicher Bedeutung sein kann; wird z.B. in allen Betrieben eines Unternehmens eine bestimmte Funktion ausgelagert, sinken die Chancen der Beschäftigten beträchtlich, sich im Falle einer Kündigung gemäß § 1 Abs. 2 Satz 2 Nr. 1 b) KSchG auf eine unternehmensweite Weiterbeschäftigungsmöglichkeit zu berufen. Außerdem können Arbeitsbedingungen, die bisher durch eine Gesamtbetriebsvereinbarung geregelt waren, betroffen sein.

34   **Beispiel:**

Ein Unternehmensträger, dessen Unternehmen aus zehn Betrieben besteht, beschließt, die bis dahin von eigenen Arbeitskräften im jeweiligen Betrieb verrichteten Reinigungsarbeiten auf einen außenstehenden Dienstleister zu übertragen. Falls ein Betriebsübergang vorliegt, ist m.E. im **Arbeitgeber-Mandat** vorsichtshalber anzuraten, die Mitarbeiter nicht nur über den Übergang der Betriebsabteilung zu informieren, in der sie bisher beschäftigt waren, sondern zugleich über den Übergang der Abteilungen anderer Betriebe des Unternehmens.

---

[26] BAG v. 13.07.2006 - 8 AZR 305/05 - NZA 2006, 1268, 1271.

Kapitel 10

b. Person des Übernehmers

Der Betriebsübernehmer muss identifizierbar sein, d.h. mit Firmenbezeichnung und Anschrift **35** genannt werden; die Angabe der Handelsregisternummer ist nicht erforderlich.[27] Zumindest partiell besteht eine Parallele zu § 2 Abs. 1 Nr. 1 NachwG, dem ebenfalls die Überlegung zugrunde liegt, dass der Arbeitnehmer seinen Vertragspartner kennen und Unklarheiten über den richtigen Klagegegner bzw. den Schuldner in der Zwangsvollstreckung vermieden werden sollen.[28] Es sind also die Angaben aufzunehmen, die ins Rubrum gehören würden.

Hinweis: **36**

> Im **Arbeitgeber-Mandat** ist insoweit größte Sorgfalt anzuraten; das Bundesarbeitsgericht hat erwogen (aber letztlich offen gelassen), ob die fehlerhafte Bezeichnung des Vornamens des Geschäftsführers der Erwerberin (Jochen/Joachim) eine ordnungsgemäße Unterrichtung ausschließt.[29]

Im Einzelnen bedeutet dies, dass bei Arbeitgebern, die zugleich Kaufmann i.S.d. §§ 1 ff. HGB **37** sind, die Firma sowie – dies ist jedenfalls vorsichtshalber anzuraten – der/die gesetzlichen Vertreter angegeben werden sollten. Ist der Übernehmer eine Gesellschaft bürgerlichen Rechts, wird – wiederum in Parallele zu § 2 NachwG[30] – seit der Anerkennung von deren Teilrechtsfähigkeit[31] die Angabe von Namen und Anschrift der Gesellschaft plus die Nennung des/der gesetzlichen Vertreter ausreichen; es müssen also nicht alle Gesellschafter mit Namen und Adresse genannt werden. In allen anderen Fällen, in denen der künftige Unternehmensträger kein Kaufmann i.S.d. HGB ist und keine Firma hat (z.B. Praxiskauf!), wird man eine ladungsfähige Anschrift angeben müssen.

c. (Geplanter) Zeitpunkt des Betriebsübergangs

Der gemäß § 613a Abs. 5 Nr. 1 BGB zwingend zu nennende Zeitpunkt oder geplante Zeit- **38** punkt des Betriebsübergangs bezieht sich auf den Übergang der sog. Leitungsmacht (vgl. Kapitel 1 Rn. 146 ff.). Unerheblich ist somit, wann das dem Betriebs(teil)übergang zugrunde liegende Rechtsgeschäft abgeschlossen oder – z.B. durch förmliche Übertragung der Betriebsmittel – vollzogen wurde.

Hinweis: **39**

> Dadurch, dass die Nennung des geplanten Zeitpunkts für eine ordnungsgemäße Unterrichtung ausreicht, ist die Gefahr, dass eine unerwartete Verzögerung die Information fehleranfällig macht, deutlich gemindert. Es sollte daher im **Arbeitgeber-Mandat** angeraten werden, keinen festen Zeitpunkt zu nennen, sondern – z.B. durch Verwendung des Begriffs „voraussichtlich" – auf den geplanten Zeitpunkt abzustellen.[32]

---

[27] BAG v. 13.07.2006 - 8 AZR 305/05 - NZA 2006, 1268, 1271.

[28] So zu § 2 Abs. 1 Nr. 1 NachwG LAG Köln v. 09.01.1998 - 11 Sa 155/97 - NZA-RR 1998, 513 ff.

[29] BAG v. 13.07.2006 - 8 AZR 305/05 - NZA 2006, 1268, 1271; dazu *Hohenstatt/Grau*, NZA 2007, 13, 15: „reichlich skurril anmutende Frage". Sehr kritisch auch *Willemsen*, NJW 2007, 2065, 2069.

[30] Dazu Preis in: ErfK, § 2 NachwG Rn. 11.

[31] BAG v. 01.12.2004 - 5 AZR 597/03 - NZA 2005, 318 f.

[32] So auch *Meyer*, DB 2007, 858.

d. Grund für den Übergang

40 Beim in § 613a Abs. 5 Nr. 2 BGB genannten Grund für den Übergang muss zwischen zwei Komponenten, und zwar zwischen dem rechtlichen und dem tatsächlichen Grund unterschieden werden.

41 Zu nennen ist auf jeden Fall der rechtliche Grund für den Betriebs(teil)übergang, d.h. welcher rechtliche Vorgang (z.b. Kaufvertrag, Umwandlung) dem Betriebsübergang zugrunde liegt.[33] Dazu gehört – weil dies für die Beurteilung der Rechtsfolgen von Belang ist – die Information, ob der Betrieb im Wege der Einzel- oder der Gesamtrechtsnachfolge übergeht.

42 Darüber hinaus sollen schlagwortartig des Weiteren die tatsächlichen bzw. unternehmerischen Gründe mitzuteilen sein, die sich im Falle des Widerspruchs auf den Arbeitsplatz auswirken können.[34] Dies sollen nicht die wirtschaftlichen Gründe sein, die ein Unternehmen zur Ausgliederung eines Geschäftsbereichs veranlassen, sondern es sollen in erster Linie Angaben sein, die Rückschlüsse des Arbeitnehmers darauf erlauben, ob er sich im Falle eines Widerspruchs und einer deshalb erfolgenden (betriebsbedingten) Kündigung mit Aussicht auf Erfolg auf Weiterbeschäftigungsmöglichkeiten im Betrieb oder in anderen Betrieben des Unternehmens wird berufen können.[35]

43 **Beispiel:**

Teilt der bisherige Inhaber seinen Mitarbeitern mit, er werde sich aus Altersgründen aus sämtlichen unternehmerischen Aktivitäten zurückziehen und alle seine Betriebe veräußern oder aufgeben, können die Mitarbeiter daraus schließen, dass sie mangels verbleibender Arbeitsplätze faktisch keine Chance haben werden, sich im Falle eines Widerspruchs gegen betriebsbedingte Kündigungen mit Aussicht auf Erfolg zu wehren. Diese Motive wären daher in die Information mitaufzunehmen.

44 **Hinweis:**

Unabhängig von der rechtlichen Verpflichtung sollte im **Arbeitgeber-Mandat** zusätzlich darauf hingewiesen werden, dass eine kurze Nennung des tatsächlichen Grundes für den geplanten Betriebsübergang die Akzeptanz bei den Mitarbeitern erhöhen kann.

45 Wohl nicht von § 613a Abs. 5 Nr. 2 BGB erfasst wird der Beweggrund des Übernehmers für die Übernahme des Betriebs oder Betriebsteils, zumal nicht ersichtlich ist, inwieweit dieser für die Entscheidung über die Ausübung des Widerspruchsrechts von Bedeutung sein kann. Falls der Übernehmer Maßnahmen plant, die sich auf die Arbeitsverhältnisse der übergehenden Arbeitnehmer auswirken, wird dies gemäß § 613a Abs. 5 Nr. 4 BGB als „in Aussicht genommene Maßnahme" Gegenstand der Unterrichtung sein müssen.

e. Rechtliche, wirtschaftliche und soziale Folgen des Übergangs

46 Extrem unbestimmt ist die in § 613a Abs. 5 Nr. 3 BGB vorgeschriebene Unterrichtungspflicht über die rechtlichen, wirtschaftlichen und sozialen Folgen des Betriebsübergangs. Die Begriffe sind für sich genommen allenfalls zum Teil definierbar und überschneiden sich. Was rechtliche Folgen sind, wird man jedenfalls im Kern bestimmen können; sie bestimmen zumindest zum Teil auch die wirtschaftlichen Folgen für die Arbeitnehmer, denn wenn z.B. ein Entgelttarifvertrag nur noch statisch weiterwirkt, werden die Beschäftigten an künftigen Entgelterhöhungen nicht mehr teilhaben. Vollends unklar ist indes der Begriff der sozialen Folgen;

---

[33] BAG v. 13.07.2006 - 8 AZR 305/05 - NZA 2006, 1268, 1271.
[34] BAG v. 13.07.2006 - 8 AZR 305/05 - NZA 2006, 1268, 1271.
[35] BAG v. 14.12.2006 - 8 AZR 763/05 - NZA 2007, 682, 684.

ob dies praktisch einmal eine Rolle spielen wird, kann derzeit nicht gesagt werden, zumal sich weder in den Entscheidungen des Bundesarbeitsgerichts noch im einschlägigen Schrifttum Anhaltspunkte für Definition und eigenständige Bedeutung dieser Anforderung finden. Entscheidend für die Auslegung des § 613 Abs. 5 Nr. 3 BGB ist denn auch weniger der Wortlaut, sondern der Sinn und Zweck der Regelung; wie bereits angesprochen (vgl. Rn. 28), sieht das Bundesarbeitsgericht diesen darin, dem betroffenen Arbeitnehmer eine hinreichende Grundlage für die Entscheidung darüber zu geben, ob er das ihm zustehende Widerspruchsrecht ausüben soll oder nicht.

Vor diesem Hintergrund gehören zu den rechtlichen Folgen nach Auffassung des Bundesarbeitsgerichts zunächst die sich unmittelbar aus dem Betriebsübergang ergebenden Rechtsfolgen, wie sie im gesamten § 613a BGB geregelt sind.[36] Noch nicht entschieden ist, ob sich die Informationspflicht darüber hinaus auf Rechtsfolgen erstreckt, die sich aus anderen gesetzlichen Regelungen ergeben (z.B. § 21a BetrVG oder § 23 KSchG); vom Ausgangspunkt des Bundesarbeitsgerichts her wird man dies annehmen müssen, wenn solche Rechtsfolgen oder Umstände von Bedeutung sind für die Frage, ob das Widerspruchsrecht ausgeübt werden soll. **47**

Wird über Rechtsfolgen informiert, müssen die entsprechenden Hinweise präzise sein und sie dürfen keine rechtlichen Fehler enthalten[37] (vgl. Rn. 29). **48**

Neben Benennung der unmittelbaren Folgen soll u.U. – falls dies für die Willensbildung des Arbeitnehmers bezüglich seines Widerspruchs von Bedeutung ist – ergänzend über mittelbare (wirtschaftliche) oder sog. Sekundärfolgen zu informieren sein, die sich als Folge eines Widerspruchs ergeben können.[38] **49**

Beispiel: **50**

Bestehen eines vorsorglichen Interessenausgleichs und Sozialplans im Ursprungsbetrieb für den Fall, dass Kündigungen ausgesprochen werden müssen.

Es muss sich aber m.E. um Folgen handeln, die im Zeitpunkt der Unterrichtung bereits feststehen oder konkret geplant sind; über Folgen, die eintreten können, aber nicht müssen, muss nicht informiert werden. **51**

Beispiel: **52**

Die Unterrichtung muss m.E. nicht den Hinweis enthalten, dass eine interessenausgleichs- und sozialplanpflichtige Betriebsänderung im Ursprungsbetrieb vorliegt, wenn so viele Arbeitnehmer dem Übergang ihrer Arbeitsverhältnisse widersprechen, dass die Zahlenwerte der §§ 17 KSchG, 112a BetrVG erreicht werden.

Orientiert an diesen Vorgaben und dem für die Auslegung maßgeblichen Zweck des § 613a Abs. 5 BGB wird man derzeit davon ausgehen können, dass die Beschäftigten über folgende Gegenstände gemäß § 613a Abs. 5 Nr. 3 BGB unterrichtet werden müssen: **53**

aa. Eintritt des Übernehmers in Arbeitsvertrag (§ 613a Abs. 1 Satz 1 BGB)

Es muss darauf hingewiesen werden, dass der neue Inhaber mit dem Übergang der Leitungsmacht, also dem schon genannten (geplanten) Zeitpunkt des Betriebsübergangs (vgl. Rn. 38) kraft Gesetzes in die Rechte und Pflichten aus dem bestehenden Arbeitsverhältnis eintritt. Das gilt sowohl für die Einzel- als auch die Gesamtrechtsnachfolge. **54**

---

[36] BAG v. 13.07.2006 - 8 AZR 305/05 - NZA 2006, 1268, 1272.
[37] BAG v. 13.07.2006 - 8 AZR 305/05 - NZA 2006, 1268, 1272.
[38] BAG v. 13.07.2006 - 8 AZR 303/05 - NZA 2006, 1273, 1276.

55 Hinweise:

> Dabei sollte im **Arbeitgeber-Mandat** darauf geachtet werden, dass der zwingende Charakter des Übergangs für den Übernehmer zum Ausdruck kommt, da das Bundesarbeitsgericht eine Fehlerquelle darin gesehen hat, dass die Information den Eindruck einer freiwillig eingegangenen Verpflichtung des Übernehmers erweckte[39] (vgl. Rn. 29). Es bietet sich an, in diesem Zusammenhang einen kurzen Hinweis darauf aufzunehmen, dass sich an der Dauer der Betriebszugehörigkeit nichts ändert.

56   Bei ruhenden Arbeitsverhältnissen – dies betrifft in der Praxis überwiegend Elternzeiter – sollten die Mitarbeiter darauf hingewiesen werden, dass ihr Recht auf vertragsgemäße Beschäftigung nach Beendigung der Ruhenszeit nunmehr dem neuen Arbeitgeber gegenüber besteht.

57   Nicht erforderlich ist m.E. der Hinweis auf etwaige andere Haftungsnormen, auf Grund derer der Übernehmer bei der Einzelrechtsnachfolge haftet; das können insbesondere die §§ 25, 28 HGB sein.

bb. Einstandspflicht des bisherigen Arbeitgebers nach § 613a Abs. 2 BGB oder ggf. nach umwandlungsrechtlichen Vorschriften

58   Über die Einstandspflicht des bisherigen Arbeitgebers bzw. die gesamtschuldnerische Haftung nach § 613a Abs. 2 BGB einschließlich der darin enthaltenen Haftungsbeschränkung muss nach Auffassung des Bundesarbeitsgerichts ebenfalls informiert werden[40], auch wenn man bezweifeln kann, ob diese Information tatsächlich eine tragende Erwägung für die Entscheidung des Arbeitnehmers über die (Nicht-)Ausübung seines Widerspruchsrecht darstellt. Nicht erwähnt hat das Bundesarbeitsgericht die entsprechenden Vorschriften der §§ 45, 133 f. UmwG für den Fall, dass der Betriebsübergang auf einem umwandlungsrechtlichen Vorgang beruht; es besteht indes kein Grund, die Lage in diesem Fall rechtlich anders zu bewerten. Ebenso wird vor allem bei Verschmelzungen ein Hinweis auf § 613a Abs. 3 BGB und ggf. auf § 45 UmwG zu erteilen sein.

59 Hinweis:

> Gerade in Bezug auf den – schwer verständlichen – § 613a Abs. 2 BGB ist im **Arbeitgeber-Mandat** bei der Formulierung Vorsicht anzuraten, da das Bundesarbeitsgericht bei einer verkürzten Darstellung die Fehlerhaftigkeit gerügt und eine ansonsten ausführliche und korrekte Information allein aus diesem Grund (!) als unzutreffend bewertet hat.[41] Man kann zwar daran zweifeln, ob eine fehlerhafte Information ausgerechnet über die recht schmale Mithaftungsregel des § 613a Abs. 2 BGB tatsächlich für den Arbeitnehmer einen Grund für oder gegen einen Widerspruch darstellt, jedoch scheint des Bundesarbeitsgericht in diesem Punkt unerbittlich. Daher sollte man bei diesem Punkt m.E. am besten den Gesetzestext wiederholen.

60   Eine gesonderte Information hinsichtlich der Mithaftung des bisherigen Arbeitgebers empfiehlt sich bei Altersteilzeitarbeitnehmern im sog. Blockmodell, bei denen wegen der Vorarbeit in der Arbeitsphase § 613a Abs. 2 BGB eine nicht unerhebliche Rolle spielt (vgl. Kapitel 5 Rn. 78 ff.).

---

[39] BAG v. 13.07.2006 - 8 AZR 305/05 - NZA 2006, 1268, 1272.

[40] BAG v. 13.07.2006 - 8 AZR 305/05 - NZA 2006, 1268, 1272.

[41] BAG 14.12.2006 - 8 AZR 763/05 - NZA 2007, 682, 685; siehe auch schon BAG v. 13.07.2006 - 8 AZR 305/05 - NZA 2006, 1268, 1272.

cc. Weitergeltung individualrechtlich geregelter Arbeitsbedingungen

Zwischen (bisher) individualrechtlich und kollektivrechtlich geregelten Arbeitsbedingungen **61** sollte nicht nur in der rechtlichen Bewertung, sondern auch bei der Information der Beschäftigten sauber und deutlich getrennt werden.

Hinweis: **62**

Eine Ausnahme gilt bei Bezugnahmeklauseln; diese sollten des Sachzusammenhangs wegen im Rahmen der Information über Weitergeltung und/oder Ablösung von Tarifverträgen behandelt werden.

Das Bundesarbeitsgericht hat es in einer seiner Grundsatzentscheidungen vom 13.07.2006[42] **63** nicht beanstandet, dass das Informationsschreiben (lediglich) den Satz enthielt, die vertraglichen Ansprüche würden in ihrem derzeitigen Bestand nach Maßgabe des § 613a BGB überführt. Eine solche recht knappe Information wird m.E. dann ausreichen, wenn es über die Arbeitsverträge hinaus im übergehenden Betrieb bzw. Betriebsteil keine – vor allem kollektivbezogenen – individualrechtlich einzuordnenden Arbeitsbedingungen gibt.

Bestehen jedoch individualrechtlich zu qualifizierende Arbeitsbedingungen (z.B. Personalrabatte, Essenszuschüsse), sollte gesondert darauf hingewiesen werden, dass diese – je nach **64** Rechtslage – nach Betriebsübergang weiterhin in Anspruch genommen werden können oder nicht.

Unklar ist derzeit, ob Entgeltbestandteile, die nur einzelnen Arbeitnehmern gewährt werden, **65** wie z.B. die Privatnutzung von Dienstwagen, gesondert in die diesen Arbeitnehmern zu erteilende Information aufgenommen werden müssen. Eine solche Anforderung würde m.E. in Widerspruch dazu stehen, dass nach Auffassung des Bundesarbeitsgerichts eine individuelle Unterrichtung jedes einzelnen Arbeitnehmers nicht erforderlich ist.[43] Es reicht daher m.E. – auch vor dem Hintergrund, dass es um die Entscheidungsgrundlage hinsichtlich der Ausübung des Widerspruchsrechts geht – aus, wenn das Informationsschreiben die generelle Aussage enthält, dass einzelvertraglich zugesagte Leistungen durch den Betriebsübergang unberührt bleiben. Der Arbeitnehmer kann hieraus schließen, dass ihm die konkret einzelvertraglich zugesagten Leistungen weiterhin gewährt werden; ebenso wie bei Kollektivvereinbarungen kann er sich auf dieser Grundlage ggf. näher erkundigen.

dd. Weitergeltung kollektivrechtlich geregelter Arbeitsbedingungen

Zwingender Bestandteil der Information ist des Weiteren das Schicksal der beim bisherigen **66** Arbeitgeber kollektivrechtlich geregelten Arbeitsbedingungen, vor allem in Form von Tarifverträgen und Betriebsvereinbarungen. Es muss mitgeteilt werden, ob und wie (kollektiv- oder individualrechtlich) sie vom Übernehmer nach Betriebsübergang weiter auf die Arbeitsverhältnisse angewendet oder ob sie ggf. durch andere beim Übernehmer geltende kollektivrechtliche Regelungen abgelöst werden. Eine detaillierte Bezeichnung einzelner Tarifverträge oder Betriebsvereinbarungen soll jedoch nicht erforderlich sein, da sich der Arbeitnehmer selbst näher erkundigen kann.[44]

Bei tarifvertraglich geregelten Arbeitsbedingungen sollte daher mitgeteilt werden, ob und **67** wenn ja, wie die beim bisherigen Arbeitgeber geltenden Tarifverträge weiterhin auf die Arbeitsverhältnisse Anwendung finden. Informiert werden muss also darüber, ob die bisher nor-

---

[42] BAG v. 13.07.2006 - 8 AZR 303/05 - NZA 2006, 1273, 1274.

[43] BAG v. 13.07.2006 - 8 AZR 305/05 - NZA 2006, 1268, 1271.

[44] BAG v. 13.07.2006 - 8 AZR 305/05 - NZA 2006, 1268, 1272; dies entspricht § 2 Abs. 1 Nr. 10 NachwG.

mativ geltenden Tarifverträge auch beim Übernehmer angewendet werden oder ob sie gemäß § 613a Abs. 1 Satz 2 BGB transformiert, d.h. Bestandteil des Arbeitsverhältnisses werden und somit grundsätzlich nur statisch weitergelten.[45] Falls Tarifverträge transformiert werden, sollte die einjährige Verschlechterungssperre des § 613a Abs. 1 Satz 2 BGB aufgeführt werden; beabsichtigt der Übernehmer, mit den Beschäftigten neue Arbeitsverträge zu schließen bzw. die Anwendbarkeit anderer Tarifverträge oder Tarifwerke zu vereinbaren, sollte hinzugefügt werden, dass die Verschlechterungssperre nicht gilt, wenn die Geltung eines anderen Tarifvertrages/Tarifwerkes vereinbart wird. Ergänzend wird auf die Rechtsstellung der sog. Außenseiter-Arbeitnehmer eingegangen werden müssen, für die die beim bisherigen Arbeitgeber normativ geltenden Tarifverträge ausschließlich kraft einer Bezugnahmeklausel galten.

68 Hinweis:

Wegen der Rechtsprechungsänderung des Bundesarbeitsgerichts bei der Auslegung von Bezugnahmeklauseln (vgl. Kapitel 3 Rn. 259 ff.) ist insoweit beim **Arbeitgeber-Mandat** große Vorsicht geboten.

69 In Bezug auf nichtorganisierte Arbeitnehmer sollte darauf hingewiesen werden, dass für Tarifverträge, die bisher auf dieser Grundlage auf die Arbeitsverhältnisse anzuwenden waren, § 613a Abs. 1 Satz 1 BGB gilt und folglich die Verschlechterungssperre des § 613a Abs. 1 Satz 2 BGB nicht eingreift.

70 Hinweis:

Dies ist im **Arbeitgeber-Mandat** von hoher Relevanz, da das Bundesarbeitsgericht eine Information deshalb als fehlerhaft gewertet hat, weil im Schreiben nicht ausreichend klar wurde, dass die Verschlechterungssperre des § 613a Abs. 1 Satz 2 BGB nur für bisher normativ und nicht für arbeitsvertraglich in Bezug genommene Tarifverträge gilt.[46]

71 Sollen die beim bisherigen Arbeitgeber geltenden Tarifverträge ganz oder zum Teil durch die beim Übernehmer geltenden Tarifverträge abgelöst werden, ist dies selbstverständlich ebenfalls Bestandteil der geschuldeten Information. Unklar ist – falls es zum Teil zu einer Ablösung und zum Teil zu einer Transformation der beim bisherigen Arbeitgeber geltenden Tarifverträge kommt –, ob die Beschäftigten darüber informiert werden müssen, welche Tarifverträge im Ergebnis abgelöst bzw. transformiert werden. Das Bundesarbeitsgericht hält eine detaillierte Bezeichnung einzelner Tarifverträge nicht für notwendig, sondern es lässt den Hinweis auf die Tarifverträge selbst ausreichen[47]; die Entscheidung bezog sich allerdings nur auf den Fall der Weitergeltung von Tarifverträgen, so dass nicht ganz klar ist, ob dies auch für Ablösungsfälle gilt.

72 Hinweis:

Dies hat für das **Arbeitnehmer-Mandat** einen hohen Ermittlungs- und Prüfungsaufwand zur Folge, da zwei Tarifwerke miteinander verglichen und daraufhin überprüft werden müssen, welche Regelungsinhalte identisch sind und abgelöst werden und welche mangels Regelungsidentität nicht abgelöst, sondern transformiert werden. Dieser Aufwand sollte – zudem die Tätigkeit mit einem nicht unerheblichen Haftungsrisiko verbunden ist – angemessen honoriert werden, auch wenn es häufig nicht leicht ist, dies dem Mandanten zu vermitteln. Besteht eine Rechtsschutzversicherung, sollte die Honorarfrage vorab geklärt werden.

---

[45] So ausdrücklich BAG v. 13.07.2006 - 8 AZR 305/05 - NZA 2006, 1268, 1272.
[46] BAG v. 13.07.2006 - 8 AZR 305/05 - NZA 2006, 1268, 1272.
[47] BAG v. 13.07.2006 - 8 AZR 305/05 - NZA 2006, 1268, 1272.

Da nach hier vertretener Auffassung die Ablösung von Tarifverträgen durch Betriebsvereinba- **73**
rungen – vorbehaltlich der Grenzen des § 77 Abs. 3 BetrVG – zulässig ist, muss dies entsprechend in die Information aufgenommen werden.

Falls eine Ablösung durch die beim Übernehmer geltenden Tarifwerke mangels kongruenter **74**
Tarifbindung und/oder Regelungsidentität nicht in Betracht kommt, jedoch eine entsprechende
arbeitsvertragliche Inbezugnahme oder Änderung angestrebt wird, kann (und sollte) zumindest der Hinweis auf ein entsprechendes Bestreben in das Informationsschreiben mitaufge-
nommen werden, nachdem die Rechtslage in Bezug auf die Weitergeltung der bisher geltenden
Tarifverträge gemäß § 613a Abs. 1 Satz 1 oder Satz 2 BGB erläutert wurde.

Hinweis: **75**

Hilfreich kann im **Arbeitgeber-Mandat** ein Blick in den Tatbestand der Entscheidung
des Bundesarbeitsgerichts vom 13.07.2006[48] sein, da die dort verwendete Formulierung
als ordnungsgemäß akzeptiert worden ist.

Für Betriebsvereinbarungen gelten prinzipiell die gleichen Grundsätze wie für Tarifverträge, **76**
d.h. die Arbeitnehmer müssen darüber informiert werden, ob und wenn ja welche Betriebsvereinbarungen wie (normativ oder transformiert) nach dem Betriebsübergang weitergelten.

Fraglich ist, ob eine bereits erfolgte ersatzlose Kündigung insbesondere von (teilmitbestimm- **77**
ten) Betriebsvereinbarungen, die i.d.R. zu Anspruchsverlusten der Arbeitnehmer führt, in die
Information aufzunehmen ist; nach dem Gesetzeswortlaut dürfte dies nicht erforderlich sein,
da das Entfallen der in einer gekündigten Betriebsvereinbarung geregelten Rechte und Pflichten nicht Folge des Betriebsübergangs, sondern der Kündigung ist. Die Kündigung hat allenfalls ihre Ursache im (geplanten) Betriebsübergang. Überdies wirkt sich die Kündigung auch
dann aus, wenn die Arbeitsverhältnisse nicht auf den Übernehmer übergehen, da die in ihr geregelten Rechte und Pflichten auf jeden Fall entfallen. Nicht Bestandteil der Information muss
m.E. ferner sein, ob der Übernehmer die Kündigung von Betriebsvereinbarungen nach Betriebsübergang beabsichtigt; dieses Risiko ist nicht betriebsübergangsspezifisch und besteht
auch, wenn der Betrieb beim bisherigen Arbeitgeber verblieben wäre; insoweit handelt es sich
wiederum nicht um eine „Folge" des Betriebsübergangs, sondern um ein jedem Arbeitgeber
zustehendes Instrument. Eine geplante oder ins Auge gefasste Kündigung von Betriebsvereinbarungen ist im Übrigen des Weiteren keine „hinsichtlich der Arbeitnehmer in Aussicht genommene Maßnahme" i.S.d. § 613a Abs. 5 Nr. 4 BGB.

Hinweis: **78**

Im **Arbeitnehmer-Mandat** sollte in der Beratung jedoch ausdrücklich auf die mögliche
Kündbarkeit freiwilliger Betriebsvereinbarungen hingewiesen werden, da es insbeson-
dere bei Betriebs(teil)übertragungen aus wirtschaftlichen Gründen nahe liegt, dass der
Übernehmer versuchen wird, die Personalkosten durch solche Maßnahmen zu mindern.

Zur Information dürfte des Weiteren gehören, ob Betriebsvereinbarungen durch den Betriebs- **79**
übergang ggf. gegenstandslos werden und folglich nach Betriebsübergang nicht mehr gelten
(vgl. Kapitel 3 Rn. 325).

Zu informieren ist weiterhin über eine etwaige Ablösung von Betriebsvereinbarungen durch **80**
andere Betriebsvereinbarungen oder Tarifverträge, wobei insoweit ebenfalls gilt, dass eine detaillierte Bezeichnung der Betriebsvereinbarungen wohl nicht notwendig sein soll[49] (vgl.
Rn. 66). Der Arbeitnehmer soll sich insoweit selbst erkundigen können.

---

[48] BAG v. 13.07.2006 - 8 AZR 303/05 - NZA 2006, 1273, 1274.
[49] BAG v. 13.07.2006 - 8 AZR 305/05 - NZA 2006, 1268, 1272.

81 Hinweis:

> Da Betriebsvereinbarungen – anders als Tarifverträge – i.d.R. nicht ohne weiteres be-
> schafft werden können, sollte dem Mandanten beim **Arbeitnehmer-Mandat** angeraten
> werden, sich zumindest Einblick in die bei seinem bisherigen Arbeitgeber geltenden Be-
> triebsvereinbarungen (§ 77 Abs. 2 Satz 3 BetrVG!) zu verschaffen. Solange der Man-
> dant noch nicht im Betrieb des Übernehmers tätig ist, wird eine Einsichtnahme jedoch
> kaum möglich sein; daher sollte zumindest insoweit beim Übernehmer auf Auskunft
> und evtl. Einsichtnahme nachgefragt werden.

82 Die Informationsverpflichtung umfasst nicht nur Betriebsvereinbarungen, sondern auch die
Frage, ob und wenn ja, in welchem Umfang Gesamt- oder Konzernbetriebsvereinbarungen
und wie (normativ oder transformiert) weitergelten oder abgelöst werden.

ee. Betriebliche Altersversorgung

83 Zu den rechtlichen und wirtschaftlichen Folgen, über die informiert werden muss, gehört sicher das Schicksal der beim bisherigen Arbeitgeber bestehenden betrieblichen Altersversorgung. Da diese Frage für die Beschäftigten häufig von besonderer Wichtigkeit ist, empfiehlt
es sich, sie in einem gesonderten Abschnitt des Informationsschreibens zu behandeln. Zum Inhalt des Informationsschreibens vgl. Kapitel 4 Rn. 131 ff. Außerdem wird bei Betriebsübergängen in der Insolvenz über die für den Übernehmer geltende Haftungsbeschränkung (vgl.
Kapitel 8 Rn. 10 ff.) zu informieren sein, wobei man ergänzend auf die Einstandspflicht des
PSV hinweisen kann.

ff. Kündigungsverbot (§ 613a Abs. 4 BGB)

84 Nicht hinreichend klar ist, ob die Arbeitnehmer über das in § 613a Abs. 4 Satz 1 BGB enthaltene Verbot der Kündigung wegen eines Betriebsübergangs sowie über die in § 613a Abs. 4
Satz 2 BGB enthaltene klarstellende Regelung, dass Kündigungen aus anderen Gründen möglich sind, zu informieren sind. Das Bundesarbeitsgericht hat eine Information, in der ein Hinweis auf § 613a Abs. 4 BGB fehlte, jedoch betriebsbedingte Kündigungen nach Betriebsübergang ausdrücklich nicht ausgeschlossen wurden, nicht als fehlerhaft gewertet.[50] Allerdings
meint es auch, es sei über die kündigungsrechtliche Situation zu unterrichten, wenn Kündigungen im Raum stehen.[51] Ob daraus geschlossen werden kann, dass ein Hinweis auf § 613a
Abs. 4 BGB nicht zwingend Bestandteil einer ordnungsgemäßen Information sein muss, ist
m.E. dennoch zweifelhaft.

85 Hinweis:

> Zwecks Risikovermeidung sollte daher im **Arbeitgeber-Mandat** empfohlen werden,
> einen entsprechenden Hinweis in das Informationsschreiben aufzunehmen.

gg. Kündigungsschutz

86 Es ist m.E. grundsätzlich nicht erforderlich, die Arbeitnehmer darüber zu informieren, dass ihr
– allgemeiner oder besonderer – Kündigungsschutz erhalten bleibt; i.d.R. ergibt sich dies bereits aus dem zu erteilenden Hinweis (vgl. Rn. 54), dass das Arbeitsverhältnis mit allen Rechten und Pflichten auf den Übernehmer übergeht. Damit verfügen die Arbeitnehmer über eine
ausreichende Grundlage für die Ausübung ihres Widerspruchsrechts; bei Unsicherheiten liegt

---

[50] BAG v. 13.07.2006 - 8 AZR 303/05 - NZA 2006, 1273 ff.
[51] BAG v. 13.07.2006 - 8 AZR 305/05 - NZA 2006, 1268, 1272.

es in ihrer Verantwortung, diese Frage entweder durch Rückfrage beim Arbeitgeber (der allerdings nicht zur Rechtsberatung verpflichtet ist und diese auch nicht übernehmen darf!) oder durch Inanspruchnahme fachkundiger Unterstützung zu klären.

Eine Ausnahme von diesem Grundsatz wird man dann machen müssen, wenn der Betriebs(teil)übergang dazu führt, dass die übergehenden Arbeitnehmer danach in einem Kleinbetrieb i.S.d. § 23 KSchG beschäftigt sind, für den das KSchG nicht gilt.[52] Darüber müssen die Beschäftigten m.E. informiert werden, da dies i.d.r. ein zentrales Element bei der Willensbildung über einen Widerspruch ist. **87**

Hinweis: **88**

> Liegt dem Betriebs(teil)übergang eine Spaltung zugrunde, sollte m.e. zugleich auf die Sonderregelung des § 323 Abs. 1 UmwG bzw. darauf hingewiesen werden, dass den Beschäftigten ihre kündigungsrechtliche Stellung für die Dauer von zwei Jahren ab Betriebsübergang erhalten bleibt.

hh. Widerspruchsrecht und Folgen

Nach wie vor ist nicht ganz geklärt, ob das Informationsschreiben einen Hinweis auf das den Arbeitnehmern nach § 613a Abs. 6 BGB zustehende Widerspruchsrecht enthalten muss; man kann eine entsprechende Anforderung als Erst-Recht-Schluss daraus ziehen, dass die Beschäftigten nach der Rechtsprechung des Bundesarbeitsgerichts ggf. auch (sic!) über die mittelbaren Folgen eines Widerspruchs unterrichtet werden müssen.[53] M.E. sollte sowohl das Widerspruchsrecht als auch die Modalitäten seiner Geltendmachung, insbesondere Form und Frist und Adressat (beide Arbeitgeber – siehe § 613a Abs. 6 Satz 2 BGB!) in die Unterrichtung aufgenommen werden, weil es eine der für die Beschäftigten wichtigsten Fragen ist und ein fehlender Hinweis bei ihnen den Eindruck erwecken kann, sie hätten keine Möglichkeit, den Übergang ihres Arbeitsverhältnisses auf den Übernehmer zu verhindern. **89**

Hinweis: **90**

> Im **Arbeitgeber-Mandat** sollte angeraten werden, zugleich eine Stelle anzugeben, die für die Entgegennahme des Widerspruchs zuständig ist. Dabei sollte jedoch nicht der Eindruck erweckt werden, der Widerspruch könne nur gegenüber dieser Stelle bzw. gegenüber einem der beiden Arbeitgeber erklärt werden, da dies wegen irreführenden Charakters (vgl. Rn. 29) dazu führen kann, dass die Information als fehlerhaft gewertet wird.

Zu informieren ist u.U. auch über die sog. mittelbaren Folgen eines Widerspruchs. In erster Linie sollten die Beschäftigten daher darauf hingewiesen werden, dass ihr Arbeitsverhältnis im Falle eines Widerspruchs zwar weiterhin zum bisherigen Arbeitgeber besteht, sie aber wegen Wegfalls ihres Arbeitsplatzes und keiner bzw. allenfalls eingeschränkter Weiterbeschäftigungsmöglichkeit mit dem Ausspruch einer betriebsbedingten Kündigung rechnen müssen. Es ist m.E. nicht erforderlich, den Arbeitnehmern mitzuteilen, dass die Kündigungsmöglichkeit des Arbeitgebers u.a. davon abhängt, ob Sonderkündigungsschutz besteht oder nicht[54]; dieser **91**

---

[52] Das gilt auch für die Fälle des Betriebsübergangs, vgl. jetzt BAG v. 15.02.2007 - 8 AZR 397/06 - NZA 2007, 739 ff.

[53] BAG v. 13.07.2006 - 8 AZR 305/05 - NZA 2006, 1268, 1269 und BAG v. 13.07.2006 - 8 AZR 303/05 - NZA 2006, 1273. 1275 f.; vgl. auch schon BAG v. 24.05.2005 - 8 AZR 398/04 - NZA 2005, 1302, 1304.

[54] Eingehend dazu *Nicolai*, BB 2006, 1162 ff.

Hinweis ist Sache desjenigen, der den Arbeitnehmer berät. Gleiches gilt für die Frage, ob und wenn ja, in welchem Umfang sich widersprechende Arbeitnehmer auf eine fehlerhafte bzw. nicht vorgenommene Sozialauswahl berufen können.

92 Stellt der Betriebs- bzw. Betriebsteilübergang eine interessenausgleichspflichtige Betriebsänderung dar und ist mit dem Betriebsrat bereits vorab im Rahmen des § 1 Abs. 5 KSchG vereinbart, dass widersprechenden Arbeitnehmern betriebsbedingt gekündigt wird[55], sollte dies bzw. ein Hinweis auf den Interessenausgleich ebenfalls in die Information aufgenommen werden.

93 **Hinweis:**

> Im **Arbeitnehmer-Mandat** sollte in diesen Fällen darauf hingewiesen werden, dass eine auf einer solchen „Namensliste" beruhende betriebsbedingte Kündigung nur schwer mit Aussicht auf Erfolg angreifbar ist.[56]

94 Ebenfalls Bestandteil der Information sind in Betracht kommende Sozialplanansprüche, die den widersprechenden Arbeitnehmern zustehen können.[57] Das ist m.E. der Fall, wenn ein solcher Sozialplan bereits abgeschlossen ist oder bisheriger Arbeitgeber und Betriebsrat wegen des Vorliegens einer sozialplanpflichtigen Betriebsänderung bereits in Sozialplanverhandlungen stehen. Die Unterrichtung ist jedenfalls dann nicht fehlerhaft, wenn zum Zeitpunkt der Information noch keine Planungen über den Abschluss eines (freiwilligen) Sozialplans bestanden haben.[58]

95 Weitergehende Informationen über etwaige Folgen des Widerspruchsrechts, insbesondere nähere Ausführungen zu den – umfangreichen und nur z.T. geklärten – Rechtsfragen bei der Kündigung widersprechender Arbeitnehmer sind m.E. nicht geschuldet[59]; zum einen wird die Grenze zur – nicht geschuldeten – Rechtsberatung wohl überschritten und zum anderen ist eine entsprechende Aufklärung Sache der vom Arbeitnehmer zu Rate gezogenen sachkundigen Person.

ii. Betriebsverfassungsrechtliche Auswirkungen

96 Bisher nicht entschieden hat das Bundesarbeitsgericht die Frage, ob die Beschäftigten über die Auswirkungen eines Betriebs(teil)übergangs auf Amt und Mitwirkungsrechte des bisher für sie zuständigen Betriebsrats unterrichtet werden müssen. Teilt man jedoch den Ausgangspunkt des Bundesarbeitsgerichts, dass die Arbeitnehmer eine ausreichende Grundlage für die Ausübung ihres Widerspruchsrechts erhalten sollen, können die betriebsverfassungsrechtlichen Auswirkungen m.E. nicht außer Betracht gelassen werden.

97 Bis dies höchstrichterlich geklärt ist, sollten die Beschäftigten daher vorsichtshalber darüber informiert werden, ob der bisherige Betriebsrat unverändert im Amt bleibt oder ob er das Übergangsmandat wahrnimmt oder ob nach dem Betriebs(teil)übergang ein anderer Betriebsrat als bisher für sie zuständig ist. Sollte der übergehende Betrieb oder Betriebsteil nach dem Betriebsübergang aus dem Geltungsbereich des BetrVG herausfallen, z.B. wegen Unterschreitens der nach § 1 BetrVG erforderlichen Arbeitnehmerzahl oder weil er dem Geltungsbereich anderer Mitbestimmungsgesetze (Personalvertretungsgesetze!) unterfällt, ist darüber ebenfalls zu informieren.

---

[55] Dies ist zulässig, vgl. BAG v. 24.02.2000 - 8 AZR 180/99 - NZA 2000, 785, 787 f.
[56] Dazu *Nicolai*, Das neue Kündigungsrecht, Rn. 105.
[57] So BAG v. 13.07.2006 - 8 AZR 303/05 - NZA 2006, 1273, 1276.
[58] BAG v. 13.07.2006 - 8 AZR 303/05 - NZA 2006, 1273, 1276.
[59] Ebenso *Hohenstatt/Grau*, NZA 2007, 13, 16 f.

Nicht mehr Gegenstand der Informationspflicht sind m.E. die Auswirkungen des Betriebsü-　**98**
bergangs auf der Ebene des Gesamt- oder Konzernbetriebsrats, da nicht ersichtlich ist, warum
solche Informationen für die Ausübung des Widerspruchsrechts von Bedeutung sein sollten.
Außerdem ergeben sich diese Auswirkungen i.d.R. schon aus dem Umstand des Betriebsübergangs bzw. des Wechsels des Unternehmensträgers selbst, so dass sie dem Arbeitnehmer bei
Inanspruchnahme fachkundiger Unterstützung ohne weiteres erläutert werden können.

jj. Wirtschaftliche Situation des Übernehmers

Eine der derzeit umstrittensten Fragen im Rahmen des § 613a Abs. 5 Nr. 3 BGB ist, ob die Ar-　**99**
beitnehmer über die wirtschaftliche Situation des Übernehmers informiert werden müssen.
Das Bundesarbeitsgericht hat dies offen gelassen in einem Fall, in dem der Übernehmer kurz
nach Betriebsübergang insolvent geworden war.[60]

Unstreitig dürfte sein, dass die Arbeitnehmer darüber informiert werden müssen, wenn sich der　**100**
Übernehmer in einem laufenden Insolvenzverfahren befindet.[61]

Streitig ist, ob die Arbeitnehmer generell über die Solvenz bzw. bilanzielle Situation des neuen　**101**
Arbeitgebers oder zumindest dann darüber zu unterrichten sind, wenn dessen wirtschaftliche
Situation im Zeitpunkt des Betriebsübergangs bedrohlich ist.[62] Dafür könnte sprechen, dass die
(schlechtere oder bessere) Solvenz des neuen Arbeitgebers für die Ausübung des Widerspruchsrechts in der Tat eine erhebliche Rolle spielen kann; demgegenüber würde jedoch eine
entsprechende Informationsverpflichtung weit über das hinausgehen, was derzeit im bestehenden Arbeitsverhältnis geschuldet wird. So zeigen vor allem § 2 NachwG, aber auch § 8 TVG
und § 77 Abs. 3 Satz 3 BetrVG, dass die Arbeitnehmer über die für sie geltenden Arbeitsbedingungen informiert werden müssen; ein Informationsrecht über die wirtschaftliche Lage
bzw. bilanzielle Situation ihres Arbeitgebers haben die Beschäftigten regelmäßig nicht, sondern allenfalls der Wirtschaftsausschuss gemäß § 106 BetrVG. Damit wäre eine entsprechende
Informationsverpflichtung bei einem Betriebsübergang nicht nur systemfremd, sondern sie
würde den Beschäftigten deutlich mehr Rechte einräumen als sie in bestehenden Arbeitsverhältnissen besäßen. Daher sprechen m.E. die besseren Gründe dafür, eine Informationsverpflichtung über die Solvenz bzw. bilanzielle Situation des neuen Arbeitgebers abzulehnen.

f. Hinsichtlich der Arbeitnehmer in Aussicht genommene Maßnahmen

Höchstrichterlich noch weitgehend ungeklärt ist, was unter den in § 613a Abs. 5 Nr. 4 BGB　**102**
genannten „hinsichtlich der Arbeitnehmer in Aussicht genommenen Maßnahmen" zu verstehen ist, worüber die Arbeitnehmer also insoweit unterrichtet werden müssen.

Nach der Gesetzesbegründung soll die Informationspflicht zum einen Weiterbildungsmaßnah-　**103**
men in Zusammenhang mit geplanten Produktionsumstellungen oder Umstrukturierungen und
zum anderen Maßnahmen umfassen, die die berufliche Entwicklung des Arbeitnehmers betreffen.[63] Dies deutet darauf hin, dass sich der Gesetzgeber anscheinend in erster Linie Informationen über veränderte Arbeitsplatzanforderungen (ähnlich wie § 97 Abs. 2 BetrVG) sowie Ent-
wicklungsperspektiven im Unternehmen des Übernehmers (im Rahmen von dessen Personalplanung i.S.d. § 96 BetrVG) vorstellte. Allerdings wird auch insoweit keine individuelle Information über die Karriereplanung und -aussichten einzelner Arbeitnehmer geschuldet sein (all-

---

[60] BAG v. 14.12.2006 - 8 AZR 763/05 - NZA 2007, 682, 685.
[61] LAG Düsseldorf v. 06.10.2005 - 15 Sa 355/05, *Stuntz*, jurisPR-ArbR 9/2006, Anm. 1; *Preis* in: ErfK,
§ 613a BGB Rn. 85.
[62] Abl. LAG Düsseldorf v. 06.10.2005 - 15 Sa 355/05, *Stuntz*, jurisPR-ArbR 9/2006, Anm. 1.
[63] BT-Drs. 14/7760, S. 19.

gemein dazu vgl. Rn. 28). Außerdem sind Maßnahmen erst dann „in Aussicht genommen", wenn ein Stadium konkreter Planung erreicht ist.[64] Das aber wird in Bezug auf die Arbeitsplatzanforderungen und die weitere Personalplanung erfahrungsgemäß vor einem Betriebsübergang nicht der Fall sein, sondern erst dann, wenn der Übernehmer die Leitungsmacht übernommen hat. Sollte ausnahmsweise schon einmal vor einem Betriebsübergang abzusehen sein, dass sich in Bezug auf bestimmte Arbeitsplätze die Anforderungen so verändern, dass Fort- oder Weiterbildungsmaßnahmen erforderlich sein werden, wird man darüber unterrichten müssen.

104 Umstritten ist, ob die Beschäftigten im Rahmen des § 613a Abs. 5 Nr. 4 BGB über geplante Betriebsänderungen, insbesondere einen (vom Übernehmer) geplanten Personalabbau unterrichtet werden müssen. Das Bundesarbeitsgericht scheint inzident davon auszugehen, da es im seinerzeit entschiedenen Fall eine Informationsverpflichtung deshalb abgelehnt hat, weil im Zeitpunkt der Unterrichtung Maßnahmen noch nicht einmal konkret geplant gewesen seien.[65] Dies dürfte vor dem Hintergrund, dass den betroffenen Beschäftigten die Umstände mitgeteilt werden müssen, die für die Entscheidung über die Ausübung des Widerspruchsrechts maßgebend sind, auch zutreffend sein, da die Aussicht, beim Übernehmer mit einer betriebsbedingten Kündigung rechnen zu müssen, ein wesentlicher Aspekt ist. Allerdings hat das Bundesarbeitsgericht betont, die Maßnahmen müssten ein Stadium konkreter Planung erreicht haben; seien im Unterrichtungszeitpunkt Maßnahmen noch nicht einmal konkret geplant, sei eine Unterrichtung nicht erforderlich.[66]

V. Darlegungs- und Beweislast

105 Ob die den betroffenen Arbeitnehmern erteilte Information den gesetzlichen Anforderungen des § 613a Abs. 5 BGB genügt und ob sie vor allem inhaltlich zutreffend ist, kann von den Arbeitsgerichten vollumfänglich überprüft werden[67] (vgl. Rn. 29). Ob eine Information ordnungsgemäß ist, muss vom bisherigen und/oder vom neuen Arbeitgeber – je nachdem, wer Beklagter ist – dargelegt und bewiesen werden. Allerdings werden regelmäßig viele Tatsachen wegen der Vorlage des Informationsschreibens unstreitig sein, wie z.B. die Einhaltung der Textform, Klarheit und Verständlichkeit der Information, Angaben zum Zeitpunkt des Betriebsübergangs oder zu rechtlichen Fragen.

106 Haben der bzw. die Arbeitgeber eine Information erteilt, die den formalen Anforderungen des § 613a Abs. 5 BGB entspricht und ist sie nicht offensichtlich (bzw. schon aufgrund der unstreitigen Tatsachen) fehlerhaft, sollen sie ihrer Darlegungslast zunächst genügt haben. Es ist dann nach den Grundsätzen der abgestuften Darlegungslast[68] Sache des Arbeitnehmers, einen Mangel näher darzulegen bzw. gemäß § 138 Abs. 3 ZPO substantiiert Stellung dazu zu nehmen, warum eine Information unvollständig oder fehlerhaft sein soll. Sind diese Einwände schlüssig, ist es Aufgabe des bzw. der Arbeitgeber, diese Einwände mit entsprechenden Darlegungen und Beweisantritten zu entkräften.

107 Darlegungs- und beweisbelastet ist der bzw. sind die Arbeitgeber nach allgemeinen Grundsätzen dafür, dass und zu welchem Zeitpunkt dem jeweiligen Arbeitnehmer die Unterrichtung nach § 613a Abs. 5 BGB i.S.d. § 130 BGB zugegangen ist.

---

[64] BAG v. 13.07.2006 - 8 AZR 303/05 - NZA 2006, 1273, 1276.
[65] BAG v. 13.07.2006 - 8 AZR 303/05 - NZA 2006, 1273, 1276.
[66] BAG v. 13.07.2006 - 8 AZR 303/05 - NZA 2006, 1273, 1276.
[67] BAG v. 13.07.2006 - 8 AZR 305/05 - NZA 2006, 1268, 1270.
[68] So BAG v. 13.07.2006 - 8 AZR 305/05 - NZA 2006, 1268, 1270 f.

C. Rechtsfolgen

I. Rechtsfolgen bei korrekter Information

Wurde der Arbeitnehmer gemäß § 613a Abs. 5 BGB zutreffend und vollständig informiert, hat   **108**
dies gemäß § 613a Abs. 6 BGB zur Folge, dass die einmonatige Widerspruchsfrist mit dem
Zugang der Information zu laufen beginnt. Es handelt sich um eine Ausschlussfrist, so dass ein
nach Monatsablauf erklärter Widerspruch vollständig unbeachtlich ist.

Hinweis: **109**

> Im **Arbeitgeber-Mandat** sollte angeraten werden, nach Möglichkeit den Zugang der
> Information „gerichtsfest" zu dokumentieren, damit die – insoweit darlegungs- und be-
> weisbelasteten – Arbeitgeber bei eventuellen Klagen den Beginn des Fristlaufs doku-
> mentieren können.

Ist die Information nach Maßgabe der vom Bundesarbeitsgericht gestellten Anforderungen zu-   **110**
treffend, ist der Unterrichtungsanspruch der Arbeitnehmer gemäß § 362 Abs. 1 BGB erfüllt.[69]
Dies hat zur Folge, dass grundsätzlich kein (weiterer) Anspruch auf ergänzende Informationen
entsteht, wenn sich nach dem Unterrichtungszeitpunkt neue Tatsachen ergeben, die weder der
bisherige noch der neue Arbeitgeber vorher kannten bzw. kennen mussten.

Beispiel: **111**

> Stellt sich nach der Information heraus, dass so viele Arbeitnehmer dem Übergang ihres
> Arbeitsverhältnisses widersprechen, dass im Betrieb des bisherigen Arbeitgebers eine
> interessenausgleichs- und sozialplanpflichtige Betriebsänderung in Form eines Perso-
> nalabbaus vorgenommen werden muss, wird die Information dadurch weder unvollstän-
> dig noch haben die Beschäftigten einen Anspruch auf ergänzende Informationsertei-
> lung.

Ein Anspruch auf ergänzende Unterrichtung über neu eingetretene Umstände soll allenfalls in   **112**
Betracht kommen, wenn es sich nicht mehr um denselben Betriebsübergang handelt, beispiels-
weise weil der Betrieb auf einen anderen Erwerber übergeht.[70]

II. Rechtsfolgen bei unzutreffender oder fehlender Information

1. Lauf der Widerspruchsfrist

Fehlt eine Information vollständig oder ist sie unzutreffend, beginnt die Widerspruchsfrist des   **113**
§ 613a Abs. 6 BGB nicht zu laufen.[71] Da das Gesetz keine weitere zeitliche Grenze enthält,
können sich die Beschäftigten u.U. erst lange Zeit nach Betriebsübergang auf die Fehlerhaftigkeit einer Information berufen und dem Übergang ihrer Arbeitsverhältnisse widersprechen.
Allerdings soll das Widerspruchsrecht verwirken können.[72]

2. Anspruch auf Nachbesserung?

Wie angesprochen, sollen die von einem Betriebsübergang betroffenen Arbeitnehmer einen   **114**
Anspruch auf eine Information nach § 613a Abs. 5 BGB haben.[73] Nicht geklärt ist die Frage,

---

[69] BAG v. 13.07.2006 - 8 AZR 303/05 - NZA 2006, 1273, 1276.
[70] BAG v. 13.07.2006 - 8 AZR 303/05 - NZA 2006, 1273, 1276.
[71] BAG v. 24.05.2005 - 8 AZR 398/04 - NZA 2005, 1302, 1304 f.; BAG v. 13.07.2006 - 8 AZR 305/05 -
NZA 2006, 1268, 1270.
[72] BAG v. 13.07.2006 - 8 AZR 382/05 - NZA 2006, 1406 ff.
[73] So wohl auch BAG v. 13.07.2006 - 8 AZR 303/05 - NZA 2006, 1273, 1276.

ob die Beschäftigten bei einer unvollständigen oder fehlerhaften Information[74] einen Anspruch auf geänderte oder ergänzte Information, also eine Art „Nachbesserungsrecht" haben. M.E. ist dies aus systematischen Gründen nicht möglich; da ein solches „Nachbesserungsrecht" gesetzlich vorgesehen sein muss; daran fehlt es bei § 613a Abs. 5 BGB. Es bleibt selbstverständlich den informationsverpflichteten Arbeitgebern unbenommen, freiwillig die Erteilung weiterer Informationen anzubieten.

115   Hinweis:

> Hält man beim **Arbeitnehmer-Mandat** die Information für unzureichend, sollte man dennoch zunächst weitere Informationen anfordern; werden diese nicht erteilt, sollte man sich ausdrücklich künftig weitere Rechte, insbesondere die Ausübung des Widerspruchsrechts oder die Geltendmachung von Schadensersatzansprüchen vorbehalten.

3. Schadensersatzansprüche

116 Eine Verletzung der Informationspflicht durch unterlassene, unvollständige oder fehlerhafte Information ist grundsätzlich geeignet, Schadensersatzansprüche der betroffenen Arbeitnehmer auszulösen, da die Informationspflicht wohl als (Neben-)Pflicht aus dem Arbeitsverhältnis zu qualifizieren ist. Rechtsgrundlage für einen Schadensersatzanspruch wäre § 280 Abs. 1 BGB.[75] Fraglich ist in diesem Fall, wer die Darlegungs- und Beweislast für die Fehlerhaftigkeit oder Unvollständigkeit der Information trägt: es müsste nach allgemeinen Grundsätzen der Arbeitnehmer sein, da die behauptete Pflichtverletzung des/der Arbeitgeber eine anspruchsbegründende Tatsache ist. Eine Beweislastumkehr kommt gemäß § 280 Abs. 1 Satz 2 BGB nur bezüglich des Vertretenmüssens in Betracht.

117 Schwierigkeiten dürften in der Praxis des Weiteren bei der Frage des Schadens auftreten, der kausal auf die fehlerhafte oder unvollständige Information zurückzuführen sein muss. Der Arbeitnehmer ist darlegungs- und beweisbelastet nicht nur für den Schaden an sich, sondern auch für die Kausalität, d.h. er muss darlegen und beweisen, dass er ohne die fehlerhafte und/oder unvollständige Information keine (von ihm konkret zu belegende) Vermögenseinbuße erlitten hätte. U.U. kommt insoweit ein Anscheinsbeweis in Betracht.[76]

118   Beispiel:

> Der Übernehmer informiert die Arbeitnehmer (fälschlich) dahingehend, dass der vom bisherigen Arbeitgeber gewährte Personalrabatt auf Produkte des Unternehmens ab dem Betriebsübergang nicht mehr gilt. Arbeitnehmer A kauft daher Waren zum üblichen Marktpreis. Kann er darlegen und beweisen, dass er bei zutreffender Information die Waren zum niedrigeren Preis bzw. mit Personalrabatt gekauft hätte, wäre dies wohl sein Schaden, den er dem Übernehmer gegenüber geltend machen kann.

119 Theoretisch denkbar ist des Weiteren, dass ein Arbeitnehmer die Ausübung seines Widerspruchsrechts wegen fahrlässig falscher Angaben im Informationsschreiben angreift und über die §§ 311, 249 BGB einen Schadensersatzanspruch geltend macht, der im Ergebnis zur Unbeachtlichkeit des Widerspruchs führen könnte. Ob dies zulässig ist, ist zweifelhaft; jedenfalls aber wird i.d.R. allein im Bestehenbleiben des bisherigen Arbeitsverhältnisses kein Vermögensschaden zu sehen sein.

---

[74] Zum ergänzenden Informationsanspruch bei zutreffender Information und Änderung der Verhältnisse vgl. Rn. 112.

[75] So auch BAG v. 13.07.2006 - 8 AZR 382/05 - NZA 2006, 1406, 1411.

[76] BAG v. 13.07.2006 - 8 AZR 382/05 - NZA 2006, 1406, 1411.

4. Anfechtung eines erklärten Widerspruchs

Eine unvollständige oder fehlerhafte Information kann bei einem ausgeübten Widerspruchs-   **120**
recht relevant werden, da sie den Boden für eine erfolgreiche Anfechtung bereiten kann. Eine
Irrtumsanfechtung gemäß § 119 BGB ist jedoch durchwegs ausgeschlossen; möglich ist eine
Anfechtung wegen arglistiger Täuschung, die jedoch bewusste Fehlinformationen oder ein
pflichtwidriges Unterlassen voraussetzt (vgl. Kapitel 2 Rn. 127 ff.).

5. Auswirkungen auf Kündigungen widersprechender Arbeitnehmer

Eine fehlende oder fehlerhafte Information führt nicht dazu, dass die Kündigung eines wider-   **121**
sprechenden Arbeitnehmers unwirksam ist.[77]

---

[77] BAG v. 24.05.2005 - 8 AZR 398/04 - NZA 2005, 1302-1307.

Stichwortverzeichnis

Die **fetten Zahlen** *geben die Kapitel an, die* mageren Zahlen *die Randnummern*

Stichwortverzeichnis

Stichwortverzeichnis

Stichwortverzeichnis

Stichwortverzeichnis

Stichwortverzeichnis

Stichwortverzeichnis

Stichwortverzeichnis

Stichwortverzeichnis

Stichwortverzeichnis

Stichwortverzeichnis

Stichwortverzeichnis

Stichwortverzeichnis

S

Stichwortverzeichnis

Stichwortverzeichnis

Stichwortverzeichnis

Stichwortverzeichnis

Stichwortverzeichnis